중세교회사

중세교회사

2025년 3월 20일 1쇄 인쇄
2025년 3월 28일 1쇄 발행

지은이 | 정원래
펴낸이 | 박영호
펴낸곳 | 도서출판 솔로몬

주소 | 서울시 동작구 사당로 143
전화 | 599-1482
팩스 | 592-2104
직영서점 | 596-5225

등록일 | 1990년 7월 31일
등록번호 | 제 16-24호

ISBN 978-89-8255-635-7 03230

A History of
the Medieval Church

중세교회사

정원래 지음

중세인들의
모든 삶과 행동을 지배한
최고의 이념(idea)으로서
기독교를 살펴본다.

솔로몬

추천의 글

● 안인섭 교수 역사신학, 총신대 신대원

기독교 유럽 문명이 형성되었던 중세 교회의 역사는, 다른 시대들과 동등한 역사적 가치를 지니고 있습니다. 그러나 지금까지 국내에서 중세교회사를 심도 있게 연구하고 공부할 수 있는 책을 찾기란 쉬운 일이 아니었습니다. 그런 점에서 이번에 출간된 정원래 교수의 『중세교회사』는 그 지적 갈증을 해소해 줄 수 있는 귀중한 저작이라 할 수 있습니다.

저자는 중세를 현대인의 시각으로 단순히 현실적 조건이나 시대적 한계의 틀 안에서 평가하기보다는, 오히려 중세인의 삶 속으로 깊이 들어가, 그들의 삶을 이끌었던 기독교적 가치와 내면의 동기에 주목하고자 합니다. 이 책은 진보를 맹신하지 않으면서도 과거로의 회귀에 머물지 않고, 중세를 중세로서 바라보도록 이끌어 줍니다.

따라서 독자들은 이 책을 통해 안개 속에 가려져 희미하게만 보이던 중세의 풍경을, 보다 생생하고 명료하게 마주하게 될 것입니다. 국내에서 중세를 전공한 개신교 학자가 매우 드문 현실에서, 정원래 박사는 독일에서 중세사를 전공한 후, 총신대학교 신학대학원에서 십여 년간 중세교회사를 강의하고 연구해 온 보기 드문 학자입니다.

총 780쪽에 달하는 방대한 분량을 주제별로 체계적으로 정리한 본서는, 중세교회사 공부의 훌륭한 길잡이가 될 것이며, 그 학문적 깊이와 균형 잡힌 시각으로 인해 널리 읽히기를 기대하며 기쁜 마음으로 추천합니다.

● **김요섭 교수** 역사신학, 총신대 신대원

역사 연구는 과거의 유산을 해석하여 현재를 진단하고 미래를 모색하는 학문적 작업이다. 이 작업이 정당성과 설득력을 갖기 위해서는 합당한 해석의 관점과, 공정한 진단의 시도와, 적실한 모색의 노력이 확보되어야 한다. 중세교회사는 이제까지 국내 학계에서 상대적으로 많은 연구가 이루어지지 않았던 분야이지만, 이 시대에 대한 충분하고 정확한 이해 없이 이후 전개된 교회 역사를 논하는 것은 불가능한 일이다. 국내 중세교회사 연구에 있어 가장 탁월한 연구자인 정원래 교수가 중세교회사를 다룬 역작을 출간했다. 중세교회사에 관심을 가진 모든 독자들은 이 책에서 가장 합당하고 공정하며 적실한 역사신학적 관점을 목격할 수 있을 것이다.

● **김효남 교수** 역사신학, 총신대 신대원

정원래 교수님의 신간 『중세교회사』는 오랜 기간 동안 총신대학교 신학대학원에서 가르쳐 오시면서 연구한 내용을 집대성한 작품입니다. 중세라는 적지 않은 시간에 걸쳐 그리스도인의 신앙과 교회 제도가 어떻게 형성되고, 또 도전받고, 발전해 왔는지를 신학적 통찰과 역사적 분석을 통해 깊이 있게 조명하고 있습니다. 이 책은 "중세 교회의 이중성과 보편성"이라는 문제의식을 중심으로, 제도 교회와 신앙 공동체, 교황권과 세속권, 정통과 이단, 신학적 사변과 경건의 실천이라는 긴장 속에서 중세 교회를 입체적으로 분석하고 있습니다. 특히 이 책은 방대한 1차 자료와 현대 교회사 학계의 신뢰할 만한 연구들을 바탕으로, 복잡한 주제들을 명료하고 깊이 있게 풀어냄으로써 독자에게 학문적 엄밀성과 신앙적 통찰을 동시에 제공합니다. 저자의 해박한 지식과 통찰력은 독자들이 중세 교회의 내면을 이해할 수 있도록 돕고 있으며, 단지 과거의 역사를 서술하는 데 그치지 않고 오늘날 교회와 신학이 중세로부터 무엇을 배워야 할지 성찰하게 합니다. 『중세교회사』는 신학대학원 학생들에게는 필독서로서, 목회자와 신학도는 물론 교회사와 기독교 문명사에 관심 있는 일반 독자에게도 유익한 안내서가 될 것입니다.

● **한동수 교수** 역사신학, 총신대 신대원

필자의 신학대학원 시절에 중세교회사 교수님께서 말씀해 주신 인상적인 한 문장은 "중세는 잊혀야 할 암흑기가 아니다"였습니다. 중세를 그저 부패하고 타락하여 종교개혁자들에 의해 전복된 시기라고 이해하는 것은 교회 역사의 연속성에 대한 몰이해이자, 그 시기에도 일하신 하나님의 섭리에 대한 모독이라는 의미였습니다. 그 명제에 마음이 끌려 중세교회를 더 깊이 공부하고 싶은 마음이 들었으나, 안타깝게도 중세교회사를 통시적으로 공부하기에 적합한 저서를 국내에서 찾기가 쉽지 않았습니다. 한글로 번역된 몇 권의 저서는 필자를 충분히 만족시키지 못했습니다. 그 이후에도 학생들과 목회자들에게 선뜻 추천할 만한 저서를 찾지 못하여, 국내 학자 가운데 훌륭한 중세교회사 전공자의 책을 고대하며 기다린 지 20여 년의 세월이 지났습니다. 그리고 마침내 정원래 교수님의 『중세교회사』를 만나고 마음이 시원해졌습니다. 정 교수님의 『중세교회사』는 세 가지 면에서 필자가 애타게 기다리던 종류의 저서입니다. 첫째, 중세를 현대인의 시각으로 폄훼하지 않고, 중세에 뛰어들어 그 시대의 눈으로 역사를 해석합니다. 둘째, 어느 특정 주제에만 집중하지 않고 사건, 인물, 철학, 신학을 통전적인 관점에서 통시적으로 다룹니다. 셋째, 신학대학원 학생들에게 강의한 내용을 토대로 삼았으므로, 비교적 쉬운 언어로 서술하면서 목회적으로 유익한 통찰을 줍니다. 이 저서가 중세교회에 관한 우리의 편협한 오해를 교정해주고 이해의 폭을 넓혀주기를 기대합니다.

● **이상웅 교수** 조직신학, 총신대 신대원

33년전 신대원 시절에 곤잘레스의 책을 중심으로 중세교회사를 배운 적이 있습니다. 그러나 당시 배우고 익힌 내용은 개요적인 내용이었고, 또한 본교단 내에 중세 전문가도 없던 시절의 이야기입니다. 조직신학을 오랫동안 가르치면서 헤르만 바빙크의 『개혁교의학』 전집을 주로 사용하다 보니, 끊임없이 중세의 신학자들의 이론과 해설을 마주치게 되었고, 중세교회사와 신학사 공부의 필요성을 절실하게 느끼게 되었습니다. 같은 때에 교수로 임용되어 13년간 총신 공동체의 일원으로 한 솥밥 먹고 있는 베프 정원래 교수님이 이번에 『중세교회사』를 집필하여 출간하게 된 것은 아무것도 없는 황무지에 내리는 단비와 같이 여겨집니다. 독일 베를린 소재 훔볼트 대학교에서 8년 동안 토마스 아퀴나스를 전공하면서 『신학대전』과 『이교도대전』을 라틴어로 섭렵하였고, 지난 13년 동안 봄 가을 학기에 중세교회사를 가르쳐 온 저자의 작품이기에 본서는 전문가에 의해 집필된 믿을 만한 교과서입니다. 장로교회 내에서 중세교회사는 여전히 홀대되고 소홀히 여겨지고 있는 형국인데, 본교단 내에서 유일한 토마스 신학 전공자인 정 교수님에 의해 개혁주의 관점에서 비판적이면서도 원전에 근거한 중세교회사 길라잡이가 출간되는 것을 기쁘게 생각하고 축하를 드립니다. 중세교회사에 관심 있는 학생들과 일반 신자들이 본서를 손에 들고 정독해 보기를 권합니다.

Tolle Lege!(집어서 들고 읽어보라).

저자 서문

필자는 스콜라 신학을 전공하고 10년 이상 중세교회사를 수업하며 연구한 학자로서 중세교회사에 대한 몇 가지 소회를 밝히고 본서를 시작하고자 한다.

필자가 중세를 공부하려고 유학을 떠날 때, 한 친구이자 동료는 중세에 선한 것이 무엇이 있냐고 물었다. 이처럼 현대인의 중세에 대한 인식은 긍정적이지 않다. 특히 필자처럼 개신교에 속할 뿐만 아니라, 신학을 공부한 이들에게 중세는 언제나 '부정적, 야만적, 미신적, 맹목적'일 뿐만 아니라, '비성경적'이고 '반개혁'의 상징처럼 여겨지고, 전체 교회사를 살펴봐야 하기 때문에 중세는 가볍게 들여다보며 부정적으로만 평가한 후 막간처럼 지나간다. 교회의 역사를 공부한 이들뿐만 아니라 역사의 진보와 발전이라는 세계관을 가진 사람들도 중세를 '미성숙'과 '야만'의 시대로 규정하기를 서슴지 않는다. 철학자 헤겔(Hegel)과 작가인 움베르토 에코(Umberto Eco)가 소개하는 중세의 모습도 그러하다. 그렇기 때문에 현대인들은 중세를 연구할 대상이나, 역사적 동인 및 사실들에 대한 성찰의 대상으로 삼기보다는 무관심의 대상으로 치부한다. 혹여 필자처럼 중세의 역사를 필수적으로 말해야 하는 경우에도 반면교사의 예들로 한정해서 사용할 뿐이다.

중세에 대한 현대인들의 이러한 태도는 19세기 후반과 20세기 초반에 변곡점을 맞이하기도 하였다. 중세에 관한 수많은 연구소와 학회가 설립되고, 여러 학술지와 저술이 발행되기 시작하였다. 그럼에도 불구하고 중세에 대한 현대 연구자들의 연구와 고찰은 중세의 역사적 사실과 삶이 제공하는 것을 우선하기보다는, 자신들이 지닌 사상과 관심사에 대한 근거를 찾으려는 의도에서 비롯된 경우가 많았다. 따라서 중세에 대한 현대인의 관심은 일방적인 경우가 허다한다. 이러한 부분은 본서 역시 온전히 피하기는 어려울 것이다.

그럼에도 중세는 연구하고 고찰할 대상으로 삼기에 충분한 유익이 있다. 이를 위해서는 중세를 역사의 발전이라는 '이데올로기'에 근거하여 후대와 단순하게 비교하지 말아야 한다. 중세는 문명의 발달이라는 관점에서 후대와 비교될 때 영원히 부족할 뿐이다. 따라서 중세를 새롭게 보려는 시도들이 20세기에 들어서 비로소 등장하였다. 이것들은 중세를 지금과는 다른 가치, 열정 그리고 소망을 품은 시대로 보는 것이다. 즉, 중세인들의 삶을 단순히 현실의 수준에서 평가하기보다는 그 삶을 이끌어 가는 가치가 무엇인지를 질문한다. 또한 그들이 무엇에 시간과 열정을 들였고, 나아가 그들이 무엇을 소망했는지를 질문한다. 결국 이러한 질문은 중세 역사의 주인공인 중세인들에 관한 질문으로 나아간다. 따라서 중세의 인물들을 주목하고, 그들의 삶의 가치, 열정 그리고 소망을 주목하는 것은 현대를 살아가는 우리로 하여금 고도로 발달된 문명에 대한 찬사와 이에 미치지 못하는 것들에 대한 비난과 거부에서 벗어나, 여전히 문화와 문명의 주인공인 사람을 바라보고, 질문하고, 이해하도록 자극할 것이다. 이에 필자는 본서에서 중세 교회의 단순한 기록이나 사실 및 사건보다는 그 역사 주인공들의 삶을 이끈 가치, 열정 그리고 소망을 드러내는 데 힘썼다.

유감스러운 부분은 중세교회사 강의를 전제로 본서를 구성하다 보니, 그 주제와 내용을 선택적으로 다룰 수밖에 없었다. 또한 필자가 지닌 지식과 역량의 한계로 인해 본서가 독자의 기대에 미치지 못함을 인정할 수밖에 없다. 그렇지만 필자는 중세교회사에 대한 지속적인 연구와 자료 조사를 통해 본서를 보완하고 수정할 것을 약속한다.

마지막으로 본서의 집필을 위해 도움을 주신 분들께 감사의 말씀을 드린다. 첫째는 아내 전사라와 세 딸 예원, 예지, 그리고 예원에게 감사한다. 가족들의 전적인 도움이 없었다면 이 작업은 불가능했을 것이다. 둘째는 지금껏 총신대학교 신학대학원을 거쳐 간 수많은 졸업생에게도 감사를 드린다. 매 학기 수업을 진행하며 원고를 다듬을 수 있었을 뿐만 아니라 학생들의 반응들을 토대로 수정하고 보완할 수도 있었다. 셋째로 본서의 출판을 위해 수고해 준 솔로몬 출판사의 박영호 장로님과 편집부의 일원에게 감사한다. 마지막으로 기꺼이 본서의 추천사를 허락해 주신 분들과 도움을 주신 모든 분께 감사드린다.

일러두기

1. 본서의 분량을 고려하여, 본문의 각주에서는 최소한의 정보만을 제공하고, 온전한 자료의 출처는 본서의 뒷부분에 있는 참고 문헌을 통해 제공한다.
2. 각 장의 내용에 따른 고유한 참고 문헌은 해당 장의 마지막에서도 제시하였다.
3. 또한 각주와 참고 문헌의 중복성을 피하고자, 일부 자료의 경우 약어로 표시하였다.
4. 중세교회사의 개론적인 내용들에서는 언급할 필요성이 있는 경우를 제외하고는 각주를 생략하였다. 이들 내용은 주로 1차 자료에서 확인할 수 있는 것들이다.

약어

ANCL : *Ante-Nicene Christian Library*. Vols. I-IX. Edited by Alexander Roberts and James Donaldson. Edinburgh: T. & T. Clark, 1867-. https://www.ccel.org/fathers

ANF : *Ante-Nicene Fathers to A.D. 325*. Vols. I-X. [ANCL의 영어본], Edited by Arthur Cleveland Coxe and Philip Schaff. 1885-. https://www.ccel.org/fathers

Catholic encyclopedia : *Catholic encyclopedia*. Vols. 1-15: New York: Robert Appleton Company, 1907~1912.

CCSL : *Corpus Christianorum Series Latina*. Vols. 1-233. Brepols Publishers, 1953-.

Christian Spirituality (I); (II); (III) : Bernard Mcginn, John Meyendorff, Jean Leclercq, ed. *Christian Spirituality, Origins to the Twelfth Century (I)*; Jill Rait, Bernard NcGinn, John Meyendorff, ed. *Christian Spirituality: High Middle ages and Reformation (II)*, Louis Dupré, Don E. Sailers with John Meyendorff ed. *Christian Spirituality, Post Reformation and Modern (III)*. 이후정, 엄성옥, 지형은 공역. 『기독교 영성』 (I); (II); (III). 서울: 은성, 1998.

CSEL : *Corpus Scriptorum Ecclesiasticorum Latinorum*. Vols. 1-107. 1866-.

Denzinger : *Heinrich Joseph Dominicus Denzinger, Enchiridion symbolorum, definitionum et declarationum de rebus fidei et morum. Latin (new numbering, parallelly with older numbering).*

KThQ I. II : Adolf Martin Ritter, Bernhard Lohse, Volker Leppin, ed. *Kirchen- und Theologiegeschichte in Quellen vol. I: Alte Kriche, II:*

Mittelalter. (Neukirchen-Vluyn: Neukirchener-Verlag, 2008). 공성철 역. 『고대교회-교회의 역사와 신학원전 I』; 『중세교회-교회와 신학의 역사원전 II』. 서울: 한국신학연구소, 2009-2010.

LKTh : *Lexikon für Theologie und Kirche*. 3 Aufl. Bd. 1-11. Hrsg. von Walter Kasper mit Konrad Baumgartner, Horst Bürkle, Klaus Ganzer und anderen, 1993-2001.

Mansi : *Sacrorum Conciliorum Nova et Amplissima Collectio*. Vols. 1-53, MANSI, Giovanni Domenico, 1758-.

Medieval Theologians : G. R. Evans, ed. *The Medieval Theologians, An Introduction to Theology in The Medieval Period*. 한성진 · 오홍명 역. 『중세신학과 신학자들』. 서울: CLC, 2009.

MGHE : *Monumenta Germaniae Historica, Epistolae*. Vols I-VII. Berlin: Apud Weidmannos, 1891-1939.

MGHEXII I : *Monumenta Germaniae Historica, Epistolae Saeculi XIII e Registris Pontificum Romanorum Selectae*. Vols I-III. Ed. C. Rodenberg. Berlin: Apud Weidmannos, 1883-94.

MGHS : *Monumenta Germaniae Historica Scriptores rerum Merovingicarum*. Vols. 1-7. Hannover: 1951-.

NPNF2 : *Nicene and Post-Nicene Fathers, Second Series*. Vols. I-XIV. Edited by Philip Schaff and Henry Wace. Buffalo, NY: Christian Literature Publishing Co., 1892. https://www.ccel.org/fathers

Original Sources of European History : *Translations and Reprints from the Original Sources of European history*. Philadelphia: University of Pennsylvania Press. Vols. I-VI [1 series, 1897-1900]. Vols. 1-IV [2 series, 1901-1907]. Vols. I-IV [3 series, 1941-1955]. 본서에서는 첫 번째 Series만을 사용함. https://archive.org/details/translationsrepr00univ/page/n7/mode/2up.

Oxford Dictionary : *Oxford Dictionary of the Christian Church*, 3rd. Ed. F. L. Cross and E. A. Livingstone, Oxford University Press, 2005.

Pastor : Ludwig Pastor. *The History of Popes*. Vols. 1-40. London: K. Paul, Trench, Trübner, 1899-.

PL : *Patrologia Latina*. Vols. 1-221, By Jacques Paul Migne, 1844~

A Source Book for Medieval History : O. J. Thatcher and E. H. McNeal. *A Source Book for Medieval History*. New York & Chicago & Boston: Charles Scribner's Sons, 1905.

Select Historical Documents : Ernest F. Henderson, ed. *Select Historical Documents of the Middle Ages*. London: George Bell and Sons, 1896.

Stanford Encyclopedia of Philosophy : Edward N. Zalta and Uri Nodelman, ed. *The Stanford Encyclopedia of Philosophy*. Metaphysics Research Lab Philosophy Department Stanford University, 2011.

TRE : *Theologische Realenzyklopädie*. Bds. 1-36. Berlin: De Gruyter, 1976-2004.

목 차

2 교황 제도의 형성–베드로의 후예들

5 중세의 동방 교회

8 십자군 전쟁

9 12세기의 다양한 신앙 운동과 이단

10 스콜라주의 신학

11 교황권의 추락과 아비뇽 교황청

12 교황청의 분열과 개혁의 움직임

13 중세 후기 신비주의

14 르네상스

15 중세를 마무리하며

1

중세교회사에 대한 서론적 이해

I. 중세교회사에 대한 일반적 인식

1. '중세'에 대한 인식

1) 중세는 불편하다

'중세교회사'라는 말은 "중세"(middle age)와 "교회"(church) 그리고 "역사"(history)의 결합이다. 먼저 "중세"라는 용어는 인문주의의 산물이다. 인문주의자들은 중세를 고대와 현대의 사이에 끼어 있는 막간(intermezzo)이자 다소 경멸적인 시대로 이해하였다. 또한 현대인들도 중세의 문화와 유산에 대하여 부정적인 이름을 붙여 왔다. 대표적인 한 예로서, 중세의 건축 양식인 '고딕'(Gothic)은 '야만적'이라는 의미인데, 로마 시대 이민족이었던 '고트족'에서 유래하였다.

〈독일 쾰른 대성당〉

예를 들면, 대표적인 고딕 양식 건물로는 '쾰른 대성당'을 들 수 있다. 600여 년에 걸쳐 지어진 이 성당은 보는 사람들을 압도하는 위용을 자랑한다. **하지만 그 건물을 현대인들은 '야만적'이라고 명명하였다.**

중세에 대한 불편한 인식은 철학에서도 마찬가지다. 파리의 생제르망 성당에 있는 철학자 데카르트의 비문에 의하면, 그는 "학문의 근거를 다시 놓은 사람"(*reconditor doctrinae*)이며 "인간 이성의 권리를 옹호한 첫 번째 사람"(*primus a renovatis ... bonarum litterarum studiis rationis humanae*)으로 기록한다. 데카르트가 살았던 17세기의 근대인들에게 중세는 학문도, 인간 이성의 권리도 작동하지 못한 시대로 여겨졌다. 19세기 철학자 헤겔(F. W. Hegel)은 중세의 사상을 '한 걸음에 7마일을 걷는 장화를 신고' 빠르게 스쳐 지나가고 싶다고 말하는데, 그 이유는 중세의 사상이 양만 많지, 사상적으로는 매우 빈약하기 때문이라고 한다.[1] 현대인의 중세에 대한 이해 역시 크게 차이가 나지 않았다.

사람들이 중세에 대하여 긍정적으로 서술하기 시작한 것은 19세기 낭만주의 시대에 이르러서다. 이성적이고 합리적인 계몽주의적 역사서술에 반발한 낭만주의는 고대와 중세에 대한 동경(憧憬)으로 말미암아 중세의 문화를 긍정적으로 서술하기 시작하였다.[2] 이로 인하여 본격적인 중세에 관한 연구가 시작되었고, 정신사적인 탐구에 있어서 19세기 후반과 20세기 초반은 중세의 사상에 관한 연구가 지배적이었다. 그럼에도 불구하고 20-21세기에 걸쳐 세계 최고의 지성인 중에 한 명이었던 움베르토 에코(Umberto Eco) 역시 중세를 그렇게 호의적으로 평가하지 않았다. 처음 그를 세계에 데뷔시켰던 소설인 『장미의 이름』(*The Name of the Rose*)은—영화로 제작되어 잘

---

1 G. W. F. Hegel, *Lectures on the History of Philosophy, Part III, Section 3. E* (1805-6), trans. E. S. Haldane. https://www.marxists.org/reference/archive/hegel/works/hp/hpconten.htm.

2 중세교회사를 긍정적으로 서술하기 시작한 작품으로는 예나의 신학자인 Karl August Hase (1800-1890)의 저서 *Lehrbuch der Kirchengeschichte* (Leipzig 1834)와 J.A. Moehler의 *Einleitung in die Girchengeschichte* (Regensburg, 1840, 260-290)를 들 수 있다.

알려졌지만—중세를 긍정적이기보다는 음울하고, 막연하고, 신앙의 맹목과 권위가 지배하며, 인간성이 억눌린 어두운 시대로 그려놓고 있다.

반면에 로마 가톨릭 신학자들에게 중세는 기꺼이 '신앙의 시대'라고 불렀고, 필립 샤프는 사유와 성찰이 가장 중시되는 우리 시대와 비교하여 중세를 '열정의 시대'로 표현하기도 하였다.[3] 그러나 대부분 사람들은 역사가 진보한다는 그릇되고 초보적인 통념을 가지고 있기에,[4] 이러한 영원한 진보의 정신으로 역사를 보는 이들에게 중세는 언제나 퇴보로 인식되며, 불편한 시대로 여겨진다.

2) '중세'라는 용어의 시작

역사적으로 '중세'라는 용어를 처음 사용한 이는 페트라르카(Petrarca, 1304-74)였다. 르네상스 시대 이탈리아 시인이자 인문주의자였던 그는 1383년 한 편지에서 '중세'라는 표현을 처음으로 사용하였다.

> 나는 살아 있다. 하지만 이 비탄의 시대, 이 정말로 추악한 시기로 추방하듯 내던진 운명에 대해 나는 분노를 금치 못한다. 더 일찍 태어나거나 훨씬 후에 태어났어야 했다. 왜냐하면 행복했던 시대는 이전에 있었고, 아마도 이후에나 존재할 것이기 때문이다. 당신은 이들의 중간 시대, 쓰레기인 우리의 추악한 시대를 보고 있다.[5]

그러면 페트라르카는 왜 자신이 살아가는 시대를 불행한 시대, 추악한 시대 그리고 '중간 시대'라고 정의하였을까? 페트라르카는 교회사에서 소위 '아비뇽 교황청' 시대를 살았다. 로마에 자리 잡고 있었던 교황청이, 세

3 Philip Schaff, *History of Christian Church*, vol. 4, 26.

4 Jacques Le Goff/Jean-Maurice de Montremy, *A la recherche du Moyen Age*, 23.

5 Petrarca, *Epistula metrica* XXI (III 33).

상에 휘둘려 제자리에 있지 못하고 현 프랑스의 아비뇽에 자리 잡고 있던 때이다. 이 시기 이탈리아 출신의 젊은 성직자였던 페트라르카가 아비뇽 교황청에서 목도한 상황은 매우 절망적이었다. 그가 직접 교황청의 '아비뇽 유수'라고 이름 붙인 비상한 시기에, 교황과 고위 성직자들이 근신하고 경계하고 개혁하는 모습 대신, 로마에서보다 더 부패하고 타락하고 방탕한 모습을 목격하고, 자신의 시대를 한탄하였다. 페트라르카가 목도한 교황청은 "하나님이나 교회 또는 신앙이란 이름으로 온갖 탐욕을 부리는" 모습이었다. 이에 페트라르카는 자신의 시대를 불행한 시대로 폄하하여 중세, 즉 사이에 끼어 있는 시대로 정의하였다.

페트라르카의 중간 시대는 간단하게 앞선 시대(ancient)와 뒤따르는 시대(modern) 사이에 자리한다. 여기서 그의 기준은 명확한데, '인간의 행복'을 전제로 시대를 구분하고 있다. 페트라르카는 지난 과거의 시대를 행복했던 시기로 규정하고, 이 행복한 시기가 다시 올 것을 고대하고 있다. 과거와 미래 사이의 중간 시대는 페트라르카가 불행하다고 주관적으로 느끼는 시대로서 현재의 객관적으로 역사적이며 경계가 있는 시간적 덩어리로 보기 어렵다.[6]

현재처럼 중세를 역사의 한 단위, 객관적 시간의 한 덩어리로 거론하기 시작한 것은 주교이자 교황청의 사서였던 조반니 안드레아 데 부시(Giovanni andrea de busi, 1414-75)부터이다. 그는 1469년에 니콜라스 쿠사누스(Nicholas of Kues)에 대한 찬가에서, 쿠사누스가 '고대뿐만 아니라 중세라는 새로운 역사적 저작까지 정통한 사람'이라고 묘사하였고, 이를 독일과 프랑스의 저자들도 사용하기 시작하였다.

이러한 의미의 '중세'라는 용어는 신학에서는 다른 의미로 나타난다. 톨레도의 줄리안(Julian of Toledo, 642-690)은 그리스도의 성육신과 재림 사이의 시기를 언급하는 '중간 시대의'(the middle age/*in hoc interim saeculo*) 또는 '시

---

6 Knut Schäferdiek, "Mittelalter," TRE Bd. 23: 111-121.

대의 중간기'(*tempus medium*)라는 용어를 사용한다. '중세'에 대한 이러한 신학적 개념에 입각해 볼 때, 그리스도의 초림과 장차 있을 재림 사이에 살아가는 모든 사람은 중세를 살아가는 것이다. 그러나 이는 구원사적 의미의 구분이지 실제 역사적/객관적 구분으로 이해할 수는 없다.

아무튼 중세에 대한 후대의 여러 다양한 표현은 그 의미가 분명하게 드러나지는 않았지만 '고대와는 다른 시대'로 이해하는 것이 일반적이었다. 나아가 17세기에 이르러 중세는 일종의 전환기, 혹은 사이에 끼어 있는 시대로서의 어떤 특징이 아니라, 자체의 고유한 문화와 특질을 갖는 하나의 기간에 대한 표현으로 정형화되어 갔다.

2. 중세교회사의 시대적 구분

1) 중세는 언제부터 시작하며, 끝은 어디로 보아야 하는가?

네덜란드의 역사가 하인리히 카니지우스(Heinrich Canisius, 1610 사망)는 자신의 역사서술에서 16세기까지를 중세로 분류함으로, 처음으로 중세의 시기를 구분하였다. 이러한 구분은 점차 확산하여, 17세기 후반에 이르러 '고대-중세-새 시대'라는 역사 분류가 일반화되었다.[7] 이러한 도식을 보편적 역사 구분에 사용한 사람은 독일의 역사학자인 게오르그(Georg Horn, 1630-70)이다. 이처럼 중세를 구분되는 한 시대로 이해할지라도, 중세의 시작에 대한 견해는 조금씩 차이가 있다.

크리스토퍼 켈라리우스(C. Cellarius, 1638-1707)는 중세의 시기를 콘스탄티누스 대제가 330년 기독교 공인을 기념하며 기독교 도시로 건설한 새 로마(*Nova Roma*: 현 콘스탄티노플)의 원년부터 그 도시가 터키 사람들에게 멸망

7 Schäferdiek, "Mittelalter," 113.

한 해(1453년)로 설정한다.[8] 어떤 사람들은 명목상 서로마 제국의 황제이던 십대 중반의 '로물루스 아우구스툴루스'(Romulus Augustulus)가 게르만족의 용병대장인 오도아케르(Odoacar)에 의해 폐위된 해인 476년을 중세의 시작으로 본다.[9] 또는 영미권에서 교황 그레고리우스 1세가 교황의 자리에 오른 590년을 중세의 시작으로 잡기도 한다. 왜냐하면 이들에게 중세는 교회의 시대이며 교황의 시대이기 때문에, 이들은 처음으로 온전한 권위와 영향력을 지닌 교황인 그레고리우스 1세가 등극한 해를 중세의 시작점으로 간주한다. 반면 철학자인 헤겔은 "확고하던 이교 철학의 외적 지위가 몰락한 해"(526년)를 중세의 처음으로 간주한다. 동로마 황제 유스티니아누스 대제는 526년 철학 학교를 모든 이단의 온상으로 여겨 플라톤 아카데미를 폐쇄시켰다. 철학자에게 이때부터 인간의 이성은 캄캄한 암흑으로 들어가는 것처럼 여겨졌다. 이외에도 다양한 인물이 자신의 역사 이해에 따라 조금씩 다른, 중세의 시작점을 제시한다.

반면 중세의 끝은 다수가 종교개혁으로 이해한다. 일반 역사가에게 르네상스는 커다란 시대적 전환으로 설명되지만, 교회나 신학의 역사에서는 종교개혁이 낳은 영향이 훨씬 지대하다고 할 수 있다. 그러나 어떠한 시대의 변화도 하나의 연대, 하나의 사건, 하나의 장소 그리고 단 한 명의 인간 활동으로 환원시킬 수는 없다. 따라서 어느 하나의 기점에서 시대를 구분하는 것은 많은 어려움이 있다. 이들의 견해를 종합해도 5-6세기에 고대 세계와는 다른 새로운 시대가 시작되었음을 알 수 있다. 이러한 이해에 따르면, 중세는 독특한 하나의 시대적 영역으로 구분된다.

그러나 중세를 자신의 고유한 특징을 가진 독특한 시기나 세계라고 이해한다 하더라도 고대 문명과 중세 문명 사이에는 여전히 많은 연속성과 지속성이 존재한다. 즉, 중세라는 사회가 고유의 특징을 가진 것이 사실이

---

8 사람들은 이 도시를 새 로마(New Rome)라고 부르기보다는 콘스탄티누스의 도시(Constantine + polis)로 기꺼이 불렀다.

9 *Catholic encyclopedia*, "Middle Ages."

기는 하지만 그것이 고대 사회와 모든 것에서 전혀 다르고 완벽히 단절된 사회는 아니라는 것이다. 5세기를 고대의 종말로 보고 중세라는 시대의 새로운 시작으로 보는 것은 이때를 시작으로 역사에서 급격한 변화가 일어났고, 그로 인해 새로운 문화가 태동하였다는 것을 의미한다. 경제적으로 노예 경제를 주축으로 하던 고대 사회의 경제 체제가 반(反) 자유농민의 노동력을 기반으로 하는 체제로 변하였고, 정치적으로는 세계를 지배했던 로마 제국이 끝났다. 점차 종교적으로는 기독교가 명실상부한 최고의 가치 개념으로 떠올라 사회 전체를 지배하는 이데올로기로 자리 잡았다.[10]

2) 중세 시대는 어떻게 세분될 수 있을까?

중세 시대 역시 상당히 역동적이고 창조적인 시기라고 할 수 있다. 초기 500년경의 중세와 후기 1500년경의 중세는 너무 많은 문화적, 사회적 그리고 정치적 차이를 드러내지만, 현대인들은 중세 시대를 세분하는 일은 거의 하지 않는다. 중세를 하나의 시대로 이해하는 것이 일반적이나, 중세에 대하여 상세히 설명하기를 원하는 저자들, 예를 들면 필립 샤프(Philip Schaff)는 중세교회사를 세 시기로 구분한다:

첫째는 중세 시대 기독교가 유럽에 자리 잡는 '선교 시기'이다. 이 시기는 교황 그레고리우스 1세부터 그레고리우스 7세에 이르는 시기(590-1073)이다. 둘째 시기는 '교황 중심적 신정정치의 전성기: 그레고리우스 7세로부터 보니파키우스 8세에 이르는 시기(A.D. 1073-1294)'로서 자리 잡은 중세 기독교가 발전하는 시기이다. 마지막으로 셋째 시기는 '중세 가톨릭 체계의 쇠퇴와 현대 기독교의 예비: 보니파키우스 8세에서부터 종교개혁에 이르는 시기(A.D. 1294-1517)'로서 중세가 그 내적인 한계와 갈등으로 후퇴하는 시기이자 새로운 시대로의 전환을 준비하는 시기이다. 샤프는 자신의 『교회

10 Brian Tierney/Sidney Painter, *Western Europe in the Middle Ages, 300-1475*, 78.

사 전집』 4-6권을 이 세 시기로 나누어 저술하였다. 이러한 시대적 구분은 나름대로 의미는 있지만, 중세교회사를 개괄적으로 다루는 본서에서는 역사적, 시간적 순서에 따라 중요하고 의의가 있다고 여겨지는 내용만을 살펴보고자 한다.

3. 중세교회사의 주요 무대

1) 중세교회사가 펼쳐진 무대는 어디인가?

중세교회사의 공간적 배경은 어디일까? 실상 중세 교황과 교회의 역사적 무대는 거의 서유럽을 중심으로 전개되었으므로, 대부분 역사가는 중세교회사의 공간적 배경을 어느 정도 서유럽에 제한하였다. 그러나 현대에 이르러서는, 중세교회사를 세계 역사라는 보편적 맥락에서 이해하려고 시도하기도 한다. 즉, 이슬람과의 갈등을 낳은 십자군 전쟁만이 아니라 동방 교회와 관련한 주제도 중세교회사에 포함한다. 예를 들면, 데이비드 벨(D. Bell)은 동방 교회에 대한 역사를 중세교회사의 주제로 적극적으로 포함하려고 시도한다.[11]

중세교회사의 주요 무대가 되는 지역은 중세 초반 서유럽 프랑크 제국의 영역과도 어느 정도 일치한다. 프랑스, 독일, 이탈리아가 그 중심이다. 스페인은 12세기까지 이슬람의 영향 아래 있었기 때문에 중세 후반에 이르러서야, 겨우 언급된다. 동유럽 역시 중세교회사에서는 주변의 역사에 지나지 않았다.

---

11 David N. Bell, *Many Mansions: An introduction to the Development and Diversity of Medieval Theology, West and East*, 8.

〈프랑크 왕국의 확장〉

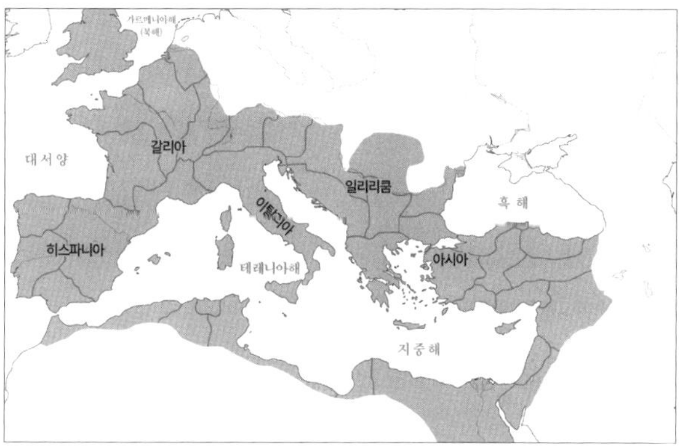

〈고대 로마의 세계〉

그러나 지도에서 보는 중세의 세계는 아라비아에서 브리타니아에 이르는 초대 교회 시대의 광대한 영역과 비교해 보면 아주 좁은 지역으로 축소되었다. 이처럼 중세교회사의 무대가 축소된 원인은 무엇인가? 실상 그 축소의 과정은 고대의 몰락과 중세의 시작이라는 시대적 상황과 맞물린다.

고대 세계가 중세의 시작과 더불어 축소되게 된 것은 고대 로마 말기에 제국으로 몰려드는 다양한 이민족들—고트족, 반달족, 부르군트족, 롬바르드족, 훈족 등—의 침입과 관련이 있다. 로마 세계의 주변에 자리하던 이민족의 로마 침입은 고트족으로부터 시작한다. 이미 378년 고트족은 콘스탄티노플 근처의 아드리아노플 전투에서 로마군대를 격파하고 발렌스(Valens) 황제를 살해하기도 하였다. 그러나 이민족들은 단순히 약탈과 파괴를 일삼는 침략자들이라기보다는 더 발전되고 문명화된 로마의 문화를 누리려는 이주자의 성격을 지녔기에, 자신들의 가족과 가축 그리고 재산을 가지고 이동하였다.[12] A.D. 4세기 말 무렵에 이르면, 로마 군대는 지휘관을 제외하고 거의 이민족들로만 구성되었고, 400년을 전후한 일련의 상황 변화는 이민족의 로마 유입을 더욱 가속화하여, 대규모 이민족 집단이 제국으로 이주해 정착하였다.[13]

2) 이민족의 침입

먼저 흑해 연안에 자리하고 있었던 서고트족은 로마의 국경 지역에서 지속해서 문제를 야기하기도 하고, 로마의 변방에 편입되기도 하였다. 그러다가 그들의 지도자 알라리히(Alarich)의 지휘로 410년 로마를 점령한다. 이를 기점으로 수많은 이민족이 로마 세계를 침입하기 시작하였다.

당시 고트족에 의해 로마가 점령당할 때, 수많은 로마의 시민들은 배를 타고 아프리카로 탈출하였다. 그리고 아프리카 해변에서 로마를 바라보며, 로마의 고통과 불행에 대해 한탄하며 그 희생양을 찾았다. 결국 피난민들은 로마의 불행이, '조상 대대로 섬기던 신들을 홀대하고 기독교의 하나님을 받아들임'에 있다고 결론을 내렸다. 이렇게 기독교에 대한 불평과 원망이 터져 나오자, 당시 아프리카의 히포의 주교였던 아우구스티누스(Augustine)는 자신의 대작인 『신국론』(*De civitate Dei*)에서 이들을 대항하여 기독교를 변론한다. 그는 '인간의 나라' 혹은 '땅에 속한 나라'(*civitas terrae*)는 '자기 사

12 Joseph H. Lynch, *The Medieval Church*, 47.

13 Tierney/Painter, *Western Europe in the Middle Ages, 300-1475*, 62.

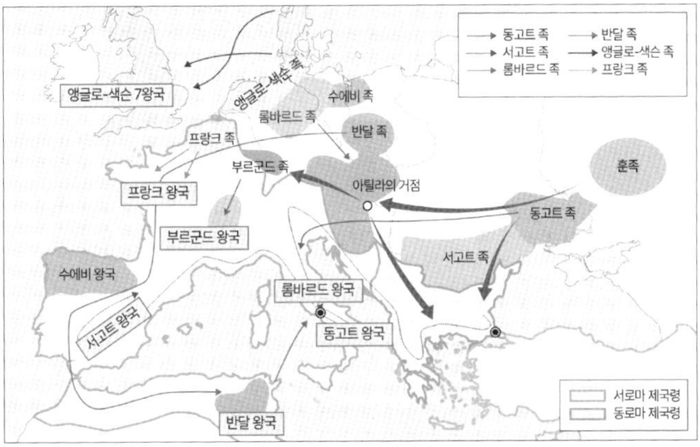

〈이민족의 침입〉

랑'(*amor sui*)에 이끌리기 때문에 필연적으로 흥망성쇠를 겪을 수밖에 없으며, '영원한 나라' 그리고 '흔들리지 않는 나라'는 '하나님 사랑'(*amor Dei*)에 이끌리는 하나님의 나라(*civitas Dei*)뿐이라고 주장하였다. 아우구스티누스의 이 대작은 후대 기독교 역사 이해의 가장 중요한 기초로 자리하였다. 바로 이 저서는 410년 고트족의 로마 점령으로 인해 나타난 결과 중 하나이다. 그리고 아우구스티누스의 생애 마지막 순간에는 폴란드 남부 지역에 거주했던 반달족이 프랑스, 스페인을 거쳐 북아프리카를 초토화하고, 그의 도시 히포를 포위하고 있었다.

로마를 점령한 서고트족은 게르만족 용병을 고용한 로마 제국에 의해 프랑스 남부와 스페인 쪽으로 밀려났다. 그러나 게르만족은 단순한 용병의 지위를 훨씬 넘어섰으며, 결국 게르만족 출신의 용병 대장 오도아케르는 서로마 제국을 멸망시켰다(476). 오도아케르는 서로마의 마지막 황제 로물루스 아우구스툴루스를 권좌에서 끌어내렸고, 이로써 서로마 제국은 역사의 무대에서 사라졌다. 하지만, 한때 로마를 장악했던 게르만족도 결국 동로마 황제의 교사를 받은 동고트족에 의해 쫓겨났다.

A.D. 490년 동고트족 테오도릭(Theodoric, 488-526 재위)은 이탈리아 영토의 1/3가량을 점령하고 통치하였다. 그는 공식적으로는 콘스탄티노플

에 있던 동로마 황제의 총독으로서 이탈리아를 다스렸고, 로마 원로원 의원(Patrician of Romans)이라는 칭호를 얻었다. 테오도릭은 국가 행정은 철저히 로마 시민에게 맡기되, 군사와 관련된 일은 고트족에게 맡기는 정책을 펼쳤다. 아리우스주의자였던 테오도릭은 아타나시우스의 신앙고백(정통 삼위일체 신앙)을 따르던 이탈리아 교회를 특별히 핍박하지는 않았으나, 민족적·신앙적 차이는 언제든 정치적 갈등으로 비화할 위험을 내포하고 있었다. 이러한 내재적 갈등이 보에티우스의 처형과 카시오도루스의 낙향 등으로 표출되었다.

동로마 황제 유스티니아누스는 이민족인 동고트족이 이탈리아를 통치하는 것을 매우 불편하게 여기고, 이탈리아 재정복을 결심하였다. 그는 20여 년의 노력을 통해 이탈리아를 재정복하는 데 성공하였다(536). 그러나 이는 오히려 동로마의 국력에 막대한 손실만 초래했을 뿐, 유스티니아누스가 갈망하던 통합 로마 황제로서의 이상적 상황에 이르지는 못하였다.[14] 곧 A.D. 568년 이민족인 롬바르드족이 이탈리아를 침공하여 이탈리아 중부와 북부를 거의 장악하였고, 로마를 동로마 총독의 주둔지였던 라벤나(Ravenna)와 남부 지역으로부터 고립시켰다. 처음 롬바르드족은 이탈리아의 교회들을 불태웠고 성직자들을 학살하며, 수도원을 약탈하기도 하였다. 529년 세워졌던 몬테카시노에 있던 베네딕투스 수도원은 롬바르드족에 의해 6세기 말경 폐허로 변하기도 하였다. 그러나 롬바르드족도 동고트족과 같은 민족적/종교적 갈등이 내재하고 있었으나, 698년 가톨릭으로 개종함으로써 774년 샤를마뉴에 의해 멸망할 때까지 롬바르드 왕국을 유지하며 이탈리아와 서방 교회에서 상당한 영향력을 행사하였다.

5-6세기에 걸쳐 진행된 이민족들의 이동과 끊임없는 침입은 이탈리아 전역의 도시들과 농촌을 피폐시키고, 교역과 통신을 두절시켰으며, 로마 세계의 전체적 기반을 무너뜨렸다. 이에 더하여 이탈리아는 가난, 기근, 질병 그리고 인구 감소라는 재난이 이어지는 매우 고통스러운 시대를 경험하였다.

---

14 Tierney/Painter, *Western Europe in the Middle Ages, 300-1475*, 73.

로마인들은 고대에서 중세로의 전환기에 침입한 "이민족들"(barbarians)을 파괴를 일삼는 약탈자로 여겼으나, 이들 대부분은 실상 로마 제국 안에 정착하여, 멀리서 앙모해 왔던 문명의 혜택을 누리기를 원했던 자들로서 주로 국경 주변에 살았다. 로마 문화에 대한 동경심이 가득했던 이민족들은 로마 제국의 다른 문화들처럼 기독교도 역시 빠르게 수용하였다. 부르군트족은 517년 아리우스주의를 포기하였고, 서고트족 역시 589년 가톨릭으로 개종하였으며, 롬바르드 왕국 역시 698년에 가톨릭으로 개종하였다. 비록 이러한 개종이 토착 가톨릭 성직자들과 로마인들의 지원이 필요하였던 통치자들의 정치적 결단[15]이라고 하지만, 서유럽은 하나의 보편 교회의 이상에 적합한 상태가 되었다. 이들 민족은 서로마 제국의 기독교와 문화에 동화되어 갔다.

그러므로 중세란 기독교를 몰랐던 게르만 사람들이 서유럽 지역으로 이주해 와서 기독교를 받아들이고, 그 받아들인 기독교를 근거로 새롭고 독특한 기독교 문화 양식을 만들어 간 과정, 그 시대라고 할 수 있다. 중세는 팔레스타인에서 시작된 기독교, 예수라는 인물에 의해 시작된 기독교가 로마를 거쳐 북유럽으로 전해지면서, 그 기독교와 자신들의 삶을 연합시키려 했던 유럽인들(켈트족)의 치열한 노력의 과정이기도 하다. 로마 세계에 정착한 이민족들은 자신들이 받아들인 기독교를 알고자 노력하였다. 그들은 기독교가 가르치는 대로 하나님의 뜻을 따라 자신들의 삶을 살기를 원하였다. 이렇게 해서 그들은 자신들의 문화권 안에서 예수 그리스도가 원하는 것이 무엇인지, 하나님의 뜻을 이 땅에서 실현하기 위해서 무엇을 해야 할지를 고민하였다. 그리고 그 결과가 우리가 말하는 중세교회사이다. 기독교화의 과정이 중세교회사의 변화 과정이기도 하다. 그러나 그 과정은 많은 시간이 필요하였다.

로마 세계로 이주한 이민족들이 정신적인 측면에서 마주했던 커다란 과제를 요셉 피퍼(J. Pieper)는 이렇게 표현하였다:

자기 고유의 터전에서 자란 것이 아닌 것을 자기 것으로 만든다는 것, 외래 단어

---

15 Lynch, *The Medieval Church*, 82.

들뿐만 아니라 전혀 낯선 다른 종류의 사유 방식까지 배워 익힌다는 것, 이미 다른 사람들이 생각해 놓은 엄청난 양의 내용을 자기 자신의 것으로 동화시킨다는 것—이 모든 것이 실제로 중세 철학이 직면하고 해결해야 할 바로 그 문제였다.[16]

이 과정은 결코 짧지 않았다. 앞에서 언급한 것처럼, 샤프의 구분에 따르면, 중세는 11세기에 이르러서야 비로소 중세 기독교 문화의 전성기가 시작된다. 이때까지 약 500년간은 중세 기독교가 토대를 닦는 시기였다. 이처럼 기독교를 이해하고, 소화하고, 동화하여 자신의 것으로 만드는 데는 상당한 시간이 필요하였다. 이렇게 해서 중세인들은 자신들의 문화권 안에서 예수 그리스도가 원하는 것이 무엇인지, 하나님의 뜻을 이 땅에서 실현하기 위해서 무엇을 해야 할지를 결정하였고, 이를 발전시켰다. 그 결과가 교황제도, 수도원주의, 평신도 경건운동, 기독교 군주, 신성로마제국 등이라고 할 수 있다.

그러므로 중세 기독교의 특징은 서양 특유의 것이므로, 마치 역사 이해의 보편적 기준인 것처럼 이해되어서는 안 된다. 서양의 중세를 다른 대륙에서 중세로 부를 수는 없다. 인문주의적 시각에서 보든, 아니면 중세 특유의 문화 창출 측면에서 보든, 중세는 서양, 특히 서유럽이라는 지정학적 조건을 전제로 한다. 사실 위에서 언급한 기독교적 황제인 교황이 세상을 지배한 형태, 다시 말하면 종교 지도자가 세속의 정치 지도자들을 지배한 형태는 세계 역사에서 그 사례를 찾아볼 수가 없는 중세인들만의 독특한 형태이다.

II. 중세교회사의 특징

초대 교회는 그 출발선에서 중세 교회와 분명한 차이가 난다. 또한 중세

16 Josep Pieper, *Scholasticism: Gestalten und Probleme der Mittelalterichen Philosphie*, 27.

는 종교개혁 이후의 교회와 신앙의 지배 원리에 있어서 명백하게 구분된다. 초대 교회와 종교개혁을 중세와 간략하게 대치시켜 보면, 중세의 특징들은 더욱 명확해진다.

1. 초대 교회 복음 전파자들이 만난 세계

기독교가 처음 세상에 전파될 때, 복음 전파자들은 문화가 고도로 발달한 민족들과 마주하였다. 그들은 유대인, 그리스인, 로마인의 도시에 교회를 세웠다. 이들이 복음을 전파하기 위해 만났던 로마인과 그리스인은 사회적, 정치적 그리고 문화적 측면에서 그들보다 우월한 상황에 있었다. 따라서 초기 복음 전파의 방법은 기독교에 대하여 설명하고, 이해를 구하며, 기독교가 더 숭고한 도덕임을 삶으로 증명하는 것이었다. 마치 바울이 아테네의 아고라에서 그리스 사람들을 설득하려고 시도하는 것과 유사하였다.[17] 마찬가지로 초대 교회에서 로마 황제와 이교 세계를 향해 기독교를 변증했던 저스틴 마터(Justin Martyr, 100-165)의 논지 역시 "기독교는 더 로고스적이다"[18]로 요약된다.

바울은 세 차례에 걸친 전도 여행에서 수많은 어려움을 겪었다. 성경은 그가 강도를 만나고, 풍랑을 만나는 등의 험한 여정을 겪어야 했음을 우리에게 가르쳐준다.[19] 그러나 이 시기에는 로마 제국 전체를 이동할 때 개인적인 어려움과 고난은 있었어도, 중세인들이 마주했던 것과 같은 지역과 지역 간의 갈등, 민족과 민족 간의 갈등과 전쟁은 존재하지 않았다. 아라비아에서 브리타니아까지 공용어인 라틴어와 교양어인 헬라어로 의사소통이 가능했던 시대였다. 따라서 사도 시대와 그 이후의 초대 교회에서 복음 전파

17 사도행전 17장 16절 이하.

18 Justin Martyr, *II Apologie*, 8.3.

19 고린도후서 11장 23절 이하.

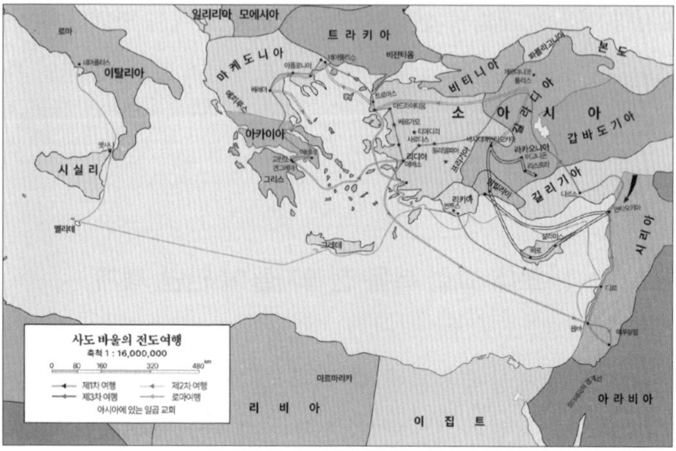

〈바울의 전도 여행 지도〉

자들은 이미 잘 닦아 놓은 대로를 따라 다니면서 복음을 전파하였고, 가는 곳마다 이미 잘 수립된 사회와 안정된 정부를 발견하였다. 따라서 고대 로마 문화에 새로운 생명을 불어넣고, 그 문화를 더 숭고한 도덕적 목표에 귀속시키는 것이 교회 앞에 놓인 중요한 사명이었다.[20]

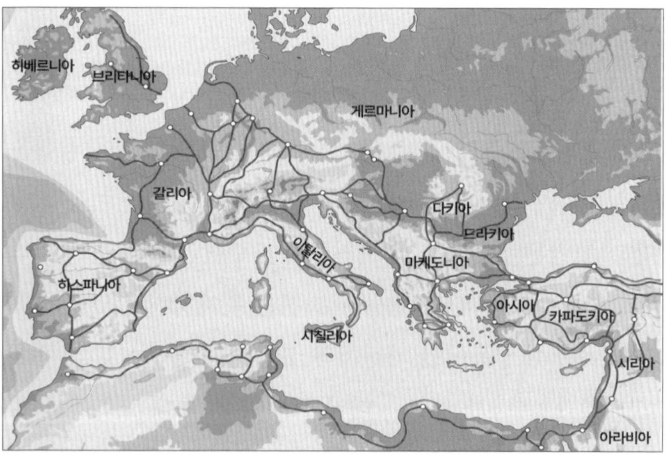

〈로마의 도로망 지도〉

20 Shaff. *History of Christian Church*, vol. 4, 25.

하지만 중세의 복음 증거자들은 전혀 다른 환경에 처하였다. 고대의 종말은 "팍스 로마나"(로마에 의한 평화)의 종말로서 곧 광역경제권의 종말이기도 하였다.[21] 이는 로마의 경제적, 정치적 시스템의 붕괴를 의미한다. 앞서 언급한 것처럼 곳곳에는 다른 민족, 다른 전통, 다른 체제를 지닌 이민족들이 자리하고 있었다. 이들은 때로는 갈등과 대치 상태에 있기도 하였다. 따라서 복음 전파자들은 한 지역으로부터 다른 지역으로 옮겨 가기 위해서는 커다란 위험을 감수해야만 하였다. 또한 중세의 주인공으로 자리잡은 이민족들은 문화적으로는 문맹이었다. 따라서 이 시기 선교사들은 마치 거친 삼림지대와 개간되지 않은 황량한 벌판을 찾아가듯, 무지한 민족들에게 문자를 가르치고, 사회 · 문학 · 예술의 토대를 닦아야 했다.[22]

그러므로 기독교는 아직 유아와 같은 상태에 있던 민족들을 훈련하는 교육 기관의 성격을 강하게 띠게 되었다. 중세 가톨릭교회가 율법주의적이고 위계적이고 의식주의적이고 로맨스적 성격을 띠었던 원인이 여기에 있다.

〈중세초기의 대중들, 영화 브레이브하트에서〉

의식주의적이란, 기독교 신앙을 잘 이해하지 못하는 민중들에게 예식을 통해 기독교 신앙을 교육하려 한 것을 의미한다. 이러한 시도에서 교회의 의식은 성경의 사건들—특히 예수의 십자가 죽음—을 재현하려는 노력

21 시오미 나나미, 『로마인 이야기』 14권, 17.

22 Shaff, *History of Christian Church*, vol. 4, 25.

으로 발전하였다. 그중에서도 예수 그리스도의 대속적 죽음, 즉 십자가에서의 희생제사는 매일의 미사를 통해 재현하고자 하였다. 또한 낮은 이해력으로 인해 체계적이고 논리적인 설명보다는 신앙 영웅들의 이야기를 들려줌으로써 감동을 주고 신앙적 동기를 부여하려 하였다. 따라서 신앙의 영웅들과 기적들 그리고 신화적인 이야기를 발굴하고 여기에 매료되었다. 로마 가톨릭 성인의 3/4 이상은 12세기 이전에 추대되었다. 이민족들은 로마 사회에서 발전한 성문법을 이해할 능력도 복종할 의지도 없었다. 따라서 교회의 가르침이 곧 그 땅의 법이 되었으며, 모든 사회적·정치적 조직의 토대가 되었다.[23]

이런 점에서 초대 교회와 중세 교회는 전혀 다른 출발선을 지니며, 두 교회가 전혀 다른 성격을 가지게 된 원인이 되었다.

2. 중세 교회의 독특성

중세 교회를 구성하는 요소는 전체로서의 교회와 신앙인 개개인으로 구분할 수 있다. "교회"(Church)는 중세교회사의 역사적 주인공이라고 말할 수 있다. 여기서 말하는 '교회'는 우선적으로 조직된 교회와 개별 신앙인들을 모두 포함하는 개념이다. 조직된 교회는 또한 전체 교회를 하나로 아우르는 보편 교회와 수도원을 포함하는 각종 신앙적 단체로 나눌 수 있다. 먼저 조직된 교회는 모든 중세인의 신앙적 삶의 중심이었고, 또한 사회적, 경제적, 그리고 문화적 활동의 중심이었다. 특히나 도시와 마을의 중심에 자리한 교회는 이러한 역할을 두드러지게 수행하였다. 사람들은 교회를 중심으로 모여 서로 소식을 주고받으며, 중요한 결정을 내렸다. 또한 교회에서 함께 예배하고, 절기 축제를 즐기며, 문화적 삶을 공유하였다.

23 Shaff, *History of Christian Church*, vol. 4, 25.

〈바티칸대성당〉

〈아시시의 성 다미안 교회〉

〈중세의 주요 신앙인들〉

중세의 신앙인들이라고 할 때 이는 교황, 수도사, 기독교 군주들 그리고 일반 대중 신자들을 포괄한다. 모든 신자는 신앙적 위계 질서의 정점에 서 있는 교황, 그리고 중세 신앙적 경건을 대표하는 수도사들, 하나님으로부터 각국 질서와 평화를 위임받은 군주들, 그리고 그들의 사역의 피동적 대상이 되었던 절대다수의 신자들로 구성되었다. 바로 이들이 중세 교회의 수많은 역사를 만들어 낸 주역들이었다. 실제로 일반 대중이 중대한 역사적 의의를 지닌 적은 거의 없었다. 따라서 중세에 대한 역사적 서술에서 일반 대중에 대한 언급은 매우 적게 나타날 수밖에 없다.

1) 이중성과 보편성

중세 교회와 그 주역들이 만들어 낸 시대의 가장 중요한 특성이 이중성과 보편성이다. 먼저 중세 사회는 이중성의 시대라고 부를 수 있다. 왕과 귀족들로 이루어진 지배 계층과 평민들로 구성된 피지배 계층이 공존하는 사회적 이중성, 완성된 형태의 고유한 언어·예술·학문을 지닌 로마 문화와, 그 문화의 영향을 받으며 지배받았던 민족들의 야만적 요소가 공존하는 문화적 이중성, 교황과 황제가 가지는 권위의 이중성, 그리고 성직자 그룹(수도사 포함)과 일반 대중이 가지는 영적인 이중성의 시대이다.[24]

특히 성직자와 평신도의 이중적 구조는 중세 사회에서 본질적으로 중요한 요소였다. 성직자들은 성례와 말씀에 대한 독점적 지위를 차지하며, 각종 특권을 누리며 기독교 세계를 지상에서 구현하려 했다. 반면에 평신도들은 단지 성직자들의 사역 대상에 불과하였다. "중세의 농부들은 글을 쓰지 않았고, 성직자들이 그들에 대해 말할 때만" 우리는 알 수 있다.[25] 권위와 사회적 이중성 또한 이러한 영적 권위의 이중성에 기초하였다. 왕들 역시 자신들의 권위를 신적으로 보장받기 위해 성직자에 의존하였다. 때문에 기독교 세계를 보호하고, 통치하는 권위의 이중성에 따라 교황과 황제라는 두 권위는 때로는 협력하고, 때로는 대립하고 갈등을 일으켜 중세 시대의 수많은 중요한 사건을 만들어 냈다.

보편 교회(catholic church)의 이념은 중세 교회의 가장 중요한 통합적 원리였다. 중세인들에게 교회는 "하나의 거룩하며 사도적이고 보편적인 교

24 Pieper, *Scholasticism: Gestalten und Probleme der Mittelalterichen Philosphie*, 26.

25 Le Goff & de Montremy, *A la recherche du Moyen Age*, 59.

회"(*una sancta catholica et apostolica ecclesia*)여야 했다.[26] 로마 교황은 이러한 보편적이고 사도적 교회의 수장으로 이해되었다. 따라서 교황은 보편 교회의 중심이자 참된 신앙의 중심으로 여겨졌으며, 신뢰할 만한 사도적 전통의 담지자로서 여겨졌다. 또한 교황은 교회의 경계를 넘어 세상 질서와 기독교 세계 최고의 권위자로 이해되었다. 그러므로 교황은 영적인 지도자이자 동시에 세상적인 지도자였다. 이러한 보편적 권위의 사상이 지배적이었으므로 보이는 조직으로서의 교회가 사람들의 정신과 삶에서 이처럼 강력하게 영향을 미친 시대는 결코 없었다.

따라서 중세의 교회는 교황을 중심으로 한 성직 위계적 통일성만이 아니라 예배 형식의 통일성, 라틴어를 통한 예배 언어의 통일성, 교육적 언어의 통일성 등의 형식적 일치를 무엇보다도 강조하였다.[27] 그러나 보편적 권위에 따른 교황의 세상 질서와 사회에 대한 무한한 개입은 수많은 악습과 타락의 원천이 되었으며, 결국 종교개혁을 촉발하게 되었다.

> 보이는 조직으로서의 교회가 사람들의 정신을 이처럼 강력하게 지배한 시대는 전에도 없었고, 후에도 없었다. 요람에서 무덤에 이르기까지 교회는 삶의 모든 부분을 통제하였다. 모든 학문을 독점하였으며, 과학과 예술을 시녀로 만들었다. 모든 진보적 운동을 주도하였다. 대학교들을 설립하였으며, 높은 대성당들을 세웠고, 십자군들을 일으켰으며, 왕들을 세우기도 하고, 폐하기도 하였으며, 모든 민족에게 복과 저주를 내렸다. 로마에 거점을 둔 중세의 성직 위계 제도는 구약 유대인의 신정 체제를 더욱 포괄적으로 재현하였다. 그리스도의 천년 통치를 현세적으로 예기하였다고 할 만한 시대였다.[28]

26 381년 콘스탄티노플 공의회에서 공식적으로 규정된 이후로, 중세 전체를 아우르는 교회의 개념이 되었다.

27 Schäferdiek, "Mittelalter," 116 이하.

28 Schaff, *History of Christian Church*, vol. 4, 27.

2) 수도원의 시대

초대 교회에서 정신을 산만하게 하는 요소들로부터 벗어나고, 타락한 세상으로부터 도피하고자 하는 데서 출발한 수도원은 중세를 특징짓는 요소로 성장하였다. 베네딕투스(Benedictus)에 의해 토대가 구축된 수도원은 중세인들에게 '하나님의 사랑'에 이끌려 모여든 '하나님의 종들의 학교'였다.[29] 수도사들은 청빈, 순결, 복종을 서원하였으며, 규칙적인 공동 기도, 개인 기도, 성경 읽기, 그리고 육체노동으로 이루어진 하루를 보냈다.

〈오스트리아의 멜크 수도원〉[30]

베네딕투스의 모범을 따르는 다양한 수도회들이 흥망성쇠를 겪었지만, 중세 수도원은 명실상부 당대 신학과 영적 활동의 중심이 되었다. 중세인들의 삶에서 수도원의 역할은 아무리 강조해도 지나치지 않다. 또한 수도원이야말로 "로마나 비잔틴의 타락한 신민들보다 훨씬 더 길들이기 힘들었던 민족들에게 기독교 문화의 옷을 입히는 데 결정적인 승리"를 이끌었다.[31] 중세가 전개됨에 따라 "수도원은 더 이상 경건하고 특이한 인물들이 세속

---

29 『베네딕투스 수도원 규칙』(*Regula Benedictini*), prolog.

30 Umberto Eco의 소설 『장미의 이름』의 무대가 된 오스트리아의 멜크(Melk) 수도원.

31 Schaff, *History of Christian Church*, vol. 4, 90.

사를 등지고 택해야만 했던 샛길이 아니라, 서구 문명의 대도(大道)로 자리 잡게 되었다."[32]

수도사들은 일반 대중에게 존경과 사랑을 받았다. 특히 중세 기독교 세계의 중요한 신학자들은 대부분 수도원 공동체의 일원이거나 수도원과 밀접한 관련을 지닌 자들이었다. 안셀무스(Anselm of Canterbury, 약 1033-1109), 생 빅터의 휴(Hugh of Saint Victor, 약 1096-1141), 클레르보의 베르나르두스(Bernard of Clairvaux, 1090-1153), 보나벤투라(Bonaventura, 1221-1274), 그리고 토마스 아퀴나스(Thomas Aquinas, 1224/5-1274) 등 저명한 스콜라주의자들은 모두 수도원을 배경으로 활동하였다. 동시에 수도원은 중세 개혁과 갱신의 역사와 맥을 공유하며, 새로운 영적인 부흥의 요람이 되었다.

중세인들은 하나님께서 자신들을 미리 아셔서, 작정된 시간과 공간 가운데 살아가도록 창조하신 하나님의 피조물로 스스로를 이해하였다. 무엇보다도 중세의 세계에서 사람들은 반드시 신과 대면해야만 하는 시대를 살았다.[33] 성직자나 수도사뿐만 아니라, 왕이나 귀족, 평민 모두가 신 앞에 서야만 했다. 기독교의 하나님이 모든 가치의 기초였으며, 인간이 되신 그리스도를 모방하는 것이 최고의 목표였다. 이처럼, 기독교는 중세인의 모든 삶과 행동을 지배한 최고의 이데올로기로서 자리 잡았다.

3. 현대에서의 중세에 대한 연구

르 고프(J. Le Goff)는 중세의 문명이 6-7세기에서 형성되어, 13세기경에 완성되었다가 17-19세기에 해체되었다고 보았다.[34] 여기에서 더 나아가, 그는 중세와의 단절과 분리를 강화하면 할수록 중세는 암흑 속에 던져지게 된

32 William R. Cannon, *History of Christianity in the Middle Ages*, 16.

33 Le Goff/de Montremy, *A la recherche du Moyen Age*, 220.

34 Le Goff/de Montremy, *A la recherche du Moyen Age*, 155.

다고 주장한다.[35] 종교개혁 이후의 시대와 중세를 구분하고 분리하려는 시도는 오랫동안 지속되어 왔다. 그러나 근본적으로 중세와 종교개혁은 기독교 신앙의 이상을 서로 다른 형태로 실현하려고 시도한 것이라 볼 수 있다.

필립 샤프의 비교는 매우 날카롭다. 그는 가톨릭교회와 개신교는 동일한 뿌리에서 나왔지만, 각각 서로 구별되는 두 형태의 기독교를 제시한다고 보았다.

> 가톨릭교회는 중세의 야만적인 민족들에게 꼭 필요한 훈련의 학교로서 공헌한 법적(legal) 형태의 기독교이다. 개신교는 독립된 성년의 시대에 응답한 복음주의적 형태의 기독교이다. 가톨릭교회는 전통적, 위계 제도적, 예전적이며, 보수적이다. 개신교는 성서적, 민주적, 영적이며, 진보적이다. 전자는 '권위'의 원리에 의해, 후자는 '자유'의 원리에 의해 다스려진다.[36]

기독교적인 측면에서 중세 시대는 초대 교회와는 다른 사명을 지녔다. 초대 교회가 보다 고상한 문화와 우월한 사회적, 정치적 신분의 사람들에게 기독교를 설득하고 이해시키고 삶으로 증명하는 과정을 거쳤다면, 중세 교회는 문자를 지니지 못한 문화적으로 유아적인 상태의 이민족들을 위해 훈련을 위한 엄한 교육 기관의 성격을 지녔다. 즉, 중세 가톨릭교회는 율법적이고 위계적이며 의식적인 성격을 지녔다. 중세를 지배하는 원리는 '권위'였다.[37] 중세 기독교는 권위에 의해서 자신들의 이상을 실현하고자 하였다면, 종교개혁 이후 시대는 신앙과 믿음, 그리고 진리 안에서 자유의 원리를 통해 이를 실현하고자 하였다. 그러나 이 원리가 낳은 결과들은 역사 속에서 극적인 차이를 드러냈다. 그 결과만을 고려한다면, 중세와 종교개혁 사이의 간극은 거의 무한한 것처럼 보이기도 한다.

---

35 Le Goff/de Montremy, *A la recherche du Moyen Age*, 70.

36 Schaff, *History of Christian Church*, vol. 7, 18.

37 Schaff, *History of Christian Church*, vol. 7, 18.

20세기까지 개신교 진영에서 진행된 중세 연구는 종교개혁의 정당성을 강조하기 위해, 주로 불연속성에 관한 연구가 방대하게 이루어졌다. 그러나 최근의 교회사 연구들은 중세와 종교개혁의 연속성과 불연속성을 함께 고찰하려고 시도하고 있다. 종교개혁자들과 중세와의 관계에 대한 최근의 연구들에 대해 리차드 멀러(R. Muller)의 주장은 이를 잘 표현하고 있다.

> 종교개혁의 선행자를 어떻게 규정할 것인가에 대한 최근 연구는 존 위클리프(John Wyclif), 얀 후스(Jan Huss), 그리고 지롤라모 사보나롤라(Girolamo Savonarola)와 같은 개혁자적 반란군을 탐구하는 데서 벗어나, 중세에서 종교개혁 시대로 이어지는 사상의 흐름과 그와 관련된 일련의 주제들을 탐구하기 시작하였다. 그러한 연구의 결과로 토마스 브래드워딘(Thomas Bradwardine), 그레고리 리미니(Gregory of Rimini) 그리고 베셀 겐스포트(Wessel Gansfort) 같은 인물들을 발굴하게 되었는데, 이들 모두는 중세 사상을 전복하지 않았으며 오히려 중세 사상 안에서 활동하며 종교개혁 시대로 이어지는 전통에 속해 있었음을 증거하고 있다.[38]

이러한 새로운 연구들은 종교개혁 사상의 원천을 탐구하는 데서 출발한다. 즉, 일정한 목표와 시각을 가지고 중세를 연구하는 접근 방식을 취한다는 것이다. 물론 서양 사상과 역사 연구에서 18세기 후반부터 약 반세기에 걸쳐 등장한 "중세에 대한 열광"[39]조차도 중세의 모습을 자신들의 목적에 맞게 발굴하고 해석하는 경향을 지녔다. 이런 점에서 중세에 대한 현대의 관심은 여전히 일방적이다. 그러나 이러한 연구는 "중세의 삶이 갖는 격한 파토스를 보지 못하게"[40] 할 가능성이 크다.

그럼에도 불구하고 중세 교회에 대한 현대 역사가들의 관점은 변화를

38 Richard Muller, *After Calvin*, 23.

39 현대에 존재하는 대부분의 중세에 관해 연구소들과 학술지 등은 이 시기에 시작되었다.

40 Johan Huizinga, *The Autumn of the Middle Ages*, 19.

보이고 있다. 나우어트(Nauert, Jr)는 이렇게 변화를 지적한다:

> 어떤 연구자도 이제는 이탈리아 르네상스 이전에 유럽이 1천 년 동안이나 암흑·야만·미신에 빠져 있었다고 보지 않는다. 페트라르카와 그 밖의 휴머니스트들이 1천 년의 문화적 암흑기를 거친 후에야 문명이 회복되었다고 주장한 것은 사실이 아니다. 그 주장은 르네상스 시대에 관한 하나의 심대한 진리를 포함할지도 모른다. 그러나 중세와 관련시켜 볼 때 그 주장은 명백히 틀린 것이다. 따라서 이 방면의 연구자 중 어떤 사람도 그 주장을 지지하지 않는다.[41]

비록 중세와 종교개혁의 차이에 대한 연구가 현대에 이르러서는 신앙적 가르침의 연속성과 불연속성을 함께 고려하는 변화의 경향을 보이고 있지만, 여전히 어려운 과제이다. 이는 단순한 사실의 파악을 넘어 중세인들의 생경한 삶과 이상 그리고 정신과 문화를 이해하려는 시도이기 때문이다. 야콥 부르크하르트는 "중세는 시대가 아니라 하나의 생활 방식이다"; "과거가 스스로 말할 때, 그 처음은 언제나 낯설 수밖에 없으며, 이를 익히는 것은 결코 쉽지 않다."라고[42] 말하며 그 어려움을 지적한 바 있다. 브라이언 타이어니는 중세인들의 생활방식과 사고방식을 진정으로 이해하기 위해서는 "최대한의 역사적 상상력"이 필요하다고 강조한다.[43] 하지만 여전히 많은 현대의 연구자들은 중세를 이해하는 데 있어 근대적 사고방식의 오류를 드러내고 있다. 따라서 중세를 그 고유한 문화와 시대적 특성을 지닌 시기로 바라보아야 할 필요성이 더욱 크다. 특히 중세인들의 신앙과 열정에 대해 주목할 때 그들에 대한 이해의 가능성도 훨씬 증대할 것이다. 필립 샤프 또한 중세를 "열정의 시대"라고 평가하였으며, 로마 가톨릭 저자들 역시 중

---

41 Charles N. Nauert, Jr., *Humanism and The Culture of Renaissancew Europe*, 21.

42 Horst Fuhrmann, *Einladung ins Mittelalter*, 408에서 재인용.

43 Tierney/Painter, *Western Europe in the Middle Ages, 300-1475*, 15.

세를 “신앙의 시대”로 자주 부르기 때문이다.[44]

따라서 이 책에서는 역사적 사실에 관한 서술뿐만 아니라, 중세인들의 열정과 이상, 그리고 삶에 대한 이해도 함께 모색하고자 한다.

---

44 Schaff, *History of Christian Church*, vol. 4, 26.

참고 문헌

Hegel, G. W. F. *Lectures on the History of Philosophy, Part III, Section 3. E*, 1805-6. Trans. E S Haldane, 1892-6. https://www.marxists.org/reference/archive/hegel/works/hp/hpconten.htm.

Muller, Richard. *After Calvin*. 한병수 옮김. 『칼빈 이후의 개혁신학』. 서울: 부흥과개혁사, 2011.

Nauert, Charles G. *Humanism and The Culture of Renaissancew Europe*. 진원숙 옮김. 『휴머니즘과 르네상스 유럽문화』. 서울: 혜안, 2003.

Petrarca. *Epistula metrica Briefe in Versen*. Würzburg: Königshausen & Neumann, 2004.

Rubin, Miri. *The Middle Ages: A Very Short Introduction*. Oxford: Oxford University Press. 2014.

Schaferdiek, Knut. "Mittelalter." TRE Bd. 23: 110-121.

시오미 나나미. 『로마인 이야기』 14. 서울: 한길사, 2009.

2

교황 제도의 형성-베드로의 후예들

I. 교황 제도의 형성

1. 교황과 교황청에 대한 일반적 이해

1) 교황은 누구인가?

이 질문에는 많은 전제가 내재되어 있다. 이 질문에 대해 로마 가톨릭과 개신교가 기대하는 답은 전혀 다르다. 우선 개신교인들은 교황을 부정적이고 부패한 교회의 역사, 오류, 그리고 그릇된 교리를 상징하는 한 인간으로 여기는 반면, 가톨릭 교인은 '교황'이 자신들의 영적 아버지이자, 스승이며, 지도자라는 답을 기대한다. 이처럼 교황에 대한 인식이 부정과 긍정의 양극단을 오가는 이유는, 이러한 인식이 오랫동안 형성된 역사적 경험의 산물이기 때문이다. 따라서 교황을 단순히 드러난 모습에 따라 이해하는 것은 교회의 역사에 대한 고려나 성찰이 없는 이해라고 볼 수 있다.

특히 중세를 교회의 시대 그리고 교황의 시대라고 부를 때, 교황에 대한 현대 개신교인들의 인식을 가지고 접근하면 역사적 오류에 빠질 가능성이 훨씬 커진다. 그렇다고 해서 교회의 역사를 살피면서, 교황이 누구인가라는 질문을 단순히 과거의 유물처럼 간과하는 것 또한 바람직하지 않다. 왜냐하면 오늘날에도 '교황'은 전 세계적으로 그 어떤 지도자보다도 지대한 영향력을 미치고 있기 때문이다. 예를 들면 2017년 갤럽(Gallup) 조사에서 전세계인이 가장 호감을 갖는 지도자는 교황이었다. 이처럼 오늘날 교황은 단순히 가톨릭 세계의 영적인 지도자에 그치는 것이 아니라 전 지구상에 가장 영향력 있고, 발언권이 큰 인물 중 하나이다.

그러므로 '교황은 누구인가?'라는 질문은 교회와 교황의 시대인 중세교회사의 중요한 질문일 뿐만 아니라, 현 사회와 종교의 이해에도 중요한 질문에 해당한다. 이는 곧, 교황에 대한 질문에 답하는 것은 중세 교회에 한정된 논의가 아니라, 전체 교회의 역사를 고찰하는 데에도 큰 의의를 가진다는 것을 의미한다. 이에 따라, 본 단락에서 중세 시대 전체의 서론으로서 교황제도가 어떻게 형성되었는지를 살펴보려 한다.

우선, 로마 가톨릭의 『교황청 연감』(*Annuario Pontificio*)[1]에 따르면, 교황은 다음과 같이 소개된다.

> 로마의 주교(Bischof of Rom), 예수 그리스도의 대리자(Vicar of Jesus Christi),
> 사도권의 계승자(Successor of the Prince of the Apostles),
> 전체(보편) 교회의 수장(Supreme Pontiff of the Universal Church),
> 이탈리아와 로마 교회의 주교들과 도시들의 수장(Archhishop and Metropolitan of the Roman Province),
> 바티칸 국가의 최고 통치권자(Souvereign of the Vatican City State),
> 하나님의 종들의 종(Servant of the servants of God).

이러한 가톨릭의 교황 이해는 과거에서 현재까지 이어지는 모든 역사와 로마 교회의 교리를 총망라하고 있다. 즉, 로마의 주교, 이탈리아 교회의 수장, 바티칸 최고 책임자는 로마 교황이 지닌 외적이고 공식적인 위치라면, '그리스도의 대리자', '사도권의 계승자', '보편 교회의 수장' 등은 그들의 신학과 교리에 동의하지 않는 이들이 인정할 수 없는 그들만의 주장이다. 오히려 이러한 신학적, 교리적 호칭들은 현대에 이르러 가톨릭의 오류를 반

---

1 『교황청 연감』(*Annuario Pontificio*)은 로마 교황청에서 매년 1회씩 발간하며, 교황 연대표와 교황청 내부의 직분과 주요한 정보를 밝혀주고 있다.

증하는 것으로 여겨지기도 한다.

교황에 대한 이해에 있어서, 로마가톨릭 신자들에게 교황은 일차적으로 '직분'을 의미한다. 반면 개신교인들에게 교황은 한 '신자' 혹은 한 '개인(사람)'으로 이해된다. 따라서 교황과 관련된 다양한 표현에서 두 진영 간에 커다란 간극이 존재함을 염두에 두어야 한다.

2) 교황 호칭(papa)의 기원과 교황청은 어디에?

로마 교황을 일컫는 호칭인 "파파"(papa)는 원래 동방에서 콘스탄티노플, 알렉산드리아, 안디옥 그리고 예루살렘 총대주교를 비롯하여, 중요한 주교 또는 수도원장 등에게 존경의 칭호로 사용되었다. 4세기 후반에는 로마 주교에게도 사용하기 시작하였는데, 가장 먼저는 묘비에 사용되었다.

그러나 동방에서 총대주교들은 '파파'라는 일반적인 존칭어[2] 보다는 자신들을 부각시키는 '총대주교'라는 칭호를 선호하였으므로, 5세기 중반부터 '파파'는 서방에서 로마의 주교를 의미하는 것으로 일반화되었다. 결국 '파파는 로마의 주교를 칭하는 명칭으로 정착되었으며 중세 교회에서는 교황을 지칭하는 공식적인 표현이 되었다.

〈라테란 교회〉

2 동방에 존재하는 4곳의 총대주교와 수많은 대수원장이 존재함으로 '파파'라는 소위 '대부' 정도의 일반적인 호칭보다는 '동방의 총대주교들은 자신들을 권위를 드러낼 수 있는 '총대주교'(Patriarch)의 호칭을 선호함

교황청은 역사적으로 세 곳에 자리했다. 가장 먼저 교황청은 자리한 곳은 로마의 라테란 교회였다. 콘스탄티누스 대제의 기부로 세워진 이 교회에 로마 교황청은 324년부터 1309년 초까지 자리했다.[3] 따라서 이곳에서 개최된 중세 교회 초반의 중요한 회의를 라테란 공의회로 명명한다. 현재 이 교회는 로마 구시가지 동남쪽에 위치하며, '라테란 성 조반니(요한) 교회'(Basilica of San Giovanni in Laterano)라는 명칭으로 불린다.

〈아비뇽 교황청〉

〈아비뇽 교황청에서 바라본 론강 건너편의 프랑스군의 성 안드레아 요새(Fort Saint-André)〉

두 번째로 로마의 교황청이 약 70년 정도 체류했던 곳은 프랑스의 아

3 교황 클레멘스 5세는 1305년에 선출되었으나, 리옹에서 즉위하였고, 아비뇽 교황청에 거처를 정할 때까지 로마에 오지 않았다.

비뇽(Avignon)이다. 이 시기를 아비뇽 교황청 시대로 부르며, 1309년부터 1377년까지 교황들이 거주했던 곳이다. 이 시기는 로마의 교황청이 세속 권력에 휘둘려 본래의 위치에 있지 못했다고 여겨, 유대인들의 바빌론 포로 시기를 빗대, '교황청의 아비뇽 유수'라고 부르기도 한다. 마치 강력한 요새처럼 여겨지는 이 교황청은 세속 권력에 휘둘리는 교황들의 자기 보호 본능이 드러나는 듯 하다. 하지만 론강(Rhône) 맞은 편에 자리한 프랑스 군대의 성 안드레아 요새는 당시의 시대적 긴장과 갈등을 잘 보여준다. 나아가 론강을 사이에 두고 교황청과 프랑스 군대의 성 안드레아 요새가 작은 다리-베네젯트: 작은 베네딕트라는 의미-로 연결되어 있었는데, 이는 당시 국가와 교회의 관계를 상징하는 듯 하다.

1377년 아비뇽에서 돌아온 교황청은 이전의 라테란 교회가 아니라, 베드로의 무덤이 있던 바티칸 교회에 자리를 잡았다. 그 이후부터 현재까지 로마의 교황청은 바티칸 교회에 위치하며, 바티칸 교회는 로마 가톨릭교회의 정점에 자리하고 있다. 바티칸 교회는 사도 베드로가 순교한 자리에 세워진 기념비를 중심으로 건립된 교회당으로 초대 교회 시대부터 그 중요성이 인정된 장소이다. 이후 바티칸 교회는 여러 차례의 증축과 수리를 통해 현재의 모습과 같은 형태를 지녔다. 오늘날 바티칸 교회는 단순히 하나의 교회를 넘어 독립된 주권 국가의 지위를 누리며, 1984년에는 국가 전체가 유네스코의 문화유산으로 등재되었다.

〈바티칸 교황청〉

바티칸 교황청은 현재까지 로마 가톨릭교회의 정점으로서 크고 작은 사건에 연루되며, 그 권위가 추락하는 경험을 하기도 하였으나, 여전히 그 위상을 유지하고 있다. 또한 바티칸 교황청은 가장 중요한 무대이자, 최고의 권위를 상징하는 곳이었으며, 동시에 중세인들이 가장 많이 찾은 순례지이기도 하였다.

2. 초대 교회에서 로마 교회의 역할과 위치

그러면 로마 교회는 어떻게 보편 교회의 중심이며, 최고의 권위를 지니게 되었는가? 이는 초대 교회에서 로마 교회의 위치, 명성과 행동에 대한 역사적 고찰이기도 하다.

1) 초대 교회에서 로마 교회는 어떠한 외형적인 위치를 지녔는가?

초대 교회에서 기독교의 복음 전파와 교회 조직의 근간은 주교(Bishop)를 중심으로 한 지역 교회였다. 특히 2세기 이단들과의 갈등에서 주교들은 정통 신앙의 수호와 교회 질서의 상징처럼 여겨졌다. 이처럼 초대 교회에서 주교들은 사도들의 계승자들로서 점점 더 위엄과 권세를 갖게 되었으나, 자신이 맡은 지역 교회의 교회적, 정치적 중요도에 따라 각기 다른 권위를 지닌 것으로 인식되었다.[4]

즉, 주교들 가운데 일반적인 권위를 지닌 이들은 지역 주교들이었다. 지역 주교들은 4세기 초 이전에는 문헌에서 잘 언급되지 않지만, 그 이전부터 존재하였다. 이들의 지위는 장로들과 큰 도시의 주교들의 중간에 해당하였으며, 도시 주교들의 영향력이 미치지 못하는 지역에서 교회 사역을 감당하

4 Schaff, *History of Christian Church*, 2, 156 이하.

였다. 반면에 큰 도시의 주교들은 상대적으로 훨씬 더 커다란 영향력을 행사하였다.

여러 도시 주교 가운데 수도 대주교(Archbishop)는 나머지 주교들보다 더 높은 지위를 인정받았다. 이들은 주로 로마 속주(*provincia*)의 수도를 관할하며, 속주에 소속된 주교들을 지도하는 위치를 차지하였다. 또한 여러 교회 가운데 역사적으로 오래되었고 중요한 의미를 지닌 교회들이 있었으며, 이 교회들은 사도적 어머니 교회로서 다른 교회와 다른 대우를 받았다. 예루살렘, 안디옥, 알렉산드리아, 에베소, 고린도, 로마의 교회들이 이러한 교회들이었다. 이러한 교회를 사역하는 수도 대주교들은 특히 정통 신앙의 담지자로 존경받았다.[5]

이러한 수도 대주교의 교회들 가운데서도 더 존경과 인정을 받은 교회들이 나타났다. 바로 안디옥, 알렉산드리아, 그리고 로마의 주교들이다. 이들 세 교회 중에서도 초대 교회가 시작될 때부터 로마 주교는 수위권을 주장할 만한 조건들을 두루 갖추고 있었다. 로마 교회가 다른 교회들에 비해 수위성을 갖게 된 역사적 요인들은 다음과 같이 요약할 수 있다.[6]

a. 로마 교회의 깊은 역사: 로마 교회는 로마서 16장 등의 증언을 참고할 때 매우 이른 시기에 자리를 잡았다. 이는 로마인들의 역사에 대한 존중심을 고려할 때 매우 중요한 요소였다. 로마는 세계 제국으로 발전하면서 수많은 이방 종교와 토착 종교를 흡수하고 이를 공인하는 정책을 펼쳤다. 그 기준은 로마에 적대하지 않으며, 로마의 신들과 사회 그리고 질서의 통합을 깨뜨리지 않는 것이었다. 그러나 로마에 호의적이지도 않았고, 로마의 신들을 존중하지도 않았으며, 로마 사회에 융화되지도 않았던 유대교가 공인될 수 있었던 이유는 유대교의 역사가 적어도 6,000년 이상 이어져 왔기

---

5 Iraenus, *Adversus Hereses*, III, 2; Tertulianus, *De praescriptione haereticorum*, c. 32.

6 Schaff, *History of Christian Church*, 2, 159.

때문이다. 로마인들은 이처럼 장구한 역사를 지닌 종교는 존경받아 마땅하다고 생각하였다. 이처럼 로마인들은 역사에 대한 존경심이 대단하였으며, 이러한 점에서 로마 교회의 기원이 다른 교회들보다 유구한 역사를 지닌다는 사실은 로마 교회가 수위성을 지니게 된 중요한 요소로 작용하였다.[7]

b. 로마가 세계의 수도로서 지녔던 정치적 중요성: 로마는 당시 세계의 정치적, 사회적, 문화적 중심지였다. 이는 로마 주교의 위상이 점차 부각되는 중요한 요인이 되었다. 후일 콘스탄티노플 교회가 자신들이 로마 교회에 버금가는 지위를 주장한 이유 역시 정치적 중요성 때문이었다.[8]

c. 로마 교회의 행정적 지혜와 보편적이고 정통적인 본능: 초대 교회에서 로마 교회는 로마의 문화와 전통에 따라 행정적인 측면에서도 다른 지역의 교회들을 압도하였다. 또한, 초대 교회에서 여러 차례 전개된 신학적 갈등 속에서도 로마 교회는 거의 언제나 정통 신앙의 진영에 속해 있었다. 니케아 공의회부터 칼케돈 공의회로 이어지는 신학적 논쟁에서 로마는 항상 정통으로 인정되는 신앙을 대변하였다. 이는 신앙적인 측면에서 로마 교회의 권위를 더욱 강화시키는 결과를 낳았다.

d. 두 명의 대표적인 사도인 베드로와 바울이 로마에서 사역하였고, 순교했으며, 장사되었다는 사실: 로마 교회는 초대 교회 시기부터 오늘날에 이르기까지 자신들이 사도 베드로와 사도 바울을 계승하고 있다는 사실을 계속해서 주장한다. 베드로의 사역에 대한 의문점을 제외하더라도 베드로와 바

---

7 사도행전 18장 2절에 등장하는 브리스길라와 아굴라는 원래 로마에 거주하였으나, 로마에서 유대인과 기독교의 갈등이 나타남으로 클라우디오 황제에 의해 추방되었다(A.D.49년). 이에 두 사람은 알렉산드리아를 거쳐 고린도에서 바울을 만나 에베소에서 함께 동역하였다. 이러한 사실은 A.D. 49년 이전에 로마에 그리스도인이 상당수 있었음을 방증한다. 매우 이른 시기에 로마에 교회가 생겼다고 할 수 있다.

8 *칼케돈 공의회*, canon, 28.

울이 로마에서 순교하였다는 사실은 로마 교회가 그들의 계승자로서 전 세계 교회의 중심으로 인정받는 근거가 되기에 충분하였다. 오늘날에도 로마 교회는 바티칸 성당 앞 계단에 천국 열쇠를 손에 든 베드로와 말씀의 검을 든 바울의 조각상을 세워두고 있다. 이것은 로마 교회를 찾는 모든 이들에게 자신들 권위의 원천이 어디에 있는지를 분명히 천명하는 역할을 하고 있다.

이러한 다양한 외적인 요소들은 일찍부터 로마 교회의 명성과 위치를 강화하였다.

〈베드로 조각상〉

〈바울의 조각상〉

2) 초대 교회에서 로마 교회는 세계 교회로부터 어떠한 명성과 존경을 받았는가?

로마 교회는 다른 지역의 교회로부터 어떤 인정을 받았는가? 이는 반대로 로마 교회가 어떻게 행동했는가에 관한 질문이다.

먼저, 1세기 후반의 로마의 클레멘스(Clement of Rome, 약 35-99)는 고린도 교회의 감독을 둘러싼 문제에 형제의 우애로써 중재하는 모습을 보였다. 클레멘스는 A.D. 95년경에 갈등, 다툼 그리고 분열을 보이는 고린도 교인들에게 편지를 보냈다. 고린도 교회의 바울파, 게바파, 아볼로파 그리고 그리스도파로 나누어진 분열의 문제는 사도 바울 시기부터 매우 심각하였고, 결국 A.D. 95년경에 고린도 교회는 자신들의 주교를 내쫓는 사건을 일으키고 말았다. 고린도 교인들에게 보내는 로마의 클레멘스의 편지는 이 사건에 대한 책망과 경고를 담고 있다.

로마의 클레멘스, 『고린도인들에게』 44, 1

…이들은 저들(사도들)로부터 혹은 그들에 이어 세워진 다른 검증된 자들로부터 공동체 전체의 동의를 얻어 임명받고 그리스도의 양 무리들을 향한 자신들의 봉사를 완전히 숙지한 자들이다: 곧 겸손, 화평, 절대로 편협하지 않고 나아가서 모든 사람으로부터 오래도록 선한 증거를 받은 자들이라는 것이다. 그런데 이들이 자기들의 직책을 빼앗긴다면 우리는 불의한 일로 간주할 수밖에 없다! 왜냐하면 우리가 희생제물을 흠 없고도 양심적으로 드린 자들에게서 그들의 감독직을 빼앗는다면 그것은 결코 사소한 죄로 간주할 수 없기 때문이다…. 그런데 우리가 알기로는 너희들이 선한 삶을 꾸린 몇몇을 그들이 흠 없이 보살피고 명예롭게 유지한 직책으로부터 내몰았다.[9]

로마 교회는 다른 지역 교회의 그릇된 행동에 대해 지리적 거리에 관계없이, 1세기부터 기꺼이 조언과 경고를 아끼지 않았다. 이러한 로마 교회의 태도는 이후 교회의 역사 속에서도 중단되지 않고 지속되었다. 초대 교회 시대로부터 로마 교회는 잘못된 행동과 관행에 대해 경고하고 조언하는 '본능'을 지니고 있었던 것이다. 이러한 경향은 자연스럽게 로마 교회와 로마의 주교에게 위상과 명성을 가져다주었다.

둘째, 2세기와 3세기는 교회의 역사에서 매우 힘겨운 시기였다. 외부적으로는 로마의 박해가 있었으며, 내부적으로는 영지주의를 비롯한 각종 이단이 등장하였다. 이는 기독교의 정체성을 혼란스럽게 했을 뿐만 아니라,

---

9 Clemens of Rome, *The First Epistle of Clement to the Corinthians*, 44.1, in: KThQ1, Nr. 7. b.

다양한 이단 분파를 낳았다. 이 시기의 교부들인 리옹의 이레네우스(Irenaeus of Lyon, 130?-202)와 카르타고의 키프리아누스(Cyprianus, 200-258)는 사도적 전통과 교회의 통일성에 대한 글에서 로마 교회를 사도적 신앙의 표준으로 제시하였다. 이레네우스는 전 세계의 모든 신앙인은 로마 교회 안에 보존되어 내려오는 사도적 전통과 일치해야 한다고 주장하였으며, 키프리아누스는 로마 교회야말로 보편 교회를 통합할 수 있는 유일한 교회로 평가하였다.

리옹의 이레네우스, 『이단 논박』, 3. 3. 2–3

가장 크고 오래된 교회, 모든 사람에게 알려진 교회, 즉 가장 유명한 베드로와 바울 사도에 의해 로마에 세워져 확립된 교회의 전통을 지적할 것이다. 교회가 사도들로부터 받은 이러한 전통과 이러한 신앙은 모든 사람에게 선포되었고, 감독들의 계승을 통해 우리 자신의 시대까지 전해 내려왔다. 왜냐하면 이 교회는 지도력과 권위가 있는 지위를 가지고 있기 때문이다. 따라서 모든 교회, 즉 모든 곳의 신앙인들은 로마 교회와 일치할 필요가 있다.

왜냐하면 로마 교회 안에서 사도적 전통이 지금까지 전 세계 각지의 신자들에 의해 보존되어 왔기 때문이다.[10]

카르타고의 키프리아누스, 『교회의 통일성에 관하여: 수위 본문』, 4

다른 사도들도 베드로와 같은 사도였지만, 수위권은 교회의 권좌가 하나가 되어야 함을 보여준다. 그리고 모두가 목자들이지만, 한 떼의 양 무리가 지적되며, 모든 사도가 한결같이 동의하에 그 양 무리를 먹인다. 만약 베드로를 중심으로 한 이 통일성을 견지하지 않는 사람이 있다면 그가 과연 신앙이 있다고 자신할 수 있을까? 베드로의 권좌를 버리는 사람이 있다면 교회는 어떤 터 위에 세워지며, 그는 자기가 교회 안에 있다는 것을 어떻게 확신할 수 있을까?[11]

10 Irenaeus of Lyon, *Adversus Haereses*, 3.3.2, in: KThQ1, Nr. 27. 1. b.

11 Cyprianus, *De ecclesiae catholicae unitate*, 4. 이하, in: KThQ1, Nr. 37. a; b.

2세기에 살았던 교부 이레네우스나 3세기에 살았던 교부 키프리아누스나 모두 로마 교회의 존경받는 위상을 인정하고 있다. 이는 그들이 로마 교회가 바른 신앙적 전통을 유지하며, 보편 교회의 지도자로서 자격을 지니고 있다고 믿었기 때문이다. 즉, 2세기와 3세기에도 로마 교회는 갈리아나 아프리카의 교회들로부터도 존경과 인정을 받았다.

셋째, 4세기에 들어서면서 아리우스 이단 논쟁은 주교회의의 권위를 심각하게 약화시키는 결과를 초래하였다. 논쟁 기간 동안 서로 다른 주교회의들이 상반된 성명을 발표하는 사례가 많았기 때문에 주교들의 권위는 크게 실추되었다. 이는 정통 신앙의 수호자이자 전달자인 주교들도 많은 오류를 범할 수 있음을 드러내는 것이기도 하였다. 이러한 변화의 흐름을 잘 보여주는 사례로, 4세기 초 가이사랴의 유세비우스(Eusebius)는 교회의 참된 질서를 위해 종교회의를 필수적인 것으로 보았지만, 같은 세기말 나지안주스의 그레고리우스(Gregorius of Nazianzus)는 이러한 종교회의를 통해 교회가 덕을 본 것이 과연 무엇이 있는가라고 반문할 정도로 부정적으로 보았다.[12]

결국 아리우스 이단 논쟁을 거치면서 모든 교회는 더 엄격한 치리와 중앙집권적인 통솔의 필요성을 절감하게 되었다. 전통적으로 교회 내 질서를 유지하고 확립하는 방법은 교회 법령(canons)을 제정하기 위해 정기적으로 지방 회의(provincial synod)를 개최하는 것이었다. 또한 325년의 니케아 종교회의는 각 지역 대감독이 동료 감독들에 대해 가지는 권위를 강화하는 데 크게 기여하였다. 특히 로마, 안디옥, 알렉산드리아 교회에 큰 권위가 부여되었으며, 니케아의 교부들은 이 세 교회가 신앙과 교회의 질서를 위해 다른 교회들 위에서 사안을 판단할 역량을 갖춘 교회로 공인하였다.

『니케아 공의회 법령』, 6

그는 알렉산드리아의 감독이 이집트, 리비아, 펜타폴리스와 이 모든 것(속주들)

12 나지안주스의 그레고리우스는 381년 콘스탄티노플 공의회의 시작을 이끌었으나, 중도에 사임하였다.

위에 사법권을 가진다는 것에 대해 말한다. 로마 감독에게도 이런 종류의 관습법이 있다. 이와 같이 안디옥과 그 밖의 속주들에게도 전래되어 온 우선권이 유지되어야 한다. 그 외에 만일 그 누군가가 메트로폴리탄의 동의 없이 감독이 된 경우에는 그의 감독직을 상실한다고 큰 공의회가 분명히 확정하였다.…[13]

이처럼 전 세계 교회 앞에서 로마 교회는 교회 정치적 측면에서 자신들의 권위를 합법적으로 인정받았다. 그러나 5세기에 접어들면서 로마 교회에 경쟁 교회가 등장하였으니, 이는 바로 콘스탄티노플 교회였다. 무엇보다도 황제의 거처이자 제국의 수도였던 콘스탄티노플 교회는 콘스탄티누스 황제가 천도한 이후 점점 더 발언권이 강해졌다. 결국 칼케돈 회의(451년)에서 총대 주교구의 수를 예루살렘과 콘스탄티노플을 포함하여 다섯으로 늘렸고, 콘스탄티노플 교회는 로마에 버금가는 권위를 인정받았다. 이후 교회 역사 내내 로마와 콘스탄티노플 교회는 보편 교회의 주도권을 놓고 끊임없이 갈등하고 대립하였다.

〈콘스탄티노플의 성 소피아 대성당〉

칼케돈 공의회 28조

거룩한 교부들의 법령을 철저히 따르고, 150명의 주교가 최근에 반포한 조항

13 *니케아 공의회*, canon 6.

(즉, 381년 제2에큐메니컬 공의회 제3조)을 익히 아는 우리도 콘스탄티노플 곧 새 로마의 지극히 거룩한 교회의 대권들에 관련하여 동일한 법령을 결의하고 반포했나. [주교좌]에 대해서 대권들을 부여한 것도 황도로서의 특성을 고려하여 나름대로의 근거로 한 것이기 때문이다. 동일한 점을 고려한 150명의 주교는 새 로마의 지극히 거룩한 권좌에도 동일한 대권을 부여하였으며, 그 도시가 황제의 위엄과 원로원에 의해서 높임을 받고, 고대 황도 로마와 동일한 대권을 누리는 점을 참작하여, 교회적으로 동일한 존경을 받고 오직 로마에만 버금가는 지위를 당연히 누려야 한다고 타당한 근거를 가지고 판결하였다.[14]

니케아 공의회(4세기)와 칼케돈 공의회(5세기))가 개최될 당시, 보편 교회로부터 신앙과 교회, 그리고 질서 문제를 판단할 충분한 권위를 지닌 교회로 인정받았다. 비록 칼케돈 공의회에서 콘스탄티노플 교회의 대권 인정이 주목받았지만, 로마 교회의 권위에 금이 가지는 않았던 것으로 여겨진다.

초대 교회에서 로마가 가졌던 외적 지위, 교회 내 역할과 명성은 이후 로마 교회가 다른 지역의 교회보다 권위에서 주도권을 갖기에 충분한 근거가 되었다.

3. 교황 수위권 사상의 태동과 전개: 초대 교회에서 로마 교회의 지위와 명성은 어떻게 교황 수위권으로 이어지는가?

초대 교회 역사 전체에 걸쳐 로마 교회는 세계 교회로부터 인정과 존경을 받았다. 그러나 그것이 곧 로마 주교에 대한 존경으로 이어지는 것은 아니었다. 로마 교회의 지위와 명성이 로마 주교의 수위권으로 이어지게 된 것은 몇 가지 역사적 배경 때문이었다. 먼저 로마 주교들이 수위권을 주장

---

14 *칼케돈 공의회*, canon 28.

하고 선언한 것이 선행되었으며, 이후 시간이 흐르면서 그들의 수위권 주장이 서방 교회에서 받아들여지게 되었다.

1) 로마 교회의 수위권 주장은 언제부터?

2세기에 들어와 영지주의 이단들과의 격렬한 투쟁 가운데서도 로마 교회는 160년경 사도 베드로와 바울을 기리며, 베드로가 순교한 곳에는 기념비를, 바울이 순교한 곳에는 기념 교회를 건축하였다. 로마 교회는 자신들이야말로 참으로 사도적 전통의 수호자임을 인식하고 이를 증명하려 하였다. 또한 교회의 행정적 측면에서도 로마 교회는 지도력을 행사하려 하였다. 동방과 서방의 부활절 날짜 불일치 문제로 혼란이 발생하자, 2세기 말엽 교황 빅터(Victor)는 동방 헬라 지역의 교회를 포함한 모든 교회가 로마 교회가 정한 것과 동일한 날짜에 부활절을 지켜야 한다고 다소 독선적으로 주장했다.[15] 이러한 그의 태도는 지나치게 권위적이었다는 평가를 받으며, 부활절 날짜에 대한 문제는 오늘날까지도 계속되고 있다.[16]

그러나 3세기 이전까지만 해도 이러한 지도적 위치를 정당화하려는 로마 교회의 이론적이고 지속적인 노력은 보이지 않았다. 모든 교회는 서로 형제 관계에 있었으며, 단지 로마 교회는 동등한 지위 가운데 으뜸으로서 받아들여지고 있었다.[17]

후대의 로마 교황 수위권의 논거로 제시되는 "너는 베드로라 내가 이 반석 위에 내 교회를 세우리니"(마 16:18)의 말씀은 적어도 3세기 중엽에 이르러서야 로마 교회의 지도력과 권위를 설명하는 데 등장하기 시작하였다.

---

15 Henry Chadwick, *The Early Church*, 260.

16 동방과 서방은 부활절이 2주의 차이가 있다. 이는 사용하는 달력의 차이에 기인한다. 부활주일에 대한 최초의 결정은 325년 니케아 세계 공의회로서 "춘분 (3월 21)이후 첫 만월 다음 주일에, 첫 만월이 주일이면, 그다음 주일"로 결정함으로 3월 21일-4월 25일이라는 지나치게 넓은 범위가 설정되었다.

17 Chadwick, *The Early Church*, 260.

382년 다마수스(Damasus I, 366-384 재위) 교황 때부터 이 구절이 비로소 로마 교회의 우월성을 보장하는 신학적, 성경적 기초를 제공해 주는 중요한 근거로 사용되었다. 다마수스는 로마 교회를 "사도의 교구"(the Apostolic See)라고 일컬은 최초의 교황이기도 하다.[18]

서방 교회에서는 어떤 문제에 대한 결정을 내리는 장소로서 '종교회의'(councils)의 위치가 동방 교회에서만큼 중요하지 않았다. 이는 서방 교회에서 유일하게 사도가 세운 교회라는 점에서 로마 교회가 헬라 세계의 어느 감독 교구와도 비교할 수 없는 월등한 위치를 차지하고 있었기 때문이다. 일반적으로 고올이나 스페인 지방의 감독들은 조언이나 도움을 받기 위해 자기 대감독에게 편지를 쓰기보다는 직접 교황에게 편지를 쓰는 것이 관례였다.[19]

교황 다마수스와 그의 후계자들은 자문을 위해 송달된 편지들을 마치 지방 장관이 황제에게 보낸 편지처럼 취급하였다. 이에 따라 답변을 작성할 때도 마치 황제가 내리는 칙서처럼 공식화된 형식을 따랐다. 이로써 서방에서 로마 교회는 점차 법률적 권위를 행사하기 시작하였다.[20] 다마수스는 여러 감독 중에서 자신만이 유일하게 합법적인 베드로의 계승자임을 전제하고 이를 강조하였다.

그러나 다마수스 교황에 대한 역사가들의 평가는 매우 비판적이다. 역사가 마르셀리누스(A. Marcellinus)는 다마수스가 교황이 되는 과정에서 매우 비신앙적인 행동을 드러냈다고 기록하고 있다.

> (12) 다마수스(Damasus)와 우르시누스(Ursinius)는 인간의 정도를 뛰어넘을 정도로 [로마] 감독 자리를 자기 것으로 차지하려는 것에 불타올랐다. 그래서 상대

18 Tierney/Painter, *Western Europe in the Middle Ages, 300-1475*, 52.

19 Chadwick, *The Early Church*, 262.

20 Williston Walker, *A History of the Christian Church*, 174.

를 향해서 펼친 모함으로 그들의 추종자들 가운데 죽는 자와 다치는 자들이 있을 정도로 그들은 처절하게 싸웠다….

(13) 이 싸움에서 다마수스는 자기 진영의 대대적인 후원에 힘입어 승자가 되었다(366년 10월). 기독교 제의의 회집 장소인 시시니우스 성당에서 하루는 137구의 살해당한 자의 시신이 발견되었고….

(14) 물론 로마를 지배하고 있는 화려함을 생각한다면, [로마 감독의 위엄과 같은] 그러한 위엄을 추구하는 자들이 모든 힘을 쏟아부어서라도 그 목적을 달성해 보려고 할 수밖에 없다는 것을 부정할 수 없다. 왜냐하면 운 좋게 그것을 이룬 자는 앞날을 걱정할 필요가 없기 때문이다. 귀부인들의 헌물 덕분에 그는 풍족하고, 안락함 가운데 여기저기 다니며, 화려하게 옷을 입고, 그의 식탁에는 왕의 식사도 무색할 만큼 풍성한 음식이 차려진다.[21]

기독교를 공인한 콘스탄티누스 황제의 치세에서 기독교는 정치, 사회, 그리고 문화의 중심이 되었다. 그 결과, 수많은 새로운 신자들이 생겨났으며, 320년대에는 1년 동안 로마에서 새롭게 등록한 신자의 수가 1만 명을 넘어설 정도가 되었다. 이제 로마의 주교직은 성도들의 존경과 인정을 받는 자들이 추대되는 자리가 아니라, 야망과 명예를 갈망하는 자들이 탐내는 화려한 권력의 자리로 변질되었다. 로마의 주교가 되려는 자들에게 '야망'이 자리 잡았고, 주교좌는 신앙적, 인격적 섬김의 위치에서 점차 이탈하기 시작하였다. 결국 신앙적으로 연약해진 이들은 세속적 수단과 방법을 동원해서라도 주교직을 차지하려고 경쟁하기 시작하였으며, 이는 로마 교회가 점차 신앙의 본질에서 벗어나는 단초가 되었다. 또한 이들은 다마수스가 했던 것처럼, 신앙과 인격, 삶에서 존경을 받지 못하자, 성경을 자신의 권위를 뒷받침하는 근거로 활용하기 시작하였다.

마침내 로마 주교는 자신의 지위가 신적으로 제정되었고, 자신이 사도

21 Ammianus Marcellinus, *The Roman History*, 27.3. 12-14, in: KThQ1, Nr. 77.

들의 군주인 베드로의 계승자라는 주장에 근거하여 자신이 세계 교회의 수장이며, 기독교 세계의 보이지 않는 최고 수장이신 그리스도의 가시적 대표자라고 주장하였다. 이러한 로마 교회의 주장은 오늘날까지 지속되고 있으나, 이를 둘러싼 이의 제기나 저항이 없었던 시기는 거의 찾아보기 어렵다. 필립 샤프는 이러한 교황권 주장에 대하여 다음과 같이 평가한다.

> 올바로 말하자면 이 주장은 한 번도 보편적으로 인정받은 적이 없으며, 오늘날까지도 교회사에서 불화의 씨앗으로 남아 있다. 그리스 기독교 세계는 그 주장을 한 번도 인정한 적이 없으며, 라틴 기독교 세계에서도 오랜 기간 여러 저항이 이어지다가, 결국 종교개혁이 일어났다. 그 결과 기독교 세계의 주요 지역들이 교황제에서 영구히 벗어났다. 로마 교회의 제도가 지닌 근본적인 오류는 교황제와 교회를 동일시하고 이를 일관되게 유지하기 위해, 개신교뿐만 아니라 동방 교회 전체에 대해서도 교회의 지위를 인정하지 않는 데에 있다.[22]

2) 수위권 주장의 근거: “네 반석 위에”

로마의 주교들이 자신들의 권위를 내세우기 위해 활용하는 성경 본문은 크게 마태복음 16장 18-19절 말씀과 요한복음 21장 15-17절의 베드로에게 하신 “내 양을 먹이라”는 말씀이다. 이 중 후자는 사역적 측면에서 이해되는 반면, 전자는 권위의 측면에서 활용된다. 그렇다면, 마태복음 16장 18절의 성경 본문은 과연 로마 교회의 권위를 어느 정도로 지지하며, 그 해석은 다양한 신학자들로부터 동의와 지지를 받을 수 있을까? 특히 로마의 다마수스 교황이 자신의 권위를 내세우기 위해 인용한 마태복음 16장 18절 이하의 본문을 당시의 인물들은 어떻게 이해하였을까?

---

22 Schaff, *History of Christian Church*, 3, 283.

너는 베드로라 이 반석 위에 내 교회를 세우리니(마 16:18)[23]

σὺ εἶ Πέτρος, καὶ ἐπὶ ταύτῃ τῇ πέτρᾳ...

이 본문에 대한 로마 교회의 주장에 대해, 다마수스와 비슷한 시기를 살아가던 이들은 찬성과 지지 혹은 반대를 드러낸다.

a. 밀레비의 옵타투스(Optatus of Milevis)

옵타투스는 394년경 도나투스주의자들을 반박하며, 키프리아누스의 '교회의 가시적 통일' 사상을 확고히 견지하였고, 그것을 최고선으로 주장하였으며, 움직일 수 없는 베드로의 권좌를 그 사상의 가장 안전한 보장으로 이해하였다. 그는 베드로를 사도들의 수장이자 천국 열쇠를 지닌 인물로서 보았으며, 한때 그리스도를 부인했음에도 불구하고 다른 사도들과 꾸준히 관계를 유지함으로써 교회의 통일성이 인간의 어떠한 공격에도 깨지지 않는 불변의 외적인 사실로 나타날 수 있게 했다고 평가하였다. 또한 그는 베드로의 모든 특권이 사도의 계승자인 로마 주교들에게 전승되었다고 보았다.[24] 옵타투스의 이러한 관심은 도나투스의 분열에 반대하여 교회의 가시적 통일을 강조하는 것이었다. 그와 같은 교회의 가시적, 외적 통일성을 강조하는 이들은 기꺼이 로마 교회를 그 중심에 두려 하였다.

b. 밀라노의 주교 암브로시우스(Ambrosius, Bishop of Milan)

암브로시우스는 당시 로마의 주교보다도 더 큰 영향력을 지닌 인물이었다. 특히 데오도시우스 황제에 대한 그의 영향력은 유례를 찾기 어려울 정도였다. 암브로시우스는 로마 교회를 대단히 높게 평가하며, 그 도시의 주

23 18절: 또 내가 네게 이르노니 너는 베드로라 내가 이 반석 위에 내 교회를 세우리니 음부의 권세가 이기지 못하리라.

19절: 내가 천국 열쇠를 네게 주리니 네가 땅에서 무엇이든지 매면 하늘에서도 매일 것이요 네가 땅에서 무엇이든지 풀면 하늘에서도 풀리리라 하시고.

24 Optatus of Milevis, *Against the Donatists*, lib. vii. c. 3.

교에게 마치 이교 로마의 황제들이 지녔던 정치적 권한과 같은 종교적 통치권을 인정하였다. 그럼에도 불구하고 그는 베드로의 수위권을 다만 "명예가 아닌 신앙고백의, 즉 서열이 아니라 믿음의 수위권"이라고 부르며, 사도 바울을 베드로와 동등한 지위에 두었다.[25]

c. 다마수스 교황의 측근 히에로니무스(Hieronymus: 영어로는 Jerome)

히에로니무스는 서방 교회에 최초로 라틴어 성경(Vulgate)을 제공한 인물이다. 그는 초기 로마 교회의 상황에 대해 상당히 비판적인 태도를 보여, 로마에 많은 대적자를 낳았다. 한동안 그는 다마수스 교황의 측근이었으며, 그의 후원과 격려로 성경 번역에 착수하였다. 히에로니무스는 후원자 다마수스 교황이 사망한 후에는 로마를 떠날 수밖에 없었다. 그는 베들레헴으로 옮겨가 평생을 수도사로 성경 번역에 몰두하며 살았다. 그는 로마 주교들의 태도에 대해 다음과 같이 표현한다.

> 로마 수장의 야심을 버리시오. 나는 어부의 계승자이자 십자가의 제자와 더불어 말하고 있습니다. 그리스도 이외의 다른 머리를 따르지 않는 나는 당신의 거룩함과 더불어, 즉 베드로의 권좌와 함께 신앙의 사귐에 참여하고 있습니다. 그 반석 위에 교회가 세워져야 한다는 것을 나는 알고 있습니다.[26]

히에로니무스는 로마 교회의 권위적 주장에 동의하는 태도를 보였으나, 로마의 성직자들의 지나치게 야심적인 모습에 대해서는 비판적인 입장을 취하였다.

---

25 Ambrosius, *De incarnationis dominicae sacramento*, c. 4: "명예가 아닌 신앙고백의 처음, 서열이 아닌 신앙의 우월성"(*Primatum confessionis utique, non honoris, primatum fidei, non ordinis*). PL 16,853–84.

26 Hieronymus, *Epistula xv. ad Damasum papam*. 376/377년에 써진 이 편지는 다마수스 교황의 재위 기간에 그에게 보내어졌다.

d. 아우구스티누스(Augustine)

마태복음 16장 18절에 대한 이해와 관련하여 초기 분리주의자들이었던 도나투스주의자들을 반박하며 아우구스티누스는 로마 교회의 주장과 같은 생각을 보였다. 그러나 생애 말년에 이르러, 자신의 저서를 검토하는 과정에서 이러한 견해를 수정하였다.

> 너는 베드로라. 내가 이 반석 위에 내 교회를 세우리라. 이는 베드로가 고백하여 주는 그리스도시요 살아계신 하나님의 아들이시라 한 것을 깨닫게 하려 함이니라 [마 16:18]: 그리하여 베드로는 이 반석 위에 세워지고 천국 열쇠를 받은 교회의 인격을 대표하도록 이 반석으로부터 부름을 받았습니다. 이는 그에게 네가 반석이라(*Tu es petra*) 이르지 아니하셨고, 단순히 너는 베드로라(*Tu es petrus*) 하셨기 때문입니다. 그 반석(*petra*)은 시몬이 고백한 그리스도였고, 그러나 온 교회가 고백하는 것처럼 그(그리스도)를 베드로(*petrus*)라고 불렀습니다. 그러나 이 두 가지 의견 중에서 더 가능성 있는 것을 독자가 선택하도록 하십시오.[27]

아우구스티누스는 "너는 베드로라(*petrus*) 내가 이 반석(*petra*) 위에 내 교회를 세우리니"라는 말씀에서 초기에는 반석을 베드로 개인으로 해석하였다. 그러나 후에는 이 해석을 분명히 수정하여 페트라(*petra*: 여성 명사)와 페트루스(*petrus*: 남성 명사)가 구분된 것을 토대로 반석(*petra*)을 그리스도로 간주했다. 이로 인해, 로마 교회의 주장은 성경적 근거를 토대로 중대한 반대를 만나게 된다. 하지만 앞서 인용한 내용을 보면, 아우구스티누스는 '반석'을 베드로와 동일시하는 것에 대한 반대 여부를 독자의 판단에 맡기는 애매한 태도로 마무리하고 있다.

전체적으로 고찰할 때, 4세기 후반에 로마 교회가 마태복음 16장 18-19절을 근거로 베드로의 후계자로서 권위를 주장했을 때, 교회의 통일성에 관

---

27 Augustine, *Retractationes*, 1. c. 21.1.

심이 큰 이들의 동의를 얻기는 하였으나, 기꺼이 받아들여진 것은 아니었다. 이러한 로마 교회의 '베드로의 후계자' 주장이 인정되고 받아들여지는 데는 이어지는 레오 교황의 공이 지대하다.

3) 로마 수위권 주장의 정립: 교황 레오 1세(Leo I, 440-461 재위)

〈레오 1세(440-461 재위)〉

역사 속에서 교황의 권위는 마치 높은 봉우리처럼 자리하지만, 그중에서도 정점에 우뚝 솟은 인물로 여겨지는 교황들이 있다면 레오 1세와 그레고리우스 1세일 것이다.[28] 이들은 모두 '대'(大: great)라는 수식어가 붙는 걸출한 교황들로서 이후 교황제와 교회의 운명에 결정적인 영향을 미쳤다. 특히, 5세기 교황들 가운데 가장 탁월한 인물로 꼽히는 레오 1세는 440년 교황이 되어 약 20년간 로마 교회를 통치하였다. 그는 다마수스 교황의 로마 교회와 로마 주교에 대한 사상을 계승하였으며, 기독교의 위엄을 높이 유지하는 것이 몰락해 가는 로마 제국의 영광을 보존하는 것과 동일하다고 이해하였다. 레오 1세는 후대의 역사가들로부터 로마 감독의 우선권 사상에 대한 고전적 표현을 정립한 인물로 평가받으며, 로마 교회의 수위권 발전을 완성한 교황으로 인정된다.[29] 비록 그가 콘스탄티노플 감독을 로마 감독과 동등한 위치에 놓은 칼케돈 공의회 28번 법령에 반대하며 저항한 것은 별다른 성과를 거두지 못했지만, 서방 교회를 자신의 통치권 아래 복속시키는 데는 성공하였다. 이를 위해 레오는 제1차 니케아 공의회 *canon* 6을 적극적으로 활용하여, 아를의 갈리아 대주교 힐라리우스를 제압하기도 하였다.

---

28 Fuhrmann, *Die Päpste*, 100.

29 Ritter 외 편역, *Kirchen- und Theologiegeschichte in Quellen vol. II: Mittelalter*, 485.

레오 1세는 자신의 서임을 기념하는 한 설교(455년)에서 로마 주교의 베드로 계승권을 주장하며 교황의 권위와 위엄을 강조하였다.

> … 온 세상에서 유일하게 베드로만 선택되었다. 그는 부름을 받은 모든 백성과 모든 사도들과 교회의 모든 교부들의 머리가 되어야 한다. 그 때문에 하나님의 백성 가운데에는 많은 사제와 목자들이 있지만, 베드로는 참된 의미에서, 그리고 최종적으로는 그리스도께서 다스리시는 모든 자의 지도자이다…. 그 밖의 지도자들에게도 어떤 것들은 그(베드로)와 공유될 수도 있지만, 그 은혜는 다른 자들에게 무엇이 허락되었든 항상 그를 통해서만 주어졌다….[30]

레오 1세는 단순히 형식적 선언만 한 것이 아니라 실제로 교황의 권한을 행사하였다. 그는 자신을 반대하는 아를의 대주교 힐라리우스(Hilarius)에 맞서 공의회를 소집하여, 자신의 권한을 행사하는 데 성공하였다. 레오 1세는 재위 기간 내내 로마 주교는 모든 주교의 수장이며, 충만한 권위를 지니고, 모든 양을 보살필 의무와 보편 교회 전체를 돌볼 임무를 위임받았다고 주장하였다.[31] 이러한 레오 1세의 주장과 태도가 보편 교회로부터 인정받게 된 이유를 두 가지로 들 수 있다. 첫째, 당시의 치열한 교리적 논쟁 속에서 레오 1세가 정통 신앙을 수호하였다는 점이다. 둘째, 정세 속에서 헌신적으로 행동하며, 귀감이 될 만한 모습을 보였다는 점이다.

먼저, 레오 1세는 교리적 논쟁이 첨예하던 당시의 시대적 상황에서 교서를 통해 정통 신앙을 선언하였다.[32] 레오는 451년 칼케돈 제4차 세계 공의회에 '토움'(Tome-로마 교회의 의견을 담은 공식 서한)을 보내어, "그리스도는 참 하나님이자 참 인간"이라고 주장하며, 다른 믿음을 가진 자들에게 저주를 선언하였다. 또한 마치 베드로가 직접 레오를 통해 말하는 것처럼 표현하였

---

30 Leo I, *Preaching* 4, in: KThQ1. Nr. 94.

31 Schaff, *History of Christian Church*, 3, 298.

32 Fuhrmann, *Die Päpste*, 107.

다.[33] 레오의 편지는 공의회 후반부에 낭독되었는데, 당시에는 이미 문제가 해결된 이후였으므로 칼케돈 교부들은 레오의 편지를 하나의 보강 증거로 채택하였다. 이에 대하여 레오는 칼케돈의 교부들이 마치 자기 말을 베드로의 말처럼 받았다고 여겼다. 그러나 칼케돈에서 레오의 '토움'이 실제로 베드로의 말처럼 받아들여진 이유는, 사람들이 이를 읽어 본 결과 이미 통용되던 정통 신앙의 기준에 어긋남이 없다고 여겼기 때문이다.[34] 비록 공의회에서의 토론 과정과는 달랐지만, 이 편지는 레오를 세계 교회 앞에 정통 신앙의 대변자이자 수호자, 그리고 파수꾼처럼 드러나게 하였다.

〈훈족 아틸라의 침입, 452년〉

둘째로, 레오 1세의 권위를 더욱 강화한 사건은 452년 훈족 아틸라(Attila the Hun, 406-453)의 이탈리아 침입과 460년 반달족의 로마 침략이다. 훈족은 매우 야만적이고 강력한 세력으로서 당시의 로마 세계를 두려움에 떨게 하였다. 이미 동로마 지역을 약탈한 아틸라는 452년 이탈리아 국경까지 접근하였다. 이에 로마는 세 명의 사절단을 보내 아틸라와 협상을 진행하며 그의 침입을 막고자 하였다. 이 사절단에 로마의 주교인 레오가 포함되었으며, 그의 기여에 대해서는 대부분의 역사가들이 인정하는 듯하다. 그러나 전설에 따르면 레오 1세는 단 한 명의 집사만을 수행원으로 대동한 채 아틸라와 담판을 지어, 그를 설득시키고, 이탈리아 침입을 막았다고 전해진다.

455년의 반달족의 침입도 마찬가지였다. 아프리카에 자리한 반달족은

33 Leo I. 「플라비아누스에게 보낸 교의서한」(*Epistola dogmatica ad Flavianum*)는 원래 449년 제2차 에베소 공의회(일명 강도들의 공의회)에 보내진 서신이었다. 이 서신은 2년 뒤의 칼케돈 공의회에서도 커다란 지지를 받았고 영향력을 발휘하였다. NPNF2, vol. 12.

34 Chadwick. *The Early Church*, 267.

배를 이용해 로마를 침략하였다. 세속적 행정력이 완전히 상실된 상태에서 이들과의 협상 역시 레오 1세의 주도하에 진행되었다. 레오는 협상을 통해 살인과 방화를 금지하고, 약탈 기간을 3일로 최소화하는 데 성공하였다.[35] 이러한 두 이민족의 침입 앞에 두려움과 공포에 마주해야 했던 로마인들에게 레오의 행위는 구원과 다름없는 결과를 낳았다.[36]

이처럼 교황 레오 1세의 재위 동안 로마의 주교좌는 그 권력과 명성을 크게 떨쳤다. 교황의 수위권, 보편적 사법권, 정통 교리 수호자로서의 위상뿐만 아니라, 세속적인 문제에서도 커다란 지도력을 발휘하였다. 레오는 또한 로마 주교를 베드로의 계승자로 선언할 수 있었다. "사도들의 수장인 베드로에 의해 세워진 로마 교회가 전 세계 교회의 수장이 된다고 믿는 것은 바람직하고 옳은 일이다."[37] 레오에 이르러 교황의 위치는 영적 지도자로서뿐만 아니라, 세상적 지도자로서의 모습을 갖추기 시작하였으며, 그레고리우스 1세에 이르러 이러한 두 측면은 더욱 확고하게 자리 잡았다.

레오 1세의 사역을 통해 상승한 로마 주교의 권위는 5세기 후반의 교황 겔라시우스 1세(Gelasius I, 492-496)를 통해서도 엿볼 수 있다. 그는 "축복받은 베드로의 교구는 다른 어떤 감독들의 회의를 거쳐 내려진 결정이라 할지라도 다시 풀 수 있는 권리를 갖고 있다"[38]고 주장하였다. 또한 그는 동방의 총대주교들이 황제들의 원조를 받는 것을 보고, "세속적인 문제에 있어서 성직자들이 황제의 명령에 복종해야 하는 것과 마찬가지로, 교회에 관한 문제에 있어서는 황제가 고위 성직자들과 특히 그 누구보다도 최고위의 성직자일 뿐 아니라, 황제가 어떻게 책임을 수행하고 있는가를 하나님께 보고할 임무도 띠고 있는 교황에게 복종해야 한다고 하였다."[39] 비록 겔라시우

---

35 Schaff, *History of Christian Church*, 3, 301. Fuhrmann은 레오의 이 전설에 관하여 역사적 사실과의 간극을 지적한다. [Fuhrmann, *Die Päpste*, 108 참조]

36 Tierney/Painter, *Western Europe in the Middle Ages, 300-1475*, 52.

37 *A Source Book for Medieval History*, no. 35. col. 881.

38 *겔라시우스 교황의 세계 공의회에의 승인에 관한 설명*, *Denzinger*, 352.

39 *Duo sunt*, (*494년 Gelasius 1세가 동로마황제 Anastasius에게 보낸 편지*), in; KThQ2. Nr. 1;

스 1세가 진지하고 역량 있는 교황이었지만 그의 이러한 호언장담은 지나치게 높아진 로마 주교의 위상을 잘 보여준다. 이제 로마의 교황들은 공의회보다도, 황제보다도 더 높은 권위를 주장하기 시작한다.

II. 그레고리우스 1세 교황(Pope Gregory I)

1. 그레고리우스의 삶과 교황으로서의 선출

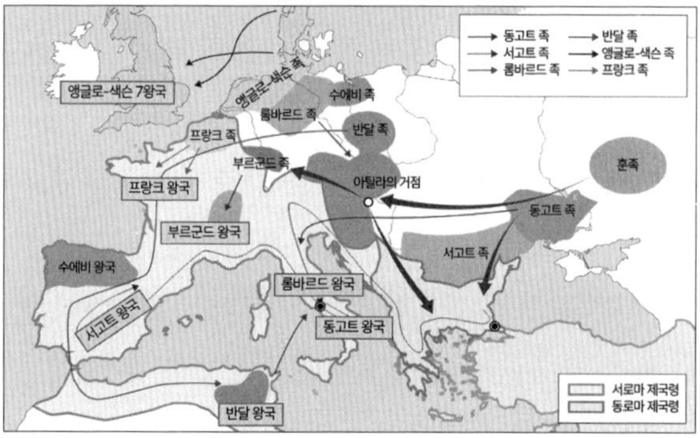

로마의 국경 안으로 침입하는 이민족들로 인한 끊임없는 전쟁은 도시와 농촌을 피폐하게 만들었으며, 교역과 통신을 두절시키고, 결국 로마 세계의 기반 전체를 무너뜨렸다. 이탈리아는 가난, 기근, 질병 그리고 인구 감소의 재난을 계속해서 경험해야 했다.[40] 이탈리아의 교회와 로마의 교황청 역시 이러한 혼란 속에서 이민족의 약탈 대상이 되었으며, 때로는 콘스탄티노플과 이탈리아에 있던 정치 세력 간의 다툼에 휘말려 그들의 이익을 대변하기도 하였다. 이러한 혼란 속에서 도덕적 권위 역시 크게 실추되었다. 그러나 롬바르드족의 침입 이후, 로마 교회는 그 영향력을 상실한 라벤나의 동

Denziger, 347.

40 Walker, *A History of the Christian Church*, 244.

로마 총독을 대신하여 주변 기독교인들을 위한 영적 지도자이자 정치 지도자의 역할을 감당해 달라는 요청을 받았다.

그러나 6세기 중엽 교황권은 밑바닥까지 추락하였다. 강력한 유스티니아누스의 치세 아래에서, 로마 교황은 비잔틴 황제의 정책에 휘둘리는 꼭두각시에 불과한 존재로 전락해 버린 듯하였다.[41] 특히 유스티니아누스 황제는 단성론자들과의 화해를 위해 양성론을 지지하는 '세 문서'(삼장)를 정죄하도록 명령하고, 로마 교황 비길리우스(Pope Vigilius, 537-555 재위)에게 서명을 강요하여 이를 관철시키기도 하였다.[42]

이처럼 정치적, 사회적, 종교적 혼란은 극에 달하였다. 이에 대해, 그레고리우스는 한 설교에서 당시의 시대적 정황을 다음과 같이 설교하였다:

> 이러한 때에 이 세상에서 우리에게 기쁨을 줄 수 있는 것이 무엇이겠습니까? 도처에서 환난을 보며, 사방에서 애도의 소리를 듣습니다. 도시들은 파괴되었고, 성들은 무너졌으며, 밭들은 황무지가 되었고, 땅은 적막하게 변했습니다. 촌락들은 텅 비었고, 도시에는 주민이 없으며, 설사 살아남아 있는 가련한 자들조차 날마다 죽임을 당합니다. 하늘의 공의로운 회초리는 멈추지 않고 계속되고 있습니다. 그 이유는, 회초리를 맞으면서도 회개하는 사람이 없기 때문입니다. 어떤 사람들은 포로로 끌려가고, 어떤 사람들은 사지가 절단되며, 어떤 사람들은 칼에 찔려 죽어갑니다. 우리는 이러한 비참한 모습을 도처에서 목격하고 있습니다.[43]

이러한 '종말이 가까이 온' 시대적 위기 상황에 등장한 그레고리우스는 그 시대에 가장 필요한 인물이자 중세의 가장 모범적인 교황이었다. 그는

---

41 Tierney/Painter, *Western Europe in the Middle Ages, 300-1475*, 105. 유스티니아누스 황제는 로마의 교황 비길리우스(Vigilius, 537-555 재위)를 콘스탄티노플로 데려가 553년 콘스탄티노플 공의회에서 칼케돈 교리의 중요 문서인 '삼장'(The Three Chapters)를 정죄하는 데 동의하도록 하였다. 이는 역사적으로 장차 로마 교회의 교황무오설에 대한 최대의 반론이 되었다.

42 이로 인해 교황 비길리우스는 '교황무오설'을 반박하는 최고의 증거가 되었다.

43 Schaff, *History of Christian Church*, 4, 204-205에서 재인용.

네 명의 라틴 교회의 박사(Doctors of the Church) 중 한 명으로 칭송을 받았다. 서방 교회에 신학을 선물한 아우구스티누스(Augustinus)는 이후의 서방 신학의 방향성과 정체성을 결정하였으며, 히에로니무스(Hieronymus)는 서방 교회에 라틴어 번역본 성경인 불가타(Vulgate)를 제공하였고, 암브로시우스(Ambrose)는 아직 정립되지 않은 국가와 교회의 관계에 대한 훌륭한 사례를 남겼으며, 그레고리우스 교황은 성실하고 존경받는 목회자의 본보기를 제시하였다. 나아가 그레고리우스 교황은 당시의 교회가 전환기의 위기를 극복하고 발전하는 데 매우 크게 기여하였다.[44]

> 590년 수도원에서 불려 나와 로마의 감독직에 취임한 그는 교황권을 공고히 하였으며 로마 제국의 폐허 위에서, 교회를 서구 세계에서 살아남은 하나의 강력한 지배력으로 구축하는 데 누구보다도 크게 기여한 사람이다.[45]

그레고리우스는 "라틴 교부들 가운데 마지막이자 교황들 가운데 처음에 해당하며, 초대 교회와 중세 교회를, 그리스-로마적 유형의 기독교와 로마-켈트적 유형의 기독교를 접목한 인물"로 평가된다.[46] 동시에 그레고리우스는 중세 교황제의 기초를 놓았을 뿐만 아니라, 그 후 서양에서 거의 천 년간 로마가 교회 문제를 성공할 수 있도록 한 성공적인 전략을 수립하였다.[47]

그레고리우스는 540년경 로마의 유력한 원로원 가문에서 경건한 부모에게서 태어났다. 젊은 나이에 고위 관직에 오른 그는 573년 이전에 로마의 장관(*prefectus*)이 되었다. 이는 그가 훌륭한 가문 출신일 뿐만 아니라, 탁월한 역량도 지녔음을 보여준다.

---

44 라틴 교회의 4명의 박사를 처음 언급한 것은 8세기 가경자 비드(the venerable Bede)이며, 이를 공식적으로 선언한 것은 1298년 보니파키우스 8세이다.

45 Stephen Niel, *A History of Christian Mission*, 78.

46 Schaff, *History of Christian Church*, 4, 203.

47 Cannon, *History of Christianity in the Middle Ages*, 46.

573년경 그레고리우스는 수도원 생활에 매력을 느끼고 막대한 유산을 처분하여 빈민 구제에 힘쓰고, 여러 수도원을 설립하였다(시칠리아에 6곳, 로마에 1곳). 이후 그는 로마의 카엘리우스 언덕에 자리 잡은 궁전터에 자신이 설립한 성 안드레아스(Saint Andreas) 수도원에 수사로 들어갔다. 그레고리우스가 갑자기 세속적 삶을 떠나 수도사의 길을 선택한 동기에 관한 관심도 적지 않다. 그는 자신이 직접적인 동기를 밝히지 않았으나, 두 가지 정황 증거로 추론할 수 있다. 첫째는 573년경 부친이 사망하면서, 그레고리우스는 인생에 대해 진지하게 고민하였고, 그 결과 신앙으로 회귀하기로 결심하였다. 둘째는 569년경 롬바르드족이 몬테카시노의 베네딕투스 수도원을 약탈하고 파괴하였을 때, 일부 수도사들이 로마로 도피하였다. 이들은 그레고리우스의 환대를 받았고, 그에게 베네딕트 수도사의 삶과 열망에 대해 이야기해주었다. 이에 감명받은 그는 수도사의 삶을 동경하게 되었다.[48]

수도원에 입회한 그레고리우스는 지극히 검소한 생활을 하였으며, 건강을 해칠 정도로 철저한 금욕 생활을 실천하였다. 그럼에도 불구하고, 그는 후일, 이 시절을 회상하면서, 이때가 자신의 생애에서 가장 행복한 시기였다고 말하였다.[49] 수도사로서는 최초로 교황이 된 뒤에도, 그레고리우스는 수도자로서의 신념을 끝까지 포기하지 않았으며, 오늘날까지도 겸손한 자세로 직무를 수행한 교황의 모범으로 기억되고 있다.[50]

약 3년간 성 안드레아스 수도원에서 수도에 전념하던 그레고리우스는 새로운 교황이 즉위하면서, 로마 교회의 부제(diacon)로 임명되어 교회를 섬기게 되었다. 로마시의 장관으로 재직 시 그의 주된 임무는 "로마 시내의 공공건물들을 관리하고 식량 수급을 통솔하는 것"이었다.[51] 로마 교회에서

---

48 Gregory I, 『이탈리아 교부들의 생애와 기적들에 대한 강론들』(*Dialogorum libri quattuor seu De miraculis patrum italicorum*), 일명 『대화록』(*Dialogues*) 제2권에서는 베네딕투스의 삶에 대한 자세한 전기가 실려 있으며, 베네딕투스 연구에 있어서 매우 중요한 기초자료이다.

49 Schaff, *History of Christian Church*, 4, 205.

50 Fuhrmann, *Die Päpste*, 109.

51 Cannon, *History of Christianity in the Middle Ages*, 47.

처음 맡은 역할 역시 어려운 환경에 처한 로마 시민들을 돌보는 일이었으며, 이미 경험을 갖춘 유능한 그레고리우스는 이 역할을 훌륭히 수행하였다.

● 로마 권력자의 의무

지중해를 거의 석권한 공화정 말기부터 로마의 호민관으로 선출된 자의 가장 중요한 임무는 로마시의 '의·식·주'의 문제를 해결하는 것이었다. 이는 로마시가 자체적으로 해결하기에는 지나치게 거대해진(?) 까닭이다. 고대 로마에서 로마시에 양식을 공급하는 역할은 무엇보다도 중요한 과제였으며, 로마 황제들의 역할에서도 최우선적인 역할 중 하나였다.

330년 콘스탄티누스 대제가 콘스탄티노플로 제국의 수도를 이전할 때, 로마 시민 중에 이주하는 자들에게 부여한 특권은 '평생 무료 식량 배급권'(*annona*)이었다. 이 특권은 이주를 망설이던 많은 로마인에게 동기 부여가 되었다. 새로운 도시로 공급되는 식량은 주로 아프리카에서 생산되어 알렉산드리아 항구를 거쳐 배로 이송되었으며, 따라서 황제들에게 알렉산드리아 항구를 안정적으로 관리하는 것은 매우 중요한 일이었다.

325년 니케아 공의회에서 아리우스주의자는 정죄받고 유배당하였다. 이 가운데 니코메디아의 유세비우스(Eusebius of Nichomedia)는 열렬한 아리우스주의자이자 뛰어난 수완을 지닌 인물로 유배 후 불과 3년 만에 다시 콘스탄티누스 황제의 고문으로 복귀하였다. 그는 최대 적수였던 알렉산드리아의 아타나시우스를 끊임없이 공격하였다. 처음에는 아타나시우스를 신성모독, 사기, 모함, 폭력, 고문, 강간, 살인 혐의로 고소하였으나, 황제의 주목을 끌지는 못하였다. 이후 그는 아타나시우스가 '황제의 어머니 헬레나를 비방한다'고 고발했지만, 이 역시 황제의 주목을 끌지는 못하였다. 결국 유세비우스는 "아타나시우스가 알렉산드리아 항구의 노동자들을 부추겨 파업을 획책하고 있다"라고 고발하였고, 이에 황제는 분노하여, 335년 아타나시우스를 독일 땅 트리어(Trier)로 유배를 보냈다. 이는 '새로운 로마'(*Nova-Roma*: 콘스탄티노플)에 양식을 공급하는 일이 얼마나 중요한 문제였는지를 보여주는 대표적인 사례이다. 또한, 행정력과 질서가 무너진 그레고리우스의 시대에 로마 시민들의 식량 문제가 얼마나 심각했었는지를 방증하는 사건이기도 하다.

얼마 지나지 않아 그레고리우스는 교황 펠라기우스 2세(Pelagius II, 579-590)로부터 콘스탄티노플 주재 교황대사(*apocrisiarius*)로 임명되었다. 그는 콘스탄티노플에서도 수도원 동료들과 함께 소규모 공동체 삶을 실천하며, 성경을 연구하고 동료들에게 설교하며 금욕생활을 이어갔다.[52] 585-586년경 다시 로마로 돌아온 그는 성 안드레아스의 대수도원장으로서 성경 연구와 묵상에 힘쓰며 수도원 규칙들을 성실히 준수하였다.

590년 여름, 로마에 전염병이 크게 유행하며 교황이 서거하자, 그레고리우스는 강력히 사양하였음에도 불구하고 성직자단과 원로원, 그리고 백성들에 의해서 만장일치로 로마의 주교로 선출되었다. 그는 로마의 주교로서 14년 동안 직무를 충실히 감당하다가, 604년 3월 12일에 세상을 떠났다.[53]

수도사 출신의 그레고리우스 1세는 교황 선출을 거절하려 하였으나, 교황이 된 후에도 수도원 시절과 다름없이 매우 검소하게 살았다. 그는 수도사적 겸손함으로 직무를 수행하였으며, 수사들을 주교와 교황특사로 임명하기도 하였다. 또한 로마 공의회에서 성 베네딕투스의 수도회칙을 승인하고, 수도원들의 자유와 재산을 보증하였으며, 자신의 모범과 영향력을 통해 베네딕투스 수도회에 큰 영향을 미쳤다.

반면, 그레고리우스 역시 이전의 로마 주교들처럼 자신의 임기 내내 사도 베드로의 계승자이자 그리스도의 대리자라는 확고한 의식을 지니고 교황청과 영원한 도성을 지키며 그 세력을 확장하는 데 모든 힘을 쏟았다.

52 Robert Austin Markus, "Gregor I," TRE Bd. 14: 135-145 (136).

53 Schaff, *History of Christian Church*, 4, 206.

2. 그레고리우스 1세의 활동

그레고리우스 교황은 수도자, 목자, 선교사 그리고 저술가로서 훌륭한 발자취를 남겼다. 그의 로마 교회 목회자로서의 사역과 교회 밖에서 정치적 지도자로서 수행한 역할은 후대 교황들의 방향성을 결정짓는 데 큰 영향을 미쳤다. 교황으로서의 그레고리우스 1세의 첫 번째 사역은 전염병으로 피해를 본 로마 시민들을 위로하고 그들을 위해 기도하는 것이었다. 이에 그는 회개에 합당한 옷을 입고, 3일 동안 회개 의식을 행하며 로마 시내를 행진하던 중, 하드리안 영묘 근처에서 천사 미카엘이 환상 중에 칼을 칼집에 넣는 장면을 목격하였고, 그 직후 전염병이 그쳤다.[54] 이는 역사적 진위 여부를 떠나 당대와 후대 사람들이 그레고리우스를 어떻게 인식했는지를 잘 보여주는 전설이다.

1) 로마 교회 지도자

그레고리우스 1세는 로마의 주교로서 다가올 심판을 앞두고 주님의 백성을 보살피는 책무를 받은 자로서 여겼다. 목회자로서 그레고리우스는 자신이 맡은 사람들을 사랑으로 훈계하고 보호하며 지원해야 할 의무를 지닌 "하나님의 종들의 종"으로서의 정체성을 확고히 하였다.[55]

교회의 신자들을 보살펴야 하는 책임은 그레고리우스로 하여금 로마 교회의 막대한 재산을 관리하고 개혁하는 일에 착수하도록 이끌었다. 초대 교회로부터 로마 교회에 기부된 많은 토지는 로마, 프로방스, 시칠리아를 비롯하여 이탈리아 전역에 걸쳐 있었으나, 혼란스러운 역사적 상황으로 인해 그 수익이 로마로 들어오지 못하는 경우가 많았다. 특히 지역의 주교나 세

54 Schaff, *History of Christian Church*, 4, 206.

55 Walker, *A History of the Christian Church*, 247.

〈**로마의 천사성과 천사상**(처음 하드리안 영묘로 건설된 이 건물은 이 사건을 계기로 '천사성'으로 불렸고, 17세기에 그 정상에 천사의 조각상을 설치하였다)〉

속 군주들이 이 토지에서 나오는 수익을 가로채는 일이 빈번하였다. 로마의 주교이자 동시에 로마 시민의 부양자이기도 했던 그레고리우스는 이 토지에서 발생하는 수익이 가난한 자들의 생계를 위한 몫이라고 여겼다. 따라서 그레고리우스는 대표들을 임명하여 그 토지 경영을 감독하고, 직접 많은 시간을 들여 곡식을 심는 문제에서부터 가축에게 사료를 공급하는 문제에 이르기까지 지시를 내렸다. 이러한 노력 덕분에, 교회의 수입이 회복될 수 있었고, 그레고리우스는 가난하고 불우한 사람들, 그리고 그 '시대적 불안의 희생자'들을 적극적으로 지원할 수 있었다.[56]

교회의 목회자로서 그레고리우스는 교회 의식을 체계화하고 완성하였으며 이를 더욱 장엄하게 발전시켰다. 이로써 오늘날 라틴 전례의 기본적인 형태를 확립하였다. 특히, 그는 미사에서 성찬이 중요한 요소가 되도록 강조하였다.[57] 그레고리우스는 자주 진지한 설교를 통해 경건과 겸손을 역설하였으며, 또한 자신의 이름이 붙은 새로운 찬송 형식(그레고리우스 성가, *Cantus gregorianus*)을 정리하였다. 당시 존재하던 다양한 성가들을 전례의 수집, 통합, 집대성하여 미사에서 사용할 수 있도록 체계적으로 정리하였다.

교회의 책임을 맡은 지도자로서 그레고리우스는 새로운 주교들을 임명하

56 Walker, *A History of the Christian Church*, 247.

57 Schaff, *History of Christian Church*, 4, 359.

〈그레고리우스 성가: *Santus*〉

는 한편, 의무에 태만하거나 범죄를 저지른 주교들을 견책하고 면직시켰다. 또한 당대, 교회에 만연하던 성직 매매 관행을 단호히 반대하였으며, 성직자들에게 사역의 대가로 수수료를 요구하거나 받지 말도록 엄중히 경고하였다.

2) 정치적 지도자

그레고리우스가 교황으로 즉위하던 당시 이탈리아 사회는 극도로 불안정한 상황에 있었다. 그레고리우스는 로마의 안녕과 평화를 위협하는 롬바르드족과 협상을 피할 수 없었다. 그래서 그는 명목상 로마의 통치자인 동로마 황제 및 총독과 상의하지 않은 채로 롬바르드족 군주들과 상당한 액수의 협상금을 조건으로 휴전 협상을 진행하였다.[58] 한편, 동로마 황제에게는 롬바르드족과의 전면적인 휴전의 필요성을 강조하였다. "그는 이탈리아에 주둔하고 있는 제국 군사력이 약하기 때문이 아니라 이탈리아와 그 백성에게 평화가 절실히 필요하므로 반드시 휴전이 성사되어야 한다고 보았다."[59]

비슷한 방식으로 그레고리우스는 메로빙거(프랑크) 군주들의 착취 정책

---

58 Fuhrmann, *Die Päpste*, 116. 참조) Paulus Diaconus. *Pope Greogry the Great and the Lombard, c. 593*, In: William Stearns Davis, ed., *Readings in Ancient History: Illustrative Extracts from the Sources*, 2 vols., 367-369.

59 Grogory I, *Epistula ad Mauricius Augustus*, VII, 13.

아래 교회의 행정과 목회가 부패한 상황을 주목하며, 메로빙거 왕들과 서신을 교환하고, 그들과 동로마 황제 간의 항구적인 평화 조약 체결을 주장하였다. 그레고리우스는 정치적 안정과 평화가 교회와 교인들의 안녕을 유지하는 데 필수적이라고 판단하였다.[60] 이러한 교황의 활동은 그레고리우스를 사실상 중부 이탈리아의 독립 군주이자 이탈리아 평민들의 보호자로 자리매김하게 했으며, 그는 당시의 사회에서 탁월한 정치적 지도자로서의 역할도 잘 수행하였다.

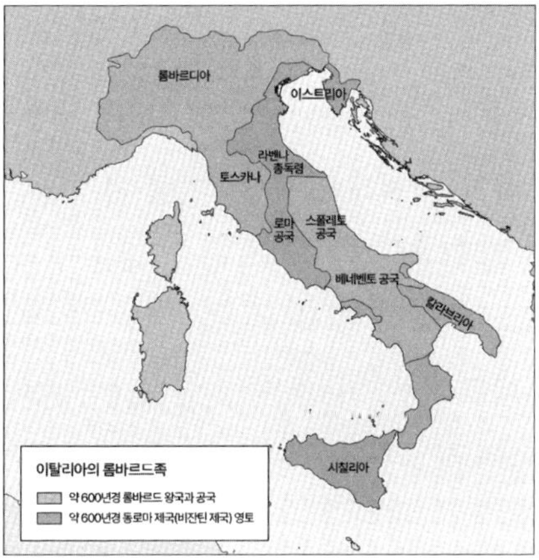

〈그레고리우스 1세 시기의 이탈리아〉

3) 로마 교회 밖의 기독교 세계에 대한 그레고리우스 1세의 활동

그레고리우스의 로마 교회 밖의 활동은 크게 세 가지로 나누어진다.

첫째, 그레고리우스가 교황으로 즉위하던 당시 콘스탄티노플의 총대주교 요하네스(John the Faster, 582-590 재위)는 서신들에서 자신을 "보편적 총대주교"(universal bishop)라고 칭하기 시작하였다. 그레고리우스는 요하네스의 주장을 반박하며, 5곳의 총대주교(로마, 안디옥, 예루살렘, 알렉산드리아, 콘스탄티노

60 Fuhrmann, *Die Päpste*, 114.

플)는 각각 동등한 지위를 가진다고 선언하였다. 동로마 황제 마우리키우스에게 보낸 편지에서 "누구든지 자신을 가리켜 보편적 사제라고 하거나 그렇게 불리기를 바라는 자는 적그리스도의 선구자"라고 주장하였다.[61] 콘스탄티노플 총대주교의 교만한 칭호에 맞서, 그레고리우스는 오히려 역설적으로 자신을 "하나님의 종들의 종"(*servus servorum Dei*)으로 불렀다. 이 칭호는 이후 역대 교황들이 자신을 지칭할 때 사용하는 최고의 수식어가 되었으며, 거의 모든 교황이 공식 서한이나 방명록에 서명할 때 사용하는 표현으로 자리잡았다.

둘째, 그레고리우스는 색슨족 왕 에델베르트(Ethelbert of Kent)와 가톨릭 기독교도였던 프랑크족 공주인 베르타(Bertha)와의 결혼을 계기로 삼아 영국에 선교사를 파송하였다. 전해오는 이야기에 따르면, 그레고리우스는 로마의 노예 시장에서 '잉글랜드 출신의'(angles) 젊은이 세 사람을 보고 그들의 고향에 선교사를 파송해서 '천사들'(angles)이 사는 곳으로 만들려 계획하였다.[62] 이들은 그레고리우스가 세운 성 안드레아 수도원에서 수사가 되어 교육을 받았던 아우구스티누스(Augustine)와 그 일행이다. 그레고리우스는 아우구스티누스와 여러 명의 수사들(30여 명)을 파송하였다. 597년 켄트(Kent)에 상륙한 아우구스티누스는 에델베르트를 개종시키는 데 성공하였고, 601년 부활절에는 왕과 1만여 명의 신하들에게 세례를 베풀었다. 왕이 세례를 받자, 그레고리우스와 아우구스티누스는 런던과 요크에 대주교구를 두고, 각각 열두 개의 교구를 관장하는 계획을 세웠다. 그러나 아우구스티누스는 캔터베리에 수도대주교좌를 두고 교회를 세웠으며, 근처에 수도원을 설립하였지만, 604년까지 로체스터와 런던에 주교구를 설치하는 데 그쳤다. 그때 이후로 지금까지도 캔터베리는 영국 교회의 중심지로 자리하고 있다.

셋째, 그레고리우스는 약 850통의 편지를 남겼다. 그는 교회의 유익을

---

61 Grogory I, *Epistula ad Mauricius Augustus*, VII, 13.

62 Fuhrmann, *Die Päpste*, 114.

위해서 서방 세계의 귀족들과 왕들, 여왕들, 동방 세계의 황제들 및 총대주교들과 서신을 주고 받았다.[63] 또한 스페인, 갈리아, 아프리카 그리고 심지어 일리리아(Illyria)의 수도대주교들과도 편지를 주고받았다. 이처럼 교회들과 활발히 서신을 교환한 그레고리우스의 편지들은 당시 생존에 급급했던 교회들에게 연대 의식을 부여하고, 보편 교회의 구성원이라는 자각을 심어주었으며, 교회가 하나의 통일체로 성장하는 토대를 마련하는 데 기여하였다.

이러한 그레고리우스의 의도는 팔리움(Pallium: 대주교가 착용하는 영대)을 선물했던 관행을 통해 더욱 분명하게 나타난다. 서방 세계의 지도자로서 그레고리우스는 이탈리아, 갈리아, 스페인 그리고 브리타니아 교회들을 보살폈고, 몇몇 수도대주교들에게 팔리움을 보냈으나, 법적 관할권을 주장하지는 않았다. 베드로의 후계자로부터 받은 팔리움의 선물은 지역 주교들의 권위와 명분을 강화해 주었고, 자신들을 보편 교회의 구성원이자 로마의 친구로 여겨지도록 하는 역할을 하였다. 그러나 후일 그레고리우스 7세는 로마 교황의 권한을 강화하기 위해, 새로이 추기경이 되는 자들을 로마로 불러 팔리움 착용식을 거행하며, 이를 지역교회들을 로마 교회에 복종시키는 수단으로 남용하였다.[64] 그러나 그레고리우스 1세에게 팔리움 선물은 '하나의 교회'라는 의식을 형성시키는 중요한 수단으로 사용되었다.

3. 그레고리우스 1세의 저술들

그레고리우스의 생각은 꾸준히 묵상(contemplation)과 금욕(asceticism)을 지향하였고, 그는 교황의 자리보다 수도사의 삶을 더 갈망하였다. 그레고리우스는 세상으로부터의 세상에서의 섬김 사이의 긴장을 인식하였을 뿐만

63 Walker, *A History of the Christian Church*, 248.

64 Schaff, *History of Christian Church*, 4, 207.

아니라, 이 둘을 조화시키기 위해 깊이 숙고하였다.[65]

그레고리우스는 850여 통의 편지 외에도 다양한 저술을 남겼다. 『목회규율』(*Liber regulae pastoralis*), 『욥기 주해』(*Magna Moralia*), 그리고 『대화록』(*Dialogues*)으로 간략히 표현되는 『이탈리아 교부들의 생애와 기적들에 대한 강론들』(*Dialogorum libri quattuor seu De miraculis patrum italicorum*) 등이 있으며, 그의 서신과 설교들도 전해진다.

『목회규율』(*Liber regulae pastoralis*)은 그레고리우스가 교황직에 오른 지 채 한 달도 되기 전에 완성한 것으로 여겨지며, 그가 죽기 전에 동로마 황제 마우리키우스(Maurice)의 명에 따라 그리스어로 번역되었고, 9세기경에는 알프레드 대제(Alfred the great)에 의해 앵글로색슨어로 번역되었다. 이 책은 중세 서방에서 이 주제에 대한 중요한 교과서가 되었다.[66] 4부로 구성된 이 저서에서 그레고리우스는 기독교 주교가 영혼을 돌보는 사명을 "예술 중의 예술"(art of arts)[67]이라 정의하며, 이를 목회자의 고유한 역할로 보았다.

그에게 있어, 참 그리스도인이자 영혼을 보살피는 목자로서 주교의 가장 큰 의무는 설교였다. 그는 성직자는 말뿐만 아니라 삶을 통해서도 설교해야 하며, 설교자가 스스로 교훈의 내용을 실천해야 함을 강조하였다.

> 직위상 지극히 숭엄한 일을 말해야 하는 사람은 지극히 숭엄한 교훈을 삶으로도 증명해야 할 필요성을 똑같이 강하게 느껴야 한다. 그가 설교하는 내용을 어떻게 실천할 수 있을지를 직접 본보기로 보여줄 때, 그의 설교는 청중의 마음에 더욱 깊이 파고 들어간다.[68]

---

65 Schaff, *History of Christian Church*, 4, 220.

66 Walker, *A History of the Christian Church*, 248.

67 Gregory I, *Liber regula pastoralis*, 1.1.

68 Gregory I, *Liber regula pastoralis*, 2.3.

그뿐만 아니라 그레고리우스는 영적 지도자가 영혼의 내면생활을 잊을 정도로 외적 일들에 몰입해서는 안 되며, 반대로 내면생활에만 집중하느라 외적 일들을 소홀히 해서도 안 된다고 지적한다.

> 우리 주님께서는 늘 산에 올라 기도에 힘쓰셨지만, 성읍에 들어가 기적도 많이 행하셨다. 이를 통해, 성직자들에게 높은 세계를 열망하면서도 동시에 약한 자들의 처지를 헤아릴 줄 알아야 함을 보여주셨다. 따뜻한 마음이 담긴 자애는 가장 낮은 곳으로 내려갈수록 훨씬 더 높은 곳으로 힘 있게 올라가는 법이다.[69]

글 전체가 목회와 관련된 성경 본문에 대한 실용적 주석에 초점을 맞춘 그레고리우스의 『목회규율』은 당시 성직자들에게 매우 실제적인 도움이 되는 저술로 평가되었다. 813년 샤를마뉴는 일련의 종교회의에서 사제들이 『목회규율』을 읽어야 한다고 명령하고, 주교들이 서임을 받을 때, 『목회규율』과 『교회법』 각각 한 부를 필사하여 전달하기도 하였다.[70] 이 저서는 오늘날까지도 높이 평가받고 있다.[71]

『욥기 주해』(Moralia in Job 또는 *Magna Moralia*)는 그레고리우스가 수도원에서부터 설교하고 연구한 주제이다.[72] 따라서 그레고리우스는 이 저서에서 수도원의 영성에 관한 자신의 이해를 드러낸다. 알레고리적 방식으로 욥기를 해석한 그레고리우스는 적극적인 도덕적 생활뿐만 아니라 다가오는 하나님 나라를 묵상하는 삶을 강조하였다. 또한, 아우구스티누스(Augustinus)와 마찬가지로 하나님 나라를 인간이 얻기 위해 분투해야 하는 목표로 보았다.[73]

---

69 Gregory I, *Liber regula pastoralis*, 2.5.

70 Schaff, *Leo the great, Gregory the great*, NPCF2, vol 12, 418.

71 Charles Kannengiesser, "보에티우스, 카시오도루스, 대 그레고리," in: *Medieval Theologians*, 90-91.

72 Markus, "Gregor I," 136.

73 Walker, *A History of the Christian Church*, 248.

무엇보다도 『욥기 주해』는 그레고리우스가 성경을 어떻게 해석했는지를 잘 보여준다.

> 우리가 먼저 알아야 할 것은 어떤 본문 구절들은 역사적(문자적) 해석을 하면서 빠르게 지나가는 경향이 있다는 사실이다. 어떤 본문들은 앞을 가리키고 있다는 점을 눈여겨보며, 우의적 해석 방법을 도구로 삼아 철저하게 조사한다. 또한, 어떤 본문은 우의적으로 고양해야 하는 윤리적 요점만을 깊이 탐구하며 숙고한다. 마지막으로 어떤 것(성경 구절)들은 우리가 한꺼번에 모든 수단을 사용하고, 그래서 삼중성을…. 우리는 먼저 역사의 뿌리에 도달한 뒤, 나아가 비유의 열매로 우리의 정신을 충분히 만족시킬 수 있어야 한다(debemus prius historiae radicem figere, ut valeamus mentem postmodum de allegriaum frutu satiare. I.x.21).[74]

이러한 그레고리우스의 주장에 근거하면 성경의 삼중적 해석은 초대 교회부터 현재에 이르기까지 중요한 해석 원리로 자리 잡아 왔다. 그러나 역사적, 문자적 해석이 매우 어려운 시대적 한계로 인해 중세의 성경 해석은 점차 알레고리적 해석으로 빠져들게 되었다. 당시 대부분의 사람은 성경을 직접 읽을 수 없었으며, 일반 대중들은 일주일에 한 번 정도 단지 말씀을 들을 뿐이었다. 심지어 수도원에서도 성경은 식사 시간에 한 수도사가 대표로 읽는 한 구절만이 하루 동안 접할 수 있는 말씀의 전부인 경우가 많았다.

『욥기 주해』 제3권에서 그레고리우스는 당시의 인간적 비극, 무감각한 폭력, 헤아릴 수 없는 무고한 죽음, 그리고 비인간적인 잔혹함의 광경을 묘사할 뿐만 아니라, 이와 병행하는 악덕들, 곧 배신, 탐욕, 교만 등 사회적 불의와 권력의 남용으로 이어지는 모든 악덕도 함께 다루고 있다.[75] 이러한 이해는 그의 수도원 생활을 견인하는 동력이 되었으며, 동시에 그의 영성의

---

74 Gregory I, 『욥기 주해』(*Moralia in Job*)의 1권 서두에서 주교인 Neander에게 보내는 그레고리우스 편지의 3번째 단락. in: KThQ2, Nr. 10. a.

75 Kannengiesser, "보에티우스, 카시오도루스, 대 그레고리," 94.

중요한 기초가 되었다.

『이탈리아 교부들의 생애와 기적들에 대한 강론들』(*Dialogues on the Life and Miracles of the Italian Fathers*), 혹은 『대화록』(*Dialogues*)은 네 권으로 되어 있으며, 누르시아의 베네딕투스를 비롯한 여러 이탈리아 성인들의 생애와 기적, 그리고 영혼 불멸에 관하여 다룬다. 꿈, 환상, 신앙의 능력을 강조하는 다양한 기사들로 가득한 이 책은 폭력과 혼란과 문화적 쇠퇴로 얼룩진 시대에 기독교 신앙이 무엇을 피난처로 삼았는지를 이해하는 데 좋은 열쇠가 된다.[76] 이 저서 역시 그레고리우스 사후 수 세기 동안 성직자들과 수도사들뿐만 아니라 평신도들 사이에서도 회람되었고, 중세 대중 신앙의 형성에 크게 이바지하였다.

4. 그레고리우스 1세에 대한 평가와 영향

그레고리우스 교황에 대한 평가는 긍정과 부정이 모두 존재하지만, 대체로 긍정적인 평가를 받아왔다. 가톨릭교회사가인 보쉬에(Bossuet)는 그레고리우스의 공적 생애를 다음과 같이 간결하게 요약한다:

> 이 위대한 교황은 황제들로부터 아무런 지원을 받지 못하였음에도 롬바르드족을 굴복시켰고, 로마와 이탈리아를 구원하였고, 콘스탄티노플 총대주교들의 돌연한 교만을 꺾었고, 그의 교리는 온 교회를 일깨웠으며, 겸손이 뒷받침된 열정으로 동방과 서방을 지도하였으며, 세계에 교회 정부의 완벽한 본보기를 남겼다.[77]

---

76 Walker, *A History of the Christian Church*, 249.

77 Schaff, *History of Christian Church*, 208.

이처럼 그레고리우스에 대하여 몽탈랑베르(Count Montalembert), 기번(Gibon), 라우(Lau), 박스만(Baxmann), 밤비(J. Bamby) 등도 긍정적인 평가를 내렸다.

특히, 개신교 역사가인 랑케(Ranke)의 평가는 주목할 만하다.

> 초기 교황들에 대해 어떻게 생각하든 간에, 그들은 항상 억압받는 신앙을 보호하고, 이교와 싸우고, 기독교를 북유럽 민족들에게 전파하고, 독립된 성직 위계 체제를 수립하는 일에 큰 관심을 가졌다. 이는 위대한 목표를 세우고 실천하는 인간 존재의 위엄에 속하며, 이러한 경향을 교황들은 지속적으로 강화해 나갔다.[78]

'대'(大)라는 수사가 붙은 그레고리우스는 오늘날 정밀한 신학적 기준으로 평가하면 흠결이 많이 드러난다. 현대의 일부 신학자들이 그레고리우스에 대한 호의적인 평가에 반대하는 이유도 시대에 따라 평가 기준이 바뀌었기 때문이라는 지적이 있다.[79] 그러나 그레고리우스는 당대의 시대적 정황과 한계에도 불구하고, 한 명의 신자이면서 목회자라는 관점에서 평가할 때, 가톨릭이나 개신교 진영을 막론하고 호의적인 평가를 받는 드문 사례에 속한다. 찰스 카넨기서는 그레고리우스가 "세상의 종말"이 날마다 눈 앞에 펼쳐지는 시대를 살았다고 주장한다. 그러면서도 그레고리우스의 진정한 공로는 "고대 로마의 가치와 중세의 새로움을 완전히 하나로 결합한 데 있다"고 평가한다.[80] 그레고리우스는 영적 지도자로서뿐만 아니라 정치적 지도자로서도 훌륭한 역할을 감당하였으며, 중세 교황들의 모범으로서 자리한다.

---

78 Leopold von Ranke, *Die Römischen Päpste des 16 und 17ten, Jahrhunderts*, Th. I, 44.

79 Fuhrmann, *Die Päpste*, 114.

80 Kannengiesser, "보에티우스, 카시오도루스, 대 그레고리," 87-88.

참고 문헌

Ambrosius. *De incarnationis dominicae sacramento*. PL 16.853 – 84.

Marcellinus, Ammianus. *The Roman History of Ammianus Marcellinus*. Trans. by Charles Duke Yonge. London: G. Bell and Sons. 1911. 2009 [eBook #28587] https://www.gutenberg.org/cache/epub/28587/pg28587-images.html#Page_441.

Chadwick, Henry. *The Early Church*. 서영일 역. 『초대교회사』. 서울: CLC, 1999.

Clemens of Rom. *The First Epistle of Clement to the Corinthians*. 44.1. in: KThQ1, Nr. 7. b.

Council of Chalcedon, canon. NPNF2. vol 14. https://sourcebooks.fordham.edu/source/nicea1-sel.asp.

Council of Niecea, canon. NPNF2. vol 14. https://sourcebooks.fordham.edu/source/nicea1-sel.asp.

Cyprianus. *De ecclesiae catholicae unitate*, ANF vol. 5. https://www.ccel.org/ccel/schaff/anf05.toc.html.

Gelasius I. *Duo sunt (494년 동로마 황제 Anastasius에게 보낸 편지)*. In: KThQ2, Nr. 1. https://web.pdx.edu/~ott/Gelasius/.

Grogory I. 『이탈리아 교부들의 생애와 기적들에 대한 강론들』 (*Dialogorum libri quattuor seu De miraculis patrum italicorum*), 일명 『대화록』 (*Dialogues*). Trans. Philip Lee Warner. London: 1911. https://www.tertullian.org/fathers/gregory_00_dialogues_eintro.htm.

_____. *Epistula ad Mauricius Augustus*. PL 77.1215-1216; https://sourcebooks.fordham.edu/source/greg1a.asp.

_____. *Liber regula pastoralis*, NPNF2. Vol. 12. https://www.ccel.org/ccel/schaff/npnf212.iii.iv.i.html.

Hieronymus. *Epistula xv. ad Damasum papam*. Trans. Kevin P. Edingecomb. https://web.archive.org/web/20180905184258/http://

www.bombaxo.com/jerome.html.

Irenaeus of Lyon. *Adversus Haereses*. ANF vol. 1. https://ccel.org/ccel/schaff/anf01/anf01.ix.i.html.

Kannengiesser, Charles. "보에티우스, 카시오도루스, 대 그레고리." In: *Medieval Theologians*: 75-98.

Leo I. *Preaching*. https://www.newadvent.org/fathers/360382.htm.

——. 「플라비아누스에게 보낸 교의서한」 (*Epistola dogmatica ad Flavianum*), NPNF2. Vol. 12. https://ccel.org/ccel/schaff/npnf212/npnf212.ii.iv.xxiii.html.

Markus, Robert Austin. "Gregor I." TRE Bd. 14: 135-145.

Optatus of Milevis. *Against the Donatists*. CCEL vol. 2. https://www.ccel.org/ccel/pearse/morefathers/files/optatus_02_book2.htm.

Paulus Diaconus. *Pope Greogry the Great and the Lombard, c. 593*. https://sourcebooks.fordham.edu/source/pauldeacon-gregIa.asp.

Schaff, Philip. *Leo the great, Gregory the great*. NPNF2. Vol. 12.

Studer, Basil. "Leo I." TRE Bd. 20: 737-741.

Tertulianus. *De praescriptione haereticorum*. ANF vol. 4. https://www.ccel.org/ccel/schaff/anf04.html.

로버트 고먼 & 문창우. "성경의 도덕관념에 대한 그레고리우스 대 교황의 설교." 「신학전망」 192 (2016): 193-209.

손호현. "그림은 '빈자(貧者)의 성서' (biblia pauperum)인가?: 그레고리우스 1세의 기독교 예술교육론." 「기독교교육정보」 14 (2006): 283-311.

주종훈. "어거스틴, 크리소스톰, 그레고리 대제의 목회적 저술에 담긴 말씀 사역." 「개혁논총」 41 (2017): 71-100.

3

영국 제도의 복음화

I. 중세 이전의 영국의 상황과 기독교

세계사에서 브리타니아(Britannia)가 처음 등장하는 것은 율리우스 카이사르(Caesar, BC 100-BC 44) 시대이다. 카이사르는 기원전 55년과 54년경 두 차례에 걸쳐 브리타니아를 공략하였다. 일부 왕국은 점령하고 일부는 제휴를 맺음으로써 브리타니아에 로마의 교두보를 확보하였다. 그러나 카이사르 이후 약 100년 동안, 로마 내부의 혼란으로 인해 브리타니아는 거의 잊혀졌다. 그러다 클라우디우스 황제(Claudius, AD 41-54) 때에 이르러 로마는 본격적인 브리타니아 정복에 나섰다. 로마는 약 6차례에 걸쳐 브리타니아를 공략하며 북쪽으로 진격하였다.

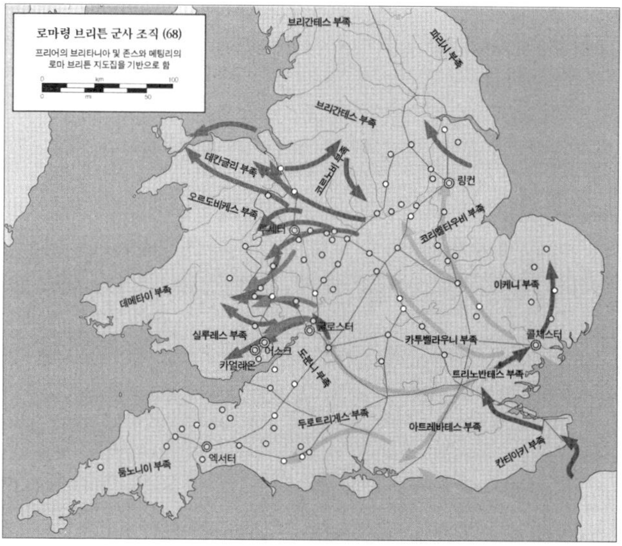

〈로마의 영국 공략〉

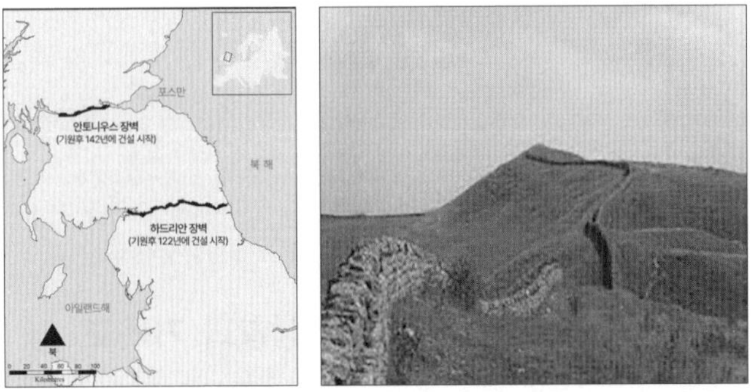

〈두 성벽과, 하드리안 장벽의 실제 모습〉

반면 당시 어둡고 추운 북부 지역에 살던 이민족들은—스코트족, 픽트족 등—보다 나은 환경을 찾아 남하를 시도하였고, 그 과정에서 로마군과 노섬브리아 지역에서 서로 충돌하였다. 이러한 충돌은 '하드리안 장벽'과 '안토니우스 장벽'이라는 두 개의 방어선을 구축하는 계기가 되었다.

브리타니아에 거주하던 켈트족들은 로마와 그리스 신들의 이름을 바꾸어 받아들이는 한편, 숲과 강, 산에 깃든 무수한 지역 신들을 숭배하였다. 드루이드(Druid)라고 불리는 켈트족 사제들은 숲속의 통나무집이나 동굴에 거주하며 교육과 신앙을 관장하였다.[1]

초대 교회 시대에도 브리타니나 지역에는 기독교가 존재하였다. 우리는 1978년, 맨체스터에서 이루어진 고고학적 발굴을 통해, 기원후 300년 이전 고대 세계의 잉글랜드에, 이미 교회가 존재했음을 확인할 수 있다.[2] 특히 로마가 차지했던 지역이나 대륙과 연계된 항구 등에서 기독교 유적이 발견되었다. 비록 3세기 초반 테르툴리아누스와 오리게네스의 글에 영국의 기독교인들에 대한 언급을 찾아볼 수 있지만, 가장 오래된 언급은, 아마도 314년 아를(Arles) 공의회에 라틴어를 사용하는 세 명의 영국 주교들이 참석하였다는 기록일 것이다.[3] 초대 교회사에서 중요한 인물인 펠라기우스

1 Schaff, *History of Christian Church*,, 4, 34.

2 Richard Patrick Crosland Hanson, "England I," TRE Bd. 9: 616-617.

3 Hanson, "England I," 616.

(Pelagius, 약 350-418) 또한 브리타니아 출신으로 알려졌다.[4] 가경자 비드(Bede the Venerable, 672/3-735)는 『영국교회사』(*Historia ecclesiastica gentis Anglorum*)에서 디오클레티아누스 황제의 박해가 시작되기 전까지는 영국이 평안하였다고 기록했다.[5] 디오클레티아누스 박해 가운데 성 알반(St. Alban)은 영국 최초의 순교자로 알려졌다.

그러나 4세기 말경에 이르러 로마의 브리타니아 지배는 사실상 종결되었다. 이후 6세기에 이르기까지 영국 교회사에 대한 기록은 거의 남아 있지 않다. 로마 제국은 국경 내로 침입하던 이민족들의 영향으로 인해 더 이상 브리타니아를 효과적으로 통치할 수 없었다. 이로 인해 발생한 로마 권력의 공백을 원 거주민인 브리타니아족이 메운 것이 아니라, 새로운 이민족들이 차지하게 되었다. 북쪽에서 남하한 픽트족, 그리고 바다를 건너온 앵글족과 색슨족이 브리타니아를 점령한 것이다.

영국 역사학의 아버지로 불리는 비드는 『영국교회사』에서 이민족들의 침입으로 혼란스러운 시대적 상황을 언급한다. 비드는 옥세르(Auxerre)의 주교 게르마누스(Germanus)가 영국에 있는 동료들의 요청을 받아 두 차례 방문하였다고 기록한다(429, 444-5). 첫 번째 방문은 펠라기우스주의(Pelagianism)의 확산을 막기 위한 것이었으며, 전임 갈리아 지방 주둔군 사령관으로서 영국군을 지휘하여 북부의 픽트족과 색슨족 연합군을 막아달

〈센트리온(Centurion, 영화)은 5세기 잉글랜드 방벽 주변에서 일어났던 로마군과 이민족의 갈등을 잘 보여준다. 이 영화는 방벽을 지키던 로마 제9군단이 이민족과의 전투에서 완전히 패배하자, 그 가운데 생존한 백부장(Centurion)이 귀향하는 여정을 그린 영화다. 이 이미지는 당대 픽트족 여성 지도자의 모습이다.〉

4 Walker, *A History of the Christian Church*, 238.

5 Bede the Venerabile, *Historia ecclesiastica gentis Anglorum*, I. 4.

라는 요청에 응하기 위해서였다.[6] 게르마누스가 두 번째 영국을 방문했을 무렵, 북해를 건너온 이민족들이 이미 동부와 남부 해안 지대들을 점령하기 시작하였다. 브리타니아 지역을 장악한 앵글로색슨족은 이교도였으며, 침입 과정에서 사제들을 잔혹하게 학살하고, 교회와 수도원을 파괴하였다.[7] 살아남은 브리타니아의 기독교인들은 점차 콘웰, 웨일스 그리고 서북 지역으로 밀려났다. 7세기에 이르러서야 그레고리우스 1세가 보낸 선교사 아우구스티누스에 의해 기독교가 새롭게 브리타니아를 차지한 이민족들에게 전파되었다. 그러나 이로 인해, 브리타니아에 남아 있던 교회와 새로 형성된 교회 사이에는 교리적 차이보다 더 강한 적대감이 형성되었고, 두 세력 간의 화해와 협력은 영국 교회의 중요한 과제가 되었다.[8]

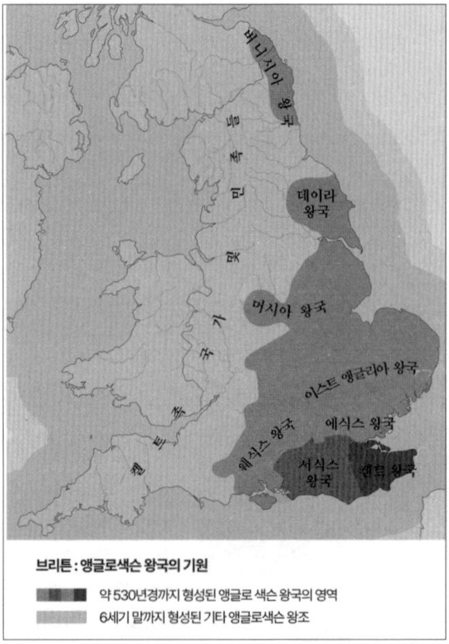

〈5세기 이민족의 장악 지역〉

6 Bede the Venerabile, *Historia ecclesiastica gentis Anglorum*, I. 17. 20.

7 Bede the Venerabile, *Historia ecclesiastica gentis Anglorum*, I. 21. 22.

8 Walker, *A History of the Christian Church*, 254.

II. 아일랜드, 스코틀랜드의 복음화

〈아일랜드의 모습〉

1. 성 패트릭(St. Patrick)의 아일랜드 선교

영국 제도가 기독교화되는 과정에서 가장 먼저 결실을 본 곳은 아일랜드였다. 아일랜드는 로마의 지배를 받은 적이 없었으며, 부족 단위로 나뉘어진 사회 구조를 갖고 있었다. 각 부족은 서로 경쟁하면서도 로마 제국의 변경을 약탈하거나 교역을 통해 관계를 맺었다. 5세기 초에 기독교가 아일랜드에 전파되기 시작하였다.[9] 아일랜드의 기독교화에 결정적인 공헌을 한 인물은 "아일랜드의 사도"(the Apostle of Ireland) 성 패트릭(St. Patrick, 389?-461)이다. 그는 브리튼 지역 출신으로 기독교 부제이자 고향 도시의 행정관이었던 칼푸르니우스(Calpurnius)의 아들이었다. 소년 시절에 아일랜드 해적에게 납치되어 강제 노동을 하다가 6년 만에 탈출하여 갈리아에 정착하였다. 그의 탈출 이후 경력에 대해서는 알려진 바가 거의 없지만, 몇 년 동안 옥세르 주교의 궁에서 머물렀던 것으로 보인다. 431년 교황 켈레스틴

9 Lynch, *The Medieval Church*, 89.

〈아일랜드의 사도 성 패트릭〉

(Celestine, 422-432)은 팔라디우스를 "그리스도를 믿는 스코틀랜드인"의 주교로 파견하였다. 하지만, 1년을 채 버티지 못하고 사망하였고, 432년 그의 뒤를 이어, 패트릭이 새로 주교로 임명되어 아일랜드로 파견되었다. 패트릭은 아일랜드 북부에서 부족 영토를 기반으로 조직된 공동체 속에서 사역하며, 지역 왕족 중에서 중요한 인물을 개종시킨 것으로 보인다. 그는 분명히 여러 지역에 주교구를 세웠으며, 자신의 주교좌는 아르마(Armagh, 북아일랜드 지역)에 두었다.

패트릭은 아일랜드에서의 사역을 간략하게 서술한 『고백록』(*Confession*)을 남겼다. 이 기록에 따르면, 그는 브리타니아에 거주하던 중 16세 무렵에 아일랜드로 노예로 잡혀갔다. 노예 생활을 하던 패트릭은 6년 후 탈출하여 고향으로 돌아올 수 있었다. 이후 그는 프랑스로 건너가, 신앙 공동체와 교류하며 훈련을 받았고, 신앙적 사귐에 참여하다가, 선교 주교(a missionary bishop)의 소명을 받아 다시 하나님의 인도하심 아래 아일랜드 지역으로 복음을 전하기 위해 들어갔다.[10] 그에 관해 전해지는 기록은 전반적으로 불확실한 부분이 많지만, 현재 전해지는 『고백록』은 패트릭 자신이 그의 사역을 직접 기록한 문서로 인정되고 있다.[11]

> … 우리는 사람이 없는 곳까지 복음이 전파된 것에 대한 증인들입니다…. 도대체 어떻게 한 번도 하나님을 알지 못하고 오늘까지 우상과 귀신을 섬겨 왔던 아일랜드에서 이제는 주님의 백성이 생겨났고, (그들이) 하나님의 아들들이라고 불

10 Lynch, *The Medieval Church*, 89.

11 Schaff, *History of Christian Church*, 4, 57 이하.

리며, 아일랜드 왕들의 아들과 딸들까지도 그리스도의 수도사와 동정녀로 생각하는 데까지 이르렀단 말입니까?

나는 그들을 떠나서 브리타니아로 가려는 계획을 세웠습니다. -내 조국과 내 사람들이 그곳에 있었기 때문에 기꺼이 그렇게 준비하였고, 또한 골 지방까지 가서 형제들을 만나고 내 주님 성인들의 모습을 대하고자 하였습니다. 하나님께서는 내가 그토록 원한 것을 아셨습니다. 그럼에도 불구하고 나는 "영에 사로잡혔습니다"(행 20:22)….

그러므로 나의 하나님께서 세상 끝에서 "얻은"(사 43:21 비교) 자기 백성을 내가 버리는 것을 하나님께서는 허락하지 않으셨습니다. 나는 하나님께서 내게 인내를 주시고 세상을 떠날 때까지 내 하나님을 위해서 충실한 증인이 되기에 부족하지 않도록 붙들어 주시기를 간구하였습니다(*Libri Epistolarum Sancti Patricii Episcopi*).[12]

패트릭은 자신의 아일랜드 사역이 성령의 강권적인 주도로 시작되었고, 하나님 은혜로운 사역이었음을 증언한다. 이를 통해 기독교 선교 역사에서 매우 독특한 한 서사가 아일랜드에서 펼쳐졌다.

아일랜드에서 깊은 족적을 남긴 패트릭은 『고백록』 이외에도 몇몇 기도문과 찬송시를 남겼다. 그중에서도 "성 페트릭의 스코틀랜드 노래"(*S. Patricii Canticum Scotticum*)는 패트릭이 아일랜드의 유력한 족장을 회심시킬 무렵에 지었다고 전해진다. 이 찬송에서 패트릭은 중요한 사역을 앞두고 전능하신 하나님의 특별한 도움을 간구하고 있다:

오늘 내가 나를 결속시키는 것은
나를 인도하시는 하나님의 능력과
나를 붙드시는 하나님의 권세와,

---

12 St. Patrick, *Confession*, in: KThQ2, Nr. 9; https://www.confessio.ie/etexts/confessio_english#.

나를 가르치는 하나님의 지혜와,
나를 하감하시는 하나님의 눈과,
내 말을 들으시는 하나님의 귀와,
내게 말을 주시는 하나님의 말씀과,
나를 보호하시는 하나님의 손과,
내 앞에 나 있는 하나님의 길과
나를 보호하는 하나님의 방패와,
나를 방어하는 하나님의 군대입니다….

패트릭의 또 다른 노래로는

그리스도가 나를 생각하는 모든 사람의 마음에 계시고,
그리스도가 나에게 말하는 모든 사람의 입에 계시고,
그리스도가 나를 보는 모든 눈에 계시고,
그리스도가 내 말을 듣는 모든 귀에 계십니다.[13]

성 패트릭이 아일랜드에서 선교한 역사는 신화적인 이야기로 뒤덮여 있다. 이 때문에 그의 생애에 관하여 몽탈렘베르트(de Montalembert)는 "전설과 역사가 서로 경쟁한다."라고 표현하기도 하였다.[14] 그는 365곳 또는 700곳에 이르는 교회를 세웠고, 수많은 주교들을 축성하였으며, 3,000명의 사제를 임명하였다고 전해진다(당시 아일랜드섬의 인구는 기껏해야 20-30만 명 정도였다. 그는 왕국의 법을 개정하고, 소경들을 고치며, 아홉 명을 죽음에서 되살렸고, 아일랜드에서 뱀과 개구리를 모조리 쫓아냈다고도 전해진다. 패트릭의 기념일은 3월 17일이며, 이날에는 전 세계 아일랜드 가톨릭 신자들이 대규모 행렬을 벌인다.)[15]

---

13 Schaff, *History of Christian Church*, 4, 59-66에서 재인용.

14 Schaff, *History of Christian Church*, 4, 55, 각주 37에서 재인용.

15 Schaff, *History of Christian Church*, 4, 62.

패트릭 이전에도 몇몇 기독교인이 존재했을 개연성은 있지만, 아일랜드 민족이 대규모로 기독교를 수용하게 된 것은 그의 사역 덕분이라고 할 수 있다. 패트릭의 복음 전파를 통해 아일랜드 부족의 중요한 인물들이 기독교로 개종하였다. 이로써 로마 제국 밖의 이민족 중에서 아일랜드는 중세 최초로 기독교로 개종한 민족이 되었다. 그러나 아일랜드는 한 번도 로마 제국의 일부로 편입된 적이 없을 뿐만 아니라, 기독교로 개종한 이후에도 이민족들이 잉글랜드 지역을 차지하면서 유럽 대륙과의 관계가 단절되었다. 그 결과 아일랜드 기독교는 서방 기독교의 전통과는 다른 양상으로 오랫동안 발전하게 되었다.[16]

2. 아일랜드 수도원의 특성과 고해 제도

1) 아일랜드 수도원의 특성

패트릭은 아일랜드에 금욕적 생활을 실천하는 공동체를 도입하였다. 그러나 수도원 공동체들이 아일랜드 교회의 목회 중심지가 된 것은 그가 세상을 떠난 다음 세기의 일이었다. 아일랜드에서 수도원 공동체가 본격적으로 발전하기 시작한 시기는 성 피니아누스(St. Finnian)가 미스(Meath) 지방 클로나드(Clonard)에 수도원을 설립한 540년경으로 볼 수 있다. 그 뒤를 이어 콤갈(St. Comgall)이 얼스터에 세운 뱅거 수도원(Bangor: 뱅거는 단순히 '수도원'이라는 뜻이다)과 소 성 피니아누스(the younger St. Finnian, 579 죽음)가 설립한 모빌(Movilla) 수도원과 같은 수도원들이 등장하였다.[17] 6세기 이후 아일랜드에서는 수도원 공동체가 크게 융성하였으며, 필립 샤프는 "성 패트릭이 세상

16 Tierney/Painter, *Western Europe in the Middle Ages, 300-1475*, 112.

17 Walker, *A History of the Christian Church*, 254.

을 떠난 지 한 세기도 되지 않아 아일랜드는 교회와 수도원, 그리고 수녀원으로 뒤덮였다."[18]라고 평가한다.

아일랜드의 수도원주의는 카시아누스(John Cassianus)가 415년경 프로방스에 소개한 후 영국으로 전해진 동방 전승에 그 뿌리를 두고 있다. 따라서 아일랜드 수도원들은 엄격한 금욕주의에 대한 관심을 유지하였다. 아일랜드에서 수도원은 매우 번성하였으며, 7-8세기에 이르면 선교, 구제, 종교, 세속 교육을 비롯한 모든 사회와 기독교적 삶의 중심지가 되었다. 아일랜드 수도원들은 대륙의 수도원과 몇 가지 점에서 구별되는 분명한 특징을 지니고 있었다.

첫째, 수도원들을 다스린 대수도원장들은 대개 부족의 왕족 출신이었고, 주교직을 겸하는 경우도 빈번하였다. 각 부족은 족장의 직계가 관할하는 자체의 부족 수도원을 보유하고 있었다.[19] 로마 제국에서는 행정구역을 기초로 주교구가 조직되었지만 아일랜드에서는 수도원과 본질적으로 부족을 중심으로 한 주교구로 대체되었다. 이곳에서는 도시의 주교보다 수도원과 대수도원장이 목회의 중심이 되었고, 도시의 주교는 대수도원장이나 수도사 중 한 사람이 맡기도 하였다. 이처럼 아일랜드에서는 수도원이 교회의 조직과 신앙적 삶의 중심이 되었다.

둘째, 켈트족 수도사들은 어린이 교육에 많은 관심을 기울였다. 그들의 교육 방법은 아일랜드가 기독교로 개종하기 전, 켈트족 성직자(드루이드)의 역할과 교육 방법과 유사하였다. 과거 드루이드들은 고위 신분의 자녀들을 어린 시절(약 5세)에 자신들의 거처로 데려가 부모와 떨어진 채 양육하며 교육하였다. 이후, 15세가 되면, 그 자녀들은 다시 가족에게 돌아가 부모의 뒤를 잇거나 드루이드가 되었다. 마찬가지로 아일랜드 수도원에서도 어린이들은 수도사에게 맡겨졌으며, 수도사는 이들의 영적 부모로서 교육과 양육

---

18 Schaff, *History of Christian Church*, 4, 63.

19 Tierney/Painter, *Western Europe in the Middle Ages, 300-1475*, 113.

을 담당하였다. 귀족 가문의 자녀들은 일정 기간 수도사에게 맡겨졌다가 나중에 가족에게로 돌아가 부모의 뒤를 잇거나 하나님께 헌신하여 수도사가 되었다. 이러한 전통으로 인해 아일랜드 사회의 지도층은 모두 수도 생활의 초심자로 훈련을 받았다.[20]

셋째, 켈트족 영성의 특징은 동방 수도사들의 금욕주의를 연상시키는 엄격한 금욕 실천에 있었다. 그들은 하루 대부분을 침묵 속에서 보내고, 자주 단식하였으며, 얼음물에 들어가거나 십자가 모양으로 두 팔을 엇갈려 뻗친 채 몇 시간 동안 기도하기도 하였다.[21] 하루에 한 끼만 먹었으며, 특히 "겨울철에는 엘리야의 금식일, 봄철에는 예수의 금식일, 그리고 여름철에는 모세의 금식일"을 따르면서, 육류나 생선, 계란을 먹지 않았다.

넷째, 아일랜드 수도원들은 마을에서 떨어진 곳에 위치하며, 작은 교회를 중심으로 한 무리의 초가집들로 이루어져 있었다. 그 주위에는 돌담이나 말뚝 울타리가 둘러져 있었다.[22] 따라서 초기 켈트족 수도사들은 밭을 경작하고, 가축을 기르며, 보석을 세공하고, 책을 필사하는 등 손노동에 종사했다. 처음에 수도사들은 학문적 배경이 없었지만, 성경을 읽고, 라틴어로 예배를 드려야 했기 때문에, 곧 라틴어 공부에 몰두하게 되었다. 이들은 유럽 대륙에서 전해온 라틴어 문법과 교과서를 배우고 필사하였으며, 교부들과 고전 작가의 저작물을 읽고 연구하였다. 그 결과 아일랜드 수도원은 주목할 만한 교육의 중심지가 되었다. 또한 그들은 영성을 기르기 위해서 시편부터 시작해서 성경을 묵상하는 일에 전념하였다. 기도할 때는 팔을 십자가 모양으로 뻗고 무릎을 꿇은 자세로 150편의 시편을 날마다 암송하는 것이 포함되었다. 최근 연구에서는 7-8세기 아일랜드의 성경 주석이 조명을 받고 있다.[23]

이러한 아일랜드 수도원의 독특한 성격은 거의 12세기경까지 거의 그대

---

20 Pierre Riché, "켈트족과 게르만족 사회의 영성," in: *Christian Spirituality (I)*, 283.

21 Tierney/Painter, *Western Europe in the Middle Ages, 300-1475*, 113.

22 Tierney/Painter, *Western Europe in the Middle Ages, 300-1475*, 113.

23 Riché, "켈트족과 게르만족 사회의 영성," 282.

로 유지되었다. 그러나 그 이전에 노르만족(바이킹)의 침입으로 인해 중요한 수도원들이 타격을 입었고, 12세기에 이르러서는 대륙의 개혁 정신이 이곳까지 영향을 미치게 되었다. 이에 따라, 수도원 중심의 교회 구조에서 주교구 중심의 성직 위계 제도가 도입되었으며, 1171년 이곳을 장악한 영국 왕 헨리 2세는 주교구 제도를 왕의 통치 기구와 연결하였고, 그 결과, 아일랜드는 독립을 상실하고 종속 상태로 전락하게 되었다.[24]

2) 수도원의 고해 제도

아일랜드의 수도원 공동체들은 엄격한 금욕주의를 실천하였다. 특히 후대까지 지속적인 영향을 미친 요소는 그들의 철저한 고해 규정들이었다. 수도원장들은 수도사들의 신앙생활을 지도하며, 죄를 고백한 수도사들에게 적절한 속죄 행위를 부여하였다. 수도사들은 자신의 양심을 끊임없이 점검해야 했으며, 기회가 있을 때마다 상위자에게 죄를 고백해야만 했다. 이러한 고해는 자발적인 행위가 아니라 의무였으며, 사소한 죄라도 엄격하게 다루어야 했다.

콜롬바 2세의 『수도원 규율』(*Regula coenobialis*)은 뱅거 수도원과 주변의 아일랜드 수도원의 관습을 체계적으로 정리한 문서이다. 그 내용 중에서도 특히, 잘 알려진 회개에 관한 규정을 살펴보면 다음과 같다.

> 사랑하는 형제들인 거룩한 교부들은 식사하기 전이나 잠자리에 들기 전 또는 마땅한 시간에 죄를 고백하라고 규정하였다. 이는 고백과 속죄는 죽음으로부터 자유하게 하기 때문이다. 따라서 죄를 고백할 때는 사소한 죄라도 남겨두어서는 안 된다….
>
> 식사 때 강복(*benedictio*)을 갈망하지 않고 아멘으로 화답하지 않는 자는 여섯

24 Encyclopedia Britannica, "Early Christianity" *in Ireland*.

대의 매로 다스려져야 한다. 마찬가지로 식사 때 다른 형제가 필요하지도 않은데 말을 한 자도 여섯 대의 매로 가르쳐야 한다. 숟가락에다 십자성호를 긋지 않고 그것을 먹는 자, 또 말할 때 소음을 내거나 보통보다 크게 (말하는) 자도 여섯 대의 매로 다스려야 한다…. (*Regula coenobialis*, x)[25]

콜룸바 2세의 『수도원 규율』에서 속죄는 더 이상 교화, 개선, 그리고 치유의 의미를 갖지 않았다. 오히려, 잘못에 대한 처벌이 우선시되었다. 죄를 범한 자는 정해진 '속죄율'에 따라서 속죄해야 했으며, 이는 '잘못을 하였으면 벌을 받아야 한다'는 보응적 성격을 강하게 띠고 있었다. 따라서 아일랜드 수도원의 속죄 개념에서, 현대 교회 권징의 중요한 요소인 '죄인의 치료와 개선은 이차적인 목적'에 불과하였다.[26]

사소한 잘못이나 실수에 대한 육체적 징벌과 속죄 행위는 감당할 수 있다. 그러나 그 잘못이 중대하다면 이는 인간의 한계를 넘어서는 일이 된다. 예를 들면, 클로나드(Clonard) 수도원장 피니안(Finnian)의 「고해 규정서」(*The Penitential of Finnian*)에는 중대한 잘못들에 대하여 다음과 같은 형벌을 규정하고 있다.

4) 욕설을 하는 죄를 짓고 회개한 사람은 오랫동안 금식해야 한다.

5) 하나님을 섬기는 성직자와 논쟁을 벌인 사람은 일주일 동안 빵과 물을 금식해야 한다.

16) 만일 성직자가 처녀나 여인에게 육욕을 품고서 그 일을 고백하지 않는다면, 그는 7일 동안 빵과 물을 금식해야 한다.

21) 수녀가 아이를 낳았는데 그 죄가 모든 사람에게 알려졌다면, 그 수녀는 6년 동안 빵과 물을 금식해야 한다.

---

25 St Columba. 『수도원 규율』(*Regula coenobialis*), cap. x, in: KThQ2, Nr. 9. d. [PL 80.216-217].

26 Ritter 외 편역. *Kirchen- und Theologiegeschichte in Quellen vol. II: Mittelalter*. 67.

25) 성직자가 한두 번 양이나 돼지 등의 동물을 훔쳤다면, 1년 동안 빵과 물을 금식해야 하며 자신이 훔친 물건을 네 배로 갚아 주어야 한다.[27]

「고해 규정서」에 규정된 형벌들은 서로 대체할 수 있었으며, 가치 대조표도 마련되었다. 2년 동안의 보속은 사흘 동안 성인의 무덤에 들어가 퇴수(退修)하는 것으로 대신할 수 있었다. 금식을 견디지 못하는 사람은 그 대신 무릎을 꿇고 50편의 시편을 암송하거나, 무릎을 꿇지 않고 66편의 시편을 암송하는 것으로 대신할 수 있었다. 쿰메안(Cummean)의 「고해 규정서」에는 시편을 암송하는 방법을 알지 못하며 금식도 할 수 없는 참회자는 자기 대신 속죄 행위를 수행해 줄 수도사를 선택할 수 있다고 규정하였다. 심지어 보속은 금전으로 대신할 수도 있었다.[28]

아일랜드 수도회의 고해 규정은 중세 고해 제도의 중요한 요소로 작용하였다.[29] 수도원에서 제시하는 형벌의 크기는 죄의 무게를 기준으로 하였고, 보속은 은혜의 크기에 따라 정해졌다고 여겨진다. 그러나 중세를 거치는 동안 고해 제도는 남용되고 오용되었으며, 교회의 가장 큰 걸림돌이자 타락한 제도로 비판받았다.

3. 아일랜드 수도원의 선교 활동

아일랜드 수도원 공동체가 남긴 또 다른 중요한 유산은 선교에 대한 열정이다. 이들은 하나님의 명령을 받아 고향을 떠난 아브라함이나, 그리스도를 위해 모든 것을 버린 사도들의 본을 따라 자신을 부족과 수도원, 그리고

---

27 Finnian, *The Penitential of Finnian,* in: *Medieval Handbooks of Penance*, by John T. McNeil and Helen Gamer (New York: Columbia University Press, 1990).

28 Riché, "켈트족과 게르만족 사회의 영성," 285-286.

29 이필은, "6-10세기 아일랜드의 사제 교육,"「신학과 실천」34 (2103): 391-410.

고향과 단절하고 순례의 길을 떠났다. 그들은 아일랜드, 웨일즈, 콘월, 잉글랜드뿐만 아니라 유럽 대륙에도 정착하여 복음을 전하였다. 이들이 정착한 지역에 세운 수도원은 해당 지역의 복음화와 중세 내내 중요한 학문의 중심지로 존속하였다. 또한, 그 당시의 주변 농촌 지역에서 복음 전파의 거점 역할을 하였으며, 새로운 선교사를 파송하는 근거지가 되었다.

무엇보다도 아일랜드 수도원의 선교 역사를 대표하는 전형적인 예는 콜룸바(Columba, 521-597)가 563년경 아이오나(Iona) 섬에 세운 수도원 공동체이다. 이 수도원은 스코틀랜드와 픽트족 선교의 중심이 되었다.[30] 스코틀랜드와 픽트족이 마주하는 바닷가에 자리한 이 수도원은 아직 이교의 어둠에 둘러싸여 있던 지역을 위한 등대와 같았다:

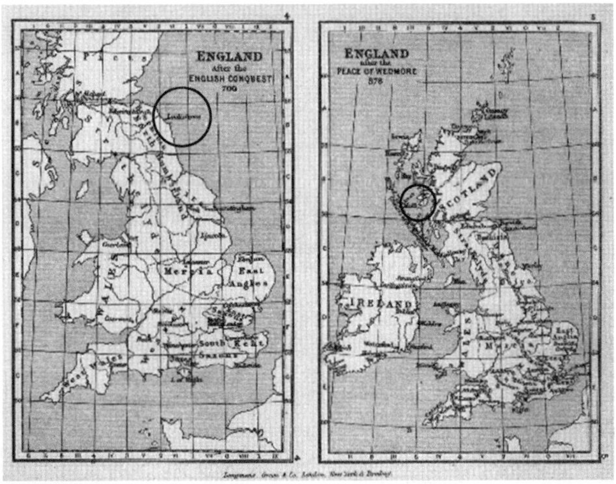

〈콜룸바 수도사의 아이오나 수도원〉

콜룸바와 그의 후계자들의 헌신 덕분에, 아이오나는 기독교 선교 역사에서 가장 존경받고 흥미를 불러일으키는 장소 중 하나가 되었다. 이곳은 이교 세계의 어둠을 밝히는 등대와 같았다. 북쪽 끝에서 활동한 이 영웅적인 선교사들이 보

---

30 Justo L. Gonzales, *The Story of Christianity*, 2. 23.

여준 자기 부인의 열정은 실로 비할 바 없는 것이었다. 그들은 인간이 살기 힘든 혹독한 기후 속에서, 강도들과 들짐승에게 노출된 채 야만족들에게 복음을 전하는 일에 일생을 다 바쳤다….[31]

아이오나 공동체의 선교 사역은 콜룸바가 죽은 뒤에도 계속되었고, 7세기 후반에는 영국 북동부에 정착해 있던 이교도 앵글로색슨족에게까지 확대되었다. 아일랜드와 웨일스에서 수도원 제도가 이렇게 발전하기 이전, 즉 패트릭이 아일랜드에서 선교 사역을 하고 있던 동안, 영국 기독교도 북쪽으로 스코틀랜드를 향해 뻗어나갔다. 이 선교를 이끈 인물은 성 니니안(St. Ninian, Nynia)이었다. 그러나 스코틀랜드의 본격적인 복음화는 아이오나의 선교 사역에 크게 힘입었다. 아쉽게도 이 수도원도 9세기를 전후하여 여러 차례 노르만족의 침입을 받아 파괴되었고, 수도사들이 목숨을 잃어야만 했다.

아이오나 수도원의 선교 사역 중에서 가장 큰 영향을 미친 것은 '린디스판 수도원'(Lindisfarne)의 설립이었다. 특히 노섬브리아 왕 오스왈드의 요청에 따라, 아이오나 공동체는 성 아이단(St. Aidan, 651년 죽음)을 파견하여, 왕국 인근의 섬에 린디스판 수도원을 설립하였다(634).[32] 이 수도원을 중심으로 한 아이단의 사역은 브리튼 지역을 기독교 국가로 만드는 데 중요한 기반을 마련하였다.[33] 또한 린디스판 수도원은 9세기경 바이킹의 침입으로 파괴되기까지, 오랜 세월 동안 북아일랜드와 픽트족 지역에서 영적 지도자로서 자리하였고, 사회적 측면에서도 주도적인 역할을 수행하였다.[34]

---

31 Schaff, *History of Christian Church*, 4, 77.

32 Bede the Venerabile, *Historia ecclesiastica gentis Anglorum*, III. 3.

33 Cannon, *History of Christianity in the Middle Ages*, 53.

34 참조: 수도원장 Cuthbert에 대한 서술 (Bede the Venerabile, *Historia ecclesiastica gentis Anglorum*, IV. 27 이하).

〈린디스판 수도원〉

자신의 고향을 떠난 아일랜드 수도사들의 선교 역사는 6세기에서 9세기까지 이어졌으며 유럽 대륙의 기독교에도 큰 영향을 미쳤다.[35] 그러나 이들 수도사가 가기를 꺼렸던 지역이 있다면 옛 브리타니아 지역이었다. 6세기경 켈트족은 자기들의 원수인 앵글로색슨 사람들을 "낙원에서 만나지 않기 위해서" 그들을 개종시키기를 거부하였다. 7세기의 아일랜드 수도사들은 주로 스코틀랜드와 북부 잉글랜드에 정착하거나 대륙으로 건너갔다.[36]

이들 선교사들이 수도원을 떠날 때는 대개 열두 명으로 구성된 무리를 지도자가 인솔하는 형태를 취하였다. 필립 샤프는 이들 선교사들의 행적을 다음과 같이 일목요연하게 제시한다.[37]

성 콜룸바와 열두 형제, 스코틀랜드 고지대를 향해 떠남(563)

성 모혼나는 콜룸바에 의해 열두 명의 일행과 함께 픽트 족에게 파송됨

성 콜룸바누스가 열두 형제들과 함께 프랑스와 독일로 감(612)

성 킬리안이 열두 명과 함께 프랑코니아와 뷔르츠부르크로 감(680)

성 엘로퀴우스가 열두 명과 함께 벨기에로 감(680)

성 러드버트 혹은 러퍼트가 열두 명과 함께 바이에른으로 감(700)

---

35 Brendan Bradshaw, "Irland," TRE Bd. 16: 273-287 (274).

36 Riché, "켈츠족과 게르만족 사회의 영성," 287.

37 Schaff, *History of Christian Church*, 4, 64 이하.

성 윌리브로드가 열두 명과 함께 프리지아로 감(692). 이후 윌리브로드는 "네덜란드의 사도"[38]라고 불렸다.

특히 콜롬바누스(Columbanus, 543-615)의 제자인 갈(Gall)과 유스터스(Eustace)는 각각 알라마니아인(Alamannic)과 바바리아인을 개종시켰다. 유스터스의 제자인 오머(Omer)는 플랑드르 사람들을 복음화하였다. 콜룸바누스는 프랑스와 독일을 거쳐 이탈리아의 보비오(Bobbio)에 수도원을 세우기도 했다.[39] 콜롬바누스와 그의 제자들이 세운 프랑스 땅의 뤽세이유 수도원(Luxeuil Abbey)은 부르군트 지역의 복음화뿐만 아니라, 중세 내내 중요한 학문의 중심지로 존속했다. 또한, 보비오, 밀라노 그리고 제노아에 선교사를 파송하여, 당시 주변 농촌 지역에서 복음을 전파하는 거점 역할을 수행했다.

8세기에 이르러 영국 지역이 모두 복음화되면서, 앵글로색슨족 수도사들이 등장했다. 그들 역시 선교 정신이 충만하여 독일을 개종시키는 일에 착수했다. '네덜란드의 사도' 윌리브로드와 '독일의 사도'로 불리는 보니파티우스(Bonifatius)는 영국에서 배출된 선교사들이었다.

이교도들을 복음화하려는 열망을 지닌 켈트족 수도사들은 "사막"을 찾아다니는 일에 헌신하면서도, 지역 농부들을 기독교로 개종시키는 일을 소홀히 하지 않았다. 이들 이들이 세운 수도원은 새로운 선교사와 수도원을 양성하는 중심지가 되었다.[40]

---

38 Cannon, *History of Christianity in the Middle Ages*, 55.

39 Walker, *A History of the Christian Church*, 255.

40 Riché, "켈트족과 게르만족 사회의 영성," 288-289.

4. 켈트 기독교의 발전

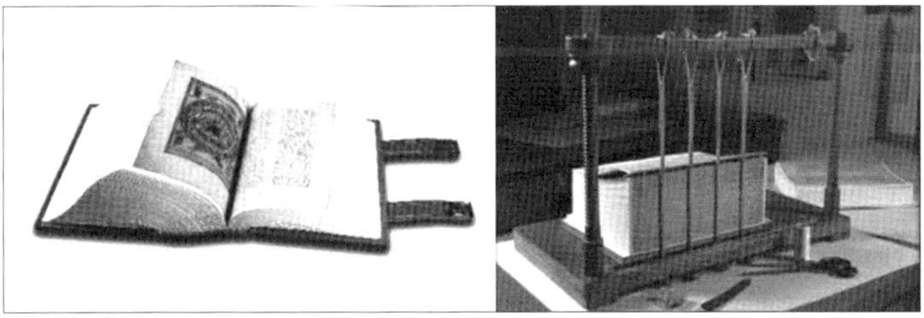

8세기에 이르러 노섬브리아 지역에서 기독교가 탄탄한 토대를 구축했음을 보여주는 것이 웨어마우스(Wearmouth)와 재로우(Jarrow) 수도원 학교였다. 특히 『영국 교회사』(*Historia ecclesiastica gentis Anglorum*)를 저술한 가경자 비드는 재로우 출신으로 알려졌다. 8세기 초반에 제작된 『아미아티누스 사본』(*codex amiatinus*)은 당시 켈트 기독교의 발전을 단적으로 보여준다. 이 책은 비드가 머물던 재로우 수도원의 산물로서,[41] 세계에서 가장 큰 책 중 하나로 평가된다. 각 장은 송아지 가죽 하나로 제작되었으며, 총 1,030장(2,060 페이지)로 이루어졌다.

『아미아티누스 사본』은 당시 수도원이 성경 본문에 대한 매우 깊은 관심과 수도원의 부요함을 입증한다. 또한 이 수도원은 성경에 대한 깊은 열정을 가졌으며, 최상의 성경 본문을 만들어 내는 데 시간과 정성을 바칠 준비가 된 이들이 있었고, 이를 완수할 수 있는 역량 있는 학자들이 있었음을 보여준다.[42]

재로우 수도원 출신의 가경자 비드(the Venerable Bede, 673-735)는 최초의 잉글랜드 신학과 교회사의 아버지로 평가받는다. 비드는 초대 교회와 카롤링거 왕조 시대 사이에서 활동한 가장 뛰어난 신학자 중 한 사람으로 이해되고 있다.[43] 교회와 세속 분야의 학문을 배우고 연구하면서 겸손하고 평온

41 Benedicta Ward, "신학자 베데," in: *Medieval Theologians*, 133-134.

42 Ward, "신학자 베데," 136.

43 Henry Royston Loyn, "Beda Venerabilis," TRE Bd. 5: 397-402.

〈가경자 비드(674-735)〉

한 삶을 영위해 간 그는 라틴어 산문과 시를 썼고, 성경의 일부를 앵글로색슨어로 번역하였다.

비드는 위대한 조직신학자가 아니라 탁월한 전달자였다.[44] 교부들의 저작을 읽고 그들이 제시한 정통적 가르침을 흡수함으로써, 비드는 자신을 '교부들의 전례를 따른 사람'으로 이해하였다. 비드에게 '교부'란 단순히 진리를 분명하고 견실하게 이해한 사람일 뿐만 아니라 동일한 관심과 은혜를 다른 이들에게 전해준 사람을 의미하였다. 그리스 교부 및 라틴 교부들과 마찬가지로, 비드는 성경에 능통하였고 자신의 모든 신학을 성경에서 끌어냈다. 비드는 선행자들이 제시한 교리적 해명을 할 수 있는 한 모두 읽고, 놀라울 만큼 분명하게 그것을 흡수해 냈으며, "배우거나 가르치거나 저술하는 것은 언제나 나의 기쁨이었다"고 말한 것처럼, 그러한 것을 다른 이에게 전달하는 데 자신의 일생을 바쳤다.[45]

비드는 교부들로부터 배우고 익힌 가르침의 전통을 다음과 같은 세 가지 방식으로 다른 이들에게 전달하였다.

> 첫째, 성경에 대한 자신의 저술을 통해서.
> 둘째, 주석이라는 교부적 전통을 수사, 성직자, 그리고 평신도에게 전달함으로써.
> 셋째, 자신이 영국인의 초기 역사를 바라보고 기록한 방식을 통해서.[46]

가경자 비드의 주요 저서이자 진정성이 의심받지 않는 유일한 저서는

44 Ward, "신학자 베데," 132.
45 Ward, "신학자 베데," 132.
46 Ward, "신학자 베데," 136.

『영국 교회사』이다. 이 역사적인 저서는 그 시대의 학자들과 함께 학문상의 작은 부활을 이룩하였고, 훗날 9세기 대륙의 카롤링거 왕조의 문예 부흥으로 꽃피게 되었다.[47] 그는 성직자, 신학자, 역사가, 문법학자로서 초기 영국의 기독교 문화에 지대한 영향을 미쳤다고 할 수 있다. 『영국 교회사』는 731년에 라틴어로 5권으로 완성되었으며, 초기 영국의 교회, 정치, 사회, 문화, 역사, 언어 등을 다룬 백과사전적 성격을 지닌다. 왕 체올울프(Ceolwulf)의 요청으로 집필을 시작한 이 저서는 오랜 세월을 쏟아부은 역작으로 그가 죽기 직전에야 비로소 완성되었다. 이처럼 비드는 영국에 전해진 복음을 기록하고 이를 전파하는 데 기여하는 과제를 평생토록 수행하였다. 그는 영국이 하나님 나라의 일부가 될 수 있도록 헌신하였으며, 이러한 점에서 영국의 모든 신자들이 적어도 주기도문과 사도신경을 이해하고 암기할 것을 열망하며, 더불어 이를 영어로 번역할 것을 주문하였다.

> 라틴어를 읽을 줄 아는 사람들은 사도신경과 주기도문을 잘 알고 있겠지만, 학식이 없는 사람들, 즉 자기 나라말만을 아는 사람들은 자신들의 언어로 이를 말하고 정성스럽게 노래할 수 있도록 배워야 한다는 것은 더할 나위 없이 확실한 일이다. 이것은 평신도들, 곧 대중의 일상적 삶을 살아가는 이들에게서만 이루어져야 할 뿐만 아니라, 라틴어에 능한 성직자와 수도사들에게서도 반드시 실천되어야 한다. 그럼으로써 믿는 자들의 공동체 전체가 자신의 신앙이 무엇으로 이루어져 있는지, 그리고 그 신앙의 힘 안에서 악한 영들의 공격에 맞서 어떻게 자신을 무장하고 방어해야 하는지를 배울 수 있기 때문이다. 그러므로 그들은 하나님을 향해 탄원하는 자들이 한목소리로 부르는 합창이 어떤 내용을 담고 있는지, 그리고 무엇보다도 하나님의 자비하심을 통해 구해야 하는 것이 무엇인지 배워야 할 것이다.
>
> 이 때문에 나는 사도신경과 주기도문을 영어로 번역할 것을 빈번하게 제안했

47 Walker, *A History of the Christian Church*, 258.

다.(『영국교회사』 중에서)[48]

비드는 자신의 삶을 통해 학식이 교만에 빠지지 않아야 하며, 그것이 그리스도 안에서의 사랑과 연결되어야 함을 강조하였다. "자신이 아는 선한 일을 행하며 하늘나라에서의 삶을 누릴 자격이 있는 어리석고 단순한 형제들이, 성경 지식은 탁월하지만, 사랑의 양식이 부족한 사람보다 더 훌륭하다."[49]

이러한 비드의 학문과 업적 그리고 『아미아티누스 사본』 등은 8세기 영국의 교회의 왕성한 활동과 수준 높은 신학을 잘 보여준다. 그러나 안타깝게도, 잉글랜드와 켈트 지역의 교회들은 9세기에 접어들면서 바이킹의 침입과 약탈로 인해 그 영향력을 상실하였다. 하지만, 9세기 샤를마뉴의 통치에 이르기까지 이들이 미친 영향과 기여는 매우 지대하였다.

III. 영국의 복음화

1. 그레고리우스 1세의 영국 선교

7세기 북쪽에서 아이단과 그의 후계자들이 선교 활동을 펼치는 동안 교황 그레고리우스 1세가 파송한 선교사들이 영국 남동부에 도착하여 켄트와 이스트 앵글리아에서 활동하였다. 교황이 잉글랜드에 선교사들을 파송한 이유는, 켄트의 왕이자 험버 이남 색슨족의 상왕인 에텔베르트(Ethelbert)와 기독교도인 프랑크족 공주 베르타(Bertha)의 결혼을 이용하여 이 지역에 복음을 전파하려는 목적이 있었던 것으로 보인다.[50] 파송된 선교사들은 원래

48 Ward, "신학자 베데," 140에서 재인용.

49 Bede, *On Proverbs*, CCSL 119B, xxii, 9.

50 Walker, *A History of the Christian Church*, 256.

로마에 있는 그레고리우스 1세가 세운 성 안드레아 수도원의 수사들이었다. 그는 탁발수사 아우구스티누스(Augustine)와 서른 명의 수사, 그리고 라우렌티우스라는 사제를 발탁하였다. 그는 그들에게 프랑크 왕들과 갈리아 주교들에게 보내는 추천장과 도서들을 건넨 뒤 잉글랜드로 파송하였다.[51] 잉글랜드에 도착한 선교사들은 그 기치로서 은 십자가를 들고, 또한 그리스도의 형상이 그려진 판자를 들고 왕을 대면하러 왔다.[52] 아우구스티누스가 영국에서 마주한 것은 로마 문명의 전통으로부터 거의 영향을 받지 않은 원시적인 게르만 사회였다.

새로운 종교를 전하는 낯선 이들의 주술적 행위에 대한 걱정과 두려움 속에서 야외에서 이들은 맞이한 왕은 멀지만 강성한 로마에서 온 이 새로운 종교의 의식적이고 웅변적인 외양에 감동을 받았다.[53] 만남 이후 에델베르트 왕은 아우구스티누스에게 자유롭게 설교할 수 있도록 허가해 주었고, 캔터베리 시에 체류하는 것을 허락하였다(596년).

> 여러분의 말과 약속이 무척 훌륭하군요. 하지만 우리에게는 낯설고 불확실하므로 잉글랜드 전체 백성과 함께 오랫동안 모셔온 종교를 버릴 수 없습니다. 그렇긴 하지만 여러분이 먼 곳에서 오셨고 우리에게 유익을 주려 하시기 때문에, 지내시는 데 불편이 없도록 해 드릴 것이며, 전도를 하여 얼마나 많은 사람을 여러분의 종교로 귀의시키든지 간섭하거나, 개의치 않을 것입니다.[54]

약 1년 뒤인 597년 아우구스티누스는 에델베르트를 개종시키는 데 성공한 후, 601년 부활절에 그에게 세례를 주었다. 에델베르트가 개종하자, 그레고리우스는 그에게 선물과 함께 권면의 서신을 보내어 신앙적인 정진

---

51 Bede the Venerabile, *Historia ecclesiastica gentis Anglorum*, I. 23 이하.

52 Bede the Venerabile, *Historia ecclesiastica gentis Anglorum*, I. 25.

53 Schaff, *History of Christian Church*, 4, 43.

54 Bede the Venerabile, *Historia ecclesiastica gentis Anglorum*, I. 25; KThQ2, Nr. 11. a.

을 당부하였다.[55]

아우구스티누스는 영국 복음화의 거점으로 켄터베리에 수도원을 설립하였고, 교황으로부터 켄터베리 대주교의 칭호를 부여받았다. 또한, 604년까지 로체스터와 런던에 주교구를 설치하였다. 그러나 605년 아우구스티누스가 죽을 무렵 켄트와 에섹스 지역은 거의 복음화되었으나, 616년 에텔베르트 왕이 사망한 후에는 이교의 반발이 거세게 일어났다. 이는 아우구스티누스의 급속한 개종 운동으로 인해, 교회가 켄트 바깥 지역에 깊이 뿌리내리지 못했음을 드러낸다.[56] 그러나 이러한 이교의 반발은 곧 끝났고, 다행히 교회는 계속해서 존속할 수 있었다.

2. 휫트비(Whitby) 종교회의와 영국 교회의 발전

영국이 기독교를 받아들인 시점에는 여전히 해결해야 할 어려운 문제가 남아 있었다. 한편으로는 켈트족과 아일랜드 전통을 계승한 서부 및 북부의 기독교인들, 그리고 다른 한편으로는 새롭게 출현한 남부의 색슨족 기독교인들 사이에 갈등이 끊이지 않았다. 교황이 보낸 선교사들에 의해 틀을 잡은 색슨족 교회들은 대륙을 본받아 지역 주교들을 중심으로 한 교회조직을 구성했을 뿐만 아니라, 예전적(의식적)으로도 로마와 교황청을 충실히 따랐다. 반면, 켈트족 기독교의 기풍과 조직은 로마 교회의 선교로 설립된 기독교와 달랐다. 그들은 자신들의 전통과 관행을 더욱 선호하였다.

이 갈등은 부분적으로 오랜 세월 내려온 브리튼(켈트)족 기독교인들과 이교 침략자들[앵글로색슨족] 간의 해묵은 무력 투쟁에서 비롯되었다. 서부 브리튼족에게는 대대로 원수지간이었던 앵글족과 색슨족을 동료 기독

55 Bede the Venerabile, *Historia ecclesiastica gentis Anglorum*, I. 32.

56 Tierney/Painter, *Western Europe in the Middle Ages, 300-1475*, 115.

교인으로 받아들이기가 쉽지 않았다. 엄밀히 말하면 이 갈등의 본질은 '교리적 차이'라기보다는 '의식과 권징의 차이'에 있었다.[57]

처음부터 아우구스티누스는 이러한 문제를 해결하기 위해 큰 노력을 기울였다. 그는 브리튼족 성직자들을 초청하여 "로마 교회의 관습에 따라 부활절 주일과 세례 방식을 따를 것, 색슨족 형제들과 힘을 합하여 이교도 개종 사업에 힘쓸 것"을 설득하였으나, 이들은 민중이 동의하지 않는 한 조상 대대로 물려받은 관습을 포기할 수 없다며 버텼다. 대신, 그들은 교회 회의를 열어 논의할 것을 제안하기도 하였다. 그러나 엄밀히 말하면 브리튼의 성직자들은 로마에서 온 고위 성직자의 권위적인 태도에 동의하기를 거부한 것이다.[58] 왜냐하면 교황이 파송한 영국의 주교 아우구스티누스에게 있어 브리튼 성직자들은 자신들의 지도와 관리를 받아야 하는 하급자였다. 반면, 독립적이고 자생적 성격이 강했던 브리튼 성직자들에게 아우구스티누스는 상급자가 아니라 동료였다. 아우구스티누스의 견해가 대화 중에 많이 드러난 것으로 보이며, 브리튼 성직자들의 적대적 시각도 분명하게 나타났다.[59] 이러한 갈등은 특히 부활절 날짜 계산 방식의 차이와 이에 따른 혼란에서 잘 드러난다:

> 스코틀랜드-아일랜드 전통을 따르는 이들 사이에서 갈등이 표면화되었다. 당시의 기록에 따르면, 노섬브리아 왕국의 상황은 심각하였다. 왜냐하면 국왕은 스코틀랜드-아일랜드 전통을 따랐고, 왕후는 로마 전통을 따랐기 때문이다. 특히 부활절 날짜가 서로 달랐기 때문에, 한편에서는 금식하고 있는 동안 다른 한쪽에서는 잔치를 벌이는 상황이 벌어졌다.[60]

---

57 Schaff, *History of Christian Church*, 4, 37.

58 Schaff, *History of Christian Church*, 4, 47.

59 Bede the Venerabile, *Historia ecclesiastica gentis Anglorum*, II. 2

60 Bede the Venerabile, *Historia ecclesiastica gentis Anglorum*, III. 25.

이러한 갈등 속에 오스위 왕은 664년 분쟁을 해결하기 위해 노섬브리아의 유력자들을 모두 휘트비(Whitby)에 소집하였다. 토론 중, 로마 측 대변인은 교황이 그리스도로부터 교회를 다스리도록 직접 임명을 받은 베드로의 계승자임을 주장하였다. 이를 근거로 오스위 왕은 친로마적 노선을 채택하였다.[61]

이러한 상황에서 668년 교황 비탈리아누스(Vitalian)는 소아시아 타르수스(다소) 출신 테오도루스(Theodore, 620/-690)를 켄터베리 대주교로 임명하였다. 테오도루스는 "영국 전역에서 권위를 인정받게 될 최초의 대주교"[62]로서 그 대주교직에 부임하였다. 그는 관할 지역의 모든 교회들을 체계적으로 방문하는 것으로 사역을 시작하였다. 그리고 시찰 결과를 토대로 기존 교구들을 재조직하고 새 교구들을 신설하는 작업에 착수하였다. 또한, 허트퍼드 교회회의(673)를 주재하여 교회 정치의 기본 법규를 제정하고 정치 권력이 여전히 분열된 상황에서 교회를 전국적인 조직체로 구성하도록 하였다.[63] 당시 영국의 정치적 상황은 아일랜드, 픽트, 노섬브리아, 머시아, 켄트 등의 여러 왕국으로 갈라져 있었으나, 교회는 중세 교회의 최고 가치인 '하나의 보편 교회'(*una ecclesia*)를 구성하였다. 이는 중세 교회 내내 추구된 가치로서, 중세의 신자들은 비록 사는 지역과 왕국, 민족이 달라도 자신들을 '한 교회의 구성원'으로 여겼다.

테오도루스는 켈트 수도원의 비밀 고해와 사면 관행을 받아들이도록 장려하는 정책을 펼쳤으며, 아일랜드의 관습에 따라 비밀 고해와 사면을 수도원에 속하지 않은 평신도들에게 연례 의무로 부과하였다. 테오도루스의 조직력과 목회력은 무엇보다도 색슨족이나 켈트족 어느 한쪽을 편애하지 않

---

61 Tierney/Painter, *Western Europe in the Middle Ages, 300-1475*, 116. 왕 오스위가 개최한 회의에서 친-로마적인 한 사제가 '베드로에게 천국의 열쇠가 맡겨졌다'고 주장하자, 왕이 "천국 문에 이를 때에 문을 열어줄 사람이 없으면 곤란할 테니 문지기의 뜻을 거역하지 않겠다."라고 말했다고 전해진다.

62 Bede the Venerabile, *Historia ecclesiastica gentis Anglorum*, IV. 2.

63 Bede the Venerabile, *Historia ecclesiastica gentis Anglorum*, IV. 5.

고 두 전승이 서로 보완하며, 풍요롭게 융합된 단일체를 형성한 점에서 두드러진다.[64] 영국 교회가 하나의 보편 교회로 통합될 수 있었던 요인에 대하여 샤프는 이렇게 지적한다.

> 잉글랜드의 개종은 지적이고 도덕적이었다기보다 명목적이고 의식적인 성격이 강하였다. 교육은 성직자들과 수사들에게 한정되었으며, 그 내용은 십계명과 사도신경, 주기도문, 그리고 약간의 라틴어가 전부였다. 헬라어와 히브리어는 교육되지 않았다. 앵글로색슨 성직자들의 교육 수준은 브리튼 성직자들보다 아주 근소하게 나은 정도였다. 로마가 궁극적으로 승리를 거두게 된 원인은 주로 우수한 조직력, 사도로부터의 직접적 계승, 로마 제국의 명성 때문이었다….[65]

이러한 역사적 흐름을 통해, 영국 교회는 중세 초기에 기독교 세계의 구성원으로 편입되었으며, 하나의 교회를 형성하였다. 8세기에 이르면, 영국의 기독교 문화는 깊이 뿌리를 내렸고, 아일랜드 선교사를 대신하여 유럽의 복음화에 앞장섰다. 이들은 대륙의 농촌 지역에 거주하는 원시적인 농민들을 개종시키고, 복음을 확장하는 역할을 하였으며, 장차 프랑크 왕국에서의 기독교 발전의 활력을 제공하였다.

---

64 Walker, 『기독교회사』, 258.

65 Schaff, 『교회사전집』 4, 52.

참고 문헌

Bede the Venerabile. *Historia ecclesiastica gentis Anglorum*. A Revised Translation with Introduction, Life, and Notes By A. M. Sellar. London: George Bell and Sons, 1907. https://www.gutenberg.org/files/38326/38326-h/38326-h.html.

_____. *On Proverbs*. CCSL 119B, xxii.

Bradshaw, Brendan. "Irland." TRE Bd. 16: 273-287.

Finnian. "The Penitential of Finnian." In: *Medieval Handbooks of Penance* by John T. McNeil and Helen Gamer. New York: Columbia University Press, 1990. https://archive.org/details/MedievalHandbooksOfPenance/Medieval%20Handbooks%20of%20Penance_%20A%20Translati%20-%20McNeill%2C%20John%20T_/

Hanson, Richard Patrick Crosland. "England I." TRE Bd. 9: 616-617.

Loyn, Henry Royston. "Beda Venerabilis." TRE Bd. 5: 397-402.

McNeil, John. T. and Gamer, Helen. *Medieval Handbooks of Penance*. New York: Columbia University Press, 1938.

Monk Jonas, *The Life of St. Columban. In: Original Sources of European history*. Vol II. no. 7. https://sourcebooks.fordham.edu/basis/columban.asp.

Riché, Pierre. "켈트족과 게르만족 사회의 영성." In: *Christian Spirituality (I)*: 277-297.

Rule of St. Columba 6th Century. In: A. W. Haddan and W. Stubbs, *Councils and Ecclesiastical Documents Relating to Great Britain and Ireland II, I*. Oxford: Oxford University Press, 1873: 119-121.

St. Patrick. *Confession*. https://www.confessio.ie/etexts/confessio_english#.

Ward, Benedicta. "신학자 베데." In: *Medieval Theologians*: 131-143.

이필은. "6-10세기 아일랜드의 사제교육." 「신학과 실천」 34 (2103): 391-410.

장재경. “『사목규범(Regula Pastoralis)』의 앵글로-색슨 시기 수용 및 인식 연구.” 「서양중세사연구」 53 (2024): 1-32.

4

프랑크 왕국과 교황령의 시작

5세기 들어서며 시작된 서로마 제국의 혼란은 프랑크 제국이 자리 잡을 때까지 지속되었다. 410년 로마를 점령한 고트족을 비롯하여, 반달족, 훈족, 부르군트족, 롬바르드족, 앵글로-색슨족, 그리고 프랑크족 등이 각각 이 시대의 페이지를 장식하였다. 이들 민족 중에서도 프랑크족의 등장은 고대에서 중세로 전환되는 혼란한 상황 속에서 새로운 질서의 태동을 이끌었다.

I. 프랑크 왕국과 클로비스의 개종

1. 프랑크 왕국의 기원

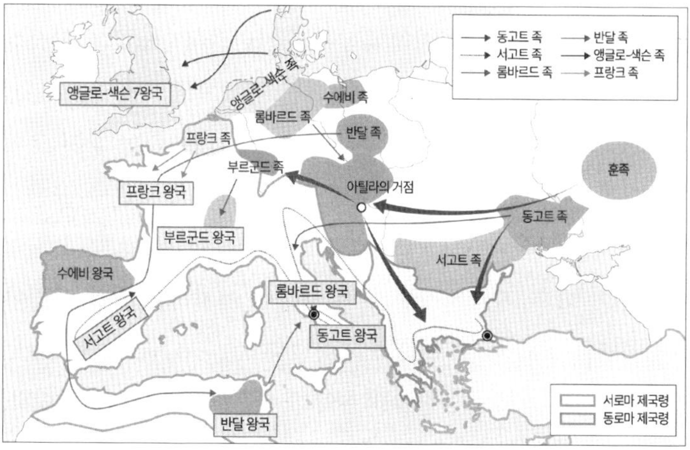

고대 로마 제국의 국경 주변에 거하던 여러 이민족을 로마인들은 비록 "야만족"(barbarians)으로 여기며, 파괴와 약탈을 일삼는 자들로 간주하였으

나, 이들은 로마 문명에 대해 강한 동경을 품고 있었다. 이들 민족은 로마 제국으로 침입하는 과정에서, 장거리 이동으로 인해 활력과 역동성을 소진한 경우가 많았다. 따라서 그들은 로마 제국 영토의 일부를 장악한 후에는 거의 에너지를 소진한 상태가 되었다. 반면, 처음부터 로마 제국 국경 내의 변방에 자리했던 프랑크족은 단지 민족 이동을 했다기보다는 세력 확장에 가까웠다.[1] 즉, 그들의 영토 확장은 힘과 활력이 강화되고 증대됨을 의미하는 것이었다. 그 결과 프랑크족은 전환기의 혼란을 잠재우고 중세를 여는 새로운 역사의 주인공으로 등장하였다.

라틴어의 '프랑쿠스'(*francus*: 프랑크 사람)는 영어 단어 'frank'와의 연관 속에서 '자유인'을 의미하는 것으로 이해되었다.[2] 이는 일종의 신분 개념으로, 로마 제국에서 일정한 변경 지역의 질서와 안녕을 유지하는 대가로 로마로부터 세금이 면제된 자들을 지칭하였다. 따라서 엄밀히 말하면, 프랑크족은 민족 개념이기보다, 프랑크 연합을 통해 형성된 세력 집단을 의미한다. 처음부터 이들은 고대 로마의 국경 내에 거주했기 때문에, 여러 이민족 가운데서도 자신들을 로마 전통의 적자로 자처하였다. 역사적으로 프랑크족이라는 명칭은 3세기에 이르러 저지대(Lower: 벨기에, 네덜란드, 룩셈부르크 등을 포함하는 북유럽의 해안 지대)와 라인 중부 지역의 부족과 관련하여 언급되기 시작하였다.

5세기에 이르러 프랑크족의 지도자였던 힐데리히 1세(Chilideric I)와 그의 아들 클로비스(Clovis, 약 466-511)는 프랑크족을 규합하여 과거 로마의 영토로 진출하기 시작하였다. 482년 프랑크족의 작은 분파를 이끌던 클로비스는 486-487년경 솜(Somme)강과 로르(Loire)강 사이의 옛 로마 지역을 거의 장악하였다. 이후, 클로비스는 로마 제국이 차지하고 있던 갈리아와 게르마니아 영토를 정복한 뒤 '레그눔 프랑코룸'(*Regnum Francorum*: 프랑크 왕국)을 수립하였다. 이 과정에서 클로비스의 군대는 많은 교회를 약탈하고, 교

---

1 Tierney/Painter, *Western Europe in the Middle Ages, 300-1475*, 66.

2 "Franks" in: en.wiki. [2019.6.14.]의 각주 9번 참조.

회의 기구와 장식품을 빼앗았다.

그 후, 클로비스는 추종자들을 이끌고 라인강을 따라 남부와 동부에 왕국을 세운 알라마넨족(독일)을 톨비악(Tolbiac) 전투에서 패퇴시켰으며, 507년에는 푸아티에 전투에서 프랑스 남부의 서고트 왕국을 점령하였다. 511년 클로비스가 사망한 이후에도, 그의 자손들은 힘을 합쳐 531년에는 튀링겐을, 534년에는 부르군트를, 그리고 536년에는 프로방스까지 점령하며 지중해 해안까지 그 판도를 확장하였다.[3] 결국, 고대 서로마 제국의 옛 지역 대부분을 통일하게 되었다.

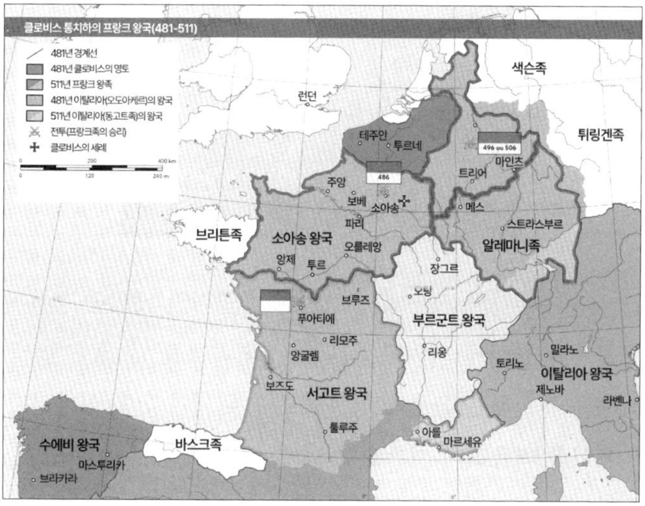

〈클로비스의 확장(https://histocarte.fr/2020/03/10/le-royaume-des-francs-sous-clovis/)〉

2. 클로비스(Clovis, 약 466–511)의 개종

497년경 클로비스의 개종은 서유럽과 기독교 역사에서 중요한 전환점

---

3 Tierney/Painter, *Western Europe in the Middle Ages, 300-1475*, 93.

을 가져왔다. 이 무렵 그는 대부분의 이민족이 신봉했던 아리우스주의 기독교가 아니라 삼위일체를 고백하는 정통 가톨릭으로 개종하였다. 493년 클로비스는 부르군트의 공주 클로틸데(Clotilde)와 혼인하였는데, 그녀는 기독교인이었다. 클로틸데는 클로비스가 섬기는 신들이 아무 것도 아닌, 즉 인간이 만든 것에 불과하다고 말하며, 우상을 버리고 참된 하나님을 받아들이도록 끊임없이 촉구하였지만, 클로비스의 마음을 완전히 돌이키지는 못했다.[4] 하지만, 클로비스는 자녀들의 세례는 허락해 해주었다.

497년 알레마넨과의 전투에서 경험한 개인적인 체험을 통해 클로비스는 기독교를 받아들이게 되었다. 전투에서 위기에 몰린 클로비스는 자신의 부족 신들에게 간절히 도움을 요청하였으나, 위기가 더욱 심화되자 아내 클로틸데의 조언을 떠올리며 기독교의 하나님께 서원 기도를 드렸다.

> 예수 그리스도시여, 클로틸데(*Chrodechildis*)가 말하기를 당신은 고통 가운데 있는 자들에게(*laborantibus*) 도움을 주시며 당신에게 소망을 두는 자들에게 승리를 주시는 살아계신 하나님의 아들(*filius Dei vivi*)이라고 하였나이다; 내가 간절히 부복하여(*devotus efflagito*) 당신의 영광으로 가득한 도우심을 간구하나이다: 나의 대적을 이길 힘을 나에게 허락하사 나로 하여금 당신의 이름으로 성별된 백성들이 경험한 그 능력을 체험하게 하시고 그래서 내가 당신을 믿으며 당신

4 Gregory of Tours, *Historia Francorum (History of the Franks)*, II, 27; 심창섭 · 채천석 편, 『원자료 중심의 중세교회사』, 40-41.

의 이름으로 세례 받게 하소서…. (*Historiarum libri* II 30f.)[5]

서원 이후 전투에 승리한 클로비스는 498-499년 랭스(Reims)의 레미기우스(Remigius)를 초청하여 세례를 받게 되었다.[6] 그러나 클로비스에게는 어려운 고민이 있었다. 그것은 자신을 따르던 사람들이 그들의 전통적인 신을 버리고 기독교를 받아들이는 것에 동의할 것인가 하는 문제였다.[7] 이에 클로비스는 수하들을 설득하기 위해, 자신이 톨비악 전투에서 경험한 내용을 간증하였다. 그의 염려와 달리, 수하들의 반응은 매우 단순하였다. 그들은 '기독교의 신이 더 강하다'는 주장에 모두 동의하였고, 약 3,000명의 군인이 그와 함께 세례를 받았다. 클로비스가 세례를 받고 물에서 일어나는 순간을 두고, 샤프는 이를 중세 천 년의 역사가 첫걸음을 내딛는 결정적 순간으로 평가하였다.[8]

여기서 우리는 승리를 돕는 신 또는 강한 신(Gott) 모티브를 분명하게 살펴볼 수 있다. 이 강한 힘(혹은 신)에 굴복하여 약 3,000명의 이교도 전사들이 집단으로 세례를 받았다. 이때의 세례는 기독교적인 교리문답이나 믿음의 반향, 또는 신앙고백의 차원이 아니라, 강한 자에 대한 굴복과 복종의 표시로 상징된다.

〈톨비악 전투, 496년〉

19세기 한 무명의 작가가 묘사한 톨비악 전투의 모습은 지상에서 부족의 전사들이 전투를 벌이지만 그 승패는 천상의 신들에 의해 결정됨을 보여준다. 강한 부족

5 Gregory of Tours, *Historia Francorum*, II, 30f, in: KThQ2, Nr. 2.

6 김차규는 다양한 자료들을 통해 클로비스의 세례식 연도를 496년으로 결론짓고 있다. 김차규, "클로비스의 개종", 「명지사학」 8 (1997): 96-112.

7 Gregory of Tours, *Historia Francorum*, II. 31, in: KThQ2, Nr. 2.

8 Shaff, *History of Christian Church*, 4, 89.

이 아니라 강한 신을 섬기는 부족이 승리한다.

물론 후대의 기록이지만, 클로비스의 개종에는 교회를 보호하고 옹호하던 콘스탄티누스의 이상이 암시되어 있다.

> … 먼저 왕은 주교에게 세례 받기를 원하였다. (따라서) 제2의 콘스탄티누스(*novus Constantinus*)인 그가 세례반(*lavacrum*)으로 나아가 오래도록 가지고 있던 나병으로부터 깨끗하게 되었으며, 깨끗한 상태에서 오랫동안 남아 있던 더러운 얼룩에서 벗어나게 되었다…. 즉, 왕은 삼위일체의 전능하신 하나님을 고백하였고 성부와 성자와 성령의 이름으로 세례를 받고 그리스도의 십자가 표시와 함께 성유 부음을 받았다. 그의 군인 3,000명 이상이 그와 함께 세례를 받았다.[9]

〈클로비스의 세례〉

더구나, 세례를 받을 때 레미기우스의 권고는 왕에게 교회의 보호자를 넘어, 적극적으로 행동할 것을 요청하고 있다. "네가 불태웠던 것들을 경배하고, [이전에] 네가 섬겼던 것들을 불태우라!"[10] 이는 중세에서 콘스탄티누스의 이상을 따르려 했던 자들에게 행동 지침으로 작용한 것으로 보인다.

클로비스의 개종을 단순히 톨비악에서의 체험에만 근거를 두기에는 다소 빈약해 보인다. 따라서 현대의 연구자들은 이 개종의 원인에 관심을 가지며 다양한 추론을 제시하였다.[11] 기본(E. Gibbon) 등은 클로비스의 개종이 그의 아내인 클로틸데의 지속적인 권유와 톨비악 전투의 승리 때문으로 보

---

9 Gregory of Tours, *Historia Francorum (History of the Franks)*: II. 31, in: KThQ2, Nr. 2.

10 위와 같은 곳.

11 김차규, "클로비스의 개종", 98 이하.

았다.[12] 반면, 일부 연구자들은 그 원인을 클로비스의 정치적 결단이나 갈리아 지역 성직자들의 노력 때문이었을 것이라고 보기도 한다. 당시 남부 갈리아 지역에서는 가톨릭 신자 다수가 아리우스파인 서고트족의 지배를 받고 있었으며, 그 지역의 주민들과 주교들이 클로비스를 가톨릭 정통 신앙의 해방자로 환영하고, 그에게 협조할 가능성이 매우 높았다.[13] 실제로 클로비스는 세례 이후 갈리아 지역의 가톨릭 성직자와 신자들의 지지를 바탕으로 서로마 영토를 비교적 수월하게 통합하는 데 성공하였다. 어떤 경우든, 역사가들은 클로비스의 세례가 이후 유럽 대륙의 정치와 종교 모두에 있어 매우 결정적인 사건이었다는 점에 동의한다.

클로비스의 정통 가톨릭 신앙으로의 개종은 장기적으로 두 가지 중대한 결과를 낳았다.

첫째, 아리우스주의자인 고트족의 통치하에 있던 갈리아 지역에서는 종교적, 정치적 갈등이 지속되었으나, 정통 가톨릭으로 개종한 프랑크족의 정복자들은 갈리아(Gall) 백성과 함께 공동의 신앙고백과 하나의 교회라는 기반 위에서 사회적, 문화적 통합을 비교적 쉽게 이루어낼 수 있었다. 또한, 기독교를 매개로 하여 켈트족의 문화와 로마의 문화가 서로 융합되도록 하였다.

둘째, 이교적인 제사법(Sakralrechts)에 기초한 일반적인 게르만 관행에 따라 클로비스와 그의 후계자들은 교회에서 권한을 행사하였다. 이교 전통에 따르면, 왕은 제사장의 임명 권한을 보유하고 있었다. 이에 따라, 클로비스는 약 100여 개에 이르는 주교좌(Bistümer)에 대한 임명권을 요청하였고, 자신의 종교적 권한을 국가의 확장(Landesausbau)과 통치권의 안정을 위해 적극적으로 활용하였다.[14] 그는 자신의 측근들을 주교로 임명하여, 왕의 통치

---

12 Edward Gibbon, *The History of the Decline and Fall of the Roman Empire*, c. 38, 1115-1116.

13 Tierney/Painter, *Western Europe in the Middle Ages, 300-1475*, 68.

14 Hauschild, *Lehrbuch der Kirchen- und Dogmengeschichte*, Bd. 1, Alte Kirche und Mittelalter, 364.

권과 영향력이 각 지역에까지 미치도록 하였으며, 이를 통해 어느 정도 "국가적"(staatlicher) 사회 구조를 구축할 수 있었다. 이로써 국가와 교회가 통합된 하나의 권력 구조를 형성하였고, 이는 중세 사회의 성격을 결정짓는 요소가 되었다. 세속 권력자는 교회에 일정한 권한을 가지며, 동시에 교회의 보호자로 간주되었다. 실제로 클로비스는 511년 오르레앙(Orleans)에서 골-프랑크 지역의 감독들을 제국회의(Reichssynode)로 소집하고, 교회를 재조직하는 한편, 계속해서 교회를 건축하기로 결정하였다.[15]

클로비스와 그의 계승자들은 갈리아에 남아 있던 로마 제국의 행정권과 재정권을 장악하였다. 더욱이 프랑크족은 고트족과는 달리 사회와 분리된 지배 계급으로 남지 않고 정복지의 민중들과 융합함으로써, 대부분의 옛 로마 제국 영토에서 통속 라틴어가 공용어로 유지되는 복합적 문화를 형성하였다. 또한 프랑크 지도자들은 그들 나름대로 기독교의 확산을 장려하였다.[16]

프랑크 왕국은 로마 제국의 권위와 전통을 정식으로 계승한 대변자였으며, 어떤 의미에서는 여전히 그러한 지위를 유지하고 있었다. 그러나 프랑크 왕조가 다스린 나라는 본질적으로 원시적인 게르만 왕국이었으며, 왕의 권력은 대부분 문맹 상태에 있으면서 로마법이나 로마 행정을 제대로 이해하지 못했던 프랑크 전사들의 충성에 기반을 두고 있었다.[17] 메로빙거 시대는 고전 문명의 기준으로 볼 때, 모든 면에서 동로마 지역보다 훨씬 미개하고 야만적이었다.

3. 메로빙거 왕조 시대의 기독교 사회

프랑크의 메로빙거 왕조는 6세기 중반까지 갈리아와 게르마니아에서

15 Hauschild, Lehrbuch der Kirchen- und Dogmengeschichte, 365.

16 Walker, *A History of the Christian Church*, 259.

17 Tierney/Painter, *Western Europe in the Middle Ages, 300-1475*, 69.

과거 로마 제국의 영토였던 지역 전체를 장악하였다. 클로비스는 511년 사망하자, 프랑크의 전통에 따라 그의 왕국은 네 아들에게 분할 상속되었다. 이처럼 아버지의 재산을 생존해 있는 모든 아들에게 동일하게 나누어 주도록 한 프랑크족의 관습으로 인해, 여러 왕 사이에 빈번한 분할이 발생하였으며, 이로 인해 프랑크 제국은 반(半)정치적이고 반(半)부족적인 성격을 지닌 지역 분할이 이루어졌다. 이러한 분할은 수많은 영주가 난립하는 결과를 초래하였지만, 그중에서도 각 지역에서 강력한 세력을 유지한 주요 중심지가 네 곳 있었다.

그중 첫 번째 지역은 오스트라시아(Austrasia)로서, 튀링엔뿐만 아니라 라인강 저지대를 중심으로 한 프랑크족의 원 거주지였다. 두 번째 지역은 노이스트리아(Neustria)로서, 북부 프랑스 지역을 포함하며 클로비스가 수도로 삼은 파리를 중심으로 로르강 남부에서 솜강 북부까지 뻗어 있었다. 그 외에도 프랑크족의 정치사에서 비교적 중요성이 덜하고, 반독립적인 성격을 지닌 아퀸텐과 부르고뉴(부르군트) 남부 지역이 존재하였다. 그러나 이러한 분할에도 불구하고 프랑크 왕국은 하나의 단일 유산으로 이해되었으며, 실제로 클로비스의 아들 로타르 1세(Lothar I, 561 죽음)의 말년부터 다고베르트 1세(Dagobert I)의 재위 기간(623-639) 대부분 동안 왕의 권위는 전 지역에 영향을 미쳤다.[18] 그럼에도 불구하고, 지속적인 지역 영주들의 갈등과 대립, 그리고 원시적인 법체계로 인해 프랑크 사회는 분열과 혼란, 그리고 전쟁과 유혈 충돌이 끊이지 않았다. 전쟁과 피흘림의 시대였다.

따라서 메로빙조 시대의 교회와 사회는 점차 쇠퇴하였으며, 심지어 해체의 징후를 보이고 있었다. 고대 로마의 유서 깊은 도시들은 몰락하고, 상업과 정보의 쇠퇴가 급속도로 진행되고 있었다. 프랑크족은 기본적으로 상인이 아니라 전사였으며, 도시 생활에 거의 관심이 없었다.[19] 그들의 입장에서 정

---

18 Walker, *A History of the Christian Church*, 259.

19 Tierney/Painter, *Western Europe in the Middle Ages, 300-1475*, 101.

치 질서란 지도자에 대한 전사들의 개인적인 충성의 문제였다. 그리고 전통적으로 그 충성은 전쟁에서 승리했을 때, 왕이 전리품으로 부하들을 보상할 능력을 갖추었는지 여부에 달려 있었다.[20] 따라서 자급자족 및 원시적인 농업 경제로의 전환은 더욱 가속화되었다. 삶의 중심지는 농촌의 장원, 즉 생활 필수품의 자급자족을 목표로 삼았을 뿐만 아니라, 실제로 자급자족을 실현한 사유지로 옮겨갔다. 유력한 인물이나 왕 자신이 영주로 다스리기도 했던 이 사유지들은 지주뿐만 아니라, 농노와 소작인들에게도 경제적, 신체적 안전을 제공하였다. 동시에 이 장원 제도는 권력의 분산을 촉진하였고, 토지 보유자에게 재산과 권력을 동시에 보장하였다. 왜냐하면 장원은 단순히 음식과 옷을 생산하는 곳이 아니라, 프랑크 사회를 끊임없이 휘감은 전쟁에서 필요한 장정과 무기까지도 공급하는 역할을 했기 때문이다.

반면 이 지역에 거주하던 갈리아계 로마인들은 새로운 통치자들을 맞이했음에도 형편이 나빠지지 않았다. 가톨릭교도였던 이들은 자신들과 동일한 신앙을 가진 군주의 즉위를 반겼다. 게다가 콘스탄티노플의 로마 황제들도 프랑크 지도자들을 승인하였고, 때때로 재정지원을 제공하기도 하였다. 또한, 클로비스에게는 총독이라는 칭호와 직위, 그리고 휘장을 수여하였다.[21]

원래 그들의 영토 남서부에 자리 잡고 있던, 갈리아계 가톨릭교회들의 세력과 주도권에 영향을 받은 그들은 여전히 이교가 존속하고 있었으며, 과거에 형성된 기독교 교회들이 야만족들의 이동으로 인해 쫓겨나거나 크게 약화된 북동부 접경 지역에 대한 선교를 지원하였다. 더 나아가 수도원 운동을 장려하였고, 특히 콜룸바누스(Columbabus)의 선교 이후부터는 영국에서와 마찬가지로 기독교 확산의 중요한 매체로 자리 잡는 경향을 보였다.

그러나 클로비스의 뒤를 이은 왕들은 프랑크 통치에서 교회와의 제휴가 가져오는 이점을 잘 알고 있었고 이를 적극적으로 이용하려 하였다. 왕들

---

20 Walker, *A History of the Christian Church*, 260.

21 Walker, *A History of the Christian Church*, 259.

은 교회나 수도원에 많은 재산과 특권을 선사하는 데 인색하지 않았다. 하지만 성직자 임명권은 점점 세속 권력자의 손에 들어갔다. 주교들은 왕에 의해 직접 임명되었으며, 성직자와 신도들이 주교를 선출하던 교회법은 사실상 유명무실하게 되었다.[22] 프랑크의 왕들은 주교들을 통해 통치권을 행사하기 위해 친인척과 측근들을 주교들로 임명하기 시작하였다. 이에 따라, 귀족 출신의 주교들이 점차 증가하였고 이들은 교회의 핵심 기관에 자리잡게 잡았다. 그러나 이들 주교는 성직자가 갖추어야 할 자질과 신앙, 그리고 종교적 질서와 규율을 준수하는 데 크게 부족하였다. 성직자 임명이 신앙적 동기보다는 정치적 동기에 의해 이루어지면서, 중세 교회의 타락과 부패를 심화시키는 주요 원인이 되었다.[23] 이러한 왕의 성직 임명권은 초기 프랑크 교회를 로마 교황으로부터 점점 더 고립시키는 결과를 낳았다.

메로빙거 시대 이후, 서방의 기독교 주교들은 특별한 지위를 차지하게 되었다. 그들은 왕의 정치적 이익을 충족시켜야 할 뿐만 아니라, 동시에 공의와 자비를 요구하는 하나님의 대리인으로서 역할을 수행해야 했다. 따라서, 주교는 고위 정치인이자 성인이며, 예언자이기도 하였다.[24] 마치 교황이 보편적인 차원에서 영적 지도자이면서 동시에 세속적 지도자이기도 하였던 것처럼, 서방의 주교들은 지역적 차원에서 영적 지도자이며 동시에 세속적 지도자이기도 하였다.

---

22 Tierney/Painter, *Western Europe in the Middle Ages, 300-1475*, 101.

23 Hauschild, *Lehrbuch der Kirchen- und Dogmengeschichte*, Bd.. 1, Alte Kirche und Mittelalter, 364.

24 Walker, *A History of the Christian Church*, 261.

II. 카롤링거 왕조와 보니파티우스의 선교 사역

1. 샤를 마르텔(Charles Martel, 680–741)

프랑크 사회의 지속적인 쇠퇴와 정치적 후퇴, 그리고 분열은 새로운 왕조의 등장으로 이어졌다. 메로빙거(Merovinger) 시대의 마지막 한 세기 동안, 왕의 통치권은 크게 약화되었다.[25] 639년 다고베르트 1세(Dagobert I)가 사망한 이후부터, 왕을 대신하여 왕권을 행사하는 이른바 '대재상들'(왕의 주요 고문들과 대신들)의 권력이 크게 신장되었고, 결국에는 새로운 정치 질서가 형성되기에 이르렀다. 오스트라시아의 대재상들, 즉 주교 아눌프(Arnulf of Metz, 641년 죽음)와 피핀(Pepin, 639년 죽음)의 자손들은 경쟁자들을 제압하였다. 특히, 피핀 2세(715년 죽음)와 그의 서자 샤를 마르텔(Charles Martel)은 메로빙거 왕들의 배후에서 사실상 실질적인 군주로서 프랑크 왕국을 다스렸다.[26]

피핀과 샤를 마르텔은 그들이 대신한 메로빙거의 왕들과 마찬가지로 충성스러운 기독교인들로서, 교회와 수도원에 막대한 재정을 지원하였다. 그러나 그들이 가장 전념한 것은 영토를 재통일하고 접경 지역을 방어하는 일이었다. 동쪽과 북쪽에서는 이교 게르만 부족들이 프랑크 왕국을 위협하였으며, 남쪽에서는 711년 서고트족을 스페인에서 완전히 몰락시킨 이슬람 세력이 위협하고 있었다. 결국 이슬람 군대는 720년 피레네산맥을 넘어서 프랑크 왕국의 내부로 침입하기 시작하였다. 이들은 아키텐 지역을 점령하고 프랑크 왕국의 중부까지 진격하였다. 애초에 샤를 마르텔은 남부의 영주들이 이슬람의 침략을 방어할 수 있을 것으로 예상하였다. 그러나 이슬람의 기세는 너무나도 강력했다. 결국 샤를은 프랑크 왕국의 전력을 동원하여 이에 맞서야 하였다.

---

25 Tierney/Painter, *Western Europe in the Middle Ages, 300-1475*, 102.

26 Walker, *A History of the Christian Church*, 261.

〈찰스 마르텔 시기의 프랑크 왕국〉

샤를 마르텔은 투르-푸아티에 근처에서 사라센 군대와 싸워 거둔 승리(732)로 인해 역사와 전설 모두에서 유명해졌다. 그는 남부 갈리아의 모든 지역에서 이슬람 군대를 몰아내는 데 성공하였다. 샤를의 이 승리는 단지 프랑크 왕국을 보존하는 데 그치지 않았다. 이는 곧 유럽이라 불리게 될 지역의 미래를 보장하는 결정적 계기가 되었다. 더 나아가, 서방의 기독교 세계를 이슬람의 침입으로부터 보호해주는 것이기도 하였다.

이 전쟁의 주역이었던 샤를의 군대는 새롭게 발명된 등자를 활용하여 기사들이 군대의 핵심 전력이 되도록 하였다.[27] 그러나 전투 양상의 커다란 변화를 가져오는 기사를 양성하는 일은 당시 장인들의 기술 수준과 여건을 고려할 때, 막대한 비용이 필요하였다. 특히, 기사와 말을 갑옷으로 무장하는 데 드는 비용은 매우 비쌌고, 전투용 말만 해도 암소 45마리 혹은 암말 15마리의 값과 맞먹었다.[28] 이러한 기사 양성에 드는 막대한 비용과 그

27 Tierney/Painter, *Western Europe in the Middle Ages, 300-1475*, 102. 등자는 말 안장 밑에 달린 발 받침대로서, 말에 오르거나 말 위에서 기사들이 균형을 잡고, 무기를 사용하는 것이 가능하여지도록 하는 매우 유용한 도구이다. 동양에서는 2-3세기쯤에 사용되기 시작되었지만, 서양에서는 8세기에 이르러 사용되기 시작하였고, 중세 기사들의 전성시대를 가져오는 매우 유용한 도구였다.

28 Horst Fuhrmann, *Einladung ins Mittelalter*, 90.

〈중세 기사의 무장〉

유지비를 충당하기 위해 피핀과 샤를은 정기적으로 교회 재산을 징발하였다(이 점에서 샤를이 특히 더 적극적이었다.).[29] 피핀과 샤를은 기존 메로빙거 왕조의 영토가 증여와 성직록으로 인해 점점 축소되고 있었기 때문에 이러한 정책을 시행하지 않을 수 없었다. 다른 한편으로, 피핀과 샤를은 새롭게 획득한 접경지대에 평화를 정착시키기 위해서 북동부 지역에서의 영국 선교사들의 활동을 장려하고 후원하였다. 또한 새롭게 정복한 지역의 성직자들을 자신의 측근들로 임명할 수 있었다. 이를 통해, 새로운 영토와 교회의 수입을 확보할 수 있었던 것이다.

많은 재정적 부담을 감당해야 했던 프랑크 교회들은 불만을 가질 수밖에 없었지만, 이슬람과 이민족의 위험 앞에서 결국 양보할 수밖에 없었다. 반면, 이슬람으로부터 서방 기독교 세계를 수호한 인물이자 접경 지역에서 지속적으로 기독교 세계의 확장을 위해 전투하는 샤를의 이미지는 막대한 명성과 지지를 가져왔다. 이로 인해, 그는 교황청과 긴밀한 관계를 맺게 되었으며, 이는 결국 미래의 카롤링거 시대를 여는 중요한 계기가 되었다.

2. 보니파티우스(Boniface, Latin: Bonifatius, 675-754/5)의 선교 사역

카롤링거 가문이 새롭게 정복한 영토와 접경 지역에서 평화를 정착시키고 선교하는 일에 주로 헌신한 이들은 영국에서 건너온 선교사들이었다. 그 가운데 가장 두드러진 활약을 펼친 인물은 영국 출신의 보니파티우스였다.

29 Walker, *A History of the Christian Church*, 262.

그는 후일 '독일의 사도'(Apostel der Deutschen)로 불렸다. 보니파티우스는 영국에서 교육과 훈련을 마친 뒤, '그리스도로 인한 나그네'(*peregrinatio propter Christum*)라는 금욕적 정신을 통해서 선교에 대한 사명을 갖게 되었다. 처음에 그는 윌리브로드(Willibrord, 658-739)의 프리지아(Friesia, 오늘날의 네덜란드)의 선교에 동참하였다(715-716년). 그러나 718년경 보니파티우스의 첫 번째 선교 활동은 실패로 끝나게 된다. 당시, 프리슬란트의 왕 가트보드(Ratbod)가 샤를 마르텔과 전쟁을 벌이면서, 이교도들이 프랑크인과 윌리브로드가 세운 교회와 수도원을 파괴하는 상황이 벌어졌다.[30] 이로 인해 보니파티우스의 수년간의 노력은 모두 허사로 돌아갔다.

그는 낙심하여 귀국하였다가, 이후 로마로 순례를 떠났다. 로마에서 보니파티우스는 교황 그레고리우스 2세(Gregor II)의 격려를 받고, 다시 독일 지역으로 가서 수도원을 세우고, 선교에 헌신하였다. 722년 보니파티우스는 프랑크의 요새인 아메네부르크(Amöneburg)의 보호 아래 선교의 거점이 될 첫 번째 수도원을 세웠다. 같은 해 11월 30일, 그는 로마로 소환되어 교황 그레고리우스 2세로부터 정해진 교구 없이 독일 변경 지역의 선교를 감독하는 직에 독일 변경지의 선교 감독(Missionsbischof)에 임명됨으로써 자신의 일생에 최대의 전기를 맞이하게 되었다. 이때 보니파티우스는 로마 교회의 감독들이 하던 것처럼, 교황에 대한 절대적인 복종과 충성을 서약하였다.

> 하나님의 은혜로 주교가 된 보니파티우스는 사도들의 으뜸이신 축복받은 베드로와 그의 대리자인 축복받은 교황 그레고리우스와 그의 계승자들에게 약속합

30 Schaff, *History of Christian Church*, 4, 98.

니다…. 또한 나는 그리스도인의 온전한 구원이 있는 이 믿음의 연합을 열심히 지킬 것입니다…. 내가 전에도 말했던 것처럼 나는 신앙과 순수성을 지킬 것이고, 당신과 함께 연합을 이루고, 당신 교회의 은덕을 유지할 것입니다. 하나님은 당신에게 그리고 당신의 대리자와 계승자에게 모든 것을 매고 푸는 권세를 주셨습니다….[31]

로마로부터 선교지로 돌아온 후(724년), 보니파티우스는 헤세(Hesse)의 가이스마르(Geismar)에 있는 천둥 신의 신성한 떡갈나무를 도끼로 찍어 쓰러뜨렸다. 이 나무는 지역의 이교도들과 철저하지 못한 일부 그리스도인들이 미신적으로 숭배하던 주요 대상이었다. 독일인들은 이 신성한 나무에게 해를 가하는 사람은 누구든지 신의 징벌을 받을 것이라고 믿고 있었다. 그러나 보니파티우스는 아무런 해도 당하지 않을 것이라고 단언하였다. 그는 담대하게 떡갈나무를 쓰러뜨렸고 어떤 일도 일어나지 않았다. 이를 지켜본 사람들은 보니파티우스의 말이 옳았음을 확신하게 되었고, 그가 전하는 하나님이 확실히 자신들의 부족과 조상들이 믿던 신들보다 강력하다고 여기게 되었다. 보니파티우스는 쓰러뜨린 떡갈나무로 성 베드로 기념 교회를 건축하였다.[32]

---

31 *보니파티우스가 그레고리우스 2세에게 보낸 편지* (722), PL 89.803; *The Correspondence of St. Boniface*, no. 5.

32 Willibald, *Vita Bonifaci*, in: 심창섭 · 채천석 편, 『원자료 중심의 중세교회사』, 45.

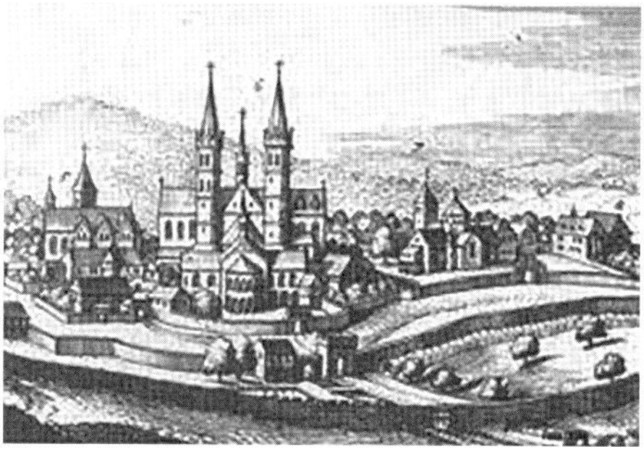

〈풀다 수도원〉

이후 약 10여 년 동안 샤를 마르텔의 세속 권력의 전적인 후원과 교황의 영적 권위의 지지에 힘입어 보니파티우스는 헤센에서의 사역을 튀링엔 지역으로 확장할 수 있었고, 그 결과, 매우 성공적인 사역을 펼칠 수 있었다.[33] 그는 레겐스부르그(Regensburg), 프라이징(Freising), 파사우(Passau), 라티스본(Ratisbon), 잘쯔부르크(Salzburg)에 감독 교구를 설치하였으며, 후에 아이히스태트(Eichstätt), 뷔르츠부르크(Würzburg)와 에어푸르트(Erfurt)를 추가하는 등 8개의 항구적인 주교구를 조직하였다. 마인츠에는 교황의 승인을 받아 자신의 대주교좌를 설치하였다(747). 또한, 744년에는 독일의 중심부에 풀다(Fulda) 대수도원을 건립하였으며, 이 수도원은 오늘날까지도 중부 독일의 로마 가톨릭교회를 위한 특별한 역할을 수행하고 있다.[34] 이 수도원은 샤를 마르텔의 아들 카를로망에게서 토지를 증여받았고, 중서부 독일의 학문과 성직자 교육의 중심지가 되었다.

이러한 모든 사역에서 보니파티우스는 새로운 영국 기독교의 정신을 가지고 교황의 신하로서 행동하였으며, 프랑크 세계에 로마 교회의 교회 체제 및 규율 개념을 도입하고 개혁을 위해 적극적으로 노력하였다. 카롤링거 가문은 보니파티우스의 주도로 여러 차례 교회 회의를 개최하였다. 그는 많은

---

33 Hauschild, *Lehrbuch der Kirchen- und Dogmengeschichte*, Bd. 1, Alte Kirche und Mittelalter, 379.

34 Niel, *A History of Christian Mission*, 89.

성직자의 세속성을 질책하고, 방랑 주교들을 비판하였으며, 성직자 독신주의를 지지하였고, 전반적으로 성직자들에게 더욱 엄격한 규율을 부과하였다. 보니파티우스가 교황에게 보고한 당시 성직자들의 모습은 다음과 같다. "일부 감독들은 성직을 돈 주고 샀으며(성직매매죄), 다른 사람들은 결혼하거나 간음하였고, 어떤 이들은 여전히 교회 재산으로 친척들을 부유하게 하며, 무기를 가지고 다니고, 피를 흘리며 대개 자신들이 속한 귀족 계급의 평신도들처럼 행동합니다."[35]

> 사제들과 나의 고관들의 조언에 따라, 우리는 각 도시마다 주교들을 세우고, 그들 위에 대주교로서 거룩한 베드로가 파송한 보니파티우스를 임명하였다. 또한, 법적 결정들과 교회법 규정이 다시 유효하게 되며, 기독교 예배를 개선할 것을 명령하였다. 더 나아가, 박탈되었던 교회 재산을 다시 인정하고 반환하였다. 우리는 거짓 장로들과 음행하거나 성적으로 문란한 집사 및 성직자들에게서 그들의 교회 성직록을 박탈하였으며, 그들을 강등시키고 회개하도록 조치하였다….[36]

영국 출신 선교사 보니파티우스와 샤를 마르텔 아들들이 협력하면서, 프랑크 교회는 도덕적인 면에서 교황청과 손을 잡게 되었고, 결과적으로 747년 교회 회의에 모인 프랑크 주교들은 프랑크 교회 문제들에 대한 교황의 관할권을 명확히 인정하였다. 이러한 방식으로 교회 개혁에 대한 공동의 관심을 뛰어넘어, 프랑크 왕국과 교황권의 동맹을 위한 길이 닦여지게 되었다. 그러나 그리스도의 복음을 위해 길을 떠난 선교사의 관점에서 볼 때, 군주들의 이익을 우선하여 세워진 당대 성직자들은 여러 측면에서 몹시 부족해 보였다. 이에, 그들에게 규율을 부과하고 삶의 고삐를 조이려 했던 보니파티우스는 프랑크 성직자들의 거센 저항에 부딪히게 되었다. 이러한 프랑

35 Lynch, *The Medieval Church*, 111.

36 *보니파티우스의 재촉에 의한 궁내성 장관 칼만의 교회개혁 시동*, in: KThQ2, Nr. 13. d.

크 성직자들의 저항은 한마디로 '보니파티우스는 로마파이다'라는 주장으로 수렴될 수 있다.[37]

〈이교도들에게 세례 주는 보니파티우스와 순교의 순간(출처: Bamberg 국립 도서관)〉

보니파티우스는 연로함에 따라 행정 업무에서 점차 손을 떼었고, 대주교직도 사임하여 후임에게 물려주었다. 그러나 보니파티우스는 선교에 대한 열정만큼은 억제할 수 없었고, 다시 복음이 전해지지 않은 땅을 찾아 나섰다. 754년 그는 일단의 동료들과 함께 젊은 시절 처음 사역했던 프리지아족이 거주하는 쥐데르 지(Zuider Zee)의 먼 변두리 지역을 향하여 북쪽으로 나아갔다. 그곳에서 그의 선교 사역은 크게 성공을 거두었지만, 동시에 이교도들의 격렬한 반발도 뒤따랐다. 754년 6월 5일(또는 755년 6월 5일), 보니파티우스와 그의 동료들은 도컴(Dokkum) 근처에서 견신례를 받을 예정이었던 새신자들을 기다리고 있었다. 그러나 이때, 일단의 분노한 이교도들이 갑자기 그들을 공격하였다. 결국, 노쇠한 보니파티우스와 그의 동료 50명은 모두 죽음을 맞이하게 되었다.[38]

---

37 Schaff, *History of Christian Church*, 4, 104.

38 Wallibald, *The Life of Saint Boniface*, c. 8, in: KThQ2, Nr. 13. f.

'독일의 사도' 보니파티우스에 대한 샤프의 평가는 매우 긍정적이다.

> 선교사로서 열정과 헌신을, 세상적 지혜와 탁월한 조직 및 행정력도 두루 겸비하였다. 비록, 깊이 있는 학자는 아니었으나, 실제적인 정치가이자 엄격한 권징가였다. 신학자는 아니었으나 교회 행정가였고, 만약 교황이 되었더라면 훌륭한 업적을 남겼을 것이다. 그는 자신의 주교구와 수도원이 최적의 환경을 갖출 수 있도록 힘썼으며, 앞일을 멀리 내다보면서 정책도 수립하였다는 것이 역사적으로 입증되었다. 또한 그는 인격에 흠이 없었으며, 지칠 줄 모르는 활동가이기도 하였다…….[39]

보니파티우스의 선교 사역과 개혁을 위한 수고와 노력은 카롤링거 시대의 기독교 세계뿐만 아니라, 프랑크 왕국과 로마 교회의 관계에도 지대한 발자취를 남겼다. 그의 선교 사역을 통해 대부분의 게르만족이 기독교 유럽 세계에 편입되었고, 프랑크 교회와 교황의 관계는 전례 없이 긴밀해졌다.[40]

III. 피핀과 교황령

1. 피핀(Pippin III, 714-768)의 등극

726년 시작된 동로마 황제들의 성상파괴 정책에 대한 교황 그레고리우스 2세의 반대는 후임 교황들에게도 이어졌다.[41] 그레고리우스 3세(731-741)는 교황에 즉위한 지 8개월 만에 로마에서 열린 공의회에서 누구든지 성상

---

39 Schaff, *History of Christian Church*, 4. 103.

40 Tierney/Painter, *Western Europe in the Middle Ages, 300-1475*, 119.

41 *교황 그레고리우스가 황제 레오 3세에게 보낸 편지* (726/727), in: PL 89.521; *A Source Book for Medieval History*, no. 41.

아이스툴프의 정복 이후 롬바르드 영토 (751)

〈롬바르드족의 로마 압박〉

을 훼손하는 사람은 파문에 처한다고 공포하였다.[42] 이는 730년, 레오 3세가 소집한 공의회에 대한 답변으로 이루어진 조치였으며, 곧 제국으로부터 즉각적인 반박을 받았다. 레오 황제는 이탈리아 남부와 시칠리아에 있던 로마 교회의 토지를 몰수하고, 발칸 반도뿐만 아니라 그 지역에 있던 교회들을 교황청의 관할권에서 제외시켰다. 이처럼 교황들은 772년까지 동방 황제들의 주권을 인정하고 있었지만, 이와 달리 라벤나와 펜타폴리스, 그리고 로마는 실질상 독자적으로 움직이고 있었다.

그러나 8세기에 들어서면서 롬바르드 왕 류프랑(Liutprand, 712-744)과 아이스툴프(Aistulf, 749-757)는 세력을 확장하기 시작하였고, 이탈리아 전역을 장악하려는 의도를 분명히 드러냈다. 이미 아리우스주의에서 정통 가톨릭으로 개종한 이들은 성 베드로의 교구를 파괴하려 하지는 않았지만, 로마를 롬바르드 왕국의 중심으로 삼고자 하였다.[43] 따라서 그레고리우스 3세는 남쪽의 롬바르드 공작들과 북쪽의 롬바르드 왕국을 대상으로 세력 균형을 위

42 *교황 그레고리우스가 성상파괴론자들을 파문함*, in: *Mansi*, XII.272; *A Source Book for Medieval History*, no. 42.

43 Tierney/Painter, *Western Europe in the Middle Ages, 300-1475*, 128.

한 홍정을 벌였으며, 739년에는 샤를 마르텔에게 그들을 막기 위한 지원을 요청하기도 하였다.[44]

하지만 이러한 그레고리우스 3세의 지원 요청은 별다른 성과를 거두지 못하였다. 그러나 몇 년 뒤, 교황과 샤를 마르텔의 후계자 피핀 3세의 이해관계가 일치하면서 제휴가 성사되었다. 교황들은 롬바르드족의 위협에 맞서 피핀의 보호를 받을 수밖에 없었고, 마찬가지로 피핀도 교황의 협력이 필요하였다.

〈힐데리히의 머리카락를 자르는 모습〉[47]

당시 대재상이었지만 실질적으로 프랑크 왕국을 통치하던 피핀은 750년 자진 사퇴의 형식으로 메로빙거의 왕 힐데리히(Hilderic) 3세를 몬테카시노 수도원의 수사로 유폐하였다. 이로써 프랑크 왕국의 유일한 실질적 군주가 된 피핀은 실제 권력뿐만 아니라 왕의 호칭도 얻고 싶어 하였다. 그러나 메로빙거 왕조의 마지막 왕을 폐위하기 위해서는 교황청의 강력한 인준이 필요하였다.[45] 피핀은 교황 자카리아스(Zacharias, 741-752)에게 도움을 요청하였고, 교황은 힐데리히의 폐위와 피핀의 프랑크 왕 즉위를 즉각 승인하였다.[46] 이에 힐데리히는 삭발을 당하고 몬테카시노의 수사가 되었으며, 피핀은 왕으로 즉위하였다.

피핀의 대관식은 751년 수와송에서 대주교 보니파티우스의 집전으로

---

44 *교황 그레고리우스 3세가 샤를 마르텔에 보낸 편지*, in: A *Source Book for Medieval History*, no. 43.

45 Walker, *A History of the Christian Church*, 269.

46 Einhard, *Annales, in: A Source Book for Medieval History*, no. 6; 심창섭 · 채천석 편, 『원자료 중심의 중세교회사』, 50-51.

47 메로빙거 왕은 '긴 머리의 왕들'(Long-haired Kings)로 불리는데, 길고 자르지 않은 머리카락으로 자신들을 피지배자인 백성들과 구분하며 자신들의 혈통이 지닌 신성성을 표시하였다. 머리카락을 자르는 것은 왕위 계승권과 혈통의 신성함을 상실하는 것을 의미하였다.

거행되었다. 보니파티우스는 피핀에게 기름을 부어 왕으로 세웠으며, 군주 교체를 신의 이름으로 재가하였다. 이를 통해 교황과 게르만 황제를 중심으로 하는 유럽 기독교 정치 체제가 출범하게 되었다. 이는 기존의 튜튼족의 왕위 계승이 종교적 승인을 거치지 않았던 방식과 본질적으로 다른 것이었기 때문이다. 따라서 피핀의 도유식은 새로운 정치 체제의 출발이라고 할 수 있다.[48] 그러나 대관식은 장차 교황(영적 권위)이 프랑스와 독일 군주들(세속 권력)에 대한 수위권을 주장할 수 있는 근거를 제공하였다.

메로빙거의 왕을 폐하고 그 자리를 차지한 피핀의 행위는 명백한 쿠데타였지만, 도유식은 이를 신의 은총에서 비롯된 것으로 이해하게 만들었다. 즉, 도유식이 왕위 찬탈을 정당화하는 역할을 하였다. 새로운 왕조는 도유식을 통해 초자연적인 힘을 부여받았으며, 피핀은 메로빙거 왕들이 지녔던 것 이상의 신성함을 갖게 되었다. 또한 프랑크 왕은 과거 로마의 기독교 황제가 지녔던 신성한 군주권을 계승하게 되었다.

신의 뜻과 은총에 따라 왕위에 오른 피핀의 권위는 신성한 것이 되었다. 군주가 신의 은총을 부여받는 존재가 되자, "군주의 의지"는 가장 중요한 것이 되었으며, 군주는 신의 모든 의도와 목적을 수행하는 "지상 대리자"가 되었다.[49] 이는 군주의 명령이 아무리 부당하고 비합법적으로 생각되더라도, 신민에게는 이에 저항할 권리가 없음을 의미한다. 왜냐하면 군주는 신의 대리자로서 활동했기 때문이다. 따라서 '군주는 신민 바깥에 존재하며, 신민 위에 있는 존재가 되었다.'[50]

신의 은총을 입어 프랑크 왕이 된 피핀은 동시에 기독교 군주로서 교회를 수호하고 신앙을 보호해야 할 의무를 지니게 되었다. 피핀은 이교도들을 상대로 활발한 정복 전쟁을 수행하였다. 752년에는 고올 지역에 남아 있던

---

48 Schaff, *History of Christian Church*, 4. 223.

49 J. Morall/W. Ulmann, *Political Thought in Medieval Times/Medieval Political Thought*, 227.

50 Morall/Ulmann, *Political Thought in Medieval Times/Medieval Political Thought*, 228.

이교 지역을 정복하여 기독교화하였으며, 753년에는 북부 이교도들을 상대로 전쟁을 벌였다. 그는 라인강을 건너 작센인들의 영토로 진격하여 베제르(Weser)강에 이르기까지 공격을 감행하였고, 결국 작센인들을 굴복시킨 후 기독교 선교사들을 파견하였다. 이러한 피핀의 정복 전쟁은 곧 이교도를 퇴치하는 것이자, 기독교를 확산하기 위한 전쟁이었다. 그는 교황이 바라는 기독교 군주로서의 역할을 충실히 수행하였다.

2. 교황령(The Papal-State)

754년 1월 6일 교황 스테파누스 2세(Stephanus II)와 프랑크 왕 피핀(Pippin III)의 역사적인 상봉이 이루어졌다. 이 만남은 스테파누스가 교황으로서는 처음으로 알프스를 넘어 프랑크 궁정에 찾아감으로써 성사되었다. 피핀은 자신의 두 아들과 몇몇 부하들을 궁정에서 100여 마일이나 떨어진 곳까지 보내어 교황을 맞이하도록 하였으며, 자신도 궁정에서 30여 마일 떨어진 곳까지 나가 교황을 맞이하였다. 교황과 처음 대면하는 순간 피핀은 말에서 내려 교황 앞에서 엎드려 절한 후, 교황이 탄 말의 고삐를 잡고 걸어가는 마부의 예를 갖추었다. 이러한 극진한 존경의 예법은 교황청의 계획에 따라 이루어진 것으로 보인다. 왜냐하면, 이러한 마부로서의 예법이 「콘스탄티누스의 기증서」(*Constitutum Donatio Constantini*)에 근거한 것으로 보이기 때문이다.[51] 이에 따르면, 콘스탄티누스 황제는 교황 실베스터 1세로부터 세례를 받은 후 나병이 치료되는 기적을 경험하였고, 이에 대한 경의의 표현으로 교황이 탄 말의 고삐를 잡고 끌고가는 마부의 예를 갖추었다.

---

51 이경구는 "콘스탄티누스 기진장의 작성목적", 「서양중세사연구」 11 (2003.3): 27-59; "콘스탄티누스 기진장의 작성시기", 「서양중세사연구」 14 (2004, 9): 1-36; 『콘스탄티누스 기진장의 적용사례』-13세기 전반기의 교황들을 중심으로, 「역사와 담론」 49 (2008): 249-273을 통해 이 문서에 관한 깊은 연구를 제공하고 있다.

교황은 왕에게 눈물을 흘리면서 성 베드로와 로마와 조약을 맺고 이들을 보호해 달라고 요청하였다. 이에 왕은 교황의 기도와 훈계를 따를 것이며, 상실한 라벤나 관구와 로마의 토지 및 권리를 회복시켜 줄 것을 서약하였다.[52] 이러한 왕의 호의에 대한 보답으로 교황 스테파누스는 파리에 있는 생드니 교회에서 피핀과 그의 아들에게 새 왕관을 씌우고 기름을 부어주었다. 그들에게 도유식은 "신의 은총을 군주에게 부여하는 가시적 행위였다."[53] 또한 스테파누스는 프랑크 왕에게 '로마 집정관'(*patricius Romanorum*)이라는 칭호를 내려주었다.[54] 이 새로운 '로마 집정관'의 역할은 교회를 수호하고, 교회를 구성하는 기독교인들을 보호하는 것이었다. '로마 집정관'으로서의 피핀의 정책은 후에 샤를마뉴, 독일 및 오스트리아의 황제들, 그리고 현대의 프랑스 군주들에게 계승되었다. 이들은 교황의 마지막 보호자였던 나폴레옹 3세에 의해, 그 역할이 상실되기 전까지[55] 때로는 동맹자로서, 때로는 적으로서 이탈리아 문제에 개입하였다.[56]

사전에 주고받은 다수의 서신에서 교황은 피핀이 교회의 특별한 보호자이며, 이는 교황인 자신을 통해서 부여되는 위상임을 거듭 강조하였다. 교황청은 자신에게 유리한 목적론적 견해, 즉 기독교 군주는 마땅히 교황청에 봉사해야 한다는 논리를 적극적으로 활용하였다. 이제 피핀의 군주권에는 로마인의 관리자나 귀족으로서의 명목적 의무가 부과되었으며, 이는 도유 행위를 통해 더욱 신성한 의무로 강조되었다. 이처럼 교황은 도유식을 통해서 피핀이 성 베드로에게 바쳐진 정의를 실질적으로 구현하는 로마 교회의 강력한 팔이 되었다고 선언하였다.

---

52 *교황 스테파누스 2세의 대한 피핀의 약속*, in: *A Source Book for Medieval History*, no. 44; 심창섭 · 채천석 편, 『원자료 중심의 중세교회사』, 51.

53 Morall/Ulmann, *Political Thought in Medieval Times/Medieval Political Thought*, 238.

54 Walker, *A History of the Christian Church*, 270.

55 나폴레옹 3세는 이탈리아의 임마누엘 2세와의 전투에서 패하므로, 이탈리아에 대한 영향력을 잃어버렸다.

56 Schaff, *History of Christian Church*, 4, 226.

〈피핀의 기증〉

피핀은 자신의 약속에 따라 754-755년에 이탈리아에 군대를 파견하여 로마 주변을 정복하고 롬바르드족을 물러나게 하였다. 처음에 롬바르드 왕 아이스툴프(Aistulf)는 피핀에게 평화를 구하며, 라벤나와 그 주변 지역을 교황에게 양도할 것을 약속하였다. 그러나 아이스툴프는 약속을 무시하고 로마를 공격하였고, 이에 피핀은 그를 물리치고 교황의 권위와 이익이 확고해질 때까지 이탈리아에 머물렀다.[57] 피핀의 사절은 되찾은 지역을 확인한 후, 교황에게 이를 양도하였다.

> [피핀의 고문관 풀라드(Fulrad)는] 가는 곳마다 그 도시의 사람들로부터 복종과 경의를 받았으며, 그곳으로 들어가는 관문의 열쇠를 받아왔다. 그리고 그는 로마로 가서 왕이 교황에게 주기로 약속했던 라벤나와 다른 도시의 열쇠를 하나님의 사도(베드로)와 그의 대리자인 교황 그리고 그의 계승자들에게 (영원히 간직할 수 있도록) 건네주었다….[58]

카롤링거 가문은 피핀의 대관식과 교황령에 대하여 보니파티우스 및 교황청과의 거래를 통해서 새롭고 강력한 라틴 기독교 세계의 세속 지도자로서의 지위를 굳혔다.[59] 비록 피핀이 교황의 요청에 따라, 행동하기는 했지만, 그가 교황청 이론에 어느 정도 찬성하고 수용하였는지는 알 수 없다.[60] 그러나 그의 행동의 결과로 인해, 교황이 중부 이탈리아를 독립적인 군주로서 다

---

57 Tierney/Painter, *Western Europe in the Middle Ages, 300-1475*, 129.

58 *피핀의 기증* (*Donation of Pipin*, 756), in: *A Source Book for Medieval History*, no. 44; 심창섭 · 채천석 편, 『원자료 중심의 중세교회사』, 52.

59 Walker, *A History of the Christian Church*, 270.

60 Morall/Ullmann, *Political Thought in Medieval Times/Medieval Political Thought*, 239.

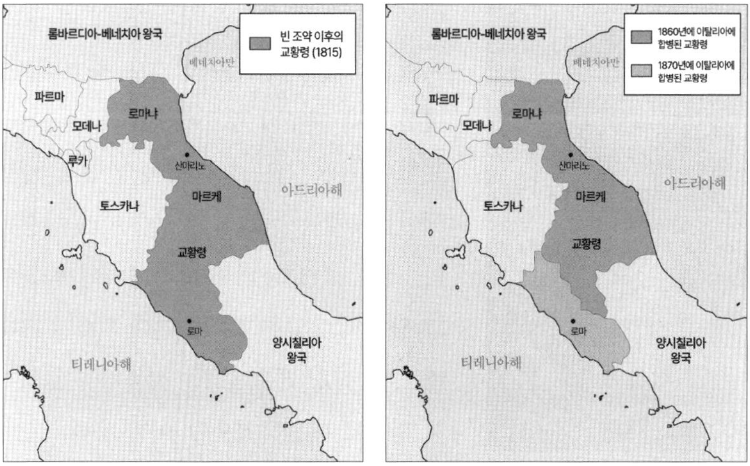

〈교황령〉

스리는 소위 '교황령'(Papal State), 즉 교황청의 세속 주권의 역사가 시작되었다. 이 교황령은 1870년까지 지속되었고, 그 후 비록 규모는 훨씬 축소되었으나 바티칸시(the Vatican City)라는 국가의 모습으로 바뀌어 새롭게 나타났다.[61]

교황이 독립적인 세속 관할권을 행사하게 되면서, 세속 권력을 둘러싼 길고 긴 투쟁의 장이 들어서게 되었다. 그 과정에서 교황청은 정치적 흥정과 음모를 일삼았으며, 전쟁의 소용돌이에 휘말리기도 하였다. 그 결과, 교회와 성직자들의 세속화는 심화되었다.

IV. 샤를마뉴와 기독교 세계

샤를마뉴(Charlemagne, 약 847-814)는 두말할 필요 없이 교회사와 세계사의 가장 위대한 인물 중 한 사람이다. 샤를마뉴는 자신의 목적을 달성하기 위해 수단과 방법을 가리지 않는 냉혹한 성격을 지닌 것으로 평가받는다.

61 Walker, *A History of the Christian Church*, 270.

〈샤를마뉴〉

나아가 그는 군인이자 정치가였으며, 동시에 교회와 학문의 후원자이기도 하였다. 그는 살아 있을 때부터 칭호에 "대"(the Great)라는 표현이 붙을 정도로 존경을 받았으며,[62] 중세인들에게는 전설적인 영웅으로 칭송받았다. 그는 771년부터 사망한 814년까지 프랑크 왕국의 유일한 통치자였다. 800년 크리스마스 날 교황 레오 3세는 샤를마뉴를 로마에서 황제로 대관하였으며, 이를 통해 '신성 로마 제국'이라는 기묘한 역사적 허구가 천 년 이상 지속되었다. 샤를마뉴는 게르만 부족들을 결집하여 로마와 긴밀한 관계를 갖는 하나의 대제국과 하나의 종교를 이루고자 하는 야망 속에 살았다.[63] 그림에서처럼 그의 양손에 들린 검과 십자가는 샤를마뉴의 삶, 정신, 그리고 목표를 상징적으로 잘 표현하고 있다. 왼손에 들린 십자가는 그가 기독교 세계의 주권자이자 통치자, 그리고 보호자임을 상징하며, 오른손의 검은 그가 평생에 걸친 전쟁을 통해 프랑크 왕국의 기독교 세계를 두 배로 확장하여, 이후 유럽 세계를 기독교 세계로 일컫을 수 있게 했음을 나타낸다.

1. 샤를마뉴의 경건

샤를마뉴는 확고한 기독교 신자로서 교회 예배에 착실히 참석했는데, "미사에 참석하는 정도가 아니라, 아침과 저녁에도, 심지어는 밤중에도 교

62 Reinhard Schneider, "Karl der Große," TRE Bd. 17: 644-649 (647).

63 Scaff, *History of Christian Church*, 4, 107.

회에 갔다. 그는 성직자들에게 매우 관대하였으며, 제국 전역에서 거둬들인 십일조를 그들에게 주었다. 또한, 자격을 갖춘 사람을 주교와 대수도원장으로 임명하였으며, 교회에 자주 기부하였고, 엑스라샤펠에 화려한 대성당을 지었으며, 사후에는 그곳에 묻혔다."[64] 그는 감독과 일부 수도원장을 임명하였고, 교회 회의를 소집하였으며 감독 및 수도원장과 정기적으로 상의하였다. 그는 이들과 상의한 후 성직자들의 재정, 행위, 종교적 의무 및 신앙을 다루는 명령을 내리기도 하였다.[65]

> … 교회의 모든 의식이 가능한 한 가장 위엄 있게 거행되도록 하는 데 지대한 관심을 가졌다. 그는 교회 관리들에게 부적합한 물건이나 불결한 것이 교회 건물 내에 유입되거나 남아 있도록 허용해서는 안 된다고 자주 경고하였다.…[66]

적절한 의복, 신성한 잔, 깨끗한 건물, 아름다운 찬양, 그리고 예배의 위엄을 높이는 모든 것에 대한 관심은 질서를 추구하는 카롤링거 시대의 특징이다. 이는 종교에 있어서 적절한 질서가, 하나님께서 특별하고 순결한 환경에서 합당한 성직자에 의해 거행되는 예배를 기뻐하신다는 것을 의미하기 때문이다.[67]

샤를마뉴가 성직자들에게 품었던 존경은 로마 주교를 성 베드로의 계승자로 존경한 데서 절정에 달하였다.

---

64 Schaff, *History of Christian Church*, 4, 230. 샤프의 이러한 평가들은 주로 아인하르트(Einhard, 약 775-840)의 『샤를마뉴 전기』(*Vita Karoli Magni*)에 기초한다. 아인하르트는 샤를마뉴와 그의 후계자 경건왕 루이를 섬겼던 측근이며 학자이며, 그의 가장 유명한 저술이 『샤를마뉴 전기』이다.

65 *Admonitio Generalis* (789); *Genenral Capitulary about the missi* (802), in: 심창섭 · 채천석 편, 『원자료 중심의 중세교회사』, 59-64; https://sourcebooks.fordham.edu/source/carol-missi1.asp.

66 Einhard, *Vita Karoli Magni*, c. 26.

67 Lynch, *The Medieval Church*, 128.

그는 로마에 있는 사도 베드로의 계승자를 다른 모든 거룩하고 신성한 장소들보다 더욱 존중하였으며, 성 베드로 교회의 금고에 막대한 금과 은과 보석을 채워주었다. 또한, 교황들에게 큰 선물을 셀 수 없이 많이 보냈다. 그가 재위 기간 내내 간절히 품었던 소원은 자신의 보호와 영향력 아래 로마의 옛 권위를 재확립하고, 성 베드로의 교회를 방어하고 보호하는 것이었다. 그뿐만 아니라, 그는 자신의 비용을 들여 그 교회를 다른 어떤 교회들보다 아름답고 화려하게 장식하는 것을 목표로 삼았다.[68]

교회 개혁에 대한 샤를마뉴의 관심은 반드시 종교적인 동기에서만 비롯된 것은 아니었다. 교회의 부와 인력은 카롤링거 왕들에게 군사적, 행정적, 문화적 성공에 있어서 결정적으로 중요하였다. 이들은 종종 교회의 고위직을 맡았다. 감독들과 수도원장들은 왕의 통치에 협력하는 주요 인물들이었다. 그들은 왕에게 조언을 제공하고, 형성 중이던 관료 체제의 일원으로 일하였으며, 사회 전반에 왕국의 질서를 확립하는 데 기여하였다. 또한, 교회의 수입으로 전쟁을 수행할 자금과 군사를 지원하였으며, 새로운 정복지역을 기독교화하고 통치하며, 안정시키는 데 중요한 역할을 하였다.[69] 그러나 공적인 영역이 아닌 사적인 영역에서 샤를마뉴는 잔인한 정복 전쟁과 방탕함, 그리고 무절제한 생활 등으로 비난을 받기도 한다.

2. 샤를마뉴의 전쟁

샤를마뉴 이전의 국왕들에게 변경 지방 문제는 항상 골칫거리였다. 그들은 이민족들과 계속해서 부딪혀야만 했는데, 샤를마뉴 시대, 가장 골칫거

68 Einhard, *Vita Karoli Magni*, c. 27.

69 Lynch, *The Medieval Church*, 130.

리였던 민족은 작센족(색슨족)이었다. 완강하고 거칠며 호전적인 작센족은 라인강과 엘베강 사이(오늘날의 독일 북서부)에 자리 잡고 있던 다양한 부족들을 포괄적으로 일컫는 말이다. 이들은 통일된 지도자를 내세우지 못하였고, 단지 신들에게 제사를 지내는 의식과 농부들의 자연 종교로 결속되어 있었다. 따라서 외부의 강력한 힘에 대하여 매우 취약한 상태였다.[70]

작센족은 8세기 동안 프랑크의 모든 정복 시도를 성공적으로 방어하였다. 그들은 변경을 밀고 들어오는 선교사들을 외부세력의 대리인(Repräsentanten)으로 취급하였다. 정치적 독립과 종교적 정체성을 방어한다는 것은 곧 프랑크와 기독교로부터의 방어를 의미하는 것이었다. 샤를마뉴 시대에 이러한 갈등은 더욱 첨예화되었다. 이는 샤를마뉴가 작센족의 땅을 무력으로 통합하려 했기 때문이다. 실제로 샤를마뉴가 "치른 전쟁 중에서 가장 지루하게 길고, 처참하며 힘들었던"[71] 작센 정복 과정은 772년부터 803년까지 약 30년간 지속되었으며 선교적 동기는 찾아볼 수 없는 순전한 정복 전쟁에 지나지 않았다. 여기서 종교적 모티브(Motiv)는 단지 정치적 도구로 활용되었을 뿐이다.[72]

772년, 작센족의 제의 중심지이자 그들의 "국가성"을 상징하던 이르민술(Irminsul)의 파괴는 프랑크의 왕과 기독교 신의 우월함을 증명하는 것이었다. 근대 이전에는 전쟁의 승리와 패배가 종교적 의미를 가진다는 것이 자연스럽게 받아졌던 것으로 보인다. 따라서 작센족 통치 세계의 기둥이자 상징이었던 "이르민술이라는 신의 기둥"도 772년 샤를마뉴의 첫 번째 출정에서 즉시 파괴한 것은 정치적 의미뿐만 아니라, 종교적 의미도 가지고 있었다. 또한 처음에는 전혀 요구되지 않았음에도 불구하고, 776년과 777년

---

70 Hauschild, *Lehrbuch der Kirchen- und Dogmengeschichte, Bd. 1, Alte Kirche und Mittelalter*, 384.

71 Einhard, *Vita Karloi Magni*, 7.

72 Hauschild, *Lehrbuch der Kirchen- und Dogmengeschichte, Bd. 1, Alte Kirche und Mittelalter*, 384.

에 다시 전개된 전쟁에서 항복한 수많은 작센족의 부족 대표들은 자기들의 복종을 세례를 "기꺼이" 받는 것으로 확증하였다. 777년 파더본(Paderborn)에서 있었던 작센인들의 항복 조약 역시 집단 세례식을 동반하였으며, 이러한 사실 또한 전쟁이 지닌 이중적 의미를 드러내는 것이다.

〈작센인들의 항복 서약〉(*Capitulatio de Partibus Saxoniae*)[73]

1. 먼저 주요 조항(및 중죄)과 관련하여, 모든 이들이 결의하기를 색슨 지역에 세워져 하나님께 봉헌된 그리스도의 교회들은 (과거) 헛된 우상(의 성소)보다 절대로 초라해서는 안 되며, 오히려 훨씬 더 숭고한 가치를 가져야 한다.

5. 주교, 장로 혹은 부제를 죽이는 자는 똑같이 사형에 처해야 한다.

7. 죽은 자의 몸을 이교 방식으로 불태운 자는…. 사형에 처해야 한다.

8. 세례 받지 않은 자로서 동포 사이에 숨어 세례를 기피하는 자는 사형에 처한다.

10. 이교도와 함께 기독교인들을 공격하려 하거나 기독교인의 원수로 머무르려고 하는 자는 처형되어야 한다.

18. 주일과 거룩한 교회 절기에는 어떤 공적인 회합과 의회(*placita publica*)를 열어서는 안 되며, 오직 하나님과 교회 공동체에 헌신해야 한다.…

이처럼 776년 또는 777년 이후 샤를마뉴에게 대규모 세례는 선행하는 교리문답 없이도 이루어질 수 있는 것으로서, 단지 복종을 표현하는 것으로 인식되었다. 왕에 대한 충성(*fidelitas*)과 그리스도에 대한 믿음(*fides*), 그리고 프랑크 제국과 기독교 세계의 구성원이 되는 것은 샤를마뉴에게 있어 동일한 것이었다. 따라서 샤를마뉴는 자신의 통치에 저항하는 봉기자들을 법적으로는 반역자로, 종교적으로는 기독교의 배교자(*Apostasie*)로서 규정하였다. 따라서 782년에 있었던 베르뎅/알러(Verden/Aller) 지역에서 작센인들이

---

73 *Capitulatio de partibus Saxoniae*, in: KThQ2. Nr. 18. a; https://sourcebooks.fordham.edu/source/carol-saxony.asp.

대규모 봉기를 일으키자, 이를 제압한 샤를마뉴는 극단적인 반응을 보이며 4,500명을 처형하였다.[74]

샤를마뉴가 다스린 772년에서 798년에 이르는 기간은 전쟁, 개종, 음모, 진압의 연속 과정이었다. 딱히 교육적이라 할 만한 것이 없는 이 이야기를 라토렛트(K. C. Latourette)는 다음과 같이 요약한다:

> 이 이야기들은 결국 형태만 다를 뿐, 표면적인 굴복을 가능하게 했던 전쟁과 그 뒤에 이어진 선교사들의 평화적인 노력, 또 다른 반역과 이에 따른 또 다른 진압 전쟁과 이에 따른 다소 마지못한 복종, 그리고 또다시 반복되는 반역과 최종적인 승리로 이어지는 이야기의 반복에 불과할 뿐이다.[75]

이처럼 작센인들의 개종 과정에서 엄청난 폭력이 개입되었다는 사실은 후세에도 깊은 반감을 불러 일으켰다. 이에 대한 알퀸(Alquin, 730-804)의 비판이 가장 잘 알려져 있는데, 그는 샤를마뉴의 궁정학교장이었으며, 교회 문제에 있어서 가장 영향력 있는 조언자로서 "군사력에 의한 강제 개종"에 대해 온건한 반대 입장을 피력하였다.[76] 알퀸은 신앙 없는 물 세례를 행하기 전에 먼저 복음이 가르쳐져야 한다고 주장하였다.[77] 그러나 이러한 반대에도 불구하고 샤를마뉴는 이교도 혹은 변방 민족들에 대한 자신의 정책을 고수하였다.

그러나 전체적인 진행 과정에서 정치적인 측면과 강압적인 요소에만 지나치게 주목하는 것은 올바른 접근이 아니다. 작센족이 무장 봉기를 일으켜 선교사들을 찾아 나섰을 때 언제나 사제들과 수도사들이 그 자리에서 순교

---

74 『프랑크 왕국 연감』(*Annales regni Francorum*, 782), in: KThQ2, Nr. 18. c.

75 Lattorette, *A History of the Christianity*, 2. 103.

76 Ritter 외 편역, *Kirchen- und Theologiegeschichte in Quellen vol. II: Mittelalter*, 113.

77 *알퀸의 매긴프리드(Magenfrid)에게 보낸 편지*, MGHE, IV, no. 111(796): "신앙이란 의지의 결단이며 이러한 결단은 강제로 얻어지는 것이 아니다. 양심은 설복되어야 하며 무력으로 억압해서는 안 된다. 깡패들이 아니라 선교사들을 색슨인에게 보내야 한다."

를 당하였다는 점은 주목할 만하다. 시간이 흐르면서, 선교사들의 헌신이 효과를 나타내기 시작하였다. 복음에 대한 저항은 점차 약해졌으며 샤를마뉴가 사망할 무렵에는, 작센족에 대한 평정과 교화는 완성된 것으로 간주되었다.[78]

샤를마뉴는 785년 프리지아를 완전히 복속시키고, 795년 아바렌(Awaren)과의 전쟁에서 결정적인 승리를 거두고, 작센인들에게처럼 교회의 반대에도 불구하고 집단 세례를 통해 복종을 증명하도록 요구하였다. 캐른텐(Kärnten) 지역의 슬라브족과 아바렌족을 위한 선교 사역을 위해 잘츠부르크(Salzburg)를 대주교좌로 세웠다(798). 이에 더하여 슬라브족의 선교를 위해서 바이에른 교구에 파사우(Passau)와 레겐스부르크(Regensburg) 주교좌를 설치하였다. 작센(Sachsen), 프리징엔(Friesen), 슬라브(Slawen), 아바렌(Awaren) 등의 기독교화는 단순히 교회의 선교적 구상에 불과한 것이 아니었다. 이 지역들을 노리는 자들은 한마디로 기독교인이 되어야만 했다. 이러한 샤를마뉴의 의도는 "프랑크의 모든 백성은 기독교인이 되어야 한다"(Alle Angehörigen des Frankenreiches mußten Christen sein)는 명제에서 잘 표현된다.[79]

이에 앞서 샤를마뉴는 780년 이후 갈망하고 실현하기 매우 어려웠던 8개의 주교좌의 건설은 전체 중세를 관통하는 교회의 풍경을 담고 있다. 그곳은 선교 거점으로서 주교 임명으로부터 구성된다. 그러나 그 주교좌들은 전략적으로 매우 중요한 점들을 지닌다. 그것들은 국가의 행정과 교회 행정의 기틀을 세우는 데 크게 기여하였다. 브레멘(Bremen), 베르뎅(Verden), 민덴(Minden), 오스나브뤽(Osnabrück), 파더본(Paderborn), 뮌스터(Münster), 힐데스하임(Hildesheim), 할버슈타트(Halberstadt) 등이 이에 해당한다.

---

78 Niel, *A History of Christian Mission*, 94.

79 Hauschild, *Lehrbuch der Kirchen- und Dogmengeschichte, Bd.. 1, Alte Kirche und Mittelalter*, 383.

지도에서 살펴보는 것처럼 샤를마뉴는 아버지로부터 물려받은 프랑크 왕국을 두 배 이상 확장시켰다.[80] 외형적으로는 샤를마뉴 이후의 유럽 세계를 기독교 세계라고 부를 수 있다. 이미 동시대의 사람들도 샤를마뉴를 "왕, 유럽의 아버지"(*Rex, pater Europae*)로 불렀다.[81] 물론 기독교가 유럽 대륙 구석구석까지 유럽인의 정신적 특성으로 자리 잡기까지는 많은 시간과 과정이 필요했으며, 이는 중세교회사의 핵심적 요소를 차지한다.

3. 카롤링거 르네상스

학문에 관한 관심이 지대했던 샤를마뉴는 유럽 전역으로부터 학자들을 그의 궁정으로 끌어들였다.[82] 그들 중에 가장 대표적인 인물인 영국의 수사이자 부제 알퀸(Alcuin)을 샤를마뉴는 궁정의 고문으로 삼았다. 알퀸은 자기 고향인 요크에서 주교좌성당 학교 교장으로 일하다가 781년 샤를의 궁정

80 Einhard, *Vita Karoli Magni*, c. 15.

81 Fuhrmann, *Einladung ins Mittelalter*, 34.

82 Tierney/Painter, *Western Europe in the Middle Ages, 300-1475*, 138.

에 들어갔다. 그는 비록 깊고 독창적인 사상가는 아니었지만, 학문성과 탐구성을 지녔으며, 그는 가경자 비드와 더불어 재로우 수도원 전승의 산물이었다.[83] 그는 샤를마뉴의 궁정에서 같은 정신을 지닌 자들, 부제 파울루스(Paul the Deacon), 고전학자 피사의 페트루스(Peter of Pisa), 롬바르드족의 역사를 쓰며 북부 이탈리아 최고 행정관이 된 파울리누스(Paulinus) 등과 함께 활동하였다. 이들은 성경과 아우구스티누스와 그레고리우스 1세, 카시오도루스, 이시도루스 등의 저서뿐만 아니라, 로마 전승들과 교회법에도 능통한 학자들로서, 다양한 재능들을 발휘하였다. 그들의 과제는 과거가 남겨준 학문을 중세인들에게 가용한 것으로 만드는 장기적이고 속도가 느린 작업이었다.[84] 사실상 이들의 작업은 대수도원에서 수행되었고, 샤를마뉴는 이들 작업에 격려와 지원을 아끼지 않았다. 샤를마뉴는 787년경 풀다 수도원 원장에게 보낸 편지에서 수도원 또는 그 주변 지역에서 교육과 학문을 더욱 발전시키기를 촉구하였다.[85]

또한 샤를마뉴의 목적은 단지 문학과 교육을 널리 보급하는 일뿐만 아니라, 과거의 유산을 담고 있는 문서들을 수집하고, 필사하는 데도 있었다. 알퀸은 투르의 성 마틴 수도원 대수도원장이 된 뒤 샤를마뉴의 왕국 전역에 수도원 학교들, 도서관들, 필사소(*scriptoria*)들을 세우고 확대하였다.[86] 이 필사소에서 '카롤링거 서체'가 나왔다. 이 카롤링거 서체는 종교적인 동시에 정치적 요구에도 부합하는 것으로서, 샤를마뉴의 시대는 전해오는 문헌들—성경, 교부들의 저술들—의 통일되고, 신뢰할 만한 사본들을 원하였다. 따라서 텍스트 중 오래되고 믿을 만한 것을 기초로 복원하였는데, 이는 곧 서체의 통일과 확립을 요구하였다.[87]

---

83 Walker, *A History of the Christian Church*, 273.

84 Tierney/Painter, *Western Europe in the Middle Ages, 300-1475*, 140.

85 *샤를마뉴의 풀다 대수도원장 바우굴프(Baugulf)에게 보낸 편지* (787), in: *A Source Book for Medieval History*, no. 11.

86 *Admonitio Generalis* (789), 심창섭 · 채천석 편, 『원자료 중심의 중세교회사』, 59-60.

87 Le Goff de Montremy, *A la recherche du Moyen Age*, 41.

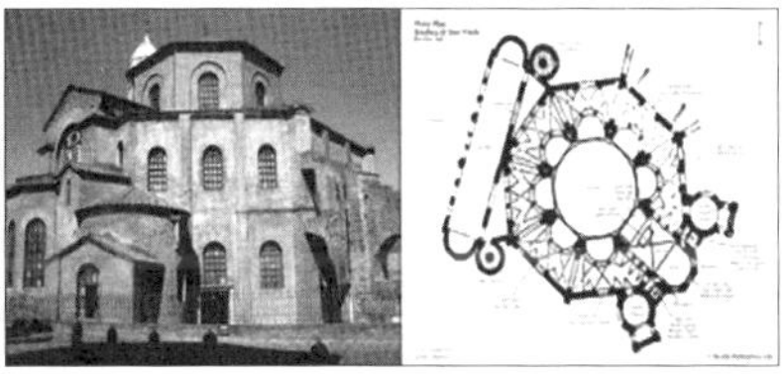

〈라벤나의 성 비탈레 성당〉

〈아헨 대성당〉

샤를이 무엇보다도 관심을 기울인 분야는 지역 주민들에 대한 목회 사역이었다. 비록 성취와는 거리가 멀었으나, 모든 마을에 교육받은 장로—주민들에게 기독교에 대해 가르칠 수 있을 뿐만 아니라, 사실상 교장으로서 모든 주민에게 글을 깨우치는 데 따르는 혜택을 줄 수 있을 만한—를 배치하는 것이 그의 이상이었다.[88] 샤를의 명령으로 알퀸은 로마 교회의 전통적인 전례들을 세심히 연구한 뒤에 왕국 안에 천차만별로 흩어져 있던 예배 의식들을 개혁하고 통합하였으며, 다른 무엇보다도 이른바 사도신경이 서방에서 보편적으로 사용되게 하였다.[89]

그러나 샤를마뉴의 노력에도 불구하고, 제국의 대다수 백성은 여전히 야만적이었고 문맹이었다. 비록 미약한 성과였지만, 카롤링거의 학자들이 필사해 놓은 자료들은 중세 문명이 자라날 토양을 형성하였다. 따라서 역사가들은 샤를마뉴의 시대를 "카롤링거의 르네상스"라고 부르며, 중세 문화의 토대가 놓인 시대로 평가한다.

샤를마뉴는 문화의 중심을 이탈리아가 아니라 자신이 사는 알프스 이북으로 이전하고 싶어 했다.[90] 그의 복안이 잘 드러나는 것으로 역사가들은

88 *Genenral Capitulary about the missi* (802), in: 심창섭 · 채천석 편, 『원자료 중심의 중세교회사』, 59-60.

89 Walker, *A History of the Christian Church*, 274.

90 Einhardt, *Vita Karoli Magni*, c. 26.

'아헨 대성당'의 건축을 예로 든다.[91]

아헨에 있는 샤를마뉴 대제의 궁정 예배당은 이탈리아 라벤나의 성 비탈레 성당을 본뜬 팔각형 구조다. 이 예배당은 7천 명 정도의 사람들을 수용할 정도로 큰 안마당 한쪽 끝에 있으며, 나머지 궁전 건물들과 마주 보고 있다.

이 건축에 대한 평가에서 플라시는 샤를마뉴가 기독교 문화의 핵심(8개의 기둥)은 유지하지만, 외형은 고유한 켈트족의 성향을 드러내어, 전통의 담지자이면서 동시에 새로운 역사의 창조 주인공임을 나타내려 하였다고 평가한다.

4. 기독교 황제

754년 프랑크 왕실을 방문한 교황 스테파누스는 피핀과 더불어 그의 두 아들—샤를마뉴와 카를로망—에게도 장차 '기독교 세계 백성의 통치자'(*patricius Romanorum*)로 기름을 부었다. 이처럼 샤를마뉴는 어릴 때부터 자신이 교회를 보호해야 하고, 왕국 동부에 사는 이교도들에 대한 선교를 촉진해야 한다는 말을 들으면서 자랐다. 이것은 샤를마뉴가 심각하게 받아들인 자신의 의무였다.[92] 그가 왕이 된 뒤에는 이러한 소명 의식이 곳곳에서 드러난다.

샤를마뉴는 774년 롬바르드 왕국을 완전히 정복하였다. 이후 그는 자신이 '하나님의 은혜로' 통치한다고 확신한 신정주의적 군주임을 드러내며, 나아가 자신이 왕국 내에서 기독교 백성(또한 교회)의 영적 안녕에 대한 궁극적인 책임을 지고 있다는 의식을 드러낸다.[93] 샤를마뉴는 궁정 고문에게 아

---

91 Flach, *Einführung in die Philosophie des Mittelalters*, 21.

92 Lynch, *The Medieval Church*, 129.

93 Walker, *A History of the Christian Church*, 274.

우구스티누스의 『신국론』(*City of God*)을 자주 낭독하게 하였는데, 이는 그가 자신의 왕국을 아우구스티누스가 말한 '하나님의 나라'로 건설하려는 열망을 보여준다.

〈샤를마뉴의 대관식〉

특히 이러한 샤를마뉴의 의중은 그가 796년 새로 선출된 교황 레오 3세(Leo III)에게 보낸 서신에서 잘 드러난다.

> 우리의 과제는, 신적인 도움으로 외적으로는 어디에서나 거룩한 그리스도의 교회를 이교도의 침입과 불신자들의 파괴에 대항하여 무기를 가지고 방어하는 것이며, 내적으로는 그 교회를 가톨릭 신앙의 인정을 통해서 강화하는 것입니다. 거룩한 아버지여, 당신의 과제는 모세처럼 하나님을 향하여 든 손으로 우리의 전투를 돕는 것입니다.[94]

이 서신에서 샤를마뉴는 명백히 자신을 교회의 보호자이며 지도자로서 '보편적 주권'(universal Herrschaft)을 지니고 있음을 분명히 드러낸다.

교회에 대한 샤를마뉴의 이러한 관심은 교황청으로까지 확대되었다. 799년 4월 25일 교황 레오 3세(Leo III, 795-816)는 교황청을 자신들의 통제하에 두고 싶어 하던 로마 귀족들의 반란을 맞닥드렸다. 교황 레오는 고용된 괴한들에게 습격받고 납치된 뒤 폭행을 당하였다. 프랑크의 두 성직자의 도움으로 도망친 레오는 샤를마뉴의 궁정으로 피신하여 도움을 청하였다.[95] 물론 교황이 샤를마뉴에게 도착한 직후에, 교황 납치 음모를 꾸민 장본인들은 레오를 중범죄자로 기소하며 자신들을 변호하는 내용의 편지들을 보냈다.

---

94 *샤를마뉴의 교황 레오 3세에게 보낸 편지* (796), in: *A Source Book for Medieval History*, no. 47.

95 Einhard, *Vita Karoli Magni*, c. 28.

800년 샤를마뉴는 사도 베드로의 어떠한 계승자라도 그러한 혐의를 가지고 그 신성한 직무를 맡을 수 없다고 판단하고서 일단의 프랑크 주교들을 이끌고 로마를 방문한 뒤, 800년 12월 23일 성 베드로 성당에서 회의를 개최하였다. 회의 석상에 나타난 교황 레오는 엄숙하게 자신의 무죄를 선서하였고, 그 선서는 받아들여졌다.[96]

이틀 뒤인 800년 성탄절에 레오는 성탄절 미사를 집전하였다. 레오는 샤를마뉴가 미사에 참석한 뒤 성 베드로의 성소 앞에서 기도하고 있을 때, 샤를마뉴의 머리에 황제의 관을 씌워 주었고, 운집한 로마 시민들은 "하나님으로부터 평화를 사랑하는 위대한 황제로 임명을 받은 샤를 아우구스투스"라고 외쳤다.[97] 교황청은 그동안 공식적으로 인정해 오던 콘스탄티노플에 있던 황제의 수장권을 최종적으로 부정하고, 샤를을 사실상 기독교 세계의 평신도 수장으로 인정하였다. 이러한 교황의 행위로 말미암아 샤를은 더 이상 프랑크족과 롬바르드족의 왕이 아니라, 콘스탄티누스의 계승자로서 "로마인들의 기독교 황제"가 되었다.[98] 이로써 교황은 황제의 권위를 교황권의 정치적 이해와 결합시키는 데 성공하였으며, 고대 로마 황제의 권위를 서방에서 새롭게 '창조'해냈다.[99] 달리 표현하면, 교황의 행위는 "로마의 독립적 군주로서 그리스 황제에 대한 독립과 해방을 알리는 최후 선언"이었다.[100]

이러한 황제의 대관식에 대한 자료들은 상반된 입장을 드러낸다. 회의에 참석한 자들이 샤를마뉴를 설득하였다고 주장하는 자료(*Frankish Royal Annals*)와, 그 반면에 샤를마뉴의 전기 작가인 아인하르트(Einhard)는 새 황제가 교황의 행위에 불쾌감을 표시한 다음 교황의 의도를 알았더라면 결코

---

96 Tierney/Painter, *Western Europe in the Middle Ages, 300-1475*, 136.

97 *A Source Book for Medieval History*, no. 8; 심창섭 · 채천석 편, 『원자료 중심의 중세교회사』, 56-57.

98 Walker, *A History of the Christian Church*, 275.

99 Ferdinand Seibt, *Glanz und Elend des Mittelalters*, 30.

100 Schaff, *History of Christian Church*, 4, 240.

성 베드로 성당에 오지 않았을 것이라고 주장한다.[101]

800년 성탄절에 샤를마뉴의 황제 대관식은 서방 기독교 세계의 역사에 커다란 변곡점이 되었다. 이로써 시작된 허구적이며 이상적인 기독교 황제의 출현과 더불어 기독교 군주들에게는 초대 교회 콘스탄티누스 황제의 이상이 새롭게 살아났다. 동시에 기독교 세계에 궁극적 권위를 둘러싸고 교황과 황제 간 중세 전체에 걸친 기나긴 투쟁의 역사도 막이 올랐다. 샤를마뉴는 황제 칭호를 사용하면서 로마법과 고대적 정통성, 그리스도교적 책임 의식에 기반을 둔 새로운 권위를 주장하기 시작하였다.

이에 따라 802년 귀족을 포함한 제국의 모든 자유인에게 기독교적 생활에 대한 서약을 명령하였다. 이 서약을 통해서 "신에 대한 죄는 이제 곧 바로 황제에 대한 충성 위반을 의미"하는 것이 되었다. 샤를마뉴는 신의 섭리에 따라 전 세계를 지배하고자 했기 때문에 질서는 모든 '세계'에 적용된다고 할 수 있었다. 즉, 콘스탄티누스에게서 나타난 "재건자", "회복자" 그리고 "해방자"의 이상이 살아나고 있었던 것이다. 또한 황제는 "세계 질서의 제정자"였다. 자입트(Seibt)에 따르면 이러한 인식들로 인해 황제가 거처하는 아헨은 "새로운 로마"로, 때로는 "새로운 아테네"로, 그리고 동시에 "새로운 예루살렘"으로 간주되었다.[102]

"황제권"은 로마 교회의 가르침의 우위를 인정하고, 로마 교황청의 법률적 수단을 근거와 조건으로 하는 권한이었다. 그러나 샤를마뉴가 로마로부터 그리스도교 신앙을 수용하였다는 점 한 가지를 제외하면, 그의 정부와 비잔틴 제국 정부 간에는 차이가 거의 없었다. 다만, 샤를마뉴는 신앙에 대한 해석을 교황의 고유한 기능으로 간주하였다. 그러나 로마 교황이 설명한 신앙 가운데 무엇을 법률로 정할 것인가를 판단하는 일, 즉 통치 행위는 군주의 과제로 여겼다.[103]

---

101 Einhard, *Viat Karoli Magni*, c. 28.

102 Seibt, *Glanz und Elend des Mittelalters*, 45.

103 Morall/Ullmann, *Political Thought in Medieval Times/Medieval Political Thought*, 244.

그러나 샤를마뉴의 후계자들은 정확히 샤를마뉴가 거부했던 그 길, 즉 로마 교회의 의지대로 나아갔다. 이들은 샤를마뉴가 받아들이지 않았던 통치자의 위상, 즉 '로마인의 유일하고 합법적인 황제'이자 '서유럽의 황제'라는 교황청의 견해를 수용하였다. 그리하여 동·서 로마 황제 중 누가 진정한 로마인의 황제인가 하는 중요한 문제가 제기될 수밖에 없었다.[104]

7-8세기에 모든 서유럽 왕국들에 파급된 도유식, 즉위식, 대관식 등의 여러 의식은 로마 교회의 관점에서 이해되었다. 성직자에 의해 통제되고 시행된 이 의식들은 세속적인 게르만적 이념을 흡수하였다. 군주는 모든 의식을 통해서 자신의 의무를 성실히 수행할 것을 서약하였다. 그러나 중요한 것은 군주의 서약이 신민인 백성에 대해서뿐만 아니라, 교회에 대해서도 행해졌으며, 신성한 종교적 선서를 통해 확인되었다는 사실이다. 교회가 도유와 대관 행위를 담당함으로써, 특히 군주의 서약에 교회의 이익을 자신의 물리적 힘으로 보호하겠다는 보장이 포함되었고, 이로 인해 교회는 세속권위에 대한 궁극적 규제를 요구하는 첫 걸음을 내딛었다.[105]

이후 교황과 황제는 서열 논쟁에 휘말렸다. 이는 라틴 유럽의 두 최고 권력자가 각기 자신의 우위를 주장했기 때문만이 아니었다. 영적인 권력(교황)이 정치적인 현실과는 무관하게 모든 가능성을 동원하여 성장하려 했기 때문이었다. "교황이 이기심을 버리지 않는 한, 황제 역시 욕심을 포기하지 않았다."[106] 그러나 이러한 황제권과 교황권의 갈등은 중세 초반의 혼란스러운 상황에서 직접적으로 표출되지는 않았다. 중세가 안정되어 가는 11세기부터는 중세 전체를 뒤흔든 중요한 갈등의 요소가 되었다.

---

104 샤를마뉴와 동로마 황제가 주고받은 편지 (812, 813년), in: *A Source Book for Medieval History*, no. 13; 14 참조.

105 Morall/Ullmann, *Political Thought in Medieval Times/Medieval Political Thought*, 32.

106 Seibt, *Glanz und Elend des Mittelalters*, 32.

참고 문헌

Alquin. *알퀸의 매긴프리드(Magenfrid)*에게 보낸 편지, MGHE, IV, no. 111(796). https://books.google.com/books?id=eo_BelmRoXUC&printsec=frontcover&source=gbs_ge_summary_r&cad=0#v=onepage&q&f=false.

Einhard. *Vita Karoli Magni* (The Life of Charles). Trans. Samuel Epes Turner. New York: Harper & Brothers, 1880. https://sourcebooks.fordham.edu/basis/einhard.asp.

———. 『샤를마뉴의 생애』. 이경구 옮김. 지만지, 2008.

———. *Annales*. Hannoverae: Impensis Bibliopolii Hahniani, 1845. https://archive.org/details/annaleseinhard00einhuoft/page/n5/mode/2up.

Gibbon, Edward. *The History of the Decline and Fall of the Roman Empire*, 1782 (Written), 1845 (Revised). https://www.gutenberg.org/files/25717/25717-h/25717-h.htm.

Gregory of Tours. *History of the Franks: Books I-X*. Translated with an introduction by O. M. Dalton. Oxford. At the Clarendon Press, 1927. https://archive.org/details/historyoffranks0002greg/page/n1/mode/2up?view=theater.

Jaeschke, Kurt-Ulrich. "Bonifatius(Winfrith)." TRE Bd. 7: 69-74.

Schneider, Reinhard. "Karl der Große, König der Franken." TRE Bd. 17: 644-649.

St. Boniface. *The Correspondence of St. Boniface*. In: C. H. Talbot, *The Anglo-Saxon Missionaries in Germany, Being the Lives of SS. Willibrord, Boniface, Leoba and Lebuin together with the Hodoepericon of St. Willibald and a selection from the correspondence of St. Boniface*. London and New York: Sheed and Ward, 1954. https://sourcebooks.fordham.edu/basis/boniface-letters.asp.

Vauchez, Andre. "Frankreich II, Mittelalter." TRE Bd. 11: 353-365.

Willibald. *The Life of St. Boniface*. In: C. H. Talbot, *The Anglo-Saxon Missionaries in Germany, Being the Lives of SS. Willibrord, Boniface, Leoba and Lebuin together with the Hodoepericon of St. Willibald and a selection from the correspondence of St. Boniface*. London and New York: Sheed and Ward, 1954. https://sourcebooks.fordham.edu/basis/willibald-boniface.asp.

김경수. "종교정치신학으로서 샤를마뉴의 저작(The Libri Carolini)." 「서양중세사연구」 18 (2006): 1-31.

김차규. "클로비스의 개종." 「명지사학」 8 (1997): 96-112.

박용진. "샤를마뉴의 대관식 의례와 그 의미." 「이화사학연구」 51 (2015): 245-270.

박준규. "카롤링 왕조 초기의 왕국과 교회 관계." 「서양사연구」 56 (2017): 37-73.

배옥남. "샤를마뉴(Charlemagne) 궁정학술원에서 알퀸(Alcuin)." 「동서사학」 1 (1995): 264-290.

성백용. "샤를마뉴 '유럽의 아버지'." 「지식의 지평」 17 (2014): 136-151.

이경구. "중세제국이념의 성격." 「서양사론」 45 (1995): 261-263.

_____. "콘스탄티누스 기진장의 작성목적." 「서양중세사연구」 11 (2003.3): 27-59.

_____. "『콘스탄티누스 기진장의 적용 사례』-13세기 전반기의 교황들을 중심으로-." 「역사와 담론」 49 (2008): 249-273.

_____. "콘스탄티누스 기진장의 작성시기." 「서양중세사연구」 14 (2004, 9): 1-36.

이정희. "카롤링 왕조의 통치사상." 「대구사학」 31 (1986): 139-168.

정원래. "로렌조 발라의 "콘스탄티누스의 기진장에 대한 비판"(Declamation on the Forged Donation of Constantine, c. 1450)이 종교개혁자들에게 미친 영향." 「신학지남」 90 (2023): 249-278.

5

중세의 동방 교회

I. 8-9세기의 동방 교회와 성상 숭배 논쟁

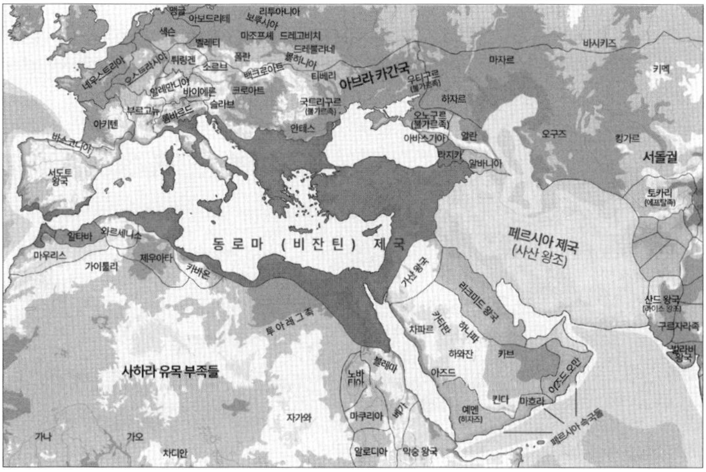

http://file3.instiz.net/data/file3/2018/03/14/e/5/1/e5143e5485555eba3d75ec42a348ff6f.jpg

1. 동로마 세계

동로마 제국 혹은 비잔틴 제국은 고대 로마의 분리 이후 1453년까지 존속한 제국이다. 동로마 제국이 가장 강력했던 시기는 유스티니아누스 대제(Justinian, 527-565 재위) 때였다. 그러나 유스티니아누스 황제가 죽은 뒤 한 세기 동안 비잔틴 제국의 세력은 급격히 약화하였다. 아바르족(Avars)과 슬라브족(Slavs)의 습격과 더불어 새롭게 등장한 이슬람 세력의 팽창은 비잔틴 제국과 초대 기독교 세계의 중요한 요람들의 상실을 초래하였다. 이슬람이 등장하기 전까지 동로마 제국의 대적은 페르시아 제국이었다.

유능한 군인이면서, 황제이기도 했던 헤라클리우스(Heraclius, 610-641)는 일련의 전투에서 승리하여 페르시아군을 제국에서 몰아낸 후, 그 여세를 몰아 페르시아로 쳐들어갔다. 627년 페르시아에 큰 승리를 거두고, 비잔틴 제국은 이슬람이 침입하기 전까지 강력한 세력을 구축하였다. 그러나 곧 비잔틴군은 야르무크(Yarmouk)의 전투[1]에서 이슬람 군대에 비참하게 궤멸당함(636)으로써, 예루살렘(638), 시리아(640)가 차례로 이슬람의 손에 넘어갔다. 이슬람은 641년에는 이집트를 복속시켰다. 이집트에서 북아프리카의 북부로 서진하면서 7세기 내내 이슬람의 정복이 진행되었다.[2]

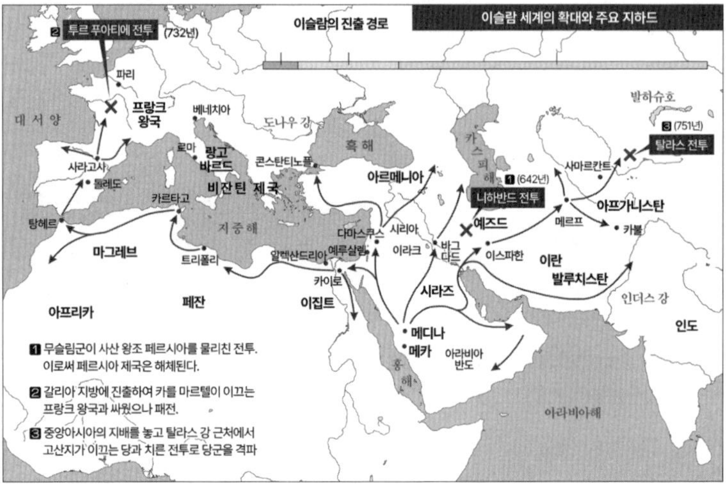

〈이슬람의 확장〉

이슬람은 모하메드의 사망 후 30년이 채 되지 않아, 팔레스타인 시리아, 이집트 등을 장악하였으며, 이후 세력을 확장하여 8세기에는 아프리카와 스페인을 거쳐 프랑스 남부까지 진출하였다. 초대 기독교의 중요한 요람들

1 요르단과 시리아 사이의 강으로서 요단강의 가장 커다란 지류.

2 Tierney/Painter, *Western Europe in the Middle Ages, 300-1475*, 121.

이 이슬람의 손에 넘어간 데에는 비잔틴 제국 내에서의 종교적 불만이 커다란 한 요소로 작용하였다. 동방의 황제들은 '바른 신앙'(Orthodoxy)의 수호자들로서, 이 신앙을 받아들이지 않는 자들은 '이단'(Heterodoxy)이자 정치적 반대자로 여겼다.[3] 특히 시리아의 유대인과 이집트의 단성론자들은 제국 정부로부터 박해를 받아왔기 때문에, 이슬람의 침입을 적극적으로 방어하지 않았을 뿐만 아니라, 오히려 환영하기까지 하였다. 왜냐하면 이슬람 지배자들은 다른 종교를 박해하거나 무력으로 개종을 강요하지 않는 대신에 일정한 세금을 더 요구했기 때문이다.[4] 그 결과 8-9세기의 비잔틴 제국의 영토는 지도에서 보는 것처럼 크게 축소되었다.

본 단락에서 다루는 8-9세기의 동로마는 초대 교회와 비교하여 크게 축소하였으며, 세력도 약화하였다. 또한 건장하고 융성하는 대적과 맞서는 초라하고 미약해진 병든 사자의 모습과도 같았다.

2. 동방의 황제교황주의

동방 교회와 성상 숭배 논쟁을 이해하기 위해서는 동로마 황제가 차지하는 독특한 위치에 대하여 먼저 살펴야 한다. 300년대 초에 콘스탄티누스 황제가 기독교로 개종하였다. 한 세대도 채 지나지 않아, 기독교인들은 고통스러운 박해에서 벗어나서 권력의 중심을 공유하게 되었다 어떤 기독교인들은 콘스탄티누스의 개종으로 하나님의 왕국이 이 땅 위에 이미 도래한 것으로 생각하였고, 새로운 기독교 황제에 대한 그들의 칭송에 아무런 제한을 두지 않았다. 니케아 공의회(325)에 관한 서술에서 유세비우스는 콘스탄

3 Le Goff/de Montremy, *A la recherche du Moyen Age*, 207.

4 Tierney/Painter, *Western Europe in the Middle Ages, 300-1475*, 123. 일명 "지즈야"(Jizya)로 불리는 이 세금은 시대에 따라 그 액수가 달랐다. 타 종교인들이 "지즈야"를 내면 병역의무 및 이슬람의 몇몇 의무들에서 제외되었고, 군대에 입대하면 이를 면제받았다. 그러나 후대에는 "지즈야"의 액수를 매우 증가시켜, 많은 기독교인이 이슬람 군대에 입대하도록 압박하기도 하였다.

티누스에 대해 이렇게 설명한다.

> 경건한 모범이 되려는 열망으로 불경건한 오류의 모든 흔적을 일소하고 자신이 조타수로 임명된 그 거대한 배의 모든 승무원들을 구원하기를 간절히 열망하면서, 제국의 대저택 안으로 거룩하고 경건한 모든 예배자들을 초청한다.[5]

제국의 운명을 결정할 자일 뿐만 아니라, 신앙적 차원에서도 그 수장이 황제임을 드러낸다. 따라서 니케아 공의회에서 콘스탄티누스는 아직 세례를 받지 않았음에도 불구하고, 교회의 후원자와 보편적이고 세속적인 주교로 행세하였다. 역사가 유세비우스는 실제로 그를 하나님께 임명받은 보편적 주교라고 부른다. 콘스탄티누스는 기독교 황제인 자신이 신적 임명을 받은 주교로서 교회의 외부 문제를 담당하며, 내부 문제는 주교들의 소관이라고 말하였다.[6] 콘스탄티누스의 의식에 대해 샤프는 이렇게 이해하였다:

> 그는 하나님께 권위를 받은 주교들은 두 부류로 구분하였다. 하나는 과거의 폰티펙스 막시무스(*pontifex maximus*)의 직위에 해당하는 세속 주교 곧 황제 주교로서 그 권위가 로마 제국 전역에 미치며, 따라서 에큐메니컬 곧 보편적 주교이다. 다른 하나는 영적 곧 사제적 주교로서 여러 교구의 주교들로 나뉘며, 총공의회를 통해서만 통일성과 전체성을 드러내는 주교이다.[7]

신적 임명을 받은 황제 주교로서 자의식은 그의 아들 콘스탄티우스에게도 이어졌다. 콘스탄티우스는 '주교들의 주교'라고 불리는 것을 좋아했다.[8] 후대의 비잔틴 황제들 또한 하나님으로부터 인간을 지배하도록 임명받

---

5 Eusebius, *Vita Constantini*, I. xliv, NPNF2, vol. 1.

6 Eusebius, *Vita Constantini*, IV. xxiv, NPNF2, vol. 1.

7 Schaff, *History of Christian Church*, 3, 131.

8 Schaff, *History of Christian Church*, 3, 131.

은 신성한 인물로 여겨졌다. 황제들은 엄숙한 의식에 따라 황제의 관을 받고, 도유식을 받았다. 황제와 연관된 모든 것은 성스러운 것으로 인정되었다. 황제는 교회 조직의 수장인 콘스탄티노플 총대주교의 임명을 통제하였고, 교회의 공의회를 소집하고, 공의회에서 결의된 법령을 공포하였다.[9]

비잔틴 제국에서 기독교는 국가를 하나로 결속시키는 구심점으로 작용할 수 있었지만, 동방 교회에서 지속해서 전개된 신학적인 논쟁은 오히려 제국의 약화와 분열의 원인이 되었다. 비록 황제들은 교리의 문제에 직접적으로 결정할 권리는 없었지만, 총대주교를 선택하는 권한을 통해 어떤 교리를 정통으로 인정되게 할 것인지 실질적인 권한을 행사할 수 있었다. 황제들은 격렬한 신학 논쟁을 조정하는 안을 제시하거나 한편을 지지하는 경우도 있었다. 이럴 때 황제는 반대 의견들을 못마땅하게 여겼고, 반대자들을 폭력을 동원하여 징벌하기도 하였다.[10]

황제들이 교회의 내부 문제까지도 관여하려 했을 때, 동방의 신학자들은 교회 위에 군림하려는 황제의 권력에 제한을 두기 위해 큰 노력을 기울여야 했다. 예를 들면, 그리스도의 신적 속성에 관한 격렬한 논쟁에서, 제국의 통합을 위해 황제 콘스탄티우스는 '유사하다'(*homoius*)로 서로 다른 두 진영을—유사본질(*homoiousios*)파와 동일본질(*homoousios*)파—통합하려 시도하였다. 이러한 콘스탄티우스(Constantius)의 내적인 간섭에 대하여 그의 조언자인 호시우스(Hosius) 감독은 이렇게 경고하였다.

> 이 일을 중단하고 당신이 죽을 운명의 사람이라는 것을 기억하십시오. 심판의 날을 두려워하고 거기에 순결을 지키십시오. 교회 문제에 간섭하지 말고, 그 문제에 관해 우리에게 명령하지도 마십시오. 하지만 우리에게서 배우십시오. 하나님께서 왕국을 여러분의 손에 맡기셨습니다. 그분께서는 당신 교회의 일을 우

---

9 Tierney/Painter, *Western Europe in the Middle Ages, 300-1475*, 88.

10 Bell, *Many Mansions: An introduction to the Development and Diversity of Medieval Theology, West and East*, 52.

리에게 맡기셨습니다. 그리고 당신에게서 제국을 빼앗으려는 사람이 하나님의 명을 거스르는 것과 같이, 당신도 교회의 통치를 맡음으로써 큰 죄를 짓지 않도록 두려워하십시오. 기록되었으되 가이사의 것은 가이사에게, 하나님의 것은 하나님께 바치라 하셨습니다(마 22:21). 그러므로 우리에게는 세상의 통치를 행사할 권한이 허락되지 않았으며, 대왕이여, 당신에게는 분향할 권한도 없습니다.[11]

451년 칼케돈 공의회 이후 681년 콘스탄티노플 공의회에 이른 논쟁에서 황제들은 관련이 되어 있었지만, 성상 파괴에 관한 논쟁들은 황제의 주도로 시작되었으며 황제들과 황후들은 비잔틴의 기독교를 거의 분열시킨 갈등의 중심에 있었다.

3. 성상에 관한 논쟁

성상 숭배 논쟁은 726년 레오 3세(Leo III, 717-741)에 의해 주도되어, 그의 아들 콘스탄티누스 5세(Constantine V, 741-775)와 손자 레오 4세(Leo IV, 775-780)에 의해 지속되었으며, 결국 제2차 니케아 공의회(787)에서 일단 막을 내렸다. 814년 군인 황제들에 의해 다시 시작되었고, 843년 테오도라에 의해서 끝이 났다.

1) 황제 레오 3세의 성상 숭배 금지령

초기 기독교인들은 형상(images)에 대하여 유대인의 영향 아래 있었고, 전혀 어떤 그림이나 조각을 만드는 법이 없었다. 그러나 관습은 점차 변화하였다. 특히 기독교의 공인 이후 교회 장식은 점점 더 정교해졌고, 그림

11 Athanasius, *History of Arians*, IV. 44, NPNF2, vol. 4. 767.

은 문맹자인 신자들에게 신앙을 가르치는 데 훌륭한 수단이 되었다. 4세기 후반에 이르면 각 교회에는 그리스도와 성모 마리아의 그림이 일반화되었다.[12] 이는 점점 더 융성하여 6세기부터 동방 교회의 의식에서 성상들은 중요한 기능을 담당하게 되었다. 8세기경에는 동·서방 교회를 막론하고 교회당 혹은 교회에 관련된 건물 내에서 성상이 전혀 없는 경우가 매우 드물었다.[13] 그리스도, 마리아, 천사 그리고 성자들의 형상은 교회 안에서 흔한 것이 되었고, 그 앞에서 기도하는 것이 많은 기독교인의 경건 생활에서 중요한 부분이 되었다.

그러나 성상에 대한 존경이 우상 숭배로 변질되는 것은 너무나 쉬운 일이었다. 성인들 자체가 아니라 오히려 그들의 형상을 숭배하는 경향도 더욱 강해졌다. 따라서 어떤 사람들은 그러한 형상들에 대하여 거부감을 느꼈고, 동로마 황제 레오 3세는 성상 숭배가 불경스러우므로 없애버려야 한다고 주장하였다. 황제는 칙령을 통해 성상의 폐지를 명령하였다.

> 아마도 726년 황제 레오 3세(717-741), 곧 시리아 왕조의 창시자는 기독교 성상을 적대시하기 시작하였다. 한 관리가 콘스탄티노플 황제 궁의 청동으로 만든 문 옆에 있는 그리스도상을 없애라는 명령을 받았다. 하지만 이 일로 인하여 '경건한 부녀자들'이 그에게 달려들어 그를 짓밟아버려서 목숨을 잃게 하였다 (PG 100, 1085C).[14]

황제의 명령에 대한 저항은 곳곳에서 일어났다. 그의 대적들은 일반 대중까지 자기들의 편으로 끌어들였다. 각종 주방 용구, 빗자루, 빨랫방망이

---

12 Bell, *Many Mansions: An introduction to the Development and Diversity of Medieval Theology, West and East*, 53.

13 Cannon, *History of Christianity in the Middle Ages*, 133.

14 PG 100,1085C; Ritter 외 편역, *Kirchen- und Theologiegeschichte in Quellen vol. II: Mittelalter*, 104.

등으로 무장한 일단의 주부들이 교회당에서 성상들을 철거하는 병사들을 공격하는 등 끔찍한 사태로 발전하였다.[15] 콘스탄티노플 총대주교였던 게르마누스(Germanus, 715-730 재위)는 즉각 이에 반대하였다. 희랍에서는 반란이 발생하였고, 이탈리아 주민들은 교황을 중심으로 단결하여 이에 반대하였다. 따라서 개혁이 본격적으로 시작되기도 전에, 게르마누스는 그 직을 박탈당하였으며, 황제의 입장을 지지하던 아나스타시우스(Anastasius, 730-754 재위)가 총대주교좌를 차지하였다.[16]

〈성상 훼손 모습〉

황제 레오 3세가 성상을 반대한 이유는 분명하지 않다. 다만 그는 제국의 동부 전선에 주둔한 바 있었다. 군인으로서 이미 이슬람 신도들과 접촉한 경험을 통해 그들의 예배 모습에 큰 감명을 받았을 가능성도 추측할 수 있다. 또한 나콜리아(Nacolia)의 주교 콘스탄틴이 그에게 성상들을 경외하는 것은 어리석은 짓일 뿐 아니라, 제2계명을 전적으로 어기는 일이라고 설득하였다.[17] 그러나 레오 3세의 통치하에 수많은 특권과 대영지를 소유한 수도원과 교회들은 국가의 재정과 권위에 심각한 피해를 주고 있었으므로, 그

15 Cannon, *History of Christianity in the Middle Ages*, 134.

16 Cannon, *History of Christianity in the Middle Ages*, 133.

17 *Catholic encyclopadia*, "Iconoclasm": 나콜리아의 주교 콘스탄틴(Constantine)은 황제의 통치 초기부터 이미 성상 사용을 반대하는 설교를 통해 물의를 일으킨 바 있다.

는 성상 폐지 정책을 통해 종교적인 개혁과 토지 개혁을 염두에 둔 것으로 보인다.[18]

〈테오필로스 황제의 성상 제작자에 대한 박해
(테오필로스 황제는 형상을 제작하는 자들에 대한 직접적인 구속과 신체형을 가하기도 하였다)〉

2) 다마스커스 요한(John Damascene, 675/6–749)의 반박

황제 레오 3세의 성상 폐지령에 반대하는 대적들은 평신도들의 지지뿐만 아니라, 신학자들과 학자들의 도움도 끌어들였다. 이 가운데 가장 유명한 인물이 다마스쿠스의 요한(John Damascene)이다. 요한은 이슬람 도시인 다마스쿠스에 거주하고 있었으며, 그로 인해 황제의 징벌을 피할 수 있었다. 따라서 그는 이 황제의 칙령에 관해 자유롭게 의견을 제시할 수 있었다. 요한은 727년 「성상 수호를 위한 첫 번째 변론」(*First Oration in Defence of the Images*)을, 2년 후에는 이와 대동소이한 내용의 두 번째 변론을 발표하였다. 주된 논지는 다음과 같다.[19]

i) 형상에 대한 증거는 구약 그 자체에서 찾아볼 수 있고, 그것들은 문맹자들을 가르치는 데 매우 유용하다.

18 Tierney/Painter, *Western Europe in the Middle Ages, 300-1475*, 127.

19 Bell, *Many Mansions: An introduction to the Development and Diversity of Medieval Theology, West and East*, 310.

ii) 형상은 형상으로 불리기 위해서 반드시 그것의 원형과 똑같을 필요는 없다.

iii) 하나님에 대한 참된 예배와 형상에 대한 존경은 전혀 다르다.

iv) 그리스도의 형상은 신의 새로운 섭리에 대한 감동적인 증언을 낳고 성육신의 실재와 중요성에 대한 명백한 고백이다.

요한은 주님께서 인간의 모습을 취하신 성육신의 사건을 통해 제2계명이 이미 폐지되었다고 주장하였다. 성상 폐지론자들 역시 성찬과 십자가 등의 상징들은 계속 보존하고 있지 않은가? 만약 십자가를 숭모하는 것이 허락된다면, 왜 그 위에 매달린 모습을 숭모할 수 없단 말인가? 성경 자체, 혹은 성자 하나님과 마찬가지로 성상들은 구속을 이룰 목적으로 바쳐지고 거룩하게 된 물질들이었다. 성상들에게 바쳐지는 신자들의 흠모의 대상은 성상 그 자체가 아니라, 성상을 통해 대표되는 원형(original)이다. 또한 이러한 흠모도 성자들이나 선지자들에게 행해질 때 원형들 역시 영예와 존경을 표현하는 것이 불가하며, 예배는 아니다. 예배는 오직 하나님께만 속한 것이다. "이전에는 하나님께서 몸과 형태가 없었기에 표현될 수 없었다. 그러나 오늘날 하나님께서는 육체로 나타나셔서 사람들 가운데 계셨기 때문에 보일 수 있는 하나님으로 표현될 수 있다."[20]

이러한 요한의 주장은 설득력이 있었으므로 비잔틴 제국의 수도사들과 수많은 주교, 그리고 모두 성상 폐지론에 동조하지 않던 서방 교회의 지지를 받았다. 교황 그레고리우스 2세(Gregory II, 714-731)는 황제에게 서신을 보내어 형상을 강력히 옹호하였고, 교황 그레고리우스 3세(Gregory III, 731-741)는 로마에 93명의 주교가 참석하는 종교회의를 소집하여 그리스도와 그의 성자들의 성상들을 파괴하거나 훼손한 모든 자를 파문하였다(731년).[21] 성상

---

20 John of Damascus, *Pro sacris Imaginibus Orationes tres*. i. 16, PG 94.1246.

21 *그레고리우스 2세의 레오 3세 황제에게 보낸 편지* (727), in: *A Source Book for Medieval History*, no. 41; *그레고리우스의 성상파괴자들에 대한 파문의 선고* (731), in: *A Source Book for Medieval History*, no. 42.

숭배에 대한 적극적인 지지자들은 당대의 보수적이고 열정적인 수도사들과 일반 대중들이었다.

3) 성상 숭배 금지 논쟁의 격화와 7차 니케아 세계 공의회

본래 황제와 여러 주교의 진정한 종교적 관심으로부터 비롯된 문제가 곧 가장 중대한 정치 문제로 발전하였다.[22] 당시 비잔틴 제국에서는 여러 당파가 권력을 놓고 경쟁하고 있었는데, 이들은 자신들의 이익을 위해서라면 사회 불안과 폭동을 일으키는 것도 주저하지 않았다. 황제 레오 3세의 아들인 콘스탄티누스 5세는 보다 뜨거운 열심, 깊은 신학적 이해, 극단적 방법으로 성상 철폐의 이상을 추구하였다. 그는 열광적인 성상 파괴론자였고, 성상 옹호주의자들에게는 혐오의 대상이 되었다.[23] 무엇보다도 콘스탄티누스 5세는 다마스쿠스 요한의 반박에 답을 해야 했다. 이에 그는 340명의 주교를 에베소에 모으고, 테오도시우스(Theodosius of Ephesus)와 페르게의 파스틸리스(Pastillas of Perga)가 사회를 본 이 공의회에서, 그리스도의 성화를 그리는 것은 네스토리우스주의자이거나 혹은 단성론에서 비롯된 것이라고 판결하였다(753년).

네스토리우스는 인간 예수가 신 그리스도를 운반하는 수단에 불과하다고 주장하였으며, 단성론은 주님의 인성을 전적으로 부인하여 신성(Divinity) 자체를 인간의 형태와 동일시했기 때문이다. 따라서 그리스도의 초상을 사용하는 것은 정통 신앙일 수 없다. 왜냐하면, 신성을 표현하는 것은 불가능하기 때문이다. 성만찬이야말로 우리 주님을 정당하게 표현할 수 있는 유일한 수단이다. 이 회의는 조각이나 그림은 그리스도의 신성과 인성을 뒤섞는 것으로 제6차 콘스탄티노플 보편공의회의 결정에 반하는 것이라고 선언하

22 Cannon, *History of Christianity in the Middle Ages*, 135.

23 Bell, *Many Mansions: An introduction to the Development and Diversity of Medieval Theology, West and East*, 303.

였다.[24] 이에 그리스도의 상이나 성인의 상을 제작하는 것은 세분하여 파문을 선언하였다.[25] 이에 수도원들까지 금지되었으며, 건물들은 군인들을 위한 병영으로 이용되었다. 황제 레오 4세도 그의 아버지와 할아버지의 성상 철폐 운동을 계속 수행하였다. 그러나 레오 4세는 성상 파괴주의자로 성장했지만, 그의 아버지처럼 열광적이지 않았고, 수도사들을 복귀시키는 등 어느 정도 타협할 준비가 되어 있었다.[26]

780년 황제 레오 4세가 갑작스럽게 사망하자, 그의 미망인이며 여황제인 이레네(Empress Irene)는 10세가 된 그의 아들 콘스탄티누스 6세(780-797)의 이름으로 섭정하면서 황실의 정책을 완전히 바꾸어 성상 옹호주의자들을 전적으로 지지하였다. 이레네는 아테네의 명문 가문에서 태어난 헬라인으로서 성상 숭배에 깊이 물든 인물이었다. 그녀는 성상 철폐론자인 총대주교 바울 4세(Paul IV, 780-784)를 내쫓고 그 자리에 성상 옹호론자인 그녀의 국무장관이면서, 평신도였던 타라시우스(Tarasius, 784-806)를 앉혔다. 그녀는 로마와의 관계를 다시 회복하고 교황 아드리안 1세(Adrian I, 772-795)에게 종교회의를 소집하여 콘스탄티누스 5세의 성상 철폐론적 교회 법령들을 취소시키고, 기독교권에 다시 성상들의 위치를 용인하도록 해달라고 부탁하였다. 이레네의 섭정 기간 동안 유명한 제2차 니케아 종교회의(787)가 개최되었다. 이 회의의 소집에 로마 교황도 동의하였을 뿐만 아니라, 두 명의 사절을 파견하였다. 샤를마뉴의 대표단도 참석하였다. 동·서방 양 교회가 모두 출석하였던 이 회의조차도 성상 논쟁을 완전히 종식하지는 못하였고, 이는 여전히 정치적인 문제로서 갈등과 대립의 요소로 남아 있었다. 특히나 대부분 군인들은 다양한 이유로 성상 철폐론을 지지하고 있었다.[27]

---

24 K. J. Hefele, *A history of the councils of the church, from the original documents*, vol. 5, 310 이하.

25 Hefele, *A history of the councils of the church, from the original documents*, vol. 5, 313-314.

26 Hefele, *A history of the councils of the church, from the original documents*, vol. 5, 339.

27 Cannon, *History of Christianity in the Middle Ages*, 136.

〈787년 7차 니케아 세계 공의회 교령〉

〈제7차 니케아 세계 공의회(787년)〉

… 세심하고도 신중하게 우리는 숭배받아 마땅한 거룩한 성상들이 마치 거룩한 하나님의 교회에 있는 고귀하며 생명을 선사하는 십자가와 같은 방식으로 거룩한 그릇들과 옷, 벽과 담, 집 내부와 길에도 사용할 수 있다는 것을 결정하였다. 그러므로 색깔이나 모자이크, 그 밖에 걸맞은 재료로 만들어질 수 있다; 우리 주 하나님이시고 구세주이신 예수 그리스도, 흠 없는 여왕이시고 거룩하신 하나님의 어머니, 존경받아 마땅한 천사들과 모든 거룩하고도 경건한 사람들의 상(을 말한다). 그러므로 그림으로 완성된 것을 끊임없이 바라볼수록 거기에 침잠하는 자들로 그 원형(Prototype)을 상기하고 그들에 대한 사모함이 일깨워지고 그들에게 경의와 존경이 가득한 예(*proskuneo*)를 드리고 싶은 마음(충동)을 갖게 된다. 그러나, 이는 오직 하나님의 본성에만 드려지는 우리 신앙에 걸맞은 참된 숭배(*latreia*)가 아니라 오히려 고귀하며 생명을 선사하는 십자가와 거룩한 복음서와 그 밖의 거룩하게 성별된 대상들과 소제의 향과 불(초)들을 공경하려고 하는 식, 즉 구약의 경건한 관습과 같이 행해야 한다. "왜냐하면 모형 숭배는 원형으로 넘어가기 때문이다."; 그리고 형상을 숭배하는 자는 묘사된 것의 실재를 그 안에서 숭배하게 된다.[28]

787년에 개최된 니케아 제7차 세계 공의회는 이후의 성상 숭배에 관한 논쟁에서 중요한 기점이 되었다. 로마 가톨릭과 동방정교회 등이 인정하는 그 결정은 성경과 신앙에 근거한 결정이라기보다는 관행과 유용성에 근거

28 *787년 니케아 7차 에큐메니칼 공의회 교령*, in: KThQ2, Nr. 16. a; *Denzinger*. no. 302 이하.

한 결정이었기 때문에, 특히 프로테스탄트 진영으로부터 인정을 받지 못하는 공의회로 남았다.

성상 숭배를 찬성하는 대규모의 수도원 집단과 대중의 지지는 여황제 이레네에게 매우 유리한 정치적 지형을 형성하였다. 권력에 대한 집착이 강했던 여황제 이레네는 아들과의 다툼에서 결국 승리하였다. 이레네는 자기 아들을 폐위시키고, 자신이 분만하고, 젖을 먹였던 바로 그 침실에서 그의 눈을 뽑아내고 스스로 로마 역사상 최초의 여황제로 즉위하였다(797년). 그러나 그녀의 재위는 5년을 채우지 못하였다.[29]

뒤를 이은 무정부 상태(802-820)는 또 다른 성상 철폐론의 시대를 불러일으켰다. 이레네를 실각시킨 니케포루스 1세(Nikephoros, 802-811 재위)는 이 문제에 관해서 뚜렷한 종교적 확신은 없었으나, 국가를 종교보다 우위에 놓기 위해 성상 철폐론을 지지하는 견해를 취하였다. 같은 이름의 대주교 니케포루스(806-815) 역시 별다른 문제를 일으키지 않고 황제의 입장을 수호하였으며, 일부 수도사들의 광신적인 반항을 진압하였다.[30]

814년 비잔틴 군대는 성상 파괴주의 지지를 선언하므로 새로운 양상이 전개되었다. 그러나 결국 강력하게 성상 숭배자들을 박해하던 테오필루스(Theophilos, 829-842 재위) 황제의 죽음은 논쟁의 종식을 가져왔다. 테오필루스의 미망인 테오도라(Theodora)는 박해를 중단하고 성상의 복구와 사용을 지지하였다.[31] 성상 철폐는 더 이상 종교적 문제가 아니었다. 일반 신자들의 경건성이 성상 사용을 요구하고 있었으므로 이는 정치적인 문제였다. 이에 따라 3세 된 아들을 섭정하던 테오도라는 스스로 성상 사용을 원했을 뿐 아니라, 국민들 대다수가 요구한 대로 성상 숭배를 용인함으로써 교회에는 평

29 *Oxford Dictionary of Byzantium*, "Irene."

30 Cannon, *History of Christianity in the Middle Ages*, 137.

31 Warren Treadgold, *A History of the Byzantine State and Society*, 446: 테오도라는 남편이 유언으로 성상파괴에 대하여 회개하였다고 주장하며, 아들의 정치적 지지 세력을 확보하였다.

화가 찾아왔고, 논쟁은 끝을 맺었다.[32]

테오도라는 843년 교회 회의를 소집하여 제2차 니케아 종교회의에서 성상들의 사용이 올바르고 정당하며, 예배를 위해 필요한 것이라 결정했다는 사실을 지적하며, 니케아 공의회의 법령들을 부활시키고 성상 숭배를 부활시킴으로써 성상 파괴 운동을 최종적으로 종결지었다. 이는 성상들이 "경배와 존경"을 받기에 족하지만 오직 하나님께 속한 완전한 의미의 경배"를 받아서는 안 된다고 하였다. 바로 이것이 로마 가톨릭과 동방 교회가 오늘날까지 계속해서 받아들이고 있는 견해이다. 양 교회 모두가 제2차 니케아 회의를 제7차 세계 회의로 공인하고 있다. 그러나 성상 파괴 논쟁으로 제국에 초래된 분열은 쉽게 아물지 않았고, 그 영향력 또한 오랫동안 지속되었다.

4) 제7차 니케아 세계 공의회에 대한 서방의 반응

서방교회는 항상 성상 파괴주의를 반대해왔고, 교황들은 지속해서 성상 옹호주의를 지지해 왔다. 서방의 입장은 니케아 공의회의 결정에 대한 동의와 단호한 거부 사이에서 갈등하였다. 황제의 대리인들은 니케아 공의회의 결정에 서명하기도 하였다. 반면 프랑크 왕국에서는 *Opus Caroli Regis contra synodum*,[33] 간략하게 『카롤링거 서』(*Libri Carolini*)에서 제7차 니케아 세계 공의회의 결정을 기념비적으로 거부하였고, 794년 프랑크푸르트에서 개최된 제국 공의회에서 "새로운 희랍인들의 공의회"의 결정을 폐기하였다. 또한 이 자리에 참석한 교황 대리인들도 서명하였다.[34] 샤를마뉴의 주관하에 개최된 프랑크푸르트 공의회는 성상을 과거의 사건을 기억하거나, 교육적 목적을 위해 사용하는 것에 찬성하며, 787년의 헬라인들의 공의회

32 Cannon, *History of Christianity in the Middle Ages*, 138.

33 787년의 니케아 2차 공의회를 반박하는 4권으로 된 문서로서 790년에 작성되었다. 성상 숭배에 관한 서방의 견해가 잘 표현되어 있다.

34 Ritter 외 편역, *Kirchen- und Theologiegeschichte in Quellen vol. II: Mittelalter*, 105.

를 비판하며, 성상이 신앙의 본질적인 문제에 해당하지 않는다고 선언하였다. 이러한 니케아 공의회 결의에 대한 비판의 배경에는 「니케아 공의회 법령」은 불행할 정도로 형편없이 번역되어 샤를마뉴에게 전달된 데에 있다. 이 번역에 따르면, 성상의 숭배는 거룩한 삼위일체 하나님을 섬기는 것과 같은 의미로 번역되었다.[35] 문서에는, "성인들의 상을 신격화하는 삼위일체와 (똑같이) 예배(*servitio*)하거나 경배(*adoratio*)하지 않는 자들을 파문한다"라고 되어 있다. 실상 헬라 교부들은 성인들에 대한 예배(*servitio*)를 무조건적으로 거부하였지만, 프랑크푸르트 공의회 참석자들은 이를 다르게 이해하였다.

「프랑크푸르트에서 열린 프랑크 왕국의 총공의회(794)의 결의들과 "*Libri Carolini*"에 있는 반응들」

… 몇 년 전(754)에 비투니아에서 옛사람들에 의해서 교회를 장식하고 발생한 일들을 기억하려는 목적으로 만들어진 성상들을 경솔하게 버려 폐기하고 모든 성상을 하나님께서 우상이라고 하신 것처럼 취급하고 모독하는 경솔하고도 오만불손한 공의회가 개최되었다.

그 외에도 약 3년 전(787)에 그 지역에서 이전 공의회를 개최하였던 자들의 후예들과 심지어 그 전 공의회에 참여했던(!) 많은 자에 의해서 또 다른 공의회가 열렸다. 이 공의회는 그 결정에서는 첫 번째 공의회와 차이가 있지만 그 오류에 있어서는 차이가 없다;

(Libr. Carol. II, 21) . 하나님 한 분만이 높임 받으시고 그분만 숭배되어야(*adorandus*) 하고 그분만 영광스럽게 되어야 한다…. 하지만 그들의 상에 대해서 그들 자신을 예배하고 숭배하는 것(*cultura et adoratione*)은 있을 수 없다; 그 상들은 교회에서 지난날 발생했던 것을 상기하기 위해서 장식으로 세우는 것이

---

35 Bell, *Many Mansions: An introduction to the Development and Diversity of Medieval Theology, West and East*, 55. 이 주장에 관해 현대의 연구들은 이의를 제기하기도 한다.참조) Richard Price, *The Acts of the Second Council of Nicaea* (787), 65 - 74; 김경수, "종교정치신학으로서 샤를마뉴의 저작(the *Libri Carolini*)," 「서양중세사연구」 18 (2006): 1-31.

나 하지 않는 것이나 공교회 신앙에 그 어떤 불리함을 가져오지 않는다. 왜냐하면 그것들은 가시적으로 우리 구원의 신비한 행위들을 이루는 데 적지 않은 것을 가져오기 때문이다.[36]

성상에 대한 서방 교회의 결정은 성상을 숭배하는 것이나 거절하는 것이나 신앙의 본질적인 문제가 아니라는 것이다. 교육적 유익이나 신앙적 사건의 상기를 위해 필요하다면 사용하고, 그렇지 않다면 제거할 수 있다는 이론적인 선언이다. 그러나 역사적 경과에 따라 고찰할 때, 실제로는 세워진 조각상이나 그림 등의 형상은 경건의 대상이 되었고, 미신적 숭배의 관행을 낳았다.

4. 동방 교회의 신학

고유한 의미에서 '동방 교회의 신학'은 5-6세기에 형성되기 시작하였다. 칼케돈 공의회(451)에서 콘스탄티노플의 멸망(1453)에 이르는 천 년 동안의 동방 교회의 신학은 그리스도론을 둘러싼 여러 가지 문제들에 지배되었다.[37] 그러나 메이엔도르프(Meyendorff)는 동방 신학이 인간에 대한 이해에서 출발하는 것으로 파악한다. 동방 신학에서 강조하는 인간은 하나님을 '알도록', 또 하나님의 삶에 '참여하도록' 부름을 받았다는 것이다.[38] 따라서 인간은 하나님과의 관계가 규정된 '닫힌 존재'로서가 아니라, 하나님과의 관계로 결정되는 '역동성을 지닌 존재'로 이해된다. 인간과 관계를 맺는 하나님은 예수 그리스도 안에서 자신을 계시하셨지만 동시에 인간을 초월해 계시기 때문이다. 따라서 동방 신학은 하나님의 초월성에 대한 강조와 하나님을

36 KThQ2, Nr. 16. b.

37 Meyendorff, *Byzantine theology: historical trends and doctrinal themes*, 63.

38 Meyendorff, *Byzantine theology: historical trends and doctrinal themes*, 12.

향한 인간의 역동성에 의해 특징지어진다. 첫 번째 특징은 부정신학을 통해 잘 드러나고, 두 번째 특징은 '테오시스'(*theosis*: 神化)의 개념으로 파악할 수 있다. 이 양자의 요소를 결합하고 있는 요소가 전례, 특히 예배에 대한 강조이다.

1) 하나님의 초월성

많은 동방 신학자들은, 신학이 개인의 경험과 동떨어진 실험이 될 수 없다고 주장한다. 그 이유는 어떤 용어로도 하나님에 대하여 올바르게 말할 수 없기 때문이다. 동방 교부 닛사의 그레고리오스(Gregory of Nyssa)는 창조되지 않은 것과 창조된 것 사이의 벌어진 틈은 영혼이 이를 건너갈 가능성을 완전히 배제할 정도로 깊은 것으로 이해한다. 따라서 하나님은 영혼이 결코 알 수 없는 분이시므로 하나님께서 그 가능성을 허락하여 주시지 않는 한 영혼은 하나님에 관한 어떠한 경험도 할 수 없다고 보았다.[39] 그에게 하나님에 대한 참된 지식은 "보이지 않는 것을 요체로 하는 통찰력이다. 왜냐하면 추구되는 것은 불가해성에 의해 모든 면에서 분리되어 모든 지식을 초월하기 때문이다."[40] 따라서 그러한 불가해성에 대한 통찰은 실제로 타인에게 전달해 줄 수 없기에 그것은 스스로 경험해 보아야 한다. 그레고리오스는 신적 본질에 대해 무지함에 대한 고백과 침묵으로 신지식을 존중하는 법을 알라고 조언한다.[41]

신성한 불가해성에 대한 이 신학의 주된 원천은 현대 학자들에게 위-디오니시우스(Pseudo-Dionysius)로 알려진 "아레오바고 관원 디오니시우스(Dionysius the Areopagite)의 저술에서 체계화되었다. 5세기 말경 시리아에서 활동하였던 위-디오니시우스는 "긍정신학"(*kataphasis*)보다 "부정신

39 Gregory of Nyssa, *Contra Eunomium*, III, 5, NCNF2, vol. 5.

40 Andrew Louth, *Origins of the Christian mystical tradition: from Plato to Denys*, 128.

41 Gregory of Nyssa, *Contra Eunomium*, III, 5, NCNF2, 5.

학"(*apophasis*)의 우위성을 외쳤다.[42] 왜냐하면 디오니시우스에게 우리는 하나님이 이런 분이 아니라는 것만 묘사할 수 있을 뿐이지, 하나님이 어떤 분이신가에 대해서는 묘사할 수 없기 때문이다.

> 은밀하고 거룩한 전승이 가르치듯이, 하나님은 존재하는 것들과 같지 않으며, 우리는 하나님의 불가해하고 표현할 수 없는 초월성과 불가시성을 전혀 알지 못하기 때문이다. 하나님의 영역에는 부정의 방법이 더 적절한 것으로 보이며, 또한 말로 표현할 수 없는 것들의 은밀함에는 긍정적인 주장들이 적합하지 않으므로, 눈에 보이지 않는 것들에게는 비슷하지 않은 형상들을 통한 표현을 적용하는 것이 더 정확하다.[43]
>
> 우리는 성경을 통하여 성부께서는 신성의 원천이시고 예수와 성령은 신성의 소산으로서 그 씨이고 꽃이며 존재를 초월하는 빛이심을 배울 뿐, 그것이 무엇인지 말할 수도, 이해할 수도 없기 때문이다.[44]

따라서 하나님이 누구신지는 "우리가 경건한 침묵을 갖고, 말로 다 할 수 없는 진리를 예배하고 모든 지각(Mind)과 존재(Being)를 초월한 그러한 하나님의 신비에 접근할" 때만 알려질 수 있다.[45] 디오니시우스에게 신학은 하나님이 어떤 분이신지를 서술하는 학문이 아니라, 어떻게 하나님을 찬양할 수 있는가에 관한 것이다. 따라서 이들의 신학은 의식적이고 체험적인 신학을 특징으로 한다. 즉, 동방 교회의 신학은 하나님에 대한 이성적 추구나 설명, 이해와 같은 것이 아니라 체험과 찬송, 기도와 침묵 속에서 하나님께 나아가려고 한다.

---

42 Pseudo-Dionysius, *The Mystical Theology*, 3; *The Celestial Hierarchy*, II. 3.

43 Pseudo-Dionysius, *The Celestial Hierarchy*, II. 3.

44 Pseudo-Dionysius, *The Divine Names*, II, 7.

45 Pseudo-Dionysius, *The Divine Names*, II, 3. 위-디오니시우스는 신비신학에서는 이를 이성과 감각적 인식과 다른 "비인식적인 길"이라고 말한다(*Mystical Theology*, I. 1).

디오니시우스의 영향은 고백자 막시무스(Maximus the Confessor, 580-662)에게도 나타난다. 그는 우리가 하나님에 대하여 어떠한 것도, 심지어 하나님이 존재한다는 것조차도 말할 수 없다고 주장하였다.

> 존재(Being)와 비존재(Non-Being)라는 두 가지 명칭은 그중 어떤 것도 사실 그에게 적합하지는 않지만 둘 다 하나님에게 적용되어야 한다…. 그는 절대 접근 불가하며 긍정과 부정을 초월하는 한 존재를 소유하고 있다.[46]

그러므로 하나님에 대한 최상의 웅변은 침묵이며, 하나님에 대한 가장 심오한 지식은 겸비한 무지 속에 있다. 하나님의 무한한 초월하심과 동시에 역설적으로 신의 성품에 참여하도록 부름을 받은 인간은 하나님께 영광을 돌릴 때 참된 존재가 되며, 예배 안에서 자신의 완전한 자아 성취를 발견하게 된다.

2) 전례에 대한 강조

전례는 동방 교회의 신학과 삶에서 매우 중요한 요소를 차지한다. 성례전을 통해서 인간은 무한하신 하나님의 교화적인 은혜의 참여자들이 된다. 세례는 한 사람이 교회의 지체가 되는 방편이며, 성찬은 한 사람이 이러한 회원 자격을 확인하며 그것을 경험하는 방편이다. 전례라는 경험은 정확하게 기독교 신앙의 체험이며, 따라서 하나님에 대한 지식 및 신적 생명 자체에 참여하기 위한 원천이요 가능성이다. 동방 교회에서 사용되는 테오시스(*theosis*)는 전례에서 가장 완전하게 표현되고 실현되는 것으로 인식되었다. 특히 동방 교회의 성찬 전례는 사멸할 육체를 수용하신 하나님의 낮아지심과 종말론적인 하나님 나라가 사람들 가운데 신비스럽게 현존하심을 드러

---

46 Maximus the Confessor, *Ambiguum* 10, 93,7-13, PG 91.1181A-B.

내는 것이 강조된다.[47] 따라서 "성만찬 전례"는 동방 교회의 신학과 신자의 삶을 이해하는 핵심적 열쇠가 된다.[48]

첫째, 동방 교회의 예배에는 미적 요소들과 상징적 요소들이 조화된 신실한 고요가 있다. 동방 교회의 신학적 전통에 따라 언어로써 진술되는 하나님에 대한 설명 대신, 예수 그리스도의 이미지, 즉 그의 생애, 소년기로부터 성인기까지 그리고 성육신에서부터 부활하심까지의 성화들이 교회 안에 비치되어 있다. 실상 예배자들은 자신들이 이러한 성화들과 함께 예배를 드리는 것이 아니라, 성화의 상징들인 삼위일체 하나님과 성인들의 만찬에 참여한다고 이해한다. 이를 위해 교회의 장식과 배열은 분명한 신학적 계획에 따라 이루어지며, 교회 건물 전체가 하나의 위대한 성화, 또한 하나님 나라의 이미지를 이룬다. 교회를 가득 채운 성화들은 천국과 지상이 만나는 지점 역할을 한다.

둘째, 동방 교회의 예배는 공동체적이고 능동적이다. 정교회의 예배는 성직자와 회중이 함께 수행하는 공동의 행위이며, 회중은 예배 의식에 능동적으로 참여한다. 회중은 십자성호를 긋거나 몸을 굽혀 절하거나, 사제가 교회와 여러 가지 세상의 필요한 일을 위하여 연도(聯禱)를 요청할 때, "퀴리에 엘레이손"(*kurie eleison*: 주여! 우리를 긍휼히 여기시옵소서)으로 화답함으로써 능동적으로 예배를 드린다.

이처럼 동방 교회에서 예배란 무한히 초월적인 하나님과 인간과의 만남의 장이다. 그러나 예배는 개인이 아닌 같은 믿음을 가진 신앙 공동체가 말과 행위로 하나님과 교제하는 것이다. 따라서 예배는 단합된 하나의 소리로서 공동체를 영적으로 끌어올려 창조주 하나님과 교제하게 한다. 이 만남을 통해 하나님께서는 인간을 죄와 죽음에서 구원하시며, 우리에게 영원한 생명을 허락하시고, 하나님 나라를 "지금 여기에" 현존하게 하신다.[49]

---

47 Meyendorff, *Byzantine theology: historical trends and doctrinal themes*, 19.

48 Meyendorff, *Byzantine theology: historical trends and doctrinal themes*, 19.

49 박찬희, 『동방정교회 이야기』, 141.

3) 테오시스(*theosis*: 신화[神化])의 신학[50]

서방에서 아우구스티누스의 신학은 펠라기우스 신학에 반대하여 아담으로 인해 인류에게 초래된 죄책으로서의 원죄를 강조함으로써, 세례를 주로 죄 사함으로 이해하였다. 그리하여 세례의 신학은 주로 부정적인 것이 되었다. 동방에서는 원죄에 대한 아우구스티누스의 개념을 받아들이지 않았고, 원죄의 결과를 죄책으로 보지 않고 죽어야 할 운명으로 보았다. 동방 신학에서. 죄책은 개인적인 자유의지의 행사, 즉 개인적인 죄를 통해서만 획득된다. 따라서 세례는 죄 사함이 아니라 죽을 운명에서 해방되어 교회의 삶에 통합되는 것으로 인식되었다. 세례 받은 사람은 *theosis*(테오시스 혹은 신화)를 이루라는 요청을 받는다.[51] 그의 목표는 신적 생명에 참여하는 것이라고 이해된다. 세례 안에서 받은 은사들은 신자들의 삶에서 실현되어야 한다.

신자의 테오시스의 과정은 성찬 안에서 성취된다. 따라서 그들이 예배를 '성찬예배'라고 부를 때, 예배의 자리에서 신적인 연합을 경험함을 의미한다. 그들에게 예배는 "천상과 지상 그리스도인의 잔치"라고 표현된다.[52] 성찬은 영화롭게 된 그리스도의 몸에 실제로 참여하는 것이다.

이처럼 동방 신학자들에게 있어서 '테오시스'(*theosis*)란, 단지 그리스도가 인간에게 단번에 행했던 어떤 것이 아니라, 각 사람의 삶을 구성시켜 줄 수 있는 하나의 과정이었다. 하나님은 사랑이시므로 우리가 더욱 사랑하게 될 때 더욱 하나님처럼 되고, 그렇게 될 때 우리는 먼저 그리스도가 실제로 이룬 인간의 신성화를 우리 자신의 내면에 실현하게 된다. 고백자 막시무

---

50 '신화'(*deificatio*)의 개념은 '인간의 신화(神化)'의 뜻으로 인간이 운명을 스스로 극복하고 신적인 존재가 됨을 뜻하기도 하지만, '하나님의 은혜로 거듭나고 다듬어진다는 의미에서 성화(聖化)'를 나타내기도 한다. 필자의 고찰에는 동방 신학에서는 두 의미가 혼동을 일으킬 만큼 혼합적으로 사용되고 있다.

51 Pseudo-Dionysius, *The Ecclesiastical Hierarchy*, I. 3: "신화는 가능한 한 하나님을 닮고, 하나님과 연합하는 것으로 이루어진다."

52 박찬희, 『동방정교회 이야기』, 137.

스는 테오시스를 '인간 전체'가 '하나님 전체'에 참여하는 것으로 설명한다. "영혼과 몸이 연합되어 있는 것처럼, 영혼뿐만 아니라 영혼을 매개로 몸도 하나님께 참여해야만 한다. 그것은 영혼이 불변의 특성을 얻고 몸이 불멸의 특성을 얻어 결국에는 인간이 되신 하나님의 은총으로 신화되고 그래서 영혼과 몸이 본성으로는 인간 전체가 되고, 은총으로는 하나님 전체가 되기 위해서다."[53] 동방 교회는 '신화' 안에서 인간은 창조 본래의 최고 목표에 도달한다고 이해하였다.[54]

5. 8-9세기 동방 교회 신학자

1) 다마스쿠스의 요한(John of Damacene, 676-745/750)

성상 철폐론의 시대는 동방 교회 최대의 신학자를 배출하였다. 다마스쿠스의 요한은 성상을 옹호함으로 로마 가톨릭으로부터 성인으로 인정받았을 뿐만 아니라, "그리스의 마지막 교부"로 불린다.[55] 그의 생애에 관해서는 거의 알려진 것이 없다. 아마도 676년경 다마스쿠스에서 출생한 것으로 보인다. 그는 제2차 니케아 종교회의(787년)가 소집되어 성상에 관한 그의 이론을 공인하기 훨씬 전에 사망하였다. 사망 연도는 745-750년으로 추정된다.

성상 숭배 논쟁 시 요한의 가족들은 모슬렘 영내인 다마스쿠스에 거주하였으며, 요한은 그의 부친이 사라센 정부에서 차지했던 관직을 계승하였다. 요한은 레오 이사우리안이 그의 서명을 위조한 허위 서신을 작성하여, 요한이 다마스쿠스시를 기독교군에게 넘겨주고자 한다는 누명을 씌우기 전까지는 세인들의 존경과 신뢰를 받고 있었다. 레오는 요한이 자기의 성상

---

53 Maximus the Confessor, *Ambigum*. PG 91.1088C.

54 Meyendorff, *Byzantine theology: historical trends and doctrinal themes*, 327.

55 J. B. O'Connor, "St. John Damascene," in: *Catholic encyclopedia*.

파괴론을 반대한 것에 대해 복수하기 위해 문제의 편지를 왕에게 전달하도록 하였다. 이에 따라 그는 사라센 정부에서 반역자로 재판에 회부되었다.

무죄로 석방된 이후 요한은 팔레스타인 성 사바스(St. Sabas)에 있던 라브라(Lavra) 수도원에 들어갔다. 그는 주석가이자, 신학자이며, 시인이자, 찬송가 작가였다. 그가 당대의 최고의 학자였다는 사실은 아무도 부정할 수 없으며, 아마도 헬라 교회에서 가장 영향력 있는 교사이기도 하였다. 그 후 동방 교회의 신학은 그의 작품들에 관한 주석과 해석에 지나지 않는다.

다마스쿠스의 요한은 이미 여러 공의회를 통해 발전된 신학적 견해들을 정리하고 요약하는 작업을 하였다. 특히 그의 주저인 『정통신앙에 관하여』(*De fide orthodox*)는 이런 점에서 최초의 신학대전으로 불리기도 하였다.[56] 이런 이유로 그는 오리게네스와 견줄 정도의 독창성과 빼어난 창의력을 소유하지는 못했지만, 이 사변적인 알렉산드리아의 천재와 같은 이단의 혐의를 받지도 않았다. 요한의 신학적 해석은 많은 경우 헬라 사상의 규범적 위치를 차지하게 된다. 요한 이후 동방 교회는 신학에서 그다지 뚜렷한 발전을 경험하지 못하였다는 것은 결코 과언이 아니다.

2) 스튜디오의 테오도레(Theodore of Studium, 759–826)

성상 숭배에 대한 열렬한 옹호자이자 이 시대 수도원의 정신과 성격을 가장 잘 대변하는 인물은 스튜디오의 테오도레이다. 그는 수도원이야말로 세례, 성만찬, 안수, 죽은 자를 위한 장례 등과 마찬가지로 기독교의 본질적인 신비에 속하는 것이라 가르쳤다. 수도원은 그 자체로 기도, 설교, 하나님의 말씀을 이해하는 것과 마찬가지로 성례적 성격을 지니고 있다는 것이다. 수도원주의는 일신의 정욕에 대한 완전한 포기와 자기 부정을 통한 사랑에 의해 실현되기 때문이다. 그는 카파도키아 교부인 바실리우스 이후 느슨해

---

56 O'Connor, "St. John Damascene."

진 수도원의 규칙을 정비하는 데 기여하였고 다양한 작품들을 남겼다.[57] 그의 수도원에 대한 이해는 동방 교회의 전형적인 특징이다.

II. 동·서방 교회의 분리

비잔틴 제국과 프랑크 제국의 정치적 대립, 사상과 문화에서의 괴리, 그리고 신학적 갈등, 민족과 언어 그리고 다양한 의식의 차이 등은 동·서방 교회의 분리 과정에 크게 작용하였다. 중세가 시작할 때까지 동방 교회는 기독교 신앙의 기본적인 신조들을 세심하게 성찰하며, 정교하게 규정하고 표현하려 했던 한편, 서방 교회는 전통적으로 공인된 신조들이 만족스럽지 못한 경우에도 이를 완강하게 고수하려 하였다.[58]

1. 동·서방 교회의 역사적 발달/문화적·신학적 차이

약 300년대 초에 제국은 디오클레티안의 결정으로 정치적으로 양분되기 시작하였다. 400년까지 서방의 어떤 신학자들은 헬라어를 해독하는 것도 힘들어 했는데, 아우구스티누스도 그중의 한 사람이었다. 동방의 신학자들은 라틴 신학에 별 관심을 기울이지 않았다. 칼케돈 공의회(451) 이후 그 괴리감은 더해졌으며, 결국 신학자들과 그들이 관심을 기울였던 논쟁점들의 차이는 기독교 일치를 방해하였고, 동방과 서방의 갈등은 때로 치열해지기도 하였다. 그러나 이러한 긴장에도 불구하고, 적어도 11세기까지는 두 진영 모두 문제를 해결하고자 시도하기도 하였다.[59] 동·서 교회가 본격적

57 K. Löffler, "St. Theodore of Studium," in: *Catholic encyclopedia*.

58 Tierney/Painter, *Western Europe in the Middle Ages, 300-1475*, 55.

59 Meyendorff, *Byzantine theology: historical trends and doctrinal themes*, 201.

〈로마 교황 프란체스코 1세와 모스크바 총대주교(2019년 쿠바에서 만남)〉

으로 분리된 것은 1054년 교황과 콘스탄티노플의 총대주교가 서로를 파문했을 때였다. 하지만 이는 공식적인 단절이었을 뿐이고 이미 수 세기 동안 단절은 지속되었다.

초대 교회와 중세 교회 초반에 동방 교회는 지적, 인문적 수준에서 서방 교회에 앞서 있었다. 서유럽의 고대, 로마 문명과 문화는 이민족의 침입으로 일시적으로 중단된 바 있다. 살아남은 학문의 경우도, 단절되고 고립된 기관들에 의해 보존되고 있었다. 즉, 학자들의 활동 역시 창조적이라기보다는 전통의 고수와 복원에 맞춰져 있었다. 그러나 동방에서는 과거와의 연결이 단절되지 않은 채 계속될 수 있었다. 이 기간에 나타난 성과들은 이전의 계속된 일부분이었으며, 발전이었다. 중세 이후로 라틴 교회와 동방 교회는 그 궤를 분명히 달리하기 시작한다. 그리스 교회가 정체되었지만, 라틴 교회는 지속해서 발전하였다. 동방 교회는 완벽한 신조를 보유하고 있다는 자부심에서 한 걸음도 더 나아가지 못하였다. 이 시기에 막시무스, 다마스쿠스의 요한, 포티우스, 외쿠메니우스, 테오필락투스와 같은 비중 있는 학자들과 성직자들을 배출하였다. 그러나 이들은 대부분 그리스 교부의 전통적 신학을 요약하고 체계화하는 데 주력했지만, 마치 모든 지혜가 옛 에큐메니칼 공의회들로 시작하여 그것들로 마치는 것처럼 새로운 사상을 내놓지는 못하였다.[60]

60 Schaff, *History of Christian Church*, 4, 289.

필립 샤프에 따르면, 동방 교회와 서방교회는 다음과 같은 점에서 일치점과 차이점을 가진다.[61]

〈일치점〉

a. 1-7차의 세계 공의회의 결정들을 인정함.

b. 교회 전승의 권위를 성경과 동일한 신앙의 준칙으로 인정함.

c. 성모와 성인들과 그들을 묘사한 그림들 그리고 성유물을 숭배함.

d. 믿음과 선행이 공동의 조건이 되어 의롭다 함을 받음.

e. 선행, 특히 자발적인 독신과 청빈의 공로, 칠성례 ⋯.

〈차이점〉

a. 성령의 발출

b. 교황의 보편적 권위와 무류성

c. 성모의 무흠 수태설

d. 하위 성직자의 결혼 ⋯

이러한 개별적인 교리적, 관행적 차이와 달리 동방 교회와 서방 교회의 동기들(motives)에 대한 차이를 가이슬러(N. L. Geisler)와 맥켄지(R. E. Mackenzie)는 다음과 같이 표로 정리한다.[62]

서방 교회	동방 교회
지상적	천상적
현재 강조	미래 강조
이성적	신비적
본질적	실존적

61 Schaff, *History of Christian Church*, 4, 285 ff.

62 Norman L. Geisler & Ralph E. Mackenzie, *Roman Catholics & Evangelicals Agreements & Differences*, 636.

동방 교회와 서방 교회의 신학과 그 경향성 차이에는 다양한 문화적, 역사적, 언어적, 그리고 민족적 토대들이 자리하고 있다. 중세에 이르러 점증적으로 확대되고 강화된 다양한 차이들은 신학적 불일치의 해소가 불가능하다는 인식에까지 이르게 되었다.

2. 동·서방 교회의 갈등과 분열

교회의 역사에서 동·서방 교회의 갈등만큼 지속적이고 역사가 오래된 대치는 찾아보기 어렵다. 이는 초대 교회부터 전개된 로마와 콘스탄티노플의 갈등과 대립 그리고 분열의 결과이기도 하다. 서방 교회가 10세기의 '암흑시대'(*saeculum obscurum*)에 고통받고 있을 무렵 동방 교회는 교리적 분쟁이 약화하고, 오히려 동방 기독교의 경건과 헌신을 대변하는 수도원 운동이 절정에 달해 있었다. 기독교 황제들 역시 전통적 신앙의 수호에 힘을 기울이므로 "정통신앙"(orthodoxy)만이 기독교의 유일한 합법적 표현으로 간주하였다.[63] 동·서방 교회의 분열에서 가장 중요한 인물을 든다면, 포티우스(Photius, 약 820-893)와 미카엘 셀룰라리우스(Michael Cerularius, 약 1000-1059)라는 두 명의 콘스탄티노플 총대주교이다. "포티우스는 그 가능성을 발견하고 씨앗을 뿌리고 물을 주었던 인물이며, 미카엘 셀룰라리우스는 그것을 수확하였다."[64]

63 Cannon, *History of Christianity in the Middle Ages*, 182.

64 Cannon, *History of Christianity in the Middle Ages*, 199. 마거릿 딘슬리는 포티우스로 인해서는 '일시적 분열'(867-880)이, 셀룰라리우스로 인해서는 '영속적인 분열'이 일어났다고 지적한다. Margaret Deanesly, *A History of the medieval church 590-1500*, 97.

〈로마 교황 니콜라우스 1세와 콘스탄티노플 총대주교 포티우스〉

1) 교황 니콜라우스 1세와 총대주교 포티우스의 충돌

9세기에 콘스탄티노플 총대주교 포티우스(Photius, 약 810/820 – 893)[65]는 로마의 교황인 니콜라우스(Nicholaus, 약 800-867)와 서로 충돌한다. 니콜라우스가 유능한 교황이었던 것과 마찬가지로 포티우스도 유능한 총대주교였다. 포티우스는 매우 강력하고 영향력 있는 지도자로서, 동로마의 "9세기 르네상스를 주도하는 빛"으로 평가받았다.[66] 이러한 포티우스가 자기보다 더 높은 권위를 인정하지 않으려 하였다면,[67] 니콜라우스는 자기와 동등한 권위조차 인정하려 하지 않았다.[68] 포티우스는 칼케돈 공의회를, 니콜라우스는 위 이시도루스 교령집을 각각 권위의 토대로 삼았다.[69] 그러나 이 두 사람을 통해 표출된 분열은 단순한 개인적 성격을 넘어선다. 동·서방의 상반된 가치관의 대립이기도 하다. 즉, 로마에 대한 복종을 주장하는 서방 교회와, 교

---

65 포티우스는 콘스탄티노플 총대주교의 자리를 두 차례(858-867, 887-886) 재위하였다. 서방에서 '포티우스 분열'은 분열의 책임을 그에게 귀속시키는 것처럼 말하고 있으나, 9세기 동 · 서방 교회의 갈등을 종합적으로 일컫는 표현이다.

66 Andrew Louth, *Greek East and Latin West: The Church, AD 681-1071*, 159.

67 *총대주교 포티우스가 말하는 로마의 수위권*, in: KThQ2, Nr. 25. c.

68 *황제 미카엘 3세에게 교황 니콜라우스 1세가 보낸 편지* (865), in: KThQ2, Nr. 25. a; *불가리아인들에게 보낸 교황의 답신* (866), in: KThQ2, Nr. 25. c.

69 Schaff, *History of Christian Church*, 5, 390.

회가 단지 국가의 일부였고 국민의 정치적·사회적 갈망이 예배를 통해 표현되었던 동방 제국주의의 대립이었다.[70]

따라서 '포티우스 분열'은 교리적이라기보다는 정치적·사회적 양상에 좌우된 것이었다. 콘스탄티노플 교회의 혼란에 기인한 상황에서 니콜라우스 1세는 863년 8월 라테란 회의를 통해 포티우스를 파문시켰다. 이는 동로마 황제 미카엘 3세가 총대주교인 이그나티우스를 임의로 실각시키고, 평신도인 포티우스를 총대주교로 임명하였기 때문이다. 교황은 그리스도의 대리인으로서 모든 교회에 대한 충만한 권리를 가지며, 총대주교를 파면하고 임명할 힘을 지녔다고 생각하였다. 교황의 이러한 행동은 황제와 동방의 총대주교를 격분시켰고, 결국 "로마의 교황은 '동등함 가운데 첫째'(*primus inter pares*)이지만 다른 총대주교의 일에 간섭할 권리를 가지지 않았다."라는 반격을 받았다.[71] 또한 포티우스는 자신이 소집한 한 회의(867년)를 통해 '성령의 이중 발출'에 관한 가르침은 이단적이라며 니콜라우스 교황과 서방 교회 전체에 파문을 선포하였다. 이 주제에 관하여는 포티우스의 두 번째 재위 기간에 완성한 신학적 걸작인 『성령의 신비에 관한 논문』(*Treatise on the Mystagogia of the Holy Spirit*)에서 잘 나타난다. 이 가운데에는 성령의 발출(*processio*)에 관한 동방 교회의 최종적 입장이 정밀하게 기술되어 있다:

> 성령께서 성부 하나님과 성자 하나님으로부터 동시에 발출되었다고 하는 것은 불합리한 것이다. 왜냐하면 모든 신적 생명은 성부 하나님으로부터 흘러나오기 때문이다. 다른 두 위격은 이들이 표현하는 생명을 받아들인 존재들이지, 이를 부여한 존재들은 아니라는 것이다. 따라서 성령은 성자 하나님으로부터 비롯될 수 없다.[72]

---

70 Cannon, *History of Christianity in the Middle Ages*, 162.

71 Bell, *Many Mansions: An introduction to the Development and Diversity of Medieval Theology, West and East*, 59.

72 Photius, *On the Mystagogy of the Holy Spirit*, 6, PG 102,270.

상호 파문하며 갈등이 증폭되던 교황과 총대주교의 대립은 갑작스럽게 종료된다. 867년 마케도니아 왕조의 창시자인 바실리우스 1세(Basil I)는 황제 미카엘 3세를 살해하고, 황제에 오르자, 포티우스를 파면하는 한편, 폐위되었던 이그나티우스를 총대주교의 자리에 복귀시켰다. 그러나 유능한 포티우스는 877년 이그나티우스의 사후에 다시 콘스탄티노플 총대주교의 자리로 복귀하였으며, 로마 교황 요한 8세는 이를 인정하였다. 이렇게 동·서방 교회의 분열의 서곡인 '포티우스 분열'은 폭풍처럼 갑자기 발생하였다가 마무리되었다.

2) 1054년 동·서방 교회의 분열

포티우스 분열에도 불구하고, 1054년 이전에는 동·서방을 막론하고 모두가 보편 교회의 구성원이자 한 신앙과 한 세례를 지니고 있다고 믿었다.[73] 하지만 1054년을 기점으로 상황은 급변하였다. 두 진영은 서로의 상이점들을 인정하였으며, 이러한 차이는 분열을 정당화할 만큼 중요하게 여겨졌다. 그러나 분열의 촉발은 예전적 관습에 대한 사소한 문제 때문이었다. 즉, 성만찬 시, 발효시킨 빵을 사용해야 하는지, 아니면 발효시키지 않은 빵을 사용해야 하는지에 관한 논쟁이었다. 당시 동방 교회는 누룩을 넣은 빵을, 서방 교회는 누룩을 넣지 않은 빵을 사용하였다. 11세기 노르만이 차지한 이탈리아 남부의 지역에서 동방 기독교인들에게 서방 교회의 예전적 관습을 따르기를 요구하면서 갈등은 폭발하였다.[74] 이에 셀룰라리우스 총대주교는 콘스탄티노플에 있는 모든 서방 교회의 문을 닫도록 명령하였다.

1054년 레오 9세(Leo IX)는 동·서방 교회의 화해와 통일을 모색하기 위해, 사절들을 파견하였다. 그러나 사절단을 이끈 훔베르투스(Humbertus de

---

73 Cannon, *History of Christianity in the Middle Ages*, 165.

74 Bell, *Many Mansions: An introduction to the Development and Diversity of Medieval Theology, West and East*, 62.

Silva Candida)는 외교 수완이 없는 데다 그가 전달한 교황의 편지마저도 비타협적인 어조 일색이었으며, 그는 '사절단의 책임자로서 가장 최악의 사람'[75]이었다. 우여곡절 끝에 훔베르투스는 콘스탄티노플을 떠나기 전인 1054년 7월 16일 성 소피아 교회(the Church of Holy Wisdom)를 방문하여 콘스탄티노플의 주교인 셀룰라리우스를 비판하며, 그의 파문장을 제단 위에 올려놓았다.

> … 실수로 총대주교(라 불리는 미카엘)…. 언급한 오류의 주장들에서 그들을 따르는 모든 자는 주님께서 강림하실 때에, 저주받을지어다. 온전한 통찰로 돌아오지 않는다면, 시모니들과 … 니골라당과, 성령훼방론자들과 … 또 모든 이단과 마귀와 그 사자들과 함께 저주받을지어다. 아멘, 아멘, 아멘.[76]

4일 후 같은 장소에서 셀룰라리우스는 교황과 그의 추종자들을 파문시켰다:

> … (서쪽[땅] 출신) 사람들은 어둠 속에서 나왔다…. 번개같이…. 그들은 쳐들어왔고 올바른 가르침을 상이한 교리들로 더럽히려고 하였다…. 다시금 바로 그 불경한 문서를 파문에 처하며, 그 외에도 그것을 제시하고 작성하고 그 어떤 형태로든 여기에 동의나 조언을 행한 자들도 파문에 처하노라….[77]

훔베르투스는 동방의 총대주교만 파문하였지, 동방 교회를 파문한 것은 아니었다. 즉, 이 파문은 개인에 대한 것이었다. 그러나 이 파문은 전 세계 주교들에 대해 수위권을 지키려는 교황청의 의지와 결코 이인자가 되

---

75 Bell, *Many Mansions: An introduction to the Development and Diversity of Medieval Theology, West and East*, 64.

76 *미카엘 셀룰라리우스와 그의 사람들에 대한 로마의 파문장*, in: KThQ2, Nr. 31. a.

77 *콘스탄티노플 총 공의회의 공의회 칙령* (1054.7.24.), in: KThQ2, Nr. 31, b.

지 않겠다는 콘스탄티노플 총대주교의 의지가 서로 충돌한 결과였다. 그 결과 동·서방 보편 교회는 두 개의 서로 다른 종교처럼 되었다. 비록 이들이 동일한 교회의 전통을 물려받았으나, 이제는 상대를 적이나 이교처럼 취급하기 시작하였다.[78] 두 교회는 1054년에 극단적으로 결별한 이후 20세기에 이르러서야 비로소 화해의 모습을 보이기 시작한다. 약 1세기 전만 하여도 그 갈등의 골은 묘사하기 어려울 정도였다.

3. 1054년 이후의 동·서방 교회

1054년 서로를 파문하며 단절한 양 교회는 서로의 차이를 부각하고, 자신들이 제대로 된 신앙을 소유하며, 참 교회임을 강조하고, 상대를 정죄해 왔다. 동일한 교리 체계, 동일한 교회법, 동일한 예배 형식을 초대 교회로부터 물려받았으면서도, 상대방을 향해서는 자신들의 우위성을 내세웠다:

> 오늘날 세상에서 동방 혹은 그리스 교회와 서방 혹은 로마 교회처럼 서로 그렇게 비슷하면서도 서로 반감이 있는 집단은 찾아보기 어렵다. 양 교회는 동일한 교리 체계, 동일한 교회법, 동일한 예배 형식을 교부 시대로부터 물려받은 유산으로 주장하면서도, 서로에게 품고 있는 반감은 돌이킬 수 없을 정도로 강력하다. 동질성 자체가 질투와 분열을 조장한다.
>
> 양 교회는 똑같이 배타적이다. 동방 교회는 독점적 정통신앙(orthodoxy)을 주장하면서 서방 기독교 세계를 이단으로 간주하는 반면에, 로마 교회는 독점적 보편성(catholicity)을 주장하면서 나머지 모든 교회들을 이단 또는 분파로 간주한다. 전자가 신조를 자랑한다면, 후자는 관할권을 자랑한다….
>
> 두 교회가 가장 가깝게 만나는 지점, 즉 우리 구주께서 태어나시고 죽으신 베

78 Cannon, *History of Christianity in the Middle Ages*, 165.

> 들레헴과 예루살렘에서 양 교회는 가장 치열하게 반목하고 있으며, 양 진영에 속한 무지하고 편협한 수사들 사이에 유혈 충돌이 일어나지 않도록 이슬람 병사들이 지켜야 할 형편이다.[79]

동·서방 보편 교회는 두 개의 서로 다른 종교처럼 되었다. 비록 이들이 동일한 교회의 전통을 물려받았으나, 이제는 상대를 적이나 이교처럼 취급하기 시작하였다.[80] 곧이어 벌어진 십자군 전쟁은 그 간극을 더 벌려놓았다. 특히 4차 십자군은 동·서방 교회의 불화와 분리를 뚜렷하게 확인하는 사건이었다.

이후 간헐적으로 동방과 서방 교회는 서로의 불화를 치유하기 위한 대화를 시도하였다. 1274년 리옹(Lyon) 공의회와 1438-39년 피렌체(Florence) 공의회가 대표적이다. 그러나 현대에 이르기까지 두 교회는 상호 간에 무관심한 태도를 견지해 왔으며, 각자는 자신들의 문제에 골몰하였다.[81] 그런데도 재결합은 이루어지지 않았다. 그 이유를 교회사가인 캐논은 다음과 같이 제시한다:

> 동·서방 그 어느 쪽도 재결합 자체를 위한 재결합을 추구하지는 않았다. 재결합은 결국 목적을 달성하기 위한 수단에 불과하였으니, 서방에서는 동방의 성지들을 기독교인의 수중에 다시 수복하여 로마 교구를 세계 교회 전체를 장악한 최고의 통치기구로 올려놓고자 하였으며, 동방은 동방대로 재결합을 통하여 제국의 안보와 번영, 그리고 그 옛날 영토의 수복을 노리고 있었다.[82]

---

79 Schaff, *History of Christian Church*, 4, 289.

80 Cannon, *History of Christianity in the Middle Ages*, 165.

81 Bell, *Many Mansions: An introduction to the Development and Diversity of Medieval Theology, West and East*, 66.

82 Cannon, *History of Christianity in the Middle Ages*, 249.

결국 이러한 항구적인 분열의 배후에는 로마와 콘스탄티노플의 서로 다른 동기와 목적에 원인이 있었다고 할 수 있다. 1965년 교황 바울 6세와 콘스탄티노플 총대주교 아테나고라스 1세(Athenagoras I)가 1054년에 이루어진 파문을 형식적으로 폐기하며 화해를 모색하였다. 교황 바울 6세와 총대주교 아테나고라스 1세는 승인한 가톨릭-정교회 공동 선언문을 낭독하였다.[83] 이를 요약하면, ① "모욕적인 단어들, 근거 없는 비방과 저주스러운 몸짓에 대해서" 유감스러워한다. "양측에서 이루어진 이러한 것들은 그 시대의 슬픈 사건들을 상징하며 동반하였던 것들이다." ② "당시 이에 뒤이은 파문의 선언"을 마음 아파하며, "기억과 교회에서" 제거한다. "그 기억은…. 우리 시대까지 사랑을 가지고 접근하는 것을 저해한다." 따라서 "망각 속으로" 사라져야 한다. ③ 마지막으로 "이전과 이후에 이루어지는 악한 돌발 사건들을" 슬퍼한다. 곧 "다양한 요인들—여기에는 서로 간의 이해 부족과 불신들이 있다—의 영향을 받아서 결국은 교회 간의 교제를 깨뜨렸던 것들"을 말한다.[84]

〈1965년 동·서방 교회의 지도자인 교황 바울 6세와 콘스탄티노플 총대주교 아테나고라스의 만남을 기념한 우표〉

이처럼 현대에서 로마 가톨릭교회와 동방 교회는 서로 간의 역사적 반목들을 제거하려고 하며, 화해와 평화를 모색한다. 동방 신학은 현대에 있어 서방 신학자들의 연구에 많은 통찰력을 제공한다. 몰트만(Juergen Moltmann) 등이 동방의 삼위일체에 크게 영향을 받았으며, 지지울라스(Zizioulas) 등은 학자들이 신론을 연구함에 있어 다루지 않을 수 없다. 또한

83 참조: *Joint Catholic-Orthodox Declaration of his Holiness Pope Paul VI and the Ecumenical Patriarch Athenagoras I.* (1965.12.7.).

84 Ritter 외 편역, *Kirchen- und Theologiegeschichte in Quellen vol. II: Mittelalter*, 190-191. no. 3.

필립 쉐러드(P. Sherrard)는 현대에 이르러 동방 정교회 영성의 재발견은 서구에 중요한 영적 도전임을 제시한다.

> 현대 서구 세계의 지적인 삶에서 가장 중요한 사건 중 하나는 헤시카즘(Hesychasm)이라고 불리는 정교회의 관상적 전통의 발견이다. 이 발견은 두 가지 주요 단계를 거쳐 이루어졌다. 이는 지난 세기에 그리스 교부들 또는 교부적 전통에 속한 저술을 재발견한 것에서부터 시작되었다.[85]

III. 9–10세기 동방 교회의 확장

9세기부터 11세기는 프랑크 제국 내부의 혼란에도 불구하고, 기독교가 제국의 변방 지역의 이민족들에게 전파되었고, 이들이 기독교 세계에 동화되어 갔다. 이러한 지역에는 스칸디나비아 반도를 비롯하여, 폴란드, 보헤미아, 헝가리 그리고 러시아와 발칸반도의 슬라브족의 주거지들이 포함되었다.[86] 이는 반(反) 유목적 생활을 하던 이들이 문화적이고 정치적으로 정비되고 조직화되는 과정과 나란히 전개되었다.[87] 그중에서도 동방 기독교가 복음을 요청한 모라비아와 불가리아 지역을 선교함으로써 새로운 지역으로 진출하여 확장한 것은 주목할 만하다. 10세기, 뒤이은 러시아의 개종은 동로마가 이슬람에 잃어버린 세력권을 다시 회복하는 것처럼 보였다.

원래 동유럽 지역의 슬라브족에 최초로 기독교를 전파하려고 시도한 사람은 샤를마뉴였다. 그러나 샤를마뉴의 선교는 곧 정치적 침략의 전조처럼 여겨졌고, 따라서, 슬라브족들에게 기독교를 받아들이는 것은 정치적, 민족

---

85 Philip Sherrard, "헤시카스트 영성의 부흥", in: *Christian Spirituality (III)*, 563.

86 Tierney/Painter, *Western Europe in the Middle Ages, 300-1475*, 212.

87 Walker, *A History of the Christian Church*, 297.

적 굴복과 복종을 의미하였다.[88] 따라서 9세기 중반까지 동유럽의 슬라브족들은 기독교에 대한 적대감으로 선교사들의 노력을 좌절시켰다.

1. 모라비아 선교

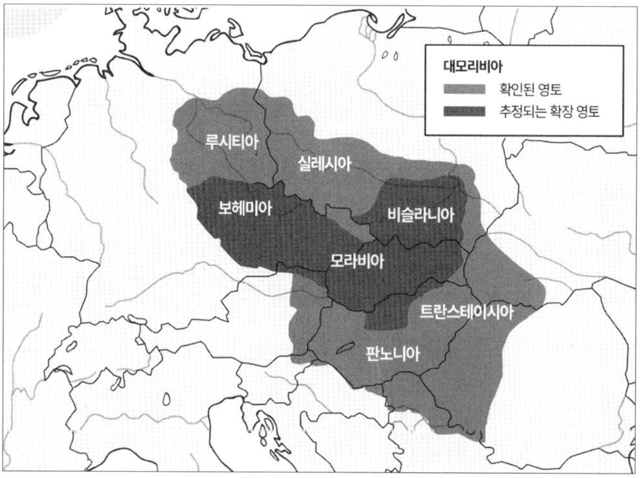

〈대 모라비아(출처: 나무위키)〉

모라비아인들은 9세기 바바리아와 드리나강(Drina River) 그리고 남부 폴란드의 다뉴브(Danube) 및 타야(Thaya) 사이 지역에 거주하고 있었다. 이는 오늘날 체코에 해당한다. 이곳에 거주하던 주민들은 슬라브인들로서 당시까지 샤를마뉴나 라틴어로 수출된 기독교에 승복하지 않고 있었다. 846년 경건왕 루이는 모라비아를 침략하여 라티슬라프(Ratislav, 846-870 재위)를 복속시키기도 하였다. 이러한 프랑크의 진출에 대한 반감과 더불어 독일에서 파견된 선교사들의 피상적인 선교에 만족하지 못했기 때문에, 863년 라티슬라프 왕은 동방 황제 방탕자 미카엘 3세(Michael the Drunkard, 842-867)에게

88 Schaff, *History of Christian Church*, 4, 126.

자신의 백성들을 가르치기 위한 선교사들의 파송을 요청하였다.[89]

황제와 총대주교 포티우스는 상의를 통해서 슬라브어를 아는 데살로니가 출신의 메토디우스(Methodius, 약 825-885)와 콘스탄틴(Constantine, 827-869) 형제를 콘스탄티노플로 소환하여, 임무를 부여하고, 교회와 제국의 축복 아래 선교사들로서 파송하였다.[90] 장차 "슬라브족의 사도"(Apostles to the Slavs)인 두 형제는 현지 주민들의 언어로 가르치고 설교하였다. 또한 원주민의 자녀들을 성직자로 교육할 학교도 설립하였다. 예배 역시 상용어인 슬라브어로 행해졌다. 이에 따라 성경을 번역하고 예배 예식서를 작성하기 위해 슬라브어 알파벳을 발명하게 되었다. 이 알파벳은 그리스어를 토대로 동유럽적인 여러 요소를 가미하였다. 이 문자를 기초로 하여 세르비아인, 불가리아인, 러시아인들이 사용하는 문자가 생성되었다.

모라비아에서의 선교 이후로 동방 교회의 공식 선교 정책이 수립되었으니, 곧 인종 및 국가의 경계를 따라 고유한 특성을 보존하는 개별 독립적 교회를 조직하되, 교리와 정신에 있어서는 단일성을 유지한다는 것이다. 이는 동일한 언어 및 전통을 고집하였던 로마 교회의 정책과는 대조되는 것이었다.

그런데 이미 샤를마뉴가 공식적으로 잘츠부르크(Salzburg) 교구에서 파송한 선교사들을 통해 이 지역에는 로마 교회의 영향력이 미치고 있었으므로, 이 지역에는 양 교회의 정책들과 이해관계가 충돌하게 되었다. 슬라브 민족 교회가 급속히 발전하였고, 라틴어를 사용하는 독일의 선교사들은 그 지역을 떠나기도 하였다. 특히 성경과 전례서를 해당 지역 언어로 번역하는 작업은 라틴어를 제외한 예배 용어에 익숙하지 않았던 서방 선교사들에게 강력하고 지속적인 반대를 받았다.[91] 그 결과 메토디우스 형제는 로마 교회에 자기들의 활동을 공인해 달라고 요청하였다.

이들은 868년 로마에 도착하여 교황 아드리안 2세(Adrian II, 867-872)에

89 Niel, *A History of Christian Mission*, 99.

90 Walker, *A History of the Christian Church*, 298.

91 Walker, *A History of the Christian Church*, 299.

의해 주교로 임명받았으며, 계속 슬라브어로 선교 활동을 수행해도 괜찮다는 허락을 받게 되었다. 키릴로스로 개명한 콘스탄틴은 869년 2월 로마에서 사망하였으나, 메토디우스는 다시 모라비아로 돌아가 판노니아(Pannonia) 지방 시르미움(Sirmium)[92]의 대주교가 되어 계속 교회의 조직과 선교 업무를 수행하였다.[93] 그러나 계속해서 라틴어와 슬라브어 사용에 관한 분쟁이 일어나자, 10년 후 다시 교황 요한 8세(John VIII, 872-882)에 의해 로마로 소환되었다. 요한 8세는 원래의 공인을 완화해 먼저 라틴어를 사용한 뒤에, 슬라브어로 통역할 것을 명령하였다.

〈메토디우스 형제〉

메토디우스는 말년에 교회 내부의 분쟁으로 인해 쓰라림을 경험하게 된다. 그는 885년 4월 6일에 사망하였는데, 그 후 그의 제자들은 이곳으로부터 축출되었으며, 교회에서는 슬라브어 대신에 라틴어만이 사용되었다.[94] 따라서 그의 선교 활동 전체가 로마 교회 조직 내에 흡수되었다. 그러나 후대에 이들 형제의 활동은 동방 교회와 서방 교회 모두에게 인정받았다. 폴란드 출신의 교황 요한 바오로 2세(John Paul II)는 1980년 그들을 "유럽 공동의 수호성인"(co-patron saints of Europe)으로 선포하기도 하였다.[95]

92 현재 세르비아의 스렘스카 미트로비치(Sremska Mitrovica)로 명명되는 도시임.

93 Niel, *A History of Christian Mission*, 101.

94 모라비아의 선교 사역이 지속되지 못한 배경에는 곧 이 지역을 침입한 헝가리족의 영향도 적지 않다. 헝가리가 기독교로 개종한 이후에 비로소 모라비아 지역의 복음화는 본격적으로 가능하였다.

95 *교황 요한 바오로 2세의 편지*, *Egregiae virtutis* (1980.12.31), https://www.vatican.va/content/john-paul-ii/it/apost_letters/1980/documents/hf_jp-ii_apl_31121980_egregiae-virtutis.html.

2. 불가리아 선교

동방 교회 세력 확장의 두 번째 모습은 불가리아 선교 활동에서 찾아볼 수 있다. 모라비아의 라티슬라브가 동로마 황제에게 선교사들의 파송을 요청한 것과 거의 같은 시기에 불가리아의 보리스(Boris) 왕도 같은 부탁을 하였다. 라티슬라브와 마찬가지로 보리스는 그 이전의 사건을 통해 기독교 복음을 받아들일 준비가 되어 있었다. 813년 불가리아인들은 제국 영내에 침입하여 아드리아노플(Adrianople)로부터 주교를 포함한 일단의 기독교인들을 노예로 납치하였다. 이들 포로는 그 후 거의 다 순교하였으나, 그 이전에 많은 불가리아인을 기독교로 개종시킬 수 있었다.

그로부터 약 50년 후 콘스탄티노플 출신의 수도사로서 또 다른 포로였던 콘스탄틴 시파라스가 그를 잡아 온 자들에게 그리스도의 복음을 전하기 시작하였다. 그가 자유의 몸이 되어 돌아간 것과 거의 같은 시기에 인질로 콘스탄티노플에 잡혀 있던 보리스 왕의 여동생이 귀국하였는데, 그녀는 콘스탄티노플에서 기독교인이 되어 세례를 받고 뜨거운 신앙심을 가지고 있었다. 당시 그녀는 비참한 기근 가운데 있던 백성들에게 기독교 하나님의 도움을 요청하도록 탄원하였다. 이러한 여동생의 노력으로 보리스는 최소한 864년 혹은 865년에 기독교 세례를 받게 된다.[96]

그러나 앞서 동방 교회에서 들어온 선교사들의 사역은 백성들의 지지를 받지 못하고 불화를 낳았으며, 보리스의 세례 또한 정치적 불안을 일으킬 수 있는 하나의 요소가 되었다. 더 나아가 외세의 권위에 복종하기를 싫어했던 보리스는 가까운 콘스탄티노플이 아니라, 로마 교황 니콜라우스 1세에게 직접 편지하여 로마의 선교사들을 요청하며, 다양한 신앙적 질문을 교황에게 문의하였다.[97] 하지만 외세의 권위에서 "독립된 민족 교회를 세우고

96 Gerald H. Anderson. *Biographical Dictionary of Christian Missions*. 80.

97 *불가리아인들에 대한 교황 니콜라우스 1세의 편지* (866), in: KThQ2, Nr. 25. b.

〈불가리아 왕 보리스 시대의 영토(출처: 위키백과)〉

싫어 했던 불가리아인들의 이러한 바람은 로마나 콘스탄티노플을 통해서는 이룰 수 없었다."[98]

보리스는 로마와 교섭을 개시해 라틴 교회로부터의 두 명의 특사를 받아들였다. 만약 그의 요청대로 교황청이 그의 영토를 대주교구로 승격시키고, 동방의 대주교의 권위와 특권에 필적하는 메트로폴리탄을 허락하였다면 그는 계속해서 라틴 교회의 수하에 머물러 있었을지도 모른다. 그러나 로마 교회는 자신의 권위에 도전할 가능성이 있는 어떤 존재도 용납할 수 없었다. 이처럼 그의 개종에는 복잡한 정치적 책략이 숨어 있었는지도 모른다. 그러나 보리스는 자신이 원하는 것을 얻을 수 없었다. 오히려 보리스의 이러한 행위는 동·서방 교회의 1차 갈등인 '포티우스 분열'을 더 심화시키는 요소로 작용하였다.

이미 서부의 프랑크족들과 동맹을 맺고 있던 보리스는 동프랑크 왕 루

98 Schaff, *History of Christian Church*, 4, 133.

〈**11세기의 러시의 지도**(출처: 브리타니카 백과사전)〉

이스(Louis the German)와의 갈등으로 인해 그의 군대가 원정을 나간 사이, 동로마 황제 미카엘 3세와 바리다스가 이끈 동로마 군대의 침입을 받아야만 했다.[99] 보리스는 상실된 자신의 왕국을 수복하는 대가로 서방과의 동맹을 포기하고 동방의 기독교를 받아들였다. 864년 그는 포티우스 총대주교로부터 복음을 전해 받고 방탕자 미카엘 3세를 대부로 하여 세례를 받았다.

그러나 870년 콘스탄티노플의 총대주교 이그나티우스는 제8차 세계 종교회의[100]에 따라 불가리아에 불가리아인 대주교를 임명하고, 그와 함께 새

---

99 *Bulgarian historical review*, v. 33 (2005): no. 1 – 4, p. 9.

100 마케도니안 왕조의 바실리우스 1세와 교황 하드리아누스 3세에 의해 소집된 공의회로 로마가톨릭과 동방정교회에 의해 제8차 보편공의회로 인정받는다.

로운 대주교구를 운영할 10명의 대주교와 많은 사제를 파송하였다.[101] 이렇게 불가리아 교회는 콘스탄티노플 총대주교의 권위 아래 들어가게 되었고, 현재는 동방정교회의 중요한 총대주교구의 하나로서 동방정교회의 중요한 지분을 가진 교회가 되었다.

3. 러시아의 개종

러시아는 폴란드에서부터 코카서스산맥에 이르는 거대한 지역을 차지하였다. 이 지역 역시 선교와 복음의 대상이기는 하였지만, 미신적 형태를 벗어나지 못하였다. 10세기 초 이들의 중심은 키예프(Kiev)였는데, 정치적 영향력을 지녔던 태후 올가(Queen Olga)로부터 개종의 역사가 본격화되었다.[102] 그녀는 신앙을 받아들인 후(954), 서로마 황제인 오토 1세에게 선교사를 요청하였으나, 황제가 보낸 선교사는 별다른 성과를 거두지 못하였다.

그러나 그녀의 손자인 블라드미르(Vladmir)는 권력을 장악한 후, 국민에게 기독교를 전파하였다. 먼저 블라디미르는 각 종교의 장점을 알아보기 위해 이슬람, 로마 가톨릭, 유대교, 그리고 동방 교회의 대표들을 초청하였다. 별 감흥을 받지 못한 블라드미르는 콘스탄티노플로 사절을 파견하여 직접 보고 들으며 확인하고자 하였다. 사절들은 성 소피아(Saint Sophia) 성당의 웅장함과 동방 교회의 화려한 예식에 감동되어 다음과 같이 보고하였다.

> 도대체 우리가 천상에 있었는지, 이 세상에 있었는지 알 수가 없었습니다. 왜냐하면 지구상에는 이와 같은 광경이 없으며, 이러한 아름다움이 존재할 수 없기 때문입니다. 도저히 그 모습을 인간의 언어로 묘사할 수는 없으나, 분명한 사실

101 Cannon, *History of Christianity in the Middle Ages*, 152.

102 Niel, *A History of Christian Mission*, 104.

은 바로 그곳에서 "하나님께서는 인간들과 함께 거하신다"는 것입니다.[103]

러시아는 이러한 절차를 통해 상당히 자립적인 형태로 기독교로 개종하였다. 즉, 989년 블라디미르는 동방정교회를 국교로 선언하였다. 이후에도 블라디미르는 강제적인 개종보다는 기독교 학당들을 설립하고, 가능한 한 의무 교육을 강력히 추진함으로 젊은 세대들을 포섭하였다.[104] 이로 인해 동방 교회 최대의 규모를 자랑하는 러시아 정교회가 시작되었다.

모스크바 총대주교는 콘스탄티노플이 투르크에 함락된 뒤에는 독립된 지위를 얻었으며, 현재는 동방정교회의 주도적인 총대주교의 하나로 자리 잡고 있다.

103 Nestor. *Chronique de Nestor*, (Paris, 1884), 67 이하.

104 Cannon, *History of Christianity in the Middle Ages*, 193.

참고 문헌

Anderson, Gerald H. *Biographical Dictionary of Christian Missions*. Grand Rapids/Cambridge: Wm. B. Eerdmans Publishing. 1999.

Athanasius. *History of Arians, IV*. NPNF2. Vol. IV. https://ccel.org/ccel/schaff/npnf204/npnf204.i.html.

Clendenin, Daniel B. 『동방정교회 신학』. 주성민 역. 서울: 은성 출판사, 2012.

Eusebius. *Vita Constantini*. NCNF2. Vol. I. https://ccel.org/ccel/schaff/npnf201/npnf201.i.html.

Gregory of Nyssa. *Contra Eunomium*. NPNF2, 5. https://www.ccel.org/ccel/schaff/npnf205.html.

Hefele, K. J. *A history of the councils of the church, from the original documents*. Vol. 5. Edinburgh: T&T Clark, 1896.

Inoue, Koichi. 『살아남은 로마, 비잔틴 제국』. 이경덕 옮김. 서울: 다른 세상, 2011.

John of Damascus. *Contra imaginum calummoatproes i*. 16. PG 94.1246.

Joint Catholic-Orthodox Declaration of his Holiness Pope Paul VI and the Ecumenical Patriarch Athenagoras I. https://www.vatican.va/content/paul-vi/en/speeches/1965/documents/hf_p-vi_spe_19651207_common-declaration.html.

Löffler, K. "St. Theodore of Studium." *Catholic encyclopedia*.

Louth, Andrew. *Greek East and Latin West: The Church, AD 681–1071*. Crestwood, NY: St Vladimir's Seminary Press, 2007.

______. *Origins of the Christian mystical tradition: from Plato to Denys*. 배성옥 옮김. 『플라톤에서 디오니시우스까지 서양 신비사상의 기원』. 왜관: 분도, 2001.

Maximus the Confessor. *Ambigum*. PG 91.1088C.

Meyendorff, John. *Byzantine theology: historical trends and doctrinal themes*. 그레고리노스 박노양 옮김. 『비잔틴 신학: 역사적 변천과 주요 교

리』. 서울: 정교회출판사, 2013.

Nestor. *Chronique de Nestor*. Paris, 1884. https://remacle.org/bloodwolf/historiens/nestor/table.htm.

O'Connor, J. B. "St. John Damascene." *Catholic encyclopedia*.

Photius. *On the Mystagogy of the Holy Spirit*, 6. PG 102.270.

Price, Richard. *The Acts of the Second Council of Nicaea (787)*. Liverpool: Liverpool University Press, 2018.

Pseudo-Dionysius. *The Divine Names*. https://www.ccel.org/ccel/rolt/dionysius.html.

_____. *The Mystical Theology*. https://www.ccel.org/ccel/rolt/dionysius.html.

_____. 『위-디오니시우스 전집』. 엄성옥 옮김. 서울: 은성, 2007.

Sherrard, Philip. "헤시카스트 영성의 부흥." In: *Christian Spirituality (III)*: 563-579.

Stathakopoulos, Dionysios. *A Short History of the Byzantine Empire*. 최하늘 옮김. 서울: 더 숲, 2023.

Treadgold, Warren. *A History of the Byzantine State and Society*. Stanford: Stanford University Press, 1997.

Von Lilienfeld, Fairy. "Orthodoxe Kirchen." TRE Bd. 25: 423-464.

교황 요한 바오로 2세의 편지, *Egregiae virtutis* (1980.12.31). https://www.vatican.va/content/john-paul-ii/it/apost_letters/1980/documents/hf_jp-ii_apl_31121980_egregiae-virtutis.html.

김경수. "종교 정치신학으로서 샤를마뉴의 저작(the Libri Carolini)." 「서양중세사연구」 18 (2006): 1-31.

박정흠. "'이미지이데올로기' 측면의 8세기 성화상 논쟁의 발단 원인 고찰." 「한국교회사학회지」 47 (2017): 321-353.

박찬희. 『동방정교회 이야기』. 서울: 신앙과 지성사, 2012.

한정숙. "키릴-메토디우스 형제단과 근대 우크라이나 민족 정체성-형제단 지식인들의 담론 구성을 중심으로." 「러시아연구」 14 (2004): 389-430.

6

프랑크 제국의 분열과 암흑시대

I. 프랑크 제국의 분열과 암흑시대

1. 프랑크 제국의 분열과 이민족의 침입: 이탈리아, 독일, 프랑스

1) 프랑크 제국의 분열

샤를마뉴 이후 카롤링거의 프랑크 제국은 급속한 정치적 해체를 겪었다. 당시 프랑크 제국은 언어와 법과 전통이 제각기 다른 다양한 민족을 포괄하고 있었고, 샤를마뉴의 후손들은 역량이 부족하였다. 실상 프랑크 제국은 샤를마뉴라는 인물과 기독교라는 요소를 제외하면 통일성을 확보하기 어려웠다. 당시의 프랑크 제국은 정착 농업에 토대를 둔 지역주의 경향이 두드러졌다. 이러한 지방 분권적 성격은 샤를마뉴 이후 바이킹과 사라센 등의 외부 도전에 대해 무기력함을 노출하였다.[1]

814년 '경건왕' 루이(Louis the Pious, 814-840)는 유일하게 살아남은 샤를마뉴의 적자로서, 프랑크 제국 전체를 상속하여 다스렸다. 루이는 성직자들을 미신적으로 추종하였고, 즉위하자마자 개혁을 단행하여 궁정을 수도원으로 바꾸어 놓았다. 또한 루이는 '북방의 사도'(Apostle of the North)로 인정받는 성 안스가르(St. Ansgar, 801-865)가 추진하던 스칸디나비아 선교를 적극

1 Walker, *A History of the Christian Church*, 277.

적으로 지원하였다.[2] 나아가 루이 황제는 왕국을 하나로 규합하려 노력하였고, 성직자 지식인들과 마찬가지로 라틴 기독교 제국의 이념에 대한 열정을 - 아마 매우 순진한 방식으로- 갖고 있었다. 루이 황제는 아버지와 마찬가지로 교회의 최고 목자로서 활동하면서 교회 생활의 모든 부분을 개혁하려고 시도하였다.[3] 그러나 지성적이고 교양을 갖춘 경건왕 루이는 아버지의 신앙과 용맹과 입법에 관한 지혜의 일부분은 물려받았으나, 재능과 활력은 물려받지 못하였다. 왕실과 멀리 떨어진 아키텐 지역에서 성장한 루이는 군인이 아니었으며, 아버지에게 진정한 권력의 원천이 되었던 프랑크족의 본토 오스트라시아의 군사 귀족들을 제대로 지휘해본 적도 없었다. 그는 거친 프랑크의 귀족들을 통치하는 것은 차치하고 자기의 아들들조차도 감당하기 버거워하였다.

루이 황제는 제국의 통일성이 유지되기를 원했기 때문에, 장남인 로타르(Lothair)에게 황제의 칭호와 대부분의 왕국 영지를 물려주고 나머지 아들들에게는 작은 부속 왕국을 남겨주려는 계획을 세웠다.[4] 이러한 계획은 다른 아들들의 커다란 불만을 낳았고, 결국 이들은 서로 결탁해서 로타르에게 도전하였다. 즉, 루이는 어리석게도 자신의 세 아들과 권력을 나누어 가진 결과 아들들이 아버지에게 반란을 일으키고 자기들끼리 전쟁을 벌이도록 만든 것이다.[5] 이후 거의 60여 년 동안 전쟁은 지속되었고, 형제들, 삼촌들, 사촌들이 서로 동맹하며 싸움을 벌였다. 초반 전쟁에서 결정적인 승기를 잡

2 *Catholic encyclopedia*, "St. Anschar."

3 Walker, *A History of the Christian Church*, 277.

4 Tierney/Painter, *Western Europe in the Middle Ages, 300-1475*, 143.
소위 *Ordinatio imperii* (817)의 문서를 통해 제국의 안정과 통일성을 위한 청사진을 제시했다. 이 문서에는 세 아들인 로타르(Lothair), 페핀(Pepin), 루이스(Louis the German)의 상속을 분명히 하며, 이들의 위치를 공고히 하려고 하였다. 그러나 루이는 819년 재혼한 유디스에게 호의를 베풀어 그녀의 아들 대머리 찰스(Charles the Bald)를 위해 이 문서의 내용을 스스로 변경하였다. 이러한 변경과 먼저 사망한 페핀의 영지를 차지하려는 욕심은 세 아들 간의 갈등과 내전의 원인이 되었다. https://sourcebooks.fordham.edu/source/817Louis-divisionofempire.asp.

5 Schaff, *History of Christian Church*, 4, 251.

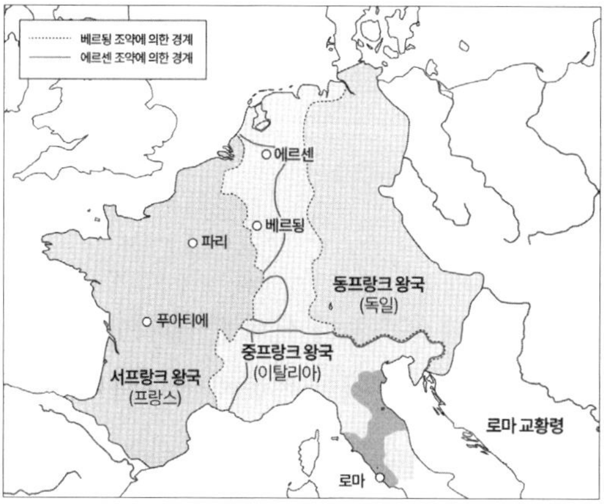

〈베르뎅(843)과 메르센 조약(870)〉

지 못한 로타르는 843년 베르뎅(Verdun) 조약의 체결로 동생들의 영역을 인정하기로 합의하였다.[6] 이로써 둘째인 루이(Louis, 843-876)는 라인강 동쪽 지역(동프랑크 왕국)을 받았고, 셋째인 '대머리'라 부르는 샤를(Charles, 843-877)은 오늘날 프랑스에 해당하는 대부분의 지역(서프랑크 왕국)을 받았다. 장남 로타르(Lothair I, 843-855)는 황제라는 칭호와 함께 라인강 북쪽 어귀로부터 이탈리아 북부 롬바르디아 왕국까지 뻗은 이상한 모양을 한 "중부왕국"(Middle Kingdom 또는 중프랑크 왕국)을 받았다.[7] 이러한 분할은 장차 유럽의 가장 중요한 몇몇 국가들을 항구적으로 분할시켜 놓았다. 독일, 이탈리아 그리고 프랑스 각각의 역사가 시작되었다.

로타르의 중부왕국은 세 왕국 가운데 가장 불안정하였고, 그가 죽자 왕국은 로타르의 세 아들에게 다시 분할되었다. 그중 로렌 지역을 차지하였던 로타르 2세가 죽자 서프랑크와 동프랑크의 왕들은 중부왕국의 알프스 북부 영토를 차지하기 위해 분쟁을 일으켰고, 결국 870년 메르센(Meerssen) 조

6 *베르뎅 조약* (*Treaty of Verdun*, 843), in: *A Source Book for Medieval History*, no. 17; MGHS 5. 29.

7 Tierney/Painter, *Western Europe in the Middle Ages, 300-1475*, 143.

약을 통해 중부왕국은 알프스 이북의 지역을 상실하였다.[8] 결국 샤를마뉴가 건설한 정치적으로 통일된 프랑크 세계는 총체적으로 허물어지게 되었다.

2) 외부의 침입

내부적으로 샤를마뉴의 후손들이 서로 분쟁하는 동안, 외부로부터 프랑크 제국은 비기독교도들의 파괴적인 침략에 직면하게 되었다. 이탈리아와 프랑스에서의 극심한 권력 분산과 정치적 무질서로 인해 9-10세기에 프랑크 제국은 거의 모든 방향에서 유럽 전역을 위협하던 외부의 적들에 의해 위협받았다.

895년경 헝가리에 자리 잡은 마자르(Magyar)족은 약 900년경 독일의 바이에른 지역을 휩쓸며 약탈하였다. 곧이어 작센(906)과 튀링엔(908) 지역도 마자르족의 야만스러운 약탈에 노출되었다. 이들은 오토 1세(Otto, 936-73 재위)에 의해 대패할 때까지(955년) 프랑크 제국의 동쪽을 위협하였다. 결국 마자르족은 오토에 의해 레히펠트(Lechfeld)에서 대패하고 나서야 서진을 중단했다. 10세기에 이르러 헝가리는 그들의 왕 스테판(Stephen I of Hungary, 약 997-1038)의 통치 아래에서 라틴 기독교로 개종하였다. 이후 헝가리는 서방 기독교 세계의 동쪽 방벽이 되었다. 동쪽에서의 마자르족의 위협에 앞서 이탈리아에서는 지중해를 건너온 이슬람의 침략도 재개되었다. 이탈리아 전체를 이끌 중심 권력이 전혀 없는 가운데 롬바르디아와 남부 이탈리아의 소 군주들은 방어와 주도권을 놓고 서로 경쟁하였다. 이 와중에 사라센 침략자들이 아프리카에서 건너와 9세기 중엽에 시칠리아와 이탈리아 남부를 점령하였다. 사라센인들은 로마 남쪽의 가리글리아노 강 하구 지역에 항구적인 거점을 확보한 다음, 그곳에서부터 해안 지대와 농촌 지대를 약탈하였

---

8 *메르센 조약* (*Treaty of Meerssen*, 870), in: *A Source Book for Medieval History*, no, 19; MGHS 5. 108이하.

다. 이들에 의해 많은 수도원 중에서도 특히 몬테카시노에 있던 성 베네딕투스 수도원이 약탈당하였다. 이들의 약탈에 대해 한 역사가는 "그들은 이탈리아를 참담하게 발가벗겼다"라고 평가하였다.[9]

이슬람의 위협이 로마 성벽을 위협하자, 교황 요한 8세(John VIII, 867-882)는 북부의 영주들로부터 이탈리아를 지원할 세력을 규합하기 위해, 그리고 공동의 적 앞에서 이탈리아 군주들을 결집하기 위해 노력하였다. 교황은 첫 번째 시도에서는 실패하였으나, 두 번째 시도에서는 약간의 성과를 거두었다. 그럼에도 불구하고, 그가 죽자 로마는 지속적인 약탈을 당해야만 했다.[10]

외부 침입 중 가장 중요한 결과를 낳은 것은 9세기가 시작되면서 스칸디나비아의 해상 부족들(일명 바이킹, Viking)의 침략이다. 스웨덴족이 발트해를 건너 러시아의 강줄기를 따라 흑해로 내려가며 슬라브 지역을 침입하였다. 반면에 데인족과 노르웨이족은 바다를 무대로 삼아, 앵글로색슨족과 서프랑크 제국의 해안과 강을 타고 올라가서는 촌락들과 수도원을 불태우고 약탈하였다. 이로 인해 영국에서 수도원의 지적이고 문화적인 삶은 종말을 고하였으며, 수많은 중요한 수도원들이 약탈과 파괴를 당하였다. 예를 들면 793년 초반에 린디스판 수도원이 약탈당하였고, 노섬브리아의 웨어마우스와 재로우 수도원(794), 아이오나 수도원(795) 등이 약탈을 당하고 파괴되었다.[11] 9세기 중반까지는 영국의 중심지 대부분이 약탈당하였으며, 데인족이 영국 대부분 지역을 장악하고 통치하기 시작하였다.

거의 반세기 동안 매년 여름이면 바이킹들은 노략질에 나섰다. 루아르(Loire) 강 하구를 거점으로 바이킹들은 특히 프랑스에 막대한 피해를 끼쳤다. 이들은 또한 큰 강들의 줄기를 타고 내려온 뒤 가벼운 보트를 어깨에 메고 내륙 지방으로 퍼져나갔다. 함부르크, 쾰른, 트리어, 루앙을 약탈하고 아

9 Tierney/Painter, *Western Europe in the Middle Ages, 300-1475*, 145.

10 Walker, *A History of the Christian Church*, 286.

11 Lynch, *The Medieval Church*, 178.

헨에 있던 샤를마뉴의 대성당을 마구간으로 개조하기도 하였다.[12] 한번은 노르만족이 서프랑크의 심장부인 파리를 포위하기도 하였다. 그러나 황제였던 '뚱보' 샤를 3세는 야만족 노르만족을 몰아내지 못하고 오히려 굴욕적인 패배를 경험하였다. 동프랑크의 귀족들은 너무 놀라 그를 폐위시키고 조카인 아르눌프(Arnulf of Carinthia, 850?-899)를 동프랑크의 왕으로 선출하였다. 10세기 초에 이르면 프랑크 왕국은 바이킹으로 바이킹을 막는 이이제이(以夷制夷)의 방책을 시도하였다. 프랑크 왕은 바이킹의 지도자 롤로(Rollo)에게 센강 어귀 주변의 토지를 하사하였고(911년), 이 지역은 점차 확대되어 노르망디(Normandy)라 불리게 될 지역을 포괄하게 되었다. 토지를 받은 대가로, 롤로는 기독교로 개종하고, 명목상으로나마 프랑스 왕의 신하가 되었다.[13]

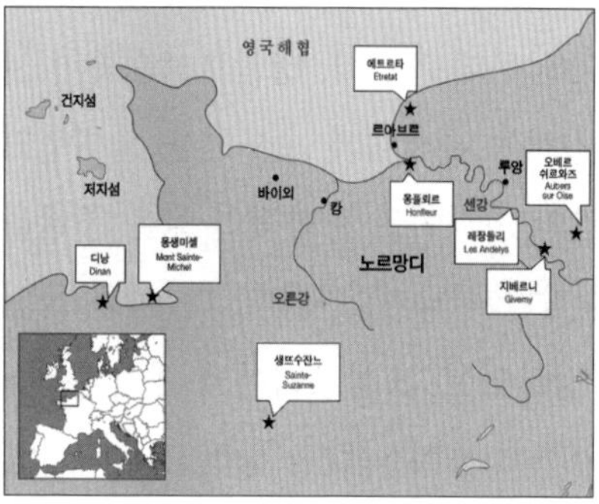

〈노르망디 공국(911)과 노르만족의 진출지역〉

이들 바이킹의 침입으로 카롤링거의 문화들은 완전히 파괴되었다. 서프랑크 왕국의 거의 모든 수도원이 파괴되었고, 도시 대부분이 여러 차례 약탈과 방화를 겪었다.[14] 프랑크 군주들의 역량은 이러한 내부적 갈등과 외부의 침입으로 인한 혼란을 극복하기에는 너무나 모자랐다. 백성들은 카롤링

12 *Annales of Fulda*, M. G. SS. folio I, in: *A Source Book for Medieval History*, no. 20; Schaff, *History of Christian Church*, 4, 264.

13 Tierney/Painter, *Western Europe in the Middle Ages, 300-1475*, 148.

14 Tierney/Painter, *Western Europe in the Middle Ages, 300-1475*, 149.

거 왕들에게 "대머리", "뚱보", "말더듬이", "순둥이", "게으름뱅이", "유아"와 같은 별명들을 붙여 이를 풍자하였다. 유럽은 새롭게 밀려 들어온 이민족의 홍수에 엄몰할 위기에 처해 있었다.[15]

3) 프랑크 사회 갈등과 혼란

프랑크에서는 카롤링거 왕조의 권력이 붕괴하며 이어 '봉건제도'(feudal system)라 부른 체제가 확고히 자리를 잡았다. 봉건 사회는 거의 모든 토지가 봉토의 형태로 보유되는 사회 또는 더 일반적으로는 기본적인 사회적·정치적 구조가 봉토 보유를 통해 결정되는 사회를 의미한다.[16] 이 체제는 그 뿌리를 주로 과거 게르만족의 전쟁 지도자와 그 밑에서 싸우던 전사들 간의 관계를 형성했던, 상호 봉사와 충성으로 이루어진 인간관계에 두었다. 봉토의 소유자들은 대개 군주의 봉신이었으며, 충성을 서약함으로써 영주에게 매여 있었다.

> 위대하신 나의 주인께…. 나는 당신에게 나 자신을 천거하여 당신의 보호 아래 두기를 원합니다. 당신이 나에게 먹을 것과 입을 것을 공급해 주신다면, 나는 살아 있는 한 당신을 위해 봉사할 것입니다. 나는 결코 당신의 권세와 보호에서 이탈하지 않고, 내 생명을 온전히 당신의 권세와 보호 아래 둘 것입니다….[17]

그러나 9-10세기의 외세의 침입으로 인한 혼란한 상황은 봉건 제도에 대한 이해를 전환시켰다. 당시 사회는 무정부 상태에 가까웠기 때문에, 힘이 곧 법이 되었다. 원래 봉신은 주군에게 "해가 없도록, 안전할 수 있도록,

---

15 Schaff, *History of Christian Church*, 4, 264.

16 Tierney/Painter, *Western Europe in the Middle Ages, 300-1475*, 153.

17 *봉건 추천서(Fomula Turonenses)*의 한 형식, in: *A Source Book for Medieval History*, no. 82.

존귀할 수 있도록, 유익하도록, 편할 수 있도록, 실용적일 수 있도록" 섬겨야 했다.[18] 그들은 개인 재산과 권력에 힘입어 점차 왕으로부터 독립하는 가운데 해당 지역의 공공질서와 정의를 유지하고, 외적의 침입을 막는 실세가 되었다. 이들은 작은 왕(a petty king)으로서 자기 신하들을 보상하고 통제하는 방법으로 봉건 제도를 도입한 왕들의 세력을 잠식해 나가기 시작하였다. 더불어 왕권 쇠퇴로 인해 수도원들과 주교구들은 점차 지역 봉건 영주들의 영향력 아래에 들어가게 된다.[19]

기독교 세계에서 주교들이 자기 교회들에 속한 토지 자원들뿐만 아니라 행정가와 고문으로서 자기 재능까지도 발휘하여 하나님께 임명받은 왕을 섬기는 것을 당연한 것으로 여겨졌다. 이런 이유에서 주교들은 사실상 왕의 관리들과 봉신들로 취급받았으며, 실제로도 유용한 봉신이었다.[20] 왜냐하면 그들의 재산은 세습되는 일이 없었고, 언제나 영주가 마음대로 처분할 수도 있었기 때문이다. 그러나 사회 질서의 전반적인 혼란으로 주교와 수도원장들은 거칠고 탐욕적인 세속 영주들 앞에서 무력한 존재가 되었고, 성직자들 스스로와 교회의 재산을 보호하기 위해 영주들의 봉신이 됨으로 봉건적 위계 질서에 편입되지 않을 수 없었다.[21]

명목상의 기독교 세계의 울타리 안에서는 왕들과 귀족들이 자기들끼리 투쟁을 벌이고 민중을 억압하였으며, 주교구들과 대수도원들도 측근끼리 수입을 나누어 갖거나 가로채는 일이 비일비재하였다. 수도대주교들은 주교들을 억압하였고, 주교들은 사제들을, 사제들은 평신도들을 억압하였다. 곳곳에 화적떼가 출몰하여 법 무서운 줄 모르고 날뛰었다. 힘이 곧 정의를

18 *주교 훌베르트가 작성한 봉신의 의무* (1020), *Recueil des Hist. des Gaules et de la France*, X. 463, in: 심창섭 · 채천석 편, 『원자료 중심의 중세교회사』, 73-74.

19 Walker, *A History of the Christian Church*, 279.

20 참조) *옥세르(Auxerre)의 주교 윌리암의 편지*, in: 심창섭 · 채천석 편, 『원자료 중심의 중세교회사』, 74-75.

21 Tierney/Painter, *Western Europe in the Middle Ages, 300-1475*, 187.

의미하는 시대였던 것이다.[22]

이는 프랑스의 주교들이 846년 에페르네에서 대머리 왕 샤를에게 불평했던 것에서도 잘 드러난다. 주교들은 국가의 중심 권력이 사실상 사라지면서 교회 조직과 모든 종류의 재산들은 각 지역 평신도 영주의 봉건적 통제 아래 들어가게 되었다. 이제 주교들은 영주들이 교회의 재산을 사용하여 권력 신장을 꾀하고, 추종자들과 일가친척들에게 성직록을 남발한다고 불평하였다. 그러나 대머리 왕 샤를은 그만한 능력이 없었기 때문에 그 요구에 응할 수 없었다. 전통 질서 자체가 위협을 받고 왕권이 교회의 보호자로서 제구실을 하지 못하는 상황에서 일부 교회 지도자들의 마음은 자연스럽게 교황청으로 쏠렸다.[23] 이는 샤를마뉴가 사망한 지 겨우 30년밖에 지나지 않았던 때였다. 이는 곧 프랑크 제국에서 기존 사회 질서의 해체가 매우 급속히 진행되었음을 의미한다. 이런 상황에서 수사들과 성직자들의 도덕적 추문이 발생하고, 규율이 해이해지는 현상이 나타났으며, 이는 노르만족과 사라센족의 침공에 따른 혼란과 파괴로 더욱 심화되었다.

2. 『위-이시도루스 교령집』을 통해 드러난 교회의 상황

9세기 중엽 카롤링거 왕조의 치하의 혼란이 극에 달해 있을 때 『콘스탄티누스의 기증서』만큼 신비스러운 책이 등장하였다. 그 저자는 세비야의 주교 이시도루스(Isidor, 약 560-636)의 이름을 부당하게 가져다 사용하였고, 그런 이유로 『위-이시도루스 교령집』(*Pseudo-Isidorian Decretals*)이라 불린다.[24] 저자는 847-865년에 프랑크 교회, 그중에서도 아마 랭스 교구에서 활동한 어떤 성직자임이 틀림없어 보이지만, 저자 문제에 관해서는 학자들의 견해

22 Schaff, *History of Christian Church*, 4, 265.

23 Walker, *A History of the Christian Church*, 284.

24 Schaff, *History of Christian Church*, 4, 253.

가 서로 다르다. 그러나 이는 중세 초기 저술된 저서 중에서 후대에 가장 크게 영향력을 미친 저서로서 평가된다.

『위-이시도루스 교령집』은 교황청의 권위에 대한 민간의 견해를 법적으로 뒷받침하고, 그 권한을 다른 어떤 기관보다 높이고 강화하며, 로마 교회 교회법의 토대를 상당 부분 형성하는 원천이 되었다.

〈위-이시도루스 교령집 서문〉

… 성 그레고리우스에 이르기까지 로마 지도자들의 결정은…. 사도 보좌라는 탁월한 의미로 볼 때 공의회의 결정보다 그 권위가 못하지 않다…. 공의회를 소집하는 전권은 개별 인물로 제한된 사도 보좌의 권세를 통해서만 행사된다. 우리가 읽기로는 그 어떤 공의회도 그분[교황]의 권위로 소집되거나 인정되지 않으면 효력이 없다. 이것을 법령의 권위가 증거하며, 교회의 역사가 확증하고, 거룩한 교부들이 인증한다….[25]

이러한 서문에 이어 "교회 문헌사에서 가장 거대하고 효과적인 사기"[26]로 알려진 『위-이시도루스 교령집』은 크게 세 부분으로 나뉜다. 첫째 부분은 디오니시우스의 모음집에서 가져온 50조 항의 사도 교령과, 클레멘스로부터 멜키아데스(314 죽음)까지 로마 주교들이 남겼다고 전해지는 60조 항의 위조 교령들이 담겨 있다. 둘째 부분은 콘스탄티누스의 증여라는 위조문서, 니케아 공의회에 관한 논문 몇 편, 스페인 교회법 모음집을 토대로 683년까지 축적된 그리스, 아프리카, 갈리아, 스페인 공의회들의 법령이 담겨 있다. 마지막으로 실베스터부터 그레고리우스 2세에 이르는 교황들의 교령들을 연대순으로 소개하는데, 그중 35개의 교령은 위조된 것들로서, 다마수스 이전의 것이 모두 여기에 포함된다. 온통 '위조 교령', '위조문서', 그리고 '위

25 *위-이시도루스 교령집 서문*, KThQ2, Nr. 24. [PL 130.9].

26 Schaff, *History of Christian Church*, 4, 254.

조된 것'으로 평가되지만, 당시의 전통에서 '위조'는 대의명분을 위해 인정되는 방법이었다.[27]

프랑크 주교들은 몇몇 수도대주교와 각 지방의 봉건 귀족으로부터 심각한 압력을 받고 있었다. 그들에게는 주교가 교황에 의해서만 폐위될 수 있으며, 주교의 토지가 세속 귀족의 간섭에서 면제된다는 것을 분명하게 확인해 줄 교회법령집이 필요하였다.[28] 위조라는 수단을 통해 등장한 『위-이시도루스 교령집』은 성직자들을 신적으로 세워지고 축성되어 침범할 수 없는 계급으로서, 구약 경륜 때와 마찬가지로 하나님과 사람 사이에서 중재하는 자로서 언급된다. 사제들은 '하나님의 가족', '영적인 사람들'이며, 평신도들은 '육체적인[현세적인] 사람들'(*carnales*)이다. 필립 샤프는 그 내용을 다음과 같이 정리한다:

> 성직자에게 죄를 짓는 것은 곧 하나님에게 죄를 짓는 것이다. 성직자는 세상 법정에 세우지 못하며, 자신을 사람들의 재판장으로 임명하신 하나님에 대해서만 책임을 진다. 사제직의 특권은 주교직에서 절정에 달하고, 주교직은 교황직에서 절정에 달한다. 베드로의 권좌는 모든 권력의 샘이다. 교황의 동의 없이는 주교를 폐위할 수 없고, 공의회를 소집할 수 없다. 교황은 모든 논쟁의 궁극적 심판관이며, 교황의 판결에 대해서는 항소할 수 없다….[29]

> 그러니까 황제나 그 어떤 다른 법 수호자들도 하나님의 명령을 거슬러서 어떤 일을 도모하거나, 복음적이고 예언적이며 사도적인 규범에 반대되는 것을 행할 자유가 없다. 옳지 않은 판결과 불법적인 결정, 곧 왕에 대한 두려움이나 그의 명령에 따라서 재판관들에 의해서 내려진 것들은 아무런 효력을 갖지 못한다.[30]

---

27 Robert E. Berkhofer III, *Firgeries and Histoical Writing*, introduction.

28 Tierney/Painter, *Western Europe in the Middle Ages, 300-1475*, 222.

29 Schaff, *History of Christian Church*, 4, 255.

30 *교황 마르켈린(296-304)의 교령*, in: KThQ2, Nr. 24.

'세속 군주들은 교회의 규범에 반하는 행위를 할 자유가 없으며', '그러한 결정은 아무런 효력이 없다'라는 주장들은 당시 교회와 교황의 상황에 비추어 보면 마치 교회의 '비명'(절규)처럼 여겨진다. 왜냐하면 프랑크 왕국 전역에서 세속 영주들은 혼란한 상황에 편승하여 교회의 토지를 찬탈하고 있었고, 교황 역시 로마 귀족들의 지배하에 그 권위가 가장 밑바닥에 있었기 때문이다. 역사적으로 볼 때, 가톨릭교회는 역설적이게도, 매우 심각한 위기 상황에 처했을 때, '교황 절대권'을 주장하는 경향이 있었다.

캐논(Cannon)은 위조 교령집 출현의 근거를 크게 넷으로 구분한다. ① 로마에 권위를 집중시킴으로써 교회의 통일을 기하자는 것, ② 교황을 해당 구역의 최고 통치권자로 만듦으로써 교회의 통일성을 훼손시킬 우려가 있는 메트로폴리탄들[수도대주교들]의 횡포로부터 일반 주교들을 해방하라는 것, ③ 세속 법관들의 관할에서 종교 사건들을 제외하자는 것, ④ 세속통치자들로부터 감독들의 독립을 보장하자는 것이다.[31]

이처럼 『위-이시도루스 교령집』의 목표는 그런 권위 있는 판결에 힘입어 성직자들을 세속 권력과 도덕적 타락으로부터 보호하려는 데 있었다. 수도대주교의 권한을 다소 낮게 규정한 이유는 주교들에 대한 재판에서 교황에게 최종 판결권을 주기 위함이었다. 교황제는 주교가 세속 정부와 대립하는 상황에 부닥칠 때 주교를 보호하기 위한 수단이었다. 그것은 주교들의 권익을 뒷받침하는 최고 보증이다. 이러한 의도로 이 저서는 모든 교회의 권위를 교황청에 집중시켰으며, "당시에는 매우 혁명적인 주장"을 하였다.[32] 비록 위조된 문서였지만 이 교령집은 865년 교황 니콜라우스 1세에 의해 최초로 알려지고 인용된 이후, 중세 내내 누구에게나 진짜로 받아들여졌고, 많은 교회법의 토대가 되었다. 실제로 니콜라우스 1세 교황은 '포티우스 분열'에서 자신의 권위를 입증하는 토대로 이 저서를 적극적으로 활용

31 Cannon, *History of Christianity in the Middle Ages*, 120.

32 Walker, *A History of the Christian Church*, 285.

하여 로마 교황의 권위를 옹호하였다. 일부는 현재까지도 교황권과 관련하여 로마가톨릭의 중요한 법령의 근간이 되고 있다.

이 위조문서는 오늘날의 교회법에도 여전히 효력을 미치고 있다. 1962년 교황 요한 23세는 로마에 가톨릭교회 공의회를 소집하였다. 제2차 바티칸 공의회였다. 가톨릭교회가 발간한 교회법전은 교황에게만 이런 공의회 소집의 권한을 주는 근거로 초기의 법전 여섯 군데를 인용하여 제시하고 있다. 그중 셋은 위-이시도루스의 위조문서에서 나온 것이고 나머지 셋은 이 위조문서를 인용한 문서들에서 나온 것이다.[33]

3. 교황청의 암흑시대(*saeculum obscurum*)

니콜라우스 교황의 재위 기간(858-867)은 세속 군주들에게 교황이 각별한 존경을 받았던 시기였다. 그는 자신의 왕성한 활력과 대담한 인품이 자신의 지위에 매우 걸맞다고 스스로 생각하였다. 그가 생각하기에, 교황이란 주교들을 집행 기관들로 삼아 질서와 기율과 공의를 유지하고, 오류와 악을 처단하기 위해 하나님으로부터 교회의 감독자로 임명을 받은 자였다. 이러한 사고와 행동을 통해 니콜라우스는 교황권의 역사적 발전과 서유럽의 기독교 국가들 사이에서의 교황권의 지위에 결정적인 영향력을 행사하고, 교황권을 강화했던 자로 기억된다. 교황으로서 그는 카롤링거 왕들을 당당하게 대하였다. 황제의 직위에 대해서는 성 베드로의 대리자가 그리스도인들을 불신자들로부터 보호하기 위해서 내린 하사품으로 간주하였다.[34] 그는 포티우스 총대주교의 취임을 둘러싼 비잔틴 교회와의 분쟁에서 로마 교구

33 Fuhrmann, *Einladung ins Mittelalter*, 311.

34 Schaff, *History of Christian Church*, 4, 258.

의 우위를 강력하게 천명하였다.

교황권과 세속권에 대한 그의 사고는 로렌의 왕이자 황제 로타르의 차남인 로타르 2세와의 갈등에서 잘 표현되었다. 왕은 아내인 부르군트의 튜트베르가를 학대하다가 마침내 이혼하고, 진작부터 공식적으로 왕비처럼 행세해 온 자신의 정부, 발라다와 결혼하였다. 이혼당한 여성에게 항소를 받은 니콜라우스는 용감하게 결혼의 신성함을 변호하였다. 교회 회의의 결정을 무효화하고, 군주의 불법을 묵인한 죄로 쾰른과 트리어의 대주교를 폐위했다.[35] 왕에게 만약 첩을 내보내고 합법적인 아내를 받아들이지 않으면 즉각 파문에 처하겠다고 위협했다. 로타르는 군대를 동원하여 로마로 쳐들어갔으나, 결국 굴복하고 말았다. 이처럼 니콜라우스 1세는 세속 지배자들에 대하여 교황은 도덕적 판단을 할 권리가 있음을 주장하였다. 왕이 교황에 의해 판결을 받는 최초의 사건이 발생했다.[36]

그러나 니콜라우스가 죽은 뒤 교황청과 서방 교회 전체는 혼란스러운 시대 상황 가운데 비참한 타락 상태에 빠졌다. 실상 니콜라우스부터 힐데브란트까지 거의 2백 년 동안 극소수의 예외를 제외하면 교황좌가 평범한 사람, 심지어 자격이 없는 사람들에 의해서 채워졌다.[37] 기독교 세계의 어떤 교회나 분파도 10세기의 라틴 교회만큼 추락한 적은 추락한 경우는 찾아보기 어려울 것이다. 교회와 국가에는 무지와 미신이 만연하였고, 무정부 상태로 인해 각종 범죄가 판을 쳤던 시대였다. 교황청의 타락은 참으로 극에 달하였다.

> 교황청은 고대 로마의 야누스처럼 기독교적인 면과 반기독교적인 면, 친절하고 관대한 면과 악하고 표독한 면을 동시에 지니고 있지만, 이 시기의 교황청은 오로지 반(反)기독교적인 면만을 지니고 있었다.[38]

---

35 Walker, *A History of the Christian Church*, 284.

36 Fuhrmann, *Die Päpste*, 127.

37 Schaff, *History of Christian Church*, 4, 261.

38 Schaff, *History of Christian Church*, 4, 263.

10세기에 대한 가장 일반적인 평가는 "암흑시대"(*Saeculum obscurum*)이다.[39] 당대의 사람들에게 빛으로(태양 혹은 달 등) 여겨지던 교황도 황제도 그 빛을 비추지 못했던 시대로 여겨졌다. 당시에 몇몇 교황은 20대 초반이나 혹은 십 대에 선출되기도 하였다. 어떤 이들은 세 달이나 한 달, 심지어는 겨우 3주 동안만 교황의 위에 있을 수 있었다. 그중 몇몇은 폐위되었거나 혹은 살해당하였다. 사실상 당시에 몇 명의 교황이 있었는지, 혹은 반(反)교황(Anti-Papst)은 몇 명이나 있었는지 확정하는 것조차도 힘들다. 교황들은 훼방하고, 훼방을 받고, 죽이고 또한 죽임을 당하였다. 그들의 삶은 복음과는 조금도 닮지 않았고, 마치 부유한 자들의 방탕하고, 무절제한 아들들과 같았다. 그들 중 일부는 부모의 욕심에 의해서, 또 일부는 칼을 통해서, 그리고 일부는 아름답고 부요한 정부(情婦)의 영향에 의해서 교황이 되었다. 교황 대부분은 당파들의 우두머리였고, 그마저도, 평판이 지독히 나쁜 경우가 비일비재하였다. 교황 요하네스 9세는 교황 선출을 둘러싼 이러한 예견된 소란, 폭력, 그리고 무질서를 막기 위해 황제가 보낸 대표자의 참석을 필수로 하는 법을 공포하기도 하였다.[40]

10세기 혼란과 타락의 상태는 포르모수스 교황의 재판과 보니파키우스 7세의 사건에서 잘 드러난다. 첫째로, 서기 896년 교황 스테판 6세(Stephan VI, 896-897)는 라테란 성당에서 공의회를 소집하였다. 이 공의회의 안건은 이미 사망한 지 6개월이 지난 전임 교황 포르모수스(Formosus, 891-896)에 대한 재판이었다.[41] 표면적인 기소의 내용은, 교황 포르모수스는 애초에 다른 지역(Porto)에서의 주교여서 교황으로 선출되기에 적합하지 않았다는 것이었다. 왜냐하면 당시의 교회법적 전통에 따르면, 주교들은 자신의 지역에서

---

39 로마 가톨릭 추기경이자 교회사가였던 카이사르 바로니우스(Caesar Baronius, 1607년 사망)는 이 시기를 '암흑시대'로 이름을 부여하였다.

40 *896(8)년 로마 공의회에서 교황 요하네스 9세의 공포*, in: *A Source Book for Medieval History*, no. 52.

41 Cannon, *History of Christianity in the Middle Ages*, 168.

다른 곳으로 옮기는 것을 금하였다. 주교들이 지니는 반지는 마치 부부의 결혼반지에 비유되어, 주교들은 자신의 주교구를 바꾸지 않았다.

소집된 공의회(일명, 시체 공의회)는 사망한 지 6개월이 지난 포르모수스 교황의 유골에다 교황의 의복을 입히고, 교황의 자리에 앉힌 다음, 한 명의 집사를 그 곁에 세워 (죽은) 교황을 변호하게 하였다. 재판은 의도된 대로 전개되어, 스테파누스 6세는 포르토의 주교였던 포르모수스가 로마의 주교(교황)가 되었기 때문에, 그의 모든 결정과 임직은 강탈에 의한 것으로서 유효하지 않다고 선언하였다. 포르모수스를 유죄로 공포하고, 반교황으로서 정죄하였으며, 그의 시체에서 교황의 의복을 벗겼다. 또한, 포르모수스가 두 손가락을 통해 잘못된 사도적 인장, 즉 결재를 내리기도 하였다는 명목으로, 그의 두 손가락을 잘라서 테베강에 던져버리기까지 하였다.

둘째로, "공포의 괴물"(*horrendum monstrum*)이자 별명으로 "더 사악한"(*malefatius*) 자로 알려진 반교황 보니파키우스 7세(Anti-pope Boniface VII, 985년)는 974년과 984년부터 985년까지 교황의 지위에 있었다. 그러나 현재 그는 공식적 교황이 아닌 "반교황"(Anti-pope)으로 간주된다. 보니파키우스 7세는 974년 전임 교황 베네딕트 6세와 984년 당시 교황 요하네스 14세를 살해하였다. 그는 첫 번째 사건 이후에 베드로 성당의 보물을 챙겨서 이탈리아 남부의 비잔틴 영역으로 달아나기도 하였다.[42] 10여 년이 지나 재물이 떨어지자 그는 다시 로마에 나타나 교황의 권위를 다시 주장하였다. 경건한 주교인 제베르트(Gerbert of Aurillac)는 그를 일컬어 "불경함에 있어 최악의 인물"로 불렀다.[43] 그는 결국 대적에게 살해되었고 당시 그의 몸에는 100여 군데의 찔린 상처가 있었으며, 시체는 거리를 끌려다니다, 숲에 버려졌다.

교황청 역사에서 가장 추문으로 얼룩진 시기는 두말할 나위 없이 세르

42 샤프는 콘스탄티노플로 도피하였다고 기록한다. Schaff, *History of Christian Church*, 4, 267.

43 그는 오토 3세의 교사로서 교황 실베스터 2세(Sylvester II, 999-1003 재위)로 선출되었다.

기우스 3세(Sergius III, 904-911)로부터 요하네스 13세(John XIII, 965-972)에 이르는 반세기였다. 역사가들 사이에 전통적으로 '도색정치'(pornocracy)로 알려진 이 시기 동안 로마와 교황청은 '로마인들의 원로원 의원'이자 교황청에서 가장 높은 평신도 관료였던 테오필락투스(Theophylact) 가문의 여성들에 의해 지배를 받았다.[44]

- **'도색정치'**(pornocracy)

[대부분 회자하는 요하네스 10세에 관한 역사는 오토 대제를 수행한 리우트프란트(Liutprand of Cremona)의 기록에 주로 의존하고 있다. 그는 요하네스 10세에 관하여 편향적이고 적대적인 태도로 일관하고 있다. 호프만에게 이 시기의 역사는 '삼류소설'이었다.[45]]

요하네스 10세(John X, 914-928)는 원래 볼로냐의 성직자로서 로마에 체류하기 시작한 젊은 시절 시의원이었던 테오도라의 정부였다. 스캔들의 확장을 염려한 교황청은 요하네스를 라벤나의 주교로 임명하여 지방으로 보냈다. 테오도라는 자신의 연인이 라벤나의 추기경으로 임명되어 로마를 떠난 것을 견디지 못하여, 그를 교황의 자리에 앉히고자 하였다.[46] 이를 위해, 테오도라는 두 명의 교황들을 제거해야 했다. 아마도 요하네스 10세는 거의 스무살이나 연상이었던 테오도라와의 연애에서 질질 끌려다닌 것처럼 보인다. 왈츠는 말하기를 요하네스가 스스로 테오도라를 독살하기 전까지는 교황의 자리에 따른 책임에 시간을 보내는 것보다, 정부인 테오도라의 침실에서 더 많은 시간을 보내야 했다고 말한다.[47] 테오도라와 마로치아의 영향 아래 있던 시대를 '도색정치'로 명명했던 리우트프란트는 테오도라에게 머리카락 한 올 치의 장점도 발견할 수 없다고

---

44 Cannon, *History of Christianity in the Middle Ages*, 168.

45 Fuhrmann, *Die Päpste*, 128.

46 Schaff, *History of Christian Church*, 4, 267.

47 Erich Walz는 *Die Herrin der Päpste* (München, Blanvalet, 2003)의 제목을 지닌 역사소설에서 당시의 장면을 꽤 성실하게 소개한다.

악평을 서슴지 않았다.[48]

테오도라의 테오필락투스 가문의 힘은 그녀의 딸인 마로치아(Marozia)—스폴레토의 알베릭과 결혼함—의 손에 넘어갔다. 왈츠는 그녀를 다음과 같이 상징적으로 표현하였다. "그녀는 교황의 애인이었고, 교황의 어머니이자 교황의 할머니였다." 교황과의 권력 투쟁에서 마로치아는 남편이 죽자(917년 이후) 입지 강화를 위해 이탈리아의 왕이자 토스카나의 군주인 귀도(Guy)와 재혼을 추진하였다. 이 결혼에 대해서 교황 요하네스 10세(John X)가 반대하고 나섰지만, 토스카나 군인들이 로마에 들어온 뒤 라테란 궁에 들어가 교황의 형제를 죽이고, 이어서 교황마저도 투옥한 뒤 질식사시켰다. 마로치아는 세 명의 교황을 차례로 임명하였고, 그중 마지막 인물인 요하네스 11세(John XI, 931-936)는 그녀의 아들이었다. 두 번째 남편마저 죽자 추측건대 순수한 로마인에 의한 제국 왕조 설립을 겨냥한 마로치아는 귀도의 이복동생인 프로방스의 위그(Hugh of Provence)를 이탈리아 왕이라고 부르면서 그에게 청혼하였다.[49]

그러나 결혼식 때 위그에게 모욕을 당한 마로치아의 아들 알베릭 2세(Alberic II)는 어머니를 고소함으로써, 로마 시민들을 상대로 어머니와 위그에 대한 봉기를 일으켰다. 격분한 알베릭 2세는 뛰어나가, 자신의 어머니 마로치아에 대항하여 로마인들을 선동하였다:

"이 도시가 한 창녀의 불륜 욕망 때문에 파괴되는 것도, 그 제국의 영광을 이방인에게 넘겨주는 것도 용인되어서는 안 된다. 한때는 로마의 노예였으나 지금은 마치 자신을 옛 주인처럼 행세하는 야만인의 독재로부터 로마가 자유롭게 되어야 한다. 그 이름이 뜻하는 것처럼, 부르군트(위그를 말함)를 내쳐야 한다."

이는 부르군트의 군주인 위그를 풍자한 표현이다. 즉, 부르그(Burg)는 성을 뜻하

48 Liutprand of Cremona, *Antapodosis sive Res per Europam gestae* (958–62), MGH: Scriptores, 3:312.

49 Walker, *A History of the Christian Church*, 288.

며 언던(undern)은 아래로 혹은 내려가다, 던지다의 의미로서, 성으로부터 내던져진 자들이란 뜻이 된다. 이어서 알베릭 2세는 아버지(스폴레토의 알베릭)와 할아버지(테오필락투스)의 유업은 자신에게 승계되어야 함을 주장하였다. 위그는 로마에서 도망쳤고, 마로치아는 감금되었으며, 알베릭 자신이 '모든 로마인의 군주이자 의원'이라는 칭호를 가지고 로마 교회와 공국 업무를 맡았다.[50]

알베릭 2세(932-954 재위)는 의심할 여지 없이 전제적인 통치를 하였다. 그러나 공평무사한 태도를 유지하였고, 로마시와 주변 영토들의 질서와 상대적인 번영을 회복하려는 데 주안점을 두었다. 더욱이 당대의 사건들 때문에 흐트러지고 부패한 수도원들을 개혁하는 데 많은 관심을 쏟았다. 로마를 외부 세력들의 지배하에 넣으려는 온갖 시도를 뿌리친 테오필락투스의 손자 알베릭 2세는 영토를 보존하려는 정신과 자립정신을 되살려 놓았다. 그가 임명한 교황들은 교황직을 더럽히지 않은 사람들이었으며, 여하튼 이 시대 교황청의 기능은 주로 상징적이었다. 알베릭 2세가 과거 교황들이 확보하려고 애쓰던 것, 즉 로마와 그 주교의 독립을 확보하려고 노력한 것은 분명한 듯하다. 그러나 로마가 교황에게 속한 것으로 보지 않고 교황이 로마에 속한 것으로 봤다는 점에서는 과거 교황들과 달랐다.

알베릭 2세는 자기 죽음을 앞두고서, 현직 교황 아가페투스 2세(Agapetus II, 946-955 재위)가 죽고 난 뒤 자기 아들 옥타비아누스(Octavian)를 후임 교황으로 세우겠다는 서약을 받아냄으로써 자신의 직위와 교황직을 연합시키려고 하였다. 그리고 그의 의도대로 옥타비아누스는 16세에 요하네스 12세(John XII)라는 이름으로 아가페투스와 자기 아버지를 계승하여 교황이자 로마의 지배자 자리에 올랐다. 그러나 요하네스 12세는 "교황으로서 영적 직무를 세속적 직무에 완전히 매몰시켰고, 군인 복장으로 공식 석상에 나타났으며, 교황직에 따른 권리는 하나도 포기하지 않으면서도, 그 의무는 제대

---

50 Walker, *A History of the Christian Church*, 288.

로 이행하지 않았다."[51] 그는 너무나 비도덕적이고 신성모독적인 인물로 오토 황제가 그를 폐위시킬 때까지 교황의 자리에 있었다.[52]

그런데도 중세인의 의식은 교황제가 여전히 그리스도께서 교회의 감독과 운영을 위해 베드로 수위권을 토대로 수립해 놓으신 필요한 제도였으며, 이를 대체할 만한 다른 제도는 상상조차 할 수 없었다.

II. 오토 제국과 클루니 수도원

1. 오토 제국과 세상적 질서의 회복

1) 독일과 오토의 등장

독일의 봉건 제도 하에서는 지방 분권화가 제대로 자리하지는 못하였다. 이처럼 독일에서는 지역적 분산이 실제로 대규모로 발생하지 않은 것은 두 가지 이유에서다. 첫째는 유럽에 대한 마자르족(헝가리족)의 침입이었다. 9세기 말경에 시작된 이들의 침공은 중대한 위험과 두려움을 샤를마뉴 제국 동부 국경 지대에 일으켰다. 마자르족은 바이에른, 작센 그리고 튀링엔 지역을 포함하여 때로 이탈리아와 프랑스까지 침공하여 가는 곳마다 약탈과 파괴를 자행하였다. 그들의 대규모 무리가 일으키는 압력과 공포를 직접적으로 대면해야 했던 독일 공국들에서는 내부적 갈등이 상대적으로 부차적인 문제에 불과하였다.[53]

둘째로는 독일의 성직자들은 강력한 왕권을 원하였다. 이들 성직자는 다수의 영주보다는 한 명의 왕을 맞상대하려 하였다. 이에 그들은 왕국 전

51 Schaff, *History of Christian Church*, 4, 268.

52 Tierney/Painter, *Western Europe in the Middle Ages, 300-1475*, 223.

53 Walker, *A History of the Christian Church*, 290.

역에 평화와 질서를 유지할 수 있는 강력한 지배자의 필요성을 느꼈고 신성한 왕이라는 이상을 신봉하고 있었다.[54] 따라서 외부의 강력한 위협 앞에 성직자들과 이른바 '분가'(分家) 공국들의 지도자들은 작센의 하인리히(Henry the Fowler)를 왕으로 선출하였다. 게르만족의 전통에 따라 지도자를 선출하던 관습이 독일에서는 왕, 곧 통치자를 선출하는 전통으로 자리 잡았다.[55]

919년 작센의 하인리히는 왕으로서의 그의 지위를 공국의 군주들에게 인정받는 데는 성공하였으나, 그들을 각각 독립적인 통치자로 허용해야 했다. 그들이 그의 잠재력을 질시하였기 때문에 하인리히는 주로 자신의 자원들에 의존하여 왕국의 의무를 감당하였지만, 맡은 임무를 유능하게 잘 처리하였다. 북쪽에서는 데인족을 몰아냈고(929년), 엘베강 동쪽에서는 슬라브족을 진압하였으며(934년),[56] 안스투루트 전투에서는 헝가리족에게 치명적인 패배를 안겨주었다(933년). 처음 왕은 '동등한 자 중의 첫 번째'(*primus inter pares*)였으나, 왕은 제후들과 함께 정책을 세웠고, 외부의 적과 대치하는 가운데 왕의 지위는 점차 공고해졌다. 하인리히는 자신의 우월한 지위가 인정되는 한 공작들이 그들의 소유물에 대한 완전한 내부 통제를 허용하였다. 반면에 그의 아들인 오토는 교회의 기름 부음을 받아들였으며 자신의 왕국의 체제를 자신이 통치할 "신성한 권리"를 가지는 봉건 군주제로 여겼다. 이로 인해 오토 1세의 통치 초기에는 여러 차례의 내부 반란을 겪어야 했다.

---

54 Tierney/Painter, *Western Europe in the Middle Ages, 300-1475*, 205.

55 이러한 전통은 애초에 게르만족의 지도자를 선출하는 관습에 기원한다. 1356년 금인칙서(金印勅書, 독일어: *Goldene Bulle*) 또는 황금문서(黃金文書)로 알려진 문서에 의해 공식화되어, 신성로마제국의 해체 시(1806년)까지 유효하였다. 이 문서는 독일 황제(신성로마제국 황제)의 선출 방식을 명문화하고 있다. 일반적으로 황제 선거는 7명의 선제후의 다수결로 결정하되 마인츠 대주교가 가장 마지막으로 투표하게 되어 있다.

56 10세기 뉴-코르비(New-Corvey)의 수도사 비두킨트(Widukind)는 하인리히가 슬라브인들의 지역을 어떻게 장악해 갔는지를 기록을 남겼다. 『색슨족의 업적과 연대기 3권』(*Res gestae Saxonicae sive annalium libri tres; The Three Books of the Deeds of the Saxons*). I. 35. 참조) *A Source Book for Medieval History*, no. 27.

〈오토 1세(936-973 재위)〉

2) 오토의 봉헌식

하인리히는 자신보다 훨씬 유능한 아들 오토 1세(Otto, 936-973)에게 강력한 기반을 물려주었고, 오토는 장차 독일 제국의 건축자가 되었다.[57] 오토는 중세 초의 걸출한 인물들 중에 하나로서, 독일에 강력한 왕권을 확립하였고, 샤를마뉴의 이상을 잇는 신성 로마 제국의 주요 인물이었다.

24세에 오토가 왕이 되었을 때 내부 대영주들의 지위는 여전하였고, 이민족의 위협도 그대로 있었다. 하인리히처럼 오토가 직면한 과제는 왕권 신장과 왕국의 강화였다. 오토는 자신의 권력을 강화하는 데 무엇보다도 교회의 지원에 크게 힘입었다. 이를 위해 오토는 왕으로 선출되자마자(936년), 대관식 장소를 과거 샤를마뉴의 궁정이 있던 아헨(Aachen)으로 정하고, 마인츠의 대주교 힐데베르트의 손을 빌려 기름 부음을 받았다. 마인츠에서 진행된 왕의 대관식은 오토가 가진 권력의 기반을 다지고, 강화하는 결정적 토대가 되었다.[58]

〈마인츠에서의 독일 왕의 봉헌식 과정〉

왕이 일어서자 집례 주교는 그에게 하나님의 거룩한 교회와 교회 지도자들과 그 아래에 속한 온 백성을 정당하고 양심적으로 왕의 배려 가운데 아버지의 도리에 걸맞게 보호하며 다스리겠는가 하고 물었다. 그에 상응하게 모든 면에서 신실하게 행하되 하나님의 도우심과 자기의 모든 봉신의 협조에 의지하여 자신

57 Tierney/Painter, *Western Europe in the Middle Ages, 300-1475*, 207: "왕권 초기 오토는 작센과 프랑켄을 세력 기반으로 하는 북부 독일의 한 유력자일 뿐이었다."

58 비두킨트(Widukind)는 오토의 선출과 대관식에 관하여 자세하게 전달한다. 『색슨족의 업적과 연대기 3권』(*Res gestae Saxonicae sive annalium libri tres*), II. 1-2, in: *A Source Book for Medieval History*, no. 28.

〈아헨 대성당의 샤를마뉴의 보좌(출처: wikipedia)〉 〈독일 왕의 봉헌식〉

이 할 수 있는 한에서 행할 것을 약속하였다.

주교는 백성에게 묻기를 이러한 우두머리와 지도자의 신복이 되며, 그 나라를 흔들리지 않는 충성으로 견고하게 하며 그의 명령에 복종하기를 사도(의 말씀)를 따라 하겠는가 하고 물었다…. 이어서 성직자와 백성이 사방에서 일심으로 대답하였다: “그렇게 하겠나이다. 그렇게 하겠나이다, 아멘”.

(봉헌기도 및 기름 부음)

전능하시고 영원하신 하나님 만물의 창조자이시며 만왕의 왕이시고 (모든) 주의 주이신 당신께서는…. 우리가 간구하나니 우리의 겸손한 간구와 당신의 이 종 [이름], 곧 우리가 겸손한 복종 가운데 왕으로 선출한 종을 보시옵소서. 그에게 은사를 더하시고, 항상 어디서나 당신의 능력의 오른손으로 붙드시옵소서… [머리, 가슴, 어깨와 두 팔의 관절에 기름을 부었다].

(통치의 상징물을 전달하고, 왕관 씌움)

비록 무가치하지만 거룩한 사도들의 대리와 전권으로 말미암아 거룩하게 된 주교들의 손으로부터 검을 받으라; 너에게 왕의 신분을 따라 부과되며 우리의 축복직무를 통해서 하나님으로부터 거룩한 교회를 보호하도록 정해졌노라…. "허리에 검을 두르라 너 용사여, 그리하여 동일한 허락하심으로 능력을 발하며 불의한 무리에게 힘 있게 대항하며 하나님의 거룩한 교회와 그를 믿는 자들을 막아 보호하고 믿음의 위선자들을 그리스도의 이름에 대한 원수와 마찬가지로 저주하고 섬멸하고, 과부와 고아들을 자비로 도우며 그들을 막아주며 파괴된 것들을 복구하고 복구된 것들을 유지하라….

… 받으라, 제국의 관을, 보잘것없는 주교의 손에서 너의 머리에 씌우는 관을. 그리고 이것이 거룩한 영광의 뚜렷한 상징임을 알라…. 이 관으로 말미암아 너는 우리의 직무에 참여하는 것을 잊지 말라. 우리가 내적 영역에서는 영혼의 목자요 지도자라고 여겨진다. 이와 같이 너도 (말하자면) 외적 영역에서 항상 참으로 하나님을 섬기는 자로서, 그리스도의 교회를 모든 대적으로부터 방어하는 자로서, 너에게 하나님으로부터 주어지고 사도와 모든 성자의 대리인 우리의 봉헌행위를 통해서 부여한 제국에 유익을 가지고 오는 관리자요 유익한 통치자로서 드러나게 하라….[59]

봉헌식에서 명목상 오토에게 충성의 서약을 하였던 독일의 대공들은 실제로 오토에게 충성하도록 강요되었다. 하나님께 봉헌된 왕으로서 오토는 주교직과 대수도원장직 등 고위 성직에서 목회 임무에 충실할 뿐만 아니라 국사에서 왕의 권위를 대표할 수 있을 만한 사람들을 임명하였다.[60] 왕이 임명한 주교들은 자신들의 주교구에서 모든 종교적, 세속적 사안에 대한 통제권을 부여받음으로, 오토와 공통된 이해관계를 지니게 되었다. 이로써 오토는 독일의 수도원들과 주교구들의 자원들을 활용하여 다루기 힘든 대공국들을 굴복시킬 수 있는 경제력과 군사력을 확보하였다. 오토는 여러 차례에 걸친 영주들의 불만과 저항을 극복할 수 있었다. 오토의 재위 초반 5년은

59 KThQ2, Nr. 27. a,

60 Walker, *A History of the Christian Church*, 291.

몇몇 대공의 반란과 일족 간 사투의 시기였다.[61]

독일의 국력을 강화하고 영토를 확장하기 위한 오토의 노력은 무엇보다도 그의 군사적인 성공으로 뒷받침되었다. 초기 여러 차례에 걸친 내부 귀족들과 영주들의 반란을 제압하는 데 성공하였으며, 951년 이탈리아 롬바르디아를 정복하였으며, 또한 마자르족과 전투를 벌였다. 955년 아우구스부르크 근처 레히펠트(Lechfeld) 전투에서 오토는 마자르족을 결정적으로 격퇴하였다.[62] 마자르족은 레히펠트에서 대패한 뒤 다시는 서쪽으로 진출할 계획을 세우지 못하고, 헝가리로 물러나 마자르 왕국을 세웠다. 그 뒤 오토는 군인들에 의해 황제로 선포되었고, 기독교 세계를 구원한 인물로 널리 인정을 받았다.[63] 962년 교황 요하네스 12세로부터 황제로 대관식을 받았다.

〈레히펠트 전투(955년)**〉**

61 Seibt, *Glanz und Elend des Mittelalters*, 79.

62 Widukind, *Res gestae Saxonicae sive annalium libri tres*, III. 44 이하, in: *A Source Book for Medieval History*, no. 29.

63 Walker, *A History of the Christian Church*, 292.

2. 오토 황제와 교황청

오토는 교황과 이탈리아의 여러 제후로부터 왕 베렝가리우스 2세(Berengar II)의 압제로부터 보호해 달라는 부탁을 받았다. 물론 교황은 오토에게 황제 대관식을 약속하였으나, 그의 권력이 지나치게 강대해져서 교황청의 권위를 침탈할지도 모른다는 염려를 하였다. 이에 오토에게 다음과 같은 서약을 요구하였다. 이는 오토의 직접적인 서약이 아니라, 그의 대리자를 통한 서약이다.

> 나의 주 교황 요하네스 당신께, 왕인 나, 오토는 성부와 성자와 성령을 두고 생명을 주는 십자가 나무와 거룩한 성인들의 성물을 의지하여 당신께 약속하고 맹세합니다. 만일 하나님의 뜻에 따라 나는 로마에 간다면, 나는 최선을 다해 거룩한 로마 교회와 당신을 그 통치자로 높이겠습니다. 그리고 나의 의지나 선동으로 인해 당신의 생명이나 신체, 또는 당신이 소유한 명예를 절대로 잃어버리지 않을 것입니다. 그리고 여러분의 동의 없이는 로마시 내에서 당신이나 로마인들에게 영향을 미치는 어떤 법도 제정하지 않을 것입니다. 내 통치안에 들어오는 성 베드로의 영토가 무엇이든 나는 당신에게 양도할 것입니다. 그리고 만일 내가 누구에게 이탈리아 왕국을 위임하면, 성 베드로의 땅을 수호하기 위해 가능한 한 그가 당신을 돕겠다고 맹세하게 할 것입니다.[64]

약속대로 알프스를 넘은 오토는 962년 1월 31일 로마에 도착하여, 3일 만에 교황 요한 12세에 의해 로마 황제로서 제관을 받았다. 이로써 독일 제국은 기독교 세계를 위한 봉사자로 세워졌고, 이어진 시노드(synod)에서 오토는 또한 피핀과 샤를마뉴에게 기증받았다가 빼앗긴 로마 교구의 모든

64 *961년 요하네스 12세에 대한 오토 1세의 맹세*, in: *A Source Book for Medieval History*, no. 53; Ferdinand Gregorovius, *The History of Rome in the Middle Ages*, vol. III (1895), 332-333.

영토를 되찾아 주기로 약속하였다.[65] 이를 담보하는 문서인 "오토의 특허장"(*Diploma Ottonianum*)은 교황령 영토에 대한 보장만이 아니라, 로마의 성직자와 백성에게 교황을 선출할 수 있는 독점권을 부여하였다. 그러나 교황 당선자는 황제가 교황으로 인준하기 전에 봉건법에 기초한 합의에 따라 황제에게 충성을 맹세해야 했다.[66] 따라서 오토는 성 베드로의 무덤 앞에서 교황과 로마 주민들에게 충성 서약을 받았다. 이후로 로마 황제의 면류관은 항상 독일인들이 차지하였으며, 황제와 아우구스투스라는 칭호는 교황이 집례하는 대관식에 의해서만 법적으로 취할 수 있었다.[67]

〈오토 1세가 이탈리아 왕 베렝가리우스의 항복을 받는 장면〉(좌)
〈오토와 교황 요하네스 12세의 만남〉(우)

이처럼 오토는 이탈리아의 교황령들에 대해 교황청 소유권을 확증해 주었지만, 그 백성이 로마 교회가 아닌 자신에게 충성 서약을 하도록 만들었다. 이에 오토가 로마와 그 교구를 황제에게 소유권이 있는 교회로 간주하고 있다는 점을 눈치챈 요하네스는 그 독일 왕과 협상을 한 것을 후회하고

65 *오토의 특허장*(*Diploma Ottonianum*, 962년 2월 13일), §§ 1-14, in: *A Source Book for Medieval History*, no. 54.

66 *오토의 특허장*(*Diploma Ottonianum*, 962년 2월 13일), § 15, in: *A Source Book for Medieval History*, no. 54.

67 Schaff, *History of Christian Church*, 4, 269.

는 과거 오토의 정적들에게 오토에 대한 자신의 투쟁을 지원해 달라고 요청하였다. 오토는 이 행위—그의 관점에 의하면 반역 행위—에 대해서 로마에 교회 회의(synod)를 소집하고 963년 12월 6일 요하네스 12세가 참석하지 않은 상태에서 그의 폐위를 공포하고, 레오 8세(Leo VIII)—덕망 높은 평신도이며 로마 교회의 고위 행정관료—를 교황으로 앉혔다. 그리고 레오 8세의 선포를 통해, 앞으로는 어떠한 교황도 황제 자신이나 황제의 사절들에게 충성 서약을 하지 않고는 즉위할 수 없다고 천명하였다:[68]

> … 우리 주교 레오, 하나님의 종들의 종, 로마의 모든 성직자와 백성과 함께, 우리의 사도적 권위를 통해 독일 왕 오토 1세와 이탈리아 왕국의 그의 후계자들에게 교황의 후계자를 선택하고 교황을 서품할 권리를 영원히 부여합니다. 황제가 교황이나 대주교에게 서품과 축성을 허락한 고위 성직자들을 제외하고, 그들은 교황에게서 서품과 축성을 받을 수 있습니다. 어느 누구도 자신의 위엄이나 교회 직위가 어떠하든 황제의 동의 없이, 그리고 뇌물 없이 총대주교를 선택하거나 교황이나 주교를 임명할 권한을 가질 수 없습니다.

그러나 오토가 알프스 너머로 로마를 떠나자마자 굴욕스러운 상황에 분노한 로마 시민들은 레오 8세를 몰아내고 요하네스 12세를 복직시켰으며, 964년 요하네스가 죽자, 황제의 동의 없이 베네딕트 5세(Benedict V)를 후임 교황으로 선출하였다. 오토는 로마로 돌아와 베네딕트 5세를 추방하고, 레오 8세를 복직시켰으며, 그의 후임자 요하네스 13세(John XIII, 965-972)도 직접 임명하였다.[69] 이처럼 오토와 그의 후계자들은 황제의 권한으로 독일에서 주교를 임명하는 것과 마찬가지로 로마에서 교황을 임명하는 것도 당연한 일로 간주하였다.

---

68 *교황 레오 8세의 특허장* [PL 134.994]; *A Source Book for Medieval History*, no. 55.

69 Walker, *A History of the Christian Church*, 292.

오토의 뒤를 이은 황제들 역시 교황청의 문제에 적극적으로 관여하였다. 샤프는 이 모습을 "교황청은 도덕적으로는 구출되었으나, 그 대가로 독립을 상실하였다."라고 묘사한다.[70] 그러나 오토 1세의 후예들은 역량이 부족하였으며, 이로 인해 로마와 교황청은 이탈리아파와 독일 황제파의 갈등의 장이 되었다. 예를 들면, 오토 3세가 아직 어릴 동안에 투스쿨룸의 백작 알베릭이 이끄는 황제파와, 소 크레스켄티우스가 대중의 인기를 등에 업고 주도한 로마파가 요새화된 지역들을 거점으로 삼아 로마와 교황청을 지배하기 위해서 투쟁하였다. 피 흘리는 일이 일상적인 유희였다. 두 파벌은 요새에서 나와 혹시 길에서 마주치면 어김없이 전투를 벌였다. 저마다 교황들을 세웠고, 광기 섞인 분노에 싸여 그들을 살해하고 시체를 절단하였다. 새로운 시대가 등장할 때까지 로마의 교황청은 아직 '암흑' 속에 있었다.

오토 3세 역시 로마 제국의 쇄신을 실현하고 참된 '로마인들의 존엄한 황제'가 되고자 했지만, 그의 야망은 실현되지 못하였다.[71] 이미지에서처럼 황제들은 여전히 십자가가 새겨진 세계를 잡은 기독교 세계의 통치자, 주권자임을 자처하였다. 오토의 후예는 작센 왕조의 방계인 하인리히 2세(Heinrich II, 1002-1024)였으나, 그는 독일에서의 지위를 유지하는 데 급급하였으며, 로마는 한동안 아노미 상태에 놓여 있었다.

〈오토 3세의 모습〉[72]

70 Schaff, *History of Christian Church*, 4, 273-274.

71 Seibt, *Glanz und Elend des Mittelalters*, 110.

72 Seibt, *Glanz und Elend des Mittelalters*, 116.

III. 클루니 수도원

1. 클루니 수도원의 설립

서방 수도원들은 9세기 이후 대부분 베네딕투스 수도원 규칙을 채택하였으나, 이를 제대로 이행하고 있던 수도원은 거의 없었다. 수도원은 종교적 열정의 중심이라기보다는 혼란한 바깥세상을 견디지 못한 사람들의 피난처였다. 사실상 10세기의 프랑스에서는 제후가 명목상의 수도원장이 되어 수도원의 수입을 독차지하였고, 그의 대리인으로 성직자가 존재할 뿐이었다. 브룩(Brooke)은 이 시기의 수도원은 "왕과 군주의 재산"이라고 단언한다.[73] 세속 군주들에게 종속된 고용인인 주교나 수도원장들이 열렬한 종교지도자일 수는 없었다.[74] 이렇게 수도원의 규율은 지켜지지 않았고, 도덕적인 일탈과 수도원의 세속 세력에 대한 종속, 나아가 성직 매매와 성직자들의 타락 등 전체적인 교회의 혼란은 극에 달해 있었다. 이러한 혼란에서 새로운 시대와 정신을 여는 수도원이 설립되었다.

새로운 대수도원은 전성기에 이르러 당시 교회 조직들을 도덕적이고

---

73 Brooke, *Die Klöster*, 127.

74 Tierney/Painter, *Western Europe in the Middle Ages, 300-1475*, 224.

도 신앙적으로 개혁하는 데 지대한 공헌을 하였다. 부르군트(Burgund)에 자리 잡은 새로운 클루니 수도원은 910년 아키텐의 공작 윌리엄(William of Aquitaine)에 의해 설립되었다. 매우 경건한 평신도 성직 임명권자였던 윌리엄은 『베네딕투스 수도 규칙』(*Regula Benedictini*)에 명시된 대로[75] 자신의 수사들이 세속 군주의 간섭을 받지 않고 대수도원장을 선출할 수 있도록 하는, 당시로서는 예외적인 법령을 제정하였다. 클루니 수도원의 정신, 성격, 그리고 특성들은 수도원의 설립 증서에서 잘 나타난다.

〈클루니 설립 증서〉(910년)

① … 하나님의 선물로 백작이며 공작인 나 윌리엄은 가능한 한 나의 구원에 대해서 기회가 있을 때마다 생각하고 관찰하던 중에 일시적으로 나에게 맡겨진 재산들의 작은 부분을 영혼의 유익을 위해서 사용하는 것이 합당하고, 또 지체할 수 없이 시급하다고 여겼다…. 한 수도회를 자신들의 재물로 소유하도록 하는 것보다 더 좋은 방법이 있을 수 없다…. 나는 하나님과 우리 구주 예수 그리스도를 향한 사랑으로 인해서 내 개인의 합법적 소유 중 일부를 거룩한 사도 베드로와 바울에게 넘겨주노라….

② 이것을 언급한 사도들 모두에게 넘겨주며 나의 아내 잉겔베르가와 함께 나 윌리엄은 먼저는 하나님을 사랑함으로 다음으로는 나의 영주들, 곧 왕 오도, 나의 조상(아버지)과 내 어머니의 영혼을 위해서, 그리고 나와 내 아내 그러니까 우리 영혼의 구원을 위해서 그리고 내 형제·자매들, 조카들과 모든 남녀 친척들 또 우리를 위해 봉사하는 우리 봉신들(*fideles*)과 공교회 신앙(*catholica religio*)의 보존과 유지를 위해서 넘겨준다….

③ 이 재단의 의미는 클루니에 성 베드로와 바울을 섬기기 위해 규율 있는 수도원이 세워지며 거기에 복된 베네딕투스의 규율에 따라서 사는 수도사들이 모인

75 『베네딕투스 수도 규칙』(*RB*) § 64 참조.

다는 것이다; 이들은 (언급한) 재산을 영원히 소유하며 보존하고 거기 거주하며 수도원을 관리하여야 한다. 물론 그곳의 존귀한 기도처는 맹세와 쉬지 않는 기도를 하기 위해서 신실하고 부지런히 구해야 하며 모든 소원과 깊은 곳에서 나오는 (불같은) 열정은 천상의 삶을 바라고 죽는 것을 목표와 전제로 삼아야 한다. ④ … (수도원장 베르노)가 세상을 버린 이후에 이 수도사들은 하나님의 뜻에 따라 그리고 성 베네딕투스 규율에 따라서 자기 종단에 임의의 한 지체를 원장(*abbas*)과 지도자(*rector*)로 선출할 전권과 윤허를 가지게 된다. 그렇게 함으로 나나 그 어떤 다른 권위(*potestas*)가 이의를 달며—양심적으로 집행한—선출을 방해할 수 없도록 한다.

⑤ 마찬가지로 우리는 이 언약에 다음과 같은 규정을 덧붙이기로 하였다: 오늘 날짜부터 거기 모인 수도사들은 우리 멍에나 우리 부모의 멍에나 높은 왕이 내리는 임의의 결정이나 지상의 어떤 권력의 지배에 속하지 않는다. 그리고 나는 간곡하게 간구한다.—하나님과 그의 모든 성자와 두려운 심판의 날을 증인으로 모신다—: 그 어떤 지상 군주도 어떤 백작이나 주교도 심지어는 위에서 말한 로마 보좌의 최고 사제도 그 하나님의 종의 소유를 건드리지도 나누지도 줄이지도 바꾸거나 그 어떤 사람에게 봉토로 주지 못한다…. 칼 왕의 통치 11년이며 13번째 납세의 해(910년 9월 12일)에 제출되다. 나 부제 오도는 문서관의 위치로 이것을 작성하고 서명하였다.[76]

①에서 윌리엄은 영혼의 유익을 위해 일부의 재산을 사용하기로 하였다. 기부 증서에는 포도원, 들판, 초원, 숲, 물, 방앗간, 농노, 경작지와 경작되지 않은 토지가 모두 포함되었다. 그는 그 재산의 수신자로 사도인 베드로와 바울을 제시하였기 때문에, 이 수도원의 권위, 재산 혹은 여타의 관여는 두 사도를 존중하지 않는 행위로 간주되어, 불명예를 피할 수 없었다. ②에서 윌리엄은 클루니 대수도원에 기부자를 위한 미사와 기도를 당부하였

76 KThQ2, Nr. 26. 원 안에 있는 숫자는 이해를 돕기 위한 필자의 삽입이다.

다. 이러한 요청은 장차 클루니 수도원에서 추도 예배의 발전을 낳았다. 또한 한 가문을 위해 전적으로 기도하는 수도원은 여타의 귀족들도 뒤따라 수도원을 세우도록 자극하였다. ③, ⑤에서 수도원은 베네딕투스 수도 규칙을 모범으로 삼아 생활하며, 수도원 재산은 스스로 관리하도록 하였다. 교황이라도 재산을 압류하거나 다른 사람에게 나누어주거나 동의 없이 대수도원장을 임명할 수 없었다. 또한 수도사들의 모든 하루 일과는 쉬지 않는 기도와 예배가 차지하였다. 이전의 베네딕투스 수도원이 유지를 위해 노동을 규정하였다면, 이곳은 기부된 재산에 의해 수도원의 유지는 이미 가능한 상태였다.[77] ④에서 수도사들이 자체의 규정에 따라 스스로 수도원장을 선출할 권리를 보장하였고, ⑤에서 수도원을 지방 교회조직의 모든 통제로부터 제외시켰다. 처음부터 이 대수도원은 오직 교황에게만 감독을 받았다(10세기의 상황에서 그것은 사실상 어느 누구의 감독도 받지 않는 독립을 뜻하였다.).[78]

2. 클루니 수도원의 발전과 영향

클루니 수도원은 교황으로부터 직접적인 지원을 받았던 한편, 클루니 수도원의 성장과 영향력은 교황의 권위 상승에 밑거름이 되었다.[79] 교황의 직할 아래 클루니 수도원은 많은 수도원과 수도원 네트워크를 소유하고 운영하는 강력한 수도회로 성장하였다. 이로 인해 클루니 수도원장은 서방교회 전체에서 지도자가 되었고, 클루니 수도원은 유럽에서 가장 웅장하고, 가장 권위 있고, 가장 많은 기부금을 받은 수도원 기관으로 인정되었다. 클루니의 영향력은 10세기 후반부터 12세기 초까지 정점에 달하였다. 이 수도원에 딸린 예배당은 서방에서 가장 규모가 크고 부유했는데, 스물다섯 개

77 아래의 피터 다미아니(Peter Damiani)의 편지 참조.

78 Walker, *A History of the Christian Church*, 289.

79 Brooke, *Die Klöster*, 83.

의 제단과 종들, 값진 예술품들이 이곳을 찾는 사람들의 경탄을 자아냈다. 이는 위고 수도원장 시기에 건설되었다.[80]

〈클루니 수도원〉

클루니 수도원은 수도원의 삶에서 악습을 추방하려는 시도를 전개했다. 그 하나가 '게으름'인데, 클루니 수도원은 수도원 생활 가운데 개인적인 기도와 생산 활동의 비중을 상대적으로 낮추는 대신, 집단적인 예배 예식에 훨씬 많은 시간을 할애하였다.[81] 교황 칼릭스투스 2세(Calixtus II)는 클루니 수도원이 '당시 수도원적 삶을 준수하는 거울'로 표현하기도 하였다(1120년).[82] 클루니 수도원을 방문하였던 페트루스 다미아니는 다음과 같은 기록을 남겼다.

> 11) 더욱이 오늘날의 엄격하고 온전한 질서를 돌이켜 보면, 그것은 인간이 만들어 낸 결과가 아니라 성령께서 고안하신 일이라고 생각합니다. 규칙을 지키려는 여러분의 끊임없는 노력, 특히 예배(Mass)와 합창단에 계속해서 참여했기 때문에, 더욱이 낮이 가장 긴 6월과 7월의 무더위 속에서도 형제들이 자리를 비우고 대화에 참여하도록 허용된 시간은 온종일 30분도 채 되지 않았습니다.

---

80 Schaff, *History of Christian Church*, 4, 339.

81 Tierney/Painter, *Western Europe in the Middle Ages, 300-1475*, 225.

82 PL 180.1164.

12) 내 생각에, 이 끊임없는 노력의 목적은, 회칙의 큰 배려와 선견지명에 의해, 나태한 형제들의 연약함을 억제하고, 죄를 지을 기회를 거의 완전히 없애기 위해 마련되었다고 생각합니다. 형제들은 스스로가 원한다고 할지라도 생각 말고는, 죄를 짓는 일이 거의 없습니다. 그리하여 이 모든 것은 연약한 형제들의 결점을 염두에 두고 행해졌기 때문에, 밤낮을 가리지 않고 이 끊임없는 임무(성무일과)를 수행하는 데 모든 시간이 사용되었습니다.[83]

클루니 수도원은 성경의 많은 부분을 일정한 순서에 따라 매일 낭송하는 관습을 견지하였다. 그들은 매일 미사를 집전하고 가톨릭의 전례 기도에 헌신하였다. 특히 이들은 추모자 명단을 만들어 추모하는 사람을 위한 추도 예배를 수도원에 촉구하였다. 이를 근거로 죽은 사람 개인을 위한 개인 미사 예식이 만들어졌다. 그리고 만성절(All Souls' Day)을 제정하여 이 세상을 떠난 모든 사람의 영혼이 구원받을 수 있도록 하는 예배를 지켰다(이 절기는 998년에 처음 지켜진 이후 점차 서구 교회로 확대되었다).[84]

글루니 대수도원은 초창기부터 개혁되고 또한 개혁해 가는 수도원으로서, 베네딕투스(Benedict of Aniane)의 전승에 서서 베네딕투스회 수도 생활을 온전히 실천하는 데 전념하였다. 열정과 학식으로 유명했던 그 대수도원장들은 유럽 전역의 수도원 문제들에 관해 끊임없이 자문 요청을 받았고, 결국 그 대수도원의 개혁 정신을 영국에서부터 로마에까지 전파하였다.[85] 클루니 수도원은 또한 사회 개혁의 일환으로 봉주들 간의 싸움을 금지시키고, 주님의 수난을 상기시키기 위하여 금요일 밤부터 월요일 아침까지는 휴전하는 운동을 전개하였다.[86] 귀족과 왕들은 클루니를 방문하여 견학하고 감

83 Peter Daminai, *Epistola* 100, 11-12 (1063.11).

84 Seibt, *Glanz und Elend des Mittelalters*, 165.

85 Walker, *A History of the Christian Church*, 289. 장차 11세기의 교황청 개혁의 정신과 인물들이 이 수도원을 통해 배출되었다.

86 "신의 평화" 혹은 "신의 휴전"(Truce of God)으로 불리는 귀족 사회에 얼룩진 전쟁과 폭력에 억제하는 운동이다. 이는 교회, 성직자, 여성과 어린이 등을 비롯한 비전투원에 대한 폭력행위

독들은 유능한 수도사를 선별하여 그곳으로 보냈다. 많은 수도원은 앞다투어 클루니 수도원을 모방하며 지원받기를 원하였다. 이로 인해 클루니 수도원은 서방 교회 전체에 영향을 미치는 대규모의 네트워크를 갖춘 수도회로 성장하였다. 서방에서 2천 곳이 넘는 수도원들이 클루니의 감독하에 있었고, 클루니 수도원의 엄격한 정신과 규율을 유지하고자 하였다. 클루니 수도회는 이들 수도원을 효율적으로 지도하기 위해, 중앙집권적인 단 하나의 대수원장에게 권위를 집중시키고, 개별 수도원은 부수도원장(prior)이 관장하게 하였다. 이로 인해 클루니 수도원장은 거의 유럽 전역에 수많은 수도원을 거느린 '교회 제국'(ecclesiastical empire)의 우두머리가 되었다.[87]

이처럼 클루니 수도회가 성장할 수 있었던 중요한 원인 중 하나는 탁월한 대수도원장들이 계속 등장했기 때문이다. 베르노(Berno, 910-927), 오도(Odo, 927-942), 메윌(Maieul, 943-994), 오딜로(Odilo, 994-1049), 대 위그(Hugh the Great, 1049-1109) 등 다섯 명의 수도원장이 연속해서 약 200년 동안 권위를 지속시켰다. 클루니 수도사들의 개혁 무기는 '모범'과 '권고'였다.[88]

예를 들면, 오딜로 수도원장은 심한 기근이 들었을 때 수도원에 보관되어 있던 연료들을 모두 방출하였으며, 심지어 의식용 기구들까지 녹이고, 교회의 장신구들과 하인리히 2세가 독일에서 자신에게 보내 온 면류관까지 내다 팔았다.[89] 오도와 가경자 페트루스(Peter Venerabilis) 수도원장은 당대 커다란 교회의 문제인 성직 매매와 성직자의 결혼을 철저하게 금하며 성직자의 기강을 세우는 데 앞장을 섰다. 클루니 수도원은 개혁파 베네딕투스회 수도원들의 거점이었으며, 그 수장은 수석 대수도원장이었다. 이 수도원은 교회에 여러 유력한 주교들과 세 명의 교황(그레고리우스 7세, 우르바누스 2세, 파

를 금하며, 위반자에게는 교회로부터의 파문과 저주를 선포하였다. *A Source Book for Medieval History*, no. 240-244.

87 Tierney/Painter, *Western Europe in the Middle Ages, 300-1475*, 225.

88 Lynch, *he Medieval Church*, 195.

89 Schaff, *History of Christian Church*, 4, 339.

스칼리스 2세)을 배출하기도 하였다.[90]

그러나 클루니 수도원에게 명성과 번영은 곧 유혹과 쇠퇴의 원인이 되었다. 자격이 없는 수도원장 폰티우스(Pontius, 1109-1122)가 기금을 물 쓰듯 하다가 결국 교황에 의해 교회의 강도라는 오명을 받은 채 면직과 파문을 당하였다. 이후 쇠퇴의 길을 걷던 클루니 수도원은 1789년 프랑스 대혁명으로 수도원 문을 닫았고, 한때 그토록 명성을 날리던 건물들이 폐허로 변하였다.

폰티우스의 뒤를 이은 가경자 페트루스(1122-1156)는 안팎으로 시련에 부딪쳤다. 한편으로는 내부의 분열 및 부패와 맞서 싸워야 하였고, 다른 한편으로는 외부의 격렬한 비판에 직면해야만 했다. 무엇보다 새롭게 등장한 수도회들의 비판에 맞서야 했는데, 클레르보의 성 베르나르두스(Bernardus de Clairvaux)는 청년기의 과격함이 담긴 『변명』(*Apologia ad Guillelmum*, 1125)에서 클루니 수도원을 포함한 부유한 수도원들에 대한 분노를 거침없이 토해냈다.

> 그는 클루니 수도원이 너무 부유하고, 너무 고상하게 살아가며, 화려한 장식품들로 교회를 치장하고, 수련 수사들의 소명 의식을 시험하지 않으며, 또 충분한 사전 교육도 없이 수련 수사들을 마구 받아들인다고 비난을 퍼부었다.[91]

10세기 후반에는 유럽 전역에 클루니 대수도원장의 권위를 인정하는 수도원들이 퍼져 있었고, 11세기 초반에는 이 수도원들이 사실상 최초로 공식 조직을 갖춘 수도회가 되어 있었다. 클루니회가 지향한 것은 독신과 재산공유, 대수도원장직에 대한 평신도 간섭의 철폐, 세상을 위한 기도와 예배 사역에 대한 수사들의 충분한 전념 등의 이상들을 회복하는 것이었다.

---

90 Schaff, *History of Christian Church*, 4, 338.

91 Bernardus, *Apologia ad Guillelmum*, art. 28-29.

이러한 이상들을 토대로 클루니회 지도자들은 왕들과 교황들의 고문들이 되었고, 그 수도회의 모범과 명성은 수도원들뿐만 아니라 평신도들과 주교좌성당 성직자들 사이에도 높은 수준의 도덕과 신앙 표준을 퍼뜨리는 데 이바지하였다.[92] 무엇보다 클루니 수도원을 통해 전파된 개혁의 정신과 규율은 11세기 중엽부터 교황청이 주도하는 전체적인 개혁 운동의 원동력이자 토대가 되었다.

92 Walker, *A History of the Christian Church*, 289.

참고 문헌

Althoff, Gerd. "Otto I. der Große." TRE Bd. 25: 544-549.

Berkhofer III, Robert F. *Firgeries and Histoical Writing*. Woodbridge: The Boydell Press, 2022.

Bernardus. *Apologia ad Guillelmum*. https://www.documentacatholicaomnia.eu/04z/z_1090-1153__Bernardus_Claraevallensis_Abbas__Apologia_ad_Guillelmum__LT.doc.html.

Cowdrey, H. E. J. *The Cluniacs and the Gregorian Reform*. Oxford: Clarendon P., 1970.

Frank, Karl Suso. "Cluny." TRE Bd. 8: 126-132.

Gregorovius, Ferdinand. *The History of Rome in the Middle Ages*. Vol. III. London: G. Bell & Sons. 1902. https://archive.org/details/p2historyofcityofr08greg/page/422/mode/2up?view=theater.

Herbermann, Charles. "St. Anschar." In: *Catholic encyclopedia*.

Ketikides, Helena. "Zwischen historischem Fakt und sakraler Herrschaftsfiktion: King Otto the Great's coronation mirrored in Res Gestae Saxonicae." 「인문학연구」 25 (2016): 191-220.

Leclercq, Jean. "Prayer at Cluny." *Journal of the American Academy of Religion*, 60 (4): 651-665.

Liutprand of Cremona. *Antapodosis sive Res per Europam gestae* (958 – 62), MGH: Scriptores. Vol. 3.

Ordinatio imperii (817): https://sourcebooks.fordham.edu/source/817Louis-divisionofempire.asp.

Peter Damiani. *Fathers of the church: Mediaeval continuation. Letters of Peter Damiani, 91-120*. Trans. Owen J. Blum, Washington, D. C.: The Catholic University of America Press, 1998.

Smith, Lucy Margaret. *The early history of the monastery of Cluny*. Oxford University Press,1920.

Widukind of Corvey. *Res gestae Saxonicae sive annalium libri tres (The Three Books of the Deeds of the Saxons)*. Translated with Introduction, Notes and Bibliography by Raymond F Wood, Raymond, unpublished Ph. D. dissertation. University of California, Berkeley, 1949.

김병용. "성직 서임권 투쟁과 클뤼니의 정체성, 하인리히 4세와 후고의 관계를 중심으로." 「서양사론」 85: 33-54.

이경구. "신성로마제국의 출발점에 관하여." 「한국서양중세사학회」 13 (2004): 69-98.

_____. "오토대제의 제국이념." 「전북사학」 15 (1992): 309-347.

이영재. "클루니(Cluny) 수도원의 개혁운동에 대한 연구." 「숭실사학」 13 (1999): 139-175.

7

중세 서임권 갈등

7

I. 11세기 교황청의 개혁과 교황권의 강화

1. 교황청의 혼란과 수습

초대 교회법에 따르면 성직자와 신자들이 주교를 선출해야 했지만, 중세에서는 관례로 왕들이 주교를 선택하고 임명하였다. 중세 각 지역의 교회에서 군주들의 역할은 정도의 차이가 있었지만, 어느 교회도 평신도 군주로부터 독립하지는 못하였다.[1] 독일 왕국처럼 상대적으로 질서가 잡힌 지역에서는 주로 왕이, 반면 정치적으로 더 혼란스럽고 분열된 지역에서는 영향력을 지닌 지역 귀족들이 주교를 임명하였다. 11세기 초반 서방의 여러 나라들에서 교회는 전체 토지의 절반가량을 소유하고 있었고, 그에 따른 조세와 인두세와 주화 발행권 등의 권리를 보유하였으며, 다른 한편으로 토지 보유에 따른 의무도 당연히 짊어지고 있었다.

주교들은 일상적인 교회 운영과 관련해서 가장 실제적인 역할을 하는 자들이었으나 세속 군주에 대한 종속은 교회의 질서와 신앙에 여러 혼란을 낳았다. 왜냐하면 세속 군주들은 자신을 교회의 후원자들로 간주하였으며, 교회의 직분자들을 지명하고 임명하며, 때로는 그들에게 세속적 권리뿐만 아니라 영적 권세의 기장까지 부여할 권리를 지니고 있다고 주장했기 때문이다. 대부분 군주에게 서임을 받은 주교는 그의 봉신이 되면서 그에게 복

1 Lynch, *The Medieval Church*, 206.

종을 맹세해야 했는데, 그 맹세에는 궁전에서 섬기고, 국방을 위해서 군대도 제공해야 할 의무까지 포함되었다. 옥세르(Auxerre)의 주교 윌리엄의 편지는 성직자들의 이러한 종속성을 잘 보여 준다:

> 하나님의 은혜로 옥세르(Auxerre)의 주교가 된 윌리엄은 이 서신을 보는 모든 사람에게 주 안에서 문안드립니다. 우리는 프랑스의 위대한 왕, 우리 주 필립에게 군사적인 봉사를 빚지고 있음을 알아야 합니다. 장래에 우리는 우리의 기사들을 데리고 다른 사람들과 마찬가지로 군사적 봉사를 수행할 것입니다.[2]

심한 경우에는, 제단에서 주교가 막 나왔음에도 불구하고, 주군이 무장을 갖추라고 명령하는 경우도 있었다. 주교가 죽으면 후임자가 선출될 때까지는 왕이나 영주가 교구 수입을 사용하였다. 이에 군주들은 금전상의 이득을 목적으로 부당하게 선출을 연기하여 교회와 가난한 사람들에게 해를 입히는 경우가 적지 않았다. 성직자들을 임명할 때, 왕은 정치적·사회적·경제적 고려에 영향을 받았으며, 신앙적·인격적·윤리적 자격을 고려하지 않은 채 가장 높은 가격을 제시하는 자에게 성직을 판매하는 경우도 많았다.

11세기 후반에는 개혁의 분위기들이 성숙하였고, 클루니 수도회의 이상—영적 권위의 독립—이 계속해서 전파되었다. 서방 사회 전역에 규율, 단순한 생활, 사제직에 온전히 전념하려는 정신에 대한 자각이 생겨났으며, 부패하고 세속적 관심사들에 빠져 있던 성직자들의 실태는 비판받았다. 특히 교회의 가장 치명적인 타락으로 지목된 두 가지 제도적 관행이 있었다. 하나는 성직 매매(simonism)의 관행으로서 성직을 담보로 돈을 주거나 요구하는 행위였다. 다른 하나는 성직자의 결혼 또는 축첩 등의 성적인 타락이었다.[3] 특히 성직자들의 자녀들은 교회 재산 보호에 위협으로 인식되었다.

---

2 *옥세르의 주교 윌리엄의 편지*, in: *Original Sources of European History*, IV, 3 (iv), 23-24; 심창섭 · 채천석 편, 『원자료 중심의 중세교회사』, 74-75.

3 Walker, *A History of the Christian Church*, 303. 때로 이를 성직자의 독신주의에 반대되는

왜냐하면 성직자는 자기 자녀들에게 지참금이나 상속으로 교회 재산을 사용하려고 했기 때문이다. 종교개혁 직전의 교황 알렉산더 6세(Alexander VI, 1492-1503 재위)가 이러한 형태의 전형적인 모습을 보이기도 하였다.

11세기 교회와 수도원의 개혁 분위기에도 불구하고, 여전히 과거의 악습과 타락과 부패가 일상으로 자리하던 곳이 바로 로마 교황청이었다. 당시 교황청은 여전히 비참한 상태에 있었다. 물론 교황 개인의 약점에도 불구하고 로마는 여전히 기독교 세계에서 베드로의 도시로 존경을 받았다. 그러나 교황의 권위는 사실상 유명무실하였다.[4] 11세기의 교황청은 로마와 이탈리아 정치 무대에서 서로 경쟁하는 지역 파벌들에 의해 형성되었고, 이 파벌들은 교황과 성직자들의 영적 사명을 부양하고 유지하는 데 노력하지 않았다. 이탈리아의 이권을 두고 다투는 귀족 가문들에게는 '내(우리) 편이 되어주는 만만한 사람'이 이상적인 교황이었다. 이로 인한 교황청의 분열, 혼란, 그리고 일탈은 캄캄한 수준이었다. 이탈리아 교황청의 수습은 독일 황제 하인리히 3세(Heinrich III, 1039-56 재위)의 등장을 기다릴 수밖에 없었다.

하인리히 3세가 등장하기 이전 로마 교황청은 베네딕투스 8세(Benedictus VIII, 1012-1024 재위)와 더불어 교황직이 토스카나 가문 안에서 세습되었다. 1012년 평신도였던 베네딕투스 8세는 교황직을 아예 대놓고 뇌물을 주고 샀다.[5] 그 뒤를 이어 그의 형제가 요하네스 19세(Johannes XIX, 1024-1032 재위)로서 교황직에 올랐는데, 그도 자기 형제와 마찬가지로 평신도로서 돈을 주고 교황직을 샀으며, 하루 만에 교황이 되기 위한 모든 성직을 거쳤다.[6]

요하네스 19세가 죽은 후 그의 조카 테오필락투스(Theophylact)가 불과 열 살이나 열두 살(또는 스무 살)의 소년으로서 역사상 가장 어린 나이에 베네딕투스 9세(Benedictus IX, 1032-1048 재위)라는 이름으로 교황에 올랐다. 베

성직자의 결혼을 의미하는 '니콜라이즘'(Nicolaitism)으로 칭하기도 한다.

4 Tierney/Painter, *Western Europe in the Middle Ages, 300-1475*, 226.

5 *Catholic encyclopedia*, "Pope Benedictus VIII."

6 *Schaff, History of Christian Church*, 4, 276.

네딕투스 9세는 로마를 마치 도적의 소굴로 만들어 놓았다. 또한 그는 시몬 베드로보다 시몬 마구스(Simon Magus)의 발자취를 따랐으며, 강탈과 살인과 온갖 중죄를 끝없이 자행하다가, 1044년 9월 로마 주민들조차 그의 죄악에 염증을 느끼고 그를 도시에서 쫓아냈다. 그레고로비우스(F. Gregorovius)는 "지옥에서 온 악마가 사제의 탈을 쓰고 베드로좌를 차지하였으며 불손한 언행으로 교회의 거룩한 신비를 모독하였다"라고 베네딕투스 9세에 대하여 평가하였다.[7]

베네딕투스를 대신하여 로마 시민들은 실베스터 3세를 대립 교황으로 선출하였으나, 베네딕투스가 군대를 동원하여 교황의 자리를 되찾은 뒤, '결혼을 위하여'[8] 같은 집안사람인 대사제 요한 그라티아누스(John Gratianus)에게 은 2,000파운드를 받고 교황직을 팔아넘겼다(1045년). 요한 그라티아누스는 그레고리우스 6세(Gregory VI, 1045-1048 재위)라는 이름으로 교황의 자리에 올랐다. 그레고리우스 6세는 정숙하고 단정한 생활로 생시부터 성인으로 존경을 받았다. 하지만 베네딕투스 9세는 1년여 만에 재산을 다 탕진하고서 교황직을 팔아넘긴 일을 후회하고는 다시 자신이 교황임을 주장하고 로마 교황청을 손에 넣는 데 성공하였다(1046년). 이로써 한동안 로마는 세 명이 서로 교황을 자처하는 혼란스러운 상황에 처하였다. 베네딕투스 9세는 라테란 교황청을, 그레고리우스 6세는 대-마리아 교회를, 실베스터는 바티칸 교회를 각각 차지하였고, 이들의 대립으로 로마시의 혼란은 극에 달했다.[9] 이러한 혼란을 회복하고 질서를 가져오기 위해 독일의 황제가 다시 개입하지 않을 수 없었다.

황제 하인리히 3세(Heinrich III, 1039-1056)는 경건과 고도의 영적 소명감, 그리고 교회 개혁 작업에 대한 헌신으로 유명하다. 또한 인격적으로도 존경을 받았으며, 합당한 사람을 성직자로 임명하였다. 1046년 황제 대관식을

---

7 Ferdinando Gregorovius, *History of the City of Rome in the Middle Ages*, vol. IV-a. 47.

8 Lynch, *The Medieval Church*, 236.

9 Timothy Reuter, *Medieval Polities and Modern Mentalities*, 98 이하.

위해 로마로 가던 하인리히는 로마 교회의 혼란스러운 싸움을 마주하였다. 그는 로마에서 북쪽으로 40km가량 떨어진 소읍인 수트리(Sutri)에서 교회 회의를 소집하였다. 그레고리우스 6세 교황은 명망과 개혁의 의지를 높이 살 수 있었고, 스스로 정당성을 지녔다고 생각해서 수트리로 가서 황제를 만나 문제의 해결을 시도하였다. 회의에서 세 명의 경쟁 교황의 주장이 심의되었고, 베네딕투스 9세와 실베스터 3세는 폐위되었다. 그레고리우스 6세 역시 교황의 직분을 매수하였다고 비난받았고 스스로도 이를 인정하였다. 결국 그레고리우스 6세도 교황의 직분을 내려놓을 수밖에 없었다.

〈황제 하인리히 3세〉

교황청에 대한 하인리히 3세의 관여는 새로운 역사의 분기점이 되었다. 세속적 권위가 영적인 권위를 완전히 압도하는 모습이었다. 하지만 이러한 하인리히 3세의 개혁 노력은 기독교 세계 권위의 주도권을 도리어 교황에게 넘겨주는 계기가 되었다. 며칠 뒤에는 그는 공의회의 논의를 마무리짓기 위해서 로마에서 또 한 번 교회 회의를 소집하였다. 이 회의를 통해 1046년 성탄절에 새로운 교황 클레멘트 2세(Clemens II, 1047년 사망)가 즉위하였고, 그로부터 하인리히 3세는 성대한 황제 대관식을 받았다.

2. 교황 레오 9세(Leo IX, 1049-1054)의 개혁

공의회 이후 하인리히 3세는 먼저 밤베르크의 주교이자 독일인이었던 클레멘트 2세(Clement II, 1046-1047)를 교황으로 옹립하였다. 그러나 아쉽게도 클레멘트 2세는 9개월 만에 사망하고 말았다. 하인리히 3세는 1048년

〈교황 레오 9세(1049–1054 재위)〉

교황 다마수스(Damasus II)를 새로운 교황으로 세웠지만, 그 또한 23일 만에 사망하고 말았다. 황제는 보름스에서 열린 교회 회의에서 세 번째 독일인인 툴의 주교 브루노(Bruno)를 교황으로 임명하였다.[10] 세 명의 교황을 임명하는 하인리히 3세의 행위는 샤를마뉴부터 시작되었던 기독교 세계의 통치자, 지배자로서의 황제의 모습을 잘 드러낸다. 즉, 이 시기 기독교 세계의 주인공들은 교황이라기보다는 황제들이었다.

툴의 주교였던 브루노는 뛰어난 행정가이자, 외교관이었고, 새로운 개혁 정신을 확고히 지지하였다. 그는 황제 하인리히 3세의 사촌이었고, 로트링기아 개혁운동의 중심지였던 툴의 주교였다.[11] 또한 브루노는 클루니 수도회의 규율을 전파하는 데 보여 준 열정으로 진지하고 개혁적인 성직자로 널리 알려져 있었다. 그러나 황제와 로마의 대표자들이 그를 교황으로 선출하였을 때, 브루노는 분명히 교회의 선거를 선호하였고, 자신이 먼저 로마에 가서 로마 성직자와 국민의 목소리에 의해 자유롭게 선출되어야 한다는 것을 조건으로 받아들였다.[12] 교황으로 지명된 브루노(레오 9세)가 로마에 도착한 것은 1049년 2월이었다. 자신을 환영하는 찬송에도 아랑곳하지 않고, 그는 순례자의 복장을 한 채 맨발로 울면서 로마에 들어갔다. 그의 선출이 로마 성직자단과 민중에 의해 만장일치로 재가되었으며, 그 결과 그는 2월 12일에 레오 9세로 엄숙히 축성되었다.

---

10 Walker, *A History of the Christian Church*, 304. 그의 죽음을 둘러싼 독살의 의혹들이 퍼졌으나, 현재는 로마의 풍토병에 의한 사망으로 추측된다.

11 Tierney/Painter, *Western Europe in the Middle Ages, 300-1475*, 227; Schaff, *History of Christian Church*, 5, 32.

12 Uta-Renate Blumentahal, "Leo IX," TRE Bd. 20: 742-744.

레오 9세는 중세 시대의 역사에서 가장 중요한 교황 중 한 명으로 인정된다. 그의 재위와 더불어 유럽의 역사 무대에는 새로운 교황청이 등장하게 되었다. 이러한 변화가 있게 된 직접적인 이유는 레오가 하인리히 3세의 진심 어린 협력으로 성직자들의 기율을 바로잡고, 정화함으로써 교회 개혁에 전력을 기울인 데에 있었다. 그는 자신의 개혁을 대담하게 취할 수 있었다. 그의 근본적인 태도는 왕의 권위에 대한 의문을 제기하기보다는 성직자들의 도덕적 개혁에 전념하였다. 이를 위해 레오는 교황의 권위를 적극적으로 주장하고 강화하지 않을 수 없었다.[13]

레오 9세가 취한 최초의, 그리고 그 효과 면에서 가장 멀리 미쳤던 업적은 추기경단을 설립한 것이다. 레오는 비록 외국 교회 출신일지라도 자신의 전반적인 목표에 공감하는 개혁자들을 로마 교회의 추기경으로 임명하고, 이들을 자신의 고문과 조력자로 등용하여 보좌하도록 하였다. 이때부터 추기경들은 로마 교황청의 중요한 역할을 수행하였다. 레오의 추기경 중에 특히 세 명은 중요한 인물로 여겨진다. 후일 그레고리우스 7세가 되는 힐데브란트(Hildebrand), 로트링엔 출신의 수도사이자 학자로서 성직 매매라는 '이단'을 최고의 적으로 간주한 훔베르투스(Humbertus de Silva Candida),[14] 그리고 탁월한 수도사이자 설교가로서 성직자의 음행과 타락을 맹렬하게 비난한 페트루스 다미아니(St. Peter Damiani, 1007-1072)가 이들이다.

레오 9세는 이들의 지원에 힘입어 자신의 소신을 로마 바깥의 교회에 전달하는 작업에 착수하였다. 개혁적인 교황과 추기경들의 활동으로 인해 교황청의 권위는 이전에는 결코 행사하지 못하였던 권위를 획득하였다. 1049년 4월 라테란에서 열린 교회 회의에서 레오는 자신의 구상을 분명히 밝혔다. 그는 성직 매매와 성직자의 결혼을 금지하는 법을 제정하고, 이를 실효성 있게 적용하려 노력하였다. 그러나 그가 로마 교회의 실상을 파악해

13 Walker, *A History of the Christian Church*, 304.

14 Tierney/Painter, *Western Europe in the Middle Ages, 300-1475*, 227.

보니, 법을 엄격히 적용하면, 로마 시의 교회들이 목자들을 모두 잃을 수도 있음을 깨닫게 되었다. 이에 교황은 돈을 주고 사제가 된 사람들에 대해서 사십 일간의 참회로 면직을 대체하였다.[15] 이는 로마 교회의 부패와 타락이 매우 극심했음을 방증하는 것이다.

레오 9세는 이러한 개혁 구상의 선언과 더불어, 자신의 5년의 재위 동안 6회에 걸쳐 알프스를 넘어, 회의를 개최하고 새로운 개혁 법령을 널리 알리고 실행시키기 위해 노력하였다. 1049년 한 해에만 레오 9세는 로마, 파비아(Pavia), 마인츠(Mainz) 그리고 랭스(Reims)에서 회의를 개최하였다. 회의마다 개혁 법령이 공포되었고, 성직 매매로 고발된 자들이 재판에 회부되었다.[16] 그는 1049년 10월에 랭스에 교회 회의를 소집한 뒤 그곳에 있는 성 레미기우스(St. Remigius)의 성유물 앞에서, 그리고 베드로의 후계자를 보기 위해 운집한 대중 앞에서 출석 주교들에 관한 확인을 명령한 다음 즉석에서 성직매매를 한 주교들을 폐위하였다.[17] 이어서 세속 권력으로부터의 성직의 독립을 강력하게 천명하였다.

「레오의 랭스 공의회 교령(1049)」[18]

1. 성직자와 신자의 선출을 받지 않고서는 아무도 교회의 장상이 될 수 없다.

2. 아무도 성직 혹은 교회 직무를 살 수 없다. 만일 어느 성직자가 그러한 성직매매를 하였다면, 자신의 주교에 그것을 양도하고 그 행위에 맞는 속죄를 해야 한다.

3. 어떤 평신도도 교회 직무나 교회를 소유할 수 없으며 어떤 주교도 이를 용인해서는 안 된다.

---

15 Peter Damiani, *Letters of Peter Daminai*, no. 40 [Liber gratismus]; Schaff, *History of Christian Church*, 5, 33.

16 Tierney/Painter, *Western Europe in the Middle Ages, 300-1475*, 227.

17 Walker, *A History of the Christian Church*, 306.

18 *Leo XI의 랭스 공의회 교령* (1049), in: *Mansi*, XIX.741-742; 심창섭 · 채천석 편, 『원자료 중심의 중세교회사』, 82.

4. 주교 혹은 그의 장상을 제외한 어떤 사람도 교회 입문에 대한 회비를 부과할 수 없다….

같은 해 마인츠에서 열린 비슷한 교회 회의에서도 하인리히 3세가 참석한 가운데 성직 매매와 성직자 결혼을 정죄하였다. 이 공의회에는 이탈리아와 프랑스, 독일의 성직자들이 대거 참석하였다.

「마인츠 공의회 회의록(1059)」

교황과 하인리히 황제의 주재 아래 마인츠에서 1049년 일반 공의회가 개최되었다…. 이 공의회에서 스페이어 교구장 시비코 주교는 간통죄로 기소되어 성직을 박탈당하였다. 교회의 선한 이익을 위해 많은 일이 선포되었고, 특히 성직 매매나 성직자의 결혼은 이 공의회가 서명하는 순간부터 단죄되었다.[19]

그 뒤 여러 해 동안 비슷한 목적을 가지고 이탈리아 남부와 북부, 그리고 독일의 다른 지역들을 여행하였고, 교황의 사절들은 기독교 세계의 변방까지 오고 갔다. 레오와 그의 사절들이 행한 이러한 여행은 많은 성과를 거두었고, 개혁의 주도권은 이제 황제의 손에서 교황에게 넘어오게 되었다. 이로써 교황은 현실과 다소 거리를 두고 있는 사도의 권세와 전승의 상징이 아니라 실질적인 교회의 지도자이자 행정가로 등장하게 되었다. 이러한 교황의 승리는 갑작스럽게 종말을 맞게 된다. 1053년 그는 로마를 위협하던 노르만족에게 패하여 생포되었고, 막대한 대가를 지불하고 돌아온 뒤 한 달여 만에 삶을 마감한다.

이러한 레오의 갑작스러운 죽음(1054년 4월 19일)은 로마에 자리한 개혁파 세력이 힘을 얻고 교황청을 개혁하기까지 더 많은 시간을 소모하게 하였다. 그러나 레오 9세의 역할은 매우 커서, 후대의 교황 빅터 3세는 레오에 대하

19 *마인츠 공의회 (1049) 회의록*, in: 심창섭 · 채천석 편, 『원자료 중심의 중세교회사』, 83.

여 평가하기를, "교회의 모든 분야가 레오에 의해 개혁되었고, 그로 인해서 세상에 새로운 해가 떠올랐다."라고 썼다.[20] 10세기를 덮었던 어둠을 걷어내는 새로운 시대의 시작을 가져왔다.

레오 9세 교황 당시 콘스탄티노플 총대주교 세룰라리우스(Michael Cerularius, 1043-1048)는 자기 교구의 권위가 다른 동방의 총대주교들보다 앞선다고 주장하며, 로마와의 관계에서도 동등성과 독립성을 확보하려는 단호한 의지를 표명하였다. 교황 레오는 콘스탄티노플로 사절들을—훔베르투스, 로렌의 프리드리히, 아말피의 대주교 페트루스—파견하였다. 그러나 갑작스러운 교황의 유고로 콘스탄티노플을 떠나며, 훔베르투스는 1054년 7월 16일 세룰라리우스에 대한 파문장을 소피아 교회의 제단 위에 올려놓고 돌아왔다. 이로 인해 동·서방 교회의 분열이 발생하게 되었다. [5-II. 2. 동·서방 교회의 분열 참조]

3. 교황 선출 칙령(1059)

1054년 레오 9세 교황의 죽음 이후에 황제 하인리히 3세는 또 다른 독일인이자 개혁자였던 게파르트(Gebhardt)를 빅터 2세(Victor II, 1055-1057)로 임명하였다. 빅터 2세 교황이 약 2년 뒤에 사망하고, 이어 스페타누스 9세 교황이 뒤를 이었다. 빅터 2세의 후임인 스테파누스 9세(Stephan IX, 1057-58)는 개혁자들과 독일 및 이탈리아의 모든 세력에게 만족스러운 것이었다. 레오 9세의 개혁 정책들은 어떤 문제나 방해 없이 진행될 것처럼 보였다. 비록 교황 선출이 독일 왕에게 자문을 구하는 관례를 무시한 채 이루어졌음에도 불구하고 황제로부터 승인도 받았다. 그러나 스테파누스 9세의 짧은 재위(8개월)는 교황청 개혁 진영을 커다란 혼란 속으로 밀어 넣었다.

20 Schaff, *History of Christian Church*, 5, 34에서 재인용.

교황 빅터 2세, 스테파누스 9세가 교황에 선출되었을 때, 독일 황제의 신임을 묻기 위한 사절로 두 번 모두 힐데브란트가 파견되었다.[21] 그러나 스테파누스 9세가 교황으로 선임되었을 때, 하인리히 3세가 사망하고, 7살의 하인리히 4세와 황후 아그네스(Agnes)가 섭정으로 있었다. 힐데브란트가 사절로서 독일 황실과의 조정과 협상 후에 아그네스의 인준(황제의 인준)을 얻고 귀환하는 도중에, 유감스럽게도 스테파누스 9세가 사망하였다. 스테파누스 9세 교황이 사망하고 실권자인 힐데브란트가 부재하자, 로마의 귀족 세력들은 자신들의 권위를 회복하고 교황청을 손에 넣기 위해 서둘러 대립 교황 베네딕투스 10세(Anti-Pope Benedictus X)를 옹립하였다. 이러한 반개혁 세력의 반발을 제압하기 위해, 개혁파는 자신들을 지지하는 영주들의 군대를 동원할 수밖에 없었다.[22]

1056년 하인리히 3세의 갑작스러운 죽음과 6살의 하인리히 4세의 즉위 및 황후 아그네스(Agnes)의 섭정은 교회와의 관계에 전혀 새로운 문제로 나타났다. 특히 후임 교황은 오토 1세와의 협약 가운데 황제의 승인을 얻게 되어 있는 관습에 불만과 적대감을 드러내기 시작하였다.[23] 세속 군주에 대한 이러한 의존은 성직자들이 본연의 의무를 수행하는 데 필요한 자유 및 자율성과 원칙상 일치하지 않았고, 이 불만은 레오 9세의 정책을 통해 표출되었다. 개혁가들은 왕들이 주교를 임명하고, 자신들이 선택한 주교에게 반지와 지팡이를 주는 '서임'(invest)의 관행에 대하여 적극적으로 반대를 드러내었다. 하인리히 3세의 죽음과 어린 하인리히 4세의 등장으로 인한 황실의 혼란은 개혁파에게 교황청을 황제의 권력으로부터 독립시킬 절호의 기회로 여겨졌다.

---

21 Schaff, *History of Christian Church*, 5, 35.

22 그 중심인물이 고프리(Godfrey the Bearded, 약 997-1069)였다. 그는 교황 스테파누스 9세의 형제이며, 또한 하-로레인과 스폴레토의 공작으로 개혁파 세력을 무력을 통해 적극적으로 후원하였다.

23 Tierney/Painter, *Western Europe in the Middle Ages, 300-1475*, 228.

스테파누스 9세 때 훔베르투스는 『성직 매매를 비판하는 세 권의 책』(*Libri tres adversus Simoniacos; Three Books against the Simoniacs*, 1057)을 펴냈다.[24] 이 책은 부분적으로는 오래전부터 개혁자들이 성직자 독신주의와 로마의 수위권에 관한 관심과 관련지어 온 성직 매매에 대한 전통적인 반론을 전개한 것이다. 그중 제3권에서 훔베르투스는 성직자의 직무에 대한 평신도 권력자들의 역할을 체계적으로 비판하며, 왕이나 황제의 역할까지도 주저 없이 그 대상에 넣었다. 그는 종교적 방식으로 임명받은 군주가 거룩하고 반(semi) 사제적인 성격을 지니고 있다는 주장을 일축하면서, 왕은 세속사에만 권한이 미치는 단순한 평신도일 뿐이라고 하였다.[25]

그러므로 지위를 막론하고 어떠한 권력자라도 교회 회의를 자기 뜻을 관철하는 수단으로 삼거나 아니면 자신의 권위로 주교를 임명하는 것은 성직자들과 백성에 의한 주교의 '적법한 선출'이라는 고전적 원칙에 어긋나는 것이라고 주장하였다. 또한 주교에게 반지나 지팡이 같은 상징물을 수여함으로써 사실상 교회의 주교직을 부여하려 할 경우, 그런 사람들은 월권행위를 함으로써 성직자의 권리들을 훼손하는 것이며, 하나님이 교회에 내린 질서를 깨뜨리는 것이다. 훔베르투스는 한 걸음 더 나아가, 위와 같은 방법으로 직위를 받은 주교들은 "임명 방식이 뒤집혔기 때문에 주교들로부터 인정받을 수 없다"고 주장하였다.[26]

따라서 스테파누스 9세의 사망 이후, 혼란스러운 상황을 극복한 교황청 개혁파들은 니콜라스 2세(Nicholas II, 1058-1061) 교황을 선출한 뒤 변화를 모색한다. 이때 훔베르투스가 평신도 서임권을 비판한 내용이 입법화 과정을

---

24 Humbertus de Silva Candida, 『성직 매매를 비판하는 세 권의 책』(*Libri tres adversus Simoniacos; Three Books against the Simoniacs* (1057), PL 143.1005-1212.

25 Humbertus de Silva Candida, *Libri tres adversus Simoniacos*, III. 9. 훔베르투스는 이 저서에서 사울 왕이 사무엘을 대신하여 번제를 드린 사건(삼상 13장, III. 14), 웃시아 왕이 성전에서 분향하려 한 사건(대하 26:16 이하, III. 13)을 언급한다.

26 Walker, *A History of the Christian Church*, 309. Humbertus de Silva Candida, *Libri tres adversus Simoniacos*, III. 6.

거친다. 교황 니콜라우스 2세(Nikolaus II)는 1059년 4월 부활절에 공회를 소집하고 「교황 선출에 관한 칙령」(*Papal Election Decree*, 1059)을 발표하였다. 이 새로운 법령에 따르면 교황 선출은 로마 교회 추기경의 손에 맡겨졌다.[27] 「교황 선출 칙령」은 여러 차례 절차상의 수정이 있었으나 오늘날까지 그 근간이 이어지고 있다.

155 - NICHOLAS II

〈니콜라우스 2세(Nicholas II, 1058–1061)〉

「교황 선출 칙령」

사랑하는 형제들과 동료 주교들이여 당신들도 알다시피 전임자이신 교황 스테파누스가 사망한 후에 하나님의 뜻에 의해 지금 내가 섬기고 있는 이 사도의 자리는 얼마나 많은 악한 세력으로부터 고통을 겪었습니까? 시몬처럼 이 자리를 돈으로 사려는 사람들로부터 살아계신 하나님의 기둥이 흔들릴 정도로 얼마나 이 자리가 심각한 공격을 받았습니까? 그래서 높으신 고기 낚는 어부이신 베드로의 배가 거의 광풍에 난파될 뻔하지 않았습니까? 그러므로 우리는 이제 하나님의 도움으로 장래의 불행을 막고 교회의 안전을 도모할 조치를 신중하게 취하여야 할 것입니다. 그리하여 하나님이 금하신 악한 자들이 나타나서 교회를 다시 침범하지 못하도록 하여야 할 것입니다. 그러므로 이전 교황들과 거룩한 교부의 권위로 우리는 다음과 같이 결정하여 선언합니다.[28]

이러한 서문과 더불어 몇 가지 원리들(모두 여섯)을 제시하고 있다.

27 Tierney/Painter, *Western Europe in the Middle Ages, 300-1475*, 229.

28 *Papal Election Decree* (1059) 서문, in: 심창섭·채천석 편, 『원자료 중심의 중세교회사』, 84-85.

> 1) 보편적 권위를 갖는 로마 교회의 교황이 죽었을 때, 먼저 신임을 받는 추기경들이 그 계승자를 선택한다.
>
> 2) 돈으로 교황의 자리를 사려는 병폐가 확산되는 것을 막기 위해서 경건한 사제들이 교황을 선출하는 데 있어 지도자가 될 것이고 그 외의 사람들은 묵묵히 이를 따라야 한다….
>
> 4) 교황의 선출에 있어서—우리가 이미 하인리히와 사도적인 지위의 계승자들에게 부여한 권리에 따라—적절한 경의와 존경이 우리의 사랑 받는 아들 하인리히 왕과 선택된 교황에게 표해질 것이다(하인리히의 권리는 존중될 것이다)….[29]

이 칙령에 따르면, 로마의 주교(교황)는 다른 주교들보다 특별한 위치를 지니며, 교황을 선출할 때는, 평신도를 제외하고, (나중에는) 추기경들로 구성된 특별한 위원회를 소집하여 선출한다. 만일 이러한 일치된, 혹은 법에 따르지 않은 추기경들에 의한 선거나 임직 혹은 취임은 사도적 교황으로서 유효하지 않을 뿐만 아니라, 믿음을 저버린 행위로 선언한다.

> 그러나 누군가가 반역이나 추측 또는 다른 동기로 인해 대회의 권위에 의해 공포된 우리의 이 법령에 반대되는 방식으로 선출되거나 서임되거나 즉위한다면, 그와 그의 고문, 지지자 및 추종자는 다음과 같이 처벌될 것이다. 하나님과 거룩한 사도 베드로와 바울의 권위에 의해 하나님의 거룩한 교회에서 추방되며, 적그리스도이자 모든 기독교의 적이자 파괴자로서 영원히 저주받을 것이며, 그 사건에 대한 더 이상의 청문회도 허락되지 않을 것이다. 또한 그는 이전에 맡았던 모든 교회 직위에서 항소 없이 해임될 것이다….[30]

---

29 *Papal Election Decree* (1059), in: KThQ2, Nr. 32. I. a; *A Source Book for Medieval History*, no. 59.

30 *니콜라우스 2세의 교황 선출 칙령* (1059), in: KThQ2, Nr. 32. I. b; *A Source Book for Medieval History*, no. 59.

「교황 선출 칙령」의 네 번째 원리에서 황제의 인정이 당연하게 상정되어 있다. 상황이 다를 경우나 갈등이 발생할 경우는 아예 언급되어 있지 않다. 그 결과 교황 선출 문제가 황제의 손에서 완전히 떠나 추기경회에 위임되었다. 이렇게 로마 교황청이 권력과 정치 세력으로부터 독립을 꾀할 수 있었던 것은, 독일의 황제권이 약해지고 분열된 틈을 이용한 것이다. 또한 교황 니콜라우스 2세는 남부 이탈리아의 노르만족 윌리엄과 동맹을 맺어 교황청의 지지 세력으로 확보하였다.[31] 1061년 니콜라우스 2세의 죽음 후에, 사람들은 처음으로 반포된 「교황 선출 칙령」에 따라 알렉산더 2세(Alexander II, 1061-1073)를 교황으로 선출한다.

알렉산더 2세는 전임자들의 개혁 성향을 충실하게 따랐다. 하인리히 3세에 의해 루카(Lucca)의 주교로 서임되었던 그는 성직 매매와 성직자의 독신을 주장하는 개혁파 그룹의 열정적인 지지자였다. 그의 교황 재위 기간은 개혁 작업이 깊이 뿌리를 내리는 시기가 되었다. 그는 황제나 군주 혹은 고위 성직자들과의 분쟁에 가담하기보다는 현실적으로 가능한 개혁 작업에 더 힘을 기울였고, 많은 부분에서 교회의 삶에 발전을 가져왔다. 그러나 하인리히 4세가 성년이 되자 그는 왕권을 위협하던 세력들을 제압하고자 하는 필요성에서 성직 임명과 교회 재산에 대한 왕의 통제권 강화를 시도하였다. 따라서 이는 필연적으로 로마 교황청의 정책과 충돌하게 되었고, 밀라노 대주교를 임명하는 문제로 직접 부딪히게 된다. 1072년 밀라노에서 황제가 지지하는 후보자(Gotfried)와 교황청이 지지하는 개혁적 후보자(Atto) 사이에 주교 선출 분쟁이 발생하였다. 알렉산더 교황은 황제가 지지하는 후보자를 성직 매매의 죄로 파문함으로 승리를 거두는 듯하였다.

그러나 독일 군주와의 본격적인 충돌은 다음 대(大)교황인 그레고리우스 7세의 몫이었다.

---

31 *로버트 귀스카르트(Roberrt Guiscard)의 교황에 대한 맹세* (1058년), 참조) Baronius, *Annales, anno 1059*, §§ 70 and 71, in: *A Source Book for Medieval History*, no. 58.

II. 그레고리우스 7세와 하인리히 4세의 투쟁

1. 그레고리우스 7세(Gregorius VII, 1073-1085)의 개혁

〈Gregory VII(출처: wikipedia)〉

레오 9세가 불러들인 개혁파 추기경들 가운데 마지막으로 남은 힐데브란트는 적어도 교황 니콜라우스 2세 때부터 교황의 고문들 가운데 핵심 역할을 해왔다. 그는 추기경으로, 교황 특사로 그리고 로마 교회의 주요 재정 업무를 담당하는 대집사(archdeacon)로 24년간(1049-1073) 다섯 명의 교황을 보좌하며 교황청의 대소사를 실질적으로 주관하였다. 그는 일관되게 개혁에 헌신하였을 뿐만 아니라, 비록 출생지는 달랐지만, 로마 가문 출신으로서 사도 베드로가 속한 로마 교회의 명예를 위해서, 나아가 교황의 권위를 위하여 한결같이 헌신하였다. 그의 출생에 대하여는 잘 알려지지 않았다.

1073년 알렉산더 2세의 장례식이 진행 중이었고, 추기경과 집사들과 로마 교회의 지도층이 3일간의 금식을 선포하였던 동안에, 로마의 신자들이 모여서 "힐데브란트가 교황이 되어야 한다!"라고 소리쳤다(4월 22일). 결국 이에 따라 예순의 힐데브란트는 교황의 자리에 오르게 된다. 그는 앞선 「교황 선출 칙령」의 강력한 경고에 반하여, 추기경단의 선출에 의하지 않은 교황으로 즉위하였으며, 이후 여러 차례 법적인 이의가 제기되었다. 특히 그레고리우스 7세의 정적인 하인리히 4세는 이를 매우 격렬하게 공격하였다. 캐논은 "교황을 선출하기 위한 추기경단을 설치하였던 장본인이 다른 방법으로 교황의 자리를 차지하였을 뿐만 아니라, 교황청과 제국의 법과 질서를 수립하고자 노력하였던 그가 비정상적인 방법으로 그 자리를 차지한 것은 아이러니"라고 평

〈**천사와 악마**(댄 브라운의 소설 Illuminati를 영화로 제작, 힐데브란트는 추기경단의 선출에 의한 투표가 아니라 백성들의 외침에 의한 교황 선출과 인정이 결정적인 모티브로 자리하고 있다.)〉

가한다.[32] 결국 로마 가톨릭의 교리는 그레고리우스 7세의 선출을 합법화하는 규정을 둠으로써, 교황 선출에는 두 가지 방법이 존재하게 되었다.[33]

하나는 물론 콘클레이브(Conclave)에서 추기경들의 무기명 투표로 3분의 2 이상의 동의를 얻는 것이고, 또 하나는 신자들의 외침에 의해서 선출되는 것이다. 물론 후자는 아주 예외적인 경우를 말한다. 이는 모든 신자가 베드로 성당에 모여서 다음 교황의 이름을 한마음, 한목소리로 외치는 경우를 의미한다.

그레고리우스 7세는 열정적인 개혁가로서 자신이 교회의 정화를 위해 하나님으로부터 선택받았다고 믿었고, 또한 성직 서임이 왕의 지배로부터 완전히 자유로워야 개혁이 지속해서 수행될 수 있다고 확신하였다. 그의 구상은 처음부터 급진적이고 혁명적인 성격을 띠었으며, 외골수적이고 열정적인 사람들이 대부분 그러하듯이 그도 존경과 불신을 동시에 받았다. 페트루스 다미아니는 힐데브란트를 일컬어 '거룩한 사탄'(Satan)으로 묘사하였으며, 클루니 대수도원장인 위그(Hugo the Great)는 그를 거만하고 탐욕스러운 인물로 생각하였다. 그러나 그레고리우스 7세 자신은 그리스도와 성 베드로의 영예를 위해, 그리고 참다운 기독교 사회 창조를 위해 투쟁하고 있다고 믿었다. 샤프는 그레고리우스 7세에 관하여 "교회의 영광이 그의 생애 전체를 이끌어간 열정"이라고 평가하였다.[34]

---

32 Cannon, *History of Christianity in the Middle Ages*, 204-205.

33 Cannon, *History of Christianity in the Middle Ages*, 205. 이러한 예외 규정은 교황 요한 바울 2세의 칙령인 *Universi Dominici gregis* (1996. 2. 22)에 의해서 완전히 폐지되고 현재는 추기경단에 의한 비밀투표만 인정한다.

34 Schaff, *History of Christian Church*, 5, 47.

교황으로서 그레고리우스 7세의 활동을 특징짓는 두 가지는 교황 절대주의를 옹호한 것과 성직자의 도덕 개혁이었다. 나아가 그는 평신도의 성직 서임권이 교회의 도덕적 문제에 근본 원인이라고 확신하였다.[35] 그의 이상적인 교회관은 모세의 전거와 교회법에 토대를 둔 신정(theocracy)인데, 이는 교회의 도덕적 순결과 금욕적 경건으로 존경을 끌어내고, 교회가 이 세상에서 절대적인 주권을 발휘하는 것이었다. 이러한 그레고리우스의 태도는 교황과 국가 사이의 갈등을 초래하였다. 교황 진영은 국가에 대한 교회의 신정적 우월성을 주장하였고, 황제 진영은 국가의 우월성 내지 두 권력의 동등성을 강조하였다. 황제 진영은 세속 국가의 신적 기원과 뿌리 깊은 역사를 강조하면서, 그리스도와 사도들조차 국가에 종속되었다는 사실을 내세웠지만, 교황 진영은 국가의 지위를 낮게 평가하면서, 심지어 세속 문제라 해도 영적 권위와 상충될 때는 교회의 지도를 받아야 한다고 주장하였다.[36]

그레고리우스 7세는 교황으로서 1074년 3월 9일부터 17일까지 제1차 개혁 공의회를 개최하였다. 이때의 주된 결정은 성직 매매(금권에 의한 성직 제수)에 대한 개혁과 또한 첩을 두고 있는 성직자들에 대한 성직 금지였다(성직자 독신주의).[37] 교황은 성직자들의 결혼에 대해 적극적으로 대처하였는데, 수많은 하급 성직자들이 유죄 판결을 받았다. 그레고리우스가 신자들에게 결혼한 성직자들을 피하라고 요구한 것도 전례 없는 일이었다. 이는 교회의 신자들에게 종교 지도자에게 맞서라고 부추기는 것과 같았다.

「성직자의 독신생활에 관한 그레고리 7세의 선언(1074)」

어느 사제나 부제가 결혼하였다면, 전능하신 하나님의 능력과 성 베드로의 권

---

35 Lynch, *The Medieval Church*, 244.

36 *그레고리우스가 영국 왕 윌리엄에게 보낸 편지* (1080.5.8.), PL 148.569. [epist. XXV]. 참조) Gregorius VII, Dictatus Papae, § 12, §22, § 26, §27 [PL 148.407 이하]; *A Source Book for Medieval History*, no. 65.

37 *1074년 성직 매매 금지와 사제독신에 대한 강조*. in: *Mansi*, XX.404; *A Source Book for Medieval History*, no. 61.

위로 우리는 그들이 회개하고 그 방식을 고칠 때까지는 교회에 들어오는 것을 금한다. 만약 그들이 아내와 더불어 계속 산다면, 그들의 축복이 저주로 바뀌고, 그들의 기도는 죄로 바뀌기 때문에, 그들이 교회를 주관할 때 아무도 들으려 하지 않을 것이다. 주님은 선지자를 통해서 이렇게 말씀하셨다. "내가 너희의 복을 저주하리라"(말 2:2). 이 유익한 명령을 순종치 아니하는 자는 우상 숭배의 죄로 다스릴 것이다. 사무엘은 이렇게 말하였다. "거역하는 것은 사술의 죄와 같고 완고한 것은 사신 우상에게 절하는 죄와 같음이라"(삼상 15:23). 그러므로 그리스도인이라고 주장하면서도 교황의 명령을 순종치 아니하는 자는 이교도의 죄로 다스릴 것이라.[38]

이러한 공의회의 결정은 많은 성직자의 반대에 부딪혔다. 프랑스의 경우에는 교회의 지도자들이 1074년 회의를 열고 공개적으로 교황의 명령을 비합리적이라고 선포하고, 나아가 실행할 수 없다고 주장하였다.[39] 독일의 성직자들 역시 저항하였다. 독일의 콘스탄츠 주교구에서만 해도 주교회의에서 3,600명의 성직자가 무리를 지어 이 결정에 반발하였다.[40] 사제 독신 문제에서 성직자들이 열심을 내지 않자, 그레고리우스는 평신도들을 자극하여 성직을 매입하고 결혼 생활을 하는 사제들을 반대하도록 하였다. 평신도들에 의해 결혼한 사제들의 '첩'(아내)들은 쫓겨나게 되었고, 죄를 지은 성직자들(결혼한 성직자들)은 거센 저항에 직면하게 되었다.[41] 이는 거의 최초로 '민중'이 하나의 세력으로 등장하는 계기가 되기도 하였다.[42] 이전의 교회 역사에서도 권면과 경고의 표현은 등장하였었지만, 성직자의 결혼을 이교도와 우상 숭배의 죄로 간주하는 1074년 교황의 칙령은 성직자 독신주의

38 *Mansi*, XX,433; *Corpus Juris Canonici*, Dist. LXXI, C. 15; *A Source Book for Medieval History*, no. 61; 심창섭 · 채천석 편, 『원자료 중심의 중세교회사』, 86.

39 *Mansi*, XX,442.

40 Fuhrmann, *Einladung ins Mittelalter*, 137.

41 Fuhrmann, *Einladung ins Mittelalter*, 138.

42 Seibt, *Glanz und Elend des Mittelalters*, 177.

가 법제화된 때로 평가된다.

성직자 독신과 더불어 그레고리우스가 전력을 기울인 또 다른 문제는 세속 권력으로부터 성직의 독립과 자유를 위한 싸움이었다. 즉, 그것은 당시의 왕들이 행사하고 있던 사제의 임명 권한에 대한 것으로서, 이는 그레고리우스에게서 지속적으로 강조되었다. 교황이 즉위한 직후 선언한 칙령은 평신도 서임권을 금지하고 있었다. 이 문서는 유실되었으나 같은 내용의 평신도 서임권의 금지에 관한 칙령이, 1078년, 1080년에 반복하여 선포되었다.

> 앞으로는 평신도로부터 주교직이나 수도원장직을 받아들이는 성직자들은 교회에 의해 주교나 수도원장 등으로 간주되지 않을 것이다. 우리는 그들이 축복받은 베드로 사도와 교제하는 것을 금한다. 이와 동일한 금령이 하급 성직들에도 그대로 적용된다. 만약 황제나 공작이나 후작이나 백작이나 기타 어떤 평신도가 성직을 서임하는 경우 그는 이를 용납하는 성직자와 똑같은 저주를 받을 것이다.[43]

이는 단순한 정치적 대립이 아니라 지배권과 세계 질서를 둘러싼 근본적인 이해관계의 충돌이었으며, 서방 기독교 세계의 두 개의 보편 권력(교황권과 황제권)의 충돌이기도 하였다.[44] 성직자 임명권에 관한 1075년 초 로마 회의를 통해 발표된 그레고리우스 7세의 선언인 캐논(Cannon)은 그의 "도끼"라고 표현할 만큼 강렬한 것이었다.[45] 이 회의에서 소위 「교황의 선언」(*Dictatus Papae*)이 선포되었다.

그레고리우스 7세는 자신의 개혁적 목표를 달성하기 위해서는 교황의 권위를 뒷받침하는 법적인 근거들이 필요하다고 판단하였으며, 이를 공식 문서로 작성하였다. 이에 교회법 전승에 관한 최신 연구 결과들을 요약한

---

43 *그레고리우스 7세의 평신도 서임 금지 칙령* (1078.11.19; 1080.3.7), in: *A Source Book for Medieval History*, no. 64.

44 Seibt, *Glanz und Elend des Mittelalters*, 168.

45 Cannon, *History of Christianity in the Middle Ages*, 208.

간략한 27개 선언문의 모음집인 「교황의 선언」(*Dictatus Papae*)에서 그레고리우스 7세는 자신의 '소망'[46]을 분명히 드러내고 있다. 이 선언문 중 23개 조항은 교회의 내부적인 일과 관련된다.[47]

1. 로마 교회는 오직 주에 의해서 터가 놓였다.
2. 오직 로마의 주교만이 보편적(*universale*) 권위가 인정된다.
3. 오직 교황만이 주교들을 해임할 수 있고, 다시 임명할 수 있다.
4. 교황의 사절은 각 종교회의에서 모든 주교보다 우월한 지위를 지니며, 비록 그가 주교들보다 낮은 서열에 있더라도, 그들을 해임할 수 있다.
9. 모든 군왕은 교황의 발아래 입을 맞추어야 한다.
12. 교황은 황제(들)를 폐할 수 있다.
14. 교황은 교회의 어느 곳에 있는 사람이든 성직자로 서임할 권한을 갖는다.
19. 교황은 그 누구에 의해서도 판단받을 수 없다.
20. 그 누구도 교황을 정죄할 수 없다.
27. 교황은 죄인에게 행한 충성의 맹세를 무효화할 수 있다.

〈교황의 선언을 기록하고 있는 바티칸 사본〉

46 Fuhrmann, *Einladung ins Mittelalter*, 204.

47 *Dictatus Papae*, in: KThQ2, Nr. 32, b.

이 명제들은 물론 그레고리우스 자신의 창작이 아니다. 「콘스탄티누스의 유증」이나 『위 이시도루스 교령집』 등에 등장하는 주장들이다. 새로운 것이라면 교황이 이 원칙을 자신과 그 후임자들이 실행하여야 할 구체적인 사항으로 강조하였다는 것이다.[48] 이 주장들은 군주들의 서임권에 대한 폐지와 더불어 황제권에 대한 모든 기존의 이론 및 실제를 정면으로 부정하는 것이었다. 그레고리우스 7세 이전까지는 종교계와 세속이 결합하여 전체 교회를 이루고 있었으나, 이제 속인은 뒤로 밀려났다. 성직은 세속의 개입에서 자유로워져야 하며, 이는 로마 주교를 수뇌로 하는 교회와 결속함을 뜻하였다.

먼저 그레고리우스 7세는 프랑스의 왕 필립 1세(Philipp I, 1059-1108)와 대치하였다. 프랑스 왕 필립 1세는 도덕적으로 비난을 많이 받았고 또한 악명 높은 성직 매매의 주범이었다. 프랑스에서의 왕의 지배력도 매우 약하였다. 이러한 필립의 연약한 위치는 그레고리우스 7세가 그를 강력하게 공격하는 구실이 되었음이 틀림없다. 1075년 교황은 프랑스 왕을 파문하겠다고 위협하였다. 그러나 교황은 곧 하인리히와의 커다란 전투에 휘말리게 되어, 프랑스 왕에 대한 조치는 연기되었다.

영국의 왕 윌리엄 1세는 개혁 운동에 우호적이었지만, 그레고리우스 7세가 세속 군주의 서임권을 금하는 법령을 제정하였을 때, 윌리엄은 영국에서 그 법령을 공포하는 것을 거부하였다.[49] 이에 그레고리우스 7세는 교회를 태양에, 국가를 달에 비유하면서, 달은 태양에게서 빛을 빌려오는 것이라고 주장하였다.

> 주교의 권위는 마치 하늘이 땅보다 높듯이 왕과 황제의 권위보다 높다고 한다. 그는 현세에서 인간들을 다스리기 위해서 국가가 필요하다고 인정하지만, 정작

48 Walker, *A History of the Christian Church*, 313.

49 Tierney/Painter, *Western Europe in the Middle Ages, 300-1475*. 233.

세속권력과 투쟁할 때는 국가가 강도질과 살인과 온갖 범죄의 산물이며, 원래의 평등한 상태를 교란한 것으로 간주하고, 사제의 권력으로 그 상태를 반드시 회복해야 한다고 주장한다.[50]

교황은 교회와 교황제의 가장 높은 이상을 국가와 황제의 가장 낮은 이해와 결합시키고 있다. 큰 애정을 표시하면서 그에게 '가장 사랑하는'(*carissime*)이라는 호칭을 사용하지만, 그가 잉글랜드의 권좌에 앉게 된 것이 로마 교구의 호의 덕분임을 잊지 말라고 엄숙히 상기시키며, 따라서 속히 베드로의 은전을 바치라고 당부한다.[51] 이에 대해 그 콧대 높은 영국 왕은 자신이 왕이 된 것은 하나님과 자신의 칼 덕분이지, 교황 덕분은 아니라고 답한다. 그는 선왕들이 바쳤던 베드로의 은전을 바칠 용의는 있었지만, 선왕들이 바치기를 거부했던 충성 역시 바치기를 거부하였다.[52] 이러한 윌리엄의 태도에도 불구하고 그레고리우스 7세는 영국 왕의 권력을 직접 공격하지는 않았다.

〈1915년 E.M. Wilmot-Buxton의 작품 (교황청이 보낸 팔리움을 스스로 착용하는 안셀무스의 모습으로, 안셀무스는 영적 권위를 헨리 1세 왕으로부터가 아니라 교회로부터 받음을 행동으로 보여줌)〉

영국에서 성직 서임권을 둘러싼 다툼은 12세기에 본격적으로 진행되었다. 영국 왕 헨리 2세(Henry II, 1154-1189)와 토마스 베켓(Thomas a Becket, 1118-1170)의 갈등과 대치는 영국에서의 영적 권위와 세속 권력 간의 다툼

50 *그레고리우스 7세가 영국 왕 윌리엄에게 보낸 편지* (1080.5.8), PL 148.569. [epist. XXV]

51 *그레고리우스 7세의 영국 왕 윌리엄에 대한 편지* (1075, *Gregorii VII Registrum*, I. 70), PL 148.344.

52 *영국 왕 윌리엄의 그레고리우스 7세에 대한 편지* (1079/80년, *Gregorii VII Registrum*, VI. 30), PL 148.535.

에서 중요한 장면을 차지한다. 특히 헨리 2세가 1164년에 잉글랜드의 법으로 공포한 클라렌든 법전(The Clarendon constitution)은 성직자들과 평신도들을 동등하게 국왕과 국가의 법에 복종시키고, 성직자의 권한을 제한하고자 시도함으로 당시 두 권위 간 갈등의 중요한 원인이 되었다.[53]

헨리 2세는 이 새로운 「교황의 선언」을 받아들일 마음이 조금도 없었다.[54] 이 선언문은 성직자들을 평신도와 분리하였을 뿐만 아니라, 또한 성직자는 위계 구조에서 평신도의 위에 자리하도록 규정하였다. 또한, 교황은 이 위계 구조를 확고하게 장악하여, 관습, 전통, 대회, 주교들을 임의로 주관할 수 있게 되었다.[55]

2. 독일 황제[56] 하인리히 4세의 반응

하인리히 4세는 불운한 어린 시절을 보냈다. 6살에 아버지의 갑작스러운 죽음으로 독일, 부르군트, 그리고 이탈리아 왕국의 지배자가 되었다. 성년이 될 때까지 하인리히는 이리와 늑대 같은 귀족들과 주교들의 압박을 받았고, 물려받은 수많은 선조의 유산들을 상실하였다. 성년이 되어 스스로 통치권을 행사하려 할 때, 국내 기반이 약했던 하인리히 4세는 교황의 강력한 지원이 절실히 필요하였다. 그레고리우스 7세는 독일 황제 하인리히 4세를 개혁 전선에서 자기의 동반자로 생각하였다. 1073년에 주고받은 편지에서 황제와 교황은 서로에게 도움이 되기를 소원하고 있다.[57] 황제는 죄에 대한 의식과 교황을 통한 사죄의 은총을 간구하고 또한 지속적인 조언과

53 *Constitutions of Clarendon (1164)*, in: *Select Historical Documents*, 135 이하.

54 Tierney/Painter, *Western Europe in the Middle Ages, 300-1475*. 231.

55 Lynch, *The Medieval Church*, 253.

56 하인리히 4세는 1084년에 이르러 클레멘트 3세로부터 황제 대관식을 받았다,

57 참조: *그레고리우스 7세가 로레인의 공작 고프리드에게 보낸 편지* (*Gregorii VII Registrum*, I, 9), PL 148.291.

도움을 구하였다. 같은 해에 또한 황제에 의해 루카(Lucca)의 새로운 주교가 임명될 때도 서로의 갈등은 전혀 보이지 않았다. 그러나 1074년 4월 뉘른베르크에서 교황의 사절을 영접하고, 성직 매매의 금지에 대한 전선과 밀라노 추기경의 자리에 관한 갈등에서 독일 제국의 감독들은 교황의 사절들이 기대하는 결과들을 주지 않았다. 적어도 이때까지 교황과 황제의 갈등은 표면화되지 않았다. 교황은 1075년 6월 20일에 성직 매매와 성직자의 결혼을 반대하는 황제의 열정을 크게 칭찬하였다.[58]

〈하인리히 4세
(출처: wikimedia commons)〉

1075년 2월 로마에서 열린 교회 회의의 결과가—어떤 주교나 수도원장도 세속 군주로부터 서임을 받아서는 안 된다—서신의 형식으로 그레고리우스 7세에 의해 하인리히 4세에게 전달되었다.[59] 그러나 당시 하인리히 4세는 교황에게 알리지도 않은 상태에서, 이탈리아 페르모(Fermo)와 스폴레토(Spolet) 교구들을 막 채운 직후였다. 그레고리우스는 이 문제에 대하여 심하게 질책하고 하인리히에게 이 죄를 즉각 사제에게 고백하고 고행을 하도록 지시하였다.[60]

1075년은 밀라노 대주교의 임명을 둘러싸고, 교황과 하인리히의 갈등은 매우 강력해졌다. 밀라노는 교회에서 역사적 중요성을 지닌 교구일 뿐만 아니라, 오늘날까지도 이탈리아에서 알프스산맥 북쪽으로 통하는 주요 통

58 *그레고리우스 7세가 하인리히 4세에게 보낸 편지* (*Gregorii VII Registrum*, III, 3), PL 148.430)

59 참조: *Gregorii VII Registrum*, II, 55, PL 148.407-408.

60 Cannon, *History of Christianity in the Middle Ages*, 210.

로들을 장악하고 있는 광활한 봉건 영지였다.[61] 이 교구에 대하여 하인리히 3세는 고프리드(Godfrey)를 주교로 임명하였는데(1070년), 그는 이전에 교황 알렉산더 2세로부터 성직 매매 죄로 고소당한 바 있었다. 이에 1072년 알렉산더 2세 교황은 고프리드에 대한 승인을 거부하고 대신 아토(Atto)를 임명하였다. 그러나 밀라노는 이탈리아에서의 독일 황제가 자신의 권위와 영향력을 유지하는 데 아주 중요한 곳이었고, 황제에게는 이곳을 포기할 그 어떤 이유도 없었다. 그 결과 밀라노에서는 계속해서 교황파와 황제파 간 갈등이 거의 내전을 방불케 할 정도로 일어났다.

하인리히 4세는 자신의 측근인 고프리드(Gottfried)를 밀라노의 대주교로 임명하려고 시도하였다. 그러나 전임 교황으로부터 고발당한 고프리드는 결국 제외되었고, 하인리히 4세는 왕실 교회의 성직자였던 테달(Tedald)을 밀라노의 대주교로 임명하였다(1075년). 물론 이때에 황제는 조금도 로마의 의사를 묻지 않았다. 이제 밀라노에서는 교황이 임명한 주교(Atto)와 황제가 임명한 주교(Tedald)가 맞서게 되었다.

밀라노의 불편하고 혼란스러운 상황에 대해 그레고리우스 7세는 매우 분노했던 것 같다. 1075년 12월 8일에 교황은 펜을 들어 파문과 폐위의 위협을 담은 서한을 하인리히 황제와 테달에게 보냈다. 여기에서 그레고리우스는 강력한 경고를 발하며, 자신의 권고를 따를 것을 다음과 같이 주장하였다.

> [편지의 요약] 만일 황제가 기독교인 왕으로서 그(교황)에게 순종하는 경우에만, 그는 왕에게 안녕과 사도적 축복을 기원한다. 그러나 만일 황제가 그에게 순종하지 않는다면, 이것은 왕이 자신의 죄스러운 행위를 가지고 그에게 반대하는 것이 아니라, 하나님을 거부하는 행위다. 여기에 더하여, 왕은 자신의 명예를 하나님의 명예보다 앞에 두려고 하는 것이 얼마나 위험한 것인지, 하나님께 버림

61 Walker, *A History of the Christian Church*, 311.

을 받은 사울 왕의 예를 통해서 스스로 생각해 보라.[62]

그러나 이 편지가 이듬해 1월 황제가 있는 독일에 도착했을 때, 25살의 황제는 작센인과의 내전에서 승리하여 한껏 고무된 상태였다.[63] 또한 편지로 황제가 확실히 알게 된 것은, 이 교황에 의해서 황제의 대관식이 진행되지 않는다는 사실이었다. 결국 그는 사절단에게 교황을 폐위시키겠다는 위협까지 하게 된다.

곧바로 황제는 1076년 1월 24일, 보름스(Worms) 궁정에서 주교들의 회의를 소집하고, 여기서 결정된 사항을 편지로 교황에게 전달하였다. 먼저 교황의 선출은 무효라고 선언하였다. 왜냐하면, 이는 1059년의 교황 선출의 법령에 따르지 않은 것이었기 때문이다. 반면에 하인리히 4세 자신은 '거룩한 규례'에 따른 왕, '주의 기름 부음 받은 왕', '하나님께서 임명한 왕' 등으로 규정과 절차에 따랐음을 강조하였다. 둘째로 비윤리적인 삶의 방식과 무능력에 대한 비판이었다. 그는 그레고리우스 7세를 교황의 권위를 참칭하였을 뿐만 아니라, 신앙의 외투를 입고 폭력을 자행하는 자로 비난하였다. 따라서 교황 그레고리우스는 처음부터 교황이 아니었다고 선언하였다. 그래서, 저들은 편지의 수신자를, 교황이 아니라, "형제 힐데브란트"라고 적기까지 하였다. 하인리히는 로마의 파트리시우스(*Patricius*: 수호자)로서 순종의 선언과 로마인들에게 새로운 교황의 선출을 요구하였다.

「하인리히가 그레고리우스 7세에게 보낸 편지」

찬탈이 아닌 하나님의 거룩한 규례에 힘입어 왕이 된 하인리히는 교황이 아닌 사이비 수사인 힐데브란트에게 편지하노라. 그대는 잔꾀와 아첨과 뇌물과 폭력

62 *그레고리우스 7세가 하인리히 4세에게 보낸 편지* (*Gregorii VII Registrum*, III, 7), PL 148.435; *A Source Book for Medieval History*, no. 74; 심창섭 · 채천석 편, 『원자료 중심의 중세 교회사』, 90-92.

63 Seibt, *Glanz und Elend des Mittelalters*, 179.

으로 권력을 쥐었으면서도 어찌하여 참된 교황 성 베드로의 '하나님을 경외하고 왕을 두려워하라'는 명령을 멸시한 채 주의 기름 부음 받은 자에게 감히 손을 대는가? 그대는 하나님을 경외하지 않기에 하나님께서 임명하신 짐의 명예를 훼손한다. 그대는 우리의 모든 주교에 의해 이구동성으로 단죄를 받았으므로 이제 사도좌에서 내려오고, 성 베드로의 건실한 교리를 가르치고 종교의 외투를 입고 폭력을 자행하지 않을 다른 사람을 그 자리에 앉히도록 하라. 하나님의 은혜로 왕이 된 나 하인리히는 나의 모든 주교와 함께 그대에게 명하노니, 당장 내려올지어다![64]

이 같은 내용이 1076년 금식 공의회에서 황제의 사신에 의해 낭독되었을 때, 그레고리우스는 공회의 소집과 더불어 황제와 그의 추종자들에 대한 자격 정지와 파문을 선언하였다(2월 22일). 또한 기도의 형태를 빌어서, 베드로와 바울을 언급하며, 왕에게 행해진 모든 (충성) 맹세를 무효화하고, 또한 더 이상 하인리히를 왕으로 충성하는 행위를 금하였다. 하인리히를 파문하고, 그에 대한 독일과 이탈리아에서의 왕권 행사를 금지하고, 하인리히의 모든 백성에 대해 그에 대한 충성의 의무를 면제시켜 주었다:

… 성부, 성자, 성령의 이름으로, 당신의 권세와 전권에 힘입어서 말합니다. 황제 하인리히의 아들인 왕 하인리히, 곧 당신의 교회를 대적하여서 들어보지도 못한 교만함으로 마주 서 있는 자로부터 독일과 이탈리아의 제국 전체의 통치권을 박탈하며 모든 기독교인이 그에게 맹세하였거나 맹세할 모든 서약에서 해방시키노라. 또한 모두에게 그를 (더 이상) 왕으로 섬기는 것을 금하노라…. 그는 기독교인으로서 복종을 거부하고 파문된 자들과 교제하면서 자기가 떠나버린 하나님께로 돌아오지 않았고 그의 구원을 위해서 내가 그에게 해준—당신이 저의 증인입니다—권고들을 무시하고, 교회를 분열시키려고 하면서 당신의 교회

64 *A Source Book for Medieval History*, no 75; KThQ2, Nr. 32. c.

로부터 이탈하였습니다. 그래서 나는 당신을 대신하여 파문의 끈으로 그를 치나이다….[65]

과연 영적 권위의 담지자인 교황이 세속 군주의 권한을 폐할 수 있는가라는 질문은, 모두가 '기독교인'이라는 토대에서 가능하다고 볼 수 있다. 후일 그레고리우스는 1081년 3월 15일 메츠(Metz)의 주교인 헤르만(Herrmann)에게 보낸 편지에서, 자신의 생각을 잘 드러내고 있다:

원래 베드로에게 위임된 맺고 푸는 권위는 왕(의 권력)을 포함한다. 만일 그렇지 않다면, 그들은 교회의, 그리스도의 몸의 구성원이 아니게 된다. 만일 베드로의 거룩한 보좌에 하나님의 뜻에 따라 신령한 것들을 판단할 힘이 위임받았다면, 하물며 세상적인 것들에 관해서랴! 그러므로 왕의 권위는 주교의 권위의 위에 서는 것이 아니다. 왜냐하면, 왕의 권위는 인간의 교만(*superbia*)에서 기인한 것이라면, 주교의 권위는 신령한 경건에서 기인하기 때문이다. 이에 교황은 하나님의 뜻과 그분의 계명을 따르는 그리스도의 구성원과 구분하여, 자신의 이익을 신령한 것들보다 우선하려는 적그리스도의 구성원을 책벌할 권리를 지닌다.[66]

1076년 파문이 선포되기 직전에 독일의 거의 모든 주교는 황제와 한마음, 한뜻이었다. 그러나 하인리히의 고집과 독재에 대한 반감이 증대하고, 또한 작센인들은 자신들의 수치를 결코 오래도록 수용하지 못하였다. 게다가 제국의 많은 제후에게 강력한 왕의 통치는 꺼려지는 부분이었다.[67] 결국, 독일의 유력한 영주들, 슈바벤의 제후 루돌프, 바이에른의 벨프, 케른텐

---

65 Gregory VII, *Gregorii VII Registrum*, III, 10a; KThQ2, Nr. 32. d; *A Source Book for Medieval History*, no, 77.

66 *그레고리우스 7세가 메츠의 주교 헤르만에게 보낸 편지* (1081.3.15, *Gregorii VII Registrum*, VIII, 21), PL 148.594 이하.

67 Tierney/Painter, *Western Europe in the Middle Ages, 300-1475*, 231.

〈스페이어 대성당의 현재 모습〉

의 베르톨드, 그리고 교황파에 속하던 주교들, 뷔르츠부르크(Würzburg)의 아달베로(Adalbero), 메츠(Metz)의 헤르만(Herrmann), 파사우(Passau)의 알트만(Altmann) 등은 9월 중순, "염려스러운 제국의 위기 상황"을 선언하고 트레부르(Trebur)에 모였다.

이 회의를 통해 내려진 결정은 다음과 같다: 왕이 된 자는 영적인 지도자에게 합당한 존경을 드려야 한다. 그러므로 황제 하인리히 4세는 장차 그레고리우스 7세에게 합당한 순종과 회개를 행해야 한다. 나아가 황제의 반대파들은 교황과 서로 약속하여 만일 황제가 파문당한 지 1년이 되는 그날까지 파문에서 회복되지 못한다면, 더 이상 그를 황제로 받들지 않기로 한다.[68]

또한 1077년 2월 2일(처음에는 1월 6일) 아우크스부르크(Augsburg)에서 교황과 만나서, 새로운 황제의 선출과 모든 갈등을 종결하고자 하였다.[69] 하인리히에게 교황과의 화해는 자신의 파문만이 아니라, 제국의 통치권마저 좌우하는 문제가 되었다.

3. 카노사로 가는 길

이러한 위기에서 하인리히 4세는 상당히 극적이고, 약삭빠르게 대처하였다. 그는 교황이 독일로 오고 있는 길로 나아가 이탈리아 북부에서 따라잡고, 화해를 모색하고자 하였다. 이에 하인리히는 한겨울에 알프스를 넘

68 *A Source Book for Medieval History*, no. 78.

69 Schaff, *History of Christian Church*, 5, 68.

어 결국 교황을 이탈리아 북부 지역에서 따라잡았다. 독일 아우크스부르크로 향하던 교황은 두려움에 의해 국경 근처에서 갑자기 길을 돌려 롬바르디아(Lombardia) 지역으로 후퇴하였다. 교황은 위험을 느껴 서둘러 만투아(Mantua)에서 카노사(Canossa)로 갔다. 그곳에서 교황은 강력한 후원자를 기대하였다. 그 후원자 중 하나가 토스카나의 마틸다(Mathilde von Tuszien, 1115년 사망) 백작부인이었다. 그녀는 토스카나(Toskana)와 롬바르디아 지역에 광범위한 영지를 소유한 여주인이었다. 또한 그녀는 많은 교육을 받은 자로서, 교황이 그녀의 영지를 지나는 동안 수행하고 있었으며, 교황의 최대의 후원자였다.

〈현재 카노사성의 모습〉[70]

카노사성에 거처를 정한 그레고리우스 7세의 교황 진영과 맞은 편 성에 자리한 하인리히 4세의 황제 진영은 서로 협상을 진행하였다. 하인리히 4세의 최대의 관심은 교황의 '사면'(Absolution)이었다. 그레고리우스 7세의 일차적인 반응은 확실하고 분명한 거절이었다. 그는 하인리히 4세가 아우크스부르크로 와서 황제를 고발하는 영주들을 대응해야만 한다고 주장하였다. 이러한 그레고리우스 7세의 냉담한 반응에도, 중재자들은 굴하지 않았고, 교황이 하인리히의 파문을 철회하도록 설득하였다. 양측이 많은 협상

70 Fuhrmann은 이 성이 11세기에 '난공불락'의 성으로 설명한다. Furhmann, *Die Päpste*, 140. 필자가 보기에 이 성은 일상적인 영주의 성이라기보다는 위급한 시기에 피신하는 임시피난처같이 여겨진다.

〈하인리히 4세의 고해〉

을 전개하였으나, 그레고리우스 7세는 타협과 양보를 거절하였다.[71] 하인리히는 요구된 복종과 협상안에 찬성하지 않고, 오히려 그 협정서를 찢어버리고는, 소수의 수행원만을 대동한 채, 1077년 1월 25일 카노사의 정문 앞에 나타났다. 그리고는 회개의 표시로 맨발에 재 옷을 입고, 교황에게 사죄의 은총을 간구하는 회개의 의식을 시작하였다. 이에 하인리히는 카노사 성문 앞에서 고행자처럼 맨발로 서서 3일 동안 회개의 의식을 거행한다.[72] 중재안에 대해 계속해서 망설이던 교황 그레고리우스 7세 앞에서 황제는 어떤 상의도 없이 공적인 회개의 행위를 시작하였다. 교회의 전통에 의해, 어떤 경우에도 회개의 행위는 거절될 수 없었다. 결국 그레고리우스는 1077년 1월 28일 하인리히의 파문을 철회한다.[73] 이 사건은 황제가 교회의 권력 앞에 굴복한 상징으로 남았다. 그러나 하인리히 4세와 그레고리우스 7세의 이야기 나머지 부분은 그레고리우스 진영의 실패로 끝난다.

카노사에서 하인리히의 파문을 철회할 당시에 그레고리우스 7세는 어떠한 압박감을 느꼈는지에 대하여 후일 상세히 기록하고 있다. 회개로 인한 압박, 주변의 간청, 그리고 하인리히의 약속 등이 거론된다.[74]

> 그는 삼일 동안 성문 앞에 서 있었다. 그는 황제로서의 모든 예복을 벗고, 베옷을 입고—회개의 의식에 필요한 옷—맨 발에, 얇은 윗옷에 많은 눈물로 사도적

---

71 Schaff, *History of Christian Church*, 5, 70-71.

72 Schaff, *History of Christian Church*, 5, 70.

73 Fuhrmann은 이러한 파문장의 철회에서 하인리히 4세의 세례 시 대부였던 클루니 대수도원장 위고의 영향이 큰 것으로 평가한다. Furhmann, *Die Päpste*, 143.

74 *하인리히 4세의 맹세* (1077), in: *A Source Book for Medieval History*, no. 81.

자비의 도움과 위로를 간청하기를 그치지 않았다. 또한 그 소문을 듣는 모든 사람이 부드러움과 동정으로 가득하게 되어, 스스로 많은 간구와 눈물로 그를 위해 우리에게 간구하며, 우리의 매우 엄한 태도에 모두 놀라워하였다. 마치 어떤 이들은 우리의 태도가 엄격한 교황의 모습이라기보다는 어떤 야만적인 독재자의 태도라고 하기도 하였다. 그의 회개의 간절함과 눈물의 간구에 굴복하여, 우리는 마침내 교회로부터의 파문의 사슬을 풀고 그를 성도의 공동체의 은혜 안으로, 그리고 거룩한 어머니 교회의 품으로 다시 받아들였다. (하인리히의) 약속을 보장받았고, 또한 클루니 수도원, 우리의 딸 마틸다, 백작 부인 아델하이드, 그리고 다른 영주들, 주교들, 그리고 도움이 되는 평신도들이 이를 보증하였다(그레고리우스의 1277년의 변명).[75]

카노사에서 왕의 권위가 신에게서 받은 것으로 신성하다는 믿음이 회복될 수 없는 심각한 손상을 입었다. 왕도 죄 많은 인간으로서 교황의 권위 아래에 서는 것이라는 사실을 명백히 보여 줌으로써 그레고리우스는 영적 권위가 세상적 권위에 앞서는 것임을 널리 증명하게 되었다.[76]

그러면 카노사는 교회 권위에 대한 세상 권력자의 복종을 의미하는가? 정치적 최고 권력자는 영적인 권위에 복종해야 하는가? 혹은 종교적인 권력 앞에 세속적 권력이 겸비해야 하는가? 카노사는 정치적인 사건일까? 아니면 종교적인 사건일까? 수많은 탐구자가 열을 올리는 부분이다. 쉽지 않은 문제지만, 후대의 사람들은 이러한 시

75 *하인리히 4세의 파문 철회 직후 그레고리우스 7세가 독일의 자기 진영 사람들에게 보낸 편지*(1077. 1. 28.?, *Gregorii VII Registrumi*, IV, 12, 12 a), PL 148.465 이하; *A Source Book for Medieval History*, no. 80.

76 Fuhrmann, *Einladung ins Mittelalter*, 159.

각에서 카노사를 이해하고 있다. 마치 세속 권력과 종교적 권위의 갈등, 그리고 세속 권력이 패배한 전형적인 모습으로 바라보기도 한다.[77] 역사가들만이 아니라 많은 작가가 이 사건을 자신들의 작품 소재로 사용하였다. 예를 들면, 시인 하인리히 하이네(Heinrich Heine)는 애국심에 가득한 심정에서 카노사의 사건과 관련하여 다음과 같이 노래하고 있다:

카노사성의 뜰 안에
독일의 황제 하인리히가 서 있다.
맨발에 재 옷을 입고
그리고 밤은 춥고 비가 내린다.

저 위에 있는 창문을 통해
두 사람이 엿보고 있다.
달빛은 그레고리의 대머리와
마틸다의 가슴 위에 번쩍이고

창백한 입술의 하인리히는
경건히 주기도문을 웅얼거린다.
그러나 황제의 마음속 깊은 곳에서
은밀히 이를 갈며, 속으로 중얼거린다.

먼 나의 땅 독일에
강한 산이 일어서고
조용한 산 그림자 안에

---

77 Walker, *A History of the Christian Church*, 314.

전부(戰斧)를 위한 쇠가 자라고 있다.[78]

먼 나의 땅 독일에서
참나무 숲이 일어서고,
가장 높은 참나무의 줄기에는
전부를 위한 자루가 자라고 있다.

너 나의 사랑하고 믿는 독일이여,
너는 또한 한 사람을 낳으리니,
그가 내 고통의 뱀들을
전부로 때려눕히리라.[79]

1872년 5월 14일, 독일 제국의 수상인 비스마르크(Bismarcks)는 국회 연설에서 이렇게 선언하고 있다: "염려하지 마십시오. 우리는 몸이든 정신이든 어떤 형태로도 결코 카노사로 가지 않습니다"(*Seien Sie außer Sorge, nach Canossa gehen wir nicht – weder körperlich noch geistig*).[80] 비스마르크는 새로이 건설된 독일 제국이 교황 절대주의자들이나 혹은 대독일 연방 지지자들에 의해 약화되기를 원하지 않았다. 따라서 그는 특히 가톨릭교회에 의해서 부여되는 의무를 종교적인 영역으로 제한하려고 힘을 기울였다.

이를 위해 비스마르크는 정치적 목적으로 강단을 사용하는 것을 반대하는 법령과 예수회와 그와 같은 수도회 활동을 금지하기도 하였다. 특히 모든 학교의 활동을 국가의 관리하에 두었다. 이에 동의하지 않은 많은 주교와 종교 지도자들은 지위를 박탈당하고 체포를 당하게 되었다. 이 같은 상황에서 교황 피우스 9(Pius IX)가 제1차 바티칸 공회에 참석하기 위해, 로마

78 전부(戰斧): 전쟁을 위한 도끼. 쇠로 된 머리와 참나무로 된 자루를 지님.

79 Heinrich Heine, *Auf dem Schloßhof zu Canossa* (1844) [필자 역].

80 *비스마르크의 제국의회 연설* (1872.5.14). Schaff, *History of Christian Church*, 5, 74.

에 온 독일의 사절들을 거절했을 때, 비스마르크는 이에 굴하기를 원치 않았으며, 이러한 맥락에서 제국의회에서 위와 같이 선언한 것이다.

4. 카노사 이후

하인리히 4세는 그레고리우스 7세와 화해한 까닭에, 권력, 부, 그리고 지배에 관한 문제에서 조금도 변한 것이 없다고 이해하였다. 그러나 카노사에서 하인리히 4세의 파문이 철회되었지만, 1077년 3월 교황의 대사가 참석한 독일 제국회의는 슈바벤의 공작 루돌프 폰 라인펠덴(Rudolf von Reinfelden)을 대립 왕으로 추대하였다. 그는 교황에게 자유로운 주교 선출과 봉신으로서의 복종을 맹세하였다.[81] 그러나 그레고리우스 7세는 약 3년 동안 두 왕 사이에서 중립적인 태도를 보였다. 결국 그레고리우스의 태도는 아무런 성과도 거두지 못하였으며, 그는 다시금 하인리히 4세를 파문하였다. 교황은 1080년 3월 금식 공의회에서 다음과 같이 하인리히 4세의 파문을 선언하였다:

> 다시 한번 나는 그에게 독일과 이탈리아의 왕권을 전능하신 하나님의 이름으로 금하며, 어떠한 왕의 권력과 위엄도 폐하며, 또한 어떤 그리스도인도 그를 왕으로 순종하는 것을 금한다. 그리고는 이제부터는 루돌프가 독일 제국을 통치하며 보호할 것임을 보장한다.[82]

그러나 앞선 파문이 종교적인 원인에서 정치적인 분쟁으로 확대되었다면, 1080년의 파문은 정치적인 갈등이 종교적인 대결로 확대된 것이었다.

---

81 Fuhrmann, *Einladung ins Mittelalter*, 160.

82 *Mansi* XX, 533 이하.

하인리히 4세의 편에 서 있는 사람들은 지난번처럼 그를 홀로 남겨둔 것이 아니라, 즉각적인 반응을 통해 그를 지원하였다.[83] 그는 1080년 5월 31일 마인츠에서 회의를 개최하였다. 이 회의는 교황 그레고리우스 7세를 "신성과 인간의 법을 어지럽힌 혐의로 기소된 자"라고 규정하면서 폐위시켰다.[84] 또한 1080년 6월 25일 하인리히 4세는 직접 브릭센(Brixen)에서 공회를 소집하고, 그레고리우스 7세를 교황의 자리를 찬탈한 자로 정죄하며, 라벤나(Ravenna)의 대주교였던 비버트(Wibert)를 새로운 교황 클레멘트 3세(Clemens III)로 지명하였다.[85] 그러나 클레멘트는 교황의 역사에서 대립 교황(antipope)으로 규정되었다. 결국 독일에는 두 명의 왕과 두 명의 교황이 서로 대치하는 형국이 되었다.

대립 왕인 루돌프의 죽음으로 독일의 내전에서 하인리히는 결정적 승기를 잡았고, 하인리히는 1081년 봄 군대를 끌고 이탈리아로 길을 떠날 수 있었다. 북부 이탈리아 영주들의 저항과 하인리히의 연약한 힘, 그리고 로마의 완강한 저항으로 인해, 그가 로마에 입성하는 데는 3년여의 세월이 필요하였다. 로마에 입성한 하인리히는 공회를 소집하고 모든 추기경에게 새로운 교황에 동의할 것을 요구하였다. 이에 로마는 저항하지 못하고 굴복하였으며, 라벤나의 비버트(Wibert)는 1084년 3월 21일에야 로마에 들어올 수 있었다. 과거 호노리우스 2세와 알렉산더 2세의 갈등처럼, 비버트(*Wibert*)는 클레멘트 3세로서 라테란 성당에, 그레고리우스 7세는 난공불락의 요새인 천사의 성(Tower of Angel)에 피신하게 된다. 교황 클레멘트 3세는 이어진 부활절에 황제의 대관식을 거행하였다(1084년 3월 31일).

그레고리우스 7세가 노르만 사람들에게 도움을 요청해서 군대가 쳐들어오자, 하인리히 4세는 5월 21일 로마를 떠나 독일로 돌아갔고, 안전을 이유로 클레멘트 3세(Clemens III) 역시 라벤나로 돌아가 1100년까지 자신의

83 Schaff, *History of Christian Church*, 5, 75.

84 I, S, Robinson, *Henry IV of Germany, 1056–1106*, 197.

85 Cannon, *History of Christianity in the Middle Ages*, 213.

권위를 행사하였다. 일주일 뒤인 5월 28일 독일에 대적하던 로버트와 노르만인들이 로마를 쳐들어와 약탈과 파괴를 자행하였으며, 천사의 성에 유폐되어 있던 교황을 자유롭게 만들었다. 그러나 이들의 약탈과 파괴, 살육은 너무나 지나쳐서 거의 도시의 절반이 폐허가 되어 버렸다. 수많은 교회당이 무너졌으며, 수녀들도 폭행당하고, 수천의 시민들이 노예로 팔려나갔다. 로마는 유령의 도시처럼 변하였다. 그러자 시민들은 그 원망의 대상으로 그레고리우스 7세를 지목하였다.[86]

이에 그레고리우스는 남쪽 바닷가 살레르노(Salerno)로 쫓겨나 1085년 5월 25일 삶을 마치게 된다. 그는 자신의 묘비에, "나는 정의를 사랑하고 불의를 미워하였으며, 그 결과 유배지에서 죽는다"라고 적었다.[87] 그레고리우스는 마지막 순간까지 자신이 신의 정의의 편에 서서 고통을 받는다는 믿음을 지녔다.

비록 그레고리우스 7세의 마지막은 '쓸쓸한 최후'였으나,[88] 평신도 서임권에 대한 그의 견해는 그의 사후 절충을 겪게 되었다. 그러나 개혁파 교황들이 확보해 놓은 유럽에 대한 교황의 지도권과 교회에 대한 행정 및 사법권은 다시 상실될 수 없었다. 서임권 논쟁 이후 라틴 기독교 세계의 주도권을 장악한 것은 독일 제국이 아닌 교황청이었음이 판명되었다. "그 누구보다도 그레고리우스 7세야말로 13세기에 있어서 교황 제국의 창시자였다."[89] 현대 프랑스의 가톨릭 신학자 이브 콩가르(Yves Gongar)는 그레고리우스 7세의 신념을 한 문장으로 요약한다: "신에 복종하는 것은 교회에 복종하는 것이다. 그리고 이는 다시 교황에게 복종하는 것이다."[90] 푸어만(Fuhrmann)은 그레고리우스 7세에 대한 평가에서 상당히 과장된 표현

---

86 Schaff, *History of Christian Church*, 5, 78.

87 Walker, *A History of the Christian Church*, 314.

88 Fuhrmann, *Einladung ins Mittelalter*, 163.

89 Cannon, *History of Christianity in the Middle Ages*, 213.

90 Fuhrmann, *Die Päpste*, 139에서 재인용.

을 사용한다. 그는 "속인이 주교로 임명되는 것을 금한 것은 그레고리우스만의 업적"이라고 주장한다.[91] 이러한 그레고리우스의 정신은 마네골드(Manegold) 등의 신학자에 의해 열렬한 지지를 받았다.

III. 보름스 정교 협약(1122)

독일로 돌아온 하인리히의 남은 생애는 끊임없는 독일 제후들의 반란으로 점철되었다. 그의 마지막은 아들인 하인리히 5세(Heinrich V, 1111-1125)가 아버지에 대한 반란을 주도하면서 비극적으로 마무리되었다. 그동안 교황들은 노르만족의 도움으로 로마를 다시 장악할 수 있었다. 살레르노에서 그레고리우스 7세가 사망했을 때, 그를 따르던 추기경들은 몬테카시노의 대수도원장을 후임 교황으로 선출하였고, 그는 빅터 3세(Victor III, 약 1025-1087)라는 이름을 취하였다. 하인리히 4세의 군사적 우월성이 명확한 상황에서도 교황청의 개혁자들은 개혁이라는 대의를 포기하지 않았다.

빅터 3세가 약 14개월 만에 죽자, 그레고리우스 7세의 충실한 제자인 우르바누스 2세(Urban II, 1088-1099)가 새로운 교황으로 선출되었다. 그는 세속 군주에 의한 성직 임명의 금지라는 그레고리우스의 원칙들에 매우 충실하였지만, 반면에 정치적으로는 그레고리우스보다 더 능숙하였고, 좀 더 융통성을 발휘하였다.[92] 프랑스 왕 필립은 파문 선고를 당하였고, 영국에서도 캔터베리 대주교인 안셀무스가 영국 왕 헨리 2세에 대항하여 평신도 서임권에 대한 저항을 벌였다. 평신도 서임권을 둘러싼 투쟁의 과정에서 교황의 권위를 강력히 옹호하는 주장과 더불어, 평신도인 군주의 권위를 옹호하는 글들도 등장하였다.

---

91 Fuhrmann, *Einladung ins Mittelalter*, 138.

92 Walker, *A History of the Christian Church*, 315.

교황의 권위가 "현세의 모든 권력과 권세를 능가한다"라는 마네골드(Manegold of Lautenbach, 약 1030-약 1103)[93]의 강력한 교황옹호론도 등장하였다. 물론 하나의 제국을 보존하기 위해 황제의 권위를 옹호하며 "왕과 사제 모두 서로 다른 측면에서 그리스도의 대변인"이라는 글도 등장한다.[94] 이 각 주장은 기존의 두 권위의 상호 협력 내지는 기능적 역할보다는 한 권위가 다른 권위를 압도하고 지도해야 한다는 방향으로 전개되었고, 각각이 중요하다고 여겨지는 목적에 맞추어 권위의 질서를 재편하려 하였다.

교황 권위의 상승은 국가와 교회 간의 성직자 임명에 관한 새로운 협약을 낳았다. 즉, 성직 서임권을 둘러싼 교회와 국가의 갈등은 십자군이라는 시대적 맥락과 더불어 새로운 변화를 낳았다. 우르바누스 2세는 십자군 원정의 선포와 성공을 통해, 교황청은 기독교 백성의 가시적이고도 실질적인 수장이 되었으며, 교황청의 바람대로 삶의 전 영역에서 행정 및 사법권을 한층 강화하였다. 이처럼 명성과 세력이 강화된 교황청과 내전으로 세력이 약화된 황제 측은 성직 서임권에 관하여 새로운 협상을 낳았다.

교황 파스칼리스 2세(Paschal II, 1099-1118)는 매우 급진적인 개혁주의자로서, "주교들이 세속사에 대한 걱정 없이 자신의 양 떼들을 돌보고, 교회가 세속적인 재산이나 문제에 더 이상 참여하지 않는 것이 합당하다"라고 선언하며, "왕의 선출을 통한 주교의 축성"을 거절하며, 세속에 속한 모든 권리를 왕에게 넘겨주겠다고 하였다.[95] 그는 하인리히 5세에게 성직 매매가 아닌 방법으로 자유롭게 선출된 이들을 주교와 수도원장으로 임명할 수 있

---

93 마네골드(Manegold of Lautenbach)는 1080년 교황권을 옹호하며 그레고리우스를 지지하였다. "로마 교회가 단일하고 비교될 수 없는 엄위로 이 세상의 모든 권세를 능가하고 있음은…. 교령에 순종하지 않는 사람은 누구나 다 이방인이며, 죄인이고 하나님의 적이다.…"(*Manegoldi ad Gebehardum Liber*).

94 1090년에 등장한 익명의 저서 *De Unitate Ecclesiae Conservanda*은 황제의 권력을 적극적으로 옹호한다.

95 *1111년 2월 교황 파스칼리우스의 선언*, in: 심창섭·채천석 편, 『원자료 중심의 중세교회사』, 101-102; *A Source Book for Medieval History*, no. 83; MGH, II, 644-645.

다고 선언하였다.[96] 이러한 협약은 교황이 교회의 '영성'을 계속 유지하되, 그 '세속성'은 포기하는 것으로 해석되었는데, 그것은 실질적으로 주교들의 재정적인 수입을 전면적으로 포기함을 뜻하는 것이었다. 하지만 이러한 세속적인 권리에 대한 전적인 포기는 독일 제국의 주교들에 의해서 거부되었고, 이들은 협약의 무효를 선언하였다.[97]

새로운 협상을 통해 1122년 「보름스 정교협약」이 하인리히 5세와 교황 칼릭스투스 2세(Calixtus II, 1119-1124) 사이에 체결되었다. 이 협약에서 하인리히 5세는 성직 서임권의 포기와 교회의 성직자 선출의 자유를 인정하였다.

> … 반지와 지팡이로 행하는 그 서임권을 포기하며 내가 왕과 황제로 다스리는 제국에 있는 모든 교회 안에서 선출은 교회법적인 방법으로 이루어지며, 그 서품이 자유롭다는 것을 허락하노라….[98]

이와 반대로 칼릭스투스 2세는 독일 제국에 소속된 성직자들에 대한 황제의 영향력을 인정하고 재산권 행사를 위해서는 성직자 임명에 동의를 얻도록 약속하였다. 주교의 선출은 황제의 배석하에 이루어지며, 왕의 홀을 통한 지배권 이양이 진행되었다.

> 나, 주교이며 하나님의 종들의 종인 칼릭스투스가 하인리히, 곧 하나님의 은혜로 존귀하신 로마 황제 하인리히에게…. 하지만 선출된 자는 당신으로부터 홀을 통해서 수익권을 받아야 하며, 그로 인해서 당신에게 법적으로 짊어져야 하

---

96 *1111년 4월 하인리히 5세의 동의*, in: 심창섭 · 채천석 편, 『원자료 중심의 중세교회사』, 102; *A Source Book for Medieval History*, no. 84.

97 Deanesly, *A History of the medieval church 590-1500*, 129.

98 *하인리히 5세의 협약* (*Pactum Heinricianum*), in: KThQ2, Nr. 32. e.; *A Source Book for Medieval History*, no. 86.

는 다른 부분들에서는 그 서임된 자가 6개월 이내에 홀을 통해서 당신으로부터 수익권을 받아야 한다….[99]

「보름스 협약」에 따라 결과적으로 독일에서는 주교들과 대수도원장들에 대한 임명이 자유롭고 교회법에 따른 형태로 이루어지게 되었다. 이는 교황권의 독립과 교회법의 권위를 크게 신장시키는 결과를 낳았다. 이처럼 교회는 「교황 선출 칙령」을 통해 교황 선출에 대한 세속 권력의 영향력을 배제하는 데 성공하고, 1122년 「보름스 정교협약」을 통해 성직자 서임권을 확보함으로 교황과 교회법의 권위를 크게 강화할 수 있었다.

최종적으로 평가해 볼 때 그레고리우스 7세의 원칙들이 승리하였다고 볼 수 있다.[100] 교황은 반지와 지팡이를 제국의 모든 교회에 나누어줌으로써 가장 중요한 목적 곧 성직 서임권을 획득하였으며, 지난 시대의 혼란 속에서 상실한 교황청의 주요한 재산과 세속 권력까지 되찾았다. 성직 서임권 투쟁 자체는 일단 종결되었으나, 투쟁의 원인이 된 문제—황제권과 교황권의 갈등—은 중세 내내 존속하였다.

---

99 *교황 칼릭스투스 2세의 협약 (Pactum Calixinum)*, in: KThQ2, Nr. 32. f.; *A Source Book for Medieval History*, no. 85. https://sourcebooks.fordham.edu/source/worms1.asp.

100 Cannon, *History of Christianity in the Middle Ages*, 232.

참고 문헌

Blumentahal, Uta-Renate. "Leo IX." TRE Bd. 20: 742-744.

Concordat of Worms 1122. In. *Select Historical Documents*, 408-409. https://sourcebooks.fordham.edu/source/worms1.asp

Council of Reims (*레오의 랭스 공의회 교령*, 1049). In: *Mansi*, XIX. 741-742.

Gonzales, Justo L. *A History of Christian Thought II*. 이형기 · 차종순 역. 『기독교사상사(Ⅱ)』. 서울: 장로교출판사, 2002.

Gregorovius, Ferdinando. *History of the City of Rome in the Middle Ages* . Vol. IV-a. Trans. Annie Hamilton, Cambridge University Press, 2010.

Gregory VII. *Dictatus Papae*. In: *Select Historical Documents*, 366-367.

_____. *First Deposition and Banning of Henry IV* (Feb 22, 1076). In. *Select Historical Documents*, 376-377.

_____. *Gregorii VII Registrum*, PL 148.

_____. *Lay Investitures Forbidden 1080*. In: *Select Historical Documents*.

_____. *Simony and Celibacy 1074*. In: *Decree of Council at Rome 1074* [Mansi XX. 404], https://sourcebooks.fordham.edu/source/g7-reform1.asp.

Henderson, Ernest F., ed. *Select Historical Documents of the Middle Ages*, London: George Bell and Sons, 1896.

Henry IV. *Letter to Gregory VII, Jan 24, 1076*. In: *Select Historical Documents*.

Humbertus de Silva Candida. 『성직 매매를 비판하는 세 권의 책』 (*Libri tres adversus Simoniacos; Three Books against the Simoniacs*, 1057). In: PL 143.1005-1212.

Papal Election Decree, 1059. https://sourcebooks.fordham.edu/source/papal-elect1059.asp.

Paschal's Privilege (February 12, 1111). In: *Select Historical Documents*, 405-407.

Peter Damiani. *Letters of Peter Daminai, no. 40* [Liber gratismus]. In: *The Letters of Peter Damian 31-60*. Trans. Owen J. Blum, Washington, D.C: Catholic University of America Press, 1990.

Reuter, Timothy. *Medieval Polities and Modern Mentalities*. Cambridge University Press, 2006.

Robinson, I. S. *Henry IV of Germany, 1056–1106*. Cambridge University Press, 2003.

Weinfurter, Stefan. *Canossa*. München: C.H. Beck, 2006.

이영재. "교황 Gregory 7세의 로마 교회론과 성전(holy war)관." 「한국서양중세사학회/서양중세사연구」 19 (2007): 39-66.

_____. "교황 Gregory 7세의 서임권 투쟁에 관하여." 「한국서양중세사학회/서양중세사연구」 15 (2005): 27-62.

장준철. "전통과 혁신: 교황 그레고리우스 7세 개혁의 양면성." 「한국서양중세사학회」 56 (2008): 63-86.

8

십자군 전쟁

I. 십자군의 태동과 1차 십자군

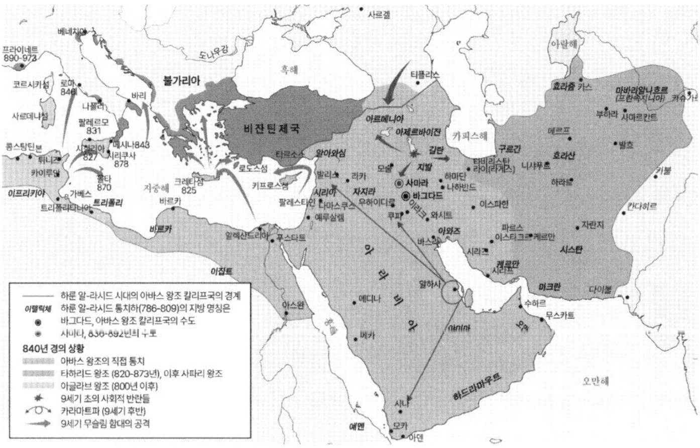

1. 십자군의 역사적 배경

1) 십자군의 역사적 배경

"십자군"은 중세의 자료나 관점에 의하면 '전쟁'(wars)이나 '운동'(movements)의 개념보다는 오히려 아주 압도적으로 '순례'의 개념으로 사용된다. 즉, 중세에서 십자군은 전쟁보다는 "성지(聖地) 순례"(*iter et peregrinatio in terram sanctam*)를 의미하였다.[1] 초대 교회부터 있었던 순례와 11-13세기의

---

1 베네딕투스 16세는 순례의 의미에 대하여 이렇게 설명한다: "순례를 떠난다는 것은 실제로 하

순례가 구분되는 것은, 전자는 무장하지 않고 순례하는 것이라면, 후자는 무장하고 순례를 하는 전쟁의 특성을 보인다는 것이다.[2] 11-13세기의 십자군은 종교를 전쟁에, 전쟁을 종교에 활용한 장이었다.

일찍부터 그리스도의 생애와 죽음과 부활로 거룩하게 된 땅, 예루살렘은 콘스탄티누스 황제 시대 이후 현재까지도 최고의 순례 대상지였다. 순례자들은 헌신의 행위로 순례를 하였을 뿐만 아니라, 7세기 이후로는 참회한 죄인들에게 속죄 행위로서 성지 순례를 부과하기도 하였다. 유럽에서 성지로 향하는 길고, 많은 비용이 들며, 위험하기까지 했던 여행은 그 자체로도 참회의 행위로 여겨졌다. 따라서 중세 순례는 순교를 제외한 최고의 공로이자 속죄 행위였다. 비록 638년 이후로 예루살렘이 이슬람 아바스 왕조의 수중에 들었지만, 잠깐의 단절 외에는 아랍의 비교적 관대한 법률로 성지 순례는 끊임없이 계속되었다. 11세기 중엽에 이르렀을 때, 순례의 빈도뿐 아니라 순례자의 수도 새로이 절정에 달하였다. 또한 비잔틴 제국과 이슬람 왕조의 관계는 긴장과 갈등이 거의 없었다.

그러나 1071년에 만지케르트(Manzikert) 전투에서 승리를 거둔 셀주크 튀르크족(Seljuk Turks)이 소아시아의 상당 지역을 정복하자 상황이 달라졌다. 협력과 화해 대신 통치와 지배를 선호하는 이슬람 강경 세력인 셀주크 튀르크가 1079년 예루살렘을 관할하게 되면서 성지 순례가 사실상 불가능하게 되었다.[3] 성지 순례자들은 이슬람인들에 의해 모욕과 핍박 그리고 약탈과 죽임을 당하였다. 많은 순례자가 투옥되거나 노예로 팔려 가기도 했다. 이처럼 순례자들이 전하는 참혹한 이야기는 모든 계층의 사람들의 신앙적 심성을 자극하였고 이슬람에 대한 반감을 고조시켰다.

느님께서 자신을 계시하신 곳, 그분의 은총이 특별한 광채로 빛나고 믿는 이들 사이에 회개와 거룩한 덕의 풍성한 열매를 맺어 주신 곳에서 하느님을 만나기 위해 우리 자신에게서 벗어나는 것을 의미한다." In: "Apostolic Journey to Santiago de Compostela and Barcelona"(2010.11.6).

2 Ritter 외 편역, *Kirchen- und Theologiegeschichte in Quellen vol. II: Mittelalter*, 247.

3 Walker, *A History of the Christian Church*, 320.

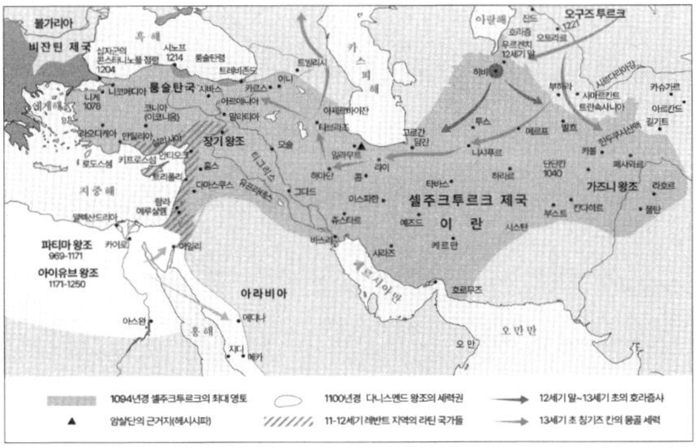

〈11세기 이슬람의 진출〉

반면에 11세기 이르러 서유럽 중심부의 인구와 생산성 그리고 부(富)가 급속히 증대되었고, 교황청의 개혁으로 교회는 기독교 신앙과 교회의 정신적 권위가 확산되기를 갈망하였다.[4] 또한 서방에서 이슬람과의 경쟁에서 기독교가 승리를 거두고 있던 때이기도 하였다. 이탈리아 남부를 점령하고 이탈리아 본토로 종종 강력한 약탈군을 보내던 이슬람 세력들은 노르만족에게 축출당하였다. 이 지역에 진출한 노르만은 한때 교황 레오 9세의 군대를 패퇴시키기도 하였지만, 1059년 로마 교황청의 보호자가 되는 조건으로 니콜라우스 2세 교황의 지지를 얻어 이탈리아 남부의 지배를 공식적으로 인정받았다. 1072년에는 팔레르모, 1085년에는 시라쿠사를 점령한 것을 비롯하여 이후 10년 뒤에는 시칠리아 전역을 장악하였다.[5]

11세기 초반부터 스페인에서 극심하게 분열된 이슬람 세력들의 알력 속에, 카스티야의 페르디난트 1세(Ferdinand I, 1035-1065)는 스페인에 대한 기독교 재정복(*Reconquista*) 운동을 시작하였다. 알폰소 6세(Alfonso VI, 1065-1109)는 1085년에는 이베리아 반도의 중요한 이슬람 도시인 톨레도(Toledo)를 함락시켰다. 이로 인해 기독교가 이제는 이슬람을 쫓아낼 수 있다는 정서가

4 Tierney/Painter, *Western Europe in the Middle Ages, 300-1475*, 241.

5 Schaff, *History of Christian Church*, 5, 209.

자라게 되었다. 나아가 모험심과 약탈하고자 하는 희망, 영토를 획득하려는 욕망 그리고 종교적인 증오심이 의심할 여지 없이 십자군에게 아주 현세적인 충동을 불러일으켰다.

이처럼 11세기부터 서유럽의 기사들 또는 도시민들은 이탈리아 남부(와 스페인)의 이슬람 지배자들에 대하여 적극적인 공세를 펼치기 시작하였다. 서방의 기독교인들에게는 국가와 민족을 초월하는 신앙적 소속감이 강력하였고, 그 감정은 자신이 기독교 세계에 소속되었다는 사실에서 우세하였다. 이러한 기독교 세계에 대한 소속감인 '우리'에 대한 인식이 예리해질수록, '그들'에 대한 인식도 예리해질 수밖에 없게 되었다.[6] 십자군의 시기는 기독교 세계에 대한 소속감이 그 어느 때보다 충만했던 시기였다. 이전의 서방에서는 변경에서 마주한 이민족을 상대하는 것이었다면, 이제는 기독교 세계가 통째로 다른 세계와 경쟁하게 되었다.

2) 십자군의 직접적 원인

첫째로 십자군 운동을 불러일으킨 첫 동인은 동로마 황제인 미카엘 7세(Michael VII, 1071-1078)가 교황 그레고리우스 7세에게 셀주크에 대항하는 지원을 요청한 데서 비롯되었다. 셀주크 투르크는 1071년 만지케르트(Manzikert) 전투에서 동로마 황제 로마누스(Romanus IV, 1067-1071)를 생포하였고, 소아시아 대부분을 장악하였으며 니케아(Nicaea)를 수도로 하는 이슬람 국가를 세웠다.[7] 만지케르트 전투 후 이슬람의 지속적인 위협에 노출되어 있던 황제 미카엘 7세는 로마 교황 그레고리우스에게 지원을 요청하였다.

이 요청이 그리스와 라틴 기독교 세계의 재통합을 약속하고 콘스탄티노플에서 로마가 가장 높은 권위를 차지하도록 약속하는 것이라고 여겼던 그

6 Lynch, *The Medieval Church*, 276.

7 Tierney/Painter, *Western Europe in the Middle Ages, 300-1475*, 249.

레고리우스 7세는 1074년에 동로마를 지원토록 기독교 세계에 호소하였다.[8] 그러나 그레고리우스 7세는 하인리히 4세와의 격렬한 투쟁에 휘말려 적극적으로 조치할 수는 없었다.[9] 왜냐하면 황제와 교황 사이에서 정치적인 결단을 내려야 하는 제후들에게 그레고리우스의 서임권에 관한 주장은 엄청난 부담을 감수해야 하는 일이었기 때문이었다. 한동안 잠들었던 십자군에 대한 원정계획은 후일 그의 제자이자 교황인 우르바누스 2세(Urban II, 1088-1099)에 의해 부활하였다.

둘째로, 1092년 셀주크의 족장 말리크 샤(Malik Shah)가 죽으면서 셀주크는 여러 왕조와 파벌들로 나뉘었다. 자신의 전임자보다 강력한 지도자였던 콘스탄티노플의 황제 알렉시우스 1세(Alexius, 1081-1118)는 셀주크의 족장들 사이에서 일어난 분열이 공세를 취할 기회를 제공한다고 판단하였다. 이에 그는 잃어버린 아시아 영토를 회복하기 위해 서방의 기사들을 모집하는 일을 지원해 달라고 우르바누스 2세에게 호소하였다.[10]

알렉시우스 황제는 그동안 전쟁으로 소모된 군사력 및 경제력을 회복시킬 시간이 절대적으로 필요했지만, 제국 총 수입의 절반 가까이를 차지하는 아나톨리아가 적에게 넘어간 상황이었다. 그는 시간을 벌면서 병력과 경제력을 회복하기 위해 교황 우르바누스 2세에게 구원병[11]을 요청하였다. 황제가 소아시아 영토를 회복하는 것에 도움이 될 만한 기사들을 고대하였다면, 교황은 기독교 세계를 위해 성지를 되찾는 것을 목적으로 시리아와 팔레스타인의 투르크 세력을 공격한다는 구상을 하게 되었다.[12]

---

8 그레고리우스 7세 교황은 1074년 3월 12일 십자군을 모색하는 교서를 발표하였다. 참조) PL 148. 329; *A Source Book for Medieval History*, no. 278.

9 안상준, 「중세유럽의 교황군주제와 십자군」, 10.

10 Walker, *A History of the Christian Church*, 320.

11 황제가 교황에게 요청한 구원병은 수비형의 군사가 아니라, 용병이라는 공격형의 군사였다. 용병이기 때문에 많은 병사가 아닌 소수의 병사가 필요했기에 알렉시우스는 친분이 있는 서유럽의 영주들이 아니라 교황에게 요청하여 너무 많은 수의 병력이 오지 않도록 미리 방지하려고 하였다. Ralph-Johannes Lilie, *Byzantium and the crusader states, 1096-1204*, 2-3.

12 Tierney/Painter, *Western Europe in the Middle Ages, 300-1475*, 250.

교황 우르바누스 2세의 구상은 압박당하고 있는 알렉시우스 황제에 대한 제한적인 원조의 형태에서 크게 확대되어, 이슬람의 수중에서 성지를 완전히 회복하려는 사업으로 변하였다. 그는 모든 기독교 세계가 이 일에 참여할 것을 요청하며, 이 어려운 원정에 참여하는 사람에 대하여 완전한 사죄를 약속하였다.

> 명예와 부를 얻기 위해서가 아니라 깨끗한 헌신에서 예루살렘(에 있는) 하나님의 교회를 해방하려고 출정하는 자는 누구든지 이 순례의 길을 통해 모든 속죄(의 벌)를 받은 것으로 간주되어야 한다.[13]

우르바누스 2세는 참회와 속죄를 위한 성지 순례라는 옛 이상에 이교도에 대한 거룩한 전쟁이라는 좀 더 새로운 이상을 결합하였다.

셋째로 십자군에 참여한 사람들은 영적이고 세속적인 특별한 권리를 많이 누렸던 수혜자들이었는데 무엇보다도 '십자군 면죄부'는 과거에 지은 모든 죄를 일소하고 한 사람을 영적으로 무죄한 상태로 회복시키는 것으로 이해되었다. 이러한 십자군 병사들의 맹세, 지위, 의무, 특권은 중세의 교회법률가들에 의하여 점차 공식화되었다.[14] 나아가 십자군 병사들에게는 부채 탕감과 세금 면제, 이자 대납 같은 세속적 이익도 부여하여 부작용을 낳았고, 십자군에 서약한 자들도 그 서약을 악용하여 죄를 짓기도 하였다.

동방에서 혹은 동방으로 향하던 길에 쓰러진 사람들도 특별 사면을 받았고, 민중들에게 순교자로 추앙되었다. 일찍이 이탈리아를 약탈하던 사라센 군대에 압박당하던 교황 요한 8세(John VIII, 872-882)는 이교도들에 맞서 용감하게 싸우는 병사들에게 영생의 안식과 자신에게 부여된 만큼의 사죄를 약속하기도 하였다.[15] 이러한 선례를 우르바누스 2세가 이어받았다.

---

13 *클레르몽 공의회 법령 2*, in: KThQ2, Nr. 37, b-2; *A Source Book for Medieval History*, no. 281.

14 Walker, *A History of the Christian Church*, 321.

15 참조) *A Source Book for Medieval History*, no. 277.

넷째로 당시 우르바누스 2세는 황제 하인리히 4세(Heinrich IV)에 의해 쫓겨난 그레고리우스 7세(Gregor VII)의 뒤를 이어 교황에 오른 자로서, 당시에는 황제에 의해 선임된 또 한 명의 교황 클레멘스 3세가 라벤나에 자리하고 있었다. 그레고리우스 7세에 의해 고안되기도 하였던 십자군은 로마에서 밀려난 우르바누스 2세 진영이 서방 교회에서 다시금 주도권을 회복할 수 있는 좋은 기회로 여겨졌다. 하지만 황제와 타협하여 이전의 우호적인 관계로 돌아가지 않는 한, 교황은 교회를 지켜줄 다른 군사적 지원 세력을 모색할 수밖에 없었다.

〈클레르몽 공의회(1095)〉

이러한 동기들로 인해 우르바누스 2세는 1095년 3월 이탈리아 북부의 피아첸차(Piacenza)에서 열린 공의회 도중에 비잔틴 제국의 사자를 맞이하였으며, 도울 것을 약속하였다.[16] 이어 11월 프랑스 동부의 클레르몽(Clermont)에서 열린 공의회에서 우르바누스는 십자군을 선언하였는데, 그 호소는 엄청난 반향을 일으켰다.

2. 클레르몽 공의회를 통한 십자군 선포

1095년 11월 27일 교황 우르바누스 2세는 프랑스의 클레르몽(Clerrmont)에서 열린 공회에서 유럽의 기독교인들에게 십자군을 호소하였다. 이날, 그는 운집한 회중들 앞에서 이슬람의 승리는 기독교 세계의 수치이며, 유럽의 귀족들은 상호 간의 끊임없는 아귀다툼을 멈추고, 동방 교회를 돕고 성지를

16 Steven Runciman, *A History of the Crusades*, vol. 1, 105.

회복하기 위해 칼끝을 기독교의 적들에게 돌려야 한다고 역설하였다.

> … 예루살렘과 콘스탄티노플에서 들려오는 소식들이 끊임없이 나의 심중을 누르고 있다. 신에게 버림받은 무리들이 성지를 공격하고 기독교도들을 살육하고 납치하고 심지어 시신을 놀이도구로 삼고 있다…. 아, 너무도 용맹스러운 전사들이여 선조들의 위엄을 본받아 떨치고 일어서라…. 너희들이 물려받은 이 땅은 궁색하지 않은가? 이 땅에 사는 사람들이 얼마나 곤궁하게 살고 있는지 너희들도 잘 알지 않느냐?. 그로 인해 너희들은 서로 얼마나 싸우고 있느냐? 전쟁은 너희들의 일상이 아니더냐. 자 이제 너희들의 전쟁을 중지하고 분쟁을 그쳐라. 성묘 교회가 있는 그 땅으로 나아가거라. 사악한 무리들을 쫓아내고 그 땅을 너희들이 취하라. 주님이 이스라엘 자손에게 준 젖과 꿀이 흐르는 땅이라 말씀하신 바로 그 땅을….[17]

우르바누스 2세는 거룩한 땅을 이교도의 손에서 탈환하고, 동방의 기독교 형제들을 돕자고 외쳤다. 물론 약간의 사전 준비 작업이 있었지만,[18] 그곳에 모인 거의 모든 사람은 한결같은 목소리로 교황의 주장에 응답하였다:

> "하나님이 뜻입니다!"(*Deus lo vult*).
> "하나님이 원합니다!"(*Deus lo vult*).
> "하나님이 그것을 원합니다!"(*Deus lo vult*).[19]

---

17 Georges Tate, 『십자군전쟁; 성전 탈환의 시나리오』, 95; 참조) KThQ2, Nr. 34. b; *A Source Book for Medieval History*, no. 280. 우르바누스 2세의 연설에 대한 차이 나는 보고서가 존재한다. Fulcher of Chartes와 Robert the Monk의 기록이 각각 존재한다. https://sourcebooks.fordham.edu/source/urban2-5vers.asp.

18 은수자인 아미엥의 페트로에 대하여, 역사가들의 논란은 있으나, 그가 클레르몽 공의회에 앞서 여론을 상기하는 역할을 하였음에 동의한다. "교황을 위하여 선구자 역할을 수행하였으며, 민중의 마음을 미리 준비시켜서 교황의 말이 쉽게 받아들여지도록 만들었다"(Schaff, *History of Christian Church*, 5, 229).

19 *A Source Book for Medieval History*, no. 280; https://sourcebooks.fordham.edu/source/urban2-5vers.asp.

대중들이 '하나님의 뜻'을 외치며 화답하자, 우르바누스 2세는 잠시 뒤에 십자군 호소를 계속해서 이어갔다.

> 과연 그것이 하나님의 뜻입니다. 여러분이 칼을 빼어들 때 그것이 여러분의 함성이 되기를 바랍니다. 여러분은 십자가 군병들입니다. 가슴이나 어깨에 피 묻은 십자가 표지를 착용하십시오. 다시는 취소할 수 없는 서약의 증표로, 하나님의 도움이 결코 여러분을 버리지 않는다는 표지로 그것을 착용하십시오.[20]

교황은 모든 기독교 세계가 이 일에 참여하라고 요청하였으며, "신의 휴전"의 확대와 더불어 이 어려운 원정에 참여하는 사람에 대하여 완전한 사죄를 약속하였다.[21]

우르바누스 2세는 공의회가 끝난 후 프랑스를 순회하며 십자군의 참가를 설교하였다. 마찬가지로 신앙적 열정에 사로잡힌 십자군 설교자도 방방곡곡을 다니며 거룩한 사역에 동참할 것을 호소하였다.[22] 당시의 사람들에게 있어 십자군이 되기로 맹세하는 것과 성전에 참여하는 것은, 그들에게 영원한 축복을 약속하는 것이었고, 속죄의 기회인 동시에 동방에서의 막대한 전리품을 기대하게 하였다. 따라서 교황의 외침은 신속히 전 유럽으로 퍼져나갔고, 남녀노소, 권력자, 기사, 빈부를 가리지 않고 커다란 반향을 일으켰다.

특히 십자군이 호소되었을 때 프랑스의 기사들이 적극적으로인 호응하였다. 프랑스는 장자 상속제의 전통이 강했기 때문에, 귀족들의 다른 자녀들은 바다 건너에서 새로운 기회를 획득하고자 하였다. 그러나 독일 왕 하인리히 5세와 프랑스의 왕 필립 1세는 교황과 분쟁을 벌이고 있었을 뿐만

20 *A Source Book for Medieval History*, no. 280; Schaff, *History of Christian Church*, 5, 215-216; https://sourcebooks.fordham.edu/source/urban2-5vers.asp

21 참조) 클레르몽 공의회 법령, in: *A Source Book for Medieval History*, no. 281; Mansi XX. 816.

22 Tierney/Painter, *Western Europe in the Middle Ages, 300-1475*, 251.

아니라, 교회의 파문하에 있었다. 이렇게 해서 1차 십자군은 전적으로 프랑스의 기사들을 중심으로 전개되었다.

성직자들은 전쟁을 어떻게 정당화할 수 있었을까? 중세를 살았던 토마스 아퀴나스는 그 목적이 세속적 이득이 아니라, 교회나 가난하고 억눌린 자들을 보호하는 데 있다면, 당연히 참여할 수 있다고 대답한다.[23] 그러나 이제 막 시작된 십자군의 합법화는 맹목적임을 부정할 수 없다.

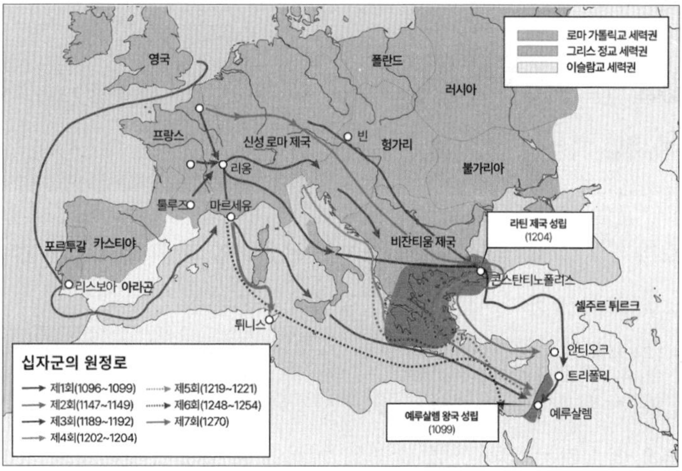

3. 1차 십자군

영주와 기사들이 자신들의 영지를 정돈하고 무장을 갖춰 출발하기에는 시간이 필요하였다. 기사들을 중심으로 한 무장한 군대가 출발하기 훨씬 앞서, 많은 대중이 먼저 십자군에 열심을 보였다. 교황은 수하에 있는 병사들을 자비로 먹이고 입힐 수 있는 제후만을 참가시키려고 하였으나, 설교가들은 가난한 기사와 모험적인 농민들에게 마구 십자가를 나누어 주었다.[24] 수

---

23 Thomas Aquinas, *Summa Theologiae*, II-II, q. 40, a. 2: 그러나 성직자가 직접 피를 흘리는 전쟁을 수행하는 것은 전적으로 금한다.

24 Tierney/Painter, *Western Europe in the Middle Ages, 300-1475*, 251.

많은 대중이 "하나님의 뜻"을 외치고 다녔고, 거룩한 땅에서 이교도를 추방하자며 서로 무리를 지어 집과 고향과 도시를 등지고 무작정 동방으로 나섰다. 그러나 단지 "거룩한 땅의 회복"이라는 신앙적 열정에 감동된 일반 대중에게 유럽을 떠나 팔레스타인에 이르는 과정은 험난함 그 자체였다. 아니, 처음부터 무리였다.

> 사제는 자신의 암자에서 나왔고, 농부는 쟁기를 버리고 아내와 자녀를 소달구지에 태운 채로 터키로 향하였다. 집결지로 가는 도중에 여러 마을을 지날 때마다 달구지에 앉은 아이들이 "여기가 예루살렘인가요? 하고 흥분한 채 소리쳤다….[25]

〈은둔자 Peter의 순회설교〉

본인 스스로 신앙적인 열정에 지나치게 사로잡혔던 은둔 수도사인 아미엥의 페트로(Peter de Amiens)[26]는 유럽을 돌며 십자군을 설교하고 사람들의 신앙적 열정에 불을 지폈다. 이에 약 5만에 가까운 백성의 무리가 페트로를 중심으로 동으로 떠났다. 그러나 저들이 가진 유일한 무기는 성지의 회복

---

25 Schaff는 당시의 정황을 이렇게 풍자적으로 설명한다. Schaff, *History of Christian Church* 5, 218.

26 아미엥의 페트로는 몇 년 동안 은둔자의 금욕생활을 하다, 예루살렘으로 순례를 떠났고 터키인들의 손에 많은 고통을 겪었다. 어느 날 그가 성묘 대성당에서 자고 있을 때, 주님께서 그에게 나타나셔서 예루살렘 총대주교에게 신임장을 요청하고 유럽으로 가서 동방의 그리스도인에게 닥친 비참함을 선포하라고 명령하셨다. 페트로는 총대주교의 편지를 얻었고, Clermont 에서 십자군을 설교하기 위해 온 우르바누스 2세는 그의 연설에 감동하였다.(Albert of Aix, *Historia Hierosolymitanae Expeditionis*, I; II (1100년); *Catholic encyclopedia*, "Peter the hermit".

이라는 종교적 열심뿐이었고, 유럽을 벗어날 정도의 양식조차 갖추지 못하였다. 게다가 저들은 전혀 규율이 선 무리가 아니었고, 군사적으로 훈련된 자들도 아니었다. 그 결과, 동쪽으로 출발할 때부터, 그들은 성지의 이방인 추방보다 자신들 내부의 이교도 제거라는 명목하에 라인란트 지역의 유대인 거주지를 습격하고 약탈하였다. 십자군 최초의 희생자는 팔레스타인의 사라센인들이 아니라, 유럽 내부에 뿌리를 내리고 있던 유대인들이었다. 또한 이들은 1096년 독일의 마인츠, 보름스, 스페이어 등의 유대인 거주지를 공격하고 이들을 강제 개종시키려 하였다.[27] 더구나 각 교회는 십자군의 참여자들에게 면죄부를 발급함으로써 셀 수 없는 불량자들과 혹은 죄인들이 사면을 약속받고 이 무리에 동행하였으며, 정돈되지 못한 이들에 의해서 수많은 또 다른 일탈이 발생하였다. "많은 사람이 빚쟁이들을 피하고자 십자가를 취하였다."[28]

〈1096년 메츠에서의 유대인 박해 by Auguste Migette(출처: wikipedia)〉

결국 도중에 수많은 사람이 추위, 굶주림, 사고 등으로 사망하고, 이들은 유럽 대륙을 벗어나기도 전에 상당수가 이탈하였다. 추측건대 5-7만 명 정도의 사람들이 동방으로의 여정에서 실종되었다.[29] 비잔틴 황제 알렉시우스

27 Albert of Aix, *Historia Hierosolymitanae Expeditionis*, I, 27-28.

28 Schaff, *History of Christian Church*, 5, 206에서 재인용; 참조) *A Source Book for Medieval History*, no. 282.

29 Seibt, *Glanz und Elend des Mittelalters*, 189.

가 콘스탄티노플에 도착한 이들을 보았을 때, 이들은 무장도 제대로 갖추지 못하였고, 해협을 건너가려는 조급함과 주변에 일으키는 일탈과 소요의 모습으로 인해 서둘러서 그들을 소아시아로 보내버렸다.[30] 또한 민중 십자군은 소아시아 지역에 이르자 이슬람 군대의 요격을 받아 산산조각이 났다. 그러나 그들의 혼란스러운 모습과 무질서를 평가절하하더라도, 이들 민중 십자군 역시 중세의 이상이기도 한 높은 신앙심과 헌신의 발로였음은 부정할 수는 없다.

이러한 일반 대중들이 선동적으로 참여했던 십자군 대신, 영주들과 기사들이 무장을 갖추고 참여했던 1차 십자군은 1096-1097년 어간에 바다를 건너 출발하게 된다. 필립 샤프는 1차 십자군 원정 정규군의 군세는 아무리 낮춰 잡아도 30만 명이라고 평가한다.[31] 이들은 세 무리로 출발했는데, 두 무리는 육로로, 한 무리는 이탈리아에서 바다를 가로질렀다. 한 부대는 하 로레인의 공작인 고드프리 드 부이용(Godfrey of Bouillon)과 그의 동생들인 볼드윈(Baldwin)과 플랑드르의 유스타스(Eustace)가 지휘하였다. 북부 프랑스와 서부 프랑스에서 온 다른 부대들은 플랑드르의 백작 로베르(Robert)와 영국과 프랑스 국왕의 형제들이 지휘하였다. 남부 프랑스에서는 툴루즈의 레이몽(Raymond)이 대규모 부대를 이끌고 왔으며, 노르만족이 지배하는 이탈리아 남부에서는 유능하고 야심적인 타란토의 보헤몽(Bohemond)과 그의 조카 탕크레드(Tancred)가 잘 갖추어진 부대를 이끌고 왔다. 부대 전체를 이끄는 단일한 지도자는 없었다. 우르바누스 2세는 르퓌(Le Puy)의 주교 아드헤마르(Adhemar)를 교황 대리로 지명하였다.[32] 이 세 무리는 서로 다른 길을 취하여 콘스탄티노플에서 합류하였다.

30 Tierney/Painter, *Western Europe in the Middle Ages, 300-1475*, 252.

31 Schaff, *History of Christian Church*, 5, 219. 그러나 실제로는 2-3천 명의 기사와 8천-1만 2천의 보병, 그리고 수많은 비전투원이 포함되었을 것이라는 주장이 설득력이 있다. [Tierney/Painter, *Western Europe in the Middle Ages, 300-1475*, 255]. 혹은 비전투원을 포함하여 10만 정도로 평가하기도 한다. 아무튼 십자군의 군세는 동로마 황제에게 부담감을 주기에 충분하였다.

32 Edward Peters, ed., *The First Crusade*, 31.

원래 알렉시우스 황제가 의도했던 것은 비잔티움 군대를 중심으로 자신에게 보수를 받고 전투를 해줄 기사들을 원하였다. 그러나 도착한 십자군은 동로마 황제의 기대보다는 훨씬 더 신앙적 열심에 고무되어 있었다. 즉, 성지회복이라는 사명감으로 가득 차 있었던 것이다. 이에 알렉시우스는 십자군에게 보급을 제공하는 대신 그 영주들에게 충성의 서약을 받아내려 하였다.[33] 이에 콘스탄티노플에 도착한 십자군과 알렉시우스는 갈등을 겪게 되었다.

〈안디옥 성의 공략〉

〈롱기누스의 창〉

결국 동로마 군대의 참여 없이 안내자만의 도움을 받아, 십자군은 동쪽으로 진격한다. '운좋게도', 십자군이 도착했을 때 그 지역의 이슬람 족장들은 바그다드에 있는 술탄의 통제에서 벗어나 서로 격렬하게 싸우고 있었다.[34] 도릴레움(Dorylaeum) 전투의 대승으로 이슬람의 사기를 크게 떨어트린 십자군은 안디옥[35] 등을 점령하였다. 또한 팔레스타인과 시리아의 많은 지

33 Tierney/Painter, *Western Europe in the Middle Ages, 300-1475*, 253.

34 Tierney/Painter, *Western Europe in the Middle Ages, 300-1475*, 254.

35 이 안디옥의 점령에서 등장하는 전설은 '롱기누스의 창'(Spears of Longinus)의 발견이다. 이 창은 예수 그리스도의 옆구리를 찔렀다는 로마 군인 롱기누스가 소지하였다. 1098년 6월 안디옥의 포위 공격 중에 피터 바르톨로메오(Peter Bartholomew)라는 수도사가 성 베드로가 본 환상을 보고하였다. 거룩한 창이 성 베드로 교회에 묻혀 있다고 말해 주었다. 안디옥의 베드로 대성당을 많이 파낸 후 바르톨로메오는 창을 발견하였다고 한다. 교황 특사 아드헤마르를 포함한 많은 사람의 의심에도 불구하고, 많은 십자군은 창의 발견으로 자신들을 포위 공격한 이슬람을 패배시키고 도시를 확보할 수 있었다고 믿었다. Albert of Aix, *Historia Hierosolymitanae Expeditionis*, IV. 43; V. 32.

역을 점령하며, 각각의 기사들은 자신의 영주 국가들을 세울 수 있었다. 에뎃사(Edessa) 백작령, 안디옥(Antiocia) 공국, 트리폴리(Tripolis) 백작령 등이 해안을 따라 세워졌다.

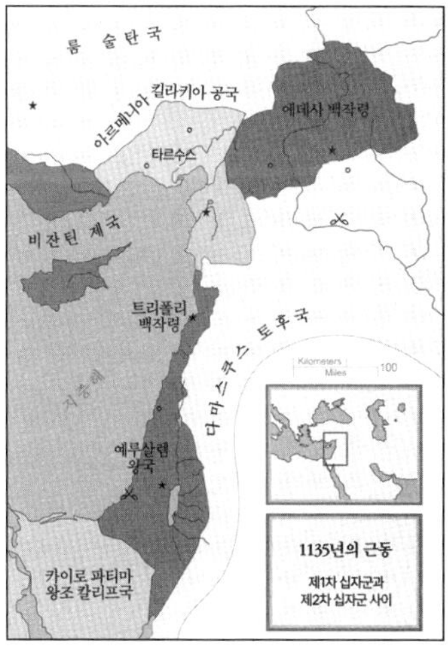

〈십자군 국가들〉

마침내 1차 십자군은 1099년 6월 15일 예루살렘 언덕에 도착하였다. 예루살렘 성을 바라보며 십자군 병사들은 감격에 벅차 무릎을 꿇고 그 땅에 입을 맞추며, 갑옷과 신발을 벗고, 무기를 내려놓은 뒤 눈물을 흘리며 참회의 기도와 찬송을 불렀다.[36] 그 이후 십자군 병사들은 여러 차례 공격을 감행하였으나 실패하였다. 그러다 상당한 시간 동안 처절한 전투를 벌이고, 엄청난 피를 흘린 끝에, 결국 예루살렘을 점령하였다(7월 13일). 예루살렘으로 진격한 십자군은 예루살렘 성에 거하는 이교도는 이교도란 이유로, 유대인은 이교도와 부화뇌동하는 자들로 여겨 무참하게 학살하였다. 당시 기록에 따르면, 예루살렘의 골목마다 흘러내리는 피가 발목까지 차올랐다고 한다. 또한, 십자군은 온 도시를 샅샅이 다니며 약탈을 감행하였다.[37] 이슬람과 유대인 약 14만여 명이 학살되었다고 한다.

예루살렘을 점령한 후 사람들은 고프리드(Gottfried of Bouillon, 1060-1100)를 예루살렘의 왕으로 선출하였다. 그러나 그는 매우 신앙심이 가득한 자로, 예루살렘에는 오직 한 명의 왕, 가시관을 쓰고 천상에 좌정한 왕(예수 그리스도), 한 분뿐이므로, 왕의 칭호를 거절하고, 대신 그 자신을 "거룩한 무덤의 수호자"(*Advocatus Sancti Sepulchri*)로 칭하였다.[38] 유감스럽게도 고프

36 Schaff, *History of Christian Church*, 5, 223.

37 *Gesta Francorum et aliorum Hierosolomitanourm*, X, 38, KThQ2, Nr. 34, 3.

38 Walker, *A History of the Christian Church*, 322.

〈십자군의 예루살렘 포위 공격〉

리드는 바로 이듬해 삶을 마감한다. 이에 그의 삶은 마치 사람들에게 신기루나, 신화처럼 여겨졌다. 이 고프리드를 모델로 하여 13세기에 "파르지팔"(Parzival)이라고 하는 제목으로, "성배를 찾아 온갖 고난을 극복하고 세상을 여행하는 기사"의 모험담을 지닌 소설이 나타난다. 그리고 이 소설을 배경으로 1882년 작곡가 바그너는 동일한 제목, 주제를 지닌 오페라 "파르지팔"(Parsifal)을 작곡한다.

고프리드가 후대를 남기지 않고 사망하자, 사람들은 그의 동생인 볼드윈 1세(Balduin I)를 예루살렘의 초대 왕으로 삼았다. 예루살렘에 라틴 왕국이 세워졌다. 이어서 십자군이 점령한 지역에는 유럽의 봉건제도가 재현되었다. 즉, 정복한 영토는 주군인 예루살렘 왕의 치하에서 소유권을 지닌 제후들에게 배분되었다.[39] 그러나 팔레스타인에 십자군들이 세운 나라들은 기껏해야 유럽으로부터 계속 지원을 받아야 하는 전초기지에 불과하였다.[40]

십자군에 의해 세워진 작은 나라들은 처음부터, 아니 언제나 커다란 위험에 직면해 있었다. 사라센으로부터 자신들을 보호해야만 했으며, 동시에 그들이 세운 국가들에 안정을 도모해야만 했다. 십자군 원정에 참여한 자 중, 많은 기사는 바다 건너 팔레스타인에 정착하기를 원하지 않았다. 기사들 가운데에는 명성을 얻기 위해, 죄의 사면을 위해 혹은 전리품을 통한 부를

---

39 Schaff, *History of Christian Church*, 5, 233.

40 Tierney/Painter, *Western Europe in the Middle Ages, 300-1475*, 261.

획득하기 위해 참전한 자들도 많았으며, 이들은 다시금 자신들의 고향으로 돌아감으로 팔레스타인의 기독교 세력은 커다란 전력의 약화를 가져왔다.

자기 고향에서의 모든 권리를 포기하고 정착한 기사들은 1차 전쟁이 어느 정도 마무리되자, 이교도들과의 평화와 공존을 모색해야만 했다. 그러나 간간이 건너오는 소규모의 십자군들이 지닌 과도한 종교적 열정은 그들의 존립 자체를 위태롭게 하기도 하였다. 왜냐하면, 이들은 이교도의 추방이라는 열정 아래 모슬렘 지역들을 습격함으로 사라센 측의 반(anti)십자군을 초래했기 때문이다. 당시 서방의 신자들은, 거룩한 땅에서 이교도를 몰아냈다는 성취감에 고양되었지만, 십자군이 점령한 지역은 동서 해안을 따른 좁은 지역에 불과하였으므로, 실제로 모슬렘의 복잡한 정치적 상황이 아니었다면 이곳에 발을 디디기도 힘들었을 것이다.

이러한 상황에서 군사적 수도원이 예루살렘의 라틴 왕국에 가장 큰 지원을 제공하게 되었다. 성전기사단(Knights of the Temple), 성 요한 구호 기사단(Hospitallers 또는 Knights of St. John), 튜튼 기사단(Teutonic Knights) 등의 대규모 군사적 수도원은 급속하게 인기와 부와 권력을 얻었으며, 군주들도 그들에게 예우를 갖추었고, 교황들은 앞다투어 그들에게 권위와 특권을 부여하였다.

성전기사단(Knights of the Temple)은 1119년에 위그 드 페이앙(Hugh de Payans)과 8명의 동료에 의하여 세워졌으며, 국왕 볼드윈 2세(1118-1131)로부터 성전 부지 근처에 숙소를 얻었다(이 때문에 성전기사단이라는 이름을 갖게 되었다). 시토 수도회의 규율에 근거하여 그들에게 규율을 마련해준 클레르보의 베르나르두스(Bernard of Clairvaux)의 강력한 지지를 힘입어 성전기사단은 1128년에 교황의 승인을 얻었고, 곧 서방에서 폭넓은 인기를 누렸다.[41] 베르나르두스는 성전기사단에 대한 칭송에서, "그들은 양의 온순함과 사자의 용맹함을 함께 지녔다. 그래서 사람들은 그들을 수도사로 불러야 할지 아니

41 Pope Innocent II, *Omne datum optimum* (1139.3.29).

면 기사로 불러야 할지 알지 못하였다"라고 적고 있다.[42] 중세적 로망인 수도사와 기사의 이상을 결합한 단체였다. 성전기사단의 회원들은 엄격하게 말하자면 평신도들이었지만, 그러나 일반적인 수도원의 서약을 하였고, 또한 이교도에 대항하여 싸울 것과 성지를 수호하고 순례자들을 보호할 것을 맹세하였다. 그러므로 그들은 무기를 든 수도사들의 수도회로서 십자군이 만들어낸 기독교적 이상과 호전적 이상의 혼합을 상징하였다. 십자군을 지지하였으나 나이나 성별 등의 이유로 개인적으로 참여하는 것을 금지당한 사람들은 대신 돈이나 토지를 통하여 수도회에 참여할 수 있었고, 풍부한 기부를 받은 성전기사단은 곧 서방에서 거대한 지주가 되었다.[43]

성전기사단은 공식적으로 1118-1307년의 기간 동안 22명의 기사단장을 배출하였다. 그중 다섯 명은 전투 시 사망하였고, 또 다른 다섯 명은 전투에서 입은 상처로, 한 명은 적에게 포로로 잡혀 죽임을 당하였다. 어떤 기록에 의하면 약 13명의 기사단장이 전투에서 사망하였다고 한다. 전투와 포로로 잡혀 고문으로 전사한 수천의 무명의 기사단원들은 완전히 잊혀졌다. 그러나 성전기사단원들은 전리품이나 영지를 얻기 위해서도, 명예나 부를 위해서 전사했던 사람들이 아니라, 자신들이 믿고 있는 이상을 위해 자기 삶을 던진 사람들이었다. 대적을 마주해 달려 나갈 때 외친 그들의 함성은 그들 자신의 삶과 정신을 잘 요약해준다.

> 우리가 아닌, 주여! 우리가 아니라 당신의 이름에 영광을!(*Non nobis Domine, non nobis, sed nomini tuo da gloriam*!)[44]

성전기사단의 주된 경쟁자였던 성 요한 구호 기사단(Hospitallers 또는 Knights of St. John)도 성전기사단과 유사한 점이 많았다. 1070년경 이탈리

42 Bernard of Clairvaux, *Liber ad milites Templi: De laude novae militae*, IV.

43 Walker, *A History of the Christian Church*, 323.

44 성전기사단의 모토(Moto)로서 시편 115편 1절에서 유래함.

아의 아말피의 상인들은 예루살렘에 구호소를 세웠는데, 그 부근에 있었던 성 세례 요한 교회의 이름을 따랐다. 이 구호소는 병든 자들에 대한 의무를 저버리지 않으면서 한편으로는 그 대원장이 레이몽 드 퓌(Raymond du Puy, 1120-1160)에 의하여 군사적 수도회가 되었다. 십자군 운동 시대가 지난 후에도 이 기사단은 처음에는 로도스에 본부를 두었고, 이후에는 몰타(malta)로 거점을 옮겨 투르크족과 무어족과의 전투를 계속하였다.[45]

세 번째이자 좀 더 후대에 생겨난 기사단은 튜튼 기사단(Teutonic Knights)으로서 1190년에 독일인들에 의하여 창설되었다. 그러나 그 기사단의 주된 활동 무대는 팔레스타인이 아니라, 1226년 이후의 프로이센이었다. 그곳에서 그 기사단은 이교도 슬라브족을 강제로 기독교로 개종시키는 일과 독일의 식민지를 만드는 일에 관여하였다.[46]

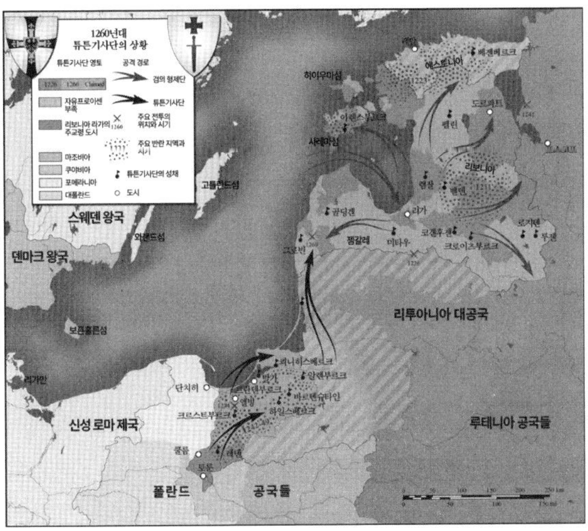

〈튜튼기사단의 주 활동지역〉

이 기사들은 주민들이 여전히 야만 상태를 완전히 벗어나지 못한 발트

45 Walker, *A History of the Christian Church*, 323. 성 요한 구호 기사단은 *교황 파스칼리우스 2세의 칙령: Pie postulatio voluntatis* (1113.2.15)에 의해 공식적으로 인정됨.

46 Walker, *A History of the Christian Church*, 324.

해 주변과 그 이남의 황량한 지역을 차지하였다. 튜튼 기사단은 십자군 전쟁이 종료되고 난 이후에 15세기에 가장 세력을 떨쳤다. 그들의 세력은 쿨름, 마리엔부르크, 토른, 쾨니히스베르크 등 50개의 도시와 인구 200만이 사는 지역들을 포함하였다. 대부분 오늘날 발트해 3국의 지역이다. 튜튼 기사단은 나폴레옹에 의해 해체될 때까지 북동부 유럽에서 매우 영향력을 지닌 세력이었다.

II. 십자군의 전개와 그 영향

1. 2-3차 십자군과 예루살렘 상실

1) 2차 십자군과 예루살렘 상실

봉건적인 무질서에도 불구하고 예루살렘 왕국은 1144년 모술의 통치자 장기(Zengi)가 에뎃사(Edessa)를 함락시켜 왕국의 북동쪽 보루를 빼앗을 때까지는 꽤 성공적이었다. 팔레스타인에서 들려온 에뎃사의 함락(1144년 12월) 소식은 교황에게 새로운 십자군을 추진하기에 충분한 동기가 되었다. 1145년 12월 1일에 교황 유게니우스 3세(Eugenius III, 1145-1153)는 새로운 십자군을 선포하였다. 교황 유게니우스 3세는 프랑스 루이 7세에게 그들을 구조하기 위한 병력을 파견하라고 요청하였다. 죄를 자백하면 사형을 당해야 하는 모든 사람에게 만약 십자군에 입대하면 완전한 사죄와 영생을 베풀겠다고 약속하였다:

> 그러므로 우리는 너희 죄 사함을 위하여 권고하고 요청하며 명령하고 너희 모두에게 명하노니, 특히 귀족과 유력한 자들에게 명하노니, 남자답게 무장하여 동방 교회를 수호하고 이교도들을 공격하며, 현재 포로로 잡혀 있는 수천 명의

형제를 해방하십시오. 그러면 그리스도 이름의 위엄을 높이고, 온 세상에서 칭찬받는 용기에 대한 명성이 손상되지 않고 유지될 것입니다…. 전능하신 하나님과 사도들의 으뜸이신 베드로의 권위로, 우리는 경건하게 이 거룩한 여행을 시작하여 완성한 사람이나 전쟁 도중에 죽은 사람들에게 그 사죄를 부여합니다. 그들은 겸손하고 참회하는 마음으로 고백한 모든 그들의 죄를 용서받게 될 것이고, 모든 일의 보상자이신 하나님으로부터 영원한 생명의 보상을 받게 될 것입니다.[47]

십자군을 선포한 것은 교황이었지만 십자군에 활력을 불어넣은 것은 클레르보의 베르나르두스(Bernardus of Clairvaux, 1090-1153)였다.[48] 그 당시 명성이 높았던 베르나르두스는 교황의 요청에 자신의 수도원에서 나와 유럽 전역에서 십자군을 설교하였으며, 1146년에 프랑스의 루이 7세(Louis VII, 1137-1180)와 독일의 신성로마 황제 콘라드 3세(Conrad III, 1138-1152)의 협력을 얻었다.[49] 베르나르두스는 사람들에게 십자군을 구원의 수단으로 역설하였다. 십자군에 참가하는 것은 신앙을 입증하는 것일 뿐만 아니라, 승리와 영광을 가져오는 일이라고 주장하였다:

〈베르나르두스의 십자군 호소, 1146〉

… '십자가의 원수들'에 의해 성지가 빼앗긴 것, 이것은 용감한 그리스도인이라면 누구도 수수방관할 수 없는 일이다…. 너희도 용기 있게 허리를 동이고 그리스도인의 이름을 위한 열심 가운데 적당한 무기를 잡아라…! 이제 용감한 기사요, 전투에 임할 남아여, (영혼의) 위험 없이 싸울 기회, 곧 승리가 명예를 가져오

47 *유게니우스 3세 교황의 십자군 선포* (*Quantum praedecessores*, 1145.12.1.), in: *A Source Book for Medieval History*, no. 284; 심창석 · 채천석, 『원자료 중심의 중세교회사』, 121-123; PL 180.1064 이하.

48 Thomas F. Madden, *The new concise history of Crusades*, 106.

49 Walker, *A History of the Christian Church*, 324.

고 '죽음이 유익이 되는' 기회를 얻었다….[50]

베르나르두스는 십자군을 방어하기 위해 아우구스티누스의 원칙을 따랐다.[51] 첫째, 십자군은 불의, 즉 불신자들이 하나님과 그분의 교회에 행한 불의에 맞서 싸우는 전쟁임을 드러냈다. 둘째, 십자군은 지상의 대리자인 교황을 통한 하나님의 명령에 따라 싸우는 것임을 강조하였다. 즉, 베르나르두스는 십자군을 설교하는 곳마다 교황의 십자군 호소 칙령을 앞세웠다. 베르나르두스의 설교는 가는 곳마다 호응을 얻었고, 십자군 지원자를 얻는데 성공하였지만, 2차 십자군은 그렇지 못하였다. 오히려 하나님의 뜻으로 여긴 십자군의 실패에, 많은 번민 속에 베르나르두스는 십자군 붕괴의 원인을 기독교 세계의 범죄에서 찾았다.[52] 그리고 그는 계속되는 이슬람의 압력에 십자군을 교황과 프랑스, 잉글랜드, 독일에 원조를 요청하였으나, 돌아온 것은 위로의 말뿐 실질적인 도움은 아무것도 없었다.[53]

실질적으로 1147년에 제2차 십자군(1147-1149)이 출범하였다. 이 십자군은 제1차 십자군의 광적인 열광주의는 거의 보여주지 않았다. 중간 기착지인 콘스탄티노플에서 먼저 출발한 독일 황제 콘라드 3세가 이끌던 독일 십자군은 소아시아에서 이슬람의 매복 때문에 대부분이 전사하였다. 마찬가지로 프랑스 왕 루이 7세가 이끄는 프랑스의 십자군도 이슬람에 의해 거의 파괴되었다. 이 두 왕은 적은 수의 무리를 이끌고 해로를 통해 겨우 팔레스타인에 도착하였다. 예루살렘 왕국의 제후들은 이들에게 1148년의 다마스쿠스 공략하도록 설득하였고, 충분한 병력도 없는 상태에서 이 시도는 완전히 실패하고 말았다. 원정은 재앙에 가까웠다. 기독교 황제와 왕이 이슬람

---

50 *독일인들을 향한 베르나르두스의 [십자군] 호소*, in: KThQ2, Nr. 34. c.

51 참조) Augustine, *De civitate dei*. iii. 10.

52 Bernardus of Clairvaux, 『심사숙고에 관하여』(*De Consideratione*), II, 1. PL 182.741-45, Schaff, *History of Christian Church*, 5, 240; KThQ2, Nr. 34. 2. 베르나르두스는 교황 유게니우스 3세에게 자신의 십자군 독려에 대한 변호를 할 뿐만 아니라, 십자군 실패의 원인을 찾고 있다.

53 Madden, *The new concise history of Crusades*, 134.

영주가 다스리는 다마스커스 공략에 실패함으로써 오히려 이슬람 진영의 사기 진작만 가져왔다. 두 군주는 십자군의 실패 책임을 비잔틴 제국 영주들의 비협조에 돌림으로써 동방에 대한 서방의 감정을 악화시켰다.[54]

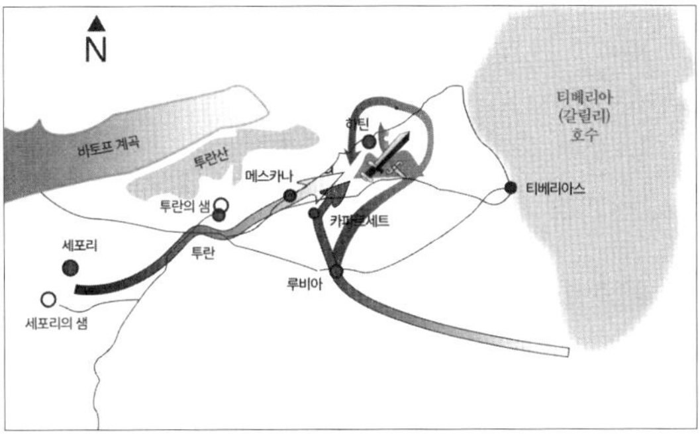

〈하틴 전투(1187, wiki)〉

실상 팔레스타인의 라틴 왕국이 초기에 성공을 거둘 수 있었던 이유 중 하나는 이슬람 지배자들 사이에서 서로 죽고 죽이는 분쟁이 벌어졌기 때문이었나. 시산이 흐른 뒤 이슬람의 패권을 장악한 살라딘은 기독교도들에 대한 성전을 개시하기 위해 먼저 이슬람권의 세력을 굳건히 하려 하였다. 유명한 쿠르드족 출신 장군인 살라딘(Saladin, 1137-1193)은 1171년에 이집트의 지배자가 되었다. 1174년에 그는 다마스쿠스를 함락하였고, 1186년에는 이집트와 시리아의 이슬람의 통합 지도자가 되므로, 라틴 왕국의 남쪽과 북쪽과 동쪽을 자신의 영토로 포위하였다. 이제 예루살렘 왕국은 통일된 이슬람 세력과 맞서야 했다. 외교적 수단을 통하여 만족스러운 평화 조건을 얻는데 실패한 살라딘은 1187년 7월에 티베리아스에서 약 10km 떨어진 하틴(Hattin)에서 라틴 왕국의 모든 군대를 격파하였다. 약 3만 명에 가까운 전사

54 예를 들면, 2차 십자군 때도 1차 십자군 때와 마찬가지로 동로마 황제는 서방의 십자군이 회복하는 동방의 영토를 동로마 제국에 귀속시킬 것을 서약하도록 하였다. 참조: Albert of Aix, *Historia Hierosolymitanae Expeditionis*, II권 및 1차 십자군 당시 동로마 황제 알렉시우스의 딸인 Anna Comnena, *The Alexid*, X.

자가 발생하였다.[55]

라틴 왕국의 군사력은 완전히 파괴되었고, 살라딘은 손쉽게 예루살렘을 포함한 팔레스타인과 시리아의 내륙 지역을 모조리 정복하였다.[56] 1187년 10월 2일 예루살렘은 살라딘의 손에 넘어갔다. 예루살렘에 입성한 살라딘은 성전기사단 본부로 사용하던 악 아크사 모스크를 다시 이슬람교 사원으로 되돌려 놓았고, 많은 교회들을 약탈하고, 십자가는 전부 철거하였다. 성직자의 규모는 시리아인 사제 네 명만을 남겨두었다.[57]

2) 3차 십자군

〈십자군 행진 중인 영국왕 리처드〉

살라딘에 의한 예루살렘의 함락이라는 비보를 들은 교황 그레고리우스 8세는 칙령「두려움으로 들으라」(*Audita Tremendi*)를 선포하였다(1188). 그에 따라 유럽 전역에 7년간의 휴전을 선포하고, 3차 십자군(1189-1192)이 결성되었다. 이 십자군은 서방 기독교 세계가 어느 십자군보다 총력을 기울였던 중세 최대의 군사 원정이었다. 당대의 으뜸가는 군인이었던 황제 프리드리히 바르바로사(Friedrich Barbarossa, 1152-1190)와 프랑스 왕 필립 오귀스트(Philip Augustus, 1180-1223) 그리고 영국 왕 리차드(Richard Coeur de Lion) 등 주요 인물들이 모두 참석하였다. 십자군의 열기가 매우 뜨거워서 프리드리히 바르바로사는 지원 자격을 신체적으로 건강한 자들과 어느 정도 재정을 마련할 수 있는 자들로 제한했음에도 불구하고, 그의 병

55 Schaff, *History of Christian Church*, 5, 236.

56 Tierney/Painter, *Western Europe in the Middle Ages, 300-1475*, 263.

57 Madden, *The new concise history of Crusades*, 147.

 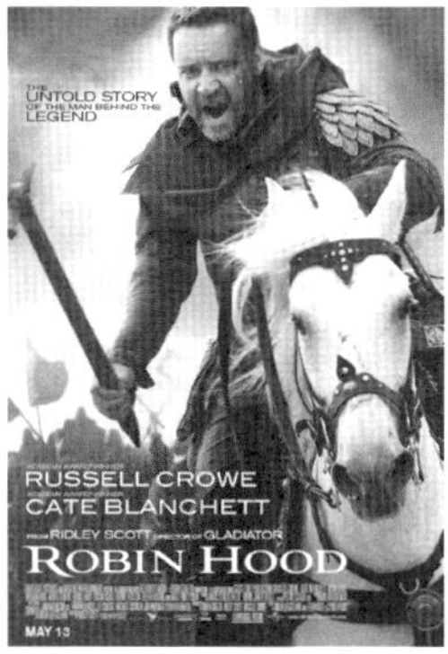

력은 10만 명에 달하였다.[58] 프리드리히의 십자군이 소아시아에 이르자 비잔틴 황제는 정치적 이유로 프리드리히의 진격을 최대한 방해하였다. 심지어 동로마 황제는 바르바로사의 군대가 자신의 제국에 들어서자 양식을 파는 것을 금지하였고, 바르바로사는 그 지역을 약탈하고 요새를 점령하는 것으로 맞섰다.[59] 1190년 6월 10일 황제 프리드리히가 길리기아에서 강을 건너다 사고로 죽음을 맞았다.[60] 용맹스러운 지도자를 잃은 그의 군대는 거의 능력을 발휘하지 못한 채 와해되었고, 대다수가 고향으로 돌아갔지만, 일부는 계속해서 동방으로 진격하였다.

십자군 출정 이전 프랑스와 영국은 아키텐 지역을 둘러싸고 전쟁을 벌이고 있었다. 그러나 3차 십자군의 호소에 1188년 휴전에 합의 한 후에 십자군의 대의에 합류하였다. 프랑스 왕 필립과 영국 왕 리처드는 지중해를 건너 성지에 이르렀다. 3차 십자군은 팔레스타인의 아주 중요한 항구였던 아크레를 회복하였으나,[61] 예루살렘을 향해 진격하는 와중에 프랑스 왕과

---

58 A *Source Book for Medieval History*, no, 285; Schaff, *History of Christian Church*, 5, 242. 프리드리히 바르바로사의 생애와 3차 십자군 원정에 관련한 기록은 프라이징의 주교 오토(Otto of Freising, 약 1114 –1158)의 두 저작, 『연대기』(*Chronica de duabus civitatibus*, I-VIII)와 『황제 프리드리히 전기』(*Gesta Friderici Imperatoris*, I-IV)에 잘 기술되어 있다.

59 *A Source Book for Medieval History*, no, 285.

60 *A Source Book for Medieval History*, no, 285; Schaff, *History of Christian Church*, 5, 243.

61 아크레 점령 이후에 벌어진 수천에 달하는 이슬람 포로들에 대한 무참한 처형은 3차 십자군의 오명으로 여전히 남아 있다.

영국 왕 사이의 끊임없는 다툼과 정치적 계획에 따른 필립의 귀국으로 인해 원정 전체를 무산시키고 말았다.

홀로 남은 리처드는 남부 팔레스타인 지역에 아주 견고한 성채인 아스칼론(Ascalon)을 세웠다. 1192년 유럽으로 돌아가기 전에 리처드는 살라딘과 3년간의 휴전 조약(Treaty of Jaffa, 1192)을 체결하였고,[62] 그에 따라 라틴 사람들은 아스칼론에서 아크레에 이르는 해안의 영지를 소유하였으며 성묘로 가는 권리를 확보하는 데 그쳤다. 제3차 십자군은 각 국가의 왕이 참석하는 소위 '왕들의 십자군'인 대규모 원정이었지만 어마어마한 노력에 비해 이룬 것은 거의 없었다. 제3차 십자군은 막강한 병력이 동원되었음에도 불구하고 처절한 실패로 끝났다. 십자군이 패배한 중요한 원인은 사라센족이나 살라딘의 역량에 있었던 것이 아니라, 십자군 부대의 자중지란에 있었다.[63] 결국 3차 십자군의 거대한 규모에도 불구하고 예루살렘은 여전히 이슬람교도들의 수중에 남게 되었다. 예루살렘 왕국은 해안가의 좁은 지역에서 겨우 연명하는 상태가 되어, 왕국의 명맥만을 겨우 유지하는 처지가 되었다.

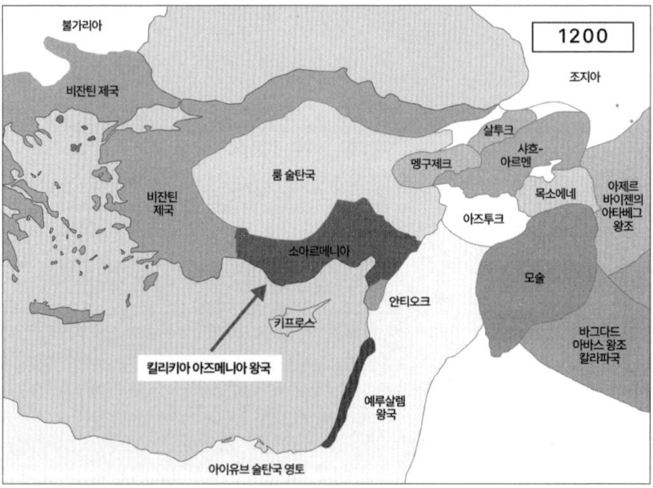

62 살라딘과 리처드 사이에 1192년 체결된 조약으로, 주로 예루살렘의 지위와 기독교인의 순례 권리, 그리고 성지에서 예루살렘 왕국의 주권 범위라는 두 가지 주요 문제를 다루었다.

63 Schaff, *History of Christian Church*, 5, 248.

2. 제4-7차 십자군

1) 4차 십자군과 콘스탄티노플 점령

〈인노켄티우스 3세〉

인노켄티우스 3세(Innocentius III, 1198-1216)의 재위 기간에 일어난 십자군의 정신에서 가장 동떨어진 제4차 십자군(1202-1204)은 참여한 사람의 수는 소규모였으나 중대한 정치적, 종교적 결과를 초래하였다. 제3차 십자군의 대실패 직후 인노켄티우스 3세 교황은 즉위하면서부터 십자군 정신을 회복하는 데 총력을 기울여야 했다. 잉글랜드와 프랑스의 왕들은 여전히 전쟁 중이었으며, 독일의 상황은 황제의 위를 놓고 슈바벤의 필립과 브라운슈바이크의 오토가 다투고 있었다.[64] 유럽의 평화가 정착되지 않는 한 십자군 원정은 불가능하였다. 또한 교황은 군주들이 인솔하는 군대가 아니라, 자신이 직접 인솔하는 군대를 열망하였다.

따라서 인노켄티우스 3세는 모든 가톨릭 국가들에 원정을 홍보하는 사절을 파견하였고, 왕들 사이에 휴전을 요청하며, 직접 모금 운동에 나섰다. 이러한 노력을 통해 인노켄티우스 3세가 선포한 제4차 십자군에는 상파뉴와 블로와 지방, 프랑스 북부, 그리고 프랑드르의 병력이 참여하였다. 이들은 비잔틴 제국을 통과하는 육로보다는 해로를 통해 이동하기로 하였다. 또한 예루살렘 회복의 열쇠는 이집트의 사전 정복이라고 확신하였던 십자군 부대는 그곳까지의 운송 수단을 베네치아 상인들과 협상하기도 하였다.[65]

64 Madden, *The new concise history of Crusades*, 176.

65 Schaff, *History of Christian Church*, 5, 252. 1198년 교황에 오른 인노켄티우스 3세는 베네치아인들에게 이슬람인들과의 교역을 금하는 서신을 보냈다. [*A Source Book for Medieval History*, no, 283; PL 214.493]. 이는 베네치아인들이 계속해서 상업적 이득을 획득하기 위해서는 4차 십자군에 협조할 수밖에 없도록 한 것 같다. 그러나 이들의 탐욕은 누를수록 더 거대하게 폭발

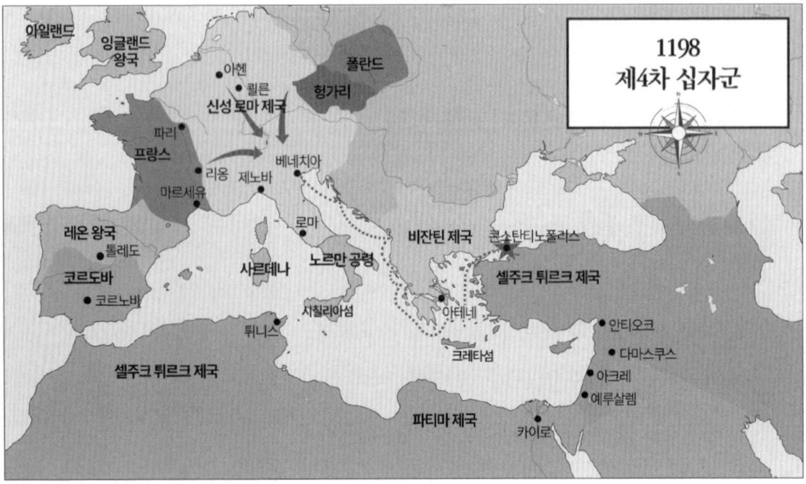

〈4차 십자군의 진로(출처: Sutori)〉

베네치아 공화국은 십자군에게 8만 5천 쾰른 마르크를 받는 조건으로 1년분의 식량과 기사 4,500명과 그들의 말, 수행원 9,000명, 보병 20,000명, 그리고 이들을 이집트로 수송하는 데 필요한 선박을 제공하기로 계약하였다. 출항일은 1202년 6월 29일로 계획되었다.[66]

「4차 십자군과 베네치아인의 계약」[67]

21. "우리는 말 4,500마리와 수행원 9,000명을 수송할 수 있는 휘시어(문이 있는 선박, 선미에 있는 하우스, 말을 태울 수 있는 선박), 기사 4,500명과 보병 20,000명을 수송할 선박을 제공할 것이다. 계약은 다음과 같다. 이 모든 말과 사람을 위한 9개월분의 식량은 우리가 말 한 마리당 4마르크, 사람 한 명당 2마르크를 받는다는 조건으로 우리가 제공할 수 있는 최소한의 식량이다.

22. 그리고 우리는 우리가 어디로 가든지 하나님과 기독교를 섬기기 위해 싸우기 위해 베네치아 항구를 떠나는 날부터 1년 동안 우리가 여러분에게 설명한

하였다고 할 수 있다. 교황청과 베네치아의 4차 십자군의 준비 계약은 1201년 시작되었다.

66 Madden, *The new concise history of Crusades*, 180.

67 Villehardouin: *Conquête de Constantinople*, ch. iv, v, vi, Nos. 21-24. 3.

이 모든 조건을 지킬 것이다. 위에 표시된 금액은 85,000마르크(marks)이다.

23. 그리고 우리는 더 많은 일을 할 것이다. 우리는 하나님의 사랑을 위해 무장한 갤리선 50척을 추가할 것이다. 이 조건은 우리의 동맹이 지속되는 한, 바다와 육지에서 확보하는 모든 영토와 재정적 이익에서 최우선으로 보장될 것이다.…

이러한 협약에 따라 베네치아는 거의 1년 이상을 들여 배, 식량, 음료, 및 필수품들을 준비하였다. 그러나 1202년 6월 29일 함대가 출발할 예정인데도 불구하고, 십자군은 일부만 도착하였으며, 교황 특사마저도 7월 22일에서야 나타났다. 또한 충분한 비용도 마련하지 못했던 십자군은 베네치아 상인들의 제안을 받아들여 부족한 운송비를 지불하는 대신 자신들의 여정을 잠깐 멈추고, 베네치아를 위하여 헝가리에 속한 달미티아 해안의 기독교 도시 자라(Zara)까지 정복하였다. 그들은 도시를 함락하고 무자비하게 약탈한 뒤 파괴하였다.[68] 1202년 그들이 저지른 이 일은 교황을 매우 놀라게 하였다.[69]

이제 이보다 훨씬 더 큰 제안이 4차 십자군에 제시되었다. 폐위된 동로마 황제 이삭 2세(Isaac II, 1185-1195)의 아들인 알렉시우스 앙겔루스(Alexius Angelus)는 십자군이 콘스탄티노플로 가서 제위를 찬탈한 알렉시우스 3세(Alexius III, 1195-1203)를 몰아내는 일을 도와준다면 막대한 보수와 원정 지원뿐만 아니라, 그리스 교회를 교황에게 예속시켜주겠노라고 약속하였다.[70] 특히 베네치아 상인들은 동방 무역을 완전히 독점할 수 있다는 밝은 전망을 가지고 그 제안에 찬성하였다. 그리스인들에 대한 서방의 증오심도 작용하였다. 비록 인노켄티우스 3세는 십자군의 목적이 이렇게 갈라지는 것을 금하였지만 대부분의 십자군 병사들은 설득당하였다. 알렉시우스 3세는

---

68 참조: Villehardouin, ch. xvii-xviii, Nos. 80-84, 86. 6-7.

69 *인노켄티우스 3세가 몽페라의 후작, 및 플랑드르, 블로와 그리고 생폴의 백작들에게 보낸 편지*(101) 에서 경고와 더불어 서둘러 성지로 떠날 것을 촉구하고 있다. PL 215.106.

70 알렉시우스는 은 이십만 마르크를 지불하고, 일 년 동안 만 명의 병사를 지원하고, 5백 명의 기사를 성지로 보내 영구 수비대로 삼고, 동방 교회를 교황에게 복종시키겠다는 제안하였다. (Schaff, *History of Christian Church*, 5, 254).

쉽게 쫓겨났으나 또 다른 알렉시우스는 십자군에 대한 자신을 약속을 지킬 수 없었다. 십자군 병사들은 베네치아 상인들과 더불어 1204년 4월 12일 콘스탄티노플을 함락하였고, 3일간 노략질을 벌여 그곳의 재물을 약탈하였다.[71] 이들은 동방 제국이 8백년간 축적했던 보물들을 처음으로 약탈하였다. 성 소피아 성당 같은 역사적 교회들에 난입하여 제단들을 파괴하고, 거리와 대로변에 서 있는 귀중한 동상들은 녹여서 가지고 갔다.[72] 교회와 수도원을 약탈한 자들이 혈안이 되어 찾은 것은 콘스탄티노플의 수많은 성물이었고, 수천 점에 달하는 성물이 로마로 보내졌다. 콘스탄티노플 약탈은 가장 수치스러운 사건 중 하나로서, 4차 십자군은 비잔틴의 성소를 무자비하게 더럽혔다.[73]

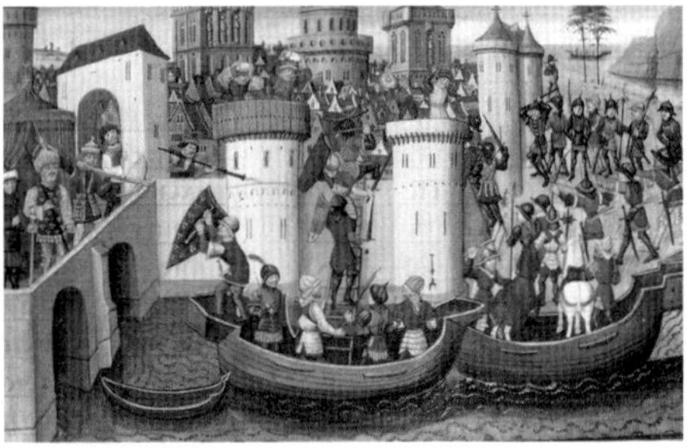

〈제4차 십자군의 콘스탄티노플 공략(출처: wikipedia)**〉**

「니케타스 코니아테스(Nicetas Choniates)의 보고」[74]

… 그들은 느낌도 없이 약탈을 시작하였고, 말을 묶는 것으로 시작해서는 일반인의 소유와 돈만이 아니라 하나님께 봉헌한 것들도 약탈하였다…. 이 피에 물

---

71 Walker, *A History of the Christian Church*, 325.

72 Schaff, *History of Christian Church*, 5, 255. 참조) Gunther: *Historia Constantinopolitana*, ch. xxiv, in Riant: Exuviae, Vol. 1, 120 ff. in: *Original Sources of European History*, vol. 3:1, *The Fourth Crusade*, 18-20에서 파리의 마틴 수도원장이 성유물을 얼마나 약탈하였는지 그 목록을 제시한다.

73 Madden, *The new concise history of Crusades*, 208.

74 KThQ2, Nr. 34. e. 또한 이들 만행에 대해 책망하는 인노켄티우스 3세의 편지는 서로 일치한다(1204.7.12.), PL 215.699-702.

든 포악한 군인들이 감행한 것 중에서 내가 어떤 것을 첫 번째로, 어떤 것을 둘째로, 어떤 것을 세 번째로 열거해야 하겠는가? 아 그들이 그 경외심에 차서 경배하던 성상들을 바닥에 내던지고 그리스도를 위해서 고난을 겪은 자들(곧 순교자들)의 유물을 변소에 내동댕이쳐버리니 이 무슨 모독이란 말인가…? 하나님의 피(곧 성만찬의 잔)가 땅에 부어지고 그리스도의 몸은 먼지 가운데 구르는 것! 이미 그때 적그리스도의 전수자요 전령사들이 언젠가 적그리스도가 행하게 될 그 최악의 하나님을 모독하는 범죄를 행하였는데, 고귀한 (성만찬) 집기들을 훔치고, 깨부수고 장식품들을 자신들의 주머니에 숨기거나 자신들의 식탁에 빵 바구니나 잔으로 올려놓았다…. 이스마엘의 후예들은 한 번도 이토록 (광포하지는) 않았다! 이들은 (십자군 시절에) 인간을 사랑하는 행동을 하였으며 시온을 접수할 때는 라틴인들의 동향인들을 부드럽게 대적하였다. 그들은 수말처럼 라틴 부녀자들을 덮치지 않았고 그리스도의 빈 무덤을 죽은 자들의 공동묘지로 만들지 않았으며, 그 생명을 주는 무덤 입구를 지옥 문간으로 만들지 않았고, 생명을 죽음으로, (그리스도의) 부활을 (많은 사람의) 넘어짐이 되도록 하지 않았으며, 오히려 모든 사람에게 뇌로를 보장하였고 남자마다 작은 속전만을 내도록 정하였으며 다른 모든 것은 반대로 아무리 바닷가의 모래같이 많을지라도 소유주의 것으로 남게 하였다. 그리스도의 적들은 다른 신앙을 가진 라틴 사람들에게, 이렇게 처신하였다! …

5월 플랑드르의 볼드윈은 콘스탄티노플의 라틴 황제로 추대되었고, 동로마 제국의 상당한 부분이 봉건적 양식에 따라 서방의 기사들에게 분배되었다.[75] 베네치아는 바라던 무역 독점을 얻었을 뿐만 아니라 가장 큰 몫을 차지하였다. 콘스탄티노플을 공략하기 전까지, 교황 인노켄티우스 3세는 십자군이 성지에 가지 않고 딴짓을 하는 것에 대하여 완강하게 반대하였다. 그러나 막상 일이 벌어지고, 라틴 제국이 설립되자 이를 하나님의 놀라우신

75 Tierney/Painter, *Western Europe in the Middle Ages, 300-1475*, 265.

역사로 환영하였다.[76]

> 그러므로 우리는 기뻐하고 온 교회 성도는 마땅히 기뻐해야 할 것은, 동방의 높은 곳에서 우리를 바라보고 방문하였던, 동방 교회의 대부분, 즉 거의 모든 그리스 교회가 과거 오랫동안 그 어머니인 거룩한 로마 교회의 발자취를 따르기를 거부했었으나, 우리 시대에 불순종에서 순종으로, 경멸에서 헌신으로 변화되었다는 사실입니다.[77]

나중에 그는 콘스탄티노플에서 자행된 야만스러운 약탈 행위를 듣고 매우 놀라기도 했었으나, 그는 그것을 이미 합리화한 상태였다.[78] 콘스탄티노플에는 라틴 교회의 총대주교가 임명되었고 그리스 교회는 교황에게 예속되었다. 뿌리가 잘린 동로마 제국은 계속 존속되었으나 1261년이 되어서야 콘스탄티노플을 되찾을 수 있었다.

이 라틴 사람들의 정복은 동로마 제국의 재난이었고 그 나라를 심각하게 약화하였으며 14세기 중엽에 오스만투르크의 진출에 대하여 무력하게 만들었다. 또한 이 정복은 그리스의 그리스도인과 라틴의 그리스도인들 간의 증오심을 악화시켰다. 분명히 4차 십자군은 비잔틴과 서방 사이의 반목을 첨예화되는 데 결정적인 역할을 하였다. 십자군 시대는 일차적으로 동방과 서방의 관계 회복에 대한 소망과 기대로 시작했었다.[79] 하지만, 1204년에 라틴인들에 대한 비잔틴 사람들이 느꼈던 깊은 배신감과 분노는 그 후로도 오랫동안 이어져 오늘날까지도 지속되고 있다.

---

76 Tierney/Painter, *Western Europe in the Middle Ages, 300-1475*, 264.

77 *인노켄티우스 3세가 프랑스의 대주교와 고위성직자들에게 보낸 편지* (1205.5.26), PL 215, 636-637.

78 위의 각주 80에 언급된 인노켄티우스의 편지 참조.

79 Ritter 외 편역, *Kirchen- und Theologiegeschichte in Quellen vol. II: Mittelalter*, 263.

● '소년 십자군'(Children's Crusade)의 정의는 애매하다. 이들은 소년들로 구성된 군대도 아니었고, 십자군도 아니었다. 심지어 단일한 사건도 아니며, 여러 건의 민중 봉기와 무리를 뭉뚱그려 묘사하는 말에 불과하다.[80] 그러나 1212년의 소년 십자군은 십자군 전쟁의 전체 역사에서 가장 우울한 일화다. 그해 여름 일부 어른들을 포함한 수천 명의 소년(소녀들도 포함)이 네덜란드와 북동부 프랑스와 라인 계곡으로부터 쾰른을 중심으로 모여들었다.[81] 이들은 예루살렘으로 가서 이슬람으로부터 예루살렘을 구원하기로 작정하고, 하늘의 명에 따라 남쪽으로 바다를 향해 걷기 시작하였다. 그들은 자신들의 무한한 열정과 '하나님의 손'이 자신들을 데려다주리라 생각하고 성지를 향하여 무작정 출발하였다.

〈소년 십자군의 우울한 모습〉

올해[1212]에 주목할 만한 일이 일어났고, 경탄할 만한 일이 일어났다. 왜냐하면 그것은 모든 시대에 들어본 적이 없는 일이기 때문이다. 부활절과 오순절 무렵에 아무도 설교하거나 부르짖지도 않고 어떤 영의 인도를 받지도 않았는데, 여섯 살부터 성년까지의 수천 명의 소년이 그들이 몰던 쟁기나 수레를 버리고 떠났다. 그들이 방목하고 있던 양 떼, 그리고 그들이 하고 있던 다른 모든 일. 그들은 자신들을 뒤로 물러나게 하려는 부모, 친척, 친구들의 바람에도 불구하고 그렇게 하였다. 갑자기 십자가를 지려고 한 사람씩 차례로 달려갔다. 그래서 그들은 이십 명, 오십 명, 백 명씩 떼를 지어 깃발을 세우고 예루살렘을 향해 여행을 시작하였다. 누구의 조언이나 권유로 이 길을 택하게 되었는지 많은 사람이 질문하였다. 불과 몇 년 전만 해도 많은 왕과 대공, 유력 기업의 셀 수 없이 많은

80 Madden, *The new concise history of Crusades*, 235.

81 Schaff, *History of Christian Church*, 5, 249; 샤프는 소년십자군에 참석자들이 3만에 이른다는 주장도 소개하지만 이는 많은 과장이라고 설명한다.

사람이 그곳에 갔다가 사업을 마치지 못한 채 돌아왔기 때문에 특별히 그런 질문을 받았다. 더욱이 현재의 그룹은 아직 어린 나이였고 어떤 일을 할 만큼 강하지도, 강력하지도 않았다. 그러므로 모든 사람은 그들이 이런 일을 하려고 하는 것을 어리석고 경솔하다고 여겼다. 그들은 이 문제에 있어서 자신들이 하나님의 뜻과 동등하며, 하나님께서 그들에게 무엇을 하시고자 하시면 기꺼이 겸손한 마음으로 그것을 받아들일 것이라고 간단히 대답하였다….[82]

그들이 내세운 목적은 자신들보다 나이 많은 사람들이 배반하였던 명분을 회복하는 것이었다. 도중 어디서든 그들은 환영과 칭송을 받았고, 많은 선물과 음식 그리고 돈을 기부받았으며, 사람들은 이들을 위해서 기도해 주었다.[83] 그들은 라인강을 따라 알프스 통로를 지나 이탈리아로 들어갔는데, 그곳에서 그들 가운데 많은 사람이 질병과 굶주림으로 사망하였다. 남은 소년들은 레반토에서 성지로 갈 운송 수단을 마련하지 못하자 불명예스럽게 뿔뿔이 흩어졌으며 극소수만이 고향으로 돌아갔다.[84]
프랑스 소년들의 원정은 클루아에 사는 목동 스테펭(Stephen)이 이끌었다. 그가 본 환상에 따르면, 그리스도께서 순례자의 모습으로 그에게 나타나셔서 성지를 구출해 달라고 호소하였다는 것이다.[85] 다른 길을 택한 한 그룹은 아마도 마르세이유에 도착하였던 것 같으며, 론강 어귀에서 해로를 얻을 수 있었다. 후대의 기록은 그 집단 중 일부는 폭풍 속에 익사하였으며, 대다수는 파렴치한 선원들에 의하여 이집트에 노예로 팔려 갔다고 전해진다.[86]

거듭되는 실패에도 불구하고 유럽의 기독교도들은 여전히 예루살렘과

---

82 *Chronica Regiae Coloniensis Continuatio prima*, s.a. 1213, MGH SS XXIV 17-18, translated by James Brundage, *The Crusades: A Documentary History*, 213.

83 Madden, *The new concise history of Crusades*, 237.

84 *Chronica Regiae Coloniensis Continuatio prima*, s.a. 1213, MGH SS XXIV 17-18.

85 Schaff, *History of Christian Church*, 5, 249.

86 Walker, *A History of the Christian Church*, 326.

성지를 탈환하려는 생각에서 벗어날 수 없었다. 오히려 그들은 이를 더 절실하게 추구하였다. 교황으로 즉위하는 순간부터 십자군을 통한 예루살렘 수복을 열망한 인노켄티우스 3세는 4차 십자군의 일탈과 소년 십자군의 우울한 사건에도 불구하고, 그 열정은 시들지 않았다. 오히려 그는 4차 십자군과 같은 일탈을 막기 위해 교회가 모든 과정을 주관하려 하였다.[87] 십자군 선전을 위한 교구 단위의 준비 작업은 체계를 갖추어 진행하도록 하였다. 준비 작업을 독려하는 인력이 주교구 단위로 파견되면, 각 주교구는 '십자군 위원회'를 설치하였다.

위원회의 임무는 십자군 지원 파견대 선발과 설교 수행 감독이었다. 파견대는 서임받은 성직자 가운데 선발되었고, 십자군과 똑같은 면죄부를 받았다. 설교 임무 수행을 위해 지역 단위의 '특별 주교회의'가 개최되기도 했다. 그 밖에 수도회와 주교구에서 특별히 명망 있고, 설교에 특출나고 성지와 특별한 관계를 지닌 성직자들이 설교자로 투입되었다.

인노켄티우스 3세는 십자군에 대한 강렬한 열정에서 이를 제4차 라테란 공의회에서 토론에 부쳤고, 결국 원정 개시일을 1217년 6월 1일로 정했다.[88] 교황은 사비로 3만 파운드를 낼 것과 십자군을 로마와 그 주변에서 수송하기 위한 선박 한 척을 제공할 것을 약속하였다. 추기경들도 수입의 1/10을 내기로 약속하였으며, 성직자들에 대해서도 이 거룩한 사업을 위해 3년간 수입의 1/20을 내라고 독려하였다.[89] 또한 "원정에 직접 참여하는 자들뿐 아니라 돈으로 돕는 참회자들에게 완전 사면을 보장하였다. 사라센 족에게 모든 상품과 전쟁 물자를 판매할 수 없다는 교황의 교서를 기독교 지역의 항구들에서 안식일과 금식일마다 낭독하도록 하달하기도 하였다."[90]

---

87 Madden, *The new concise history of Crusades*, 246.

88 Madden, *The new concise history of Crusades*, 248.

89 *제4차 라테란 공의회 이후 인노켄티우스 3세의 십자군 소집령* (1215), 7-8항. in: *A Source Book for Medieval History*, no. 288. https://sourcebooks.fordham.edu/source/inn3-cdesummons.asp.

90 *제4차 라테란 공의회 이후 인노켄티우스 3세의 십자군 소집령 (1215)*, 13; 17항. in: *A Source*

십자군 준비 과정을 정력적으로 감독하던 인노켄티우스 3세는 1216년 7월 사망하였으며 호노리우스 3세(Honorius, 1216-1226)가 뒤를 이었다.

이렇게 준비된 십자군은 1217년에 시작되어 1221년까지 진행된 이집트 원정에서 처음에는 얼마간 성공을 거두었으나 결국 실패로 끝났다. 이 십자군의 참패 소식은 모든 이들에게 충격을 주었다. 그리고 그 비난은 프리드리히 2세에게도 쏟아졌다. 왜냐하면 그는 십자군 서약을 한 지 벌써 6년이 훌쩍 지났음에도 불구하고 지났음에도 약속을 이행하지 않았기 때문이다.[91] 실제로 1220년 호노리우스 3세(Honorius III)는 독일 마인츠의 대주교 콘라트(Conrad)에게 서신을 보내어, 십자군 지원의 긴급성과 프리드리히가 십자군 서약을 했음을 상기시켰다.[92] 또한 다음 해 이집트 원정이 실패하자 교황은 1221년 11월 특사와 서신을 보내 프리드리히 2세를 비난하고, 서약을 이행할 것을 촉구하였다.[93]

2) 5차 십자군

프리드리히 2세(Fridrich II, 1194-1250)가 주인공이 된 제5차 십자군(1228-1229)은 매우 독특한 성격을 지닌다. 이는 십자군이라기보다는 '국가 방문'에 가까웠다.[94] 자유로운 사상을 가진 신성 로마 황제 프리드리히 2세(1212-1250)는 시칠리아의 왕이 되면서 1215년 '십자가를 졌으나' 전혀 자신의 맹세를 지키려고 서두르지 않았다. 또한 그는 1220년 신성 로마 제국의 황제가 되기 위해 다시 한번 십자군을 서약하였다. 그러나 그는 십자군 서약을

Book for Medieval History, no. 288; 제4차 라테란 공의회, cannon 71.

91 Madden, *The new concise history of Crusades*, 262.

92 *호노리우스 3세가 마인츠 주교 콘라드에게 보낸 편지*(1220.11.27, MGHEXIII vol. i.104-5 no. 146).

93 *호노리우스 3세가 황제 프리드리히 2세에게 보낸 편지*(1221.11.19, MGHEXIII vol, i.128-30 no. 183).

94 Walker, *A History of the Christian Church*, 326.

지키지 않았다. 마침내 그는 1227년에 출발하였고, 동방에서 2년간 싸울 것을 약속하였으나 곧 사흘 만에 항구로 되돌아왔다.[95] 그는 심각하게 병을 앓는 것 같았으나, 교황 그레고리우스 9세(1227-1241)는 그가 십자군의 대열을 이탈하였다고 믿었고 또 다른 적대적인 이유로 프리드리히를 파문하였다.[96]

〈프리드리히 2세〉

그럼에도 불구하고, 1228년 6월 프리드리히는 성지를 향해 출발하였으며, 1229년 9월 7일 아크레에 도착하였다. 당시 이슬람 진영은 이집트와 다마스커스의 술탄들이 서로 치열하게 패권을 다투고 있었다. 이러한 정세를 이용하여 프리드리히는 이집트의 술탄 알 카밀(Al-Kamil)과 조약을 맺어 예루살렘과 베들레헴, 나사렛과 해안으로 통하는 통로를 확보하였다.

「프리드리히 2세와 술탄과의 조약, 1229」[97]

1항. 술탄은 황제와 그의 태수들에게 예루살렘을 건네주어 그가 이것을 자기 뜻대로 다스리며 견고하게 하도록 한다.

2항. 황제는 솔로몬의 성전인 게멜리자와 주님의 성전과 그 주변 지역이나 거기에 속한 것을 점령하지 않고 건드리지도 않을 것이다….

4항. 어떤 프랑크인이 주님의 성전이 지닌 위대함과 고귀함에 대한 확실한 믿음을 갖고 기도하기 위해 여기 올 필요를 느끼게 된다면 그것은 허락된다.

5항. 예루살렘에서 온 어떤 이슬람교도가 다른 이슬람교도에게 어떤 해를 끼친

---

95 Schaff, *History of Christian Church*, 5, 259.

96 *그레고리우스 9세의 황제 프리드리히 2세에 대한 파문을 알리는 회람서신* (1227.10.10. MGHEXIII vol. I. 281-4, 284-5 no. 368). 실제로는 1227년 9월 29일 파문함. 그리고 교황은 1228년 4월 25일 프리드리히 2세가 십자군을 출발하자, 파문 중에 십자군 원정을 갔다는 이유로 재차 파문을 선포하였다.

97 *프리드리히 2세와 술탄과의 조약* (1229.2.18.), in: KThQ2, Nr. 44. b. [332-333].

다면 그는 이슬람 재판에 부쳐질 것이다….

6항. 황제는 어떤 프랑크인이 이슬람교도를 상대로 싸우는 것을 어떤 식으로든 도우려 하지 않을 것이며, 휴전 기간 동안 이슬람교도를 상대로 전쟁을 시작하지도 않을 것이다.

8항. 만일 프랑크인이 체결된 조약이나 이 휴전 상태에서 지켜야 할 것들을 파기하려고 한다면, 황제는 술탄을 보호하며 자기의 신하와 자기의 군대를 그러한 생각에서 떠나도록 할 의무를 지닌다.

예루살렘을 넘겨받게 되었다는 프리드리히의 말에 십자군은 환호하였으나, 협상 조건을 알게 되면서 기쁨은 곧 의혹으로, 그리고 경멸로 바뀌게 되었다. 예루살렘의 총대주교와 십자군 대부분에게 프리드리히와 알 카밀이 맺은 조약은 십자군과 성지를 팔아넘긴 행위나 다름없었다. 왜냐하면 이슬람 주민들은 성전을 차지하고 독자적인 자치제로 존재하도록 보장되었기 때문이다.[98] 이러한 프리드리히의 조약은 당시 서방의 종교적 관점에서는 반역적 행위와 같았다. 이에 예루살렘 총대주교 제롤드(Gerold of Lausanne)는 그레고리우스 9세 교황에게 황제 프리드리히 2세가 술탄과 맺은 조약을 무효로 하도록 편지를 보냈다.[99] 그리고 편지를 받은 그레고리우스 9세는 편지를 보내어 그 조약을 무효로 하도록 하였다.[100] 이처럼 기독교 진영에서 프리드리히 2세의 행동은 많은 논란을 일으켰다.

반면에 술탄 알 카밀은 이슬람 사람들에게 자신의 조약을 이렇게 설명하였다.

---

98 Madden, *The new concise history of Crusades*, 271-272.

99 *예루살렘 총대주교가 그레고리우스 9세에게 보낸 편지* (1229.3.26. MGHEXIII, vol. I. 299-304 no. 384).

100 *그레고리우스 9세가 오스트리아의 공작 레오폴드에게 황제가 맺은 조약을 무효화 하도록 요청하는 편지* (1229.7.18. MGHEXIII, vol. I. 315-17 no. 397).

우리는 [기독교인들에게] 몇 채의 교회와 무너진 건물들을 넘겨주었을 뿐이다. 성스러운 바위의 돔을 비롯하여 우리가 순례하러 다니는 모든 성역은 여전히 우리의 것이다. 이슬람 의식은 전과 다름없이 계속될 것이며 이슬람교도들은 독자적인 지방 장관의 지배를 받을 것이다.[101]

술탄과의 조약에 따라 프리드리히 2세는 1229년 3월 17일 예루살렘에 입성하고, 다음날 성묘 교회에서 자신이 예루살렘 왕국의 통치자임을 선언하였다. 그해 5월 프리드리히 2세는 팔레스타인을 떠나 이탈리아로 돌아왔다. 황제의 군대가 십자가를 든 채 유럽으로 돌아왔을 때, 그들을 기다리고 있던 것은 프리드리히에 대한 교황의 파문과 열쇠들이 그려진 깃발들을 든 교황의 군대였다. 양 진영 사이에 벌어진 전투에서 프리드리히의 군대가 승리를 거두었다. 따라서 5차 십자군 원정을 이끈 프리드리히 2세는 십자군을 가지 않는다는 이유로 파문을 당하였고, 십자군 원정을 떠났다는 이유로 파문을 당하였으며, 십자군에서 돌아왔다는 이유로 파문을 당하였다. 프리드리히 2세는 교황과 충돌하여 결국 1239년, 1245년을 포함해 모두 다섯 차례나 파문을 당하였다. 1244년 예루살렘은 다시 이슬람의 손에 들어갔다. 그러나 황제와 교황의 격렬한 투쟁은 성지를 돌아보고 지원할 여력을 소멸시켜 버렸다.[102]

3) 6–7차 십자군

6-7차 십자군은 프랑스의 루이 9세(성 루이, St. Louis, 1226-1270)의 신앙심

101 Madden, *The new concise history of Crusades*, 272에서 재인용.

102 프리드리히 2세의 황제권과 그레고리우스 9세(Gregorius IX, 1227-1241), 인노켄티우스 4세(Innocent IV, 1243-1254) 교황 사이에 벌어진 교권과 속권의 투쟁처럼 그렇게 총체적이고 격렬한 적이 한 번도 없다. 참조) 정원래, "13세기 교황권의 절정: 법과 여론의 전쟁," 「역사신학 논총」 34권 (2019): 121-154.

〈성 루이 9세(1214-1270)
(출처: wikipedia)〉

에서 비롯되었다.[103] 경건한 신앙심과 크나큰 용기의 소유자인 그는 1248년에서 1250년까지 이슬람 세력의 본거지인 이집트 원정을 이끌었으나, 이 원정에서 그는 포로로 잡히는 재난을 당하였다. 그는 포로에서 풀려난 뒤 약 4년 동안 동방에 거하면서 성지를 회복하기 위해 노력하다 본국으로 돌아왔다.

신하들의 강력한 반대에도 불구하고 루이 9세는 다시 십자군 원정을 떠났지만, 그러나 그는 1270년의 튀니지 공격에서 목숨을 잃게 되었다. 이는 직접적인 전투로 인한 것이 아니라 더위와 질병으로 인한 죽음이었다. 루이의 장남인 필립 3세(1270-1285)가 1271년 프랑스로 돌아왔을 때, 그는 아버지, 아내, 사산한 아들, 동생, 처남의 시체를 가지고 왔는데, 그들 모두는 튀니지에서 죽었거나 혹은 험난한 귀향 여행 하는 동안에 죽은 것이었다.[104] 이는 십자군의 비극적인 종말을 예고하는 것이었다. 루이를 마지막으로 기독교가 팔레스타인 지역을 장악할 수 있다는 소망도 완전히 사라졌다.

1289년에는 트리폴리(Tripoli)가, 1291년에는 라틴 세력의 마지막 근거지였던 팔레스타인의 아크레(Acre)가 함락되었다. 이로써 십자군 운동은 종결되었다. 새로운 원정을 일으키자는 용감한 논의가 그 후에도 거의 2세기 동안 계속되었으나, 과거 십자군의 이상은 실제로 성왕 루이와 더불어 완전히 사라졌다.[105] 니콜라우스 4세 교황은 마지막 보루인 아크레가 포위 공격을 당하던 시기에 이를 지원하기 위해 다시 한번 유럽의 제후들에게 지원을 요청하였으나, 아무도 이를 귀담아듣지 않았다.

103 심창섭 · 채천석, 『원자료 중심의 중세교회사』, 137-147.

104 Walker, *A History of the Christian Church*, 327.

105 Walker, *A History of the Christian Church*, 327.

14세기가 시작되며, 군사력에 의한 성지 회복이라는 이상은 더 이상 설득력을 잃어버렸다. 라이문두스 룰루스(Raymundus Lullus, 약 1232–1315/1316)는 북아프리카 선교를 마치고 돌아온 1308년에 다음과 같이 주장하였다.

> 성지 정복은 그리스도와 사도들이 사용하셨던 방법으로만 시도해야 한다. 그 방법이란 기도와 눈물이요, 우리의 목숨을 드리는 것이다. 약속의 땅을 정복할 생각으로 그곳에 간 제후들과 기사들이 많은데, 하지만 만약 이 방법이 주님을 기쁘시게 하는 것이었다면 그들이 사라센족에게 그 땅을 진작에 빼앗았어야 마땅했을 것이다. 따라서 경건한 수사들이 보기에는, 주님께서 그들을 사랑하시므로 행하신 일들을 그들도 주님을 사랑하는 태도로 행하기를 기다리시는 것이 분명하다.[106]

교황 니콜라우스 4세의 계승자들은 무력으로 성지를 정복하려는 집착을 버리지 않았다. 14, 15세기에 그들은 서유럽의 경건한 신자들과 기사들에게 십자군의 필요를 거듭 호소하였으나, 그들의 호소는 지나간 시대의 소리로밖에 들리지 않았다. 칼로 팔레스타인을 구하겠다는 것은 공허하고 무기력한 구호에 지나지 않았다. 점차 새로운 문제들이 사람들의 정신을 채우기 시작하였다.[107]

3. 십자군의 종말과 그 영향

샤프는 십자군 운동에 대하여 이렇게 정리한다: 본래 목적에 비추어 볼 때 십자군 운동은 실패하였다. 십자군 원정은 성지를 항구적으로 정복하지

---

106 Raymundus Lullus, *Comtemplations of God [Schaff, History of Christian Church*, 5, 266-267에서 재인용].

107 Schaff, *History of Christian Church*, 5, 267.

못하였다. 십자군 운동은 이슬람의 진출을 저지하지 못하였다. 동로마 제국을 돕기는커녕 그것의 붕괴를 촉진하였다. 또한 십자군 운동은 라틴 그리스도인들이 헬라 그리스도인들을 이해하는 것이 여전히 불가능하다는 것을 드러내었고, 그들 사이의 분열을 굳게 하였다.[108] 조금은 모호하였던 동방 기독교인들에 대한 서방 기독교인들의 인식은 십자군을 통해 '우리'가 아닌 '그들'로서 끝맺게 되었다.[109]

워커(Walker)의 평가도 다르지 않다: 십자군 운동 이전에는 그리스도인들과 이슬람교도들 사이에 어느 정도 상호 존중이 있었으나, 십자군 운동은 그들 사이에 거친 비타협적인 태도를 조장하였다. 십자군 운동은 반셈족주의를 다시 드러냄으로써 오점을 남겼고 기독교의 이미지를 심각하게 훼손하였다. 비록 십자군 운동이 고상한 헌신의 정신으로 시작되었고, 무수히 많은 용감한 행위로 유명해졌을지는 모르지만, 다툼과 분열된 동기들, 저열한 수준의 개인적 행동으로 인해 십자군의 행위 자체는 불명예스러운 것으로 간주되었다.[110]

이슬람계는 십자군의 동기가 결코 종교적인 것이 아니었다고 선언한다. 오히려 십자군 원정은 개인적인 탐욕과 성직자들의 부당한 설득에서 비롯된 것으로, 기독교계가 저지른 최악의 범죄에 지나지 않는다고 평가한다. 나아가 두 세력의 충돌로 야기된 동·서방의 접촉은 유럽을 중세의 긴 잠으로부터 일깨우는 동력이 되었다고 이해한다.[111]

> 역사적인 관점에서, 십자군 운동은 하나의 거창한 실패극이었다…. 십자군의 승리는 신앙의 승리였다. 그러나 지혜가 없는 신앙은 매우 위험한 것이었다. 여러

---

108 Schaff, *History of Christian Church*, 5, 268.

109 Lynch, *The Medieval Church*, 280.

110 Walker, *A History of the Christian Church*, 327.

111 황의갑, "십자군 전쟁에 대한 연구-이슬람의 관점에서-." 「한국이슬람학회논총」 20 (2010): 1-23 (20).

> 세기를 거친 십자군의 무용을 돌이켜보는 역사가의 경탄은 곧장 인간성이 지닌 한계성들을 목격하면서 느껴오는 비애로 어두워지고 마는 것이다. 용기는 대단하였으나 명예를 존중하는 마음은 매우 부족하였으며 헌신은 놀라왔으나 분별심은 대단히 부족하였다. 잔인성과 탐욕에 의하여 높은 이상은 더럽혀졌으며 맹목적이며 편협한 독선주의에 따라 진취의 기상과 끈기가 더럽혀지고 말았다. 그 성전 자체가 하나님의 이름으로 저질러진 하나의 장기간에 걸친 편협한 행위에 지나지 않았던 것이다.[112]

십자군에 대한 역사가의 혹평에도 불구하고, 서방의 십자군에 대한 정서는 '낭만적'이다. 알지도, 생각지도 못한 땅에서, 신앙적인 용기로 목숨을 건 전설과 영웅담으로서 알려져 있는 것이다. 따라서 서방인들에게 십자군은 영화와 소설 등의 주제이다. 반면에 이슬람인에게 십자군은 자신의 땅, 자기 눈앞에서 펼쳐진 참혹한 피 흘림의 '현실'이다. 십자군에 대한 서방과 팔레스타인 주변 이슬람인의 이해에는 큰 괴리감이 존재한다.

무엇보다도 십자군은 기독교 세계의 권위에 결정적인 변화를 가져왔다. 십자군 운동(기간 동안)의 주된 수혜자는 중세 교황이었다. 전쟁의 승리는 교황에게 엄청난 정치적 자산을 안겨주었다. '신의 이름'으로 대중을 동원하고 종교적, 정치적 목적을 달성하게 되자, 십자군은 교황에게 있어서 뿌리칠 수 없는 유혹이 되었다. 그러한 십자군 원정은 실패의 연속이었지만 결코 중단되지는 않았다. 심지어 13세기에 십자군은 교황의 의무[113]이자 기독교 세계 전체의 과제처럼 여겨졌다. 나아가 십자군은 교황의 정치적 목적을

112 S. Runciman, *A History of the Crusades*, vol. III (1954), 469; 480.

113 인노켄티우스 3세는 십자군을 교황 군주의 의무로 설정하고, 신의 보편성이 내재 된 조화와 정의를 실현할 세속사회의 질서 잡힌 평화를 유지할 수 있는 정부로서 교황 군주제를 표방하였다. 그는 십자군 이념을 평화를 실현하고 도덕적 명령을 실천하는 데 두고, 교황 군주의 완성을 위해 지속해서 십자군, 교회개혁, 이단 척결이라는 세 가지 목표를 설정하였다. 즉, 십자군과 평화와 기독교 세계는 분리될 수 없는 일체임을 그는 강조하였다. 안상준, 「서양학계의 십자군 본질 논쟁과 연구 동향」, 170.

위해서 혹은 기독교 세계 내부의 사회적, 종교적 통제를 위해서 동원되었다.[114] 십자군은 "교황 군주제" 실현의 핵심적인 도구로서 활용되는 측면이 강하다.[115] 그러나 십자군 전쟁이 거듭될수록 소기의 목적을 달성하기는커녕, 오히려 빗나가기까지 하자 교황권은 손상을 입었으며, 유럽인들의 생활과 그들의 문화에 강력한 지배권을 행사하던 교회의 세력도 13세기를 지나 점차 쇠퇴하기 시작하면서 교황권도 더불어 약화되기 시작하였다.

이와는 대조적으로 세속 군주와 왕권은 강화되었다. 비록 국왕은 형식상으로는 봉건 체제의 정점을 차지하여 봉건 제후들보다 우월한 지위에 있었지만, 개별 영지 안에서의 행정, 사법, 정치, 군사 등 통치의 실권은 봉건 제후의 수중에 있어서 국왕이 마음대로 좌지우지할 수 없었다. 십자군의 영향으로 급속도로 여러 도시가 번성하였으며, 상인들의 세력이 확대되었다. 도시의 상인들은 아라비아인들과 손을 잡고 동방 무역에도 참여하게 되었으며, 그 영향력은 점차 증대되었다. 따라서 영주들의 세력을 꺾고 자신의 세력을 강화하기 위해 왕은 신흥 상인들과 손을 잡게 되었다. 왕은 상공업이 발달하는 도시에 자치권을 부여해 주었으며, 봉건 영주와 도시가 충돌할 때도 대부분 도시의 편에 섰다. 이로써 왕권을 강화하고 제후들의 세력을 약화하는 효과를 가져왔다. 이렇게 강화된 군주의 권력은 이제 세속적 일들에서 교황의 수위권에 대적할 수 있는 정도가 되었다.

---

114 안상준, 「중세유럽의 교황 군주제와 십자군」, 8-9.

115 안상준, 「서양학계의 십자군 본질 논쟁과 연구동향」, 190.

참고 문헌

Albert of Aix. *Historia Hierosolymitanae Expeditionis*, I; II (1100년). https://www.thelatinlibrary.com/albertofaix.html.

Anna Comnena. *The Alexid*. Trans. Elizabeth A. S. Dawes. London: Kegan, Paul, Trench, Trubner and Co., Ltd., 1918. https://sourcebooks.fordham.edu/basis/AnnaComnena-Alexiad.asp.

Bartlett, W.B. *God wills it!: an illustrated history of the Crusades*. 서미석 역. 『십자군 전쟁 그것은 신의 뜻이었다』. 서울: 한길, 1976.

Bernard of Clairvaux. *Liber ad milites Templi: De laude novae militae*. https://sourcebooks.fordham.edu/source/Bernard-praiseofnewknighthood.asp.

——. 『심사숙고에 관하여』(*De Consideratione*), II, 1. PL 182.741-45.

Brundage, James. *The Crusades: A Documentary History*. Milwaukee, WI: Marquette University Press, 1962.

Constable, Giles. "The Historiography of The Crusades." In: *The Crusades from Perspective of Byzantium and the Muslim World*. Angeliki Laiou & Roy Nottahedeh (ed), Dumbarton Oaks, 2001.

Chronica Regiae Coloniensis. Continuatio prima, s.a. 1213, MGH SS XXIV 17-18. Trans. James Brundage. *The Crusades: A Documentary History*. Milwaukee, WI: Marquette University Press, 1962.

Edward Peters, ed. *The First Crusade*. Philadelphia: University of Pennsylvania Press. 1971.

Franzen, August. *Kleine Kirchengeschichte*. 최석우 역. 『교회사』. 왜관: 분도출판사, 1982.

Gesta Francorum et aliorum Hierosolomitanourm. https://www.thelatinlibrary.com/gestafrancorum.html.

Innocent II. *Omne datum optimum* (1139.3.29). In: Malcolm Barber/A. K. Bate, *The Templars: selected sources*. Manchester University Press,

2002.

Lilie, Ralph-Johannes. *Byzantium and the crusader states, 1096-1204*. Oxford University Press, 1988.

Madden, Thomas F. *The new concise history of Crusades*. 권영주 옮김. 『십자군』. 서울: 루비박스. 2007.

Mayer, Hans. *The Crusades*. Oxford University Press, 1988.

McQueen, W.B. "Relation Between the Normans and Byzantium 1071-1112." *Byzantion* Vol. 56, 1986.

Munro, Dana C.. ed. *The Fourth Crusade*. In: *Original Sources of European History*, vol 3:1.

Nicetas Choniates. *The Sack of Constantinople* (1204). *Original Sources of European History, Series* 1, vol 3:1.

Nicolle, David. *The First Crusade 1096-99: Conquest of the Holy Land*. Osprey Publishing, 2003.

Norwich, John Julius. *Byzantium*. 남경태 역. 『비잔티움 연대기』. 서울: 바다, 2008.

Otto of Freising. *Chronica sive historia de duabus civitatibus*. Editio altera. Recognovit Adolfus Hofmeister, Hannoverae Impensis Bibliopolii Hahniani, 1912. https://thelatinlibrary.com/ottofreising.html

Ralph-Johannes Lilie, *Byzantium and the crusader states, 1096-1204*. Oxford University Press, 1988.

Runciman, Steven. *A History of The Crusades*. Vol. 1. Cambridge University Press, 1987.

Smith, J. Riely. *The Crusades: a Short History*. Athlone Press, 1987.

____. *What were the Crusades*. San Francisco, 2002.

Steven Runciman, *A History of the Crusades*. Vol. 1. Cambridge University Press, 1951.

Tate, Georges. 『십자군전쟁; 성전 탈환의 시나리오』. 안정미 역. 서울: 시공사,

1988.

Treadgold, Warren T. *(A) concise history of Byzantium*. 박광순 역. 『비잔틴 제국의 역사』. 서울: 가람기획, 2003.

Tyerman, Christoper. *The Crusades: a very Short Introduction*. Oxford: Oxford University Press, 2006.

Villehardouin. *Conquête de Constantinople*, Old French. In: *Original Sources of European History*, vol 3:1. Philadelphia: University of Pennsylvania, 1896.

Ware, Timothy. *The Orthodox Church*. 이형기 역. 『동방정교회의 역사와 신학』. 서울: 한국장로교출판사, 2002.

김능우. "십자군 전쟁 당시 아랍 시인들의 이슬람 진영에 대한 비판: 아랍 시(詩) 텍스트를 통한 문학사회학적 고찰." 「중동연구」 33 (2014): 219-253.

김민경. "초기 십자군 운동의 성격 연구." 「숭실사학」 26 (2011): 255-322.

미셸발라. "십자군에 관한 20세기 역사서술-프랑스 학계를 중심으로-." 남종국 역. 「서양중세사연구」 16 (2005): 199-214.

심창섭. 『기독교 교회사』. 서울: 대한예수교장로회 총회, 1998.

안상준. "서양학계의 십자군 본질 논쟁과 연구동향." 「서양사론」 97 (2008): 167-190.

——. "중세유럽의 교황군주제와 십자군." 「서양사론」 101 (2009): 5-32.

양병우 외 3인 공저. 『대세계사의 역사』, 5. 서울: 삼성출판사, 1971.

우종직, 김경묵. 『이야기 세계사』. 서울: 청아출판사, 1985.

이은재. "기독교와 이슬람: 라이문두스 룰루스(Raimundus Lullus)를 중심하여." 「한국개혁신학」 12 (2002): 101-120.

전달수 엮음. 『교황사』. 서울: 가톨릭출판사, 1996.

정원래. "13세기 교황권의 절정: 법과 여론의 전쟁." 「역사신학논총」 34 (2019): 121-154.

진원숙. 『십자군, 성전과 약탈의 역사』. 경기: 살림출판사, 2006.

황의갑. "십자군 전쟁에 대한 연구-이슬람의 관점에서-." 「한국이슬람학회논총」 20 (2010): 1-23 (20).

9

12세기의 다양한 신앙 운동과 이단

I. 12세기의 새로운 신앙 운동

1. 새로운 종교적 운동들

11세기 후반부터 12세기 초반은 거대한 종교적 열정이 중세인들의 삶 모든 영역에 영향을 미쳤다. 11세기 말과 12세기 초반에는 서유럽 전반에서 경건(piety)의 부흥을 볼 수 있었으며, 수도원 운동도 활짝 꽃을 피우게 되었다. 이를 통해 사회의 모든 계층에서 경건은 삶의 모토가 되었다.[1] 1066년 영국에는 베네딕투스 수도원을 포함하여 36개의 수도원과 12개의 수녀원이 있었다면, 1154년에는 여러 교단에 종속된 245개의 수도원과 72개의 수녀원이 있었다.[2] 이 당시의 수도사들은 '평화를 추구하는 이들'로, '고요하고 안정된 휴식과 형제 간의 화목을 위해 힘쓴 이들'로 묘비에 기록되었다.[3] 또한 수도사들은 안셀무스의 질문, 즉 "하나님만 사랑하는 사람과, 세상도 사랑하고 하나님도 사랑하는 사람 중에 과연 누가 더 안전하고 숭고한 방법으로 구원을 얻을 수 있겠는가?"[4]라는 질문에 최상으로 화답한 이들이었다. 이들 수도원은 13세기까지 경건의 훈련장이자 선교와 문화 활동의 중심지가 되었다. 또한 이 시기는 중세가 수도사들과 수도원의 시대임을 잘

---

1 Cannon, *History of Christianity in the Middle Ages*, 232.

2 Tierney/Painter, *Western Europe in the Middle Ages, 300-1475*, 299.

3 Schaff, *History of Christian Church*, 5, 284.

4 Anselmus, Ep. II, 29, PL 158.1182.

드러내었다.

물론, 수도원의 번영 이면에는 경쟁, 교만, 나태 그리고 도덕적 해이가 자리잡고 있었으며, 수도원이 정체기에 접어들면서는 미신과 맹목, 오만, 그리고 타락과 부패의 모습을 드러내기도 하였다는 것은 사실이다. 그러나 현대인들이 중세의 수도사들과 수도원을 오직 부정적 측면에서만 규정하고 평가절하하는 것은 유감스러운 것이기도 하다. 이는 중세인들의 종교적 열망, 경건, 헌신에 대하여는 조금도 고려하지 않는 표면적 평가에 불과한 것이기 때문이다.

12세기에 이르면 클루니 수도회는 대체로 교회의 갱신을 위한 힘을 소진하게 된다. 바로 클루니 수도회의 번영과 성공, 그리고 화려함과 더불어 그 수도회가 봉건 사회의 구조 속에 흡수된 것은 세상을 포기한다는 수도원적 이상과의 타협으로 이어졌다. 이런 세속화에 항의하여 새로운 수도원 공동체들이 나타났다.[5] 새로이 탄생한 공동체들은 서로 다른 형태를 지녔고, 종교 생활 그리고 사회 전반에 대하여 서로 다른 목적을 추구하였다. 그러나 이 공동체들은 좀 더 개인적이면서도 좀 더 강렬한 영성을 원하는 많은 수도사의 요구에 부응하려 하였다. 또한 신생 수도회들은 사회로부터 고립되어 고독과 은둔을 추구하였으며, 심지어 어떤 경우에는 동료 수도사들과도 떨어져 생활하기도 하였다. 이들은 공동 생활이라는 수도원 전통과 공동체적 생활의 전통을 깨뜨리지 않으면서도 은둔 생활의 이상, 즉 사막 교부의 고독하고 엄격한 금욕주의를 부활시켰다.[6]

12세기 서방 교회의 정서는 단순성과 고립, 엄격한 금욕주의와 청빈, 그리고 수도원 규율을 문자 그대로 절대적으로 고수할 것을 강조하였다. 더구나 교회의 타락에 대한 그레고리우스 7세의 공격에 자극받아 12세기 내내 사회 전반에 '신앙적 각성'이 두드러졌다. 교구의 성직자들과 평신도를 막

---

5 6장에서 언급한 클레르보 베르나르두스의 클루니 수도원에 대한 비판 참조.

6 Walker, *A History of the Christian Church*, 329.

론하고 많은 사람이 초대 교회와 그 순박한 복음으로 돌아가는 것을 열망하였다. 이들은 '사도들의 삶'(*vita apostolica*)을 모방하며, 그 완전함과 위엄으로 돌아가 종교적 갱신을 이룰 수 있다는 이상에 자극받았다.

첫째로 '사도적 삶'은 금욕과 극도의 청빈 속에서 그리스도를 따르는 것과 동일한 것으로 여겨졌다. 이들이 추구하는 청빈은 수도원의 '제도화된' 가난이나 도시나 시골의 가난한 사람들의 '자연적' 빈곤이 아니라 그리스도와 그 제자들을 본받으려는 사람들의 '자발적' 청빈이었다. 참된 그리스도인의 삶의 기초이자 증거로서 '사도적 청빈'을 요구하는 소리는 중세 시대 내내 울려 퍼졌다.[7]

둘째로 '사도적 삶'은 세속적인 교회에 회개를 설교하고 그 메시지를 개인적인 성결로 확증해야 하는 의무와 같은 것으로 여겨졌다. 이에 12세기 후반에 이르러 좋아하는 기도서, 간단한 설교, 명상 자료와 시편과 복음서의 일부분이 신도들이 읽을 수 있을 수 있도록 유럽 각지의 방언으로 번역되거나 의역되었다.[8]

마지막으로 이 시기 '사도적 삶'의 추구에 나타난 가장 중요한 현상은 열렬한 신앙적 행위에 헌신하는 이들이 더 이상 수도원, 수녀원, 수도참사회(성직자들)의 전유물이 아니게 되었다는 점이었다. 대규모의 방랑 설교자들이 나타났고, 이들 가운데 다수는 성직자들이었으나, 때로는 평신도들도 포함되어 있었다. 극도의 금욕과 청빈 가운데 복음을 전파하는 사도와 예수의 삶을 살려고 노력하는 것이 어떤 특정한 사람들, 신분 혹은 장소에 제한되지 않았던 것이다.

때로는 이러한 수도사들의 삶과 명망을 교황들은 자신들의 유익을 위해 적극적으로 활용하기도 하였다. 교황들은 수도회들을 공인하며, 이들을 자신의 권위에 종속시키며, 직접적으로 담당하는 직할 수도회들로 삼기도 하

7 Walker, *Western Europe in the Middle Ages, 300-1475*, 329.

8 Lynch, *The Medieval Church*, 319.

였다.[9] 이러한 교황청의 반대급부로 수도회들은 지역 주교들과 세속 권력으로부터의 독립성을 확보할 수 있었다. 11세기 교황청이 주도한 교회와 교황청의 개혁 및 경제력 향상은 11세기와 12세기 수도원의 급격한 발전 과정에서 묘하게 연결되었다.[10]

이처럼 12세기 수도원의 전성시대를 이끌었던 대표적인 수도회들은 카르투지오 수도회, 시토 수도회, 아우구스티누스 참사수도회 그리고 13세기에 등장한 도미니쿠스 수도회와 프란체스코 수도회 등의 탁발 수도회들이 포함되었다.

2. 카르투지오 수도회(Carthusian order)[11]

〈카루투지오 수도원 본원〉

새로운 시대정신은 쾰른의 브루노(Bruno of Cologne, 1032경-1101)가 설립한 카르투지오 수도회(Carthusian order)에서 뚜렷하게 나타난다. 1080년에 브루노는 랭스 성당 학교 교장직에서 물러나, 부르군트의 그레노블(Grenoble) 근처 외딴 곳에 있는 어떤 은자들의 무리에 참여하였다. 그레노

9 Schaff, *History of Christian Church*, 5, 298.

10 Christopher Brooke, *Die Klöster*, 145.

11 카르투지오 수도회의 삶과 정신에 관하여는 참조) 정원래, "카르투지오 수도회-고독과 침묵의 문화," 「개혁논총」 50 (2019): 61-99.

블의 주교는 곧 그와 대여섯 명의 동료들에게 자신이 소유한 높은 산기슭에 있는 외딴 장소를 제공하였다. 그곳에서 이들은 1084년 라 그랑데 샤르트뢰즈(La Grande Chartreuse) 수도원을 창설하였는데, 이 수도원의 이름은 인근 마을인 생 피에르 샤르트뢰즈에서 따온 것이었다.[12] 카루투지오 수도회는 모든 수도원 중에 '가장 동방적'이고, 가장 엄격하고, 그리고 가장 세상을 경멸하는 단체였다.[13] 이들은 세상과 단절된 상태로 고독과 침묵의 삶 가운데 신앙적 정진에 전력을 기울였다.

〈카루투지오 수도원의 일상을 소개하는 영화: 위대한 침묵〉[722]

수도원의 창시자인 브루노는 별도의 수도원 규칙을 남기지 않았다. 그러나 이 첫 번째 은둔처의 삶의 방식은 다른 나라의 많은 사람들이 브루노의 삶의 방식에 감화되어 수도회 생활을 따르게 되면서, 글로 작성되어 모든 카르투지오 수도원에 온전히 전수될 필요가 있었다. 제5대 수도원장인 귀고 1세(Guigo, 1109-1136년 재위)에 의해 1127년 카르투지오의 수도회칙이 작성되었다. 이 규칙서는 1133년 교황 인노켄티우스 2세(Innocent II)에 의해 승인을 받았다. 카르투지오 수도회는 1170년 교황 알렉산더 3세(Alexander III)에 의해 수도회로 공인되었다.

12 Walker, *A History of the Christian Church*, 329-330.

13 Ritter 외 편역, *Kirchen- und Theologiegeschichte in Quellen vol. II: Mittelalter*, 270.

14 "위대한 침묵"은 1984년에 그로닝(P. Groning) 감독이 프랑스 알프스에 있는 그랑데 카르투지오 수도원의 일상을 영화에 담으려 제안하였으나, 거절당하고, 그로부터 15년 후인 1999년에 승낙을 받아 촬영하였다. 수도원으로부터 영화 촬영을 허락하는 대신에 몇 가지 제한이 주어졌다. '인공조명을 사용하지 말 것, 자연적인 소리 외에는 어떤 음악이나 인공적인 사운드를 추가하지 말 것, 수도원의 삶에 대한 어떤 해설이나 논평은 금할 것, 다른 스텝 없이 혼자 촬영할 것' 등. 촬영 허가를 받은 후 감독은 수도원 내에서 수도사처럼 독방에서 생활하면서 설거지와 청소, 정원 일을 하며 수도원의 의식과 일상에 직접 참여하였다. 이렇게 제작된 영화는 "위대한 침묵"의 제목으로 국내에서 상영되었다.

카르투지오 수도회칙은 몇 번에 걸쳐 개정되었으나, 본래의 정신과 관습들을 엄격하게 고수하였다. 따라서 카르투지오 수도회는 '개혁할 필요가 없는'(beyond reform) 수도회라고 널리 인정되었는데, 그 이유는 정확하게 그 수도회가 결코 '타락'(deform)하지 않았기 때문이었다(*nunquam refromata quia nunquam deformata*).[15] 카르투지오 수도회의 표어는 "*Stat crux dum volvitur orbis*"(세상이 변하는 동안에도 십자가는 굳건하다)였다. 이들의 표어처럼 그들은 세상의 변화에 동승하지 않은 채, 본래의 정신과 삶의 양식을 유지하기 위해 오늘날에도 여전히 노력하고 있다.

비록 카르투지오 수도사들의 삶은 언제나 극소수의 사람들만을 위한 소명이었고, 이들이 수도사와 수도원의 수를 늘리거나 영향력을 증대하려는 바람을 전혀 갖지 않았음에도 불구하고 카르투지오 수도원(Charterhouse)은 점차 유럽 전역에 세워지게 되었다. 1145년에는 처음으로 여성들이 카르투지오 수도회의 규칙을 채택하면서, 여성 수도원이 시작되었다. 이는 특히, 14-15세기에 영국에서 전성기를 누렸다.

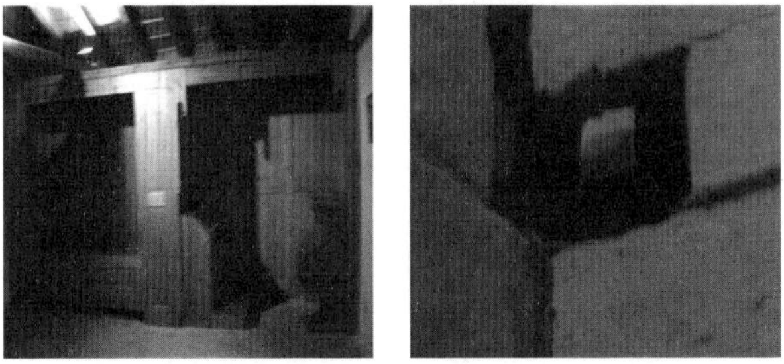

〈카르투지오 수도원 내부의 모습: 수도원의 방(좌), 임종시의 침실(우)〉[16]

15 Walker, *A History of the Christian Church*, 330.

16 아비뇽에 있었던 카르투지오 수도회(현, Chartreuse de Villeneuve-les-Avignon으로 문화예술센터로 활용됨)의 소박한 한 수도사의 방과 거동이 불가능한 환자들과 임종을 앞둔 이들이 있던 침실의 모습. 성무일과의 시간이 되면, 동료 수도사가 건넛방에서 촛불을 켜고 찬송과 기도를 하는 순간, 중병이나 고령으로 움직임이 불가능한 이들은 침상에 누운 채로 벽에 뚫린 구멍을 통해 그 모습을 지켜보며 성무일과에 동참할 수 있다. 중세 수도사들의 하나님에 대한 간절한 열망과 진지함의 정도를 드러내 준다. 프랑스 혁명때 수도원이 폐쇄되었다.

카르투지오 수도회의 정신은 '고독과 내적인 사랑 가운데 하나님과 연합하는 것',[17] 혹은 '침묵과 고독 속에서 하나님을 발견하는 것'이었다.[18] 침묵과 고독 속에서 하나님을 찾는 일은 모든 카르투지오 수도사들에게 공통적이었다. 카르투지오 수도사들은 예배와 식사를 위하여 미리 정해진 몇몇 시간에만 모였다. 그리하여 그들은 은둔 생활과 공동생활을 결합하려고 시도하였으며, 수정된 형태의 베네딕투스 규율을 따랐다. 따라서 카르투지오 수도회는 두 가지 독특한 삶의 양식을 남겼다. 첫째로 카르투지오 수도원은 물리적 삶의 공간을 고독과 은둔의 삶에 적합한 공간으로 구성하였다. 둘째로 수도사들이 일상의 삶 가운데 침묵을 추구하는 특성이 있다. 즉, 이들은 침묵과 고독 가운데 거의 하루를 홀로 지내며, 기도와 묵상의 시간을 보냈던 것이다. 이를 위해 귀고 1세는 클루니 수도회보다 예배 의식을 대폭 축소하였다. 그 결과 개인적인 기도, 명상, 영적 독서, 작업을 할 수 있는 충분한 시간이 마련되었다.[19]

카르투지오 수도사들은 무리를 지어 공동생활을 하였고, 예배당이나 수도사실과 같이 공동으로 사용하는 몇몇 건물이 있기도 했지만, 기본적으로 수도사들은 일과 시간 대부분을 각자의 독방에서 보냈다. 이를테면 그들은 무리를 형성하기도 했지만, 은수자에 가까웠고, 회랑을 중심으로 빙 돌아가며 지어진 암자 속에서 생활하였다.[20] 카르투지오 수도회 수도사들은 하루에 약 14시간 정도를 방에서 침묵하며 홀로 지낸다.

> 사방이 벽으로 갇힌 곳에서 바깥세상을 보지도, 듣지도, 말하지도 못하고 매일 한 끼만의 식사로 소재를 지키며 세상 모든 인간적 재미와 흥미를 떠난 채 철저한 고독 속에서 주님만으로 만족하는 삶을 누리는 이곳 수도승들이 세상을 떠

---

17 *Carthusian Statutes*, chapt. 1. Prolog.

18 *Carthusian Statutes*, chapt. 12. 1.

19 Brooke, *Die Klöster*, 115.

20 Brooke, *Die Klöster*, 116.

나 홀로 선 것은 세상을 싫어해서가 아니라, 자신만의 특별한 성소에서 주님을 증거하기 위함이다.[21]

침묵에 관하여 『베네딕투스 수도 규칙』은 하나님의 말씀을 듣기 위한 적극적인 관점에서가 아니라, 말로서 범하는 실수와 죄를 줄이기 위한 소극적인 관점에서 강조되고 있다. 『베네딕투스 수도 규칙』 제6장은 침묵의 소극적인 의미를 다음과 같이 강조한다. 즉, "침묵의 덕을 (닦기) 위해 때로는 좋은 대화도 하지 말아야 했다면, 죄의 벌을 피하기 위해 나쁜 말을 해서는 더더욱 안 된다"이다.[22] 이들에게 침묵은 말로서 짓는 죄를 피하려는 의도가 더 우선으로 여겨진다. 즉 베네딕투스 규칙에서의 침묵은 "점잖지 못한 희롱이나, 한가한 말이나, 웃기는 말은 절대로 금하여 단죄하고, 또 이러한 담화를 위해 제자들이 입을 여는 것을 허락하지 않는다."[23] 그러나 이형우는 베네딕투스 규칙에서 사용하는 단어인 "침묵"(*taciturnitas*)은 말을 듣기 위해 귀 기울여 침묵하는 보다 능동적이고 적극적인 태도로서의 침묵의 덕을 말하며, 단순히 입을 다물고 있는 행위 자체를 의미하는 '*silentium*'과 구분된다고 설명한다.[24] 이처럼 『베네딕투스 수도 규칙』에 대한 이형우의 해석은 침묵의 능동적인 성격을 제안하지만, 필자는 『베네딕투스 수도 규칙』의 침묵에 관한 규정은 잘못이나 실수를 피하기 위한 목적이 우선하는 것으로 보인다.

반면에 카르투지오 수도사들에 의하면, 명상적 침묵은 듣는 방법이다. "침묵은 하나님이 마음의 모든 문과 통로를 통하여 들어가시도록 허용"[25] 하는 마음의 고요한 들음을 요청한다. 그 침묵은 들음이다. 그것은 우리의

---

21 「가톨릭 다이제스트」, 2002. 10.

22 『베네딕투스 수도 규칙』, 제6조.

23 『베네딕투스 수도 규칙』, 제6조.

24 이형우 역, 『베네딕투스 수도 규칙』, 82.

25 *Carthusian Statutes*, Chapter. 4.2.

귀에 들리고 마음을 채우는 단어에 대한 열정적인 고대가 아니라, 우리의 가장 내밀한 곳에 소리 없이 일하시고 현존하시는 그분에 대한 조용한 받아들임이다. 따라서 이들은 침묵을 다음과 같이 정의한다. "침묵은 하나님의 일이다. 아니 그 이상이다. 그것은 하나님의 말씀이다."[26]

또한 카르투지오 수도회는 자신들의 수도원장 귀고의 "은둔의 삶에 대한 찬양"(*solitaria vita*)을 헌장에 싣고 있다.

> … 말하자면 신구약 성경 안에 있는 거의 모든 의미심장하고 깊이 있는 비밀들은 미쳐 날뛰는 군중들 가운데서가 아니라 고독한 가운데 있는 하나님의 종들(또는 친구들)에게 계시되었다는 것을 당신들은 압니다. 그러니까 이 하나님을 섬기는 자들은 어떤 것을 더 치밀하게 생각하고, 방해받지 않고 기도하거나 영이 고양되므로 세상의 것으로부터 거리를 두기를 갈망할 때마다 거의 항상 군중의 성가심을 피하고 고독의 편안함을 사모하였습니다….[27]

이러한 침묵과 더불어 카르투지오 수도회는 '거룩한 독서'(*lectio divina*)를 통해 영성 훈련에 힘썼다. 카르투지오 수도회의 제9대 원장으로 알려진 귀고 2세(Guigo II, 1173-1180 재위)의 『수도승의 사다리』(*The Ladder of Monks*)는 '거룩한 독서'의 전통적 방법에 대하여 잘 설명한다. 수도사들은 묵상과 독서, 기도 그리고 관상으로 이어지는 성경 읽기를 통해 하나님과의 연합을 갈망한다. 귀고 2세가 언급하는 수도승의 사다리의 각 단계의 관계는 서로가 분리된 독립체가 아니라 유기적으로 연결된 하나의 수행으로 볼 수 있다.

> 묵상(*meditatio*) 없는 독서(*lectio*)는 메마르며, 독서 없는 묵상은 오류에 빠지기 쉽다. 묵상 없는 기도(*oratio*)는 냉담하고, 기도 없는 묵상은 열매를 맺지 못한다.

---

26 McNary-Zak, *Seeking in Solitude*, 54.

27 *Carthusian Statutes*, Chapter. 2.3.

기도가 열정적일 때 관상(*contemplatio*)에 이르는 것이지, 기도 없이 관상에 이르는 경우는 거의 없으니 그것은 기적에 가깝다.[28]

작센의 루돌프(Rudolf of Saxony, 1300?-1378)도 카르투지오회에 속한 저자 가운데 한 사람인데, 그가 쓴 『그리스도의 생애』(*Life of Christ*)는 중세 말기에 아주 인기가 있었고, 예수회(Jesuits)의 이그나티우스 로욜라(Ignatius Loyola, 1491-1556)의 경건 형성에 커다란 영향을 주었다.[29] 종교개혁 시기 수도원에 대한 수많은 박해에도 불구하고 카르투지오회 입회자는 계속 늘어났고 17세기 전반기 동안 21개의 수도원이 재설립되었다. 프랑스 대혁명(1787-1799) 시기 전체 카르투지오 수도원 126개 중 75개의 수도원이 프랑스에 있었는데 혁명 정부는 모든 수도원과 재산을 몰수하였으며, 수사들은 감옥에 투옥하였다. 그들 중 많은 수사가 옥사하였고 일부 수사들은 당했고, 일부는 외국으로 추방되었다. 오늘날 카르투지오 수도사들은 시토회 수도사들과 더불어 엄격한 명상적 삶의 중세적 이상을 보존하고 있는 유일한 사람들이다.

3. 다브리셀의 로베르(Robert d'Abrissel, 1160?–1116?)와 퐁트브로 수도원

로베르는 브르타뉴에서 태어나 라온의 안셀무스로부터 신학 교육을 받았다.[30] 이후 그는 렌느(Rennes)의 주교 실베스터(Sylvester)를 도왔다. 1093년 주교의 죽음 뒤 로베르는 이 지역을 떠나 크래온(Craon) 숲속에서 매우 엄격한 은수자가 되었다. 잠시 후 로베르는 로와르 계곡에 있는 여러 도시와 마

28 Guigo Ⅱ, *Scala Claustralium*, 14.

29 Walker, *A History of the Christian Church*, 330.

30 *Catholic encyclopedia*, "Robert of Arbrissel."

을에서 순회 설교자가 되었다. 가난하게 넝마를 걸치고 머리와 수염을 길게 기른 채로 맨발로 돌아다니면서 그는 금욕주의와 '사도적 생활'을 설교하였다.[31] 로베르의 경건과 웅변 그리고 금욕은 많은 추종자를 낳았다.

1096년 교황 우르바누스 2세는 그의 설교를 듣고 로베르를 설교자로 임명하였다. 그러나 로베르는 성직자의 악덕을 자주 공격하였기 때문에 고위 성직자들에게 호감을 얻지 못하였다. 오히려 그들은 로베르를 선동가로 여겼다. 로베르의 설교는 특히 여성 추종자들을 얻는 데 두드러졌고, 브리타니와 메인 그리고 앙주의 지방 귀족들 사이에서도 적지 않은 추종자들을 모았다. 로베르의 제자들은 자신들의 집과 소유를 포기하고 스스로 '그리스도의 가난한 사람들'(*Pauperes Christi*)이라고 부르며, 그의 지도 아래에서 금욕적인 생활을 실천하였다. 남녀 추종자들을 분리하지 않은 혁신적인 그의 정책은 렌느와 앙제르 지역 주교의 반대를 불러일으켰고, 1100년에 푸아티에(Poitiers) 공의회에서도 반대를 받았다.[32]

그 결과 로베르는 자신을 따르는 여성들을 엄격하게 분리된 지역에서 살게 하여야 하였고, 1100년경에는 퐁트브로(Fontevrault)에 수도원을 세웠다. 퐁트브로는 '이중 수도원'으로서, 엄격하게 구별되어 살아가는 남자와 여자를 포함한 수도원이었다. 이중 수도원은 중세 초기에 널리 퍼져 있었으나 10세기에 이를 즈음에는 인기를 잃었다가 12세기 초에 다시 부흥하였다. 로베르의 퐁트브로 수도원은 '사도적 생활'을 가르치는 대중적인 설교자들에게 호응한 남자들뿐 아니라 여자들도 수도원적 구조 속에 통합할 수 있게 해 주었다.

---

31 Walker, *A History of the Christian Church*, 330.

32 Annalena Müller, *From the Cloister to the State: Fontevraud and the Making of Bourbon France, 1642–1100*, 45-46.

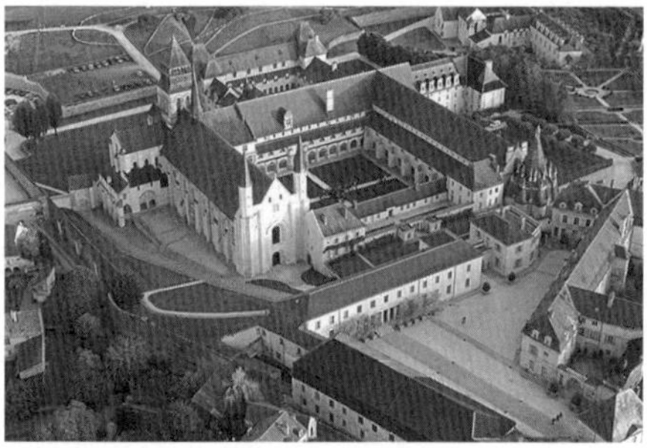

〈퐁트브로 수도원의 현재 모습(출처: wikipedi)〉

로베르가 설립한 퐁트브로 이중 수도원은 여성들이 지도한다는 점에서 독특하고 혁신적이었다. 대수도원장을 성모 마리아의 대표자로 간주하며,[33] 특별히 여수도원장이 전체 수도회에 대하여 사법권을 행사하였고, 반면에 남성들은 일차적으로 여성들의 예배와 경제적인 필요를 돌보아주었다. 이러한 특성으로 인해 퐁트브로 북서 프랑스에서 가장 유명한 수녀원이 되었고 주로 그 지역의 대귀족 가문들 출신의 여성들의 신앙적 귀의처이자 피난처 역할을 하였다.[34]

4. 시토 수도회(Cistercian Order)

12세기의 새로운 수도회들 가운데 명성과 영향력이 가장 컸던 것은 시토 수도회(Cistercian)다.[35] 1098년 클루니 수도회에 속한 몰렘의 수도원장인 로베르는 약 20여 명의 수도사와 함께 자신의 수도원을 떠나, 디종(Dijon)

---

33 Schaff, *History of Christian Church*, 5, 333.

34 Walker, *A History of the Christian Church*, 331. 퐁트브르 수도원은 귀족들의 풍부한 후원하에, 금욕과 청빈의 장소가 시간이 흐르면서 부유하고 화려한 장소로 바뀌어 갔다 (퐁트브로 사진 참조).

35 Walker, *A History of the Christian Church*, 331.

부근의 시토(Citeaux)에 매우 엄격한 새로운 수도원을 세웠다. 처음부터 이 수도원의 목적은 로베르의 의지에 따라 베네딕투스 수도원 규칙을 문자 그대로 준수하는 것이었다. 무엇보다도 시토 수도회는 육체노동, 특히 농장에서 땀 흘리는 노동의 시간을 회복시켰다.[36]

제3대 수도원장인 영국사람 스테판 하딩(Stephen Harding, 1109-1134 수도원장 재위) 아래에서 시토 수도회의 영향력은 급속히 증가하였다. 시토 수도회의 '두 번째 창건자'로 인정받는 스테판 하딩이 공포한 유명한 「사랑의 헌장」(*Carta Caritatis*)에서 시토 수도회의 정신이 잘 나타난다.[37] 이 문서는 시토회 수도사들의 생활과 관련된 기본 규칙들을 간결하면서도 단순하게 기술하고 있다. 「사랑의 헌장」(*Charta Caritatis*)은 서문과 12장으로 구성되어 있다.

> 「사랑의 헌장」[38]
>
> … 이 법령을 사랑의 헌장이라고 부르는 것이 그 목적에 부합된다고 여겼다. 이는 이것을 확립함이 짓누르는 모든 세금 부담은 멀리하고 오직 사랑과 영혼의 행복만이 하나님과 사람과의 관계에서 효력을 발하게 하기 때문이다.
>
> 1장: 모 수도원은 딸 수도원으로부터 육신의 편안함에 기여할 그 어떤 세금도 요구하면 안 된다….
>
> 2장: 모든 면에서 성 베네딕투스의 규칙을 준수하고…. 규율은 모든 사람이 동일하게 이해하고 지켜야 한다….
>
> 3장: 교회의 책들과 규칙들은 모든 사람에게 동일해야 한다….

「사랑의 헌장」에서 시토회 수도사들은 성 베네딕투스의 수도원 규칙을 거의 문자 그대로 실천하려 하며, 기본적으로 공동생활 방식을 채택하였다. 그들은 클루니 수도원의 관행이 허용하는 시간보다 더 많은 시간을 개인의

---

36 *Encyclopedia Britannica*, "Cistercians."

37 Walker, *A History of the Christian Church*, 331-332.

38 *Carta caritatis*, in: KThQ2, Nr. 35. b; https://www.archive.osb.org/cist/charta.html.

기도와 영적 독서에 할애하였다.[39] 또한 수도사들은 한 벌의 옷과 소량의 식사에 만족하는 매우 금욕적인 완전성을 추구하며, 클루니의 수도회의 화려하고 경탄을 자아내는 건물과 기구들, 예배 형식을 배제하고 가장 소박하고 단순한 것들을 채택하였다. 음식과 의복에 있어서 이 수도회는 아주 엄격하였고, 염색하지 않은 값싼 모직으로 된 의복을 채택하였다. 이 때문에 옛 베네딕투스 수도사들을 '흑의 수도사'(Black Monks)라고 지칭하는 것에 대조하여, 시토회 수도사들을 '백의 수도사'(White Monks)라고 지칭하게 되었다. 시토회 수도사들은 은자들은 아니었지만, '청교도주의'(puritanism)를 실천했을 뿐만 아니라 사람이 거주하지 않는 곳으로 물러났다는 점에서도 은둔 생활에 대한 충동을 엿볼 수 있다.[40] 맘스베리의 윌리엄(William of Malmesbury, 약 1095-약 1143)은 초기 시토 수도회를 "모든 수도사의 귀감, 근면한 자들의 거울, 게으른 자들의 가시"로 묘사하였다.[41]

시토 수도회는 1115년까지 부르군트 지역의 다른 곳에 클레르보를 포함한 네 개의 자매 수도원이 세워졌다. 그곳에서 시토 수도회는 유럽 전역으로 급속히 확산하였다. 클레르보의 베르나르두스가 1153년에 죽었을 때, 이 수도회에는 343개의 수도원이 소속되어 있었다. 13세기가 끝날 때까지 이 수도원의 수는 두 배를 넘어섰다.[42] 이 경이적인 성장은 시토 수도회가 어린이를 수도사 지원자(oblate)로 받아들이고, 수도원에서 훈련시켜 수도사로 받아들이는 옛 관습과 단절하고, 또한 1155년 더 이상의 확장을 멈추려는 공식적인 시도에도 불구하고 계속되었다.

시토 수도회의 조직은 클루니 수도회의 고도로 집중된 체제를 따르지 않았다. 따라서 클루니 수도회의 체제처럼 단일한 한 수도원장에게 권위가 집중되기보다는 많은 수도원장에게 권위를 나누었다. 또한 수도원장들은

39 Brooke, *Die Klöster*, 221.

40 Walker, *A History of the Christian Church*, 331.

41 Schaff, *History of Christian Church*, 5, 310.

42 Tierney/Painter, *Western Europe in the Middle Ages, 300-1475*, 301.

〈로마시에서 필자가 방문한 시토회 수도원, 자매 수녀원인 엘리자베스 수녀원〉

각 수도원이 자체적으로 선출하였다.[43] 시토회의 모든 수도원장은 연례 총회로 시토에 모였지만, 시토회 수도원의 원장은 수도회 전체의 '총장'(abbot-general)이 아니라 단지 '동등한 수도원장들 가운데 첫 번째'에 지나지 않았다. 간단히 말하자면 시토 수도회는 동등하게 자율적인 수도원들의 연합체였으며, 각 수도원장은 수도회 전체를 구속하는 법을 만드는 일에 있어서 다른 모든 수도원장과 동등한 발언권을 가지고 있었다.[44]

거의 처음부터(약 1125년) 시토회 수녀원도 함께 생겨났으며 시토회의 관습들을 따르려고 열망하였다. 그러나 초기의 시토 수도회 법규는 수녀원들에 있는 사람들의 존재를 무시하였고, 수녀원들은 수도회 내에서 공식적인 지위를 갖지는 못하였다. 1191년 총회에 이르러서야, 총회에서 처음으로 그들이 언급되었고, 1213년부터 연례 총회에서 수녀들의 수를 제한하고, 그들을 시토회 수도원장들의 엄밀한 감독 아래 두려는 노력이 반복적으로 이루어졌다. 1228년에는 시토회에 더 이상의 수녀원을 허용하는 것이 금지되었다. 하지만 이 규정은 효력이 없었다. 중세가 끝날 무렵 시토회에 속한 수녀원의 수는 그 수도회의 남자 수도원의 수만큼이나 많았다. 이는 금욕적

43 참조) *Charta Cartatis*, 9항. Butler, "Cistercians," 394.

44 참조) *Charta Cartatis*, 3, 5-6항.

〈클레르보 수도원 모습〉

인 생활의 폭넓은 호소력과 1100년 이래 서방 교회 내의 여성 운동의 열정을 뚜렷하게 증거하는 것이었다. 그러나 시토 수도회의 수녀들은 수도회의 협의회에서 발언권이 없었고, 후대에 생겨난 베긴회(Beguines)처럼 공식적인 종교 조직의 가장자리에서만 존재하였다.[45]

시토회 수도사들은 가르침이나 목회 사역에는 비교적 관심을 기울이지 않았다.[46] 금욕적인 경건의 모범으로 역할을 한 것을 제외하면, 사회에 대한 그들의 주된 공헌은 광대한 황무지를 열성적으로 개간한 것이었다. 시토회 수도사들은 100년 동안 '개간 수도회'로서 활동했는데, 야생의 숲으로 들어가서 항상 개울가 옆에 정착하였다.[47] 시토회 수도원들은 의도적으로 거친 벽지나 기독교 세계가 팽창하는 변경에 세워졌다. 농노를 고용하기를 거부하였을 뿐만 아니라, 노동자들을 고용할 수 없을 정도로 가난하기도 했던 시토회 수도사들은 평신도 형제들(conversi)을 이용하여 토지를 경작하였다. 이 평신도 수도사들은 수도원의 토지를 관리하면서 수도사와 비슷한 복장을 갖추게 하면서 수도원의 구성원이 되었다.[48] 이들은 주로 배움의 기회를

---

45 Walker, *A History of the Christian Church*, 332.

46 성 베르나르두스는 수도사 본연의 임무가 설교가 아닌 금욕 생활이며, 수도사는 도회지를 감옥처럼, 독방을 낙원처럼 여겨야 한다고 주장하였다. 세상으로 들어가는 수도사는 이 원리를 뒤바꾸어 독방을 감옥으로, 도회지를 낙원으로 바꾸는 것이라고 주장하였다. [Schaff, *History of Christian Church*, 5, 309]

47 Seibt, *Glanz und Elend des Mittelalters*, 237.

48 Brooke, *Die Klöster*, 226.

가질 수 없었던 이들이었다. 초창기 시토 수도회 공동체들이 자급자족을 할 수 있었고, 세상과 단절된 공간을 확보할 수 있었던 것은 이들 평신도 수도사들 덕이 컸다. 시토 수도회가 가장 활발하게 팽창한 시기였던 12세기 동안에는 불만이 거의 일어나지 않았던 것으로 보인다. 시토 수도회의 전형인 클레르보 수도원을 방문한 생 티에리의 기욤은 수도원에 대하여 다음과 같이 평가한다.

> 나는 비록 그럴 자격이 없었으나 그와 함께 며칠간 그곳에 머물게 되었는데, 어디를 둘러보든 내가 새 하늘과 새 땅에 와 있는 것 같은 경이감에 빠져들었고, 우리 아버지들인 이집트 수사들이 닦아놓은 옛길들에 우리 시대의 사람들이 남긴 새로운 발자국들도 보았다. 옛 황금시대들이 다시 돌아와 클레르보 그곳에서 세상을 다시 만난 듯하였다…. 산길을 내려와 그곳에 들어서면 첫눈에 하나님께서 그곳에 계신다는 것을 느낄 수 있다. 그 고요한 골짜기가 소박한 건물들을 향해 그곳에 거주하는 그리스도의 가난한 이들의 순수한 겸손을 칭송하였다. 정오의 적막은 자정의 적막과 마찬가지로 수사들이 부르는 찬송 소리와 성원과 들판에서 들리는 연장 소리에 의해서만 깨졌다. 게으르게 시간을 보내는 이는 하나도 없었다. 기도나 취침하지 않는 시간에는 수사들이 괭이와 낫과 도끼를 부지런히 놀리며 황무지를 일구고 숲을 개간하는 데 여념이 없었다. 계곡에 그렇게 많은 사람이 살고 있음에도 각자가 마치 고적한 은둔자처럼 보였다.(1143년경)[49]

마치 한적한 시골 농장을 바라보는 듯하다. 각자 자신의 맡은 소임[소명]에 몰두하고 있다. 시토회 수도원은 공동생활과 노동을 통하여 인간적인 마음의 혼란을 떨치고 하나님께 이르는 자기 길을 발견할 수 있었다. 후대의 시토 수도회의 역사는 수도원 연대기에서 아주 친숙하게 볼 수 있는 전형적

---

49 PL 182.268 [Schaff, *History of Christian Church*, 5, 315에서 재인용]; Frederic Austin Ogg, ed., *A Source Book of Mediaeval History: Documents Illustrative of European Life and Institutions from the German Invasions to the Renaissance*, 258-260.

인 모습을 보여준다. 즉, 금욕적인 성실함이 물질적인 번영을 가져왔지만, 이는 결국 정신적 쇠퇴로 이르게 하였다.[50]

5. 클레르보의 베르나르두스(Bernard de Clairvaux, 1090-1153)

〈클레르보의 베르나르두스 (1090-1153)〉[51]

베르나르두스는 모든 사람으로부터 당대의 가장 위대한 신앙적 인물로 인정받았을 뿐만 아니라, 중세의 가장 중요한 신앙적 인물 가운데 한 사람이었다. 그는 화려한 교회 고위직 제의에도 불구하고 죽을 때까지 클레르보의 수도원장으로 살았다.[52] 사람을 감화시키는 데 비범한 능력을 지닌 베르나르두스는 디종 부근의 퐁텐트(Fontaines)의 기사 집안에서 태어났고, 1113년에 자신이 설득한 5명의 형제를 포함한 약 30명의 동료와 함께 시토 수도원에 가입하였다.[53] 그가 입회하기 전 시토 수도원은 아직 조직이 허약하였고, 매우 어렵게 유지되고 있었다. 전혀 무명의 수도원에 입회한 베르나르두스는 기도와 성경 읽기, 묵상에 전념하였다. 특히 그는 신중하고 사려 깊고, 기쁘게 성경을 읽고 묵상하였으며, 교부들과 주석가의 글을 겸손하고 충실하게 읽었다. 베르나르

50 Walker, *A History of the Christian Church*, 332-333.

51 12-13세기 기독교 세계의 주인공들은 수도사들이다. 교회를 안고 있는 클레르보의 베르나르두스의 이미지와 기울어진 교회를 어깨로 받치고 있는 성 프란체스코의 그림이 이를 상징한다.

52 *The Acta Sanctorum of Arnold of Bonneval & Geoffrey of Clairvaux*, c. 1153, in: Frederic Austin Ogg, ed., *A Source Book of Mediaeval History: Documents Illustrative of European Life and Institutions from the German Invasions to the Renaissance*, 256 이하.

53 William of St. Thierry, *Life of St. Bernard* (c.1140), in: Frederic Austin Ogg, ed., *A Source Book of Mediaeval History: Documents Illustrative of European Life and Institutions from the German Invasions to the Renaissance*, 251 이하.

두스는 영국인 수도원장 스테판 하딩의 제자로 3년을 생활한 후, 1115년에 클레르보에 자매 수도원을 세우기 위하여 12명의 동료 수도사들과 함께 시토를 떠났다.

베르나르두스는 대단한 활동가였기 때문에 수도원 안에서만 머무르지 않았다. 베르나르두스는 당대의 문제들에 대하여 방대한 서신을 교환하였다. 많은 지역 공의회에 참석하였고, 교회의 관심사들 때문에 폭넓게 여행하였다. 당대의 지도적 설교자이며 또한 역사상 가장 위대한 설교자 가운데 한 사람인 베르나르두스는 사회적 계급을 막론하고 청중들에게 깊이 감동을 줬으며, 왕들과 교황들까지도 그의 설교를 들었다. 베르나르두스는 제2차 십자군을 위해 설교해 달라는 교황 유게니우스 3세의 부탁에 기꺼이 응하였다.

교회와 관련된 그의 영향력은 매우 막강해서, 베르나르두스는 당시 '유럽의 무관의 황제'라고 불릴 정도였다.[54] 또는 베르나르두스의 지지에 의지하여 네 명이나 교황으로 선출되었기에, "교황 메이커"(pope maker)로 불리기도 한다.[55] 그의 지지로 시토 수도회의 원장이자 한때 클레르보의 수사였던 피사의 베르나르(Bernard de Pisa)가 교황 유게니우스 3세(1145-1153)로 선출될 수 있었다. 같은 교황에게 베르나르두스는 자신의 주된 문학작품인 『심사숙고할 문제』(*De Consideratione*)를 헌정하였는데, 그것은 세속적인 일과 성스러운 일을 뒤섞음으로써 생겨난 교황청의 세속화를 혹평하는 교회론적인 논문이었다.

정통주의를 수호하고 '이단자들을 두드리는 망치'의 역할을 하면서 베르나르두스는 1141년의 생 공의회(Council de Sens)에서 아벨라르두스(Peter Abelard)와 브레스기아의 아놀드(Arnord of Brescia)를 정죄하도록 주도하였을 뿐만 아니라 이 조치를 교황이 승인하게 하였다. 그는 또한 삼위일체에 관한 가르침으로 인해 질베르 드 라 포레(Gilbert de la Porree, 1076-1154)를 정죄

54 Walker, *A History of the Christian Church*, 333.

55 Cannon, *History of Christianity in the Middle Ages*, 254.

당하도록 하였는데, 그는 초기 스콜라 신학자들 가운데 매우 뛰어난 인물로서 사르트르의 성당 학교의 교장으로 있다가 나중에 프아티에의 주교가 되었던 인물이다.[56]

시토 수도원에 입회한 베르나르두스는 빵과 우유 혹은 야채를 삶은 물을 먹고 지냈다. 거의 유령처럼 보일 정도로 금욕 생활을 혹독하게 했으며, 종일 서서 기도하느라 발이 퉁퉁 부어서 몸을 제대로 가누기조차 힘들어하기도 하였다. 열성적이고 비타협적인 태도와 거칠고 극도의 금욕에 헌신하였던 베르나르두스의 일차적인 동기는 그리스도에 대한 사랑이었는데, 이러한 그의 신앙은 루터와 칼빈의 인정을 얻을 만큼 복음적으로 나타나고 있다. 루터는 수도사들에 대해 전반적으로 박하게 평가하였음에도 불구하고, "베르나르두스는 누구보다도 예수를 사랑하였다"라고 평가하였다.[57]

> 나는 베르나르두스를 역사에 나타났던 모든 수도사 중에 가장 경건한 인물로 생각한다. 그리고 나는 그를 모든 경건한 사람 중에, 심지어 성 도미니쿠스(St. Dominic)보다 더 좋아한다. 그는 '위대한 교부'(Father Bernard)라고 불릴 만한 가치가 있는 유일한 인물이요, 끊임없이 연구해야 할 사람이다.[58]

또한 루터는 클레르보의 베르나르두스를 모든 작가 중에 '그리스도를 가장 매력적으로 설교하는 자'라고 칭송한다. "나는 그가 어떻게 그리스도에 대해서 설교하든지 그가 믿는 그리스도를 따를 것이며, 나는 그가 기도하는 바로 그 그리스도에게 기도한다."[59]

교황 알렉산더 3세(Alexander III)는 베르나르두스가 죽은 지 20년 뒤인 1174년에 "거룩한 삶과 신앙에 힘입어 인격이 빛났고, 교리와 신앙의 빛에

56 Walker, *A History of the Christian Church*, 333-334.

57 Schaff, *History of Christian Church*, 5, 324에서 재인용.

58 Martin Luther, *Luther's Works*, vol. 22.388.

59 Martin Luther, *Luther's Works*, vol. 22.268.

힘입어 만대의 교회에서 찬란히 빛날" 그를 성인의 반열에 올려놓았다. 베르나르두스는 교회의 박사(*doctor*)로 추대되었는데, 그는 "입에서 꿀이 흐르는 박사"(*doctor mellifluus*)로 일컬어진다.[60] 이는 그의 대표적인 저술들이 사랑을 주제로 담고 있기 때문이다. 그리스도에 관한 신비적인 명상은 그의 가장 높은 정신적 즐거움이었는데 이는 『아가서 설교집』과 그의 논문 『하나님을 사랑하는 것에 관하여: 하나님 사랑』(*De diligendo Deo*)에 잘 나타나 있다. 그의 신비주의는 위-디오니시우스(pseudo-Dionysius)의 '지성주의적' 유형이 아니라 '실제적' 혹은 '자발적' 유형이었다. 왜냐하면 베르나르두스에게는 하나님에 대한 지적인 파악보다는 영혼이 하나님의 사랑을 경험하는 것이 가장 중요하였기 때문이다. 영혼이 하나님께로 돌아오는 것은 항상 초자연적 은혜로부터 비롯된 개혁된 의지의 사역이었다.[61]

클레르보의 베르나르두스는 하나님의 사랑에 대한 깊은 묵상으로 '명상하는 인간'(quel contemplante)으로서 불리기도 하였다.[62] 때로 그는 사색적 성격과 정서적 성격이 함께 나타나는 신비주의자로 불리기도 한다.[63] 베르나르두스가 이처럼 "정서적"(affective)이라고 하는 평가를 받는 것은, 그가 신앙적 체험을 강조하는 영성을 지니고 있기 때문이다. 그에게 신앙과 영성은 경험적 요소와 분리될 수 없었다. 레클레르크(Jean Leclerc)는 "베르나르두스에게 있어서는 모든 것이 경험에서 시작되고 경험에서 끝난다고 말해야 하며, 시작과 끝 중간 지점에서 경험은 반성적 사고의 대상이 된다."[64]고 주장하였다. 마찬가지로 신학자 쾨프(U. Kopf)도 말하기를 "경험은 그의 사고

---

60 1830년 교황 피우스 8세가 회람 서신을 통해 그를 교회의 박사로 선포하였다.

61 Walker, *A History of the Christian Church*, 333. 참조) 정원래, "클레르보의 베르나르두스의 경건의 향기- 『아가서 설교』, 10; 12 -," 「성경과 신학」 96 (2020): 95-126.

62 Josef Pieper, 『중세 스콜라철학』, 128. Pieper는 단테가 클레르보의 베르나르두스를 이렇게 불렀다고 제시한다.

63 이충범, "중세 영성의 두 축, 위 디오니시우스와 성 버나드 전통의 신학적 방법론에 관한 소묘," 「역사신학논총」 12 (2006): 141-168.

64 Jean Leclercq, *Bernard of Clairvaux and the Cistercian Spirit*, 31.

의 열쇠가 되는 개념으로서 나는 그를 경험의 신학자라고, 더 나아가 기독교 역사에서 가장 위대한 경험의 신학자 중 한 사람이라고 부르기를 주저하지 않는다."[65]라고 말하였다.

하나님을 사랑하는 일에 관한 논문에서, 그는 우리가 하나님을 사랑하는 정도만큼 하나님을 알게 된다고 말한다. "하나님을 왜 사랑해야 하며 어떻게 사랑할 수 있습니까?"라는 질문에, 베르나르두스는 이렇게 답한다.

> 하나님을 사랑하게 만드는 요인은 하나님 자신입니다. 자연과 영혼에 부여된 선물들을 생각하고 그것들을 주신 하나님을 사랑하는 마음을 갖는 것이 중요합니다. 하지만 영혼이 성부와 성자와 성령과 맺고 있는 관계, 불신자가 도무지 알 수 없는 그 관계에 내포된 선물들은 이루 말할 수 없이 더욱 소중하며, 인간에게 무한하고 측량할 수 없는 사랑을 내놓도록 요구합니다. 하나님은 무한하시고 측량할 수 없는 분이시기 때문입니다. 영혼은 하나님을 사랑하는 정도만큼 위대합니다.[66]

금욕 집단의 대변자인 그는 아벨라르두스뿐만 아니라 신앙의 가르침을 이해하려는 '스콜라주의적'인 노력에 맞서, 더 높은 차원의, 그리고 더 진정한 의미에서의 '학교'인 수도원을 대립시켰다. 말하자면, 그는 하나님을 철학적 범주로 땅에 끌어내리는 대신에 자신을 하나님께로 고양하는 것을 배워야 한다고 가르쳤다. 곧 원래의 '하나님의 형상(*imago dei*)을 자기 자신 안에 회복시키시고, '상이함'의 영역에서 '유사함'의 영역으로 나아가는 참으로 하나님께 어울리는 교육을 다시 발견해야 한다는 것이다. 그런데 이것은 하나님의 말씀에 인격적으로 다가가고, 완전한 겸손을 갖추며, 성령의 인도

---

65 권진호, "버나드의 아가서 설교와 신비주의,"「한국교회사학회지」24 (2009): 93-121에서 재인용.

66 Bernardus, *De diligendo Deo*, c. 1; 2. PL 182.974 이하.

하심 아래에 있을 때에만 일어날 수 있다.[67]

베르나르두스는 하나님 말씀에 대한 앎과 겸손이 참된 지혜와 배움의 토대가 됨을 언급한다. 나아가 그는 지식에 '불타는 열정'이 결합되어 있어야 함을 강조한다. 그러나 베르나르두스는 『아가서 설교』에서 영혼은 신비적 연합에서만 말씀을 즐기고 기쁨을 누린다.[68] 이런 점에서 베르나르두스는 신비주의자로 여겨질 수 있다. 따라서 요셉 피퍼(J. Pieper)는 그의 인생관을 세 단어로 요약한다: "말씀을 추구하는 영혼"[69]

오랫동안 클레르보의 베르나르두스(Bernard of Clairvaux, 1090-1153)에 관한 연구는 그의 외적인 영향력에 대하여 초점을 맞추어 왔으나, 오늘날에는 그의 내면의 발전에도 주목하기 시작하였다. 베르나르두스는 질송(E. Gilson)이 신학자로 소개할 때까지 오랫동안 경건한 기독교 저술가, 수도사, 신비주의자로 이해되었다. 하르낙(A. Harnack)은 그를 12세기의 종교적 천재이자 그 시대의 지도자, 독일이 들었던 가장 위대한 설교자로 평가한다. 또한 종교적 명상의 측면에서 그를 새로운 아우구스티누스라고 부르기도 하였다.[70]

6. 아우구스티누스 교단(Augustinian Canons) 혹은 참사수도회(Canons Regular)

11세기 클루니(Cluny)의 정신에 고무되어 교회 개혁의 정신이 일어났을 때, 개혁가들은 성직자들이 어느 정도 금욕적인 삶을 살며 종교적, 도덕적 그리고 지적 수준이 향상되기를 열망하였다. 이들은 특히나 성직자의 영적 권위 회복에 관심을 가졌다. 이에 개혁 그룹들은 성직자들에게 독신을 강요

67 Ritter 외 편역, *Kirchen- und Theologiegeschichte in Quellen vol. II: Mittelalter*, 228.

68 Bernardus, *Sermones in Canticum* 85. PL 183.1187 이하.

69 Pieper, *Scholasticism: Gestalten und Probleme der Mittelalterichen Philosphie*, 132.

70 Schaff, *History of Christian Church*, 5, 571.

하고, 재산 공유, 공동 식사, 그리고 일과표에 따른 성찬과 기도, 그리고 공동체 생활을 요청하였다. 이는 개혁 그룹의 모태가 되었던 클루니 수도원의 정신에는 수도원 이상에 대한 존중이 내포되어 있었기 때문이다. 그 결과 목회적 임무를 수행하는 성직자들이 하나의 공동체를 형성하고 물질을 공유하는 수도원적 성격을 지닌 공동체, 즉 참사수도회(Canons Regular)가 출현하기에 이르렀다.[71] 물론 이 아우구스티누스 수도회는 소속 집단이 매우 다양하였으며, 조직 역시 여타의 수도회처럼 정교하지 않았다. 엄밀히 말하면 이들은 수도원 공동체라기보다는 재속, 즉 교구 내 성직자(secular clergy)의 공동체였다. 서임을 받은 성직자들의 무리로서 속세를 떠나지 않은 채로 청빈과 독신과 상급자에 대한 복종의 공동생활을 실천하는 단체였다.[72] 그들의 활동은 엄격한 수도원 공동체 생활과 일반 성직자 그룹의 중간 정도에 해당한다.

목회가 우선되는 성직자 공동체에 사회와 분리된 수도 공동체를 위한 베네딕투스의 규율은 적합하지 않았다. 따라서 이들은 세속 성직자들의 공동체 생활을 안내하는 「아우구스티누스 수도회칙」(*Regula sancti Augustini*)[73]을 채택하였다. 이 회칙은 베네딕투스 수도 규칙보다 훨씬 더 융통성이 있어서, 수도원의 요구뿐만 아니라 설교자나 간호인처럼 현실 세계에서 일하는 사람들의 요구를 수용하기에 용이하였다.[74] 1059년의 라테란 공의회의

71 Lynch, *The Medieval Church*, 348. 아우구스티누스 수도회와 마틴 루터와의 관계에 대하여는 참조) 정원래, "아우구스티누스 수도회와 마틴 루터," 「신학지남 2012」: 148-171.

72 Walker, *A History of the Christian Church*, 334.

73 "Rule of Augustine"은 수도회칙의 형태로 아우구스티누스에 의해서 작성된 적은 없다. 오히려 8~9세기경에 프랑스의 성직자들 그룹에서 작성된 것으로 아우구스티누스의 몇몇 저서들에, 특히 『수도사의 과제』(*De opere monachorum*) (PL 40.527)에서 근거를 두었다. 이외에도 자기 누이에게 세상의 미련을 버리고 공동생활을 조언하는 것으로 "수녀들을 위한 아우구스티누스의 규칙"(*Augustinian Rule for Nuns*)을 담고 있는 편지 211 혹은 109 (PL 33.958) 그리고 "성직자의 일에 관하여"(*De moribus clericorum*)를 언급하는 편지 340 혹은 341 (PL 49.1570)을 참조하여 작성되었다.(참조: http://www.biblewiki.be/wiki/Augustinians.) 소위 "'아우구스티누스 수도회칙"은 774년경 메츠의 주교 크로데강(Chrodegang, Bishop of Metz)에 의해 최초로 작성된 것으로 여겨진다. (*A Source Book for Medieval History*, no. 265 참조).

74 Lynch, *The Medieval Church*, 349.

칙령에 따라서 아우구스티누스 수도회칙의 내용과 교훈이 이들 사도적 공동체의 삶을 실천하기 위한 규율의 기초로서 힐데브란트의 주도로 채택되었다. 시토 수도회가 엄격한 세상과의 분리를 통하여 베네딕투스 수도회를 개혁하고자 하였다면, 참사 수도원은 세상에 대하여 목회하는 사도적 생활을 회복하려고 하였다.

아우구스티누스 수도회는 한 가지 면에서 당시의 지배적인 시토회보다 베네딕투스 수도원주의에 더 큰 도전을 던졌다. 앞서 지적한 것처럼 아우구스티누스회는 그 설립에서부터 설교와 가르치는 일에 적극적이었을 뿐만 아니라, 병든 사람과 가난한 사람 그리고 노약자를 위한 병원과 구호소를 세우는 일에도 적극적이었다. 이에 아우구스티누스회 수도사들은 수도회칙 너머의 어떤 것, 심지어는 조직된 교회 너머에 있는 어떤 것, 즉 성경으로 돌아가는 어떤 것을 되살리려고 노력하였다.[75] 더불어 아우구스티누스회 수도사들은 아우구스티누스를 "자신들의 모든 행위의 모범이자 척도"(*omnis nostrae actionis exemplar et regula*)로서 받아들였다.[76] 「아우구스티누스 수도회칙」과 더불어 1290년의 아우구스티누스회 「헌장」(Constitution)에는 수도회의 정신을 이해하는 데 주목할 만한 몇 가지 요소가 있다. 그것은 수도회가 성경을 연구하고 말씀을 듣는 것에 대해 매우 강조한다는 것이다. 수도회의 입회자는 "거룩한 말씀을 열심히 읽어야 하며, 존경심을 가지고 말씀을 들어야 하며, 또한 전적인 열심을 가지고 말씀을 받아들여야 한다."(헌법 17).[77] 그와 더불어 신학 연구를 "수도회의 [근본]토대"(*fundamentum ordinis*)로 규정한다(헌법 40).

아울러 줌켈러는 「아우구스티누스 수도회칙」에서 제시하는 공동체의 목적을 다음과 같이 요약한다. "아우구스티누스가 생각한 수도원 생활의

---

75 Southern, *The Middle Ages*, 259.

76 Jordan von Sachsen, *Vitas fratrum* [약 1350], ed. Cass[A] 1 [1943] 1.11. (Adolar Zumkeller, "Augustiner-Ermiten," TRE Bd. 4, 729에서 재인용)

77 "*ut sanctam Scripturam avide legat, devote audiat et ardenter addiscat.*"

진정한 목표는 사랑과 공동 소유와 하나님 안에서의 한마음과 한뜻을 강조했던 1세기 기독교 공동체를 따라 하나님 안에서 설립된 사랑 공동체의 실현"이다.[78] 또한 「아우구스티누스 수도회칙」에서 드러난 삶의 형태는 청빈한 삶과 겸손과 상호 복종에서 오는 사랑의 공동체를 소망하고 있다. 이 공동체의 목표는 하나님을 사랑하고, 이웃을 사랑하라는 첫째가는 계명에 따라 살며, 하나님 안에서 한마음과 한뜻이 되는 것이다. 청빈한 삶과 이웃 사랑의 실천은 이 공동체를 성장시킨 동력이기도 하다. 아우구스티누스 수도회칙을 실천하는 수도사들은 어느 곳에서나 좋은 성직자이며 동시에 좋은 이웃이었다.

> 그들은 자기들이 자리 잡은 지역뿐 아니라 인근 도시나 성 사람들에게도 열심히 찾아갔다. 도시의 유복한 사람들에게는 좋은 묘지를 제공하였고, 죽은 자들에게는 추모 행사와 미사를 제공하였으며, 산 사람들에게는 학교들과 수도원장급의 고해신부들을 제공하였다…. 그들은 어느 분야에서든 유용하였다. 적은 비용으로 살아가면서도 사역의 범위를 힘 있게 확장해 갔다…. 소규모 학교들을 많이 운영하였고, 병자들과 노인들과 임산부들과 시각 장애인들과 나환자들을 위한 병원과 요양소를 많이 운영하였다.[79]

아우구스티누스 수도회는 고립된 수도원에서 자신의 영적 성숙만을 지향하는 단체가 아니라, 설교와 성도의 필요를 살핌이라고 하는 성직자 사역을 토대로 한다. 아우구스티누스 수도회는 사도적 목회를 회복하기 위해 금욕적인 공동체 생활에 힘쓴 자들이었다. "경건한 성직자"(*sanctitatem et*

---

78 Adolar Zumkeller, "어거스틴 수도회의 영성," in: *Christian Spirituality (II)*. 아우구스티누스 수도회칙」: § 1. 친애하는 형제들이여, 먼저 하느님을 사랑하고 그다음 이웃을 사랑할 것이니, 이것은 우리에게 주어진 첫째가는 계명들이기 때문이다…. § 3. 너희가 하나로 모여 있는 첫째 목적은 한집안에서 화목하게 살며, 하느님 안에서 한마음과 한뜻이 되는 것이다 (사도 4:32); § 4. 너희는 아무것도 자기 것이라 말하지 말고 모든 것을 너희의 공유로 할 것이다….

79 Southern, The Middle Ages, 267.

clericatum)로서[80] 이들은 설교와 가르치는 일에 전념하며, 중세 사회의 실제적인 필요들에 부응하였다.

이를 위해 무엇보다도 아우구스티누스 수도회는 성경에 대한 깊은 관심을 가졌던 수도회이기도 하였다. 수도회 헌장에 따라 수도회의 입회자는 거룩한 말씀을 열심히 읽어야 하며, 존경심을 가지고 말씀을 들어야 하며, 또한 전적인 열심을 가지고 말씀을 받아들여야 한다. 이러한 규정은 후일 아우구스티누스 수도회 수사였던 루터가 자신의 박사 학위 서약에 따라 성경을 "신실하게 설교하고 가르친다"고 선언한 내용과 일치한다.[81]

중세 일반 성직자의 개혁과 영적인 각성의 형태를 잘 드러내는 아우구스티누스 참사수도회와 같은 경향을 지닌 단체가 프레몽트레회(The Premonstrants)이다. 이들이 아우구스티누스회와 가장 크게 다른 점은 흰옷을 입었기 때문에 백의 참사회(White Canons)라고 불렀다는 것이다. 또한 프레몽트레회가 하나의 단체로 간주될 수 있는 한편, 아우구스티누스 수도회는 수많은 그룹, 지역, 그리고 다양한 성격으로 나누어져 있어 실제로는 하나의 단체로 간주하기에는 매우 어렵다.

7. 독립적인 종교 지도자들

새로운 교단들은 단순히 교회 조직의 형태 변화만을 가리킬 뿐만 아니라, 더 나아가 12세기 기독교를 특징짓는 새로운 사고방식, 즉 하나님과 인간의 관계를 인식하고, 표현하는 새로운 방식을 예시하는 것이었다. 기존의 베네딕투스 및 클루니 수도원에서는 수도사들이 끝없는 예배와 기도로 하

80 *Catholic encyclopedia*, "Canons and Canonesses Regular."

81 1519년 10월 19일 루터는 비텐베르크에서 첫 신학박사가 되면서 진행된 순서에 따라 서약한 내용이다: "그러나 하나님과 온 세상은 내가 교사와 설교자(teacher and preacher)로서의 직분으로 공개적으로 이 사역을 시작하였으며 지금까지 하나님의 은혜와 도우심으로 이 사역을 수행해왔다는 것을 증언합니다." [Matin Luther, *Luther's Works* 40.387].

나님께 성실하게 봉사함으로써 신을 경배하였다. 그러나 새로운 은둔자적 신앙 운동은 고독한 명상을 통해 신과의 좀 더 직접적인 접촉을 지향하였다. 이는 중세 초기 기독교보다 더 신비적이고 개인주의적인 새로운 경건의 양상을 낳았다.[82] 과거의 수도원적 경건이 하나님에 대한 헌신과 이를 통한 자기 완성을 목표로 하였다면, 아우구스티누스 수도회의 등장은 새로운 요소를 추가하였다. 이는 '이웃에게 봉사함으로써 하나님을 섬겨야 한다'라는 이념이다. 이러한 정신은 13세기 도미니쿠스회와 프란체스코회 등 탁발수도회의 본질이 되었다.

이러한 풍성하고 다양한 신앙적 운동들에 대하여, 교회 당국은 수도원과 교단들을 '합법화'(regularization) 하는 것을 선호하였고 증진하였다.[83] 그러나 일부 사람들은 그 동화 과정에 따르기를 거부하였다. 오히려 이들은 참된 '사도적 생활'은 순회하면서 대중들에게 설교하는 생활이어야 하며, 수도원의 담벼락 안이 아니라 '세상 속에서' 그리스도와 같은 청빈하고 단순한 생활을 하는 것이어야 하며, 또한 수도사와 성직자 양쪽 모두에게서 나타나는 부와 사치와 나태함을 끊임없이 반대하는 생활이어야 한다고 고집하였다. 이런 순회 설교자들은 보통 정통적인 신앙을 가진 개혁자들과 부흥주의자들로 출발하였지만, 일부 사람들은 도덕적 비판에서 더 나아가 교회가 승인한 교리와 권징의 권위를 거부하는 태도를 변질되었다. 왜냐하면 이러한 종교적 반동을 일으킨 원인이 주로 성직자들의 세속성과 교만, 교회 예배의 형식주의 그리고 교황청의 세속적 야심에 근거하고 있기 때문이었다. 결국 이들은 대부분 이단으로 정죄를 받았다. 두 명의 대중 설교자 피에르 드 브뤼이(Peter of Bruys)와 수도사인 로잔의 앙리(Henry of Lausanne)를 비롯하여, 브레스기아의 아놀드(Arnold of Brescia) 등이 이들에 속한다.

---

82 Tierney/Painter, *Western Europe in the Middle Ages, 300-1475*, 306.

83 Walker, *A History of the Christian Church*, 336.

1) 피에르 드 브뤼이와 로잔의 앙리

건실한 상식과 역량을 갖춘 두 사람 모두 12세기 초반에 프랑스에서 활동하였다. 사제 출신이었던 피에르(Peter of Bruys, 1117-약 1131)의 기본적인 전제는 각 사람이 자신의 구원에 대하여 완전한 책임을 져야 한다는 것이었다. 따라서 그에 따르면 성찬, 유아세례, 미사, 죽은 자를 위한 기도, 교회의 예식, 교회 건물은 모두 불필요한 것들이다.[84] 참된 종교는 그러한 '물질적인' 것들을 필요로 하지 않는다. 그는 구약성서에 의문을 제기하고 교부의 권위와 로마 가톨릭교회 자체의 권위를 거부했다.[85] 그는 또한 십자가에 대한 어떠한 존경도 거부하였다(십자가는 오히려 고문의 도구로서 증오의 대상이어야 했다). 피에르가 제시한 여러 이단적 요소는 당시의 동명의 유명인이자 클루니 대수도원장 가경자 피터(Peter the Venerable)에 의해서 조목조목 비판받았다.[86]

피에르는 자신이 설교한 것을 실천하였으며, 그의 몰락이 이를 증명하였다. 전해오는 바에 따르면, 피에르는 1131년경 님(Nimes) 근처의 생질(St Gilles)에서 공개적으로 십자가를 불태웠다. 이에 분노한 지역 주민들은 그를 모닥불에 던져 넣어 사망에 이르게 하였다.[87]

탁월한 웅변 능력을 지녔던 로잔의 앙리는 베네딕투스 수도사였는데, 1116년부터 프랑스 북부와 특히 남부 지방에서 떠돌아다니는 설교자가 되어 1145년에 죽을 때까지 활동하였다. 1116년에 그는 르망에서 사순절 설교를 하였는데, 탐욕스럽고 불순한 성직자에 대한 비판으로 말미암아 소요가 발생하였다. 그곳의 주교에 의해 추방당한 앙리는 남쪽으로 길을 떠 프

84 *Catholic encyclopedia*, "Petrobrusians." 참조) PL 189.720-850].

85 *Oxford Dictionary*, "Peter de Bruys," 1264.

86 Peter of Cluny. *Tractatus Contra Petrobrussianos*, PL 189.722 이하. 여기서 가경자 피에르는 피에르 드 브뤼이에 대하여 다섯 가지 이단적 요소를 공격한다.

87 *Oxford Dictionary*, "Peter de Bruys," 1264.

아티에와 보르도에서 설교하며, 청빈을 실천하고 살았다. 결국 아를의 주교에게 체포되었고, 1135년 피사 공의회에서 인노켄티우스 2세(Innocent II) 교황 앞에서 재판을 받았다. 이 공의회는 앙리의 몇몇 신조들을 정죄하고, 그가 순회 설교를 그만두고 수도원으로 돌아가도록 명령하였다. 그는 이 명령에 전혀 순종하지 않았거나 혹은 수도원을 탈출하여 툴루즈 근방에서 허가 없이 설교하다 자취를 감추었다.[88]

클루니 대수도원장 가경자 피터는 로잔의 앙리가 피에르 드 브뤼이의 사상을 이어받은 것으로 평가하였다. 그가 쓴 비판서의 제목, 『페트로브뤼이주의자들』(*Petrobrusians*)은 피에르 드 뷔리이의 공동체를 지칭하는 것으로서, 그는 로잔의 앙리도 이에 포함시켰다.[89] 실제로 앙리는 피에르처럼 유아세례와 죽은 자들을 위한 기도를 거부하였으나, 십자가는 존중하였다. 그는 원죄 교리를 부인하였다. 고대의 도나투스주의자들처럼 그는 합당하지 않은 사제들이 거행한 성례의 효력을 부인하였다. 참된 교회는 거룩한 생활과 사도적 단순성에 기초한 정신적인 것이었다. 앙리는 이 기준에 따라 가시적이고 성직 위계적인 로마 가톨릭교회의 권위를 부정하였다. 피에르처럼 앙리도 구원에 대한 개인의 완전한 책임을 강조하였다. 따라서 특별한 성례전적 기능이 있는 성직자는 불필요하다. 참된 교회는 신실한 자들이 가난한 그리스도를 따르도록 권고해 줄 가난한 순회 설교자들만 있으면 족하다.[90]

피터 드 브뤼이와 로잔의 앙리는 모두 1139년 제2차 라테란 공의회에서 로마 가톨릭에 의해 이단으로 정죄 받았다.[91]

---

88 Walker, *A History of the Christian Church*, 337.

89 Peter of Cluny, *Tractatus Contra Petrobrussianos*, PL 189.723.

90 *Catholic encyclopedia*, "Petrobrusians."

91 *The Second lateran Council (1139)*, Canon 23, [Denzinger, 367]; *Oxford Dictionary*, "Peter de Bruys," 1264.

2) 브레스기아의 아놀드(Arnold of Brescia)

이 시기에 또 한 사람의 개혁주의적 설교자이자, 아마도 '정치적 선동가'로 더 잘 알려졌던 인물인 브레스기아의 아놀드 또한 이탈리아의 성직자 출신으로 적극적인 '사도적인 생활'을 가르쳤다.[92] 그는 성직자가 그리스도의 참된 제자가 되기 위하여 모든 재산과 세상의 권력을 포기하고 오직 신자들의 자발적인 기부에 의존하여 살아야 한다며 '영적 소명'을 엄격하게 강조하였다. 아놀드는 반대파 주민들을 자극하여 그곳의 주교이자 온건한 개혁자였던 만프레드(Manfred)와 맞서게 하였다. 성직자의 정치적, 경제적 권력에 대한 억제책으로 1138년 민중이 자치 정부(commune)를 선포하였을 때 그는 자치 정부 당국이 자신의 '사도적' 개혁을 위한 종교적 강령을 지지하도록 부추겼다. 만프레드는 1139년 제2차 라테란 공의회에서 인노켄티우스 2세를 설득하여 아놀드를 이단이 아니라 분리주의자로 정죄하고, 침묵할 것을 명령하며, 이탈리아에서 추방하도록 하였다.[93] 아놀드는 파리에서 클레르보의 베르나르누스와 대지하던 발년의 아벨라르누스로부터 수업을 들었다. 베르나르두스의 공격에 맞서 자신의 스승을 변호하던 그는 오히려 아벨라르두스의 공모자로 비난을 받았다.[94]

로마로 돌아온 아놀드는 성직자의 부패와 교회의 세속 권력에 대하여 한층 더 격렬하게 비난하였다. 그는 곧 고대의 공화국을 회복한다는 명분으로 1146년에 교황 유게니우스 3세를 쫓아냈던 로마시 자치 정부의 지도자가 되었다. 1148년에 파문당하였음에도 불구하고 아놀드는 계속하여 영향력을 발휘하다가 교황 하드리아누스가 1154년에 성도인 로마시 자체에 성

---

92 Schaff, *History of Christian Church*, 5, 105.

93 Walker, *A History of the Christian Church*, 338. 종교개혁 시기 로마 가톨릭 교회사가 바로니우스는 그를 가리켜 '정치적 이단들의 아버지'(the father of political heresies)라 불렀다(Schaff, *History of Christian Church*, 5, 106 재인용).

94 Raoul Manselli, "Arnold von Brescia," TRE 1, 130.

무 중지령을 내림으로써 로마 사람들이 그를 추방하지 않을 수 없게 될 때까지 계속해서 영향력을 발휘하였다. 또한, 하드리아누스는 독일의 새 지배자 프리드리히 바르바로사(1152-1190)와 교섭을 하여 황제의 대관식을 베풀어주는 대가로, 황제가 1154년 아놀드를 비극적인 방법으로 처형하도록 하였다.[95]

공식적으로 이단으로 규탄받은 적이 한 번도 없었던 아놀드의 실제적인 잘못은 교회의 재산과 성직자의 세속 권력에 대한 그의 비난에 있었는데, 이는 자신의 개혁주의적 목적을 성취하기 위하여 기꺼이 정치 세력을 이용한 태도와 결합되었다.[96]

II. 12세기 후반의 이단과 교회의 대응

12세기는 수도원 수도사와 재속 성직자 그리고 평신도 속에서 종교적인 활력을 되찾는 운동들이 일어난 위대한 시대이자, 또한 큰 이단들이 출현한 시대였다. 이 시대는 교황청과 교회의 권위가 절정에 달한 시기이지만, 중세 교회의 구조적 모순이 가장 극대화된 시대이기도 하다. 왜냐하면 기독교 자체의 이념과 가치에 따르면 세속적인 권세와 부와 사치의 위험성이 절정에 이른 시기였기 때문이다.[97] 그레고리우스 7세의 개혁 이후로 성직자들의 부패와 타락이 경고받았고, 이로 인한 다양한 신앙적 운동들도 12세기 후반에 이르면 역동성을 상실함으로, 그 위험성은 임계점에 이르게 되었다.[98] 이는 결국, 교회로부터 수많은 이탈자를 낳았으며, 교회의 권위에 대한 비판을 넘어 거부하고 부정하는 소위 이단들을 낳았다. 그러나 초기 이단자들

95 Manselli, "Arnold von Brescia," 130.

96 Walker, *A History of the Christian Church*, 339.

97 Tierney/Painter, *Western Europe in the Middle Ages, 300-1475*, 363.

98 Walker, *A History of the Christian Church*, 339.

은 신학자들은 아니었다. 오히려 그들은 때때로 복음주의적 단순성을 선호하여 세속성과 위계적 교회 제도를 정죄하는 단순한 사람들이었다. 이들의 주된 목적은 중세 가톨릭교회가 추구하였던 세속적인 목표들에서 벗어나는 것과 더불어 도덕과 신앙의 개혁에 있었다. 그러나 역설적으로 이들에게 가해진 가장 큰 비판은 복음서들과 서신서를 자의적으로 해석하고, 가톨릭의 성직 위계 제도를 거부한 것에 있다고 할 수 있다.[99]

이처럼 12세기 동안 대중적인 이단이 많이 등장하였다. 그중 다수는 사회 전체에서 어떤 식으로든 소외되었던 소수의 사람이 주장했던 것에 그쳤지만, 다른 많은 이단은 널리 받아들여져 교회 권위에 실질적인 도전을 제기하였다. 특히 12세기 후반 카타리파(Cathars)와 발도파(Waldenses)라는 강력한 두 이단이 출현하였다. 이들은 프랑스 남부 지역을 포함하여 수많은 사람을 가톨릭교회와의 교제에서 벗어나게 하여 서방의 기독교 세계 전체를 위협하였다.

1. 카타리파(Cathars)

'카타리'(Catharos)라는 말은 그리스어에서 유래한 것으로 '순수한 사람들'(Pure Ones)이라는 뜻이다. 이는 그 분파 전체를 가리키는 일반적인 이름이 되었지만, 엄격하게 말하자면 지도적인 회원들이나, 열성 신자들에게만 적용되었던 이름이다. 열성신자란 그 분파의 핵심적인 세례식인 '콘솔라멘툼'(*consolamentum*), 즉 물에 의한 세례가 아니라 안수를 통한 '성령 안에서의' 세례를 받은 남녀 신자를 가리켰다. 그들은 그 세례식을 통해 '참된 그리스도인'이 되었다. 가톨릭 측 반대자들은 그들을 '완전해진'(perfected) 이단들 혹은 '안수를 받은'(consoled) 이단들이라고 불렀으며 또한 전통적으로

99 Schaff, *History of Christian Church*, 5, 417.

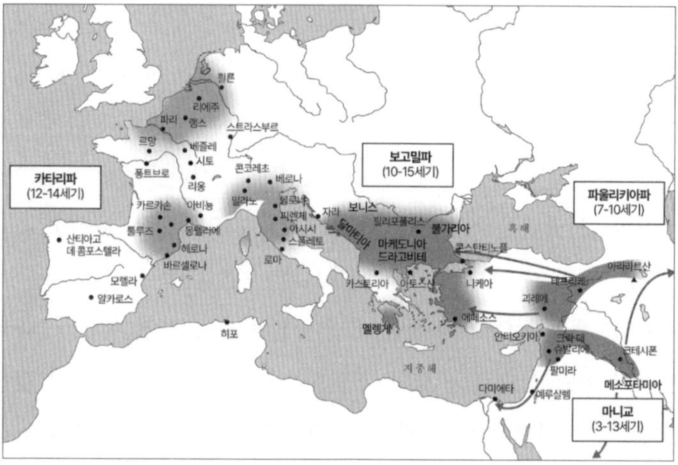

〈중세에서 이원론 이단들이 나타났던 지역〉

검은 복장 때문에 '의복을 입은'(robed) 이단이라고 불렀지만, 카타리파는 이런 이름들을 사용하지는 않았다. 카타리파는 자신들을 간단히 '그리스도인' 혹은 '선량한 그리스도인'으로 불렀고, 프랑스의 추종자들은 보통 자신들을 '선량한 사람들'이라고 지칭하였다.[100]

카타리파 이단은 동방의 이단, 특히 이원론적인 보고밀파(Bogomils)가 서방의 가톨릭에 미친 외부적인 영향력을 가정하지 않는다면 설명될 수 없다.[101] 기록에 따르면, 카타리파는 1140년대 처음 등장하였다. 하지만, 쾰른과 리에주와 같은 북쪽 유럽의 도시들에서 생겨났지만, 대략 1140년과 1160년 사이에 이 이원론적인 이단은 남쪽으로 확산되었다. 1160년대 말에 보고밀파 사제인 니케타스(Nicetas)가 극단적인 이원론적 입장을 콘스탄티노플로부터 서방으로 도입하였다. 중세의 이원론적 선교사들 가운데 가장 영향력이 있었던 이 선교사는 1167년의 생 펠릭스 드 카라망(Saint-Felix-de-Caraman)에서 열린 카타리파 지도자들의 공의회에 참석하였고, 그들을

100 Walker, *A History of the Christian Church*, 340.

101 Anna Comnena, *The Alexid*, 15. viii.

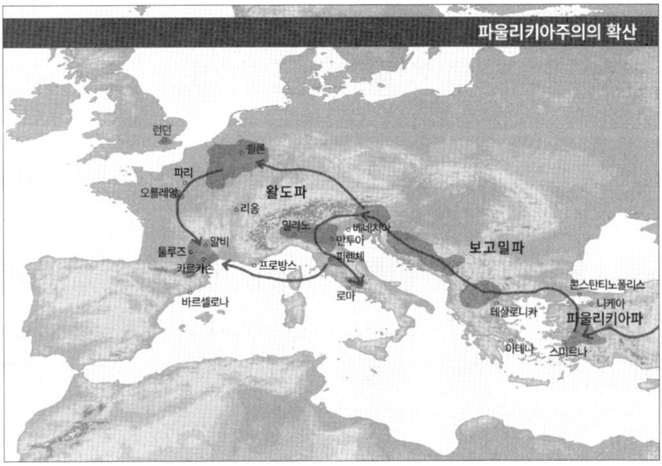

〈보고밀파의 이동 경로〉

설득하여 극단적인 이원론의 전통에 따라 재세례(재안수)를 받게 하였다.[102] 이처럼 1167년경에 카타리파는 공의회를 소집할 정도로 충분한 규모로 성장했다.[103] 카타리파가 가장 크게 침투하고 세력을 떨친 곳은 북부 이탈리아(롬바르디아, 토스카나)와 무엇보다도 남부 프랑스(랑그독 지역)였지만, 13세기 초에는 독일에서도 계속 확산되었다.

'카타리파'는 '극단적-이원론자'(Radical-Dualism)로서,[104] 이들에 따르면, 선한 빛의 하나님은 오로지 영혼의 세계만을 창조하였다. 물질세계는 어둠의 왕인 사탄이 창조하였다. 따라서 영혼은 본질적으로 선하며, 물질은 본질적으로 악하다. 정신은 선하며, 육체는 악하다. 온 세계는 빛의 세력과 어둠의 세력, 영혼과 물질이 서로 싸우는 싸움터이다. 그러므로 '무로부터의 창조'라는 기독교적 교리와는 본질적인 차이가 있으며, 그들에게 구원은 육체의 속박으로부터 정신을 구해내는 것이다. 구원은 오직 '콘솔라멘툼'을

102 Walker, *A History of the Christian Church*, 342.

103 *성 펠릭스-로라게의 카타리파 공의회 문서*(*The Cathar Council of St. -Félix reconsidered by B, Hamilton*, AFP 48 (1978) 51-53; in: KThQ2, Nr. 39. a.

104 Daniela Müller, "Katharer," TRE Bd. 18. 24.

통해서만 가능하다.[105]

영혼은 콘솔라멘툼을 통해서 육체의 속박에서 벗어나 생명을 얻으며, 하나님의 왕국으로 회복되며 완성된 상태에 들어가게 된다. 그리고 현재의 삶에서 아주 금욕적인 상태를 통해 구원을 유지하여야 한다. 이들은 독신으로 살아야 하며, 육류를 금하고, 맹세와 전쟁과 재산을 소유하지 않을 것과 고기나 우유, 치즈, 혹을 달걀을 결코 먹어서는 안 된다. 주로 적대적인 관찰자들에게서 나온 보고서들에 따르면, 완전한 자 가운데 일부는 죄를 짓는 위험을 피하려고 금식을 통하여 자살을 하기도 하였다고 한다.[106] 이러한 주장은 3세기 마니교(Manicheeism)와 매우 유사하다.[107]

엄격한 삶의 문제를 카타리파는 신도를 두 계급으로 분리함으로 해결했다. '콘솔라멘툼'을 받은 완전한 신자(Perfect, 즉 이미 콘솔라멘툼을 받은 자)와 일반 신자(believer)를 구분한 것이다. 완전한 자들은 엄격한 금욕을 실천하는 지도자들이 되었고, 일반 신자들은 일상의 삶을 살았다. 대신 이들은 죽기 직전에 콘솔라멘툼을 받는 방법을 택함으로 구원에 참여하였다. 이러한 제 멋대로 살았더라도 죽기 직전에 의식을 받기만 하면 구원은 얻는다는 매력적인 제안은 방종과 연결될 수도 있었다.[108]

콘솔라멘툼은 남녀 모두에게 베풀어졌다. 그러므로 남자들뿐만 아니라 여자들도 완전한 신자라는 높은 신분에 들어갈 수 있었고, 사제로서 전례를 집행할 수도 있었다. 이런 사정은 카타리파가 영적인 관심을 가진 여자들 특히 랑그독 지역 귀족 가문의 여자들에게 크게 인기가 있었던 이유를 잘 설명해 준다.[109]

---

105 Müller, "Katharer," 26. '콘솔라멘툼'의 예식의 형태는 KThQ2, Nr. 38. b 참조.

106 13세기에 저술된 것으로 추정되는 카타리파의 주장을 담은 『두 원리의 책』(*Liber de duobus principiis*)이 전해진다. (http://gnosis.org/library/cathar-two-principles.htm)

107 Tierney/Painter, *Western Europe in the Middle Ages, 300-1475*, 363.

108 Tierney/Painter, *Western Europe in the Middle Ages, 300-1475*, 363.

109 Jennifer Ward, *Women in Medieval Europe, 1200-1500*, 241-242; Walker, *A History of the Christian Church*, 344.

카타리파는 라틴어 성경인 벌게이트(Vulgate)를 주로 사용하였고, 그중 일부를 그들의 방언으로 번역하였으며, 그 속에서 자기들의 가르침을 찾았다고 주장하였다. 일부 사람들은 야훼를 사탄과 동일시하였으며 구약성경을 전적으로 악한 세력의 작품이라고 거부하였다. 신약성경은 선하신 하나님으로부터 온 것이라고 모두가 믿었다. 그러나 전통적인 신약성경의 성인들을 모두 다 받아들이지는 않았다. 예를 들면 세례 요한을 성인으로 인정하기를 거부하였다. 왜냐하면 그는 성령으로 세례를 준 것이 아니라 단지 물로 세례를 베풀었기 때문이다. 물질적인 것은 모두 악하므로 그리스도께서 실제로 육신을 입으셨다거나 혹은 실제로 죽음을 당하셨다거나 육체의 부활을 경험하셨다는 사실은 부정되었다.[110]

카타리파의 주된 호소력은 교리적이고 지적이라기보다는 도덕적이고 윤리적인 데 있었다. 카타리파의 완전한 신자가 특별히 중세 사회의 낮은 계급 출신의 수천 명의 사람에게 아주 효과적으로 충성을 얻었다는 점은 의문의 여지가 없다. 알려진 바에 따르면, 이 집단의 도덕 생활은 금욕주의였으며, 순수하였고 자기 부인의 정도에 있어서는 가장 엄격했던 수도원들을 능가할 정도였다.[111]

12세기가 끝나기 전에 그들이 이미 적어도 남부 프랑스 주민들의 많은 부분 혹은 아마도 다수 주민의 묵인을 얻었고, 그곳의 지도적인 귀족에게서 보호받았으며, 하급 지방 귀족들의 적극적인 지지를 받았다. 일부 시골 지역들을 제외하고는 실제로 이단적인 교의를 채택하였거나 혹은 로마 가톨릭교회를 떠난 사람들은 인구의 소수파를 넘지 못했던 것 같다. 그러나 전통적인 정통 신앙을 포기하지 않았던 훨씬 더 많은 사람들은 모범적인 삶을 살아가는 카타리파 남녀 추종자들을 적대할 이유가 없다고 생각했던 것처럼 보이며, 심지어 그들을 '사도적인' 그리스도인들로 칭송하기도 했던

110 Walker, *A History of the Christian Church*, 345.

111 Cannon, *History of Christianity in the Middle Ages*, 265.

것 같다.

카타리파는 중세 가톨릭의 성직 위계 제도를 거부하였고, 교회 출석을 거부하였으며, 기존 체제를 약화하기 위한 행동들을 서슴지 않았다.[112] 카타리파는 1184년 베로나에서 열린 공의회에서 교황 루시우스 3세(Lucius III)의 칙령, 「*Ad abolendam*」을 통해 이단으로 정죄를 받았으며, 보호하는 자들 역시 이단으로 파문당할 것이라고 경고를 받았다.[113] 분명한 사실은 1200년에 이르면 남부 프랑스와 북부 이탈리아의 카타리파가 기성 교회에 심각한 위협이 되었다는 것이다.

> 카타리파 비판자들의 표현을 빌자면, 기성 교회를 비판하고 그 신자들을 로마파라고 부르는 점에서 그들은 일치하였다. 두 교회가 있는데 하나는 악하고 다른 하나는 의롭다고 그들은 주장하였다. 자신들의 교회는 그리스도와 사도들의 교훈을 따라 안수를 받고 고해를 행한 의인들의 교회이며, 이 교회를 떠나서는 구원이 없다고 하였다…. 열매를 보아 판단하건대 기성 교회는 참 교회가 아님이 입증되었다. 참 교회는 박해를 하지 않고 오히려 박해를 견디게 마련이다. 로마 교회는 다스리는 자리에 앉아 자색 옷과 고운 베옷을 입고 있다. 참 교회는 먼저 가르치는 일에 힘쓰는 법인데, 로마 교회는 세례를 앞세운다. 참 교회는 고관들과 고위 성직자들과 추기경들과 대부제들과 수사들을 두지 않는다. 로마 교회는 계시록에 등장하는 여자 곧 창녀이며, 교황은 적그리스도이다.[114]

이러한 상황에 로마 교회는 처음 평화로운 방법을 통해 이들을 개종하려고 시도하였다. 많은 사절과 설교자들을 카타리파가 성행하는 지역들에

112 Cannon, *History of Christianity in the Middle Ages*, 266.

113 Cannon, *History of Christianity in the Middle Ages*, 267. 1184년의 베로나 공의회는 1179년 3차 라테란 공의회에서 언급한 이단들의 목록을 유지 및 확장하였고, 루시우스 3세는 공적으로든 사적으로든 로마 교회의 승인 없이 설교하는 모든 이단 종파와 사람들을 파문하였다. *Ad abolendam*의 내용은 제4차 라테란 공의회 canon 3에 채택되었다.

114 Schaff, History of Christian Church, 5, 427-428.

파견하였다. 그러나 성공을 거두지는 못하였다. 급기야 1208년 인노켄티우스 3세의 사절인 피에르 데 카스텔나우(Pierre de Casteln며)가 이 지역에서 살해되는 일이 일어났다. 분노한 교황은 프랑스의 교회 지도자들과 신자들에게 카타리파에 대한 십자군을 촉구함으로,[115] 로마 교황청의 정책은 완전히 전환되었으며, 강경하고 폭력적인 수단이 채택되었다. 이로 인해 약 20여 년(1209-1229년)에 걸친 잔혹한 알비 십자군(Albigensian Crusade)이 전개되었다.[116]

2. 발도파(Waldenses)[117]

카타리파와는 달리 발도파는 결코 교회에 대한 의식적인 적대감을 가지고 생겨난 것이 아니었다. 그리고 교회가 그들을 기술적으로 잘 다루었다면 결코 교회에서 분리되어 나가지 않았을 것이다. 그 근거는 『가톨릭 백과사전』(*Catholic encyclopaedia*)의 발도파에 대한 설명에서 어느정도 나타난다.

> 왈도파의 조직은 중세 교회에 존재했던 엄청난 화려함과 외면적 과시에 대한 반작용이었다. 그것은 일부 현대 성직자들의 세속적 삶에 대한 실질적인 항의였다. 그러한 교회적 상황 속에서 왈도파 사람들은 극도의 가난을 고백하는 것을 자기 삶의 두드러진 특징으로 삼았으며, 그들의 실천을 통해 많이 무시되었던 설교의 필요성이 강조되기도 하였다. 그들은 주로 신학적 훈련을 받지 못했을 뿐만 아니라, 일반적인 교육도 받지 못했던 자들이 모집되었기 때문에 오류로 인해 그들의 가르침이 손상되는 것은 불가피하였고, 결과적으로 교회 당국

115 KThQ2, Nr. 39. c.; PL 215.1479 이하.

116 카타리파에 대항하는 십자군을 '알비 십자군'이라 부르는 것은 카타리파의 주 거주지 중의 하나가 '알비'(Albi: 프랑스 남부 도시)였기 때문이다.

117 음역에 따라 왈도파라고 부르기도 한다.

은 그들의 전도 활동을 중단시키지 않을 수 없었다.[118]

즉, 가톨릭 진영은 발도파의 발생 원인이나 동기 등에 대하여 긍정적으로 평가하지만, 그 이상을 실천하는 과정의 문제를 제기하고 있다. 훈련과 교육을 통해 그들이 오류에 들지 않았더라면 하는 아쉬움을 엿볼 수 있는 것이다.

발데스(Valdes or Waldes)는 리옹의 부유한 상인이면서 부업으로 고리대금업[119]을 하던 이였다. 1173년경 방랑하는 한 음유시인이 성 알렉시스(St. Alexis)의 삶을 노래하는 것을 듣고 감명을 받았다. 발데스는 어떤 신학 선생에게 찾아가 '하나님께로 가는 최선의 길'이 무엇인지를 물었다. 그 신학자는 수도원주의의 황금률을 인용하면서 다음과 같이 말하였다. "네가 온전하고자 할진대 가서 네 소유를 팔아 가난한 자들을 주라. 그리하면 하늘에서 보화가 네게 있으리라. 그리고 와서 나를 좇으라"(마19:21).[120] 발데스는 자기보다 한 세대 후의 아시시의 프란체스코처럼 이 충고를 문자 그대로 실천에 옮겼다. 아내를 위한 준비를 하고, 딸들의 평생을 위하여 퐁트브로의 수녀원에 영구적인 기금을 기부한 후에, 빚진 자들의 채무를 말소하고, 나머지 재산을 리옹의 가난한 사람들에게 나누어주었다.

발데스는 그리스도께서 사도들에게 내리신 지시를 절대적으로 완수하는 것을 목적으로 삼았다. 라틴어를 읽지 못하는 그는 두 사제에게 부탁하여 신약성경 일부를 번역해서 받았다. 발데스는 이를 기초로 그리스도가 가르친 생활 방식에 대하여 설교하였다. 발데스는 간단한 털옷을 입고 나무 샌

118 *Catholic encyclopedia*, "Waldenses."

119 Tierney/Painter, *Western Europe in the Middle Ages, 300-1475*, 365. 여러 곳에서 발도를 '부요한 상인'으로 거론하지만, Tierney & Painter; *Catholic encyclopedia*, "The conversion of Waldo" 등에서는 발도가 부적절한 방법[고리대금]으로 재산을 축적하였다고 표현하고 있다. 이는 로마 가톨릭교회 진영에서 전해져온 기록에 근거한 것 같다.

120 Schaff, *History of Christian Church*, 5, 445; Walker, *A History of the Christian Church*, 346.

들을 신고 돈도 없이 "내일"을 염려하지 않고(마 6:34와 비교) 구걸하며 설교를 하였는데, 이는 "행함이 없는 믿음은 죽은 것"(약 2:26)이라는 이유 때문이었다.[121] 초기 발도파는 믿음, 청빈, 사도적 행함, 실천을 목표로 하였다. 그러나 "그레고리우스 개혁"과 그 성직 위계의 엄격함을 지니는 중세 가톨릭교회는 이 경건한 평신도를 "사도적인 팔"로 껴안기는 하지만 주교의 위임 없이 설교하는 것을 허락하려 하지 않았고, 결국 서로 충돌하게 되었다.[122]

발데스를 중심으로 한 무리의 추종자들이 형성되었고, 이는 리옹의 대주교와 성직자들의 의심과 적대감을 불러일으켰다. 교회법은 거의 예외 없이 설교할 권리를 성직자들에게만 제한하였다.[123] 리옹의 주교는 발데스와 그의 추종자들에게 설교 중지를 명령하였다. 발데스와 그의 추종자들은 카타리파를 다루기 위한 1179년의 제3차 라테란 공의회에 자신들의 청빈과 설교할 생권리를 승인해 줄 것을 교황에게 호소하였다. 하지만 공의회의 일부 구성원들은 그들이 그들은 무지로 성경을 그릇되게 해석한 것을 발견했다. 따라서, 교황 알렉산더 3세(Alexander III, 1159-1181)는 청빈에 대한 그들의 헌신에는 찬사를 보내었지만 주교로부터 먼저 허가를 받지 않고서는 그들에게 설교할 권리는 없다고 거절하였다.[124]

얼마 동안 교황의 제한을 준수하던 발도파는 신약성경에서 설교가 사도적 생활의 필수적인 요소임을 확신하고, 교황의 금지령을 따르지 않기로 하였다. 그들은 다시 설교를 재개하였다. 이로써 발도파는 허가 없이 설교하는 것과 교회의 권위에 복종하기를 거부하는 태도로 비난을 받았다. 이로 인해 1182년경에 리옹의 주교에 의하여 불순종을 이유로 파문당하고 그

---

121 Ritter 외 편역, *Kirchen- und Theologiegeschichte in Quellen vol. II: Mittelalter*, 300.

122 Ritter 외 편역, *Kirchen- und Theologiegeschichte in Quellen vol. II: Mittelalter*, 300.

123 Walker, *A History of the Christian Church*, 346.

124 Tierney/Painter, *Western Europe in the Middle Ages, 300-1475*, 365. 공식적인 제3차 라테란 공의회의 canon 27에는 이들에 대한 이단으로서의 비난, 정죄, 파문 및 교회묘지에 대한 장례 금지 등등의 치리와 형벌들이 포함되어 있으나, 설교에 관한 문제는 직접적으로 언급되어 있지 않으므로, 설교 금지에 대한 해석은 논란의 여지가 있다. (참조: Danica Summerlin, *The Canons of the Third Lateran Council of 1179: Their Origins and Reception*, 2019).

도시에서 쫓겨났다. 그들 가운데 일부는—이제 스스로 "마음이 가난한 자들"(Poor in Spirit)이라고 불렀으며 또한 '리옹의 가난한 자들'(Poor of Lyons)로도 알려졌다—프랑스 북동쪽으로 나아가 라인강과 그 너머의 독일어를 사용하는 지역으로 이주하였다. 대부분은 남쪽으로 옮겨서 랑그독과 롬바르디아로 이주하였다.

1184년에 베로나 공회(Counsil of Verona)에서 발도파는 다른 분파들, 특히 카타리파와 같은 부류로 분류되어, 교황 루시우스 3세(Lucius III, 1181-1185)의 교서 「아드 아볼렌담」(*Ad abolendam*)에 의하여 이단으로 정죄를 당하고 파문당하였다.[125] 이에 대하여 필립 샤프는 초창기에 발도파는 비록 자신들만이 "유일하게 그리스도를 닮아가는 이들"[126]이라고 자랑한다는 이유로 비판을 받긴 하였으나 이단은 아니었다고 설명한다. 그러나 카타리파와 지리적으로 워낙 연관되어 있었으므로 카타리파와 같은 부류로 여겨졌다.

발도파 또는 '리옹의 가난한 자들'은 성경 특히 신약성경이 믿음과 생활의 유일한 규범이라는 원칙을 지니고 있었다. 그들은 성경에서 정당한 근거를 찾을 수 없는 것은 무엇이든지 교회에서 정당화되지 못한다고 생각하였다. 성경에서 한 걸음 더 나아가 성경의 모든 규정은 문자 그대로 따라야만 한다는 것이다. 나아가 이들은 민중을 향한 성경 교육에 힘을 기울였다. 발도파의 신앙고백 중 일부는 다음과 같다.

> [니케아-콘스탄티노플 신조와 아타나시우스 신조와 하나의 신구약 성경이 말하는 삼위일체 하나님과 그리스도가 참 인간이 되심에 대한 믿음을 맹세한다. 또한 사도신경에서 예수 그리스도에 대하여 제시하는 12가지에 대한 믿음을 고백한다]…. 마찬가지로 우리는 거룩하고, 사도적이며, 오점이 없는 하나의 가톨릭교회를 믿으며, 가톨릭교회 바깥에서는 구원이 없다고 믿는다. 우리는 역시 교

---

125 Walker, *A History of the Christian Church*, 347.

126 Schaff, *History of Christian Church*, 5, 451.

회에서 시행되고 있는 성례가 보이지 않는 성령의 사역과 연합하여 무한한 권능이 있다는 것을 부정하지 않으며, 아무리 죄가 있는 사제라도 교회가 그를 인정하는 한 성례를 집행할 수 있다고 주장한다. … 우리는 성별된 떡과 포도주의 희생제사가 예수 그리스도의 몸과 피가 된다는 것을 확고히 단순하게 믿는다.[127]

오늘날까지 전해지는 발도파의 신앙고백을 살펴보면, '불가피한 경우 성례 없이도 구원받을 수 있다'와 '세례와 성찬 이외에 다른 성례를 갖지 않는다' 정도만 당시 가톨릭 신앙고백과 차이를 보인다고 할 수 있다.[128]

발도파 설교자들을 훈련하기 위하여 세워진 여러 학교는 성경의 많은 부분을 열정적으로 가르쳐졌다. 그리스도께서 70인을 파송하실 때 베푸신 교훈을 따르기 위하여 이 설교자들은 두 사람씩 함께 다녔으며, 간단한 모직 의복을 걸치고 맨발이나 혹은 자신들의 사도적 직책을 나타내는, 특별한 형태로 재단된 샌들을 신고 다니면서 회개를 명하고 고해를 들었으며, 맹세와 모든 피 흘리는 일을 거부하였다. 발데스처럼 그들도 결혼과 모든 세상의 것들을 포기하였으며 지지자들이 바친 것으로 살아갔다. 그들은 성직 임명이 필요하다고 생각하지 않았고, 남자들뿐만 아니라 여자들에게도 설교할 권리를 주었다. 가톨릭 사제가 베푸는 성찬식에 참여하지 못하는 지역들에서는 평신도가 성찬식을 거행하는 것도 허용하였다.[129]

그리스도의 가르침을 문자대로 따르지 않는 가톨릭 성직자들이 아니라 자신들이 진정한 사도들의 후계자로 여기며 교회의 규정과 권위를 거부하는 것은 결국 가톨릭교회의 토대 자체에 대한 공격이 되었다.[130] 점차 그들은 억압당하였고, 주요 근거지를 투린(Turin)의 남서쪽에 있는 알프스산맥의

127 *왈도파의 신앙고백의 내용*, in: 심창섭 · 채천석 편, 『원자료 중심의 중세교회사』, 260-265. 참조) KThQ2, Nr. 39. d.

128 *왈도파의 신앙고백의 내용*, in: 심창섭 · 채천석 편, 『원자료 중심의 중세교회사』, 265-268.

129 Walker, *A History of the Christian Church*, 348.

130 Tierney/Painter, *Western Europe in the Middle Ages, 300-1475*, 365.

골짜기로 옮길 때까지 지하에서 명맥을 유지하는 수밖에 없었다. 종교개혁 당시에 많은 발도파 사람들이 종교개혁의 원리들을 받아들였고, 완전히 개신교도가 되었다.[131]

3. 베긴회(Beguines)와 베가르회(Beghards)

카타리파와 발도파가 프랑스 남부의 교회 당국자들에게 주목받고 있을 때, 베긴회와 베가르회라 부르는 공동체들이 라인강 유역과 그 인접 지역들에서 형성되고 있었다. 이들은 평신도 집단들로서, 기성 교회에서 볼 수 없는 따뜻한 경건을 고취할 의도로 결성되었다. 이들은 청빈, 단순한 삶, 겸손, 초대 교회의 모범을 따르는 회개의 삶을 추구하였다.[132] 그러나 13세기가 끝나기 전 이 집단 중 일부가 부도덕한 관습과 이단적 교리를 채택하였고, 그 결과 교황과 교회 회의에서 단죄받았다. 또 일부는 프란체스코의 제3수도회에 흡수되었다.[133]

베긴회는 주로 여성들로 구성되었으며, 이 여성들은 재산을 포기하고 수녀원과 유사한 집단을 이루었으나, 서약도 하지 않았고 공인된 어느 수도원의 회칙도 따르지 않았다. 이들은 사도적 삶의 이상에 고무되어 공동체를 형성하기도 하였으나, 세상 속에 살아가며, 실을 잣고 옷감을 만들고 병자를 간호하는 등의 일을 해서 스스로 생계를 해결하였다. 이들은 설교하거나 가르치는 역할이 아니라, 기도, 섬김 그리고 회개 등의 그리스도인의 모범적인 삶을 통해 경건을 권고하는 생활을 하였다.

베가르회는 베긴회와 쌍을 이루는 단체로 대부분 평신도 남성들로 구성되었다. 이들 역시 수도원 서약을 하지 않았고, 복장을 통일하지도 않았으

131 *Catholic encyclopedia*, "Waldenses."

132 Ernest William McDonnell, "Beginen/Begarden," TRE Bd. 5. 404.

133 Schaff, *History of Christian Church*, 5, 440.

며, 지역의 영적 권위자들에 순복하였다.

가끔 이들은 탁발을 하였다. 이들은 곧 품행이 해이하고, 성직 위계 제도를 비판한다는 고소를 당하며, 이단으로 평가받았다.

두 집단은 13세기 중반부터 교회 회의의 제재 대상이 되었다가, 결국 1312년 교황 클레멘트 5세와 비엔 공의회에서 정죄당하였다. 공의회는 이들의 공동생활을 금하였고, 이단으로 정죄하였다.[134] 그러나 이러한 정죄는 오류라고 할 수 있다. 이 시기에 등장한 다양한 이단 집단과 그 구분이 정확하지 않기 때문이다. 그러나 이들이 실천하려 했던 '자발적 가난'과 '일상에서의 경건'의 이상은 중세 후반에 다시 살아나며, 종교개혁을 통해 중세 경건의 근본적 원천인 수도원적 삶의 해체를 가져오게 되었다.

III. 로마 교회의 이단에 대한 반응

1. 종교재판소

13세기가 시작될 무렵까지 프랑스 남부와 이탈리아 북부 그리고 스페인 북부에서 로마 가톨릭교회의 상황은 심각하였고 심지어는 위태로울 정도였다. 이단에 대한 대처는 첫째는 설득과 논쟁을 통해 그들의 오류를 깨닫게 하는 것이었다. 그러나 회유와 설득을 통해 카타리파와 발도파를 개종시키려는 선교 노력들은 대체로 실패하였다. 오히려 이단들이 고의로 사제들에게 도전하고 그들의 가르침을 비방하고 조롱하였기 때문에, 설득은 성과를 얻지 못하였다. 이들 이단과의 논쟁과 설득에 적극적으로 뛰어들었던 인물이 스페인 출신의 성직자 도미니쿠스(Dominicus)이다. 실상 그는 이단들을 설득하기 위한 수도회(Order)를 설립하기도 하였다. 그러나 이들의 성과

134 *Council of Vienne*의 칙령 28조.

역시 미미하였다. 둘째는 개혁을 통해 사제들의 타락상을 제거하여 이단자들의 구실을 없애는 것이었다. 그러나 이 시기에는 12세기 초반의 영적인 각성과 개혁의 열정은 시들었고, 안락과 사치가 수도원과 교회를 지배하고 있었다. 결국 남은 방법은 폭력과 힘을 통한 통제와 이단의 제거였다. 이에 따라, 이단을 향한 십자군이 선포되었다.

일찍이 1181년에 교황 알렉산더 3세는 카타리파의 지지자였던 베지에르(Béziers)[135]의 영주에 대한 십자군을 명령하였으나, 그 십자군은 성취한 것이 거의 없었다. 인노켄티우스 3세 시대의 평화적 방법에 실망하게 되자, 교황은 무력을 통한 이단의 제거라는 강경파들에게 귀를 기울이게 되었다. 특히 1208년 교황 대리인 카스텔나우의 피에르(Peter de Castelnau)가 살해당한 일에 화가 난 교황은 1209년 프랑스 남부의 이단들에 대한 십자군을 선포하였다. 성지 회복을 위한 십자군이 얻을 수 있었던 것과 같은 절대적인 사면을 이 십자군에도 제공하였다.[136] 시토 수도회는 총회를 열어 십자군을 홍보하기로 결의하기도 하였다.

알비 십자군(Albigensian Crusade)의 실제적인 활동은 남부의 새로운 봉토를 분할할 수 있는 전례 없는 기회로 환영하였던 프랑스 북부의 귀족들에 의하여 추진되었다. 교황과 프랑스 왕과 북부 귀족들의 이해가 결합하여 20년에 걸친 파괴적인 전쟁이 벌어졌다(1209-1229). 이 전쟁에서 남부 귀족들의 세력이 분쇄되었고 도시와 지방이 황폐해졌다. '대량 학살'이라고 부를 수밖에 없는 파괴적 행위들이 자행되었다. 카타리파의 수호자들은 무력하게 되거나 혹은 카타리파와 함께 근절되었다. 1243년 몽세귀르(Montségur)에 있는 카타리파의 요새가 최종적으로 함락되었다.[137]

---

135 프랑스 남부의 도시로서 카타리파의 주요 거점 중의 하나.

136 KThQ2, Nr. 39. c.; PL 215.1479 이하.

137 Walker, *A History of the Christian Church*, 349.

〈인노켄티우스 3세와 알비 십자군〉

일면에서 알비 십자군은 그 목적을 성취하였다. 프랑스 남부 지역에서 이단들의 거점 지역들은 모두 파괴되었다. 이단을 보호하던 남부 프랑스 귀족 세력은 분쇄되었다. 그러나 이단들이 완전히 박멸된 것은 아니었다. 중요 거점들이 파괴되었지만, 여전히 흩어진 무리가 남아 있었다. 이에 인노켄티우스 3세는 이단을 색출하여 교회 법정에 세우는 일을 할 특별한 대리자들을 임명함으로써 종교재판소(Inquisition)가 설립되었다. 이를 이단을 억압하기 위한 1233년 교황청의 정규적인 상설 기관으로 만든 것은 교황 그레고리우스 9세(1227-1241)이다. 1231년에 이미 그는 특별 대리자들 대신에 탁발 수도회, 그 가운데 주로 도미니쿠스회에서 이단 심판관들(inquisitors)을 임명하고 이단을 색출하는 일을 맡겼다. 이런 이단 심판관들은 자신의 특별 법정들을 세웠으며, 이는 지역 교회의 권위에서 실질적으로 벗어나 있었다.[138]

종교재판소의 목적은 인간의 영혼을 이단으로부터 구해내는 동시에 이단의 전파를 저지하는 것이었다.[139] 종교재판소의 재판 절차는 비밀이었으며, 고발한 사람의 이름은 고소된 사람에게 알려지지 않았다. 자신의 무죄를 증명하기란 참으로 어려운 일이었다. 피의자가 무혐의를 증명하지도 못하면서 자백하기를 거부할 때는 고문이 자행되었다. 인노켄티우스 4세의 1252년의 조서에 의하여 고소된 사람에 대한 고문이 허용 되었다.[140] 자백

138 *Catholic encyclopedia*, "Inquisition."

139 Tierney/Painter, *Western Europe in the Middle Ages, 300-1475*, 371.

140 Innocentius IV, *Ad extirpanda* (1252.5.15): "이단자들은 영혼의 살인자일 뿐만 아니라 하

은 한 피의자는 속죄해야 했으며, 자백한 이단자의 모든 재산은 몰수당했다. 이단으로 선포된 자의 재산 몰수는 종교재판소의 가장 혐오스러운 특징들 가운데 하나였다. 몰수로 얻은 재산은 교회와 영주가 나누어 가졌기 때문에, 이 관습이 없었다면 박해가 없었을 지역에도 박해의 불길이 계속 타오르게 되었다.[141] 피의자가 자백을 거부하거나 회유와 고문을 이겨내는 경우 세속 정부가 피의자를 화형시키는 것이 일반적이었다.

중세인들에게 이단은 사라센족이나 도덕적으로 타락한 자보다 더 악한 자로 간주되며, 하나님 자체를 배반하는 가장 무거운 죄일 뿐만 아니라, 인간의 영혼을 파멸시키는 전염병으로 간주되었다. 또한 이단은 '포도밭을 망쳐놓는 솔로몬의 여우들',[142] 혹은 '그리스도인의 몸'(*corpus christianum*)을 오염시키고 타락시키는 것으로도 여겨져 극단적인 처벌이 내려졌다. 종교재판관들의 탐욕과 복수심 혹은 정치적 고려가 개입된 것도 맞지만, 또한 그 담당자들이 지나칠 정도의 종교적 헌신과 열정에 사로잡혀 있었던 것도 사실이었다. 그렇다고 하더라도 종교재판소는 매우 불행한 역사적 오류라고 평가할 수밖에 없다.

2. 제4차 라테란 공의회(1215)

제4차 라테란 공의회가 처리한 두 가지 두드러진 조치는 화체설 교의를 정의한 것과 이단들을 진압하기 위한 종교재판소 설치를 승낙한 것이다. 물론 공의회의 핵심 의제는 십자군 원정이었으나, 공의회의 중요한 의의는 신

나님의 성례와 기독교 신앙을 강탈하는 자이기 때문에 도둑이나 강도와 마찬가지로 강제로 자기 잘못을 고백하고 다른 사람을 고발하도록 강요받아야 한다."

141 Walker, *A History of the Christian Church*, 350.

142 Schaff, *History of Christian Church* 5, 420. 샤프는 중세에서 이단들을 '여우'에 비유하는 다양한 자료들을 제공한다.

앙고백과 광범위한 개혁 입법에 있었다.[143] 신앙고백과 관련해서는 당시 유행하였던 카타리파, 발도파 등의 이단적 주장들에 대한 분명한 신학적 정립과 교회의 가시적이고 성사적인 구원의 질서를 강조하였다. 이어서 이단들의 토양이 되는 교회의 부패와 타락을 개혁하는 68개 조의 법규를 담았으며, 이는 교회 생활의 거의 모든 영역을 포괄하는 것이었다.

특히 정관 1에서는 교회의 가시적이고 성사적인 구원의 질서를 확립하며, 성찬에서의 사제의 특별한 능력을 강조하고 있다. 성찬 시의 빵과 포도주가 그리스도의 몸과 피로 변화하는 것은 '유효하게 서품된 사제'를 필수적으로 요청한다. 이는 여타의 어떠한 상징적 행위도 가톨릭 사제가 배제될 경우, 유효한 성찬이 될 수 없음을 선언하는 것이다.

정관 1: 화체설, 세례와 참회의 효력[144]

(오직) 하나의 신자들의 보편 교회가 있다. 그 밖에서는 누구도 구원받을 수 없다. 그 안에 사제이시며 동시에 제물이신 예수 그리스도께서 계신다. 그의 몸과 피는 하나님의 능력으로 말미암아 빵이 몸으로 포도주가 피로 본질적으로 변화(*transsubstantis*)할 때, 실제로 성단 성례에서 빵과 포도주의 모습 아래에(*sub specie panis et vini*) 계신다. 그러므로 우리는 하나 됨의 신비(*mysterium unitatis*)를 완성하기 위해서 그분 자신이 우리의 것에서 취하신 것을 그분의 것에서 우리가 받는 것이다. 이 성례는 유효하게 서품된 사제만이 거행할 수 있다. 이는 예수 그리스도 자신이 사도들과 그 후계자들에게 허락하신 교회의 열쇠 권세에 따른 것이다. 하지만 세례의 성례는 하나님과 나누어지지 않은 삼위일체, 곧 성부와 성자와 성령을 부르는 가운데 물 가운데에서 거행되는 것으로 성인들과 마찬가지로 아이들에게도 구원을 위해서 주어진다.

143 Klaus Schatz, *Allgemeine Konzilien: Brennpunkte der Kirchengeschichte*, 140.

144 *1215년 라테란 공의회 정관*, in: KThQ2, Nr. 40. a.

특히 제3조에서 이단에 대한 포괄적 제한을 담고 있는데, 공교회의 신앙을 거스르는 모든 이단에 대한 파문과 처벌, 설교의 권한을 제한함으로써 이단 활동의 정당성을 빼앗는다. 나아가 제21조에서는 신자들의 의무적인 고해와 성찬에의 참여를 부과함으로 성도들에 대한 교회의 관리와 감독을 강화하고 있다.

정관 3: 우리는 이 거룩하며 정통적 교리를 가지며 공교회적인 신앙을 거스르는 모든 이단을 파문하며 정죄한다….[145]

1. 정죄된 자들은 배석한 세속 권력(의 대리자들)에 이양되어 합당한 방식으로 벌받아야 한다; 그때 성직자들은 그 이전에 자기들 직책에서 강등되어야 한다. 정죄된 자들의 소유는 그들이 평신도들이면 몰수되어야 한다; 성직자들이라면 그 소유는 그들이 생활비를 받았던 교회에 건네주어야 한다.

6. 하지만 몇몇 사람들이…. 그 사도가 '보냄을 받지 않고 그들이 어떻게 선포하겠느냐(롬10:15)고 했음에도 불구하고 감히 설교의 권세를 가로채려고 한다. 이 때문에 (설교가) 금지된 자들이나 보냄을 받지 않고 사도 보좌나 지역 주교의 권한도 없이 공개적으로나 사적으로 설교권을 취한 자들은 모두 파문의 줄로 결박당하여야 한다….

정관 21: 매년 한 번씩의 고해를 하고 부활절 성찬식에 참여할 의무[146]

판단할 능력이 있는 나이에 이른 모든 남녀 신자는 최소한 일 년에 한 번 혼자서 자기의 모든 죄를 자기 사제에게 진실하게 고백해야 하며 그가 부과한 속죄[의 벌]를 행하기에 힘써야 한다…. 그는 자기 사제가 합리적인 근거를 가지고 잠정적으로 금할 것을 권면하지 않는 한 최소한 부활절에는 성만찬 성사를 존경하는 마음으로 받아야 한다.

---

145 *1215년 라테란 공의회 정관*, in: KThQ2, Nr. 40. b.

146 *1215년 라테란 공의회 정관*, in: KThQ2, Nr. 40. c.

이 규정을 지키지 않는 자는 일생 교회에 발을 들이는 것이 금지될 것이며 죽은 후에도 기독교적인 장사를 지낼 수 없다. 이 때문에 이 거룩한 규정은 교회에서 자주 낭독하도록 하여서 아무도 무지함으로 눈이 멀었다고 변명하는 일이 없게 하여야 한다.

이러한 21조의 규정은 종교개혁 이후 개혁자들의 강력한 비판의 대상이 되었다. 하나님의 은혜의 수단이자 방편인 성례를 성도들을 통제하는 수단으로 전락시킴으로써, 성례를 타락시켰다는 비판을 받았다.

그러나 4차 라테란 공의회는 다양한 이단과 교회의 권위에 대한 의견과 태도를 결정하였다는 점에서 매우 중요한 회의이며, 이 회의의 기조는 제2차 바티칸 공의회(1962-1965)까지 로마 가톨릭의 기본 노선이 되었다.

3. 도미니쿠스회와 프란체스코회

또 다른 측면에서 카타리파와 발도파는 가톨릭교회의 발전을 낳았다. 즉, 그들과 동등한 헌신과 금욕주의의 열정을 가진, 그리고 그들보다 더 학식 있는 설교자들로 대응하려는 시도에서 도미니쿠스회가 생겨났으며, 발도파와 동일한 삶의 형태로 "사도적 청빈"을 실천하고 그리스도의 명령에 문자적인 복종의 분위기를 지닌 프란체스코회, 도미니쿠스회, 갈멜 수도회 등 탁발 수도회를 낳았다.[147]

대표적인 탁발 수도회인 프란체스코회와 도미니쿠스회 역시 12세기의 신앙적 운동들과 이단들처럼 절대 가난의 실천을 근본 정신으로 삼았다. 그러나 이들이 이전의 다른 수도회들과 중요한 특징은 공유하면서도, 다음과 같은 점에서 차별성을 지녔다. 첫째는 이전의 수도원들이 '가난한 수도사'

147 Walker, *A History of the Christian Church*, 351.

와 '막대한 부를 소유한 수도원'의 형태를 지녔다면, 이들은 근본적으로 수도원 또는 수도회의 부도 포기하려 하였다.[148] 둘째는 이들은 "실천적 사회참여"에 헌신하였다. 과거에는 성 안토니우스가 테베 광야로 물러나 은거할 때부터, 수사가 되면 자연스럽게 사회를 등지게 되었다. 그러나 도미니쿠스회와 프란체스코회는 바쁘게 돌아가는 세상의 물결에 뛰어들었다. 사색과 명상에도 힘썼지만, 장터와 한길을 두루 다니면서 설교를 하였다. 그들은 자기들의 육체와 전쟁을 벌이는 것으로 만족하지 않았다. 세상과 전면전을 벌였다. 평민들을 찾아다니며 설교하고, 가난을 구제하였다. 억눌린 자들의 하소연을 들어주었다.[149] 이들 두 수도회는 이단이 나타나도록 한 당시의 종교적 열정을 한편으로는 이단을 제압하는 데 활용하면서, 한편으로는 교회 조직을 강화하는 데 커다란 역할을 감당하였다.

〈포르치운쿨라 성당 프레스코화 6, 14세기 이탈리아 작가 Giotto에 의해 제작됨
(인노켄티우스 3세의 꿈에서 본 라테란 교회를 한 어깨로 지지하고 있는 프란체스코)〉

1) 프란체스코 수도회(Order of Friars Minor; *Ordo Fratrum Minorum*)

프란체스코 수도회는 1209년 아시시의 프란체스코에 의해 창설된 수도회로서, 그리스도의 삶과 사역을 모방하기 위해 절대적 청빈을 실천하였다.

148 K. Flasch, *Das phillsophische Denken im Mittelalter: Von Augustin zu Machiavelli*, 306.

149 Shaff, *History of Christian Church*, 5, 344-345.

프란체스코는 1181-1182년 이탈리아의 아시시(Asissi)에서 태어났다. 그는 회심한 이후 거의 타협 없는 가난한 삶을 견지하였다. 마태복음 19장 21절, 누가복음 9장 3절, 그리고 마태복음 16장 23절이 그의 사상에 결정적인 성경 말씀이었다.[150] 이 세 성경 구절은 프란체스코의 삶의 시작이었고, 내용이었으며, 기준이었다. 위 성경 말씀에 따라서 프란체스코와 그의 초기의 제자들은 신발들은 던져버렸고, 지팡이도, 배낭도 모두 던져버렸다. 초기에 프란체스코와 제자들은 맨발로 다녔다. 그들에게 필요한 것은 늘어진 옷자락을 동여 묶을 끈이면 족하였다. 그 끈에는 세 번 매듭을 하였는데, 이는 순종, 겸소함과 순결함을 의미하였다. 그들의 갈색 의상은 몹시 가난한 농부들의 그것과 같은 것이었다. 이러한 의상은 곧 프란체스코 수도회의 구성원들임을 바로 알아차리게 하는 상징이 되었다. 또한 가난과 금욕적인 삶의 상징이 되었다. 또한 프란체스코는 일화에 의하면, 그는 '청빈'(poverty)과 결혼하였다. 그는 '청빈'을 자기 신부요 어머니요 누이라고 불렀고, 기사의 충절로써 그녀에게 헌신을 바쳤다.[151] 프란체스코에 의하면 "회칙에 나오는 '소유 없이' 산나는 표현은 단지 물질적 재물을 포기한다는 것을 의미하지 않고, 무엇보다도, 영적인 재산까지 포함한 완전한 포기를 의미한다. 재물에 대한 외적인 포기는 오직 복음적인 가난이 요구하는 내적 마음 자세를 갖추기 위한 필수 조건이다."[152] 그의 주변에 모여든 형제들은 극도의 청빈과 겸손을 실천함으로 그리스도를 본받고자 하는 자발적인 사람들이었다.

---

150 W. Goez, "Franciscus von Assisi," TRE Bd. 11, 300.

151 -단테의 신곡/낙원편 11곡-
그 영광스러운 출생이 있고 얼마 되지 않아/이 기이한 태양은 비범한 덕을 복으로 받아/세상을 자애롭게 비추기 시작하였다/그는 아직 어릴 때에 아버지의 진노를 샀는데/이는 모든 사람이 죽음처럼 혐오하며/마음에 조금도 들여놓지 않는 여인을 인함이었다/그는 아버지 앞에서 그랬듯이 하늘 법정에서도/그 여인을 자기 아내로 취하였다/그리고는 날이 갈수록 그 여인을 더욱 사모하였다/여인은 그가 나타날 때까지 천이백 년 동안/첫 배우자를 빼앗긴 채 버려지고 이름 없이 방치되고 /위로를 받지 못하였다/…/ 그러나 말이 모호하지 않도록 밝혀두건대/내가 말하는 두 연인은/프란체스코와 가난이다.

152 Lázaro Iriarte, 『프란치스칸 소명』, 150.

이러한 프란체스코의 정신은 1222년에 제정된 규례(*regula non bullata*)에 의해서 잘 나타나는데, 교황 호노리우스 3세에 의해 개정되어 1223년 11월 29일 확정된 규례에서는 엄격한 가난과 탁발의 삶을 지킬 것을 요구한다.

> 형제들은 어떠한 돈도 받지 말라. 내가 모든 형제에게 엄히 명하노니, 그들은 어떠한 돈이나 소유도 취하지 말며, 또한 어떠한 대리인(중재자, agent)을 통해서도 취하지 말라(*regula bullata*, 4); 형제들은 아무것도 소유하지 말라. 구걸과 약한 형제들에 관하여. 형제들은 어떠한 것도 소유하지 말라. 집이나 토지나 혹은 그 외의 아무것도 소유하지 말라(*regula bullata* 6).[153]

프란체스코 수도회 규례의 제정 과정에서 프란체스코의 원래의 정신이 때로는 생략되었고, 때로는 그의 의사에 반하여 삽입되기도 하였다. 당시에 프란체스코가 여행을 떠나고 없을 때 "아무것도 가지지 말아야 한다"라는 규정을 삭제하였으며, 수도회에 가입하고자 하는 사람은 모든 소유를 포기해야 한다는 기본적인 조건도, 그것이 불가능할 때는 '선한 의도'만으로도 족하다는 수정이 가해졌다.[154] 프란체스코는 모든 형태의 제도적인 안정과 특권을 절대적인 청빈에 대한 위협으로 여기며 두려워하였으나, 수도회는 영구적인 집들을 건축하고, 교황의 특권을 구하고 수용하려 하였다. 따라서 약 3년 뒤 사망 직전 프란체스코는 자신의 유언을 통해, 비록 그러한 규례들에 대한 "철회"(revocation)까지는 아니지만, 당시의 수도회의 경향에 대해 다음과 같은 항의를 남겼다.[155]

> … 누구든지 이러한 삶을 받아들이기 위하여 오는 자들은 자신들이 가진 모든

153 KThQ2, Nr. 42. a.

154 Walker, *A History of the Christian Church*, 357. 프란체스코의 원래 의도는 교황에 의해 인정된 "*regula bullata*"와 구별하여 "*regula non bullata*"에 잘 나타난다.

155 *The Cambridge Meadieval History*, vol. VI, 733.

것을 가난한 자들에게 주어야 한다. 그리고 그들은 단지 하나의 튜니카(tunica)와 하나의 허리띠와 바지 등으로 만족해야 한다…. (프란체스코의 1226년 유언, 4);

모든 형제가 주의하기를 원하는 것은, 형제들이 교회나 혹은 검소한 주거지나 혹은 우리를 위하여 건축한 어떠한 것도 취하지 말고, 만일 취할 때는 우리가 규율에 따라 약속한 것처럼 거룩한 가난에 상응하게, 우리는 거기서 언제나 나그네나 순례자처럼 손님이라는 사실을 유의해야 한다.(프란체스코의 1226년 유언, 7)[156]

이 수사들은 -도미니쿠스회를 포함하여- 처음에는 참신한 개혁자들로 등장했었고, 사도적인 자기 부인과 인간애에 힘입어 카타리파와 리옹의 가난한 사람들 등의 청빈 운동에 대한 열광을 교회의 영내로 이끌어 들였다. 따라서 로마 교황청의 정책은 탁발 수도회들이 자신들의 교회를 소유하도록 격려하고, 또한 그들을 각 지역의 교회들로부터 보호하는 정책을 취하였다. 이는 때로 일반 성직자들과의 다툼을 낳기도 하였지만, 동시에 이들 수도회의 급속한 성장을 가져왔다.[157]

프란체스코회는 1210년 교황 인노켄티우스 3세의 인정을 받았으나, 1223년 호노리우스 3세의 칙령(*Solet annuere*)에 의해 공인되었다. 1209년 아시시에서 프란체스코를 따르는 하나의 작은 공동체로 시작한 작은형제회는 10년도 채 되지 않은 1217년에는 11개의 관구를 지닐 만큼 급속도로 성장하였으며, 1224년에는 영국으로 진출하였고, 1239년에는 32개의 관구로 발전하였다. 1236년의 작은형제회는 1,130개의 수도원과 32개의 관구, 35,000명의 형제를 갖게 되었고, 1316년에는 1,407개의 수도원과 50,000명의 형제를 지닌 규모로 성장하였다. 이러한 수도회 규모의 팽창은 가난에 대한 초기의 이상을 그대로 실천하기 어렵게 만들었다.[158]

---

156 KThQ2, Nr. 42. b.

157 Schaff, *History of Christian Church*, 5, 349-350.

158 프란체스코 내부에서 가난에 대한 이해를 놓고 벌어진 신령파(the Spirituals) 혹은 엄수파(the Observants)와 콘벤투알파(the Conventuals)의 커다란 논쟁은 주목할 만하다. 정원래, "부

2) 도미니쿠스 수도회(Order of Preachers; *Ordo praedicatorum*)

〈ST. Dominicus
(Print made by Léonard Gaultier, Britisch Museum)〉

13세기 초 교회 안에서 하나님의 말씀의 공적인 사역자들인 주교들은 인노켄티우스 3세가 불평한 대로 너무도 자주 "짖지 않는 바보 개"와 같았다.[159] 인노켄티우스 3세의 "짖지 않는 바보 개"라는 표현은, 진리를 전파하지 않고 하나님의 말씀에 침묵하는 자들을 비판적으로 언급한 것이다. 이러한 풍자에 대한 반향으로 여겨지는 단체가 출현한다.[160] 바로 도미니쿠스 데 구즈만(Dominic de Guzman)이 설립한 설교수사단이다. 이 설교 수사단의 과제는 설교 수사단의 문장에 잘 드러나는데, 그 문장은 다음과 같은 세 문장으로 구성되어 있다. *laudare*(찬양하라), *benedicere*(축복하라), 그리고 *predicare*(설교하라)가 바로 그것이다. 이는 주를 찬양하고, 사람들을 축복하며, 진리를 설교하는 설교 수사단의 세 과제를 잘 드러내고 있다.[161]

도미니쿠스는 스페인의 한 지역에서 1171년에서 1173년 사이에 태어났다. 발렌시아 유학 시절 이후인 1196년에 그는 마드리드 북동쪽으로 90마일 지점에 있는 자기 고향 교구인 오스마에 있는 성당 공동체 안에서 아

(富)의 "최소한의 사용"(usus pauperis)과 "온건한 사용"(usus moderatus)," 「역사신학논총」 20 (2010): 8-36.

159 *인노켄티우스 3세의 편지* no. 126, PL 215.136.

160 후일 설교수사단의 창시자인 도미니쿠스의 이름은 *Domini+canis*는 "dogs of the Lord"로 비유되었다. [Kevin Vost, *Hounds of the Lord: Great Dominican Saints Every Catholic Should Know*, Manchester: Sophia Institute Press, 2015]. 브리티시 박물관의 Léonard Gaultier의 도미니쿠스 초상처럼 수많은 도미니쿠스의 초상에는 개가 함께 등장한다.

161 도미니쿠스회의 설교 활동에 대해서는 다음을 참조하라. 정원래, "12/13세기 설교에 대한 이해: 도미니쿠스 수도회를 중심으로," 「성경과 신학」 87 (2018): 131-163.

우구스티누스 수도회 수사가 되었다.[162] 이로써 그는 아우구스티누스 회칙을 받아들였을 뿐만 아니라, 가난, 정결 및 복종의 서약을 하고, 공동생활을 하였다. 이후 그는 아우구스티누스 참사회원으로서 주교좌 성직자단의 부단장으로 열렬한 기도와 철저한 공부에 몰두하였다.[163]

1203년 오스마의 주교 디에고가 궁정 선교단의 일원으로 해외에 파견되었을 때, 도미니쿠스도 함께 갔다. 도미니쿠스는 이 여행을 통해 처음으로 남프랑스에서 이단 알비파와 카타르파가 교회에 가하는 위협을 깨닫게 되었다.[164] 이 이단자들은 선과 악이라는 두 가지 최고 존재가 각각 영혼과 물질을 지배하고 있으며, 먹고, 마시고, 출산하고, 세상의 물건을 소유하는 육체와 관계된 모든 일은 근본적으로 악한 것이기 때문에 이러한 육체와 관련된 일뿐만 아니라, 심지어는 생명을 포기하는 것조차도 이상적이라는 마니교의 교리를 부활시키고, 발전시켰다. 따라서 이들 가운데 철저한 금욕 생활을 하는 '완전한' 계층이 생겨났지만, 평범한 사람들은 하나님에게 버림받은 것으로 간주되었다. 알비파는 곧 체계가 잡혀 성직 위계제가 생겨났으며, 지방의 봉건 영주들, 특히 툴루즈의 백작과 같은 이가 알비파를 지지하였다. 이에 교황 인노켄티우스 3세는 알비파에 반대하는 선교를 시작하였다.

1206년 그는 동료인 디에고와 함께 로마 여행에서 돌아오는 길에 카타리파와 발도파가 세력의 절정을 누리고 있었던 랑그독에 도착하였다. 그곳에서 그들은 시토 수도회가 모욕적인 취급을 당하는 것을 알게 되었다. 이를 살피는 중에 도미니쿠스는 오직 그들처럼 복음적 청빈을 살고, 깊은 내면의 덕으로 무장하고 영혼을 구하려는 열정에 불타지 않고서는 이단자들을 정복할 수 없다는 것을 알아차렸다.[165] 교황의 사절과 설교자들이 복음전도에 실패하여 낙담한 채 주교와 도미니쿠스에게 의논하러 왔을 때, 그의

162 Schaff, *History of Christian Church*, 5, 377.

163 James A. *Weisheipl, Friar Thomas D'Aquino, his life, thought, and works*, 53.

164 Weisheipl, *Friar Thomas D'Aquino, his life, thought, and works*, 54.

165 Weisheipl, *Friar Thomas D'Aquino, his life, thought, and works*, 54.

동료 디에고는 방법을 완전히 개혁할 것을 촉구하였다. 오직 자기를 부인하고 열심히 '사도적 청빈'을 배우며, 발도파의 설교자들과 카타리파의 완전한 신자들처럼 열성적으로 설교하는 선교사들에 의해서만 이런 이단들을 다시 교회 속으로 이끌어 올 수 있을 것이라고 주장하였다. 이러한 조언에 시토 수도회의 설교자들은 디에고 주교의 충고를 실천에 옮기려고 노력하였고, 비록 아주 더디게 진전되었지만, 어느 정도 성공을 거두었다.

1215년 도미니쿠스는 로마에서 열리는 제4차 라테란 공의회를 방문하여 설교자들의 수도회를 승인해 줄 것을 교황에게 요청하였다. 그는 자신의 계획을 교황에게 제출하였다. 비록 그의 노력은 칭찬받았지만, 그 요청은 거절당하였다. 제4차 라테란 공의회는 바로 얼마 전에 새로운 수도회의 창설을 금지하였다.[166] 1216년 7월 인노켄티우스 3세가 세상을 떠나자, 도미니쿠스는 다시 로마로 갔는데, 결국 교황 호노리우스 3세로부터 도미니쿠스 수도회에 대한 공식 승인을 받았다(1216년 12월 22일). 1217년 1월에 호노리우스는 공식적으로 설교자 수도회(*fratres praedicatores*, 이 이름은 교황 자신이 제안한 것이었다)를 인정하였다. 도미니쿠스 수도회의 목적에 관하여는 교황 호노리우스 3세의 도미니쿠스와 그 형제들에게 보낸 편지에서 잘 드러난다:

> 새로운 세대로 당신의 교회를 유익하게 만드시는 분, 오늘 이 세대도 이전 세대와 조화시키며, 가톨릭 신앙을 전파하기를 기대하는 분이 거룩한 영감을 당신들에게 불어 넣었습니다. 이를 통해, 당신들은 청빈을 포용하고 수도사적인 삶을 고백하며, 자신들을 온 세상에 하나님 말씀을 선포하고 우리 주 예수 그리스도의 이름을 설교하는 데 바쳤습니다.[167]

도미니쿠스는 자신의 수도회가 선별된 계층에서 뽑힌 설교자들의 단체,

---

166 제4차 라테란 공의회, *canon*. 13; Alberigo 외 4인 편집. *Consiliorum Oecumenicorum Decreta, II*, 242.

167 Honorius III, *Letter to St. Dominic and his companions* (1221.1.18).

즉 교육받고 훈련된 설교자들로 구성된 단체가 되기를 소망하였다.[168] 도미니쿠스는 프란체스코와는 달리 노동을 수사들의 과업과 연계하지 않았다. 오히려 그는 노동을 연구와 설교로 대체하였다. 도미니쿠스회는 연구를 분명한 과업으로 채택한 최초의 수도회였다.

> 공부 그 자체가 수도회의 목적은 아니다. 그러나 앞에서 말한 목적들, 즉 설교와 영혼 구원을 위해서는 절대 필수적이다. 연구하지 않고서는 두 가지 가운데 하나도 얻을 수 없기 때문이다.[169]

설교의 권한이 주교들의 고유한 직무였음에도 불구하고 설교하는 수사단을 설립하는 것은 유례가 없는 일이었다. 하나님 말씀의 선포와 주 예수 그리스도의 이름을 설교하는 데 매진하는 설교수사단의 목적이 영혼을 구원하는 데 있었다는 사실은 수도원 헌장의 서문에서도 명백히 드러난다.

> … 이러한 이유로, 수도원장(Prelate)은 자신의 수도원에서, 특히 연구, 설교, 또는 영혼의 선을 방해하는 것으로 보이는 경우가 그에게 유리해 보일 때, 그 형제에게 면제시킬 권한을 갖는다. 이는 우리의 수도회가 처음부터 특별하게 설교와 영혼 구원을 위하여 설립되었기 때문이다. 우리의 연구는 주로 이웃 사람들의 영혼에 유용할 수 있도록 열렬히 노력해야 하며 끝까지 최선의 노력을 기울여야 한다. 〈도미니쿠스 수도회 헌장 서문〉[170]

설교수사단의 정신은 13세기를 통해서 지속해서 재천명되었다. 1270년 영국 도미니쿠스회 지부장 로버트 킬워드비(R, Kilwardby)는 신입회원들을 다음과 같이 격려하였다.

---

168 Brooke, *Die Klöster*, 303.

169 Weisheipl, *Friar Thomas D'Aquino, his life, thought, and works*, 57.

170 *도미니쿠스 수도회 헌장 서문* (*Primitive Constit*. Prolog).

사랑하는 신입 형제 여러분, 여러분은 우리의 생활 방식이 매우 유용하다는 점에 주목해야 합니다. 만약 이 점에서 내가 틀리지 않았다면 우리는 무엇보다 우리의 생활 방식을 중시해야 합니다. 이는 우리의 모든 책과 토론, 그리고 수도원의 학습이 사람들을 올바르게 준비시켜, 그들이 영혼을 구원하는 일에 적합한 자가 되도록 하는 것을 목표로 하기 때문입니다. 이를 통해 그들은 생활 방식과 지식에서 무장되어 죄인들을 회심시키는 사명을 감당할 수 있도록 준비됩니다. 그래서 나는 어떤 다른 수도회도 이것을 위해 우리만큼 열심히 수고하지 않으며, 또 그 수고로 그렇게 많은 성과를 거두지도 않는다고 생각합니다….[171]

설립 초기인 1217년에 도미니쿠스는 훈련하고, 연구하고, 설교하는 새로운 수도원을 창설하기 위하여 7명은 파리로, 4명은 스페인으로 보냈고, 4명은 계속 툴루즈에 남겼다.[172] 이곳들은 당시 학문의 중심지들이었다. 도미니쿠스가 회원들을 여러 대학 중심지들로 파송한 것은 배우고 연구해서 신학 분야의 전문가들로 양성하기 위함이었다. 동시에 재능 있는 새로운 입회자를 위한 목적도 있었다.[173] 이 수도회에 있어서, 당시의 대학은 새로운 입회자를 찾기 위한 '이상적인 장소'였다. 또한 신학적 토론에 영향을 주고, 탁발수도회의 삶을 증진하기 위해 교수를 배치하기 위한 최적의 장소이기도 하였다.[174] 따라서 설교수사단은 "사도적 설교라는 특수한 목적에 필수적으로 요청되는 '신적 진리에 관한 근면한 탐구'"를 수도사의 과제로 설정하였다.[175] 그런데도 이들 수도회는 연구를 목적으로 삼지는 않았다. 로망스의 움베르토는 이렇게 설교수사단을 평가한다.

---

171 Simon Tugwell, "도미니크 수도회의 영성", in. *Christian Spirituality (II)*, 43에서 재인용.

172 Weisheipl, *Friar Thomas D'Aquino, his life, thought, and works*, 56.

173 Gret Peter, *The Story of Monasticism*, 175.

174 Peter, *The Story of Monasticism*, 176.

175 Weisheipl, *Friar Thomas D'Aquino, his life, thought, and works*, 57.

공부 그 자체가 수도회의 목적은 아니다. 그러나 앞에서 말한 목적들, 즉 설교와 영혼 구원을 위해서는 절대 필수적이다. 연구하지 않고서는 두 가지 가운데 하나도 얻을 수 없기 때문이다.[176]

설교자들의 교육을 위한 도미니쿠스의 갑작스러운 파송 결정은 하나의 혁명이었다. 즉, 주로 남부 프랑스의 이단에 대항하기 위해 설교할 수 있는 특별한 허가를 받았던 한 수도회가 세계적인 복음화 선교와 영혼 구원에 헌신하는 수사 설교자들의 수도회로 변모한 것이다.

이들 두 수도회 외에도 소규모의 탁발 수도회들이 결성되었다. 1274년 리옹 공의회에서 공식적으로 인정받은 갈멜 수도회(Camelite), 아우구스티누스회에 속한 은자들, 달리 표현하면 오스틴 교단(Austin Friars) 등이 있다. 결론적으로 12세기의 다양한 신앙 운동, 교회의 비판자들 그리고 대규모 이단들의 출현에서 프란체스코 수도회와 도미니쿠스 수도회를 비롯한 탁발 수도회는 교회에서 이들과의 싸움에서 전위적 역할을 감당하였다. 이들은 교회의 정신적, 지적 권위를 가지고, 교회를 이단자들의 공격으로부터 지켜내었다.

도미니쿠스회와 프란체스코회는 수와 영향력에서 급속한 성장을 하였다. 이 두 수도회는 서로 치열하게 경쟁하며, 특권을 차지하기 위해 열을 올렸다. 이들은 지역 교구에 들어가서 일반 성직자들의 권리를 침해하여 반발을 불렀고, 자기들 마음대로 신자들에게 고해를 듣고 사면을 시행하기도 했다. 결국 이들의 세력은 일반 교회가 감내할 수 없는 수위에 이르게 되었다. 이들은 청빈의 미덕을 게으름으로 변질시켰으며, 탁발을 오만을 감추는 가리개로 삼았다. 결국 그들은 보편 교회의 짐이 되었고 제르송(Gerson)에 의해 교회를 박해하는 장본인 중의 하나로 비난받았다.[177]

---

176 Umberto di Romans, *De vita regulari*, Prol., n. 12, in, Opera, ed. J. J. Berthier, I, Roma, 1889, 41. 참조) *Primitive Constit. Prolog*.

177 Schaff, *History of Christian Church*. 5, 349-350에서 재인용.

참고 문헌

Alberigo J. 외 4인 ed. *Consiliorum Oecumenicorum Decreta, II*. 김영국, 손희송, 이경상, 박준양, 변종찬 역. 『보편공의회문헌집』. 서울: 가톨릭 출판사, 2009.

Anna Comnena. *The Alexid*. Trans. Elizabeth A. S. Dawes. London: Kegan, Paul, Trench, Trubner and Co. Ltd., 1918. https://sourcebooks.fordham.edu/basis/AnnaComnena-Alexiad.asp.

Barber, Malcolm. *The Cathars: Dualist heretics in Languedoc in the High Middle Ages*. Harlow: Longman, 2000.

Bernardus of Clairvaux. *De Consideratio*. PL 182.727-807; St. *Bernard's Treatise on consideration*. Trans. A Priest of Mount Melleary. Dublin : Brown and Nolan, 1921, https://archive.org/details/stbernardstreati00bern/page/n5/mode/2up?view=theater.

_____. *De diligendo Deo*. PL 182.973-1000. https://www.pathsoflove.com/bernard/on-loving-god_la.html

Bernardus. *Sermones in Canticum* 85. PL 183.1187 이하.

Butler, Edward Cuthbert (1911). "Cistercians." In: Chisholm, Hugh (ed.). *Encyclopdia Britannica*. Vol. 6 (11th ed.). Cambridge University Press. 393 – 395.

Carta caritatis, KThQ2, Nr. 35. b. https://www.archive.osb.org/cist/charta.html.

Carthusian Statutes. https://chartreux.org/moines/en/statutes/.

Council of Vienne. https://www.ewtn.com/catholicism/library/council-of-vienne-1542.

Elizabeth A. S. Dawes, trans. *The Alexiad of the Princess Anna Comnena*. London: Kegan, Paul, Trench, Trubner and Co. Ltd., 1918. https://archive.org/details/alexiad-english-dawes-1928/page/n303/mode/2up.

Goez, Werner. "Franciscus von Assisi." TRE Bd. 11: 299-307.

Greg, Peter. *The Story of Monasticism: retrieving an ancient tradition for contemporary spirituality*. Grand Rapids: Baker Academic, 2015.

Guigo Ⅱ. *Scala Claustralium*(『수도승의 사다리』). In: 허성준, 『수도 전통에 따른 렉시오 디비나』. 왜관: 분도출판사, 2003.

Hogg, James. "Kartäuser." TRE Bd. 17: 666-673.

Honorius III. *Letter to St. Dominic and his companions*(1221.1.18), MOPH XXV, 144. https://www.ewtn.com/catholicism/library/fundamental-constitution-11911.

Innocentius IV. *Ad extirpanda* (1252.5.15). https://www.documentacatholicaomnia.eu/01p/1252-05-15,_SS_Innocentius_IV,_Bulla_%27Ad_Extirpanda%27,_EN.pdf

Iriarte, Lázaro. *Vocation franciscan*. 프란치스코회 한국관구 역. 『프란치스칸 소명』. 왜관: 분도출판사, 1997.

Lambert, Malcolm. *The Cathars*. Oxford: Blackwell, 1998.

Leclercq, Jean. *Bernard of Clairvaux and the Cistercian Spirit*. Kalamazoo, Mich: Cistercian Publications, 1976.

_____. "Prayer at Cluny." *Journal of the American Academy of Religion*, 60 (4): 651-665.

Liber de duobus principiis. http://gnosis.org/library/cathar-two-principles.htm.

Louth, Andrew. *Origins of the Christian mystical tradition: from Plato to Denys*. 배성옥 옮김. 『플라톤에서 디우니시우스까지 서양 신비사상의 기원』. 왜관: 분도, 2001.

Luther, Martin. *Luther's Works*. Vol. 22. St. Louis: Concordia, 1968.

Luxford, Julian M., ed. *Studies in Carthusian Monasticism in the Late Middle Ages*. Turnhout: Brepols, 2008.

Manselli, Raoul. "Arnold von Brescia." TRE Bd. 1: 129-133.

Mcrmont Catholic Tribune, October 5, 2001: 11-14. Reprinted in *Silence und Solitude*. Arlington, VT: Charterhouse of the Transfiguration

(2005): 1-8.

Vost, Kevin. *Hounds of the Lord: Great Dominican Saints Every Catholic Should Know*. Manchester: Sophia Institute Press, 2015.

Ward, Jennifer. *Women in Medieval Europe, 1200-1500*. London: Longman, 2002.

Weisheipl, James A. *Friar Thomas D'Aquino, his life, thought, and works*. 이재룡 역 『토마스 아퀴나스 수사-생애, 작품, 사상』. 서울: 성바오로출판사, 2012.

Wiggermann, Karl-Friedrich. "Spiritualität." TRE Bd. 31: 708-717.

William of St. Thierry, *Life of St. Bernard* (c.1140). In: Frederic Austin Ogg, ed., *A Source Book of Mediaeval History: Documents Illustrative of European Life and Institutions from the German Invasions to the Renaissance* New York: Cooper Square Publichers, 1907. Reprinted in 1972.

Zumkeller, Adolar. "Augustiner-Ermiten." TRE Bd. 4, 728-739.

______. "어거스틴 수도회의 영성". In: *Christian Spirituality (II)*: 111-126.

강치원. "귀고 2세(Guigo Ⅱ)의 수도승들의 사다리에 나타난 Lectio Divina." 「한국교회사학회지」 15호 (2004) 33.

권진호. "버나드의 아가서 설교와 신비주의." 「한국교회사학회지」 24 (2009): 93-121.

김수천. "성 버나드의 사랑 신비주의 영성 분석." 「신학과 실천」 36 (2013): 417-446.

김영종. "발도파와 16세기 종교개혁." 「대학과 선교」 39 (2019): 65-94.

도미니쿠스 수도회 헌장 서문 (Primitive Constit. prolog). http://www.op.org/sites/www.op.org/files/public/documents/fichier/primitive_consti_en.pdf.

박장원. 『성 보나벤뚜라의 생애와 신학 사상』. 서울: 가톨릭대학출판부, 2001.

방성규. "초기 수도원 영성에 있어서 덕목의 삶: 사막 교부들의 금언을 중심으로." 「신학사상」 111 (2000): 187-188.

손은실. 중세시대 복음주의 발도파와 설교자 수도회의 "그리스도 따르기를 중심으로."「한국교회사학회지」25 (2009): 61-91.

원종천.『성 버나드』. 서울: 대한기독교서회, 2004.

이충범. "중세 영성의 두 축, 위 디오니시우스와 성 버나드 전통의 신학적 방법론에 관한 소묘,"「역사신학논총」12 (2006): 141-168.

이후정. "동방교부 수도원 전통에서의 거룩한 독서."「신학과 세계」66 (2009): 80-85.

정용석, 이후정 외.『기독교 영성의 역사』. 서울: 은성, 1997.

정원래. "12/13세기 설교에 대한 이해: 도미니쿠스 수도회를 중심으로."「성경과 신학」87 (2018): 131-163.

______. "부(富)의 "최소한의 사용"(usus pauperis)과 "온건한 사용"(usus moderatus)."「역사신학논총」20 (2010): 8-36.

______. "아우구스티누스 수도회와 마틴 루터."「신학지남」313 (2012): 148-171.

______. "카르투지오 수도회-고독과 침묵의 문화."「개혁논총」50 (2019): 61-99.

______. "클레르보의 베르나르두스의 경건의 향기-『아가서 설교』, 10; 12 -."「성경과 신학」96 (2020): 95-126.

______. "아우구스티누스 수도회와 마틴 루터."「신학지남」313 (2012): 148-171.

조주희. "루터의 로마서 강의에 나타난 성 버나드의 사상 고찰 -성 버나드의 숙고에 관하여(De Consideratione)를 중심으로."「신학과 선교」14 (2014): 277-314).

최형걸.『수도원의 역사』. 서울: 살림, 2004.

허성준.『수도 전통에 따른 렉시오 디비나』. 왜관: 분도출판사 2003.

10

스콜라주의 신학

I. 스콜라주의 형성

1. 중세 대학의 형성

중세 초기의 학교들은 수도원들 및 주교좌 성당들과 관련을 맺고 출발하였다. 카롤링거 시대로부터 11세기 중반까지 수도원 학교가 중세 교육의 중심이었다. 샤를마뉴 시대 교육에 관한 관심은 에피소드와 다름없다. 카롤링거 시기 동안 기독교 학문과 신앙은 서유럽의 수도원들에서 주로 전개되었으며, 베네딕트 수도원이 그 요람 역할을 하였다. 그러나 수도원 교육의 목적은 원래 종교적이며 하나님에 대한 경배와 성경 말씀의 묵상이 중심에 있었다.[1] 수도원 교육의 주 대상은 수도사와 성직자였다. 일부 귀족의 자녀들에게도 개방은 되어 있었지만, 이는 소수에 불과하였다. 11세기와 12세기 도시의 부흥이 있을 때까지 글을 읽는 것은 성직자와 수도사의 영역이었다.[2] 그러므로 수도원 교육 또한 이러한 목적에 맞추어, 언어를 습득하고 문법, 수사학 등의 학문에 중점을 두었다. 이러한 중세의 교육은 심각한 물적, 인적 한계 상황들 속에 전개되었다. 책 한 권의 가격이 장원 1채의 가격과 맞먹었으므로 일반적인 보편 교육이 아니라, 극히 일부만이 혜택을 누리는 소수의 교육이라고 할 수 있다.

---

1 『베네딕투스 수도원 규칙』 서문은 수도원이 "주님을 섬기기 위한 학교"(*dominici scola servitii*)라고 제시한다. 이형우 역, 『베네딕투스 수도 규칙』, Prolog.

2 Lynch, *The Medieval Church*, 169.

12세기에 이르면 주교좌 성당학교가 교육의 중심지로서 수도원의 역할을 대체하게 된다. 주로 도시에 있는, 이들 학교는 모두 읽기와 쓰기를 비롯하여 3학문(*trivium*: 문법, 수사학, 논리학)에 집중하였다. 3학문을 통해 "말과 언어를 이해하고", 4학문(*quadrivium*: 수학, 기하학, 천문학, 음악)을 통해 "모든 자연의 비밀들을 밝힐 수 있다"고 여겼다.[3] 그중에서도 기본이 되는 것은 3학문이었다.

> 논리학은 오류에서 진리를 가려내는 법을 가르치므로 유익하고, 문법은 정확히 말하고 쓰는 법을 가르치므로 유익하고, 수사학은 세련되고 설득력 있게 말하는 법을 가르치므로 유익하다.[4]

〈Le Bec Abbey의 현재 모습(출처: Benedictine Monks)〉

12세기 몇몇 도시의 주교좌 성당학교들은 프랑스 중부와 북부 지역에서 명성을 누렸다. 이들 몇몇 성당학교들은 중세의 대학으로 발전하였다. 특히 라온의 성당학교는 신학 연구로, 오를레앙은 고전 연구로 널리 알려졌다. 성당학교의 교사들은 고정된 근거지가 없는 방랑자들이었으며, 그들은 곳

---

3 John of Salisbury, *Metalogicon* I: 12. "삼학의 체계로 모든 말의 의미를 밝히거나, 사학의 규칙으로 모든 자연의 비밀을 밝히는 사람들은…." in: 심창섭 · 채천석, 『원자료 중심의 중세교회사』, 302.

4 Schaff, *History of Christian Church*, 5, 484.

곳에서 학문과 일자리를 구하였다. 학생들은 지역보다는 교사를 보고 옮겨 다녔기 때문에, 각 지역의 영주들은 명성있는 교사를 지역에 모시기 위해 서로 경쟁을 하기도 하였다. 라온의 안셀무스(Anselm), 샹포의 기욤(William), 샤르트르의 베르나르두스(Bernard), 파리의 아벨라르두스(Abelard) 등이 널리 알려진 교사들이었다. 12세기는 곳곳에서 학문의 전장[토론]이 펼쳐졌고, 여기에서 승리는 곧 지역의 자랑이 되었다.

주교좌 성당학교는 대부분 귀족 자녀들이 학생으로 있었고, 이들은 교회에서 직업을 갖도록 훈련을 받았다. 그러므로 이러한 목적 때문에 여성들은 학교에서 제외되었다. 나중에는 교회에서 직업을 찾는 데 관심이 크게 없었던 많은 학생들도 등록하였다. 수도원 학교들이 보다 명상적이고 여유가 있고, 전통을 고수하였다면, 주교좌 성당학교는 상대적으로 더 개방적이었고, 신학 외의 지식에 관한 관심도 지대하였다. 특히 성당학교는 아리스토텔레스의 논리학을 사용하는 데 개방적이었다. 교회와 국가의 필수 인력을 확보하기 위한 성당학교들의 역할은 중세 말까지 이어졌으나, 12세기 말과 13세기 초에 형성되기 시작한 대학들이 전문적인 교육의 중책을 떠맡았다. 1215년 제4차 라테란 공의회는 법령을 통해 모든 주교좌 성당학교에 문법 교사와 신학 강사를 두도록 규정하였다.[5]

〈파리의 주교좌 성당, 전소되기 이전 노트르담 성당의 전면〉

5 *제4차 라테란 공의회 문헌*, cannon 11.

〈파리(소르본느) 대학의 정면〉

초기의 대학들은 자발적으로 형성되었다. 대학은 뜻을 같이하는 학문적 종사자들이 자기들의 방어를 위해 공동체를 대변하는 '길드', 즉 교사들과 학생들의 단체(*universitas magistrorum et scholarium*)의 형태로 출발하였다. 알프스 남부 지역에서는 학생들이, 북유럽에서는 교사들이 조합 운영의 주도권을 지녔다. 이들 조합은 더 높은 권력에의 호소와 파업이라는 무기를 통해 자신들이 원하는 자치(autonomy)를 획득하였다. 13세기 교황과 군주들은 대학의 교수들과 학생들에게 특권을 허용함으로, 대학들을 자신들에게 유리한 장으로 활용하려 하였다. 따라서 대학은 많은 자율성을 가진 국가 내의 작은 국가이자 자유로운 '학문 공화국'으로 자리 잡았다.[6] 곧 대학은 지적, 학문적 삶의 중심이었으며, 또한 지적 진보의 작업장이 되었다.

중세 대다수 사람은 문맹의 상태에 머물러 있었기에, 대학 졸업자들은 주로 의학, 신학, 그리고 법 분야에서 주도적인 엘리트들이 되었다. 따라서 중세 후반의 사회는 대학 졸업자들의 막대한 영향 아래 있었다. 특히 교회에 미친 영향은 매우 컸으며, 중세 말기의 교회 정치의 기풍은 논리학과 법

---

6 Schaff, *History of Christian Church*, 5, 499. 1200년 프랑스의 왕 필립 2세는 학생들이 교회의 관할권에만 속한다는 것을 확인하는 파리 학자들의 안전을 위한(for the security of the scholars of Paris) 증서(*capitate Parisiensium scholarium*)를 발행하였다. 이에 따르면, 왕의 관리들은 학생을 교회 당국에 인계하는 경우를 제외하고는 어떤 범죄로든 학생을 체포하는 것이 금지되었다. 또한 왕의 관리들은 교회 권위의 명령을 받지 않는 한 어떤 구성원에게도 개입할 수 없었다. [Hastings Rashdall, *The Universities of Europe in the Middle Ages* (Oxford: The Clarendon Press, 1895), 297이하]

을 공부한 사람들에 의해 형성되었다.[7] 특히 12세기 후반부터 교황들 중 다수가 법을 공부한 이들이었다.

13세기 초반 파리, 볼로냐, 옥스퍼드 등의 대학이 생겨났지만, 교회와 국가에 대한 대학의 유용성이 명백해지자 대학이 없는 지역들도 앞다투어 대학을 설립하려 하였다. 호헨슈타우펜의 프리드리히 2세(Friedrich II)는 1224년 최초의 국립 대학인 나폴리 대학을 설립하였다. 초기 파리, 볼로냐, 옥스퍼드, 케임브리지, 살레르노 등의 대학들이 명성을 누렸지만, 대학 설립은 지속되어 서방에는 1500년까지 약 70개의 대학이 있었다.[8]

중세 대학의 학문 과정은 세 단계로 구분되었다. 학사(baccalaureus), 석사(liecente) 그리고 박사(doctor or master)로 이루어졌다. 파리 대학의 신학 과정에서는 4년의 신학 수업과 2년간의 명제집 수업을 이수하면 학사가 되었다. 학사가 되면 2년 동안 성경 중에서 두 권을 강의하고, 이어서 2년에 걸쳐 『롬바르두스 명제집』을 강의하였다. 이는 모두 책으로 출판되었고, 몇 년 동안의 연구와 토론의 과정을 거친 뒤에 박사학위를 취득할 수 있었다.[9]

2. 중세의 수업 방식

중세의 대학은 오랫동안 전해져 오는 '권위'를 지닌 텍스트를 기반으로 수업이 진행되었다. 예를 들면, 신학에서는 성경과 교부들의 저작이 권위있는 텍스트였으며, 로마법의 경우 유스티니아누스 법전(*corpus iuris civillis*)이 그것이었다. 논리학에서는 아리스토텔레스의 작품들이 권위를 지녔다. 대

7 Lynch, *The Medieval Church*, 421.

8 샤프는 중세 대학교와 그 설립연도를 제공하고 있다[Schaff, *History of Christian Church*, 5, 520-521].

9 참조) Robert de Courçon, *Statutes for the University of Paris*, 1215 [Chart. Univ. Paris. 1, No. 20, P. 78].

〈12세기의 수업 장면(좌), 14세기 수업 장면(우)〉

학들에서는 아리스토텔레스의 논리학을 이용하여, 학문적인 주제들을 연구하고, 상충하는 주제들을 조화시키는 노력을 전개하였다. 모든 학문의 토대가 되는 3학문을 통해 법, 의학, 신학 등의 권위 있는 텍스트들을 고찰하였고, 방법론적인 면에서도 다듬어졌다. 학문의 내용을 다룸에 앞서, 대학의 학생들은 먼저 논리적으로 사고하고, 정확하게 글을 쓰며, 설득력 있게 표현하는 것을 배웠다.

13세기 스콜라 시대의 전성기는 이렇게 대학에서 수업하고, 대학을 통해서 주로 활동한 자들에 의해서 대표된다. 헤일즈의 알렉산더(Alexander von Hales, 1185-1245), 알베르투스 마그누스(Albertus Magnus, 1193-1280), 보나벤투라(Bonaventura, 1217/8-1274)와 토마스 아퀴나스(Thomas von Aquin, 1224/5-1274) 등은 모두 대학에서 배웠고, 동시에 대학을 중심으로 활동하였다. 그와 동시에 이들 학교와 대학에서 수업하던 방법과 이를 통해 나타난 저술들이 스콜라 신학의 전성기를 이끌었다.

대학의 수업은 강독(혹은 강의, *lectio*), 질문(*quaestio*), 그리고 토론(*disputatio*)의 형식으로 주로 진행되었다.

1) 강독(*lectio*)

"강독"(*lectio*)은 성경이 하나님의 말씀이라는 "믿음을 전제"로 이루어졌으며, 동시에 "이성과 철학의 도움을 통해 이를 해석하는 것"이 토대를 이루고 있다.[10] 물론 강독의 내용은 학교나 수도원이 소장하고 있는 성경과 교부의 글이었으며, 점차 아리스토텔레스의 저술 등도 포함되었다. 이 강독에서는 교사(lector)가 먼저 텍스트를 강독하여 들려주고, 나아가 "주석"(*glossa*)과 "해설"(*expositio*)이라는 방법을 활용하였다. 즉, 먼저 주석을 통하여 문헌의 이해를 돕고, 이후 해설을 덧붙였다. 이는 오늘날 성경신학적 연구와 유사한 형태라 할 수 있다.[11]

강독은 진행 방식에 따라 세 단계로 구분하는데, 단어나 문장의 의미를 글자 그대로 설명하는 "*littera*"(어의 강독), 문장 성분들의 구조나 의미를 분석함으로써 어떤 단락을 알기 쉬운 말로 명석하게 재표현하는 "*sensus*"(어감 강독) 그리고 단순한 해설을 넘어서서 문헌이 전하고자 하는 깊은 의미나 사상에 대하여 자유로이 타진하고 검증해보는 "*sententia*"(의견 강독)이 있었다.[12]

강독에서 가장 중요한 것은, 교사가 설명하는 "주석"과 "해설"을 뒷받침하는 교부의 글이다. 이는 교부의 글과 기독교 저술가들의 글에서 신뢰할 만한 해석을 가져오는 작업으로서, 전통(혹은 정통 신앙, orthodox faith)의 보존과 전달을 목적으로 하였다. 따라서 이러한 강독만으로는 문헌의 내용이 충분히 검토되지 못하였다. 즉, 문헌에 대한 각자의 의견(혹은 교부의 의견)만이 다양하게 나타날 수밖에 없었다.

10 J. B. Lotz, "Scholastik," in; LKTh. Bd, 9. 447.

11 Lotz, "Scholastik," 447. "주석"은 텍스트의 바르게 이해하기 위한 간략한 설명이라면, "해설"은 텍스트가 의미하는 것, 의도하는 것 혹은 문제점 등 비판적 읽기라고 할 수 있다.

12 참조) Hauschild, *Lehrbuch der Kirchen- und Dogmengeschichte*. 587; 신창석, "신학대전"의 형성과 구조," 9: 여기서 그는 "*littera*"를 "어의 강독"으로, "*sensus*"를 "어감 강독" 그리고 "*sententia*"를 "의견 강독"으로 설명한다.

2) 질문(*quaestio*)

문헌(*textus*)을 해설하는 강독하는 과정에서 같은 구절에 대한 상반된 의견들이나 같은 의견에 대해 서로 상충하는 문헌들의 발견은 자연스럽게 의문을 제기하게 된다. 아벨라르두스(Abaelardus)는 "질문"(*quaestio*)이 제기되는 구체적인 원인을 "교부의 글에서 서로 불일치하는 것처럼 보이는 것"이라고 지적하고 있다.[13] 이에 아벨라르두스는, "의문"(*dubitando*)으로부터 "질문"(*inquisiorem*)을 하게 되고, "질문"을 통해서 "탐구"(*inquirendo*)를 하게 되고, 그 탐구의 과정에서 "진리"(*veritas*)를 발견한다고 주장하였다.[14]

학문적 방법으로서의 질문의 기본 형식은 "질문하고, 응답하는"(*quaeritur* + *respondetur*) 것이다.[15] 질문의 출발점이 되는 논쟁점(*Streitsatz*)에 대하여, 질문자는 반대되는 근거와 논리를 통해 반박하고, 응답하는 자는 그 논제를 변호하는 방법이다. 이때, 질문자나 반대자는 모두 변증법의 모든 규율이나, 엄격한 삼단논법에 따라 논리를 전개해야 했다.[16] 이 과정에서 가장 중요한 것은 질문을 통해서, 논의의 대상이 되는 주제를 세분화하여 구체적인 답변이 가능한 질문으로 바꾸고(*dividendo*), 그리고 논의의 주제를 정확히 확립하고(*definitio*), 나아가 그에 따르는 다양한 의견들을 수렴하는 답을 구하는 것(*collegendo*)에 있다.[17] 이처럼 "질문"은 대상을 구분하고(*dividendo*), 정의하고(*definiendo*), 종합하는(*collegendo*) 변증법의 기술에 해당한다.

말하자면, "질문"이란 진리를 탐구하는 기술이며, 그 과정에서 필연적으로 발생하게 되는 모순, 불일치, 그리고 대립을 변증법적 수단을 통해서 해소해 나가는 과정이다. 이 "질문"은 교수 방법론으로서 이미 12세기경에 수

---

13 Abelard, *sic et non*, prol., PL 178.1349A.

14 Abelard, *sic et non*, prol., PL 178.1349.

15 L. Hödl, "Quaestio," in: LKTh. Bd. 8. 925.

16 Hödl. "Quaestio," 926.

17 Boethius, *In Topica Ciceronis* I, PL 64.1045.

업에서 자리를 잡았다. 롬바르두스나 아벨라르두스의 성경 주석에서 "질문"은 다듬어지지 않은 상태로 나타나지만, 13세기 롬바르두스의 명제집 주석이나 아리스토텔레스 주석 등의 수업에서 "질문"은 가장 중요한 위치를 차지하며 세련된 형태로 나타난다.[18]

3) 토론(*disputatio*)

"토론"(*disputatio*)은 중세의 대학이 지닌 특징을 가장 명료하게 드러낸다. 토론은 먼저 수업의 한 형태로서 시작되었다. 여기서 먼저 어떤 문제가 설정되면, 이 문제와 관련된 "개연성 있는 반론"(*obiectio*)과 "대립하는 주장"(*contra*)이 제기되었다. 그런 다음 양 진영은 그 문제에 대한 공개적 토론을 통해서 어떤 "해결"(*solutio*)을 모색하였으며, 논리적으로 이해가 되는 "결론"(*determinatio*)을 이끌어내었다.[19] 13세기경에 출판된 "토론집"들은 일정한 형식, 즉 질문, 찬성과 반대 주장, 답변, 반대 주장에 대한 해결책, 논의의 한계, 그리고 교사의 지향 등을 담고 있다. 앞의 방법론적 "질문"이 그 대상을 명확히 하고, 정밀하게 다듬어 대답 가능한 구체적인 질문을 제기하는 데 목적이 있다면, "토론"의 주목적은 그 문제에 대한 서로 다른 의견을 해결하는 데 있다.

"토론"은 "정규적으로 행해지던 토론"(*disputationes ordinariae*)과 "자유로운 토론"(*disputationes quodlibetales*)으로 나눌 수 있다. 정규 토론은 학기 중 매 14일에 한 번씩 행해졌으며, 이 수업에서 담당 교사는 오랜 시간을 들여 토론을 준비한 후, 확정된 개별적인 주제(예컨대, 진리에 대하여 *de veritate*, 능력에 관하여 *de potentia*, 악에 대하여 *de malo*)[20]를 논의하였다. 반면, 자유 토론은 일 년에 두 차례, 대강절과 사순절에 진행된 토론으로, 모든 대학의 교사들

18 Hödl, "Quaestio," 926.

19 신창석, "신학대전"의 형성과 구조," 16.

20 J. Hirschberger, *Geschichte der Philosophie*, I, 507.

과 학생들이 참여하여, 자유로운 주제들, 혹은 현재적 관심사 등을 제기하여 주제를 정하고 자유롭게 토론하였다. 정규 토론집에서 스콜라 신학의 주제와 그 논의 과정, 사상들을 자세히 살펴볼 수 있다면, 자유 토론집에서는 그 당시의 사회적, 신학적, 철학적 관심 주제들을 볼 수 있다. 정규 토론을 기록하여 출판한 것을 "정규 토론집"(*quaestiones disputata*)이라고 부르며, 자유롭게 진행된 자유 토론을 정리하여 기록한 것을 "자유(혹은 임의) 토론집"(*quaestiones quodlibetales*)이라 부른다.

망도네(P. Mandonnet)는 파리 대학의 수업 장면을 다음과 같이 소개하고 있다:

> 어떤 교사(Magister)가 토론을 개최하게 되면, 통상적으로 오전에 있던 그 학부의 다른 학사(Baccalureus)나 교사들의 수업이 휴강하게 된다. 다만 토론을 시행하는 교사만이 참가할 학생들에게 시간을 알리기 위하여 간단한 강의를 가질 뿐이었다. 그런 다음 토론이 시작되었다. 이 토론은 오전 중의 다소 중요한 시간대를 차지하게 된다. 해당 학부의 모든 학사와 토론을 주관하는 교사의 모든 제자는 이 토론 수업에 의무적으로 참여하지 않으면 안 되었다. 그 외의 다른 교사나 학생들은 참가 여부를 자유로이 결정할 수 있었던 것 같다. 그러나 분명한 것은 주관하는 교사의 실력이나 토론의 논제에 따라서 참석자의 숫자가 결정된다는 것이다…. … 토론에 부쳐질 문제는 이 토론을 진행하는 교사에 의해 미리 확정되었다. 그리고 이 문제는 지정된 토론 날짜와 함께 다른 학교의 동일 학부에도 공고되었다. 이러한 논제는 동일한 교사의 토론에도 현저하게 다양하였다. 왜냐하면 당시 교수(Professor)는 한 해에 통상적으로 극소수의 토론만을 시행했기 때문이기도 하다…. 토론은 교사에 의하여 진행되었다. 그러나 정확하게 말하자면 직접 토론하는 사람은 그 교사가 아니었다. 실제로 토론하는 이들은 학사들이었으며, 이들은 논제에 대해 대답해야 할 의무가 있었을 뿐만 아니라 또한 이러한 훈

련을 통하여 자신들이 가르쳐야 하는 시대를 준비하기 시작했던 것이다.[21]

망도네의 서술에 따르면, 토론 수업은 중세의 대학에서 가장 중요한 시간이었고, 학생들은 이를 통해 자신들의 이성과 논리를 날카롭게 발전시킬 수 있었다.

3. 중세 대학에서의 신앙과 이성

"스콜라적"(scholastic)이라는 말은 문자적으로는 "학교적인"(Schulmässig)을 의미한다. 즉, 스콜라적이라는 말은 학교 수업의 내용과 방법 등과 밀접하게 연관되어 있었다. 또한 "스콜라적 방법"은 학교 수업을 위해, 혹은 가르치기 위한 목적을 위해 개별 학문의 내용을 담아내는 유용한 철학적, 이성적 방법들을 의미하였다. 이 방법을 통해 한편으로는 전통적인 가르침을 설명하고, 다른 한편에서는 개별적인 문제의 해결을 추구하는 것이다. 따라서 "스콜라 신학"은 그 내용에 있어서는 신앙의 원리를, 그 방법에 있어서는 "이성"의 사용이라고 하는 큰 틀을 형성하였다.

이 때문에 스콜라 신학은 매우 포괄적인 개념이며, 신학적 성격을 규정하기란 매우 어렵다. 스콜라 신학은 하나의 신학적 경향으로 파악하기보다는 "이성"을 신학적 탐구에 적극적으로 활용한 방법론으로 이해하는 것이 낫다. 이는 자연스럽게 신앙과 이성의 관계에 관한 질문으로 연결된다.

신앙과 이성의 권위에 관하여 중세는 어떻게 생각하였는가? 먼저 스콜라의 신학자들은 이성적 추론과 그 결과들을 신앙의 내용과 혼동하지 않았으며, 이들에게 있어 믿음의 내용은 절대적 확실성을 갖는 것이었다. 이러

---

21 P. Mandonnet, "Chronologie des Quaestiones disputees de saint Thomas d Aquin," *Reuve thomiste* 23 (1918): 267-278. [신창석, "신학대전의 형성과 구조," 18-19에서 재인용].

한 확신은 전체 스콜라의 시대를 관통해서 흔들리지 않는 내용이다.

스콜라 시대의 시작이라고 평가할 수 있는 캔터베리의 안셀무스(Anselm von Canterbury, 1133/4-1109)는 이러한 특성을 분명하게 보여준다. 학문적 성찰에서 안셀무스의 중요한 전제는, '성경의 도움을 받지 않고, 오직 이성을 수단으로 해서, 신앙의 진리를 증명하는 것'이었다.[22] 이런 이유로 요셉 피퍼(J. Pieper)는 안셀무스야말로 중세인 중 "이성에 대한 무한정한 신뢰"를 보인 인물로 평가한다.[23] 하지만 안셀무스를 이성에 사로잡힌 인물로 제한하는 것은 그에 대한 정당한 평가가 아니다. 왜냐하면 안셀무스는 논증이 신앙의 내용들을 다 담아내지 못한다고 하더라도, 곧바로 "신앙의 확실성"(*fidei certitudinem*)을 감소시키는 이유가 될 수 없다고 여겼기 때문이다.[24] 도리어 안셀무스가 하나님에 대한 이성적 성찰을 추구할 수 있었던 것은 '신앙에 대한 이해를 주시는 주님'(*Ergo Domine, qui das fidei intellectum*)에 대한 신뢰 때문이었다. 그는 믿는바 존재하시는 하나님이, 그에게 존재하시는 것을 이해하도록 해주신다고 믿었다.[25] 안셀무스는 자신의 증명이 신앙의 논증이기는 하지만, 비신앙인들까지 설득할 수 있기를 희망하였다.

K. 플라시는 그의 이러한 태도를 다음과 같이 평가한다. "안셀무스는 이성의 길을 통해 비신앙인들과도 소통하고, 내용상으로는 교리에 부합하는 이성적 통찰에 도달하기 위해 신앙의 교리 내용을 방법론적으로 괄호 속에 넣으려고 하였다."[26] 실제로 안셀무스는 기독교 세계 내에 존재하는 비기독교도인 유대인과 아라비아인들을 염두에 두고 있었으며, 나아가 극복해야 할 불신앙을 자기 내면에 지니고 있는 이들에게도 말하고 있다.

이처럼 안셀무스는 신앙의 내용에 대하여, 권위(성서와 전통)에 의존하지

---

22 Anselmus, *Cur deus homo*, Prooem.

23 Josep Pieper, *Scholasticism: Gestalten und Probleme der Mittelalterichen Philosphie*, 79.

24 Anselmus, *Monologion*, c. 64.

25 Anselmus, *Proslogion*, c. 2.

26 Flasch, *Einführung in die Philosophie des Mittelalters*, 99.

않고, 이성적 논구를 통해서 동일한 결론에 이를 수 있는가를 질문하고, 자신의 질문에 대한 대답을 스스로 다음과 같이 적고 있다:

> 주여, 나는 당신을 완전히 통찰하기를 시도하지 않습니다. 왜냐하면, 나의 영혼이 그에 이르지 못할 것임을 알고 있기 때문입니다. 단지 내가 원하는 것은, '어느 정도'(*aliquatenus*)까지 내 마음이 믿고, 사랑하는 당신의 진리를 이해하는 것입니다. 나는 믿기 위해 앎을 추구하는 것이 아니라, 믿기 때문에 알기를 원합니다(*Neque enim quaero intelligere ut credam, sed credo ut intelligam*).[27]

실제로 안셀무스가 이해를 추구한다고 말할 때, 그는 신앙의 내용들이 논리적 사유를 통해서 진리로 확인되고 증명될 수 있다고 여겼다. 안셀무스에게서 문제가 된 것은 신앙의 내용에 관한 판단이 아니라, 이를 증명하고 설명할 때, 그 누구라도—신자이든 불신자이든—반박할 수 없는 "논리적 필연성"(*necessitas rationale*)을 획득할 수 있는가 하는 것이었다.[28]

아벨라르두스(Petrus Abaelardus, 1079-1142)는 교회의 가르침들이 신뢰받기 위해서는 논리학(logic)이 먼저 이해되어야 하며, 보다 적극적으로 활용할 수 있어야 한다고 주장하였다.

> 나는 우선 우리의 신앙의 근본 자체를 인간 이성의 영역으로부터의 유비를 통해 이해할 수 있게 하고자 씨름하였다. 그리고 나의 학생들이 활용하도록 「삼위일체에 관하여」(*Über die göttliche Einheit und Dreiheit*)라는 신학 논문을 썼다. 그들은(학생들은) 인간적이고 철학적인 이론적 근거를 요구하고 나아가 사람들이 단순히 말할 수 있는 그 무엇보다는, 이해할 수 있는 것을 추구하였다. ……[29]

---

27 Anselmus, *Proslogion* c. 1.

28 Pieper, *Scholasticism: Gestalten und Probleme der Mittelalterichen Philosphie*, 62-63.

29 Abelard, *Historia calamitatum*, c. 30.

아벨라르두스의 근본적인 태도 역시 안셀무스와 다르지 않다. 신앙의 내용들이 논리학의 사용을 통해서 더욱 분명하게 이해될 것이라고 여겼다. 차이라고 한다면, 아벨라르두스가 논리학을 신학적 방법론에 더 적극적으로 사용하였다는 것이다. 이러한 태도는 아벨라르두스가 신학자나, 수도사의 위치가 아니라, 일차적으로 논리학자인 까닭이다. 그런데도 그에게 신앙과 이성의 관계에서 이성은 신앙에 봉사하는 역할이었다.

스콜라의 신학의 대표자라 할 수 있는 토마스 아퀴나스(Thomas Aquinas)는 신앙과 이성을 대립적인 관계로 파악한 것이 아니라, 상호보완적인 것으로 파악하였다. 즉, 토마스는 신앙의 빛은 하나님에 의해 우리에게 주어진 자연 이성의 빛과 서로 대치하지 않는 것으로 보았다. 토마스는 자신의 글에서 다음과 같이 말한다:[30]

> 비록 인간 정신의 자연적 빛이 신앙을 통해 드러난 것들을 보여주기에 불충분하지만 그렇다고 해서 신앙이 우리에게 전해준 것들이 자연을 통해 우리에게 주어진 것들과 반대된다는 것은 불가능하다.

이처럼 토마스에게 있어서 신학과 철학은 서로 다른 범주(*genus*)에 속하지만, 두 지식은 서로 전적으로 분리되거나 대립하는 것이 아니라 상관관계에 놓여 있다. 오히려 신학에서도 이성의 사용에 대해 긍정한다. 토마스는 그리스도인들이 자신들의 신앙적 진리들을 충분히 이해하기 위해서는 현실 세계[자연]에 대한 성찰을 통해 신적 진리로 나아가는 방법을 추구해야 한다고 믿었다.[31]

---

30 Thomas Aquinas, *Super Boetium de Trinitate*, q. 2. a. 3. corpus; *Summa contra Gentiles*, I. 7-8.

31 Copleston, *Thomas Aquinas*, 163. 최은순은 아퀴나스의 두 대전의 핵심적 주제인 "삼위일체, 육화, 부활 등은 인간이 현재의 상태에서 신의 상태로 도약하는 과정에 관한 설명이라는 점에서 교육학적 주제"로 설명한다. 최은순, "토마스 아퀴나스 존재론의 교육학적 해석" (서울대 박사학위논문; 서울: 서울대학교, 2012), 97.

아퀴나스의 소위 "우주론적 신존재 증명"은 현실 세계에 대한 성찰에서 신적 진리에로의 고양을 보여주는 좋은 예이다. 토마스는 신의 존재를 증명하기 위해 현실적 경험에서 출발한다. 운동, 인과관계, 가능성과 필연성, 완전성의 정도, 질서 등의 경험에서 신적인 진리로 나아간다. 즉, 하나님이 존재한다는 것을 우리에게 알려진 결과를 통해 논증하려 시도한다. "만일 철학적 진술에서 신앙에 모순되는 것이 발견된다면, 그것은 철학이 아니라, 철학적 추론의 오류이거나 혹은 철학의 남용일 것이다."[32]

이상에서 살펴본 안셀무스, 아벨라르두스 그리고 토마스 아퀴나스의 예에서 알 수 있듯이, 스콜라 신학의 가장 큰 특징은, 신앙의 내용 혹은 가르침을 이성을 통해서 설명하고, 증명하고 혹은 해석해 낼 수 있다고 하는 것이다. 스콜라 신학자들이 이렇게 인간 이성의 능력에 대해 긍정적이라고 해서, 스콜라 신학자들이 인간 이성이 계시의 내용을 온전히(100%) 논증해 낼 수 있다고 믿었다고 추론한다면, 이 또한 편견이다. 이는 안셀무스의 "어느 정도"(*aliquatenus*)나 아벨라르두스의 "유비의 방법" 혹은 토마스가 신학대전 1부 논제 88에서 신인식과 관련하여 인간 이성의 한계에 대한 설명에서 이는 분명히 드러난다.[33]

"이성 사용의 긍정"과 더불어 스콜라 신학은 하나의 "학문"(*scientia*)으로 정착되기 시작한다. 그러나 신학을 "학문"(*scientia*)으로 다루기 위해 스콜라 신학자들은, 먼저 신학의 대상과 과제와 본질을 분명히 해야만 했다. 스콜라 신학자들은 신학의 내용을 드러내기에 적합한 구조와 그에 따른 내용들(목차)을 제시하려 하였다. 오늘날 신학 함에도 동일한 수고가 필요하다. 신학의 과제를 분명히 하고, 그 대상과 본질, 나아가서는 이를 전개함에 적합한 체계에 대한 고찰이 선행되어야 한다. 물론 신학이 "학문"(*scientia*)이냐 혹은 "지혜"(*sapientia*)냐의 논쟁에서처럼,[34] 신앙의 모든 내용이 "학문"에 포

32 Thomas Aquinas, *Super Boetium de Trinitate*, q. 2. a. 3.

33 Thomas Aquinas, ST. I, q. 88, a. 1, co.

34 앞선 장에서 베르나르두스는 수도원이야말로 참된 지혜를 가르치는 곳으로써 지식을 가르치

함되고, 제한되는 것은 아니다. 따라서 신학 할 때, 그 대상에 대한 분명한 한계와 목적, 그리고 합당한 방법론 등에 대한 사전고찰이 더 필요하다. 더불어 "학문"의 범위를 넘어서는 "지혜"의 범주에 대한 긍정과 이해 역시 필요하다. 신앙은 이성적 사고와 실천적 행위 등 모두를 포함하는 삶이기 때문이다.[35]

전체적인 맥락에서 스콜라 신학은 신앙의 내용과 전통을 이성적 방법으로 해석하고, 이해하고 설명하고 증명하려는 시도와 더불어 그 가르침의 내용을 분류하고 체계화하여 구조를 부여하려는 노력의 산물이다. 이러한 스콜라주의에 대한 필립 샤프의 평가는 "스콜라주의의 주요 젖줄은 내용과 원리에 있어서는 아우구스티누스에게서 찾을 수 있으며, 형식과 변증법적 방법에 있어서는 아리스토텔레스의 저서들에서 찾을 수 있다"고 평가하였다.[36]

> 중세기 사람들에 있어서는, 사고와 연구가 원칙적으로 자유로웠다는 것은 사실이다. 교황 인노켄티우스 3세는 신자가 어떤 사태에 관하여 윗사람보다 더 잘 알고 있으므로, 그 윗사람의 명령에 동의할 수 없을 때는, 벌을 받아야만 하느냐? 하는 물음에 대해, 개인의 신념과 자유를 지지하는 결정을 내렸었다. 즉, '확신에서 생기지 않은 모든 것은 죄이며(롬 14:23), 양심을 거슬러 행하는 것은 지옥으로 가는 길을 마련하는 것이다. 우리는 신을 거역하고 재판관을 따라서는 안 되며, 그러기보다는 오히려 파문당하는 것이 낫다.' 교황의 이런 결정은 교회법전에 받아들여졌다(corp. iur. can. II 286, Richter-Friedberg).—그러나 이는 1917년 반포된 교회의 새 법전(*Codex iuris canonici*)에는 빠져 있다.—이런 결단에 맞추어, 토마스 아퀴나스와 여러 스콜라 철학자들도, 잘못된 전제 때문에 파문당한 자는 사태를 잘 알고 있음에도 불구하고, 윗사람의 그릇된 지시에 따르기보다,

---

는 곳보다 참된 의미에서의 학교라고 주장하였다. 지식은 추론과 연구와 강의 그리고 독서 등을 통해서 함양한다면, 지혜는 말씀에 대한 묵상과 순종과 기도의 삶을 통해서 체화된다고 보았다.

35 Thomas Aquinas, ST I. q. 1, a. 4, co.

36 Schaff, *History of Christian Church*, 5, 529.

교회에서 쫓겨난 채로 죽는 것이 낫다고 가르쳤다. 그 이유는, '이런 일은 개인의 진실에 반대되기 때문이며(*contra veritatem vitae*), 이 진실은 어떤 있을 법한 유혹 때문에 포기되어서는 안 된다(IV Sent. Dist. 38, expos. Text. In fine).[37]

II 스콜라 신학의 시대 구분과 대표자들

1. 초기 스콜라주의자들(11세기 후반-12세기 말)

1) 캔터베리의 안셀무스(Anselm de Canterbury, 1033/4-1109)

모든 사람이 스콜라 신학의 선구자로 캔터베리의 안셀무스를 주목하는 데 망설이지 않는다. 안셀무스는 1033년 이탈리아와 스위스 서부를 구분하는 지경의 이탈리아 피에몬테 지방의 아오스타(Aosta)에서 태어났다. 그는 청년이 되어 센상 하구의 르 베크(Bec) 대수도원에 입회하게 되었는데, 이 수도원은 당시 유명한 란프랑쿠스(Lanfrancus)가 지도하고 있었다. 이곳에서 란프랑쿠스는 성경 연구와 더불어, 고전 논리학과 수사학을 강의하였다.[38] 당시 르 베크에서 란프랑쿠스는 다른 수도원들과 대비되는 혁신적인 성격의 학교를 설립하였다. 즉 현지 귀족의 자제들도 참여하여 교육받을 수 있는 '개방된' 수도원 학교였다.[39]

안셀무스는 이곳에서 공부한 뒤 수사가 되었으며, 1063년에 란프랑쿠스가 프랑스 캉(Caen)의 생 스테펭의 수도원(Abbey of Saint-Étienne)으로 자리를 옮기면서 부수도원장이 되었고, 1078년에는 대수도원장이 되었다. 안셀무스는 수도원 학교 교장으로서 란프랑쿠스의 마땅한 후계자였지만, 그의

---

37 Hirschberger, *Geschichte der Philosophie*, I, 381-382.

38 Ferguss Kerr, "토마스 아퀴나스," in: *Medieval Theologians*, 202.

39 Kerr, "토마스 아퀴나스," 202.

지휘 아래 교실은 새로운 변화와 발전을 가져왔다.

안셀무스의 스승인 란프랑쿠스는 전통적인 방법에 따라 성경과 교부를 근거로 권위에 의한 증명을 시도하였지만, 안셀무스는 바로 이 권위에 의한 증명을 원칙적으로 포기하였다.[40] 오히려 안셀무스는 11세기 성찬논쟁에서 란프랑쿠스의 적수였던 베렝가리우스(Berengar of Tours)의 주장인 "신앙의 합리적 근거"(*ratio fidei*)를 수용하며, 사유의 필연성과 신앙의 합리성을 적극적으로 추구하였다.[41] 즉, 안셀무스는 신앙 문제에 관한 해답을 얻기 위해 이성을 적극적으로 적용하려고 시도하였다. 그는 '학교'(*schola*)에서 적극적으로 이성을 사용하기 시작하면서 스콜라 신학의 새로운 시대를 열었다. 신앙의 논증과 설명을 위해 이성을 적극적으로 적용하려는 안셀무스의 정신은 그의 다양한 저서들에 잘 표현되어있다. 이는 특히 그의 『모놀로기온』(*Monologion-An Example of Meditation on the Reason for Faith-*, 1075 and 1076), 『프로슬로기온』(*Proslogion*, 1077-1078), 『하나님은 왜 인간이 되셨는가』(*Cur deus homo*, 1095-98) 등의 저서들에서 잘 나타난다.

개방된 수도원 학교에서 안셀무스에게 주어진 첫 번째 강론의 주제는 학생들에게 하나님에 대하여 설득하는 것이었다.[42] 안셀무스의 소위 "존재론적 신 존재 증명"의 출발이다.[43] 그는 하나님이 존재하며, 선하고 옳으며, 또 인간은 오직 하나님 안에서만 참된 행복을 발견할 수 있다는 것을 증명하고 싶어 하였다. 또한 사유하고 사랑하는 존재로서의 인간이야말로 하나님의 형상(*imago Dei*)이라는 것을 증명하고 싶어 하였다.[44] 하나님의 존재가

---

40 Flasch, *Einführung in die Philosophie des Mittelalters*, 99.

41 Anselmus, *Monologion*, prooem. 19-20: "…. 개별적인 탐구를 통해 얻어지는 결론이 주장하는 내용은 무엇이든지 명확한 형식과 일반인들이 이해할 수 있는 논증, 단순한 설명을 통해서, 이성적 필연성을 간결하게 강조할 뿐만 아니라 진리의 필연성을 명백하게 보여주어야 했다…."

42 Anselmus, *Monologion*, prooem. 19.

43 참조) 정원래, "신 존재에 대한 묵상-안셀무스의 『프로슬로기온』(*Proslogion*)을 통하여-," 「한국개혁신학」 62 (2019): 304-339.

44 Anselmus, *Proslogion*, c. 1.

안셀무스에게 문제가 된 것은 아니다. 다만 새로운 형태의 증명이 문제였다. 즉, "권위에 따른 논증"이 아니라 "이성적 필연성"에 따르는 것이어야 했다.[45] 왜냐하면 그곳에는 수도사 지원자만이 아니라 많은 일반 학생이 교육받고 있었기 때문이다.

하나님의 본성에 대한 안셀무스의 사유는 『모놀로기온』(*Monologion*)과 『프로슬로기온』(*Proslogion*)에서 계속 이어졌다. 이 두 저서는 서로 상호보완의 성격을 지닌다. 왜냐하면 『모놀로기온』의 신에 대한 성찰이 선, 존재 같은 개별적 완전성으로부터의 논증인 데 반해, 『프로슬로기온』의 논증은 이 모든 것을 아우르는 것이기 때문이다.[46] 즉, 전자에서는 신앙의 신비[하나님] 그 자체가 우리의 이성 속에 드러나고, 이성을 통해 해명해 나가는 과정이라면,[47] 이를 바탕으로 후자에서는 그 신비가 우리 신앙의 대상이며, 얼마나 우리와 긴밀한 관계에 있는가를 드러낸다.

결국 안셀무스의 하나님 존재에 대한 성찰은 인간의 자신에 대한 이해와 하나님의 성품에 대한 이해로 이끈다. 『모놀로기온』에서 고찰한 하나님은 '모든 것 가운데 가장 선하고, 가장 위대하신 분'이다. 반면 『프로슬로기온』에서는 스스로 존재하는 하나님을 나의 하나님으로 고백하고, 그 하나님을 제대로 보지 못하는 현실에 안타까워하게 한다. 안셀무스의 하나님의 존재에 대한 성찰은 하나님과의 인간의 간극에 대한 인식도 가져온다. 그의 하나님의 계심에 대한 성찰은 자신을 겸손하게 하며, 기도의 자리로 이끈다. 이어서 결국은 신실하신 하나님의 응답과 그에 따른 기쁨의 충만함, 나아가 믿음, 소망, 사랑의 충만함까지도 고대한다. 비록 하나님에 대한 믿음의 흔들림을 경험할지라도, 하나님을 성찰한 결과로 낳는 하나님에 대한 이

---

45 Anselmus *Monologion*, prooem. 19-20.

46 이경재. "안셀무스의 신 존재 증명에 대한 토마스 아퀴나스의 비판으로 본 스콜라 사상의 두 흐름," 「지중해 지역연구」 8권 (2006): 123-153, 141.

47 황덕형, "안셀롬의 신 이해: 스콜라 신학의 시작," 81.

해는 흔들리지 않고 굳게 선다.[48]

어떠한 권위에도 의존하지 않고 오직 합리적인 논증으로만 성육신과 그리스도를 통한 구속이 필요함을 증명할 수 있는가? 이 질문에서 안셀무스는 기독교의 핵심 교리인 '성육신'을 "이성적 필연성"을 통해 참된 진리로 증명하려고 시도한다.

> 서론: 다루어지는 내용에 상응하여 나는 이 책에 '왜 하나님이 인간이 되었는가?'를 제목으로 붙였고, 또한 두 개의 작은 책으로 나누었다. 제1권에서는 기독교 신앙이 이성에 배치된다고 생각하여 이를 거부하는 불신자들의 반대와 이에 대한 신자들의 답변을 실었다. 마지막은 '그리스도가 없이'(*remoto Christo*)는 어떠한 인간도 구원받을 수 없음을 '논리적인 필연성'(*rationalibus necessariis*)을 통해서 증명한다. 제2권에서는 '마찬가지로 사람들이 그리스도에 관하여 알지 못하는 것처럼'(*similiter quasi nihil sciatur de Christo*), 분명한 근거와 진리를 제시하려고 한다: 인간의 본성에 따르면, 육체와 영혼을 지닌 인간은 한때 복된 불멸의 삶을 누리도록 창조되었는데, 그 목적은 하나님이자 인간이신 분(예수 그리스도)을 통하지 않고서는 도달할 수 없다. 마지막으로 우리가 그리스도에 관하여 믿는 모든 것들은 필연적으로 발생할 수밖에 없다.(*ex necessitate … fieri oportere*).[49]

이성을 통해 기독교 신앙의 진리를 증명하려는 안셀무스의 태도와 이성에 대한 그의 확신은 이성에 대한 창조자와 창조의 세계에 내재한 합리성에 대한 확고한 신앙에서 흘러나온다. 중세인들이 지닌 하나님의 형상(*imago dei*)로서의 인간 이해에 따르면, 이성은 인간이 지닌 가장 고귀한 능력이며, 이성적 사유의 정당성에 대한 최대의 근거였다.

안셀무스는 신앙의 내용들을 이성적 성찰을 통해 '받아들이지 않을 수

---

48 Anselmus, *Proslogion*, c. 4.

49 Anselmus, *Cur deus homo*, Prolog.

없는 근거들'[50]로서 추구하지만 그것은 자신과 무관한 논리적 필연성이 아니다. 그의 신존재 증명에는 자신이 논증에 포함되어 있고, 결국 이는 이성적이면서도 신앙적인 측면을 지닌다. 따라서 그의 하나님에 존재에 대한 성찰은 하나님의 계심을 논증하지만, 그 결과는 신앙적 겸손과 기쁨, 기도 그리고 하나님에 대한 찬양을 낳는다. 따라서 그는 이성을 학문에 적극적으로 사용하지만, 여전히 신앙적 인물이다.

2) 피터 아벨라르두스(Peter Abelard, 1079–1142)

초기 스콜라주의의 또 다른 중심인물은 피터 아벨라르두스이다. 아벨라르두스는 중세의 가장 탁월했던 인물 중의 한 사람으로 거론된다. 그는 12세기의 탁월한 논리학자로 출발하여, 신학을 했던 인물로서, 아직 발전이 미흡하던 중세의 신학에 논리학을 적극적으로 활용한 스콜라주의자라고 할 수 있다.[51] 신학에 논리학을 거의 적용하지 않던 시기에 아벨라르두스는 논리학이 신학의 시녀(*ancilla theologiae*)로서 신학을 위해서 필수적이며 이를 통해서 사람들이 신앙의 진리들에 대하여 명료함을 획득할 수 있다고 여겼다. 아벨라르두스는 『로마서 주석』(*Commentary on the Romans*), 『신학서론』(*Introduction to Theology*), 『기독교 신학』(*Theologia christiana*) 등의 신학적 저술들과 자기 삶과 고난을 자전적으로 기술하고 있는 『아벨라르두스의 애사』(*Historia Calamitatum Abaelardi*), 윤리학 저서인 『너 자신을 알라』(*Scito te impsum*)와 학문에서의 논리적 방법론의 필요성을 역설한 『예와 아니오』(*Sic et non*) 등의 저술을 남겼다.

아벨라르두스(Abelard)는 1079년 프랑스 낭트의 동남쪽 '팔레'의 영주

---

50 이경재, "안셀무스의 신존재 증명에 대한 토마스 아퀴나스의 비판으로 본 스콜라 사상의 두 흐름," 148.

51 Adriaan H. Bredero, *Christendom and Christianity in the Middle Ages, The Relations between Religion, Church, and Society*, 229. 브레도는 아벨라르두스가 스콜라적인 방법에 극적인 변화를 가져왔다고 평가하며, 아벨라르두스를 스콜라주의의 선구적인 인물로 묘사한다.

〈Paris의 La-chaise 공동묘지에 있는 아벨라르두스와 엘로이제〉

베렝가의 맏아들로 태어났다. 베렝가는 자기 아들들이 당시의 기사들에게 필수적이었던 무술을 배우기 전에, 일반적인 학문에 대한 교양을 습득하도록 하였다. 그중에서도 장자였던 아벨라르두스는 학문에 탁월한 소질을 보였다. 아벨라르두스는 먼저 논리학을 배우고, 십 대 중반에 이르자, 마치 과거의 희랍의 소요학파처럼 자신의 주변 지역을 돌며, 교사와 스승들을 찾아다니며, 논쟁을 즐겼다. 당시의 프랑스는 장자들이 영지를 물려받았으나 학문에 대한 열정 때문에 아벨라르두스는 장자의 권리를 포기한다.[52] 아벨라르두스는 이 청소년기에 당대에 커다란 논쟁을 불러일으켰으며, 동시에 유명론 논쟁의 시조라고 할 수 있는 로셀린(Roscellin)이 로체에서 교수하고 있을 때 학생으로서 배우기도 하였다. 파리에서 아벨라르두스는 먼저 파리에서 교사로 명성을 떨치던 샹포의 기욤(Guillaume de Champeaux)에게서 수학한다.[53] 이 기욤은 당시에 실재론(Realismus)의 대표주자였다. 여러 해에 걸친 대립과 어려움을 극복하고 아벨라르두스는 파리에서 논리학 교사직을 획득하게 되었으며, 파리 주교좌인 노트르담 성당에서 강의하게 된다.[54] 파리의 교사로 재직하는 중 엘로이제(Heloise)와의 사랑 이야기는 중세 전체를

52 Abelard, *Historia calamitaticum*. 2.

53 Abelard, *Historia calamitaticum*, 3.

54 Abelard, *Historia calamitaticum*. 5.

통해서도 가장 유명한 이야기이다.[55] 비록 이로 인해 그는 파리의 교사직을 그만둘 수밖에 없었고, 수도사의 길을 걸어야 했지만, 많은 저서를 남겼고, 초기 스콜라주의자로서 이름을 올렸다.

a. 『예와 아니오』(*sic et non*, 1120)

아벨라르두스는 이 저서를 통해 신학적 성찰과 담론에 이성의 사용을 정당화하고 있다. 그는 교부의 많은 글에는 모순된 견해들이 있으며, 베드로도 사도 바울에 의해 오류를 교정받았으며, 아우구스티누스 역시 자신이 오류를 수정하였다고 말한다. 하물며 교부들이 어찌 실수하지 않겠느냐고 반문한다.[56] 이어서 아벨라르두스는 "의심에서 우리는 연구에 이르게 되며, 연구에서 우리는 진리를 얻는다"(*Dubitando enim ad inquisitionem venimus; inquirendo veritatem percipimus*)고 주장한다.[57] 그는 서로 상충하는 교부의 주장 158가지를 제시한다. 158가지의 서로 상충하는 것처럼 보이는 주장들에 대한 자신의 결론을 제시하기보다는 아벨라르두스는 이러한 서로 상충하는 것을 해결하기 위한 방법론을 제시하고 있다. 이러한 방법론은 이성을 수단으로 할 수밖에 없음을 드러낸다:

i) 성인들의 어떤 진술들이 (다른 본문들과) 충돌되거나 진리를 거스르는 것 같다고 사람들이 우리에게 제시할 때에 우리는 틀린 제목이나 본문의 손상으로 말미암아서 혼동되지 않았는지 주의 깊게 보아야 한다. 외경 문서들이 성인들의 이름을 제목에 달면서 이런 방식으로 권위를 가져보려고 하는 일이 많다. 더욱이 성경책 안에도 필사자의 첨가로 말미암은 실수들이 있다.

ii) 이처럼 내가 믿기로는 성인들의 글에서 진술된 것이 그들 자신에 의해서 다른 곳에서 다시금 취소되었는지 또 복되신 아우구스티누스가 많은 곳에서

---

55 Abelard, *Historia calamitaticum*은 그의 자서전적인 기록으로 자신의 불행에 대해 전해준다.

56 Abelard, *Sic et non*, prolog. KThQ2, Nr, 33. c. 2.

57 Abelard, *Sic et non*, prolog. KThQ2, Nr, 33. c. 2.

했던 것처럼 그들이 진리를 깨닫고는 바로 잡혔는지를 눈여겨봐야 한다. 혹은 그들이 자기들의 생각을 제시하기보다는 자기 것이 아닌 의견들을 제시하였는지도 보아야 한다…. 혹은 확고한 주장을 통해서 마무리 짓기보다 오히려 질문으로 남겨놓지는 않았는지를 주의하여야 한다….

iii) 동일한 문제에 대해서 다양한 언급이 있으면 무엇이 엄격하게 지켜져야 하는 명령으로 삼고 있는지, 무엇이 관대함을 베풀게 되어 있는지, 무엇이 (더 높은) 완전함을 향하도록 깨우치는 목적을 지니고 있는지 주의 깊게 검증해서 목적의 다양함에 따라서 우리에게 모순(을 다루기) 위한 수단을 확보해야 한다.… 또한 (서로 다른) 시대와 해제의 근거들도 눈여겨봐야 한다. 왜냐하면 어떤 것들은 한 시대에는 허락되었지만 다른 시대에는 금지되기도 하였기 때문이다.

iv) 모순의 해결이 아주 자주 힘도 들이지 않고 동일한 개념들이 다른 저자들에 의해서 다른 의미로 사용되었다는 증명으로 얻어지기도 한다.

v) (언급함 모든 방법적인 도구를 거부하고) 모순이 그 어떤 방식으로도 해결될 수 없음이 분명하면, 권위를 비교하여서 더 나은 증거와 분명한 근거가 있는 것에 우선권을 주어야 한다….[58]

이러한 방법론적인 제시와 더불어 아벨라르두스는 마태복음 7장 7절로-찾으라 그리하면 찾을 것이요, 두드리라 그리하면 열리리라- 서문을 마무리하며, 배우는 자들이 바른 갈망으로 매진할 것을 주문한다.

b. 『너 자신을 알라』(*Scito te ipsum*)[59]

아벨라르두스의 윤리학은 기독교 신앙의 도덕적 측면에 관한 신학적 탐

58 Abelard, *Sic et non*. prolog. KThQ2, Nr, 33. c. 2.

59 이는 아벨라르두스의 『윤리학』으로 불리기도 하지만, 원제목이 *Scito te ipsum*이다. 이 저서는 D. E. Luscombe가 *Peter Abelard's Ethics* (Oxford: Clarendon Press, 1979)로서 본문 비평을 거쳐 제공하고 있다. 참조) 정원래, "Peter Abaelardus의 구원론," 「역사신학논총」 28 (2015): 268-300.

구이다.[60] 『너 자신을 알라』(*scito te ipsum*)란 제목에서 이미 아벨라르두스의 도덕적 담론에서 그의 관심이 어디에 놓여 있는지 드러난다. 그는 인간 행위에 대한 탐구보다 인간의 태도에 대한 논의에 주목하고 있다. 아벨라르두스의 윤리학에서 핵심적 관심사는 객관적 행위보다는 "의도"(intention)와 "죄"(sin)를 정의하는 것이다. 먼저 아벨라르두스는 다음과 같이 주장하였다.

> 하나님은 무엇이 행하여 졌는지가 아니라, 어떤 마음에서 이것이 행하여 졌는지를 고려한다. 인간 행위자에게 공로가 되고 칭찬이 되는 것은 그 행위에 있는 것이 아니라, 그 의도에 있다. 유기된 자나 선택을 받은 자나 공통으로 행위들은 그들에게서 관심사가 아니라, 행위자들의 의도 때문에 선하거나 악하다고 불린다.[61]

> 실상 우리는 의도가 선할 때 그 자체로서 옳다고 말한다. 그러나 어떤 행위는 그 자체로서 어떤 선을 담고 있는 것이라기보다는 선한 의도로부터 나아온 것이라고 말한다.[62]

피터 킹(Peter King)은 아벨라르두스의 윤리학을 평가하며, 그를 "동기주의자"(intentionalist)라고 부른다.[63] 1121년 수와송(Soissons)에서 이단으로 정죄를 받았던 아벨라르두스는 자신의 『신학』(*Theologia scholarium*)에서 이단과 관련하여 다음과 같이 적고 있다.

> 나는 우연히 어떤 오류에 빠졌을 수 있다. 그러나 나는 순전히 논쟁을 즐기려는 마음에서는 어떠한 것도 변호하지 않을 것이다. 또한 어떤 자부심을 느끼려고도

---

60 Luscombe, *Peter Abelard's Ethics*, xxxi.

61 Abelard, *Scito te ipsum*, 29.

62 Abelard, *Scito te ipsum*, 53.

63 Peter King, "Abelard's Intentionalist Ethics," *The Modern Schoolman* 72 (1995): 213-231.

> 하지 않는다. 그래서 나에게 이단으로 정죄하는 어떠한 고발도 합당하지 않다.

왜냐하면, 아벨라르두스에게 있어 이단을 만드는 것은 무지(알지 못함)가 아니라, 교만이기 때문이다. 즉, 이단은 알지 못함이나 오류가 아니라, 교회의 신앙적 가르침에 반하는 것에서 목이 곧은 태도, 혹은 고집스러운 불순종이다. 이러한 아벨라르두스의 견해가 한 걸음 더 나아가, 자신의 윤리학에서 다음과 같이 제시된다.

> 사람들은 겉으로 드러난 행위를 판단할 수밖에 없다. 그러나 하나님은 그러한 행위가 나아오게 된 내면의 상태를 아시고 판단하신다. 즉, 하나님은 사람의 의도를 알고 거기에 합당한 죄를 물을 수 있다.[64] 아벨라르두스에게 죄란 "악에 대해 동의"(*consensus mali*)하거나 혹은 "하나님에 대한 소홀"(*contemptus dei*)을 의미하는 것이다. 그 예로 아담의 범죄는 선악과를 먹었을 때가 아니라 이미 그러한 의도를 지녔을 때 일어났다.[65]

이런 표현을 통해서 아벨라르두스는 자신의 의도는 전혀, 신앙의 가르침이나, 하나님에 대하여 불순한 의도를 갖지 않았으며, 이단으로 정죄당하는 것이 합당하지 않다고 변론한다. 단지 자신에게는 오류나 실수의 가능성이 있을 뿐이다. 그의 주장에 따르면, 예수를 십자가에 못 박도록 넘겨준 유다 역시 하나님 앞에서 어떤 죄도 범하지 않았을 수도 있다. 왜냐하면 그는 하나님을 기뻐하는 행위를 한다고 믿었고, 이러한 그의 의도(intention)는 선했기 때문이다.[66] 물론 여기서 아벨라르두스는 유보조항을 달고 있다. 그는 유다의 행위가 도덕적으로 선한 행위였다고 주장하지는 않았다. 그렇지만 아벨라르두스는 반대자들로부터 강력한 비판을 받았다.

---

64 Abelard, *Scito te ipsum*, 41.

65 Luscombe, *Peter Abelard's Ethics*, 5 이하.

66 Abelard, *Scito te ipsum*, 28-29.

반대자들이 그를 비판하며 말하기를, 만일 중요한 것이 행위가 아니라 의도라고 하면, 예수 그리스도를 십자가에 못 박은 유대인들도 죄를 범하였다고 말할 수 없다. 왜냐하면, 이들도 하나님이 기뻐하시는 일을 한다는 선한 의도를 지니고 있었기 때문이다.[67] 이에 아벨라르두스는 객관적인 잘못된 행위에도 불구하고, 그 의도와 내면에서 죄책을 물을 수 없는 상황들을 거론한다.

아벨라르두스는 철학자로 자신의 인생을 시작하였으며, 또한 철학자로서 유명해졌으며, 그는 또한 철학적인 문제로 사고하기를 결코 중단한 적이 없다. 그의 철학은 특별히 논리학, 특별히 언어논리학에 있었다. 즉, 그는 사람들이 서로 구분되는 사물을 같은 개념으로 표현하는 것을 날카롭게 지적한다. 물론 철학과 신학의 관계에 있어서, 아벨라르두스에게 철학은 중세의 학문적 풍토와 같이 신학의 하녀였다(*ancilla theologiae*). 그에게 있어서 논리학은 신학에 매우 필요한 학문이었다. 그는 논리학을 통해서 분쟁을 가져오는 자들의 변론을 반박할 뿐만 아니라, 또한 신앙에 반대하는 철학적 주장들을 합낭한 근거를 가지고 논박할 수 있다고 보았다. 아벨라르두스의 근본적인 태도는 '신앙은 지성을 요구한다'(*fides quaerens intellectum*)는 것이었다. 그렇다고 해서, 이는 그가 이성주의자라는 것을 의미하지는 않는다. 오히려 아벨라르두스가 노력한 것은 학문적인 방법을 통해서 신앙의 진리들을 자명하게 하고 이를 실제화하는 것이었다.

3) 피터 롬바르두스(Peter Lombardus, 1100?–1160)

스콜라 신학의 초기 역사에서 세 번째로 중요한 인물은 『4권의 신학명제집』 또는 『명제집』(*Libri Quatuor Sententiarum; Sentences*, 약 1150)을 저술한 피터 롬바르두스이다. 그는 이탈리아 북부에서 출생하여, 1140년에 노트르담

67 Abelard, *Scito te ipsum*, 46.

의 신학 교사가 되었고, 1159년 파리의 주교가 되었던 인물이다. 그의 주저인 『신학명제집』은 신론에서 시작하여 종말론에 이르기까지 기독교 신학의 주요 주제들을 체계적으로 다루었다.

12세기 기독교 교부의 글을 조직적으로 체계화하는 가운데 두 가지 흐름이 나타났다. 첫째는 교부의 글을 구속사적인 흐름에 따라 정리하는 것이며, 둘째는 논리적인 사고를 위해 주제에 따라 내용을 체계화하는 것이다. 생 빅터의 위그(Hugo von St. Victor)를 첫 번째 흐름의 대표주자로 들 수 있다. 그의 저서 『기독교 신앙의 성례들에 관하여』(*De sacramentis christianae fidei*)는 "초기 스콜라 시대에서 최초로 위대하고 완전한 교리의 체계"[68]를 갖추었다. 이 저서에서 위그(Hugo)는 자료들을 세상의 창조에서부터 종말에 이르는 구속사적인 흐름에 따라 배열하였다. 즉, 1권에서는 세상의 창조에서부터 성육신까지, 2권에서는 성육신부터 종말까지를 다루고 있다.[69] 또한 위그(Hugo)는 신학적 자료를 "세상과 그를 구성하는 것에 속하는 것들"(*opera conditionis*)과 "신·구약의 모든 비밀과 성례의 중심으로서 성육신에 기초한 구원에 관한 것들"(*opera restaurationis*)로 구분하였다. 이는 후에 "일반 은총"으로서의 "자연"과 "특별은총"으로서의 "계시"에 속한 것으로 나누는 것과 비슷하다.

위그(Hugo)와 달리 아벨라르두스는 믿음의 내용을, 믿음(*fides*), 사랑(*caritas*) 그리고 성례(*sacramentum*)라고 하는 논리적 구분에 따라 나누었다.[70] 이 시기 이후에 등장하는 대부분의 신학명제집은 논리적 체계를 따르는 아벨라르두스와 구속사적 흐름을 따르는 위그의 사이의 절충적 위치에 있다고 보면 된다. 이러한 신학명제집 중에 가장 대표적인 것이 피터 롬바르두스의 『4권의 신학명제집』(*Libri quattuor Sententiarum* 혹은 『명제집』)이다.[71]

---

68 M. Grabmann, *Die Geschichte der scholastische Methode* II. 259.

69 Hugo of St. Victor, *De sacramentis Christiane fidei*, prol. PL 176.173.

70 Abelard, *Introductio ad Theologiam* I, 1. PL 178.981C.

71 Peter Lombard, *Libri quattuor Sententiarum*, PL 192.519-964.

제1권은 삼위일체의 신비(*De mysterio trinitatis*)를, 제2권은 창조와 그 밖의 일들(*De rerum corporalium et spiritualium creatione et formatione, allisque pluribus eo pertinentibus*)로 위그의 제1권과 상응한다. 반면에 제3권과 제4권은 만물이 하나님께로 돌아감(Reditus in finem)을 다룬다. 제3권에서는 성육신(De incanatione Verbi)를, 제4권에서는 전체 제목은 부여하지 않았으나, 성례론(d.1-42)과 종말론(d. 43-50)을 다루고 있다. 이는 위그의 제2권과 상응한다. 그러나 개별 주제들은 내용에 따른 구분과 체계를 갖추어 아벨라르두스의 방법에 따라 저술한다.

이 『신학명제집』에서 피터 롬바르두스는 수많은 교부의 글을 인용하였으나, 그중 아우구스티누스(Augustine)를 약 1,000번 정도 인용하였다.[72] 스콜라의 전형적인 논리적 구조와 신학 전체의 구조를 구속사적인 관점에서 저술하되 내용은 아우구스티누스의 신학으로 채웠다. 당대의 베르나르두스와 위그 등은 '변증법적 방법'에 대하여 부정적이었던 반면, 이들보다 롬바르두스는 조금 더 변증법적인 방법의 사용에 긍정적이었으며, 아벨라르두스 등에 비하여서는 훨씬 더 그 사용에 대해 주의하는 태도를 보인다.

롬바르두스의 『신학명제집』, 이 책은 중세기의 신학 교육에 지대한 영향을 미쳤다. 1225년경 헤일즈의 알렉산더(Alexander von Hales)가 신학 교육을 위한 교재로 사용한 이후로, 약 300여 년 동안 신학 연구의 가장 중요한 저서가 되었다. 특히 당시 파리 대학의 규정에 따르면, 학업을 마친 후 계속 신학 수업을 해야 할 때 약 2년에 걸쳐 롬바르두스의 『신학명제집』을 주해해야만 했다.[73] 필립 샤프는 롬바르두스의 『신학명제집』에 대한 주석자들이 약 300명을 상회한다고 주장한다.[74] 알베르투스 마그누스(Albertus Magnus, 1246-49), 보나벤투라(Bonaventura, 1250-1252), 토마스 아퀴나스(Thomas von Aquin, 1254-1256), 둔스 스코투스(Duns Scotus) 등도 『신학명제

72 Ritter 외 편역, *Kirchen- und Theologiegeschichte in Quellen vol. II: Mittelalter*, 238.

73 L. Hödl, "Petrus Lombardus," TRE Bd. 26: 296-303.

74 Schaff, *History of Christian Church*, 5, 565.

집 주석』(*Commentaria Sententiarum*)을 남겼다.

초기 스콜라주의자들은 이미 신앙을 통해 알려진 진리를 더 잘 이해하고, 설명하기 위해 이성을 사용하려는 의도에서 형성되었다.

2. 스콜라의 전성시대(13세기)

초기 스콜라주의자들의 이성적 노력은 13세기 새로운 환경을 만나면서 스콜라 신학은 그 절정에 이르게 된다. 13세기가 마주한 새로운 환경은 대학의 형성, 탁발 수도회의 설립, 그리고 아리스토텔레스 사상의 영향을 들 수 있다.

13세기에 이르러 대학은 교육의 요람이자, 지적, 학문적 삶의 중심이 되었다. 이들은 모든 계층의 사람들을 끌어들였고, 전문적인 지식뿐만 아니라 새로운 사상을 전파하는 등 새로운 시도를 감행하였다. 이들 대학에서 신학자가 되려는 사람도 먼저 수년간 철학과 인문학을 공부해야만 했다. 즉, 체계적인 학문 연구의 토대를 닦은 후에 신학적 내용을 다룰 수 있었다. 스콜라 신학은 대학의 풍토에 매우 적합하였고, 중세 스콜라의 전성기를 이끈 인물들은 모두 대학을 배경으로 활동한 이들이다. 알렉산더 헤일즈(Alexander de Hales), 알베르투스 마그누스(Albertus Magnus), 보나벤투라(Bonaventura), 토마스 아퀴나스(Thomas Aquinas) 등 이들 모두가 파리 대학을 그 학문 활동의 중심지로 삼았다.

이들 스콜라의 전성기를 이끈 인물들의 또 다른 공통점은 모두가 탁발 수도회 출신이다. 즉, 알렉산더 헤일즈와 보나벤투라는 프란체스코 수도회 소속, 알베르투스 마그누스와 토마스 아퀴나스는 도미니쿠스 수도회 소속이었다. 13세기 초반의 사회적 현실에 적극적으로 참여하고자 했던 두 수도회는 수많은 이단의 문제들에 대처하기 위해 수도 규칙에서 '노동'이라는 규정을 학문 연구와 설교라는 과제로 이해하였다. 도미니쿠스 수도회는 설립 초기부터 대학 사회에 적극적으로 참여하였으며, 프란체스코 수도회도 보나벤투라 이후에는 학문 연구에 적극성을 보였다. 이들 탁발 수도회는 교육의 중심인 대학 사회에서 커다란 영향력을 발휘하였고, 일반 재속 교사들이나 성직자보다 유리한 여건 속에서 탁월한 학문적 결과들을 낳았다.

스콜라 신학의 발달에 형식적인 배경이 대학과 탁발 수도회라면, 사상적인 발전은 아리스토텔레스 사상의 도전에 따른 것이었다. 아리스토텔레스의 작품 중 일부가 학자들 사이에 읽히고 사용되었으나, 이는 주로 논리학에 관한 것이었다. 십자군 원정, 스페인 및 시칠리아에 거주하는 이슬람인들과의 접촉을 통해 12세기 후반부터 아리스토텔레스의 철학 사상이 대규모로 유입되었다. 마침내 유럽인들은 약 12세기 중반에서 13세기 중반에 걸치는 기간에 아리스토텔레스의 저서 대부분을 접할 수 있게 되었다. 그것은 아랍과 그리스인들에 의해 전해진 저서의 직접적인 번역의 작업, 또는 아랍과 유대 아리스토텔레스주의자들의 학문적인 영향을 통한 간접적인 방법을 통해 이루어졌다.[75]

아리스토텔레스는 아우구스티누스적으로 각인된 세계였던 기독교 체계에 대한 위험이라는 인식을 낳기도 하였다. 예를 들면, 드낭의 다비드(David de Dianant)는 아리스토텔레스의 『자연학』과 『형이상학』 그리고 그의 심리학적인 저술인 『영혼에 관하여』를 연구하였고 그 결과, 그는 영혼, 신, 물질이라는 세 범주에 주목하게 되었고, 급기야는 신, 물질 그리고 영혼이 하나라는 범신론을 주장하므로 이단으로 정죄받았다.[76] 베느의 아말리쿠스(Amalricus de Benne) 역시 그의 사상적인 내용은 잘 알려지지 않았으나, 범신론적 이단으로 여겨졌고, 나중에 그의 시신은 무덤에서 파헤쳐져 불태워졌다.[77]

---

75 대표적인 인물로 우리는 아랍인인 아베로에스(Averroes, 1126-98)와 유대인 마이모니데스(Maimonides, 1138-1204)를 거론할 수 있다. 참조) Hirschberger, Geschichte der Philosophie, I, 499.

76 Rubenstein, *Aristotle's Children: How Christians, Muslims, and Jews Rediscovered Ancient Wisdom and Illuminated the Dark Ages*, 231.

77 Rubenstein, *Aristotle's Children: How Christians, Muslims, and Jews Rediscovered*

이러한 위험에 대응하여, 1215년 인노켄티우스 3세의 교황특사였던 추기경 쿠르송(Robert von Courson)은 파리 대학의 인문학부와 신학부의 규율을 정하면서, 강의 시간에 교재로서 사용될 수 있는 아리스토텔레스의 작품과 금지되어야 할 작품들을 지정하였다. 허용되는 것에는 논리학에 관한 저서들, 윤리학 그리고 때에 따라서 네 권의 전제론(topicorum)이 포함되었다. 만일 위반했을 경우, 파문당할 수 있는 후자에는 형이상학과 자연철학에 관한 아리스토텔레스의 저술들과 더불어 드낭의 다비드와 아말리쿠스, 모리쿠스(Mauricius Hyspanus)의 저서들이 포함되었다.[78]

인노켄티우스 3세 교황의 조치는 1210년 센(Sens)의 대주교 코르베의 페트루스(Peter von Corbeil)에 의해 파리의 지역 공회를 통해서 발표된 아리스토텔레스 금지의 갱신과 확장이었다. 1231년 교황 그레고리우스 9세는 다시 파리 대학에서 아리스토텔레스의 자연에 관한 저술들을 사용하지 못하도록 칙령「학문의 어머니」(*Parens scientiarum*)을 발표하였다.[79] 이 금지는 인노켄티우스 4세에 의해 1245년 툴루즈 대학(Universitaet Toulouse)에도 적용되었고, 1265년 교황 우르바누스 4세에 의해서 다시 한번 표명되었다. 그러나 이러한 교회 당국의 금지령은 파리에서는 거의 실효성이 없었다.

아리스토텔레스의 사상은 13세기의 정신사에 커다란 변혁의 동인이었다. 보임커(C. Baumker)는 중세 철학에 관한 아리스토텔레스의 영향을 다음과 같은 짧은 몇 문장으로 요약한다:

Ancient Wisdom and Illuminated the Dark Ages, 229-230.

78 Robert de Courçon: *Statutes for the University of Paris*, 1215 [Chart. Univ. Paris. 1, No. 20, P. 78]: "형이상학이나 자연철학에 관한 아리스토텔레스의 책이나 이 작품의 요약본도 읽어서는 안 되며, 교사 다비드 드 디낭이나 이단자 알마르크, 스페인의 모리스의 "교리"(doctrine)도 읽어서는 안 된다." 루벤스타인에 의하면, 아밀리쿠스의 사상에 대하여는 잘 알려지지 않았다. 그러나 질병으로 죽은 그의 시신은 무덤에서 파헤쳐져 불에 태워졌다(*Aristotle's Children: How Christians, Muslims, and Jews Rediscovered Ancient Wisdom and Illuminated the Dark Ages*, 231).

79 Gregory IX, "Parens scientiarum," https://sourcebooks.fordham.edu/source/uparis-stats1231.asp

그의 영혼에 대한 개념과 물질적인 능력, 행위에 대한 이론 그리고 존재에 따른 존재의 종류, 원리 그리고 원인 나아가 가능태와 현실태, 형상과 질료, 생성과 소멸, 공간·시간 그리고 운동에 대한 관점은 그의 이론에서처럼 인간의 의무론적이고 윤리적인 덕론과 사회적 존재로서의 인간에 관해서 그리고 공동체의 형성에 관해서도 논의를 지배한다. 아리스토텔레스의 분명한 개념과 잘 짜인 문장들은 학교 철학을 위해서 언제나 개별적인 사색을 요구하는 인격성과 그 계발을 요구하는 플라톤적 조언보다 훨씬 더 쓸모가 있다. 그러므로 아리스토텔레스는, 단테가 그에 관해 찬사를 보인 것처럼, 아는 자들의 교사(Meister)가 되었다.[80]

체계적인 방법론과 학문에 전념하는 대학이라는 무대, 그리고 그곳에서 수도사로서 배움에 정진하는 자들이 아리스토텔레스가 전해준 사상적 도전에 맞서는 과정, 즉 아리스토텔레스의 사상을 거부하거나 적극적으로 수용하거나, 이를 신학적 논의에 활용하거나 하는 과정을 통해 중세는 스콜라 신학의 최대 진성기를 맞이하였다. 스콜라 신학의 전성기에 활동한 대가들은 이러한 배경에서 활동하였다.

스콜라 신학의 전성기에 해당하는 보나벤투라와 토마스 아퀴나스에 대하여는 참고할 수 있는 다양한 연구들이 이미 소개되어 있으므로, 생애에 대한 간단한 서술로 충분할 것이다.

1) 보나벤투라(Bonaventura, 1217/21–1274)

'천사 박사'(*doctor seraphicus*)라 불린 보나벤투라는 1221년에 이탈리아 중부 바뇨레지오(Bagnoregio)에서 아버지 조반니 디 피단자(Giovanni di

---

80 M. Grabmann, *Mittelalterliches Geistesleben: Abhandlungen zur Geschichte der Scholastik und Mystik*, Bd. III, p. 57에서 재인용함[Clemens Bäumker, *Die christliche Philosophie des Mittelalters*. 3. Auflage, 363 f.].

Fidanza)와 어머니 마리아 드 리텔로(Maria de Ritello) 사이에서 태어났다. 본명은 아버지의 이름을 이어받아 조반니 디 피단자(Giovanni di Fidanza)로 불렸다. 그는 네 살 때 아시시의 프란체스코의 기도로 중병에서 회복되었는데, 그의 어머니는 아이가 회복의 기미를 보이자 "오 부온 벤투라"(O buon ventura, 얼마나 다행인가!)라고 외쳤고, 이것이 그의 이름이 되었다.[81]

보나벤투라는 청년기인 1238-1243년에 프란체스코 수도원에 입회하였다. 이후 그는 파리로 가서 인문학부를 마친 후, 헤일스의 알렉산더(Alexander of Hales)에게 3년을 배웠는데, 그는 "보나벤투라 형제를 보면 아담이 죄를 범하지 않았다는 인상을 주게 됩니다"라고 말하였다고 한다.[82] 보나벤투라는 1247년에 팔마의 요한(John of Parma)이 프란체스코회의 총장으로 승진하자, 그의 후임으로 파리 대학교 교수가 되었다.[83] 그는 파리 대학교의 재속 교사들과 탁발 수도회 간에 치열한 투쟁이 벌어지는 상황에 놓이게 되었다. 이에 그는 탁발 원리를 공격한 생 아무르의 윌리엄(William of Saint-Amour)의 논문에 대해서 「그리스도의 가난에 대하여」라는 글로써 반박하였다.

1257년에 보나벤투라는 팔마의 요한에 이어 프란체스코회의 7대 총장으로 선출되었다. 그는 프란체스코회 내부에서 서로 투쟁하던 두 집단[84] 사이에서 중도적 위치를 견지하였으며, 그 수도회의 두 번째 설립자라 불렸다. 특히 보나벤투라는 1259년 알베르나 산을 방문한 후, 『프란체스코의 생애』(*Legenda S. Francisci*)를 집필하였고, 이는 1263년 수도회에 의해 프란체스코의 공식 전기로서 인정받았다. 그는 1265년에 잉글랜드 요크의 주교직

---

81 Schaff, *History of Christian Church*, 5, 604.

82 Schaff, *History of Christian Church*, 5, 604에서 재인용.

83 보나벤투라가 파리 대학의 교수가 된 시기를 1253년으로 보는 견해도 있다. 왜냐하면 그는 1248년에 가르칠 자격(licentiate)을 획득했기 때문이다(*Catholic encyclopedia*, "ST. Bonaventura").

84 가난에 대해 엄격하게 실천하려는 엄수파/신령파와 완화된 태도를 보이던 콘벤투알파/수정파의 갈등. 참조: 정원래, "부(富)의 "최소한의 사용"(*usus pauperis*)과 "온건한 사용"(*usus moderatus*)," 「역사신학논총」 20 (2010): 8-36.

을 제의받기도 하였다. 1273년에 그는 알바노의 추기경 주교가 되었다. 그는 리옹 공의회를 앞두고 준비 작업의 한 축을 맡았으나 공의회가 열린 직후인 1274년 7월 14일에 숨을 거두고 말았다. 종부성사를 교황이 집례하였고, 장례식은 기독교 세계 각지에서 모인 고관대작들의 엄숙한 무리 앞에서 거행되었다. 그는 리옹에 묻혔다. 1482년에 시성되었으며, 1587년에 교황 식스투스 5세에 의해 교회 박사(천사 박사: Seraph Doctor)로 공포되었다.

보나벤투라의 사상에 영향을 끼친 이들은 수없이 많다. 스승인 헤일스의 알렉산더를 비롯하여 플라톤, 플로티누스, 아우구스티누스와 위 디오니시우스, 베르나르두스, 안셀무스, 성 빅터의 위그 등이다. 그러나 그의 영성에 지대한 영향을 끼친 성 프란체스코를 제외한다면 사상 면에서는 당연히 아우구스티누스의 영향을 가장 많이 받았다고 할 수 있다. 또한 보나벤투라는 당시에 유입된 아리스토텔레스의 철학에 대하여도 잘 알았다. 따라서 혹자는 보나벤투라의 사상을 두고, "신학에 있어서는 아우구스티누스주의자이지만, 철학에 있어서는 근본적으로 신플라톤주의의 영향을 받은 아리스토텔레스주의자"라고 한다.[85]

사실 보나벤투라는 아리스토텔레스를 최고의 철학자로 존경하고 그의 저서를 자신의 전집에서 정확히 930번이나 인용하고 있다.[86] 그러나 최후 결론에 있어서는 아리스토텔레스의 인식 방법을 배격한다. 그 이유는 아리스토텔레스가 자신의 형이상학과 윤리학에서 플라톤의 이데아 설을 부정하며. 또한 신적 창조와 섭리에 대해서도 부인하는 사상가였기 때문이었다. 이에 보나벤투라는 아리스토텔레스는 최고의 철학자이긴 하지만 참된 형이상학자로 평가될 수 없다고 보았다. 왜냐하면 참된 형이상학이란 가장 높은 실체[삼위일체 하나님]의 인식에 이르는 것이기 때문이었다. 특히 그는

---

85 Ferdinand Van Steenberghen, *Aristotle in the West: the Origins of Latin Aristotelianism*, 147. 이러한 스텐베르겐의 주장에 대하여 코플스톤은 분명한 반대를 표명하고 있다. (Copleston, *Medieval philosophy of Augustine to Scotus*, 326).

86 Ritter 외 편역, *Kirchen- und Theologiegeschichte in Quellen vol. II: Mittelalter*, 338.

당시 아리스토텔레스주의자들과 아베로에스주의자들의 과도한 주장들을 위험으로 인식하고, 신학에 철학적 사유를 사용하는 것을 적극적으로 반대하였다. "신학에서 아리스토텔레스를 사용하는 것은, 빛을 어둠과 혹은 포도주를 물과, 혹은 진리를 오류와 혼합하는 것을 의미"하였다.[87] 그는 철학의 위험성을 경고하기도 하였다.[88]

그러므로 보나벤투라는 학문과 지혜, 신앙과 이성을 둘 다 겸비하고 있는 아우구스티누스 사상을 선호한다. 보나벤투라에게 있어서, 이성은 궁극적 원인인 최고 삼위일체의 존재를 파악할 수 없으므로, 그는 신앙을 이성 위에 두었다.

> 인간은 또한 자연에 대한 인식과 가장 높은 실체들에까지 고양되는 형이상학을 가져야 한다. 그리고 인간이 여기에까지 도달하여 멈춘다고 치자. 그러면 신앙의 빛에 의하여 도움을 받지 않고서는 오류에 떨어지지 않을 수 없고, 또 신이 하나이며 동시에 셋이고, 전능하면서 동시에 (선의 극치에 이를 정도로) 지극히 선하다고 믿을 수도 없다. [···] 그래서 이 학문은 [이방] 철학자들을 어둡게 하고 추락시킨다. 왜냐하면 그들은 신앙의 빛을 지니지 못하기 때문이다. [···] 철학은 다른 학문을 향한 길이다. 그러나 그것에 머물려고 하는 자는 어둠 속으로 떨어지고 만다.[89]

보나벤투라는 순수이성을 바탕으로 하는 철학자들을 '타조'에 비유하고 있다. 타조는 날개가 있어도 날 수 없고, 단지 좀 더 빨리 달릴 수 있을 뿐이다. 그러므로 신앙만이 인간의 오류를 막아주고, 인간을 하나님에게로 다가

---

87 Bonaventura, *Collationes de decem praeceptis*, II, 28; *De donis Spiritus Sancti*, VIII, 15-16.

88 보나벤투라는 교황 그레고리우스 9세와 더불어 1268년 파리의 교사들에게 철학의 위험성을 경고하기 위해 "지성의 포로"(*captivatio intellectu*)라는 비유를 사용하고 있다.

89 Bonaventura, *De donis Spiritus Sancti*, coll. IV, 12 *Opera omnes*, V, 473. [Sophia Lobigii. San Bonaventura, 34에서 재인용]

가는 힘을 줄 수 있다고 확신하였다.[90] 그렇다고 하여 보나벤투라가 이성을 무시하거나, 배척하고 있지는 않다. 오히려 그에게는 이성의 절제된 활용이 강조되고 있다.

> 그리고 만일 철학자들의 말이 가끔 진리를 밝게 이해하고 오류들을 논박하는 데 도움이 된다면, 그것을 공부하는 것은 신앙의 순수함에 방해가 되지 않는다. 이것은 특히 신앙의 많은 문제가 철학 없이는 이해될 수 없기 때문이다…. 아우구스티누스의 기독교 교리(*De doctrina christiana*)를 읽어보라. 그는 거기서 다른 학문에 대한 인식이 없이는 성서를 이해할 수 없다는 것…. 신학 박사들도 철학자들로부터 그들의 가르침을 받아들여야 한다는 것을 증명하고 있다….[91]

결론적으로 보나벤투라는 인간, 하나님, 그리고 영혼의 형이상학에서 혹은 순수 진리에 대한 참된 진리의 추구에서, 정신은 신앙의 빛의 도움을 받아야 한다고 보았다. 이러한 관점은 플라톤적인 이데아 관념과 연결된다. 그에게 플라톤적 정신은 초월적 이데아인 신적 정신을 지향하고 있지만, 인간 정신의 그 여정은 신앙의 빛에 의해서만 성취될 수 있다. 또한 이러한 정신을 다양한 활동과 저술들로 나타내어 보나벤투라는 수도회의 역사, 신학의 역사와 경건의 역사에서 골고루 탁월한 위치를 차지하고 있다.[92]

보나벤투라에게도 당시 일반적인 전통과 같이 다양한 자료들이 저술에 활용되었다. 특히 아우구스티누스의 경우 그는 3,050회 이상 인용하였다.[93] 당연히 그에게 있어, 성경이 가장 권위가 있는 자료였으며, 이어서 교부의 저술이, 다음에는 성인들의 가르침을 상술하는 교사들의 전집(*summae*)이

---

90 Schaff, *History of Christian Church*, 5, 607.

91 Bonaventura, *Epistola de tribus quaestionibus*, 12; *Opera omnes*, VIII, 335-336. [Lobigii, *San Bonaventura*, 33-34에서 재인용].

92 Ritter 외 편역, *Kirchen- und Theologiegeschichte in Quellen vol. II: Mittelalter*, 338.

93 Michael Robson, "성 보나벤투라," in: *Medieval Theologians*, 363.

자리하였다. 또한 파리의 여러 학교에서 이미 교부들과 함께 인용되고 있었던 교부 이후 신학자들의 저술들도 문자 그대로 인용이 된다. 이 신학자와 성직자 중에서 많은 사람이 자신의 권위와 영향력을 증대시킨 성결한 삶으로 명망이 나 있다. 안셀무스와 생 빅터의 리차드(Richard of Saint Victor), 클레르보의 베르나르두스(Bernardus of Clairvaux) 등은 신학적 논설과 설교와 명상 등에서 탁월한 모범이었다. 또한 세 영역에서 모두에서 탁월한 실력을 보였던 생 빅터의 위그(Hugh of Saint Victor)와 더불어 아우구스티누스와 대 그레고리우스, 다마스쿠스 요한은 중세 계승자로 공인을 받았다.[94] 요약하면 보나벤투라에게 권위의 중요성은 가장 먼저 성경이며, 그 다음은 교부들, 그리고 마지막으로 교사들의 순서를 지닌다.[95]

보나벤투라는 성경은 그리스도인이 믿어야 하는 바를 표현하고 있지만, 신학자는 계시의 내용을 지적인 용어를 빌어 제시함으로써 신뢰할 수 있는 것으로부터 이해할 수 있는 것으로의 전이를 수행해야 한다고 보았다.[96] 보나벤투라는 다음과 같은 아우구스티누스의 『믿음의 유익』이라는 문헌에 따라 이렇게 호소하고 있다.

> 우리가 믿는 바는 권위 있는 근거에 따른 것이고
> 우리가 이해하는 바는 우리의 이성에 따르는 것이다.

이러한 관점에서 보나벤투라는 스콜라주의자라고 할 수 있다.

보나벤투라는 신학이라는 학문이 진정한 통일성이나 건전한 체제가 모자라지 않는다는 사실, 곧 신학은 유일하게 완전한 지혜임을 보여주고자 한다.[97] 이것이 철학적 인식이 종결되는 지점이라면, 신학은 계속해서 최상의

94 Robson, "성 보나벤투라," 364.

95 Bonaventura, *Breviloquium*, prol. 6. no. 4.

96 Bonaventura, *Breviloquium*, prol. 1. no. 4.

97 Bonaventura, *Breviloquium*, prol. 6. no. 6.

원인으로서 죄의 치료제요 공로의 보상이요 인간 소망의 목적이신 하나님을 숙고하는 것이다. 보나벤투라는 모든 기독교인이 이러한 앎을 얻고자 하는 갈망으로 불타올라야 한다고 결론짓고 있다.[98]

또한 탁발 수도회원으로서의 정체성을 지닌 보나벤투라는 왜 수도회가 성경 학교를 운영하고, 수도자들이 성경 연구에 힘써야 하는가에 대하여도 답을 한다. 보나벤투라는 수도회는 그 의무에 있어서 설교하고 고해성사 등의 일을 하며 이러한 일을 위해 성서에 대한 지식이 요청되며, 성서 본문들에 관한 명료한 탐구에 기초해서, 그것들을 거짓되게 해석하고 그 속에서 오류의 빌미를 찾는 이단자들의 교활함에 대해 정확하게 맞서며, 신자들에게 그들이 쳐 놓은 교활한 함정에 말려들지 않도록 대비해야 한다고 주장한다.[99]

보나벤투라가 스콜라 학자 가운데 독특한 위치를 차지하게 된 것은 교의학자로서가 아니라, 신비주의자와 성 프란체스코의 전기 작가로서였다. 그는 분명히 생 빅터 수도원의 신비주의자들에게 영향을 받았고, 그들의 용어를 사용하였으며, 그들의 한계를 벗어나지 않았다. 그의 신비수의는 『하나님을 향한 마음의 여행』(*Itinerarium mentis in Deum*)에서 잘 드러난다.

보나벤투라는 설교자로서도 폭넓은 명성을 누렸다. 시인이기도 했으며, 산문뿐 아니라, 시편의 형식을 빌려서 쓴 마리아를 향한 매우 강렬한 찬사를 남기기도 하였다. 신학 저서들 가운데서는 『롬바르두스 명제집 주해』, 『신학개요』(*Brebiloquium*)와 『모음집』(*Centiloquium*) 등이다. 푼크(Funk)가 중세 신학을 가장 잘 간추린 저서로 평가한 『신학개요』는 일곱 가지 질문을 다룬다: 삼위일체, 창조, 죄, 성육신, 성령의 은혜, 성례적 매체, 최후의 상태 등이다. 보나벤투라는 다른 스콜라주의자들처럼 성경을 폭넓게 이해하였고, 교리 진술에서 지나침을 막아주는 균형 잡힌 판단력을 보여주었다.

---

98 Bonaventura, *Breviloquium*, prol. 6. no. 3.

99 Bonaventura, *Determinationes quaestionum circa Regulam Fratrum Minorum*, I. 3.

후대에 그는 "13세기의 인물들 가운데 보나벤투라만큼 교회를 세상에, 세상을 교회에 잘 설명할 준비가 되어 있고 그럴 능력을 갖춘 이는 없었다."라는 찬사를 받기도 하였다.[100] 당시 보나벤투라의 송덕문을 쓴 제르송(Gerson)은 그가 박사들 가운데 가장 유익하며, 가르침이 안전하고 듬직하며, 경건하고 독실한 인물이었다고 말하였다. 그는 호기심을 위해 봉사하지도 않았고, 신학적 논의에 세속적 변증학과 자연 과학을 뒤섞지도 않았다. 단테는 그를 토마스 아퀴나스 곁에 두고 다음과 같이 칭송한다.

> 순수한 생각을 가진 사람은
> 지상적 목표보다 천상적 목표를 더 좋아한다.[101]

2) 토마스 아퀴나스(Thomas Aquinas, 1224/5–1274)

토마스는 1224/25년 이탈리아 나폴리 근처의 아퀴노(Aquin)에서 태어났다. 아퀴노 지역은 로마와 나폴리 중간 지점에 있는 곳으로, 당시 프리드리히 2세 황제와 교황의 권력의 충돌지점에 해당하였다. 3남 4녀 중 아들 중에서 막내로 전해지는 토마스 아퀴나스는 5세에 몬테카시노의 베네딕투스 수도원의 헌신자(Oblate)가 되어 교육받았다. 부모의 바람은 수도원장(Abt)이 되는 것이었다. 헌신자로서 토마스는 완전한 베네딕투스 수도사가 된 것이 아니라, 성년이 되었을 때(약 15세) 자기 의사에 따라 수도회에 입회할 것인지 아니면 수도원을 떠날 것인지 결정할 권리를 가지고 있었다.

1236년 3월에 교황은 다시 황제를 파문하고, 황제령과 교황령의 접경지대였던 이곳 베네딕투스 수도원은 새로이 황제의 군대에 의해 점령되어 요새로 사용되었다. 일부 수도자들은 쫓겨났다. 계속되는 교황과의 갈등에서

---

100 Richard J. Foster/Gayle D. Beebe, *Longing for God*, 220.

101 단테, 『신곡: 낙원 편』 XII. 127.

〈현재는 루브르 박물관에 소장 중인 1471년 Benozzo Gozzoli의 작품: 토마스는 자신 위쪽의 인물들로 대표하는 신 · 구약 성경과 자기 주변의 인물인 아리스토텔레스(책을 가리킴)와 플라톤(위를 가리킴)를 종합하는 인물로서 이슬람 철학자인 아베로에스를 밟고 서 있는 모습, 그리고 교회와 사상의 모든 저명한 인물들보다 높은 경지의 인물로 제시된다.〉

프리드리히 2세는 1239년 6월 칙서를 내려 자신의 영토 밖에서 태어난 모든 수도자를 왕국으로부터 추방한다고 공포하였다. 그 결과 몬테카시노의 수도원 학교에는 8명의 수도자만이 남게 되었다. 최초의 전기 작가들은 토마스가 1239년 봄에 아버지의 집으로 돌아갔다고 전해진다. 그러자 수도원장 구이는 "소년의 부모들을 설득해서 나폴리 대학에 보내 교양과목들을 배우게 하였다."[102]

나폴리 대학에서 토마스는 교양과목들과 철학 공부를 시작하기 위해 "교양[인문]학부"(*studium generale*)에서 인문학(*artes liberales*)을 배웠다. 파리 대학의 학생들에게 아리스토텔레스의 자연 철학과 형이상학을 연구하는 것이 금지되어 있던 시절에, 토마스는 "자연 철학" 서적들은 물론이고 아마도 "형이상학"까지 공부할 수 있었다. 즉, 토마스는 나폴리에서 "시대의 새로운 정신"(new spirit of age)에 사로잡혔다. 중세 후기의 철학을 자연 철학, 윤리학, 제1철학(혹은 형이상학)으로 분류하는 좀 더 후대의 중세 대학들의 관행과는 달리, 13세기 초에는 형이상학이 흔히 자연 철학에 결부되어 있었다.[103] 이후 토마스가 도미니쿠스회에 입회하여 파리로 떠나기 전까지, 약 5

102 Weisheipl, *Friar Thomas D'Aquino, his life, thought, and works*, 40.

103 Weisheipl, *Friar Thomas D'Aquino, his life, thought, and works*, 43.

년 동안 대학 교수들의 지도로 학문 연구에 전념하였다. 여러 전기 작가들은 토마스가 알베르투스 마그누스 덕분에 아리스토텔레스의 가르침과 접촉하게 되었다고 전하고 있지만, 토마스는 아리스토텔레스의 자연 철학을 이미 나폴리에서 접하고 배웠다.[104] 나폴리 시절의 토마스 아퀴나스에 대해, 루벤스타인(R. Rubenstein)의 표현은 이를 잘 드러낸다: "[그는]…. 나폴리 대학교에서 처음 교육을 받았던 시칠리아 왕국의 토박이로서, 위험할 정도로 급진적인 사상을 가졌다고 많은 기독교 전통주의자들이 생각했던 인물이었다. 그 급진주의자의 라틴어 이름은 토마스 아퀴나스였으며, 그는 아리스토텔레스적 혁명의 선봉장이 될 운명을 지닌 사람이었다."[105]

토마스는 19세가 되던 해에, 당시 두 가지 탁발 수도회 중의 하나인 스페인 사람 도미니쿠스가 설립한 탁발 수도회에 들어가게 된다. 이는 갑작스러운 결정이었으며 그 자신의 선택에 근거한 것이었다. 아퀴나스는 그들의 청빈한 생활, 성경에 대한 해박한 지식, 복음을 선포하기 위한 열정 등에 깊은 감명을 받고 그 수도원에 입회하기를 원했던 것이다.

얼마 후에 도미니쿠스회의 2대 총장이 나폴리 공동체를 방문하였다가 아퀴나스가 지닌 뛰어난 재능과 가능성을 발견하고 제대로 된 신학부가 없는 나폴리를 떠나 당시 신학의 중심지인 파리 대학으로 가서 공부를 계속할 것을 명령하게 된다. 탁발하는 신생 수도원에 입회하고 파리로 유학을 떠나려는 토마스는 가족들의 강력한 반대를 마주하였다. 토마스의 가족들은 1년간이나 토마스의 마음을 돌리려고 모든 노력을 다했지만, 그의 마음을 돌릴 수 없었다. 마침내 그는 가족들의 동의를 얻어 도미니쿠스회에 정식으로 입회하기 위해 파리로 떠날 수 있게 된다. 당시 파리의 도미니쿠스 회원들은 파리 대학 근처의 생 쟈크 수도원에서 공동생활을 하고 있었다.

도미니쿠스 수도회의 창시자인 도미니쿠스는 파리에 생 쟈크 수도원

---

104 Weisheipl, *Friar Thomas D'Aquino, his life, thought, and works*, 46.

105 Rubenstein, *Aristotle's Children: How Christians, Muslims, and Jews Rediscovered Ancient Wisdom and Illuminated the Dark Ages*, 42.

을 설립하였는데, 자신의 수사들 17명을 그곳으로 보내어 운영하도록 하면서 그들에게 학문을 연구하고 그것을 바탕으로 설교하라고 당부하였다. 또한 그는 "모든 수도원은 한 명의 원장과 한 명의 '신학 강사'를 보유해야" 하며, 이는 규칙으로 정하였다.[106] 이로써 도미니쿠스 수도원에는 모든 동료 회원들에게 성경에 관한 신학 강의를 담당할 교수가 한 명씩은 있어야 했으며, 원장이라고 하더라도 신학 강좌를 면제받을 수 없었다. 도미니쿠스 수도회의 구성원들 모두가 설교하는 것이 아님에도 불구하고 그들은 모두 설교자들(*praedicatores*)로 불렸다. 수도회는 4년 과정의 철학과 신학 수업을 받은 수사들에게 설교할 자격을 부여하였으며, 그 뒤에도 3년간 신학을 더 공부하도록 하였다.[107]

토마스는 당시 서양의 최고의 대학이던 파리 대학교에 처음에는 학생으로 입학하지만, 후일에는 그 대학교의 가장 위대한 스승이 되었다.[108] 토마스가 도착하던 1245년의 파리에서는 알베르투스 마그누스(Albertus Magnus, 1193-1280)가 대학교에서 가르치기 시작하였다. 알베르투스는 당시 '보편박사'라고 지칭될 만큼 박식하였으며, 학자로서는 예외적으로 살아 있는 동안 '위대한'(Magnus)이란 칭호를 들을 만큼 사람들의 존경을 받았던 인물이다. 그는 아리스토텔레스의 철학과 사상을 라틴 세계에 전하는 것을 자기 학문의 목표로 삼았다. 아퀴나스는 자연스럽게 아리스토텔레스의 작품들을 접하게 되었다. 연구하는 데 제한을 받고 있던 다른 학생들과는 달리, 그는 아리스토텔레스에 대해 긍정적인 생각을 품고 있던 도미니쿠스 수도원 내에서 자신의 아리스토텔레스에 대한 지식을 더욱 빠르게 발전시켜 나갈 수 있었다.

1248년 알베르투스가 수도회에 속한 일반학교(*studium generale*)를 세우기 위해 쾰른으로 옮겨갈 때, 아퀴나스는 그와 함께 쾰른으로 가서 그의 비

---

106 *도미니쿠스 헌장(Primitive Const.)*, dist. II. ca. 23.

107 Schaff, *History of Christian Church*, 5. 380.

108 Josef Pieper, *Guide to Thomas Aquinas*, 29.

서 역할을 하며, 계속해서 그의 지도하에 공부하였다. 1252년 파리 대학의 요하네스 총장은 알베르투스에게, 파리로 보내 신학박사 학위를 준비시킬 우수한 학생들을 추천해 달라고 요청하였다. 알베르투스는 아퀴나스가 『명제집』을 강독할 수 있는 나이인 29세에 미치지 못하는 27세임에도 불구하고 그를 열렬히 추천하면서 그의 학문과 생활과 인품을 칭찬하였다. 이에 토마스는 파리로 돌아와 성경 강의를 시작하였다.

처음 토마스 아퀴나스는 '성경 교수'(*magister in Sacra* Pagina=master of the sacred page)였다. 성경 교수라는 칭호는 성경 강독이라는 공식적 직분을 가지고 있는 중세의 교수에게 붙여졌다. 중세 전반에 걸쳐서 교수들이 강독에 사용했던 교재는 언제나 성경이었다. 『명제집』에 대한 엄청난 양의 주해서들로 인해, 중세의 신학자들이 성경 본문보다 롬바르두스를 더 선호하였다는 인상은 그릇된 것이다.[109] 교수들이 매년 여러 차례 진행하는 토론회에서 성서 본문의 권위는 단연 우위였다. 토마스는 신학적 논쟁을 발전시키려는 목적에서나 반론에 대답하기 위해 성경을 문자적으로 인용한다. 하나님이 성경의 저자임을 믿으며 아퀴나스는 교회의 삶과 신앙에 대하여 최고의 권위로 인정한다.[110] 성경 교수의 자격으로 토마스는 1256년(또는 1257년) 초에 성경 강독을 시작하였다. 아퀴나스는 드디어 파리 대학에서 규정보다 젊은 나이로 강의를 시작하였고, 1257년에는 사상적인 차이에도 불구하고 꾸준한 우정 관계를 유지하였던 프란치스코 수도회의 보나벤투라(Bonaventura, 1217-1274)와 같이 교수단에 받아들여졌다. 그러나 3년이 지난 1259년에 그는 파리 대학교 교수직에서 물러나게 된다.

토마스가 이탈리아로 돌아왔을 때, 그는 파리에서 박사학위를 취득한 로마의 첫 도미니쿠스 회원으로서, 존경을 받았을 뿐만 아니라, 1260년 9월 29일 나폴리의 관구 총회에서 '일반 설교자'(*praedicator generalis*)로 임명된

---

109 Weisheipl, *Friar Thomas D'Aquino, his life, thought, and works*, 183.

110 Jean-Pierre Torrel, *Saint Thomas Aquinas*, vol. 1, 260.

다.[111] 이때 임명된 사람은 단 네 명이었으며, '일반 설교자'는 관구 총회에서는 개인적이고 영구적인 자격으로 선거권과 피선거권을 지니며, 모든 관구 총회에서 언제나 투표권을 행사하였다. 또한 이들은 개별 수도원장의 권한에 종속되지 않았다. 이처럼 관구장, 원장 등의 일반적인 위계질서에 따른 권위자들 외에 '일반 설교자'들은 독특한 특권을 누렸다. 토마스는 1260년 이후로 수도회를 위한 설교자로 활동하였다.

토마스는 파리를 떠나 이탈리아로 돌아가 9년 동안 여러 교황청 소속 학원과 수도원에서 강의하였다. 그는 우르바누스 4세로부터 대학 학문의 편성과 관계되는 수도원의 사명을 받았다. 아리스토텔레스 철학에 대한 대학 측의 공식적 금지령이 아직도 그 효력을 발휘하던 시기였음에도 불구하고, 당시 오르비에토 궁정에서는 그리스에서 아리스토텔레스가 쓰던 언어를 습득한, 한 사람의 도미니쿠스회 회원이 이 금지된 철학자를 번역하는 일에 몰두하고 있었다. 이는 뫼르베케의 윌리엄(Wilhelm von Morbeke, 1215-1286)이었다. 토마스도 자신과 같은 수도회 회원인 그의 번역작업을 계속하도록 격려하였으며, 자신의 아리스토텔레스 주석에서 큰 도움을 받았다.

이탈리아로 돌아올 무렵 도미니쿠스 수도회의 총장(1238-1240)이었던 라이문드 페나포르트(Reimund von Peňafort)[112]는 스페인 지역에서 이슬람인들을 선교하는 젊은 선교사들에게 필요한 지적인 무장을 위하여, 토마스에게 저술을 요청하였다. 그 요청의 결과물이 "그 분야에서는 비견될 만한 것이 없다고 인정되는" 토마스의 『대이교도대전』(*Summa contra gentiles*)이다.[113] 『대이교도대전』은 토마스가 첫 번째 파리에서의 교수 기간인 1258-1259년

111 Weisheipl, *Friar Thomas D'Aquino, his life, thought, and works*, 235.

112 라이문드는 2년 동안 총장직을 역임한 뒤, 모슬렘과 유대인들에 대한 선교 사역에 전념하고 있었다. 이즈음에 그는 성 토마스 아퀴나스를 격려하여 *Summa Contra Gentiles*를 쓰게 하였으며, 아라비아어와 히브리어를 가르치는 학교를 세웠다. [http://k.daum.net/qna/view.html?qid=0Devy]

113 Weisheipl, *Friar Thomas D'Aquino, his life, thought, and works*, 212.

에 시작하여, 오르비에토에서 1264년에 완성하였다.[114]

또한 그의 가장 유명한 작품인 『신학대전』(*Summa Theologiae*)은 1267년경 이탈리아에서 시작하여 토마스는 그의 두 번째 파리에서의 교수활동(1269-1272) 이전에 1부를 완성하였다. 2부의 저술 기간은 토마스가 교황청 궁정(교황 클레멘트 4세, 1267년 가을-1268년 11월까지)에서의 체류 기간을 포함해서 그의 두 번째 파리 체류 기간에까지 미친다. 제3부는 토마스가 1272년 가을부터 가르치기 시작한 나폴리(Neapel)에서 저술하기 시작하였다. 1273년 12월 6일부터 토마스는 더 이상 신학대전을 저술하지 않았다. 그의 몇몇 다른 저술들처럼 신학대전은 미완성인 채로 남았다.[115]

토마스는 1269년부터 1272년까지 다시 파리 대학에서 두 번째 교수 생활을 하게 된다. 토마스가 파리로 다시 소환된 이유는 세 가지 과제에서 그가 도미니쿠스 수도회에서 적임자로 여겨졌기 때문이다. ① 아리스토텔레스 연구를 둘러싼 보수주의자들과의 논쟁들, ② 라틴 아베로에스주의자들과의 대치, ③ 수도원의 삶의 양식에 대한 변론(재속 성직자들의 재론) 등은 당시 파리의 도미니쿠스 수도회가 당면한 중요한 과제였다. 이에 대해 토마스는 먼저는 10여 권에 가까운 아리스토텔레스의 주석을 저술하였다. 이 주석의 서술은 뫼르베케의 윌리엄의 새 번역에 기초하였다. 이를 통해 아리스토텔레스의 정통한 해석자임을 자처하던 라틴 아베로에스주의자들과의 논쟁하고 기독교의 진리를 옹호하게 된다. 그는 자기 수도회의 활동을 변호하기 위해 『신학대전』을 통하여 토마스는 단순히 수도하는 삶(관상의 삶; *vita contemplativa*)보다는 설교하고 또한 다른 사람들에게 묵상한 것을 가르치는 실천적인 삶[*vita activa*]을 더 나은 삶으로 제시하였다.[116]

토마스는 1272년 부활절경에 이탈리아로 소환되어 돌아온다. 1270년 스테판 탕피에르의 급진적 아리스토텔레스주의자들에 대한 강력한 정죄로

114 Weisheipl, *Friar Thomas D'Aquino, his life, thought, and works*, 214.

115 Weisheipl, *Friar Thomas D'Aquino, his life, thought, and works*, 214.

116 Thomas, ST III. q. 40. a. 1. ad. 2.

파리에서는 더 이상 논쟁의 필요성이 없어졌고, 또한 새로이 나폴리, 시칠리아의 왕이 된 샤를 2세(Charles II, 1254-1309)가 도미니쿠스회에 압력을 행사하여, 나폴리에 온 유럽에서 학생들이 몰려오는 그런 매력적인 대학을 설립하기를 원했기 때문이다.[117]

토마스는 가끔 모든 것을 잊고 깊은 사색에 빠지기도 했으며, 생애 말기에 이르러서는 신비적 체험이 강해져 황홀경에 들기도 하였다. 결국 1273년 12월에 미사를 봉헌하던 중 신비한 체험 후, 그는 모든 저작 활동을 그만두어 버렸다고 한다. 그의 동료가 여러 차례 저작을 계속하도록 권하였으나 토마스는 결국 "내게 계시된 모습에 비하면 내가 쓴 것 모두는 나에게 지푸라기처럼 보인단 말이네"라는 대답을 남겼다고 한다. 아퀴나스는 건강이 악화된 상태에서 교황에 의해 리옹(Lyon) 공의회에 참석하라는 초청을 받고 리옹으로 가던 중, 길거리에 있던 나무에 부딪혀 말에서 떨어지는 사고를 당하였다. 이후, 인근 포사노바의 한 수도원으로 옮겨져 치료받았지만 끝내 회복하지 못하고 1274년 3월에 사망하였다.[118]

아퀴나스는 14세에 대학에 입학한 이후 49세의 나이로 세상을 떠날 때까지 오직 학문 활동에만 전념하였다. 토마스는 한 사람의 철학적이고 신학적인 사상가요 대학의 교수이기도 하였지만, 한 사람의 신비적 관상가요 성인이라고도 할 수 있다. 1323년 요한 22세(John XXII)는 그를 성인으로 선포했으며, 1879년에는 그의 사상이 교황 레오 13세의 회칙 『영원하신 아버지』(*Aeterni patri*)[119]에 의해 로마 가톨릭교회의 교육과 신학의 모범으로 인정되었다. 또한 로마 가톨릭교회는 그에게 세 분야에서의 "박사"로 인정한다: 천사적 박사(angelic Doctor), 보편 박사(Universal Doctor), 인간성의 박사(Doctor

---

117 박승찬, 『토마스 아퀴나스』, 36.

118 박승찬, 『토마스 아퀴나스』, 39.

119 이 회칙의 정식 제목은 *De philosophia christiana ad mentem sancti Thomae Aquinatis Doctoris Angelici in scholis chatholicis instauranda* (카톨릭 학교들에서 천사적 박사 성 토마스 아퀴나스의 정신에 따라 교육되어야 하는 그리스도교적 철학에 관해서)이다.

of Humanity).

토마스에게 인간의 본성에 따른 행위는 인간의 자연스러운 행위로서 이해되며, 창조주 하나님으로부터 존재를 부여받은 인간의 행위이다. 따라서 토마스에게 인간 본성에 따른 행위에 대한 고찰은 자연스럽게 자연과 은총의 문제로 연결된다.[120] 즉, 자연은 은총에 앞서 하나님에 의해 주어진 존재에 따른 것이며, 은총은 자연 위에 주어지는 것으로 이해된다. 물론 존재 자체 역시 하나님 은총의 결과이다. 토마스는 일반적인 은총의 개념과 혼란을 피하려고 '창조의 은총'이란 표현을 사용한다.[121] 그 결과 창조의 은총에 따른 자연은 인간의 자기 실현의 구체적인 장이다. 따라서 토마스의 신학에서 자연은 은총을 통해 목표[완성]에 이른다. 자연은 목표를 향해 나아가는 데 도움이 되는 것이다. 따라서 토마스 아퀴나스가 자연을 신적 피조물로 이해하는 것은, 자연이 신적인 행위의 결과물임을 의미한다. 그 결과물인 자연을 고찰함으로 신적 행위들을 이해하게 된다. 물론 자연이 전적으로 하나님께 이르는 데 협력적이지는 않다. 죄의 영향으로 인해 인간이 자연을 오해하고, 잘못된 목표로 설정하고, 또한 남용하기 때문이다.

토마스에게 인간은 자연을 고찰함으로 신의 본성과 신적 행위들에 대해 온전히 이해하는 것은 아니다. 왜냐하면 토마스는 인간의 이성이 지닌 한계를 인정하기 때문이다.[122] 따라서 토마스는 인간 이성 이상의 것은 이성으로 탐구할 것이 아니라 오히려 신앙으로 하나님께서 계시하신 것으로 받아들여야 한다고 주장한다. 또한 거룩한 가르침에 속하는 신학적 지식과 철학의 한 부분을 차지하는 철학적 지식은 그 범주(*genus*)가 다르다고 말한다.[123]

그렇다면 신앙의 진리들에 이성적으로 접근하는 것이 잘못된 접근처럼

---

120 Thomas, ST I-II. q. 109. a. 2.

121 더 엄밀하게 말하면 '하나님의 형상'을 '창조의 형상', '재창조의 형상' 그리고 '영광의 형상'으로 구분한다.

122 Thomas, ST I. q. 88, a. 1, co.

123 Thomas, ST I. q. 1, a. 1. ad. 2.

여겨질 수 있다. 여기서도 토마스의 독특함이 나타나는데, 그는 신앙과 이성을 대립적인 관계로 파악하는 것이 아니라, 서로 상호보완적으로 파악한다는 것이다. 즉, 토마스는 신앙의 빛을 하나님에 의해 우리에게 주어진 자연 이성의 빛과 대립시키지 않는다. 토마스는 자신의 글에서 다음과 같이 말한다:[124]

> 비록 인간 정신의 자연적 빛이 신앙을 통해 드러난 것들을 보여주기에 불충분하지만 그렇다고 해서 신앙이 우리에게 전해준 것들이 자연을 통해 우리에게 주어진 것들과 반대되는 것은 불가능하다.

이처럼 토마스에게 있어서 신학과 철학은 그 범주(*genus*)가 다르지만, 두 지식은 전적으로 분리되거나 대립하는 것이 아니라 상관관계에 놓여 있다. 오히려 신학에서도 이성의 사용에 대해 긍정한다. 먼저는 거룩한 가르침이 전달하는 내용을 분명히 하는 데 필요하다.[125] 거룩한 가르침은 철학적 학문에서 어떤 것들을 받을 수 있다. 그러나 그것은 어떤 필연성에서 철학적 학문을 필요로 하는 것이 아니라, 거룩한 가르침이 전달하는 것들을 더 명백하게 드러내기 위해서다. 실제로 거룩한 가르침은 자기 원리들을 다른 학문에서 받는 것이 아니라, 직접 하나님으로부터 계시로 받는다. 그러므로 거룩한 가르침은 다른 학문을 그 위에 있는 것으로 여겨, 그것들로부터 배우는 것이 아니라 다른 학문을 그 아래에 두고, 하녀로서 사용하는 것이다.[126]

둘째로 토마스는 그리스도인들이 자신들의 신앙적 진리들을 충분히 이해하기 위해서는 현실의 세계[자연]에 대한 이성적 성찰을 통해 신적 진리

---

124 Thomas, *Super Boetium de Trinitate*, q. 2. a. 3. corpus; Summa contra gentiles, I. 7-8.

125 Thomas, ST I. q. 1, a. 6. ad. 2.

126 Thomas, ST. I, q. 1, a. 5, ad. 2.

로 나아가는 방법을 추구해야 한다고 보았다.[127] 아퀴나스의 소위 "우주론적 신 존재 증명"은 현실 세계에 대한 성찰을 통해 신적 진리로 고양되는 과정을 보여주는 좋은 예이다. 토마스는 신의 존재를 증명하기 위해 현실적 경험에서 출발한다. 운동, 인과 관계, 가능성과 필연성, 완전성의 정도, 질서 등의 경험에서 신적인 진리로 나아간다. 즉, 하나님의 존재를 우리에게 알려진 결과를 통해 논증하려 시도한다. 왜냐하면 토마스는 이성적 형식을 취할 수 있어야지만, 그 내용에 하나의 체계적인 질서를 부여할 수 있고 하나의 학문으로 인정할 수 있다고 보았기 때문이다. 실제로 토마스가 『신학대전』 서론에서 제제시하는 목적 중의 하나는 신앙의 내용을 학문적 질서로 담아내려는 것이라고 밝힌다.[128]

토마스는 인간의 이성이 피조물에 대한 지식을 신적 본성과 지식의 탐구에 적용하기 위해 사용하는 방식을 "존재론적 유비"(*analogia entis*)의 개념으로 설명한다. 즉, 존재론적 유비에서 하나님과 인간의 "상응"하는 점들 때문에, 인간은 하나님에 대하여 사고할 수 있으며 또한 경험할 수 있고 말할 수 있다. 그러나 하나님에 대하여 자연적 이성을 통해 알 수 있는 것들은 신앙의 조항이 아니고 신앙의 조항에 선행하는 것이다. 이처럼 신앙은 자연적 인식을 전제하는데, 이는 마치 은총이 자연을 전제로 하는 것과 같다. 이러한 논리는 자연을 하나님의 피조물로 전제할 때만 성립할 수 있다.

토마스 아퀴나스는 "신학[거룩한 가르침]은 모든 것을 하나님의 관점(*sub ratione Dei*)에서 다룬다."[129]고 주장한다. 즉, 나무나 식물을 그 자체로만 다루면 식물학이 되고, 개나 고양이를 그 자체로 다루면 동물학이 되며, 천문학, 수학, 음악도 마찬가지로 각각의 학문이 된다. 하지만, 자연을 하나님과의 관계에서 고찰하면 신학의 내용이 된다. 그런 점에서 동일한 주제에 대하여 신앙적 지식과 자연적 지식이 공존하는 것이 가능하다. 그러므로 토

127 Copleston, *Thomas Aquinas*, 163.

128 Thomas, ST I, Prolog.

129 Thomas, ST I, q. 1, a. 7, co.

마스에게 "신학에서 하나님은 모든 내용을 다스리고 통합하는 중심 주제이다. 즉, 신학은 하나님 그 자체와 혹은 그 근원과 목적에 있어서 하나님과 관련이 있는 사물들을 그 대상으로 한다."[130] 모든 것을 신학의 대상으로 이해하는 것은 종교개혁자들의 인식과 명백하게 구분된다. "구원하시는 하나님과 죄인으로서 구원받아야 하는 인간"(루터), "하나님과 사람에 관한 지식" 등 종교개혁자들은 하나님과 인간에 좀 더 주목한다.

이러한 토마스의 태도는 신앙과 이성 그리고 신학과 철학의 관계에서 어느 한 편을 배제하지 않고, 하나님에 대한 고찰 아래 종합하고 수렴시킨다.

3. 아베로에스주의

아베로에스주의(Averroism) 또는 라틴 아베로에스주의(Latin-Averroism)는 13세기에 나타난 인문학의 한 흐름으로서 아리스토텔레스에 대한 아베로에스(Averroes, 1198 죽음)의 주석으로부터 크게 영향을 받았다. 이를 힐쉬베르거는 '극단적 아리스토텔레스주의' 혹은 '이단적 아리스토텔레스주의'(radikaler oder heterodoxer Aristotelismus)라 명명하였다.[131] 1260년경까지 아베로에스 개인(의 사상)에 대해서 비판이 있었지만, 아베로에스주의자나 아베로에스적 운동(movement)에 대한 비판은 없었다.[132] 즉, 1256년 알베르투스(Albertus Magnus)가 『아베로에스를 반대하는 지성의 하나 됨에 대하여』(*On the Oneness of the Intellect against Averroes*)를 저술했을 때, 알베르투스는 아베로에스주의 집단이 아니라 아베로에스 (개인의) 사상을 반대한 것이다. 그의 제자이기도 한 토마스 아퀴나스의 『대이교도대전』(*Summa contra gentiles*)도 아베로에스의 입장에 대한 반박을 담고 있지만, 아베로에스주의에 대해

---

130 Thomas, ST. I, q. 1, a. 7, co.

131 Hirschberger, *Geschichte der Philosophie*, I, 531.

132 K. Flasch, *Das phillsophische Denken im Mittelalter: Von Augustin zu Machiavelli*, 409.

서는 언급하고 있지 않다.

13세기 아리스토텔레스의 가르침은 전체가 아니라, 매우 절충적(혼합적)으로 받아들여졌다.[133] 즉, 아리스토텔레스의 철학은 전통적으로, 더 나아가서 신플라톤적으로 지향된 신학에서 부분적으로 수용되었다. 이에 르 고프는 서양에는 한 명이 아니라 적어도 "두 명의 아리스토텔레스, 즉 진짜 아리스토텔레스와 아베로에스의 아리스토텔레스가 있었다"라고 말하였다.[134] 아베로에스의 영향력은 지대하였고 서방의 많은 학자는 아베로에스로 채색된 아리스토텔레스를 알았다. 아리스토텔레스적인 신플라톤주의의 대표자가 아비켄나(Avicenna)이며, 그는 자신의 체계와 이슬람의 정통 신앙을 조화시키려 시도하였다.[135] 반면에 아베로에스는 매우 강력한 신플라톤적인 색채를 지니고 있던 아리스토텔레스에 대하여 날카롭게 비판하였다. 왜냐하면 그가 당시에 접근 가능했던 아라비아인들의 아리스토텔레스 번역본이 그러한(플라톤적) 성격을 띠고 있었기 때문이다. 따라서 아베로에스는 자신의 주석 작업에서 아리스토텔레스의 내용을 자신의 의견을 따라 수정하고 보완하기도 하였다.[136]

아리스토텔레스가 "그 철학자"(the philosopher)라고 불렸던 것처럼, 아베로에스는 서방 세계에서 통상 "주석가"(Kommentator)로 불렸다. 아베로에스는 매우 강력하게 신학으로부터 철학의 분리를, 신앙으로부터 지성의 분리를 강조하고 있다. 코플스톤은 아베로에스에 대해 다음과 같이 말한다.

> 여기서 아베로에스가 의도한 바는 신학을 철학에 종속시켜 철학을 신학의 재판관으로 삼는 일이다. 그래서 어떠한 신학적 교의가 우의적으로 해석될 필요가

133 Thomas Aquinas. *Über die Einheit des Geistes gegen die Averroisten. (De unitate intellectus contra Averroistas)*, 113.

134 Le Goff, *Les Intellectuels au Moyen Age*, 171.

135 Copleston, *Medieval philosophy of Augustine to Scotus*, 259.

136 W. Kluxen, "Averroes/Averroismus III," TRE Bd. 5: 51-61.

있으며, 또 그것을 어떠한 방법으로 해석해야 하는가를 결정하는 것은 철학자의 일이다. 이 견해는 라틴 아베로에스주의자들에 의해서 받아들여졌고….[137]

따라서 누군가 신학으로부터 학문의 독자성을 주장하려고 할 때, 스코투스(Michael Scotus)가 1220-1230년 사이에 번역한 아베로에스의 주석들은 매우 유용하였다.[138] 질송은 아베로에스의 권고를 한마디로 "신학자들과 철학을 논의하지 말라"로 요약한다.[139] 그러나 중세기에 있어 철학적 탐구의 신학으로부터의 독립은 절대적인 의미에서가 아니라 상대적일 수밖에 없었다. 지거(Siger of Brabant)와 보에티우스(Boethius de dacia) 등은 파리의 인문학부에서 이러한 아베로에스주의적 움직임의 선두 주자였다.

1) 아베로에스주의자들

지거(Siger von Brabant, 약 1240-약 1284)는 1235년경 태어나서 파리 대학의 인문학부의 교수가 되었고, 1270년 자신의 아베로에스 학설로 인해 정죄를 받았다. 그에게 형이상학은 존재로서의 존재에 관한 학문이다. 중세의 '존재의 유비'(*analogia entis*)에 따라, 지거 역시 하나님을 순수하고 절대적인 존재로 파악한다. 그러나 신의 실존은 실제로 주어진 물리적 존재로부터 출발함으로써 논증할 수 있다고 여겼다. 왜냐하면 지거는 "제일 존재"(*primum ens*)의 실존은 능동인과 형상인 그리고 목적인의 세 가지 질서에 의해서 입증될 수 있다고 보았기 때문이다. 즉 신의 현존은 아리스토텔레스적인 운동의 법칙, 즉 인과 관계를 통해 드러나므로, 하나님을 필연적 존재로 파악하는 것이 가능하다. 나아가 하나님은 모든 만물의 작용(운동)인이다. 그러나 창조의 의미에서가 아니라 단지 운동의 관점에서 그러하다.

---

137 Copleston, *Medieval philosophy of Augustine to Scotus*, 265.

138 Flasch, *Das philosophische Denken im Mittelalter. Von Augustin zu Machiavelli*, 408.

139 Gilson, *History of Christian Philosophy in the Middle Ages*, 545.

지거의 형이상학에서 기독교적 신앙이 의미하는 창조는 어떤 위치도 차지하지 못하고, 단지 영원한 운동만이 존재한다. 왜냐하면 기독교에서 제시하는 창조는 '무로부터의 창조'이다. 이는 어떠한 인과관계도, 운동도, 논리도 적용될 수 없는 '사건'(?)이다. 이는 아리스토텔레스의 관점에서 모순이다. 그러므로 지거도 "그리스도인들이 이해하듯이, 창조는 기적이다. 창조는 오직 계시의 힘에 의해서만 확언될 수 있다."[140]라고 할 수밖에 없었다.

지거의 잃어버린 책, 『행복에 관하여』(*Liber de felicitate*)에 근거하여 질송은 그의 행복에 관한 주장에 관하여 세 가지 점을 제시하고 있다:[141]

> 1) 이 세상에서의 인간의 최고 행복은 형식적으로는 지성적 행위에 있다. 즉, 그 지성적 행위에 의해서 가능한 행복은 순수 지성 그 자체이신 하나님의 본질을 이해하는 데 있다.
>
> 2) 인간의 지성처럼, 분리된 지성(천사)도 그들의 행복을 신적 본질을 이해하는 행위에서 발견한다;
>
> 3) 인간의 지성에서나 혹은 다른 분리된 지성에서, 하나님을 이해하는 지성은 하나님 그 자신이다. 그러므로 우리는 부분적으로나마 하나님의 본질을 통하며, 마치 하나님 자신에게서처럼 어떤 중재자도 없이 행복하게 될 수 있다.

이로부터 알 수 있는 것은, 지거는 행복에 관하여 언급할 때, 행복은 형식에 있어서 능동 지성(*agens intellectus*)이며 동시에 하나님이다. 따라서 지거는 철학적 행복과 신학적 행복의 구분을 반대한다. 그는 계속해서 인간의 행복은 신적 본질의 직접적인 이해에 있다고 주장한다. 그러나 그것은 신학적인 의미에서가 아니라 철학적인 의미에서 그러하다. 그러므로 우리는 때로 어떠한 중재자를 통해서가 아니라 하나님 자신에게서처럼 신적인 본질

140 Gilson, *History of Christian Philosophy in the Middle Ages*, 539.

141 Gilson, *History of Christian Philosophy in the Middle Ages*. 546.

을 통해서 행복할 수 있다고 말하게 된다.[142] 그러므로 바로 이러한 견해를 담은 그의 주장, "우리는 이 죽을 인생에서 신적 본성을 통해서 하나님을 알 수 있다"라는 명제는 1277년에 정죄된 논지에 해당한다(Nr. 36).

보에티우스의 삶에 관한 기록은 드물다. 그는 스웨덴에서 출생하였고, 1283년 오르비에토(Orvieto)에 있는 로마 교황청에서 활동하였다. 그는 파리 대학에서 인문학부 교수로 활동하였고, 거기서 지거와 함께 1277년 정죄당하여, 그와 함께 프랑스를 떠나 이탈리아로 도피하였다. 보에티우스의 저서에 관하여는 알려진 것이 거의 없으며, 단지 그랍만(M. Grabmann)이 20세기 초에 출판한 소논문 『최고의 선과 철학자의 삶에 관하여』(*De summo bono sive de vita philosophi*)[143]을 통해서 그의 사상을 엿볼 수 있다.

보에티우스는 여기서 지복(*beatitudo*)이 철학자의 삶과 동일시됨을 논증한다. 그러나 보에티우스가 지복을 최고선(*summum bonum*) 그 자체, 하나님과 관계에서가 아니라, 이 세상에서의 삶에서 도달 가능한 최고선으로서 제시한다. 그러므로 최고의 선은 인간이 자신의 최상의 능력, 즉 지성을 행사함에서 발견된다. 그에게 인간에게서 신적인 것이 바로 지성(*Intellectus*)이다.[144] 지성의 활동에서 가장 완전하고 최상의 행위에 종사하고 있는 인간은, 인간이 도달 가능한 최고의 상태에 있다. 이 상태는 철학자들, 즉 그들의 삶의 내용을 지혜에 대한 추구에 두는 이들에게 해당한다.[145] 철학자야말로 존재 세계의 고찰을 통해서 최고의 원인을 탐구하고, 궁극적으로는 제일 원인의 인식으로 나아가는 자들이다. 신학자에게는 하나님으로 제시되는 '제일 존재'(*ens primum*)는 철학자가 최고로 사랑을 갖는 것이며, 그러므로 또한 제일 존재의 선에 대한 고찰에서 최고의 기쁨과 행복을 느끼는 자

142 참조). B. Nardi, *Sigieri di Brabante nel Pensiero del Rinascimento Italiano*, 27.

143 M. Grabmann, *Opusculua de summo bono sive de vita philosophi und de sompniis des Boethius von Dacia, in: Mittelalterlichen Geistesleben*, Bd. II, 209–224.

144 Boethius von Dacia, *De summo bono sive de vita philosophi*, 209.

145 Boethius von Dacia, *De summo bono sive de vita philosophi*, 213.

들 역시 철학자들이다. 결국 보에티우스는 단지 철학자만이 행복에 도달하며, 자연의 적합한 질서를 따라 살아간다고 보았다.[146]

이들 아베로에스주의자들의 복안에 따라서, 인간은 자신의 지성을 통해서 제일 존재(*ens primum*)를 인식하는 것이 가능한가 하는 질문을 할 수 있다. 왜냐하면, 행복이 제일 존재의 인식에 있기 때문이다. 또한 거기에서 신학적 행복과 철학적 행복이 일치될 수 있기 때문이다. 달리 말하면, 인간의 지성은 이 세상의 삶에서 분리된 실체를 인식하는 것이 가능한가? 이에 대해 아베로에스는 인간의 지성이 본질에서, 어떤 중재자 없이 분리된 실체[영적 실체: 신, 천사 등]를 인식할 수 있고, 단지 이것은 불가능한 것이 아니라 어려울 뿐이라고 말한다.[147] 지거와 보에티우스 역시 하나님과 동일시되는 능동 지성은 신적 본질을 인식할 수 있고, 그로 인해 행복해질 수 있다고 주장한다.

2) 아베로에스주의자에 대한 반발

파리의 인문학부에서 새롭게 발견된 아베로에스주의자들이 제기했던 과도한 주장들은 지속적인 관심을 초래하였다. 철학이 자족적이라는 일체의 암시와 투쟁했던 보나벤투라는 1267년 3월 6일과 4월 17일에 발표했던 『십계명에 관한 대화』와 1268년 설교했던 『성령의 일곱 가지 은사에 관한 대화』 등에서 이 새로운 위험에 응답하였다. 보나벤투라(Bonaventura)는 그 자신을 이 운동에 대한 반대자로 자처하고 나섰다: "그에게 있어 신학에서 아리스토텔레스를 사용하는 것은, 빛을 어둠과 혹은 포도주를 물과, 혹은 진리를 오류와 혼합하는 것을 의미하였다." 그레고리우스 9세와 보나벤투라는 1268년에 파리에 있는 교사들에게 철학의 위험성을 경고하기 위해

146 Boethius von Dacia, *De summo bono sive de vita philosophi*, 216.

147 Thomas Aquinas, *Summa contr gentiles*, III, c. 45에서 인용.

"지성의 포로"(*captivatio intellectus*)라는 비유를 사용한다.

보나벤투라는 아베로에스주의자들의 '세상의 영원함'과 '지성유일설'에 대하여 반박하며,[148] '인과 관계의 절대적 필연성'[149] 등 세 가지 철학적 오류를 제기한다. 이 세 가지 오류는 이교적인 존재의 원인(*causa essendi*), 인식의 합리성(*ratio intelligendi*), 삶의 질서(*ordo vivendi*)에 반하는 것으로 간주한다.

이에 반하여 1277년 아베로에스주의자로 정죄를 받은 지거와 보에티우스 등은 철학의 권리를 강력히 옹호하였고, 믿음의 통제 없이 고유한 대상의 영역에서 가능한 한 철학을 사용하려고 하였다. 보에티우스는 계속해서 주장하기를, 철학적인 결론은 단지 이성적인 원리를 통해서만 철회되어야만 한다고 하였다.[150]

이로 인해 그들은 결국 13세기의 신학의 근본 전제들, 즉 '신앙의 진리와 철학의 결론은 서로 배치되지 않는다'라고 하는 세계관과 충돌하기에 이른다. 이 아베로에스주의자들과 그 반대자들의 대치가 점점 더 강력해졌고, 마침내 1270년과 1277년의 정죄를 통해서 폭발하였다. 플라시(K. Flasch)는 1277년 파리의 주교에 의해 아베로에스주의자들을 반대하며 사용하는 "이중 진리"(doppelte Wahrheit)라는 핵심 표현은 아직 이들에게는 해당하지 않는다고 본다. 그러나 그는 계속해서 1277년의 정죄 사건은 철학이 그 자신의 '자치'(autonomy)를 기도함으로, 철학과 신앙의 문제가 중세기에 처음으로 날카롭게 대치하였다고 설명한다.[151]

1277년의 정죄는 1270년에 정죄된 아베로에스주의의 논제를, 즉 세상의 영원함, 지성의 유일성 그리고 의지의 자유 등을 반복하고, 또한 '신앙에 유해하다고 여겨지는' 논제의 근거를 추적하려고 시도하였다. 파리의 주

148 Bonaventure, *Collationes de decem praeceptis*, II, 25, in: *Opera omnes*, v. 5. 514 이하.

149 Boneventure, *Collationes in Hexaemeron*, VI, 3. in: *Opera omnes*, v. 5. 361.

150 Boethius de Decia, *Tractatus de aeternitate mundi*, ed., G. Sajo, Beroin 1964, 47.

151 Flasch, *Das phillsophische Denken im Mittelalter: Von Augustin zu Machiavelli*, 411.

교 탕피에르가 정죄한 명제 중의 몇몇은 아베로에스적인 것을 넘어 토마스 아퀴나스의 가르침도 포함하고 있다. 특히 토마스의 인간 본성의 개별성에 관한 교리는 강력하게 비판을 받았다.[152] 왜냐하면 토마스에 따르면, 질료가 개별화의 원리이기 때문이다. 그 반면에 보나벤투라는 이해하기를, 모든 피조물을 두 가지 원리로 개별화되는데, 이때 형상이 주요 원인이 된다고 본다.[153]

파리에서의 정죄에 이어 정확히 11일 후에 도미니크 수도회 소속의 킬워드비(R. Kilwardby) 캔터베리의 대주교는 논리학, 문법, 그리고 자연 철학 등과 관련된 30개의 명제를 다시 정죄하였다. 1277년의 옥스퍼드(Oxford)와 파리(Paris)의 두 차례의 정죄는 물론 깊은 사려 없이 이루어졌으며, 편향적이었다.[154]

질송(E. Gilson)은 1277년의 정죄를 중세기의 철학과 신학의 역사에 있어서 이정표로 보았다. 그는 이 정죄는 철학과 신학의 우정과 협력에 종지부를 가져왔다고 평가하며, '신학과 철학의 허니문'[155]은 끝났다고 선언한다. 또한 파리와 옥스퍼드에서 이루어진 금지의 엄격함은 대학의 분위기를 완전히 변화시켰을 것이다. 비앙키(L. Bianchi)는 다음과 같이 당시의 분위기를 표현한다:

> 탕피에르는 금지된 항목들과 저서를 가르치는 자들을 파문하는 데 그치지 않고, 그들의 가르침을 들었던 자들에게도 만일 저들이 한 주일 안에 자신이나 학장(chancellor)에게 신고하지 않는 경우, 같은 운명을 선언하였다. 가르침과 연구의 자유로운 단체(free community)로 시작된 이들 대학은 교사와 학생들이 자신

152 J. A. Aertsen, "Die Thesen zur Individuation in der Verurteilung von 1277, Heinrich von Gent und Thomas von Aquin," in: *Individuum und Individualität im Mittelalter*, (Miscellanea mediaevalia; Bd. 24): 249-265.

153 Bonaventura, II Sent. d. 3, a. 2, q. 3.

154 Weisheipl. *Friar Thomas D'Aquino, his life, thought, and works*, 309 ff.

155 Gilson, *History of Christian Philosophy in the Middle Ages*, 559.

들의 상호 협력의 연대를 희생하면서, '사상 검열'(policiers de l'esprit)의 역할을 하는 장소가 되도록 요구받았다.[156]

새로운 철학적 도전을 극복하기 위하여 노력하는 대신에, 스콜라주의는 방어적인 태도를 취하였다. 이것은 스콜라주의의 "황금시대"(Golden Age)의 종말을 의미한다. 한 걸음 더 나아가, 신학자들은 철학과 우정과 협력을 유지하는 대신, 철학에 대한 의구심을 품기 시작하였다. 나아가서는 사태에 대항하여 신앙을 수호하려는 의도에서 신학자들은 헬라의 자연주의와 헬라 적이고 아라비아적인 신개념을 제거하려고 하였다. 이러한 추세는 1277년 이후 스코투스주의와 오컴주의에서 더욱 분명해진다.[157] 스코투스와 오컴의 신학적 사상에서 중요한 자리를 차지하는 것이 바로 이성적 인과 관계의 필연성에 대한 반론이다.[158]

따라서 1270년, 1277년의 아베로에스주의자들에 대한 정죄가 헬라적 필연성과 기독교적 하나님의 자유 사이의 충돌이었다면, 그 이후에 나타난 스코투스와 오캄의 신학석 논의는 이러한 이성의 한계에 대한 지석과 더불어 신적 의지의 자유로움에 대한 논구로 집약될 수 있다. 그러나 이러한 담론의 변화에서 나타나는 중요한 주제는 '지성을 통해 하나님을 추구하는 것에서 의지를 통해 하나님께 나아가는 것'으로의 패러다임 변화로 볼 수 있다.

---

156 L. Bianchi, "1277: A Turning Point in Medieval Philosophy?" in: *Was ist Philosophie im Mittelalter?*: Hrsg. von Jan. A. Aertsen und Andreas Speer (*Miscellanea Mediaevalia*, Bd. 26), Berlin-New York, 1998: 90-110. 비앙키는 자크 르코프(Jacques Le Goff)를 인용하였다.

157 Gilson, *History of Christian Philosophy in the Middle Ages*. 408 ff;; 요셉 피퍼(Josef Pieper)는 스코투스의 근본개념(Grundwort)이 '자유'(Freiheit)라고 제시한다 (*Scholasticism: Gestalten und Probleme der Mittelalterichen Philosphie*, 189)

158 "스코투스주의와 오캄주의는 사물의 세계에 관하여 기독교 하나님의 자유를 확보하려는 욕망으로 지배되었으며, 그리스의 필연론이 그들이 파괴하고자 열을 올렸던 카르타고다. 그들의 신학은 그리스의 자연주의(자신을 생각하는 자유이므로 필연적 결과가 그 원리로부터 나오듯이 세계가 자신의 가지적 완전으로부터 나오도록 하는) 그리스-아랍의 신개념을 제거하려는 욕망으로 대체로 두드러진다. 즉, 스코투스는 외부를 향한 하나님 작용의 우연성을, 사람 안에서 있는 의지의 근본적 무규정을 그리스의 필연론에 대립시켜 놓은 것이다. 오캄의 전능한 하나님의 사고 역시 그에 대한 또 하나의 파괴적인 공격이 될 것이다."(Gilson, 『중세철학사』, 563)

4. 후기 스콜라 시대

스콜라 신학의 가장 큰 특징은 이성을 통해 신앙의 내용 혹은 가르침을 설명하고, 증명하고 혹은 해석해 낼 수 있다는 것이다. 즉, 스콜라 신학은 이성의 추론을 통해서 신앙적 진리에 도달할 수 있다고 여겼다. 그러나 이성의 능력과 한계에 대한 인식은 철학과 신학의 영역에서 서로 다른 자세를 취하도록 만들었다. 특히 신앙의 영역에서는 이성의 한계를 인정하고, 이성을 '어느 정도' 제한하려고 했지만, 철학자들은 이성의 절대적인 능력을 강화하려고 시도하며 오히려 이성 능력의 활용에 신앙의 관여를 배제하려고 시도하게 되었다. 이러한 이성의 한계에 대한 인식이 점차 분명해지고 있더라도, 스콜라의 전성기에까지 이르는 동안 이성의 역할은 매우 긍정적이었다.

그러나 아베로에스주의자들의 주장과 그 주장에 대한 정죄는 이성에 대한 새로운 이해를 낳았다. 특히 아리스토텔레스의 철학에 기인한 '인과 관계의 필연성'은 기독교 세계관과의 충돌의 본질이라고 할 수 있다. 질송은 실상 1277년의 아베로에스주의자들에 대한 정죄는 아비켄나와 아베로이스가 아리스토텔레스로부터 이어받았던 그리스의 필연론에 대한 것이며, 오베르뉴의 기욤(Guillaume d'Auvergne, 1190-1249) 이후로 13세기의 교사들이 열정적으로 이 그리스의 필연론에 대해 반대하였다고 보았다.[159] 한 걸음 더 나아가 논리적 필연성에 의해서 파악되는 인과 관계는 기독교 하나님의 자유와 전능이라는 사고와 근본적으로 충돌한다. 기독교적인 신앙에서 하나님은 무로부터 세계와 그 세계에 함유된 모든 다양한 존재를 창조할 수 있을 뿐만 아니라, 어느 때든지 자유롭게 개입하여 세계에 사람의 영혼을 창조하시거나 이차적 원인의 개입 없이 의지적으로 활동하실 수 있기 때문이다. 아베로에스주의의 사유 체계와 기독교 세계관의 충돌에서 질송은 야

159 Gilson, *History of Christian Philosophy in the Middle Ages*, 562: "스코투스주의와 오캄주의는 사물의 세계에 관하여 기독교 하나님의 자유를 확보하려는 욕망으로 지배되었으며, 그리스의 필연론이 그들이 파괴하고자 열을 올렸던 카르타고다."

훼와 (논리 필연성에 지배되는) 그리스-아랍의 신 사이에 화해는 불가능하였다고 단언한다.[160] 이러한 담론의 변화에서 '지성을 통해 하나님을 추구하는 것에서 의지를 통해 하나님께 나아가는 것'이라는 패러다임 변화가 나타난다. 즉, 중세 후반에서 신학의 무게는 지성보다는 의지적 요소로 옮겨갔으며, 종교개혁에서 이는 첨예화되었다.

1) 강의 헨리쿠스(Heinricus de Grand/Henry of Ghent, c, 1217-1293)

강의 헨리쿠스는 1267년부터 투르내(Tournai)의 주교좌 성당 참사회원으로 있었으며, 1276년에는 브르헤(Brugge)의 주교좌 성당 부주교가 되었고, 1279년에는 투르내의 주교좌 성당 부주교로 임명되었다. 그는 파리에서 처음에는 인문학부에서 그리고 1276년부터는 신학부에서 가르쳤으므로, 실상 부주교의 임무는 과하지 않았던 것 같다. 1277년 그는 파리의 주교 스테판 탕피에르에게 적극적으로 협력하는 신학 위원회의 일원이었다.[161]

헨리쿠스는 아우구스티누스주의와 아리스토텔레스주의를 절충한 사상가였다.[162] 그의 『대전』(*Summae quaestionum ordinarium*)은 신을 직접적으로 다루는 것이 아니라 회의주의자의 탁월한 질문, 즉 인간은 무엇을 알 수 있는가(제1조)에서 시작하여 인간 지식의 문제에 대한 장황한 분석을 진행한다.[163] 즉, 그는 아리스토텔레스의 입장을 수용하여, 인간은 피조물에 있어서 참된 것을 특별한 하나님의 조명이 없이 하나님의 일반 은총의 도움을 받는 자연적 능력만으로 알 수 있다고 주장한다.[164] 그러나 그는 우리가 감

160 Gilson, *History of Christian Philosophy in the Middle Ages*, 561.

161 Copleston, *Medieval philosophy of Augustine to Scotus*, 589.

162 *Stanford Encyclopedia of Philosophy*. "Henry of Ghent." (2014),

163 Henricus de Grand, *Summa quaestionum ordinarium*, Q. 1. a. 1.

164 Henricus de Grand, *Summa quaestionum ordinarium*, Q. 2. a. 1.

각 경험을 통해서 얻는 피조물의 인식은 피상적인 인식에 지나지 않으며, 그리고 비록 피조물에 있어서 참된 것을 조명 없이 알 수 있을 지라도, 조명 없이는 그것의 '진리성'을 알 수 없다고 말한다. 이는 아우구스티누스적 전통을 따르는 것이다.[165] 결국 헨리쿠스에게서 참된 인식(진리)은 하나님에게 조명을 받은 사람만이 가능하며, 그런 이유에서 진리를 알고 있는 사람은 철학자라기보다는 선지자이다.

헨리쿠스에게서 아리스토텔레스적 필연성으로부터의 탈출은 다음과 같은 방식으로 전개된다. 먼저 그의 형이상학은 존재의 학문으로 파악되는데, 그는 존재의 개념에 대한 일의적(一義的) 이해에서 벗어나는 것이다. 이는 이성에서 발생하는 일이 아니라, 의지의 영역에 해당하는 것이다.[166] 즉, 의지를 통해 하나의 용어인 "존재"는 '존재 자체인 것(필연적 존재)'과 '존재가 속하는 혹은 속할 수 있는 어떤 것(우연적인 존재)'으로 구분된다. 따라서 그에게는 하나님과 피조물에게 공통적인 하나의 일의적 존재(存在) 개념은 불가능하다. 그는 신의 존재 그 자체의 개념과 피조물의 우연적 존재 개념은 차이가 나지만, 우리의 존재 개념은 그 어느 하나를 택하고 있음을 지적한다. 이렇게 헨리쿠스가 하나님과 피조물에게 공통적인 일의적 개념을 거부함으로써, 아비켄나적인 필연적 창조설을 피할 수 있다고 생각한다.[167] 즉, 창조가 선의 유출이라고 하는 필연적 과정이 아니라, 하나님의 자유로운 의지에 따른 결과로 말할 수 있게 된다는 것이다. 이는 기독교적 신앙인 '무로부터의 창조'를 존재의 관념으로부터 연역해 내려고 한 것이 아니라, 기독교적 세계관에 따라 하나님에 대한 모든 피조물의 의존성을 강조하여 피조물이 하나님과의 관계를 떠나면 무(無)가 됨을 강조하려 한 것이다. 결국 헨리쿠스에게 하나님과 피조물의 입장에서 존재의 개념은 어느 일면에서만 공통으로 귀속된다.

---

165 Copleston, *Medieval philosophy of Augustine to Scotus*, 590.

166 Henricus de Grand, *Quodlibeta* V, q. 12,

167 Copleston, *Medieval philosophy of Augustine to Scotus*, 596-597.

이처럼 강의 헨리쿠스는 아리스토텔레스의 인식 원인에 대한 감각적 기원을 수용하면서도 그 근본적인 정신에는 아우구스티누스의 '조명설'이 자리하고 있다. 그리고 그가 의지의 작용을 통해 존재의 일의적 개념을 거부함으로써 그는 피조물의 세계를 필연성으로부터 탈출시키려고 시도한다. 이를 위해 '존재 그 자체'와 '우연적 존재'를 하나의 구도에서 파악하려고 시도함으로, 그는 형이상학과 신앙을 억지로 조화시키려 한다는 인상을 준다. 따라서 이러한 헨리쿠스의 견해는 스코투스로부터 적극적인 비판을 받았다. 왜냐하면 헨리쿠스의 논리에 따르면 아래로부터의 하나님에 대한 논증은 모두 잘못이라는 결론에 낳기 때문이다.[168]

2) 둔스 스코투스(John Duns Scotus, 1266–1308)

1308년 43세의 일기로 세상을 떠난 명민한 박사(*Doctor Subtilis*) 둔스 스코투스(John Scotus, 1265/6-1308)의 쾰른에 있는 무덤에는 파라만장했던 그의 인생 여정을 느러내는 비문이 새겨져 있다.

〈쾰른의 스코투스의 무덤 옆면에 새겨진 글: Scotia me genuit ….〉

Scotia me genuit- Anglia me suscepit

168 Copleston, *Medieval philosophy of Augustine to Scotus*, 599.

스코틀랜드는 나를 낳고, 영국은 나를 받아들이고,
Gallia me docuit - Collonia me tenet
프랑스는 나를 가르쳤으며, 쾰른은 나를 품고 있다.[169]

스코틀랜드 막스톤(Maxton)에서 부유한 집안에서 출생한 둔스 스코투스는 프란체스코 회원이었던 삼촌의 영향 아래 13세 때 둠프리 수도원으로 들어갔고, 만 15세 때 프란체스코 수도회에 입회하여 수사로 사는 삶을 시작하게 된다. 그는 옥스퍼드와 파리 대학 등을 거쳐 신학 교수의 자격을 얻고, 정식 신학 교수가 되기 위해 1298년 옥스퍼드와 케임브리지에서 강의를 시작한다. 여기서 스코투스는 『롬바르두스 명제집』을 첫 번째로 주석하였고, 이는 『옥스포드 강의록』(*Opus Oxoniensis*)으로 알려져 있다. 1201년에는 파리 대학에서 한 번 더 명제집을 주석하는데 『파리 강의록』(*Reportata parisiensia*)』으로 편집되었다.

파리 대학에서 체류하는 동안, 그는 두 번의 위기를 겪었다. 첫 번째는 1303년 보니파키우스 8세의 반대에 대한 보복 조치에 연루되어 영국으로 귀환하고, 1304년 교황의 사망 후에야 파리로 복귀하였다. 그러나 1307년 프랑스 필립 왕이 정치적 목적으로 파리 대학을 소유하려는 것을 반대하다가, 성모 마리아가 원죄 없이 잉태되었다는 주장으로 이단 판정을 받게 되었다. 이 과정에서 그는 많은 상처를 받고 위험에 처하게 되나, 그를 아꼈던 파리 대학 총장 곤잘보에 의해 쾰른의 프란체스코회 연구소를 재조직하도록 보내졌다. 그러나 스코투스는 일 년 후인 1308년 돌연 세상을 떠나게 된다. 1639년 리옹에서 출판된 전집 중에 대표적인 그의 작품들은 『형이상학에 대한 문제집』(*Quaestiones Subtilissimae Super Libros Metaphysicorum Aristotelis*), 『제일 원리론』(*De primo prin.cipio*), 26권의 『자유 문제집』(*Quodlibetum*)이다.[170]

169 김현태, 『둔스 스코투스의 철학 사상』 (서울: 가톨릭대학교 출판부, 1994).
170 김현태, 『둔스 스코투스의 철학 사상』, 13.

그의 일부 저작의 진본 여부는 지금까지 논쟁의 대상이 되고 있고, 그의 제자들이나 그의 글에 첨부한 내용으로 말미암아 원래의 사상을 정확히 파악하는 데 어려움이 있다. 또한 그의 저작은 방대한 분량, 미흡한 번역작업, 무엇보다 그의 명민함 혹은 예민함에서 비롯된 난해한 글쓰기로 인해 그의 사상 전반을 파악하는 것은 쉬운 일이 아니며, 학자들 간의 분분한 강조점과 해석 차이로 인해 정확한 독서가 쉽지 않은 실정이다.

그의 죽음으로 '스콜라 신학의 붕괴가 시작되었다'는 '인류의 지적 천재 가운데 하나'[171]인 스코투스 사상의 발전은 "하나님이 자연적 수단을 통해 이 세상에 사는 인간에게 알려질 수 있는가?"에 대한 물음에서 전개된다.[172] 헨리쿠스의 질문과 동일하지만 해결책은 서로 차이가 난다. 이 질문에 대해 스코투스는 "하나님에 대해 참되고 긍정적 방식으로 진술된 모든 표현이 부정적인 방식으로 이해되어야 한다"라고 주장하고, 하나님과 양립할 수 없는 술어들을 제거하려 한다.[173] 물론 스코투스에게 이러한 하나님에 대한 진술의 부정은 부정에서 끝나지는 않는다. 왜냐하면 우리가 하나님에 관해 아무것도 알지 못한다면, 하나님이 존재하지 않는다는 명제나 하나님이 없다는 명제 역시 아무런 의미를 지니지 못하기 때문이다. 결국 스코투스는 하나님에 대하여 중의적, 혹은 다의적 표현은 적절하지 않은 것이며, 유비론에 대하여도 반대한다.[174]

스코투스는 헨리쿠스가 다루려고 하였지만 충분하게 다루지 않았던 것을 더 철저하게 탐구하고자 하였다. 스코투스는 존재 개념이 '일의적'(univoque) 성격을 지니고 있음을 주장한다. 이는 불가지론을 피하면서, 즉 자연 신학의 객관적 성격을 보호하기 위해서 절대적으로 필요하다고 여겼기 때문이다. 스코투스는 그의 대표작인 『옥스퍼드 강의록』(*Ordinatio* 또는

171 Schaff, *History of Christian Church*, 5, 608.

172 Alexander Broadie, "둔스 스코투스와 윌리엄 오컴," 475.

173 Alexander Broadie, "둔스 스코투스와 윌리엄 오컴," 476.

174 Alexander Broadie, "둔스 스코투스와 윌리엄 오컴," 477.

Opus Oxoniense)과 『파리의 강의록』(*Reportatio parisiensis* 또는 *Opus parisiense*)에서 인간은 자연적 능력을 통해서는 삼위일체와 같은 진리는 알 수 없지만 하나님에 대한 자연적인 인식을 할 수는 있다고 주장하고 있다.[175] 따라서 헨리쿠스가 말하는 조명에 의해서가 아니라, 스코투스는 인간의 지성은 감각적인 것으로부터 자신의 지식을 끌어내야 하며, 존재에 관하여서도 감각 자료로부터 추상할 수 있는 것만 안다고 말한다.[176] 그러나 스코투스에게 실존하는 것에 대한 지식은 결국 서로 환원할 수 없을 정도로 개별성을 지닌다. 따라서 이 실존하는 것들은 형이상학에 참된 하나의 대상을 제공할 수 없다.

또한 스코투스는 "일의성" 대한 강조가 "모든 철학을 파괴"할 위험이 있음을 인식하였다.[177] 이러한 위험성에 대한 그의 대답은 "일의성"은 "사물"이 아니라 "개념"에 관한 것이라고 말한다.[178] 스코투스는 동일한 개념을 적용한다는 것이 곧 존재의 동일성을 의미하는 것은 아니라는 것이다. 헨리쿠스가 신적 존재와 우연적 존재에 대해 일의적 개념을 사용하지만, 서로 달리 이해하므로 통일성을 깨뜨리는 반면, 스코투스는 일의성을 사물의 존재 방식이 아니라 사물에 대해 말하는 방식에 관한 것으로 이해함으로써, 일의적인 용어는 모든 사물에 적용될 수 있으며, 일의적인 개념을 피조물로부터 도출될 수 있다고 보았다. 또한, 피조물은 하나님을 불완전하게 표현하거나 모방하기 때문에[179] 일의적인 개념 또한 하나님에 대해서도 적용될 수 있다. 하지만 이러한 스코투스의 주장도 아리스토텔레스주의자들의 문제-신을 이성적 필연성에 종속시킴-를 여전히 피할 수 없다. 이를 벗어나기 위해 스코투스는 철학적 담론을 파괴하지 않으면서도 신앙과의 충돌을 피하려고 "자유"—보다 엄밀히 말해서는 "하나님의 자유"—에 대한

---

175 Scotus, *Ordinatio, Prol*., I, 3, 1; *Rep*., I, 3, 1; *Rep*., *Prol*., 3, nos. 1.과 4.

176 Scotus, *Ordinatio* 1, d. 3, pars 1, q. 4.

177 Scotus, *Ordinatio* I. d. 3. n. 105.

178 Scotus, *Ordinatio* I. d. 8. n. 129.

179 Scotus, *Ordinatio* I, d. 8, n. 129.

강조를 그의 사상의 기초로 한다.[180] 이러한 '하나님의 자유'를 설명하기 위한 그의 개념이 바로 하나님의 "규정된 능력"(*potentia ordinata*)과 "절대적 능력"(*potentia absoluta*)이다.

> … 자신의 이성과 의지를 통해서 행하지만, 필연적으로 행하는 것은 아니며, 바른 법칙과 조화를 이루면서 행하는 모든 자에게는 규정된 능력과 절대적 능력이 구분되어야 한다…. 하나님께서는 자기에 의해서 확정된 바른 법을 따라서 행하실 수 있다는 점에서 이는 하나님이 자신의 규정된 능력을 따라 행하신다고 할 수 있다. 그렇지만 그분은 이미 확정된 법을 따르지 않고 그것을 넘어서서 더 많은 것을 행하실 수 있기 때문에 사람들은 그분의 절대적 능력에 관해서도 언급한다.[181]

즉, 삼위일체와 같은 하나님의 본성은 인간 지성의 자연적 능력을 통해서가 아니라, 하나님의 자유로운 선택과 활동을 통해서만 인식될 수 있다고 여긴다. 즉, 하나님의 자유로운 선택과 활동을 통해 나타나는 신앙적 진리를 대상으로 하는 신학이 하나의 고유한 학문으로서 요청된다. 여기에서 하나님은 고유의 대상이며 하나님은 자신의 본질에서 자기 자신을 있는 그대로 알리신다. 반면에 현실 실존으로부터 끌어낸 증명들은 충분한 결론이 될 수 있지만, 그것들은 여전히 우연적인 것으로 남게 된다. 따라서 스코투스는 자신의 학문적 과제를 위해서 먼저, 이성의 한계에 대하여 지적하고, 나아가서 그러한 한계를 지닌 이성적 결론을 신앙의 영역으로 확대하는 것을 거부하였다.

스콜라 정신의 소유자들인, 안셀무스와 토마스 아퀴나스 등은 기독교 신앙의 가르침들은 적어도 이성과 대립적이지 않을 뿐만 아니라, 그중 몇몇

---

180 Pieper, *Scholasticism: Gestalten und Probleme der Mittelalterichen Philosphie*, 190.

181 Scotus, *Ordinatio* I, d. 44. q. unica.

은 이성을 통해서 증명 가능하며, 이를 제시하려고 시도했었다. 결국 이러한 스코투스의 철학과 신학의 구분은 라틴아베로에스주의자들에 의해 촉발된 학문의 독자성에 관한 주장과 전 우주적 권위를 주장하는 신앙의 세계관이 서로 충돌하는 상황에서 경계선을 설정하려는 시도처럼 여겨진다. 이러한 점에서 그는 훗날, 계몽주의적 이성 절대주의자들이 이성을 무기로 신앙적 내용을 판단하려 할 때, 담론의 대상이 되는 내용에 대한 경계를 세워, 철학자의 신앙에 관한 논의를 이성의 한계 안에 두려고 했던 칸트의 선구자로 이해될 수 있다. "자연적 이성의 영역에 점점 더 많은 제한이 부과되었다."[182] 논리 필연성과 운동 그리고 감각적 추상에 의해 제한되는 -이성의 한계에서- 인간은 하나님께 향하는 길의 단절을 경험하게 된다. 질송은 스코투스의 형이상학에 대해 "형이상학의 대상, 즉 존재의 본성에 의하여 제한되어, 더 나아갈 수 없었지만, 어느 정도는 나아갈 수 있었다"[183]라고 평가함으로써 이러한 성격을 드러내고 있다. 따라서 스코투스는 '교회가 가르치는 것들이 이성의 뒷받침을 받을 수 없을지 모르고 또 불합리하게 여겨질지도 모르지만, 교회가 그렇게 말했기에 그것을 받아들여야 한다'고 권면한다.[184]

그러므로 스코투스에게 자연적 질서와 초자연적 질서를 통합하여 하나의 지성적 구조(structure)에서 파악하려는 토마스적 고찰은 더 이상 시도되지 않았다. 오히려 그들은 자연적 이성으로는 하나님을 알 수 없다는 점과 하나님은 자신이 창조한 세상에 대하여 절대적으로 자유롭다는 점을 강조한다.

182 Walker, *A History of the Christian Church*, 397.

183 Gilson, *History of Christian Philosophy in the Middle Ages*, 626.

184 Gilson, *History of Christian Philosophy in the Middle Ages*, 636.

3) 윌리엄 오컴(William of Ockham, 1300–1349)

〈윌리엄 오캄〉

스콜라주의 종말의 상징이자 결정적으로 이에 이바지한 이는 “당해낼 수 없는 교사”(*doctor invincibilis*)로 알려진 영국사람 오컴의 윌리엄이다. 그는 1287년 잉글랜드 왕국 서리(Surrey) 백작령 오컴(Ochkam)에서 태어났다. 그는 어린 나이에 프란체스코 수도회에 입회하였다.[185] 그는 1309년부터 1321년까지 옥스퍼드의 머튼 칼리지에서 신학을 공부하였다. 1317년경 『롬바르두스 명제집』에 대해 강의를 시작하였다. 이로써 그는 석사 학위(regent master)에 필요한 모든 자격 조건을 갖추었으나, 옥스퍼드 대학 신학부는 그를 ‘비정통적’(unorthodox)이라는 이유로 거부하였다. 이는 그가 행한 『명제집』 강의의 내용 때문이었다. 오컴은 1324년 주교회의에서 정죄를 당하고, 아비뇽 교황청으로 소환되었다. 아비뇽에서 오컴은 당시 프란체스코회와 교황 요한 22세의 ‘사도적 청빈’에 관한 논쟁에 휩싸였다. 결국 그는 프란체스코 수도회의 총장인 미카엘 체세나(Michael of Cesena)와 더불어 독일 황제인 바이에른의 루트비히(루이)에게로 갔다. 황제가 보호하는 대가로, 오컴은 황제권이 교황권보다 우위에 있으며, 신성 로마 제국 내의 교회와 제후국에 대해서는 교황이 아닌 황제가 최고 통수권을 가진다는 논문을 쓰기도 하였다.[186]

1328년 6월 6일, 오컴은 아비뇽에서 무단 탈주하였다는 이유로 교황에 의해 공식적으로 파문되었다. 오컴은 사도적 청빈과 선대 교황들이 인정한 성자 프란체스코의 무소유를 공격하는 요한 22세야말로 이단이라고 맞섰

185 *Catholic encyclopedia*, “William Ockham.”

186 Ockham, *Breviloquium*, in: KThQ2, Nr. 53. b.

다. 하지만 오컴의 철학 사상은 공식적으로 이단이라고 단죄된 적은 없다. 오컴은 그 뒤 미카엘 등과 함께 바이에른에 머물며, 철학 연구보다는 정치 논쟁과 저술로 여생을 보냈다. 오컴은 1347년 4월 9일 사망하였다. 흑사병이 남부 독일에 도달(1348년)하기 직전이었다. 오컴의 저술은 전통적으로 두 그룹, 즉 소위 '학문적' 저작과 '정치적' 저작으로 나누어진다. 대체로 전자는 오컴이 아직 영국에 있을 때 쓰였거나 적어도 시작되었으며, 후자는 오컴의 아비뇽 시대 말기와 그 이후 독일 망명 중에 저술되었다.

오컴은 신학을 하나의 학문으로 이해하였지만, 그는 신학의 참됨은 학문적 엄격성-논리적 일관성-이 아니라 믿음에서 결정되는 것으로 보았다. 또한 신학의 원천을 교회 전통의 맥락에서 평가하려 하였다.[187] 앞선 스콜라주의자들처럼 오컴도 어떻게 인간이 하나님에 관해서 말할 수 있는가라는 질문에서 '보편 개념'의 실재성 문제로 나아간다. 여기서 그는 보편 개념들은 단순히 이름에 지나지 않는다고 규정한다.

> 보편적인 것들은 절대로 유일하지 않다; 왜냐하면 보편적인 것들은 항상 많은 실재에 대한 상징(*signum*)으로 쓰이며 많은 실재에 관해 말하기 때문이다. 따라서 종종 발생하듯이 우리가 단 하나가 아닌 어떤 것을 보편적인 것이라고 부른다면, 내 생각에 이 단어를 오용하지 않는다면 어떤 것도 보편적인 것이 될 수 없다. … 모든 보편적인 것들은 일치된 이해에 따라서 각각 다수의 실재에 관하여 진술한다. 하지만 오직 정신적인 사고 과정이나 약속된 상징들만 보편적인 것들이다.[188]

즉, 오컴의 사상을 대변하는 전제는 "우리가 알 수 있는 모든 것은 개별적인 사물들 뿐"이라는 것이다. 존재의 단순한 개념으로부터 다른 존재의

187 A Ritter, *Kirchen- und Theologiegeschichte in Quellen vol. II: Mittelalter*, 357.

188 Ockham, *Summa Logicae* I, 14f. in: KThQ, Nr. 48. a.

단순한 관념을 추론하는 것은 불가능하므로, 우리는 피조물로부터 그 원인을 추론할 수 없다. 피조물은 유한하므로 그 원인이 무한하다는 것을 명백한 논증으로 입증할 수 없다. 또한 우리는 그런 원인이 오직 하나 있다는 것을 명증적으로 입증할 수 없고, 그것이 자유롭다는 것도, 그것이 모든 사물의 첫 번째 능동인이라는 것도 입증할 수 없다. 이런 점에서 오컴은 존재의 개념에 대한 일의성을 철저하게 몰아갔다. 그는 인간의 인식이 개별 상황에만 적용될 수 있을 뿐이지 일반화할 수 없다고까지 주장하였다. 그러므로 존재의 개념이 존재 그 자체는 물론, 우연적 존재에까지 확장되는 것 또한 문제를 야기한다고 주장한 것이다.

그러므로 오컴은 철학의 문제를 떠나 신학의 문제에 관하여 언급하기를, 스콜라 학자들이 채택한 논리와 이성을 통해서는 기독교 신앙의 가르침들을 결코 증명할 수 없다고 여겼다. 따라서 아퀴나스가 하나님의 존재 증명을 뒷받침하기 위해 전개하는 논증을 오컴은 결정적인 것이 못 된다고 보았다. 따라서 그는 하나님의 존재, 영혼의 불멸과 같은 기본적인 교의들을 포함한 기독교 신앙의 내용은 교회가 가르치고 있고, 또한 그것들이 성경 안에 담겨 있기 때문에 받아들여야 한다고 언명하였다. 즉, 그 교의들은 증명할 수 없으며, 오직 믿음으로 그것들을 받아들여야 한다는 것이다.

> 오직 믿음만이 우리에게 신학적 진리에 접근할 수 있게 해준다. 하나님의 길은 이성에 열려 있지 않다. 왜냐하면 하나님은 필요한 법칙과는 별개로 세상을 창조하고 그 안에 구원의 길을 세우기로 자유로이 선택하셨기 때문이다. 이는 인간의 논리나 합리성이 밝혀낼 수 있는 것이 아니다.[189]

결국 오컴은 기독교가 긍정하고 있는 위대한 교리들의 확실성을 이성적으로 증명하려 했던 위대한 목적을 달성하지 못했음을 인정하는 지경에 이

---

189 Ockham, *Quodlibetal Questions*, 103-4.

른다. 오컴과 그의 동료들은 인간의 지혜와 하나님의 지혜를 조화시켜 보려던 희망을 포기해 버렸다. 바울에게서처럼 그들에게도, 십자가와 거기 포함된 모든 것이 헬라 사람의 지혜로 판단해 보았을 때 어리석은 것이었으며, 인간은 그의 지혜를 통해서는 하나님을 알지 못하였다고 고백한다: "헬라 사람들에게서 유래한 논리의 방법으로 도달한 진리와 복음을 통해 알게 된 진리 사이에는, 이성이 가교할 수 없는 심연이 가로놓여 있다".[190]

이러한 이해에 따라 오컴은 "하나님의 절대적 권능과 규정적 권능을 구별한 스코투스의 구분을 받아들여 그것을 자신의 신학의 시금석으로 삼았으며, 이를 훨씬 더 급진적으로 사용하였다. 오컴은 의지의 자유가 이성적 논증을 통해서 증명되는 것이 아니라 내적인 경험(Innenerfahrung)을 통해서 확정된다고 보았다. 동시에 그는 안셀무스 이후로 하나님의 자유와 관련된 질문에서 단절을 일으켰다. 즉, 철학적 이성은 이에 대하여 알 수 없고 오직 신앙만이 이를 알 수 있는 것으로 주장한다.

케니스 라토레트(K. S. Latourette)는 둔스 스코투스가 "신앙과 이성의 분리를 향한 제 일보"를 내딛었으며, 윌리엄 오컴은 "신앙과 이성을 완전히 결별시켰다"고 평가한다.[191] 이들에게서 이성과 신앙을 서로 모순 없이 종합해 보려는 스콜라적인 노력은 종말을 고하게 되었다. 실제로, 종교개혁 초기인 1520년대 가장 중요한 신학적 담론 중 하나였던 마틴 루터와 에라스무스의 논쟁도 하나님의 이해에 관한 것이 아니라, '하나님의 의지와 인간의 의지'에 관한 것이었다. 결국 신앙의 진리를 이성적으로 다가가려는 스콜라의 시도와 이성으로 구축한 신지식의 체계는 '의지'를 수단으로 새로 시작해야 하므로 스콜라 세계는 새로운 단계로 나아갈 수밖에 없었다.

---

190 Latourette, *A History of Christianity*, 2, 55.

191 Latourette, *A History of Christianity*, 2, 50 이하.

참고 문헌

Abelard. *Der Briefwechsel mit Heloisa*. Stuttgart: Reclam, 2001.

_____. *Historia Calamitaticum. In: Der Briefwechsel mit Heloisa*. Stuttgart: Reclam, 2001.

_____. *Prologue to Sic et Non*. https://web.archive.org/web/19980116132422/http://pluto.clinch.edu/history/wciv1/civ1ref/sic.html.

_____. *Introductio ad Theologiam*, PL 178, 981 이하.

Aertsen, J. A. "Die Thesen zur Individuation in der Verurteilung von 1277, Heinrich von Gent und Thomas von Aquin." In: *Individuum und Individualität im Mittelalter* (Miscellanea mediaevalia; Bd. 24): 249-265.

Anselmus, *Monologion & Proslogion*. 박승창 옮김. 『모노로기온 & 프로스로기온』. 서울: 아카넷, 2002.

Anselmus. *Cur deus homo*. 이은재 역. 『인간이 되신 하나님』. 서울: 한들출판사, 2015; https://sourcebooks.fordham.edu/basis/anselm-curdcus.asp.

Bäumker, Clemens. *Die christliche Philosophie des Mittelalters*. 3. Auflage, Berlin: Teubner, 1923.

Bianchi, Luca. "1277: A Turning Point in Medieval Philosophy?" In: *Was ist Philosophie im Mittelalter?*: (*Miscellanea Mediaevalia*, Bd. 26). Hrsg. von Jan. A. Aertsen und Andreas Speer. Berlin-New York: 1998: 90-110.

Bonaventura. *Breviloquium*, introduction, translation and Notes by Dominic V. Monti, O.F.M. New York: St. Bonaventurae Univesity, 2005.

_____. *Doctoris Seraphici S. B. Opera omnia*. 10 Bde. Hrsg. in Quaracchi 1882-1902, Dgitalisat, Bände bei archive.org; Stanford. https://archive.org/details/doctorisseraphic11bona.

Bredero, Adriaan H. *Christendom and Christianity in the Middle Ages, The*

Relations between Religion, Church, and Society. tr. Reinder Bruinsma, Grand Rapids: Wm. B. Eerdmans Publishing, 1994.

Broadie, Alexander. "둔스 스코투스와 윌리엄 오캄." In: *Medieval Theologians*: 471-498.

Dettloff, Werner. "Duns Scotus/Scotismus I." TRE Bd. 9: 218-231.

Foster, Richard J./Beebe, Gayle D. *Longing for God*. 양혜원/김명희. 『영성을 살다』. IVP. 2009.

Grabmann, M. *Die Geschichte der scholastische Methode II*. (nach den gedruckten und ungedruckten Quellen bearbeitet), Freiburg im Breisgau: Herdersche Verlagshandlung, 1909.

_____. *Mittelalterliches Geistesleben: Abhandlungen zur Geschichte der Scholastik und Mystik*, Bd. III, Muenchen: Max Hueber Verlag, 1936.

Gregory IX. "Parens scientiarum." https://sourcebooks.fordham.edu/source/uparis-stats1231.asp.

Henricus de Grand. *Summa quaestionum ordinarium*. G.A. Wilson, ed. Leuven: Leuven University Press, 2001 (initially also Leiden: E.J. Brill).

Hödl, L. "Petrus Lombardus." TRE Bd. 26, 296-303.

Horst, Eberhard. *Heloisa und Abaelard*. 모명숙 옮김. 『중세최대의 연애 사건, 엘로이즈와 아벨라르의 금단의 사랑』. 서울: 생각의 나무: 2005.

Hugo of St. Victor. *De sacramentis Christiane fidei*. PL 176.173-617.

John of Salisbury. *Metalogicon*. Translate with Introduction and Notes by Daniel D. McGarry. Barkely and Los Angeles: University of California Press. 1955. https://ia801003.us.archive.org/30/items/themetalogiconofjohnofsalisbury/The%20Metalogicon%20of%20John%20of%20Salisbury.pdf.

Kerr, Ferguss. "토마스 아퀴나스." In: *Medieval Theologians*: 383-419.

King, Peter. "Abelard's Intentionalist Ethics." *The Modern Schoolman* 72 (1995): 213-231.

Kluxen, W. "Averroes/Averroismus III." TRE Bd. 5. 51-61.

Leff, Gordon/Leppin, Volker. "Ockham/Ockhamismus." TRE Bd. 25: 6-18.

Lobigii, Sophia. *San Bonaventura*. 이재룡 옮김. 『성 보나벤투라』. 서울: 가톨릭대학출판부, 2001.

Lombard, Peter. *Libri quattuor Sententiarum*. PL, 192.519-964.

Luscombe, D. E. *Peter Abelard's Ethics*. Oxford: Clarendon Press, 1979.

Mandonnet, P. "Chronologie des Quaestiones disputees de saint Thomas d Aquin." *Reuve thomiste* 23 (1918): 366-371.

Ochkam, William. *Ordinatio*. [원 저서명, *B. Ioannis Duns Scoti doctoris subtilis ac Mariani Ordinis Fratrum Minorum Commentaria oxoniensia ad IV libros magistri Sententiarus*.] https://publications.thebritishacademy.ac.uk/pubs/dialogus/wtc.html

Ochkam, William. *Dialogues*. ed. Arthur Stephen McGrade and John Kilcullen. Cambridge: Cambridge University Press, 1995. https://publications.thebritishacademy.ac.uk/pubs/dialogus/wtc.html

_____. *Quodlibetal Questions*. Trans. Freddoso, Alfred J./Kelly, Francis E. New Heaven, Conn. Yale Univesity Press, 1991.

Pieper, Joseph. *Guide to Thomas Aquinas*. 신창석 옮김. 『토마스 아퀴나스 그는 누구인가』. 왜관: 분도출판사, 2005.

Rashdall, Hastings. *The Universities of Europe in the Middle Ages*. Oxford: The Clarendon Press, 1895,

Robert de Courçon. *Statutes for the University of Paris*, 1215 [Chart. Univ. Paris. 1, No. 20, P. 78]. https://sourcebooks.fordham.edu/source/courcon1.asp.

Robson, Michel. "성 보나벤투라". In: In: *Medieval Theologians*. 359-381.

Scotus, Duns. *Commentaria Oxonensis, [Ordinatio]*. https://archive.org/details/bioannisdunsscot01duns/page/n21/mode/2up.

_____. *A Treatise on God as First Principle*, https://www.ewtn.com/

catholicism/library/treatise-on-god-as-first-principle-10044.
Stanford Encyclopedia of Philosophy. "Henry of Ghent." https://plato.stanford.edu/entries/henry-ghent/.
Thomas. *Über die Einheit des Geistes gegen die Averroisten. (De unitate intellectus contra Averroistas)*. Übersetzung W.-U. Klünker. Stuttgart: Verl. Freies Geistesleben. 1987.
Thomas Aquinas. *Summa Theologiae*. https://isidore.co/aquinas/.
Torrel, Jean-Pierre. *Saint Thomas Aquinas*. Vol. 1. Trans. Robert Royal. Washington, DC: Catholic University of America Press, 2003.
Van Steenberghen, Ferdinand. *Aristotle in the West: the Origins of Latin Aristotelianism*. Louvain: Nauwelaerts, 1955.
Weisheipl, James A. *Friar Thomas D'Aquino, his life, thought, and works*. 이재룡 역. 『토마스 아퀴나스 수사-생애, 작품, 사상』. 서울: 성바오로출판사, 2012.
강상진. "아벨라르두스 윤리학의 "의도" 개념 연구." 「중세철학」 15 (2009): 71-96.
김현태. 『둔스 스코투스의 철학 사상』. 가톨릭대학교출판부. 1994.
리차드 포스터 · 게일 비비. 『영성을 살다』. 김명희, 양혜원 옮김. 서울: IVP, 2014.
박승찬. 『토마스 아퀴나스』. 서울: 새길, 2012.
신창석. "신학 대전의 형성과 구조 I. II." 「현대카톨릭사상」 9 (1993), 3-40; 11 (1994): 41-73.
안준상. "아벨라르두스 의도의 윤리학의 현대적 이해 -결과론적 윤리이론의 한계와 의도의 윤리학-." 「철학논구」 40 (2012): 145-162.
이경재. "안셀무스의 신존재 증명에 대한 토마스 아퀴나스의 비판으로 본 스콜라 사상의 두 흐름." 「지중해지역연구」 8 (2006): 123-153.
이은재. "안셀무스의 구속론." In: 『기독교 사상 II』. 서울: 대한기독교서회, 2007, 11-33.
이재룡. "토마스 아퀴나스의 신학대전." 「신학논문총서 역사신학 제14권」. 서

울: 학술정보사, 2004.
정원래. “스콜라신학의 방법론과 진술방법.” 「역사신학논총」 17 (2009): 244-270.
_____. “부(富)의 “최소한의 사용”(usus pauperis)과 “온건한 사용”(usus moderatus).” 「역사신학논총」 20 (2010): 8-36.
_____. “신존재에 대한 묵상-안셀무스의 『프로슬로기온』(*Proslogion*)을 통하여-.” 「한국개혁신학」 62 (2019): 304-339.
_____. “Peter Abaelardus의 구원론,” 「역사신학논총」 28 (2015): 268-300.
최은순. “토마스 아퀴나스 존재론의 교육학적 해석.” 서울대박사학위논문, 2012.
황덕형. “안셀름의 신 이해: 스콜라 신학의 시작.” In: 『신론』. 한국조직신학회 역음. 서울: 대한기독교서회, 2013.
피렌체공의회 본문: http://www.ewtn.com/library/COUNCILS/FLORENCE.HTM#3

11

교황권의 추락과 아비뇽 교황청

I. 교황권의 절정과 그 추락

영적 권력과 세속 권력 사이의 경쟁은 1122년 보름스(Worms) 협약에서 끝나지 않았다. 그러나 이 협약을 통해서 서로가 종교적 권위를 다투는 것은 지양되었다. 하인리히 4세와 그레고리우스 7세의 중대한 다툼은 교회의 순수성과 교회의 정치로부터의 독자성의 질문을 포함하고 있었다. 그러나 이후의 분쟁들은 두 권력의 정점에 있는 자들의 주도권 경쟁과 다름없었다. 즉, 서임권 논쟁 이후의 교황권과 황제권의 갈등은 "누가 더 크냐"라는 질문으로 요약된다.[1] 황제와 교황은 종교를 갖고 있다는 점에서는 같은 가톨릭 신자였다. 그들은 서로에게 없어서는 안 될 존재였다. 왜냐하면 황제나 군주들에게는 신하들의 양심을 통제하기 위한 일종의 최고 목사이자 고해신부인 교황이 필요하였고, 교황은 교회의 재산과 권리를 보호하고 이단자를 기소하기 위해 황제의 세속적 권위가 필요했기 때문이다. 그러나 때로 황제는 대립 교황을 선출하였고, 교황은 경쟁 황제를 지지하였다. 성직 서임권 논쟁이 황제권과 교황권의 갈등의 제1막이라면, '누가 더 크냐'라는 논쟁은 갈등의 제2막이라고 할 수 있다.

---

1 Schaff, *History of Christian Church*, 5, 115.

1. 황제권도 신성하다: 알렉산더 3세(Alexander III, 1100/1105–1181) 및 프리드리히 바르바로사(Friedrich Barbarossa, 1122–1190)의 대치

12세기 말 유능한 교황 알렉산더 3세는 독일 황제 프리드리히 바르바로사의 도전을 극복했을 뿐만 아니라, 가장 뛰어난 영국 왕 중 하나인 헨리 2세(Henry II, 1154-1189)에 대해서도 명백한 승리를 얻었다. 프리드리히 바르바로사는 독일의 황제로 선출되자마자 자신의 제국 또한 '신적인 제도'로서 교황으로부터 독립되어 있음을 천명하였다.

> … 그리고 제국과 함께 왕국은 오직 하나님으로부터 나온 방백들을 선택함으로써 우리의 것이기 때문에, 그분은 그의 아들 그리스도의 수난을 통해 세상을 두 개의 필요한 검(the two necessary swords)의 통치에 복종시키셨다. 그리고 사도 베드로가 "하나님을 경외하고 왕을 공경하라"라는 가르침을 세상에 알렸기 때문에, 누구든지 우리가 주 교황의 은총으로 황실의 왕관을 받았다고 말하는 사람은 신적인 제도(*divinae institutio*)와 베드로의 가르침에 어긋나는 것이며, 거짓 증언의 죄를 짓는 것이다….[2]

1159년 알렉산더 3세가 교황으로 선출될 때, 반대 진영 역시 대립 교황을 선출하였다. 이에 프리드리히 바르바로사는 1160년 파비아에 공의회를 소집하고 알렉산더 3세의 참석을 명령하였다. 이에 알렉산더 3세는 '교황은 오직 신에 의해서만 심판받는다'라고 선언하며 참석하지 않았다.[3] 파비아 공의회 이후 황제와 대립 교황 빅터 4세는 알렉산더 3세를 파문하였고(1160년 2월 11일), 알렉산더 3세 역시 둘을 파문하는 것으로 맞섰다.[4]

---

2 Fridrich Barbarossa, *Manifesto of the Emperor* (1157.10).

3 참조) *Letter of Alexander III about his election* (1159), in: *A Source Book for Medieval History*, no. 105.

4 *Cahtolic encyclopedia*, "Pope Alexander III." 참조) *Epistola Minor of the Council of*

이렇게 막이 오른 황제와 교황의 갈등은 1176년 레냐노(Legnano) 전투에서 프리드리히 바르바로사가 크게 패할 때까지 계속되었고, 동일한 교황과 동일한 황제의 가장 오랜 대치는 마침내 1177년 '베네치아 평화 조약'(*The Peace of Venice*, 1177)으로 종결되었다.[5] 이 조약에 따라 프리드리히 바르바로사는 비로소 알렉산더 3세를 교황으로 인정하였다.

알렉산더 3세와 헨리 2세의 갈등은 영국에 새로운 순교자를 낳았다. 헨리 2세는 1162년 겉으로는 공손하고 자신에게 충성스러운 대법관 토머스 아 베케트(Thomas à Becket, 1118-1170)를 캔터베리의 대주교로 선출하는 것에 성공하였다. 그러나 일단 성직에 취임하자 베케트는 국가가 아니라 오히려 교회적 권리를 강력하게 옹호하였다. 1164년에 헨리는 16개의 조항으로 된 「클라렌던 헌장」(*Constitutions of Clarendeon*)을 제정하도록 하였다. 그것은 교회의 사건들에 있어서 로마에 호소하는 권리를 제한하고, 파문의 위력을 줄이고, 시민 법정에 성직자들을 복종시키며, 그리고 성직자들이 그에게 충성하도록 주교 선출을 왕의 지배 아래 두게 하였다.[6]

이에 대주교 베게트는 공개적으로 헨리 2세의 교제를 단절하며 저항하였다. 그 결과 베케트는 왕을 피해 프랑스 땅으로 도망해 루이 7세의 환영을 받았고, 나아가 교황을 방문하였다. 교황의 따뜻한 영접과 더불어 그는 약 6년 동안 대륙의 시토 수도원에 피신해서 생활하였다. 1170년 화해

Pavia, (Feb. 5-11, 1160. *Encyclic*).

5 *Cahtolic encyclopedia*, "Pope Alexander III." 참조) *The Peace of Venice* (1177), in: *Select Historical Documents*, 420-434.

6 Schaff, *History of Christian Church*, 5, 131 이하.
클라렌던 헌장(*Constitutions of Clarendeon*): 1. 평신도 권력자와 성직자들의 성직 추천권에 관하여: 평신도들 사이에 혹은 성직자들과 평신도들 사이에 혹은 성직자들 사이에 분쟁이 발생하면 그것을 국왕의 법정에서 심리하여 판결한다. 2. 국왕으로부터 재정 지원을 받는 교회들에게는 국왕의 동의와 허가 없이는 항구적으로 성직 추천권을 부여하지 않는다. 3. 어떤 범죄 혐의로든 고소된 성직자들은 국왕의 법관들에 의해 국왕의 법정에 소환되어 국왕의 법정이 제시하는 질문에 답변해야 한다. 그리고 교회 법정에 출두하여 교회법정이 제시하는 질문에 답변해야 한다. ..만약 고소당한 성직자가 죄를 자백하거나 심리 결과 유죄 사실이 드러나면 교회는 이후로 그를 보호하지 못한다. etc.

가 이루어지고 베케트는 다시 영국 땅으로 돌아와 대주교의 권한을 행사하였다.[7] 그러나 그해 말 헨리 2세의 경솔한 분노로 인해, 베케트는 4명의 노르만 기사의 손에 살해되었다. 교황 알렉산더 3세는 이것을 정치적으로 이용하였다. 교황은 베케트를 1173년에 성자의 명부에 올렸다. 이로써 그는 종교개혁 때까지 계속해서 가장 대중적인 영국 성자 중 하나가 되었다. 베케트는 "자기 군주를 반역한 자"로 단죄를 받았으나, 중세는 그를 "교황 성직 위계 제도의 영웅이자 순교자"로 만들었다.[8] 헨리 2세는 클라렌던 헌장을 포기하고 베케트의 무덤에서 공식적으로 참회를 해야 했다. 그러나 이런 뚜렷한 교황의 승리에도 불구하고 헨리 2세는 이전처럼 영국 교회에 대한 자신의 지배를 계속하였다.

알렉산더 3세 교황은 각국의 군주들과의 다툼에서 승리하고 영적 권위의 우월성을 확보하였다.

2. 신의 대리인: 인노켄티우스 3세(Innocentius III, 1161–1216)

인노켄티우스 3세의 재위는 중세 교황제의 황금기이자 가톨릭교회사에서 가장 중요한 시대 중 하나를 상징한다. 인간으로서 그만큼 방대한 권력을 휘두른 예는 전무후무하였다. '그리스도의 대리자'라는 교황의 칭호에 인노켄티우스는 최초로 '진정한 하나님의 대리자'(*Dei vere vicarius*)라는 칭호를 덧붙였다.[9] 그는 주교들과 지역 공의회들의 결정들을 뒤엎었고, 왕들을 세우기도 하고 폐하기도 하였다.

인노켄티우스 3세는 자신의 취임사에서 교황에 대한 자신의 이해를 드러내며, 겸손을 강조하고, 교만을 경계할 것을 표명했지만, 실제로는 이러

---

7 *Catholic encyclopedia*, "St. Thomas Backet."

8 Schaff, *History of Christian Church*, 5, 147.

9 PL 214.292.

한 이상과 가장 동떨어진 교황이었다.

〈인노켄티우스 3세
(13세기의 프레스코화, wiki)〉

> 주님께서 자기 백성 위에 어떠한 종을 세우셨는지 여러분들은 잘 아십니다. 그는 다름 아닌 그리스도의 대리인이요 베드로의 계승자입니다. 그는 하나님과 사람들 사이에 있으며, 하나님 아래에 있으나 사람들 위에 있고, 하나님보다 못하지만 사람들보다 높이 서 있습니다. 그는 만민을 판단하되 아무에게도 판단을 받지 않습니다. 그러나 세상의 관원들이 높이는 그가 실은 섬기는 자로 부르심을 받은 까닭에 겸손은 높이고 교만은 버려야 합니다. 하나님은 교만한 자를 버리시고 겸손한 자에게 자비를 베푸시기 때문입니다. 그리고 자신을 높이는 자는 낮아지게 될 것입니다.[10]

교황이 되기 전 잠시 정치적 열세에 처했을 때 그는 다소 세상 도피적인 저서들인, 『세상에 대한 경멸』(*The Contemp of the World*)과 『인간의 비참한 상태』(*Misery of the Mortal Estate*)를 저술하기도 하였다. 그러나 교황이 된 인노켄티우스는 각국의 군주들을 복종시키는 데 실패하지 않았고 철권을 휘둘렀다. 유럽 전역의 군주들이 그에게 청종하였으며, 그에게는 교황 중심의 신정이 모든 것이었다. 인노켄티우스 3세는 프랑스 왕 필립 2세가 그의 왕비 잉게보르그(Ingeborg)와 부당하게 이혼하자, 수찬 금지령을 내려 그녀를 다시 맞이하도록 했으며,[11] 레온(Leon)왕 알퐁소 9세(Alfonso IX)의 지나친 근친결혼을 무효화시켰다. 아라곤(Aragon)의 왕 피터(Peter)는 자신의 왕국을 교

---

10 Innocentius III, *Sermon on his consecration as pope*, (1198), in: 심창섭 · 채천석, 『원자료 중심의 중세교회사』, 245.

11 Innocentius III, *Interdict of France*, 1200.

황으로부터 봉토로 받았다.[12]

인노켄티우스 3세의 가장 크고 분명한 승리는 영국에서 이루어졌다. 잔인하였으며 평판이 좋지 않았던 국왕 존(John, 1199-1216)은 대주교 선출을 투표에 부치겠다고 약속하였지만 자신이 추천한 사람을 캔터베리의 대주교로 세우려고 시도하였다. 분쟁은 로마에 상소되었다. 왕의 선택은 무효가 되었고, 인노켄티우스의 친구인 스테판 랭톤(Stephen Langton, ?-1228)이 캔터베리 대주교로 임명되었다(1207). 존 왕은 이를 거절하였다. 결국 왕과 교황은 충돌하였고, 1208년 3월 22일 잉글랜드에서 성무 중지령이 선포되었다. 이어서 1212년 교황은 존이 왕의 자격이 없으므로 폐위한다고 선언하였다. 프랑스는 군대를 준비하고, 백성들이 불안 가운데 왕에게 저항하기 시작하자, 결국 존은 교황 사절에게 굴복하였고, 1213년 5월 15일 무릎을 꿇은 채 판돌프(Pandulf)에게 자기 왕국을 넘겨주고 그것을 교황의 봉토로 돌려받기로 합의하였다.

1213년 교황 특사에게 서명한 문서에는 다음과 같은 내용이 담겨 있었다.

> 짐은 하나님과 거룩한 사도들인 베드로와 바울, 짐의 어머니인 거룩한 로마 교회, 그리고 짐의 주군이신 교황 인노켄티우스와 그의 가톨릭 계승자들에게 잉글랜드의 영토 전부와 아일랜드의 영토 전부, 그리고 그에 따른 모든 권리를 짐과 짐의 모든 백성의 조속한 사죄를 위해서 조건 없이 바치노라. 그리고 이제부터는 봉건적 가신으로서 이 영토들과 권리들을 하나님과 로마 교회로부터 받으며, 우리 주군이신 교황 인노켄티우스와 그의 가톨릭 계승자들과 로마 교회에게 그것들을 놓고서 충성을 맹세하노라.[13]

존 왕에 대한 인노켄티우스의 승리는 거의 완벽한 것이었다. 그러나 세

12 Innocentius III, *Registrum*, III, 28, PL 216.404.

13 Schaff, *History of Christian Church*, 5, 166에서 재인용.

월이 흐르면서 그 부끄러운 조약에 대한 기억이 잉글랜드에 대한 교황의 지배에 완강한 저항을 불러일으켰다. 특히 교황은 영국인들의 인권 신장에 크게 이바지한 마그나 카르타(Magna Carta, 대헌장, 1215)를 대할 때 민중의 자유를 주장하는 진영에 등을 돌리고 존 왕의 편에 섰다.

귀족들이 독재를 막기 위해 제시한 대헌장에 대해 존 왕은 시간을 끌고 이런저런 핑계를 대는 방식으로 대응하였다. 결국 반란과 내전이 빈발하자, 과거 잉글랜드 교회를 심하게 억압했던 존 왕은 교회의 지원을 받을 목적으로 지킬 의도도 없으면서 후안무치한 종교적 공약을 남발하였다. 성직자들에게 모든 고위 성직자들을 자유롭게 선출할 권한을 부여하고, 십자군 원정을 약속하였으나, 왕는 마그나 카르타에 서명할 수밖에 없었다. 그러자 존 왕은 교황에게 도움을 요청한다. 이는 존 왕이 그 대헌장을 지킬 의도가 없이 귀족들에게 굴복하였기 때문이었다.

인노켄티우스 3세는 영국 국민들의 합리적인 요구를 일축하고 거짓 충성에 넘어가는 치명적 실수를 범하였다. 그는 두 번의 칙서를 통해 "인류의 원수는 간교한 계략을 통해 귀족들이 국왕에게 대립하도록 신동하였다"라고 주장하며 존을 맹세로부터 풀어 주었다. 교황은 "귀족들의 사악무도함이 교황청을 업신여기고, 왕의 권한을 침해하고, 잉글랜드의 명예를 더럽히고, 십자가를 위태로운 지경에 빠뜨리고 있다"라고 선언하였다. 존에 대해서는 그리스도인답게 기독교 세계 수장의 뜻에 복종하고, 연례 조공을 서약하였으며, 십자군 원정을 이끌겠다고 맹세한 점을 들어 찬사를 아끼지 않았다. 인노켄티우스는 민중 진영을 지지한 런던에 성무 중지령을 내리고, 민중 편을 든 잉글랜드의 고위 성직자들에 대해서는 "사라센족보다 더 나쁘고, 그들보다 더 악한 십자가의 원수"라고 비난하였다.[14] 비교적 온건한 또 다른 서신의 내용은 다음과 같다.

---

14 *Innocentius III의 영국의 윈체스터의 주교, 레딩의 대수도원장 그리고 교황 사절 판둘프(Pandulph)에게 보낸 편지* (1215.7.7), *Selected Letters of Pope Innocent III concerning England (1198-1216)*, ed. C.R. Cheney and W. H. Semple, 207-9 no. 80.

영국의 사랑하는 아들들, 대신들과 영주들에게, 인사와 사도적 축복을 전합니다. 최근에 제기된 특정 문제에 관해 우리가 가장 사랑하는 아들인 잉글랜드 왕 존과 여러분 중 일부 사이에 다툼이 일어났다는 소식을 듣고 우리는 심각한 고민에 빠졌습니다. 이 싸움을 끝내기 위해 현명한 조언을 구하고 부지런한 조처를 하지 않으면 피해를 볼 수 있습니다. 여러분이 그를 상대로 경솔하게 음모와 공모를 하였으며, 무례하고, 반항적이며, 주제넘게, 심지어는 손에 무기를 들고 그에게 말을 했습니다. 말을 하고자 하였다면 마땅히 겸손하고 순종적으로 해야 했습니다. 우리는 이러한 문제에 대한 여러분의 행동을 엄숙히 정죄합니다(condemn).

더 이상 그런 방법으로 왕의 좋은 계획을 방해하려고 해서는 안 됩니다. 우리의 사도적 권위에 의해 우리는 왕관과 교회 사이의 다툼이 시작된 이래로 이루어진 모든 음모와 동맹을 해산하고 파문의 위협 아래서 그것을 금지합니다. 우리는 여러분에게 명령합니다. 겸손과 헌신의 분명한 증거로 여러분의 왕을 달래고 여러분의 조상이 그와 그의 전임자들에게 바친 관례적인 봉사를 그에게 바침으로써 왕의 총애를 받도록 노력하십시오. 그리고 장래에 여러분이 그에게 청하고자 하면, 무례하게 하지 말고, 겸손하고 경건하게 행하여, 그의 왕의 명예를 손상하지 않도록 하십시오. 그러면 여러분은 원하는 것을 더 쉽게 얻을 수 있을 것입니다.

우리는 주님 안에서 (여러분이) 왕에게 정당한 청원을 친절하게 들어줄 것을 요청하고 간청하기를 명령합니다. 그러면 그가 더 나은 사람으로 변하였다는 사실을 알고 기뻐할 것입니다. 이 때문에 여러분과 여러분의 상속인은 그와 그의 후계자들을 더욱 신속하고 헌신적으로 섬길 수 있습니다. 우리는 이 사도적 글을 통해 영국이 그토록 간절히 바라던 평화를 얻을 수 있도록, 그리고 여러분이 어려운 시기에 우리의 도움과 지지를 받을 자격이 있도록 여러분 자신을 견디어 내라고 요청하고 명령합니다. (인노켄티우스 3세가 영국의 귀족들에게 보낸 편지)[15]

---

15 Innocentius III, *Rebukes the English Barons for Resisting King John of England*, (1216.8.24), PL 217.245 이하; *A Source Book for Medieval History*, no. 129.

이러한 인노켄티우스의 태도는 잉글랜드의 민중들에게 민족의식에 대한 새로운 각성을 촉구하였다.[16]

교회 내적 사안에 관해서 인노켄티우스의 정책은 강력한 중앙 집권화를 추구하였다. 그는 교황권을 위해 모든 다툼이 있는 감독 선출에 대한 결정권을 주장하였다. 그는 교황의 권리를 보호하고자 했으며, 그 결과 그의 통치 아래 교황의 합법적 최고 권위가 확립되었다.

> 만물의 창조자이신 하나님께서 하늘 궁창에 두 개의 큰 빛을 정렬시키시되 낮을 주관하는 더 큰 빛과 밤을 지배하는 작은 빛으로 하셨다. 이처럼 '하늘'이라고 불리는 보편 교회의 궁창에다가 두 개의 커다란 권위를 세우셨다. 낮을 향한 것 같이 영혼을 다스리는 더 큰 것과 밤을 향한 것처럼 육체를 다스리는 작은 것: 이는 주교의 권세와 왕의 권력을 말한다. 달은 자기 빛을 태양으로부터 얻으며 크기뿐만 아니라, 질과 위치에서의 역할에 있어서도 더 작다. 이처럼 왕의 권력은 교황의 권세로부터 자기 품위의 광채를 얻는다: 교황을 바라보는 것에 헌신할수록 그만큼 더 밝은 빛에 휩싸이게 되며, 그 주시함에서 돌이키면 돌이킬수록 그만큼 광채를 더 잃게 된다. (인노켄티우스 3세, *Sicut universitatis*, 1198년 10월 30일)[17]
>
> … 황제로 등극할 한 왕을 선출하는 그 제후들의 권리와 권세를 우리는 당연한 것으로 분명하게 인정하노라; 왜냐하면 이것은 법과 옛 관습에 따라 이들에게 속하였으며, 특별히 그런 종류의 법과 그러한 능력은 사도 보좌로부터 흘러나왔기 때문이다. 이 보좌는 로마 제국을 거룩한 인물 샤를마뉴와 함께 희랍인들로부터 독일인들에게 이양하였노라. (4) 하지만 제후들이 인정해야 했으며, 또한 철저히 인정한 것은 왕으로 선출되고 황제로 등극할 인물을 검증하는 권리와 권세는 그들에게 기름을 붓고 축성하며 관을 씌우는 우리에게 주어졌다는 사실이다. …(인노켄티우스 3세가 쩨링엔의 공작에게 보낸 교령 "Venerabilem", 1202년)[18]

---

16 Schaff, *History of Christian Church*, 5, 169.

17 Innocentius III, *Sicut universitatis* (1198.10.30.), in: KThQ2, Nr. 37. a.

18 Innocentius III, *Venerabiliem* (1202), in: KThQ2, Nr. 37. b.

이처럼 교황권은 인노켄티우스 3세에 이르러 그 정치적 영향력에서 모든 세속 권력을 능가하였다. 후임 교황들도 이러한 노력을 계속하였으나 인노켄티우스 3세의 사후, 세속 군주들 가운데서도 탁월한 인물이 등장하여 교황의 권력은 감소하게 되었다. 인노켄티우스 3세에 의해서 세워진 이탈리아, 시칠리아의 왕과 그리고 독일의 황제인 프리드리히 2세의 정치적 역량은 매우 뛰어났으며, 그는 중세적 경건과는 거리가 멀었다. 그는 교황에 의해 황제의 위에 올랐으나 곧 그는 교황권의 정치적 권리 주장에 대한 최고의 반대자가 되었다.

인노켄티우스 3세가 1215년 소집한 제4차 라테란 공의회는 그의 재위 기간의 마지막으로 중요한 사건이었으며, 교황 중심 신정 체제의 절정이었다. 당시까지 서방에서 열렸던 모든 교회 회의들을 통틀어 참석자가 가장 많았던 이 공의회의 정신은 "이 교회를 떠나서는 구원의 가능성이 없다"라는 선언에서 잘 드러난다.[19]

3. 모든 수단을 다하여 상대가 죽을 때까지: 교황청과 프리드리히 2세(Friedrich II)의 갈등

1239년부터 호헨슈타우펜 왕가의 프리드리히 2세와 교황 그레고리우스 9세(Gregorius IX, 1227-1241), 인노켄티우스 4세(Innocent IV, 1243-1254) 사이에 벌어진 투쟁만큼 교황권과 황제권의 충돌이 총체적이고 격렬했던 적은 한 번도 없었다.[20] 신성 로마 제국의 황제이자 나폴리 왕국의 왕인 프리드리히 2세는 자신의 통치를 이탈리아 전역으로 확대하려 하였고, 프리드리히 2세의 영토에 끼어있는 교황청은 어떤 식으로든지 그의 영향에서 벗어나고

19 제4차 라테란 공의회 정관 1. "[오직] 하나의 신자들의 보편 교회가 있다. 그 밖에서는 누구도 구원받을 수 없다…."

20 Schatz, *Allgemeine Konzilien: Brennpunkte der Kirchengeschichte*, 142.

자 하였다. 그레고리우스 9세와 인노켄티우스 4세 등은 프리드리히 2세와의 다툼에서 가능한 모든 수단을 동원하였으며, 호헨슈타우펜 왕가가 멸망하기만을 바랐다. 1245년에 개최된 제1차 리옹 공의회는 프리드리히 2세에 대한 정죄가 핵심이었다. 이를 위해 교황은 모든 수단을 강구하였다.

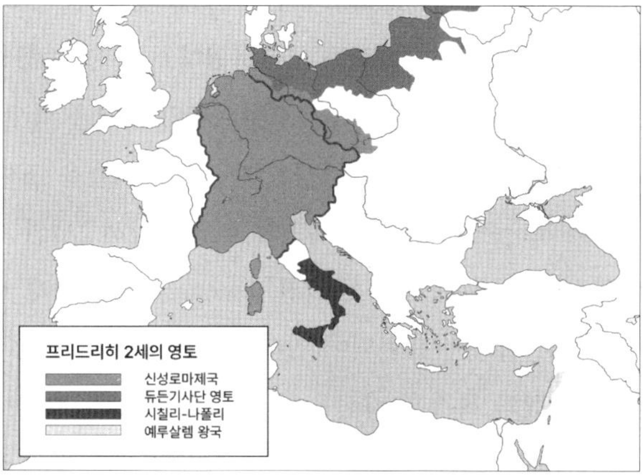

〈프리드리히 2세 시기의 신성 로마 제국과 교황령
(신성 로마 제국과 시칠리아 왕국의 사이에 교황령이 위태롭게 버티고 있다. 위키피디아)〉

프리드리히 2세는 프리드리히 바르바로사의 손자로서 1194년 아코나에서 태어났다. 프리드리히 2세는 황제가 된 이후, 새로운 제국의 틀을 다지는 작업에 착수하였다. 그는 자기 제국의 행정을 위한 다수의 관료, 판사, 재정관, 세금 징수원, 왕실 재판관, 사신 그리고 고문 등을 필요로 하였다. 또한 자기의 정책을 뒷받침할 법적인 근거도 필요로 하였다. 이를 위해 그는 1224년 나폴리에 최초의 국립 대학을 세웠다. 나폴리 학원은 프리드리히 2세가 볼로냐에 있는 교황의 학원을 본떠 창설한 대학이었다. 1224년 설립 칙서에서 프리드리히는 이 학원의 주요 기능이 '황제에게 봉사할 수 있는 지성적이고 명민한 젊은이들을 키워내는 것'이라고 명시적으로 선언

하고 있다.[21]

당시 볼로냐 대학의 교회법 학자들이 주로 로마법과 교회법을 연구하였다면, 나폴리 대학이 제시한 프리드리히 2세의 법령은 노르만의 관습법과 행정 제도를 근간으로 삼았다. 이는 1223년 황제가 카프아(Capua)의 법정에서 공포한, 새로운 헌법(일명 Assisen von Capua)를 통해 잘 드러나고, 그는 이 법령을 통해 자신의 통치 안정화를 도모하였다.[22] 이 법을 통해 프리드리히 2세는 관료들을 조직하고, 영토의 교회령으로의 이전을 막고, 나아가 노르만 왕 윌리엄 2세의 통치 이후에 인정된 자신의 권리들을 조사하게 하고, 또한 새로운 은화 "imperial"을 제조하였다. 프리드리히 2세의 정치적 의도는 자신이 택한 제목 "아우구스투스 법전"(*liber Augustalis*) 아래 시칠리아 왕국을 위하여 작성한 법전에 표현되어 있다. 달리 멜피(Melfi)의 "헌법"(1231)으로 불리는 이 헌법의 목적은 자신을 신성 로마 제국의 황제로서 포괄적인 권리를 주장하는 것이었다. 프리드리히는 이 헌법을 교황의 권리 주장에 대항하는 무기로서 이해하고 사용하였다.[23] 프리드리히 2세는 자신을 신적 정의의 지상에서의 화신, 정치 분야에서 하나님의 뜻을 대변하는 최고의 대표로 생각하였다.[24]

이러한 프리드리히 2세의 정체성은 교황권의 절대적 권위를 누리던 교황청과 필연적으로 충돌할 수밖에 없었다. 이 충돌은 십자군 원정의 참여를 놓고 직접적으로 발생하였다. 1228년에 그레고리우스 9세 교황은 다시 프리드리히 2세를 파문에 처하고, 황제가 있을 수 있는 곳에 대해서 성무 중지령을 내렸다. 교황은 프리드리히 2세가 십자군의 대열을 이탈하였다고 믿었고 또한 다른 적대적인 이유가 있었기 때문에 프리드리히 2세를 파문

---

21 *Lictere Generales* (1224), 참조) D. Scharnagl, *Die Universitätsgründung von Neapel durch Kaiser Friedrich II. von Hohenstaufen*, 4-5.

22 Johann Michael Sailer(hrsg.), "Kaiser Freidrich II: Das Staunen der Welt", *G-Geschichte*, (April 4/08), Nürnberg, 36.

23 Johann Michael Sailer(hrsg.), "Kaiser Freidrich II: Das Staunen der Welt," 35.

24 Herr, *The Medieval World*, 396.

하였다.

교황과 공의회 신부들은 황제의 찬란한 영광이 사라졌다는 표시로 성당의 판석 마루에 불타는 촛불을 내동댕이쳤다. 그리고 즉시 모두가 엄숙한 테데움(*Te Deum*)을 함께 불렀다.[25] 교황은 자신의 행위의 정당성을 주장하며, 아래의 내용을 담은 편지를 기독교 군주들에게 보냈다:

> [그는] 교황청이 각별히 공을 들여 가르치고, 품에 안아 젖을 먹이고, 무등을 태워 기르고, 그의 목숨을 노리는 자들에게 자주 구출해주고, 큰 수고와 대가를 지불해 가며 온전한 성인으로 양육하고, 왕의 존엄을 갖추게 하고, 마침내 황제의 지위에 오르게 하여 우리의 유구한 역사를 지키고 보호하는 막대기와 지팡이를 쥐여준 사람입니다.[26]

이 같은 교황의 비난에 프리드리히는 기독교 세계를 향해 호소하면서, 교황제라는 참을 수 없는 권력 참칭을 과감하게 비판하였고, 유럽의 군주들에게 잉글랜드의 존 왕처럼 되지 말 것을 경고하였다. 프리드리히는 "자칭 나의 어머니라고 하는 자가 나를 계모처럼 대한다"라고 쓰며, 교회의 세속화를 비판하고, 주교들과 성직자들에게 사도들이 가르치고 본을 보여준 자기 부인의 삶을 연마해야 할 것을 당부하였다.[27] 그레고리우스 9세 교황과 프리드리히 2세 황제는 서로를 비난하며 여론의 지지를 받기 위해 편지를 쓰거나, 의식을 행하고, 다른 사람들에게 호소하는 등 다양한 방법을 동원하였다.

1239년 그레고리우스 9세 교황은 다시금 프리드리히 2세를 파문한다. 파문과 더불어 교황과 황제는 여론의 지지를 호소한다. 교황은 프리드리히를 "거짓에 거짓을 쌓는 거짓의 아들, 강도, 신성 모독자, 양의 가죽을 쓴 이

---

25 Herr, *The Medieval World*, 396.

26 Schaff, *History of Christian Church*, 5, 177에서 재인용.

27 Schaff, *History of Christian Church*, 5, 178.

리, 입에서 박해의 물을 강처럼 토해내는 용", 그리고 "전염병의 왕"으로 선언하였다. 반면에 프리드리히 2세는 교황을 "벨루아(belua) 곧 야수, 적그리스도, 그리고 축복의 권세를 돈 버는 데 사용하려고 한 제2의 발람"이라고 불렀다.[28]

특히 교황은 당시의 신생 수도원인 프란체스코회와 도미니쿠스회를 통해 우호적인 여론을 형성하기에 힘썼다. 당시 유럽 대륙 곳곳에 거점을 확보한 프란체스코회와 도미니쿠스회는 교황이 군주들과 국가들에 대해 수위권이 있음을 알리는 것을 자신들의 과업으로 삼았다. 프리드리히 2세와 교황청이 다툼을 벌일 때, 두 수도회는 프리드리히 2세의 대적이었다. 1239년 프리드리히 2세가 교황에게 파문당했을 때, 그는 프란체스코 수도회에 주일과 축일마다 종을 쳐서 그 법령을 널리 공포하는 임무를 맡겼다.[29] 이러한 그들의 행동에 매우 불편했던 프리드리히 2세는 1239년 6월 칙서를 내려 자신의 영토 밖에서 태어난 모든 수도자를 [시칠리아]왕국으로부터 추방한다고 공포하였다. 그 결과 몬테카시노의 베네딕투스 수도원에는 8명의 수도자[학생]만이 남게 되었다. 수도원 학교가 폐쇄되었고, 이 수도원 학교에서 '헌신자'(*oblatus*)로 학업하던 토마스 아퀴나스를 수도원장 구이는 "부모들을 설득해서 나폴리 대학에 보내 교양 과목들을 배우게 하였다".[30]

교황 그레고리우스 9세는 1241년 부활절에 로마에서 공의회를 소집하고 프리드리히를 공격하려 하였으나, 프리드리히 2세는 공의회에 참석하기 위해 제노바시의 배들을 타고 로마로 향하던 외지 사람들을 엘바섬에 억류시켰다. 그해 여름 그레고리우스 교황은 사망하였다. 약간의 공백 후 새로운 교황 인노켄티우스 4세는 황제와 평화 협상을 시작하였다. 황제 프리드리히 2세와의 충돌 속에서 인노켄티우스 4세는 로마 교회의 확고한 지위와 권리를 확보해야 할 필요성이 증대하였다. 교황의 권위를 영적인 문제에 제

---

28 1239년의 파문, in: *A Source Book for Medieval History*, no. 144.

29 Schaff, *History of Christian Church*, 5, 348.

30 Weisheipl, *Friar Thomas D'Aquino, his life, thought, and works*, 40.

한하려는 황제의 시도에 교황은 세속 군주에 대한 교황의 폐위권을 법적으로 검토하고 행사하려 하였다.

인노켄티우스 4세는 통일체로서 기독교 세계가 제도적으로 교황에게 그 중심이 모아져야 하고 그 아래에서 교황이 부여받은 왕권을 통해 결여된 정치적 권한을 보완할 수 있다고 보았다. 그리스도의 대리자로서, 결함, 나태, 모호함을 치료할 수 있다고 여기는 교황의 특권에 대한 그의 인식을 엿볼 수 있는 대목이다.[31] 인노켄티우스 4세는 인노켄티우스 3세의 사상으로부터 상당히 진전된 사고를 드러낸다. 인노켄티우스 3세가 되도록 영적 전권과 세속적 대권을 구분하려 했던 것과는 달리, 인노켄티우스 4세는 세속적 영역에 대한 교황의 전권을 확대 적용하려 하였다.[32]

서로를 향한 비방과 자신을 옹호하는 여론을 형성하고 주도하는 데 교황청은 프리드리히 2세보다 훨씬 유리한 위치에 있었고, 교황들은 자신의 수단들을 최대한 잘 활용하여, 여론의 지지를 얻는 데 성공하였다. 따라서 1244년 교황 인노켄티우스 4세가 로마로부터 피신하여 리옹에 도착하였을 때, 그는 열광적인 환호를 받았다. 동시에 교황은 최고 성직자가 유배당하는 모습을 연출함으로써 기독교 세계에 깊은 동정심을 유발하였다.[33] 그리고 그곳에서 공의회의 소집을 선언하였다.

이에 프리드리히 2세는 1244년 말 한 주교에게 보낸 편지 〈*quibusdam cardinalibus*〉에서 자신은 알프스산맥 저쪽으로의 교황의 도피에도 불구하고 언제나 모든 힘을 다하여 평화를 가져오기 위해 노력한다고 적고 있다.[34] 공의회가 개최되기 이전 황제의 사신이 화해를 제안하였으나, 교황은 불신과 거절을 드러내었다. 이는 프리드리히 2세가 이미 너무 많은 약속을

31 장준철, "12.13세기 교황과 현세권," 「역사와 사회」 17 (1996): 99-140, (113).

32 장준철, "12.13세기 교황과 현세권," 114.

33 Schaff, *History of Christian Church*, 5, 183.

34 August Folz, *Kaiser Friedrich II. und Papst Innocenz IV: ihr Kampf in den Jahren 1244 und 1245*, 18.

하고 지키지 않았기 때문이다. 그는 프리드리히 2세가 교황 개인을 대적하는 것이 아니라, 전체 교회를 대적하는 것을 분명히 하려 하였다. 공의회 소집 서한에는 황제와의 갈등 해소가 목적으로 명시되어 있다. "교회와 황제 사이의 갈등을 풀기 위하여"[35]는 중요한 이슈였다. 이 공의회에 황제 프리드리히 2세는 수에사의 타데우스(Thaddaeus of Suessa)를 단장으로 하는 사절단을 참석시켰다. 1245년 7월 17일 회기에서 황제의 폐위를 주장하는 교황의 강경한 태도는 참석자들도 놀라게 하였다. 이 리옹 공의회에서 "권력의 이중 질서를 유지하던 중세 기독교 국가 통치에 관한 이론과 실제 사이의 극심한 괴리가 첨예하게 드러난다."[36]

제1차 리옹 공의회는 1245년 6월 26일부터 7월 17일까지 3주 동안 개최되었다. 그러나 공의회의 세 차례에 걸친 회기는 모두 황제와의 투쟁 문제에 몰두하였고, 그 밖의 문제는 뒤로 밀려났다. 리옹 공의회는 약 150여 명의 주교가 참여하였으며, 프리드리히 2세의 폐위 선언이 중심을 차지하였다. 인노켄티우스 4세는 황제 폐위 판결문의 서문에서 프리드리히 2세의 잘못을 네 가지로 지적한다. 그것은 프리드리히 2세가 수많은 위증을 하였고, 교회와의 약속(*juramentum*)을 지키지 않았으며, 또한 교회의 성직자들을 체포하는 등 신성모독의 잘못과 이단의 혐의이다. 이 때문에 황제는 세속법(ius civile)에 따라서도 처벌을 받아야 한다.[37]

> 황제는 네 가지 큰 범죄를 범하였다고 주장한다: 그는 많은 경우에 위증하였고, 평화 조약이 회복된 후에 방종스럽게 자신과 교회의 평화 조약을 깨뜨렸고, 우리의 전임자가 소집한 공의회에 참석하기 위하여 여행을 떠나는 추기경과 다른 고위 성직자의 체포를 명령하면서 신성모독을 범하였고, 또한 이단의 혐의를

---

35 MGHEXIII, II, 57 n. 78.

36 Alberigo 외 4인 ed. *Consiliorum Oecumenicorum Decreta, III*, 274.

37 *Bulla depositionis Friderici II imperatoris*, in: Alberigo 외 4인 ed. *Consiliorum Oecumenicorum Decreta, II, 283*.

받고 있다.[38]

마지막 결론에서 황제는 다시 파문을 선고받았으며, 결국 황제권을 상실하고 폐위되었다. 황제는 모든 명예와 지위를 박탈당하였고, 그의 신하들은 황제에 대한 충성 서약에서 풀려났다.

> 우리는 비록 자격이 없는 자들이지만 성 베드로 안에서 우리에게 '네가 땅에서 무엇이든지 매면 하늘에서도 매일 것이요'라고 말씀하신 우리 주 예수 그리스도의 권세를 땅에서 지닌 까닭에, 이제 군주로서 합당치 못한 모습을 드러내고 그 죄로 인하여 하나님에 의해 권좌에서 내침을 당한 프리드리히에게 그의 죄들로 인해 결박되어 주님에게 버림을 받을 것을 선언하며, 그의 유죄와 함께 폐위 사실을 통보하노라. 그리고 충성 서약으로 어떤 방식으로든 그에게 예속된 모든 사람을 이제 우리는 영원히 풀어주며 맹세의 의무를 면제해 주노라. 그리고 우리가 지닌 사도적 권위로서 누구도 그에게 복종하지 말도록 엄히 금하노라. 그를 황제나 왕으로 여겨 그를 지원하는 자는 파문에 처해질 것이다. 제국에서 황제 선출을 맡을 자들에게 이제 우리는 후임자를 선출한 온전한 자유를 부여하노라.[39]

1245년 인노켄티우스 4세가 프리드리히 2세를 파문하고, 그 법령을 공포할 책임을 도미니쿠스회에 위임하였다.[40] 이처럼 프리드리히 2세를 적그리스도, 이단, 신성 모독자, 독재자, 그리고 교회를 핍박하는 자로서 비난하는 교황의 선전(Propaganda)은 전국을 순회하는 수도사들을 통해 광범위하게 확산하였다. 황제 역시 자신을 옹호하는 글을 작성하고, 기독교 군주들에게 호소하고, 교황청에 반박하는 등의 수고를 아끼지 않았다. 그러나 황

---

38 *Bulla depositionis Friderici II imperatoris*, 279.

39 *Bulla depositionis Friderici II imperatoris*, 283.

40 Schaff, *History of Christian Church*, 5, 348.

제의 「알림」(*Rundschreiben*)과 선언과 편지는 단지 군주들과 귀족들의 궁정에서 소수의 그룹에게만 전해졌다.[41]

1250년 황제 프리드리히 2세의 사망 후, 교황과 호헨슈타우펜 왕가 출신 황제 간의 치열한 투쟁이 본격적으로 불타올랐고, 이 싸움은 마침내 교황권의 승리로 귀결되었다.[42] 점차 이 전쟁은 세속적 권력 투쟁에서 세상에서 가장 높은 두 권위 간의 싸움으로 변해갔으며, 제1차 리용 공의회는 이러한 전개 과정에서 중요한 전환점(Wendepunkt)이 되었다.[43] 성직 서임권 논쟁 이후 보편적 수위권을 둘러싼 호헨슈타우펜 왕가와 교황의 싸움은 정치적으로는 불가피한 것이었다.[44]

결국 1250년 프리드리히가 죽자, 1250년부터 1294년까지 교황청과 독일 제국 사이에 평화 조약이 체결되었으나 교황청에는 새로운 영향력, 곧 프랑스의 영향력이 교황의 조언자들 가운데 나타나기 시작하였다.[45] 그러나 이후의 교황청은 여전히 호헨슈타우펜 왕가에 매우 적대적이었다. 우르바누스 4세(Urban IV, 1261-1264)는 프랑스인이었고, 프랑스인들을 추기경으로 임명하였다. 1263년에 그는 남부 이탈리아와 시칠리아를 프랑스 국왕 루이 9세(Louis IX, 1226-1270)의 형제였던 앙쥬(Anjou)의 샤를에게 주었다. 이는 교황의 정책에서 중요한 전환점이 되었다. 이는 교황권이 점차 프랑스에 의존하는 계기가 되었기 때문이다.

이어지는 교황 클레멘트 4세(Clement IV, 1265-1268) 역시 프랑스인이었다. 그가 교황으로 있는 동안, 콘라드 4세의 젊은 아들 콘라딘(Conradin)이 무력을 사용하여 남부 이탈리아와 시칠리아에 대한 자신의 세습적 권리를 주장하였다. 이에 클레멘트 4세는 그를 파문하였고, 앙쥬의 샤를은 그를 패

---

41 Hubert Houben: *Kaiser Friedrich II. (1194–1250). Herrscher, Mensch, Mythos*, 225.

42 Schatz, *Allgemeine Konzilien: Brennpunkte der Kirchengeschichte*, 144.

43 Folz, *Kaiser Friedrich II. und Papst Innocenz IV: ihr Kampf in den Jahren 1244 und 1245*, 152.

44 Seibt, *Glanz und Elend des Mittelalters*, 439에서 재인용.

45 Schaff, *History of Christian Church*, 5, 174.

퇴시키고 교황의 명령에 따라 그를 참수하였다(1268). 이로써 교황들이 그렇게 맹렬히 반대했던 호헨슈타우펜 가문 황제들의 계보는 끝이 났다.[46] 호헨슈타우펜 왕가와 교황청의 대결은 이전의 외교와 무력이라는 일상적인 방법만이 아니라, '여론과 법'이라는 새로운 양상으로 전개되었다.[47]

II. 보니파키우스 8세(Bonifatius VIII)와 필립 4세의 투쟁

1. 보편적 절대 권위에 대한 반론의 등장

교황 절대권은 로마 교황의 권위를 옹호하고 세속 권력에 대한 개입을 정당화하는 주장이었다. 그러나 이는 교황의 보편적 권위에 대한 전적인 옹호라고 할 수 있다. 로마의 애기디우스(Aegidius Romanus, 1243?-1316)는 자신의 저서 『교회의 권세에 관하여』(*De ecclesiastica potestate*)에서 새로운 교황인 보니파키우스 8세에 대하여 무조건적인 지지를 보냈다. 이미 1265년에 교황 클레멘트 4세는 모든 기독교 국가에서 교회의 모든 공직에 대한 임명권이 교황에게 있음을 주장하였다. 이러한 원칙은 클레멘트 5세와 아비뇽 교황들에 의해 거의 제한 없이 사용되었다.

애기디우스 로마누스: 『교회의 권세에 관하여』 1권 2장[48]

두 종류의 완전함, 두 종류의 거룩함, 그리고 두 종류의 영적인 것이 있다. 하나는 인격적인 것에 기반을 가지며, 다른 하나는 신분에 기반을 가진다. 이런 식으로 성직자의 신분은 평신도의 신분보다 완전하며 교회적인 신분을 가진 자의 것이 그에게 복종하는 자들의 것보다 높다. 하지만 인격적인 완전함에 관해서

46 Walker, *A History of the Christian Church*, 420.

47 참조) 정원래, "13세기 교황권의 절정: 법과 여론의 전쟁," 「역사신학논총」 34 (2019): 121-154.

48 Aegidius Romanus, *De ecclesiastica potestate*, 1.2, in: KThQ2, Nr. 50.

> 말한다면 많은 성직자들보다 더 거룩하고 더 영적인 평신도들이 많이 있으며, 존귀한 지위를 가진 자보다 더 거룩하며 더 영적인 자들이 많이 있다.
>
> 말하자면 영적인 사람은 모든 것을 판단하지만 자기는 누구에 의해서도 판단 받지 않는다….
>
> … 따라서 최고 주교의 신분이 가장 거룩하며 가장 영적이라면, 그리고 그 영성이 탁월한 권세로 이루어졌다면, 최고 주교는 자신의 신분과 탁월한 권세를 통해 최고로 영적인 자임이 증명되며, 모든 것을 판단할 수 있다는 주장은 타당한 표현이다. 그 의미는 다음과 같다: 그는 모든 것을 판단하지만 누구에 의해서도 판단 받지 않는다. 누구도 그를 지배하거나 그와 동등할 수 없다.

이러한 교황권에 대한 전적인 옹호는 거의 마지막 호소나 다름없었다.

교황권과 황제권의 긴 투쟁에서 비롯된 끊임없는 혼란은 신성 로마 제국 황제의 권위를 매우 약화시켰다. 그 이후로 종교 개혁기까지 독일 제국은 하나의 강력한 단일 통치권이라기보다는 연약한 국가들의 집단이었다. 그들은 교황의 권리 주장에 거의 저항할 수 없었다. 그러나 교황권 또한 그 운명이 다르지 않았다. 다음과 같은 새로운 변화들이 일어나면서, 교황이 인노켄티우스 3세와 같은 통치권을 행사하는 것은 거의 불가능해졌다.

첫째는 세속 군주들이 교황의 권위에 맞설 수 있는 법률적인 지원을 받게 된 것이다. 12세기에서 13세기를 거치는 동안 교황과 황제는 스스로 법적인 권위를 확립하기 위해 전력을 기울였다. 이제는 명분과 권위에 따른 관계가 아니라, 보다 세분화되고 전문화된 법적인 권리를 확보하려는 방향으로 변화하였다. 이에 볼로냐 대학은 로마 교회의 권위를 확립하는 데 크게 이바지하였다. 그러나 세속 대학들이 설립되고 법학이 발달하면서, 군주들은 교회법과 교황의 권위와 맞서 싸우는 데 있어, 법학을 결정적인 수단으로 활용하였다. 1180-1223년 프랑스의 왕이었던 필립 오귀스트(Philip Augustus, 1165-1223)의 시대에는 법률가들이 거의 눈에 띄지 않았던 반면, 반세기 후인 필립 4세(Philip IV, 1268-1314)의 시대에는 '왕의 법률가들'이 조직적으로 활동하였다.[49] 이들은 주로 로마법을 전공한 평민 출신이거나 하위 귀족 출신으로, 왕에게 맹목적으로 충성하였으며, '추밀원'에 소속되어, 왕의 정책을 이론적을 뒷받침하는 역할을 하였다.[50]

둘째는 도시 중산층의 교육 수준 향상과 부의 증가, 그리고 정치적 영향력이 확대된 것이다. 도시들은 세속적 사건들에 대한 교회의 간섭 아래서 반항적이었다. 이와 밀접하게 관련된 것이 평신도 법률가들의 뚜렷한 성장과 로마법에 관한 새로운 연구였다. 성직자들을 대신해서 왕의 조언자가 된 이런 평신도 법률가들은 중세 교회의 상황을 전혀 고려하지 않은 법 체계, 즉 로마법에 호소함으로 왕의 권력을 점진적으로 강화하였다. 또한 사려 깊고 경건한 사람 사이에는 최근 교황권이 추구하는 세속적 목적이 교회의 진정한 관심사와 일치하지 않는다는 확신이 점차 커져 갔다.[51]

셋째는 민족성에 대한 새로운 인식이 형성된 것이다. 이는 사람들에게 프랑스인 또는 영국인으로서 교황까지 포함하는 모든 외국인에 대항하여 자신들만의 공동 이익들을 가지고 있다고 느끼게 만들었다.[52] 인노켄티우스 3세 교황의 영국의 존 왕에 관한 호의와 「대헌장」(*Magna Carta*)에 대한 정죄는 이러한 정신에 불을 지폈다. 이러한 민족의식의 자각은 민족의 운명에 관한 결정을 보편적 권위에 의존하는 것이 아니라 스스로 선택하려는 의식으로 나타나게 되었다.

이러한 변화가 나타나는 가운데 "단정 왕"(the Fair)으로 알려진 프랑스의 필립 4세(1285-1314)처럼 거리낌 없고 완고하며 국왕의 권위를 최우선으로 여기고, 강력한 지지 세력과 법률가 부대의 조언을 받는 왕이 나타나자, 교황권과의 새로운 충돌과 더불어 새로운 시대로의 전환이 예상되었다.

---

49 Le Goff/de Montremy, *A la recherche du Moyen Age*, 202-203.

50 Fuhrmann, *Die Päpste*, 174.

51 Walker, *A History of the Christian Church*, 420-421.

52 Walker, *A History of the Christian Church*, 420.

2. 보니파키우스 8세와 필립 4세

1) 보니파키우스 8세

1292년 4월 교황 니콜라스 4세가 사망한 후, 로마 교회는 2년이 지나도록 새로운 교황을 선출하지 못하였다. 당시 베네딕투스 수도회의 은둔자로 추기경들에게 잘 알려진 피에트로(Pietro Angelerio)는 추기경들에게 만약 그들이 빨리 교황을 선출하지 않으면 신의 복수가 그들에게 임할 것이라고 경고하는 편지를 보냈다. 이에 추기경단은 그를 교황으로 선출하였다. 피에트로는 교황직을 맡아달라는 요청을 받았을 때, 이를 완강히 거부하였으며 심지어는 도망치려고까지 하였다. 하지만, 마침내 그는 나폴리 왕과 헝가리 왕좌를 비롯한 추기경 대표단의 설득을 받아들였다.[53] 79세의 나이로 교황에 선출된 그는 1294년 8월 29일 셀레스틴 5세(Celestine V, 1294. 8.29-12.13)라는 이름으로 즉위하였다.

그러나 베네딕투스 수도회의 한 분파인 셀레스틴 수도회를 창설한 수도사이자 은둔자였던 셀레스틴 5세는 수도사로서는 명망이 있고, 신임을 얻었을지는 몰라도 복잡한 교회 정치의 한복판에서는 세상에 대한 이해가 부족하였으며, 다양한 세력 간의 중재에도 무능하였다. 한마디로 그는 정치력이 부족하였으며, 결국 5개월 만에 자진하여 교황의 자리에서 물러나게 된다.[54] 물론 이에 대하여 전하는 글들에 의하면, 야망과 권력에 대한 욕망이 가득하고, 탐욕적이었던 베네딕트 가에타니(Benedikt Gaetani: 교황 보니파키우스 8세 Bonifatius VIII)는 교황 셀레스틴 5세의 침실에 눈에 띄지 않는 작은 구멍을 내고, 밤마다 자신의 이름을 외쳐, 셀레스틴 교황이 그것이 신의 계시로 오해하도록 하였다는 이야기도 전해진다. 이러한 소문은 전례 없는 교황의

53 *Catholic encyclopedia*, "Celestine V."

54 Schaff, *History of Christian Church*, 5, 198.

자진 사임으로 인한 논란에서 비롯된 것이다.[55]

보니파키우스의 재위 기간에 로마를 방문했던 단테는 『신곡』(*Divina Commedia*)의 곳곳에서 그를 신랄하게 비판한다. 또한 보니파키우스 8세를 가리켜 "현대판 바리새인들의 제왕", "바티칸 언덕을 시궁창으로 만들어 놓은" 찬탈자고 불렀다. 단테는 보니파키우스를 성직 매매자 니콜라우스 3세, 클레멘트 5세와 더불어 "가장 고통스러운 음부" 곧 지옥의 가장 낮은 곳에 배치한다. 지옥의 그 바닥에는 구멍들이 나 있고, 그 구멍들에 이 교황들이 처박혀 있다.

> 구멍들은 하나같이 불길에 싸여 있었다.
> 그 구멍 속으로 가련한 영혼들이 거꾸로 처박힌 채
> 말뚝처럼 박혀 있었다.
> 그들이 고통스럽게 두 다리를 버둥거리는 모습이 보였다."(지옥 편 제19곡)

보니파키우스 8세(Bonifatius VIII, 1294-1303)는 1294년 12월 24일 나폴리 근처 카스텔 누오보에서 교황으로 선출되었다. 선출 당시, 교황은 이미 80세에 가까운 고령이었다. 그러나 그는 많은 나이에도 불구하고, 강한 의지와 재능 그리고 교회법에 탁월한 지식을 갖고 있었다. 그 반면에 신앙심은 거의 없었다. 한마디로, 그는 신앙인이라고 보기 어려운 교회 정치가였던 것이다. 그는 이전의 수많은 상황에서 개인적인 이익을 추구하였으며, 친족을 통해 권력을 강화하려 하였다. 이 보니파키우스 8세와 더불어 교황제는 내리막길로 치닫기 시작하였다. 그는 교황으로 선출되자마자 베드로 대성당에 자신의 납골묘를 세우라고 지시하였다. 푸어만은 이를 보니파키우스

---

55 이 소문은 후임 교황 보니파키우스 8세에 적대적인 콜론나 가문에서 적극적으로 유포하였다. 자진 사임한 교황은 교회의 대분열 시기에 그레고리우스 12세[1415]와 고령을 이유로 사임한 교황 베네딕투스 16세(Benedictus XV, I2013)가 있다. *Catholic encyclopedia*, "Pope Boniface VIII."

가 자신을 정당한 베드로의 후계자 중에 한 명으로 인식했음을 보여 주는 증거라고 말하며, "보니파키우스 8세처럼 자신의 숭배를 위해 열심히 노력을 기울인 교황은 없다"라고 주장한다.[56]

당시 보니파키우스 8세에 대한 평가는 매우 신랄하다. 아라곤 왕의 사절단은 교황을 만난 뒤 다음과 같이 왕에게 보고하였다. "신임 교황은 단지 세 가지 일에만 전념하고 있다. 오래 사는 일과 돈을 모으는 일 그리고 자신의 가문을 부유하게 만드는 일이다…. 영적인 일에는 그다지 관심이 없다."[57]

보니파키우스의 탐욕을 보여주는 흥미로운 사건은 1300년에 있었던 희년(禧年, Jubilee Year) 행사이다. 보니파키우스는 1300년의 희년을 공포한 칙령에서 성 베드로 성당을 방문하여 죄를 참회하고 자백하는 사람들에게는 완전 면죄를 베풀겠다고 약속하였다. 칙령에 따르면, 의무 체류 기간을 외국인에게는 15일로, 이탈리아인에게는 3일로 공시하였다. 이어서 순례 도중에 죽은 사람들까지 면죄 대상에 포함하였다.

> 본인은 전능하신 하나님의 자비와 그분 사도들의 공로와 권위를 믿으며, 본인의 동료 형제들의 의견을 듣고 충만한 사도적 권한으로…. 올해와 다가올 백 년째 되는 해마다 경건하게 이 대성전들을 방문하고 진실로 참회하며 고해를 한…. 모든 이들에게 그들의 모든 죄에 대한 충만하고 더욱 풍성한 용서뿐만 아니라 나아가 지극히 충만한 용서를 베풀며, 또한 베풀 것이다.[58]

희년이 되었을 때, 로마시는 온통 축제 분위기에 휩싸였다. 예수 그리스도의 얼굴 모습이 나타난 성 베로니카의 손수건이 전시되었다(현재 로마 교황청에 소장되어 있다). 발 디딜 틈도 없이 많은 인파가 몰렸다. 당대의 피렌체 역사가 조반니 빌라니(Giovanni Villani)는 자신이 목격한 바에 근거하여, 교황의

56 Fuhrmann, *Die Päpste*, 167-168.

57 Fuhrmann, *Die Päpste*, 168에서 재인용.

58 *보니파키우스 8세의 희년 선포* (*Antiquorum habet*, 1300.2.22.), in: KThQ2, Nr. 51. a.

도시에 항상 이십만의 순례자가 북적거렸고, 날마다 3만 명이 도착하고 떠났다고 전한다. 순례자들이 내는 연보가 워낙 많아서 성직자 두 사람이 밤낮 성 베드로 성당의 제단 곁에 붙박이로 있으면서 갈퀴로 동전을 수거해야 했다.[59]

〈1300년 희년을 선포하는 보니파키우스 8세의 프레스코화(1300년경 제작)〉

이렇게 성대하고 수익성도 높은 행사가 교황들의 뇌리에서 쉽게 잊힐 리 없었다. 따라서 교황들은 희년을 항구적인 제도로 제정하였다. 제2차 희년은 1350년 클레멘트 6세가 공포하였고, 우르바누스 6세는 인간 수명이 짧다는 점과 우리 주님이 땅에서 사셨던 기간을 근거로 희년을 33년 주기로 정하였다. 1470년 파울루스 2세는 그 주기를 25년으로 줄였다. (구약 성경의 유대 절기에 따르면, 희년은 50년마다 지켜진다).[60]

시대의 정신은 이미 그레고리우스 7세나 인노켄티우스 3세 시대와 달라져, 교황이 세속 권위 위에 군림할 수 있다는 주장은 이제 구시대적인 것이 되었다. 하지만 보니파키우스는 여전히 이를 원하였으며, 어쩌면 관철할 수도 있었을 것이다. 이러한 보니파키우스에 대한 필립 샤프의 평가는 신랄하다: "교만하기만 했지, 힘은 없었고, 당당하기만 했지, 지략은 없었으며, 도도하기만 했지, 시대의 징후를 읽어낼 지혜는 없었다."[61]

59 Schaff, *History of Christian Church*, 6, 25.

60 Fuhrmann, *Die Päpste*, 173, 각주 26.

61 Schaff, *History of Christian Church*, 6, 22.

2) 보니파키우스 8세와 필립 4세

교황의 보편적 수위권을 앞세우는 보니파키우스 교황은, 가장 강력하고, 통일된 국가를 형성해 가던 프랑스와 정면으로 충돌하게 된다. 보니파키우스는 그레고리우스 7세의 언어는 그대로 사용하였으나 그와 같은 도덕적 역량은 없었다.[62] 프랑스 왕 필립 4세는 1294년 프랑스 남서쪽 지역의 영주를 제압하는 전쟁의 재정을 감당하기 위해, 프랑스 내에 있는 모든 성직록에 십일조를 부과하고, 1296년에는 국내에 있는 모든 동산과 부동산에 일정액의 세금을 부과한다. 즉, 교회에 소속된 모든 일반적인 재산을 포함하는 징세를 감행한 것이다. 이에 몇몇 지역의 성직자들은 회의를 열고, 자신들의 불편한 상황에 대하여 교회의 비과세 권리를 근거로 항의하며 동시에 교황에게 청원하였다.

과거 영국의 왕과 이탈리아의 지역 동맹들도 유사한 시도를 했었다. 그러나 제4차 라테란 공의회(1215)의 규정에 따르면 비상시에도 교황의 동의 없이는 성직자들에게 과세의 부담을 지울 수 없었다.[63] 물론 상황에 따라 교황청은 정당한 전쟁(십자군 전쟁 등)을 위하여 성직자들이 세금을 납부하는 것은 묵인해주고 있었다.[64] 보니파키우스는 1296년 교서 「교직과 평신도」(*Clericis laicos*)에서 교황의 허가 없이 성직자의 재산에 그런 세금을 부과하거나 거둔 모든 사람을 파문에 처한다고 발표하였다.

> 성직자의 인권과 교회 재산의 관할권은 세속 권력에 속하는 것이 아니다. 교회가 국가에 감사의 표시로 선물을 할 수는 있으나, 국가가 교황의 동의 없이 교

---

62 Schaff, *History of Christian Church*, 6, 26.

63 *라테란 제4차 공의회*, *canon*. 46조, *De talliis a clerlicis non exigendis*: "…. 하지만 간혹 주교가 성직자들과 더불어 필요성과 유익성을 감지하여, 세속인들의 재력이 충분치 않은 곳에서 공공의 유익과 필요를 부응하기 위해 성당들이 보조하는 것이 도움이 된다고 아무런 강박 없이 판단할 경우에…."[Alberigo 외 4인 ed. *Consiliorum Oecumenicorum Decreta, II*, 255].

64 Schaff, *History of Christian Church*, 6, 28.

회 재산에 세금을 부과할 수는 없다.

이어서 그는 자신의 동의 없는 어떠한 납세도 금하며, 이에 저항하는 자는 출교와 폐위를 선언한다.[65] 이러한 교황의 칙령에 대한 항의로, 1296년 8월 17일 프랑스의 왕 필립은 이미 허락을 받은 것을 제외하고는 프랑스로부터의 어떠한 금과 은, 말과 무기 등의 유출도 금지한다고 선포하였다. 이는 교황청이 프랑스의 성직록을 통해서 얻었던 막대한 재정 수입의 제한, 통제를 의미하였다. 이어서 그는 프랑스 주재 교황청의 외교관들을 모두 추방하였다. 프랑스의 궁정에서도 보니파키우스의 신정론(神政論)적인 이론에 대한 반론이 일어났다. 반론을 대변하는 글 "성직자와 기사의 대화"에서는 교회의 재산이 성직자들을 지원하고 예배를 드리는 데 사용되기 위해서는 일반인의 소유를 통해서 관리되어야 한다고 주장하였다. 나아가, "성직자가 존재하기 이전부터 프랑스의 왕은 자신의 왕국에 관하여 감독권을 가지고 있었으며, 자신과 자신의 왕국을 대적의 습격과 손해로부터 보호하기 위해 칙령을 선포할 수 있다."라고도 주장하였다.[66]

프랑스의 재상 피에르 플로트가 교황과 타협하기 위하여 로마로 갔을 때, 콜론나 가문의 대표를 만나게 되었는데, 이 두 세력의 제휴를 통해 필립 왕은 자신의 요구를 어느 정도 만족시킬 수 있었다. 1297년 7월 교황은 거의 항복에 가까운 선언을 하였다. 그리고 교황은 칙서(Etsi de statu)를 프랑스 왕과 고위 성직자들에게 보냈다. 이 칙서에서 교황은, 교황 칙령의 원래 의도가 교회의 자발적인 예물조차 부정하려는 것은 아니었으며, 비상시에는 교황도 특별세를 납부할 용의도 있음을 밝혔다. 또한 필요할 경우, 필립 왕은 교황과 상의하지 않고도 프랑스 성직자들에게 과세할 수 있다고 발표하였다.[67] '필요할 경우'라는 표현은 왕이 원하기만 한다면, 언제든지 이러한

65 *Clericis laicos* (1296).

66 *Disputatio inter clericum et militem* (1296-1303).

67 참조) *Etsi de statu* (1297).

결정을 내릴 수 있음을 의미하는 것이었다. 서신의 문구는 매우 굴욕적이어서, 오히려 많은 프랑스의 주교들이 교황에게 철회를 요구하기도 하였다.[68]

이들의 요구를 묵살한 보니파키우스 8세는 여기에서 더 나아가, 재정적인 충돌을 피하기 위해 프랑스 왕 필립 4세의 청원에 따라 왕의 조부 루이 9세(Louis IX)를 성자로 추증하는 절차를 밟는 유화책을 사용하기도 하였다. 루이 9세는 1297년 8월 10일에 "성인"으로 추대를 받게 되었다. 1297년 후반은 교황과 콜론나 가문의 갈등이 본격화되는 시기이기도 하였다. 아마도 보니파키우스는 당분간 이탈리아 내에서의 반대파를 대응하는 데 집중하기 위해 유화적인 태도를 취한 것으로 여겨진다.

상대적인 평화가 필립과 보니파키우스 사이에 잠깐 이루어졌으나, 1301년 갈등이 다시 불거졌다. 필립 4세는 교황의 사절인 파미에르의 주교 베르나르 세세(Bernard Saisset)를 체포하고 반역으로 고소하였다. 보니파키우스는 베르나르의 석방을 명령하였고 프랑스 주교들뿐만 아니라 마지막에는 왕까지 로마로 소환하였다. 이러한 그의 편지(Ausculta Fili, 들으라 내 아들아)는 프랑스 파리에서 불태워졌다. 필립은 성직자와 귀족, 그리고 평민이 대표로 구성된 프랑스 국회인 삼부회를 처음으로 소집하였다(1302년 4월 10일). 삼부회에서 재상 플로테(Pierre Flotte)는 로마의 부당한 상황을 고발하였다. 여기서 그는, "그 무엇에도, 그리고 재판에서도 왕은 어떠한 세상적인 선임자를 두고 있지 않다"라고 외쳤다. 그리고 그는 왕의 관리들과 시민들을 선동하여 추기경들에게 다음과 같은 편지를 쓰게 하였다. "추기경들은 잘못된 이상에 사로잡힌 교황을 제어해야만 한다." 이때 처음으로 '조국'(*Patria*)이라는 개념이 등장하였다. 즉, 과세는 '조국과 왕권을 수호하기 위한'(*pro defensione patriae et coronae*) 것이었다.[69]

---

68 Schaff, *History of Christian Church*, 6, 28.

69 홍용진, "중세 말 프랑스 왕정과 '국가' 이데올로기, -필립 4세(1285-1314)와 샤를 5세(1364-1380) 시기를 중심으로," 사총 62 (2006), 192.

3. 「우남 상탐」(*Unam sanctam*)[70]

프랑스의 반응에 보니파키우스는 그 유명한 칙서 「우남 상탐」으로 대답하였다.

– 하나님의 종들의 종 보니파키우스, 영구한 기억을 위해:
하나의 거룩하고 보편적이며 사도적 교회를 우리는 믿음의 순종 가운데서 받아 굳건하게 붙들어야 한다. 또 우리는 이것을 굳게 믿으며 간단명료하게 고백한다. 그래서 그밖에는 구원도 없고 죄 용서도 없다…. 그 안에 한 주님과 한 믿음과 하나의 세례가 있다…. 이 하나의 교회는 오직 하나의 몸[과] 하나의 머리만을 가질 뿐, 괴물처럼 두 개의 머리를 가지지 않는다…. 두 개의 칼 그러니까 영적이고 세속적인 칼은 교회의 권세 안에 있다. 그런데 이 칼은 교회를 위해서 휘둘러져야 하고, 반대로 다른 하나는 교회에 의해서 사용되어야 한다. 하나는 사제에게 속하고 다른 하나는 왕과 기사들의 손에 놓여 있지만, 사제가 원하는 때 그리고 원하는 동안만 그러하다. 그런데 한 칼이 다른 칼 아래에 놓여 있다는 것, 즉 세속적인 권위가 영적인 권위 아래에 있어야 한다는 것은 당연하다. 만약 낮은 영적 세력이 잘못을 저지르면 더 높은 영적 세력에 의해 심판을 받을 것이다. 그러나 만일 모든 것의 최고 권위가 잘못된다면 그것은 오직 하나님에 의해서만 판단될 수 있고 사람에 의해서는 판단될 수 없다…. 더욱이 우리는 모든 인간이 로마 교황에게 복종하는 것이 구원을 위해 절대적으로 필요하다는 것을 선언하고 규정한다.

교황의 칙령(*Unam Sanctam*)을 통해, 교황권에 자체에 대한 보니파키우스의 이해를 엿볼 수 있다.[71]

---

70 *Unam Sanctam*(1302). in: KThQ2, Nr. 51. b.

71 Joseph Hergenröther, *Katholische Kirche und christlicher Staat in ihrer geschichtlichen Entwickelung und in Beziehung auf Fragen der Gegenwart*, 2 parts, 593.

(1) 참된 교회는 단 하나밖에 없으며, 그밖에는 구원이 없다. 그러나 머리가 하나이고 둘이 아닌 그리스도의 몸이다.

(2) 그 머리는 그리스도와 그의 대표자인 로마 교황이다. 베드로의 목회를 거부하는 사람은 누구든지 그리스도의 양 떼에 속하지 않는다.

(3) 두 개의 검(즉, 능력)이 있는데, 영적인 검과 현세적인 검이다. 첫 번째는 교회가 소지하고(by church), 두 번째는 교회를 위해 소지한다(for church). 첫 번째는 제사장의 손에 의해, 두 번째는 왕의 손에 의해 휘둘러진다.

(4) 기독교 국가의 집합 속에서 윤리적인 면에 입각한 최고의 판결권은 교회 안에, 좀 더 구체적으로는 교황 안에 놓여 있다.

(5) 구원을 위해서는 모든 사람이 로마 교황에게 복종해야 한다.

1303년 초에 교황의 사절인 추기경 르 모네(Le Moine = Johannes Monachus)는 프랑스 왕 앞에서 교황의 요구 사항을 낭독하였다. 특히 프랑스 주교들이 로마 공의회에 참석하지 못하도록 방해한 것을 이유로 왕을 파문에 처하려 하였다. 하지만 교황의 전령은 감옥에 갇혔고, 특사도 도망쳐야만 했다.[72] 교황은 독일 황제에게 칙령을 내려서 필립 왕을 몰아내고 그 자리를 차지하라고 종용하였으나, 황제에게 그 제안은 그야말로 아무런 도움도, 힘도 되지 못하는 그저 제안에 불과할 뿐이었다. 게다가 교황이 프랑스 전역에 필립 왕의 파문을 공포하려 하였으나, 그 파문장조차도 프랑스 왕에게 모두 가로채였다. 결국 보니파키우스는 칙령을 로마 교회의 정문에 게시하는 것만으로도 법적 효력이 충분하다고 주장하기에 이르렀다.[73]

1303년 3월 12일 왕궁 회의에서 새로이 재상이 된 노가레(Guillaume de Nogaret)는 공회를 소집하고, 이 공회에서, 교황 보니파키우스를 이단으로, 성직매매주의자로 그리고 권력을 강탈한 자로 정죄해야 한다고 주장하였

---

72 Schaff, *History of Christian Church*, 6, 31.

73 *Catholic encyclopedia*, "Pope Boniface, VIII."

다. 이에 왕의 법률가가 그 기소의 내용을 루브르의 궁전에 모인 사람들 앞에서 낭독하였다. 물론 그 기소된 내용은 교황을 둘러싼 모든 악의적인 소문들을 포함하였다. 특히, 교황과 적대 관계에 있던 콜론나 가문에 의해서 선전 문구로 내세워졌던 내용들도 포함하고 있었다.[74] 노가레는 교황에게 공회에 참석해야만 하며, 그의 신변이 프랑스 왕에 의해 보장된다고 선언하기 위해 이탈리아로 떠났다.

이에 교황은 1303년 8월 15일 교서, 「베드로의 보좌 위에서」(Super Petri Solio)를 통해 반응했다. 여기서 그는 아주 강력한 표현을 써서 왕의 파문을 선언하고, 파문당한 자에 의한 공회의 소집은 유효하지 않다고 단언하였다. 그리고 9월 8일 성모 탄생 축일에 아나니(Anagni)에서 프랑스 왕의 파문을 공포하기로 계획하였다.[75]

1303년 9월 7일 프랑스의 재상이었던 노가레와 교황의 대적이었던 시아라 콜론나(Sciarra Colonna)는 갑자기 약 300여 명의 기사와 용병들을 이끌고 아나니로 진입하였다.[76] 자기 가족이 교황에게 당한 치욕을 보복하기 위해 복수의 일념이 가득했던 시아라와 몇몇 귀족들도 이 음모에 참여하였다. 이들의 대부분의 교황 보니파키우스의 가문인 가에타니 가문에 의해 입은 권력과 재산상의 손실로 인해 불만으로 가득 차 있었다. 먼저 보니파키우스의 조카 두 명과 여러 추기경이 사용하는 궁전을 습격하여 점거한 다음, 교황에게 세 가지 조건을 제시하였다.[77]

첫째, 콜론나 가문의 권한을 과거의 수준으로 회복시킬 것

둘째, 교황 보니파키우스는 자진해서 사임할 것

셋째, 교황의 운명을 자신들의 결정에 위임할 것

---

74 *Catholic encyclopedia*, "Pope Boniface, VIII."

75 *Catholic encyclopedia*, "Pope Boniface, VIII."

76 Fuhrmann, *Die Päpste*, 178.

77 Schaff, *History of Christian Church*, 6, 32.

〈1303년의 아나니 습격 사건〉

교황은 이들의 요구 조건을 거부하였고, 세 시간이 지나서, 이들 용병은 공격과 파괴, 그리고 약탈을 시작하였다. 궁전들은 노략질당하였고, 주교좌 성당은 불에 탔으며, 그곳에 보관되어 있던 성유물은 훼손되거나 노략자들의 수중에 들어가게 되었다.

저들이 교황의 관저로 쳐들어 갔을 때, 교황은 의관을 정제한 뒤에 교황좌에 앉아 교황관을 쓰고 수난상과 열쇠들을 손에 든 자세로 침입자를 맞이하였다. 사로잡은 이들이, 교황에게 사퇴할 것을 강요하였다. 이에 교황은 "천만에! 나는 교황이고 교황으로 죽을 것이다"라고 선언하며 굴복하지 않고 교황의 예복을 입고 퇴위보다는 차라리 죽음을 택하겠다고 대꾸하였다.[78] 단테는 이 사건을《신곡》의 연옥 편에서 다음과 같이 기록하였다. "그리스도는 당신의 대리자 안에서 포로가 되시고 모욕을 당하셨다."[79]

제3일이 지나 침입자들의 도에 지나친 파괴, 약탈에 아나니 주민들의 정서가 바뀌게 되었고, 나아가 가에타니 가문의 지지자들이 세력을 규합하여 보니파키우스를 구출하고 침입자들을 몰아냈다. 풀려난 교황은 로마로 돌아왔다. 사람들이 이 불행한 교황을 다시 거룩한 도성으로 데리고 왔으나 그는 더 이상 그 도성의 주인이 되지 못했다. 교황은 프랑스 왕의 고발과 의

78 Fuhrmann, *Die Päpste*, 178.

79 Dante, *Pugatory*, xxxii.

도에 반응하는 대신, 단지 콜론나 추기경의 복권과 재산의 환원을 고집스럽게 반대하다, 한 달쯤 지난 그해 10월 12일 삶을 마감하게 되었다.[80] 그가 임종하던 그 시간, 로마의 거리는 폭동과 소요로 가득하였고, 가에타니 가문과 콜론나 가문이 캄파냐(로마시 외곽의 한 평원)에 병력을 이끌고 와서 서로 대치하고 있었다. 이런 사건들은 교황의 세속권에 대한 주장에 강력한 타격이 되었다. 보니파키우스가 굴욕을 당함으로써 국가가 교황제에 대해서 상징적인 승리를 거두게 되었다. 필립의 대리자들이 잠깐 교황을 구금하였다는 것은 중요하지 않았다. 민족 감정이라는 새로운 힘이 등장하였으며, 세속 군주들은 이것에 성공적으로 호소하였고, 교황의 영적 무기는 그것에 대해 거의 효과가 없었다. 세속사에 대한 교황의 정치적 지배 욕망은 사실상 실현 불가능한 것임이 분명해졌다.

III. 아비뇽 교황청

1. 아비뇽 교황청 시대

교황청의 불행은 더 심해졌다. 보니파키우스의 계승자이자 온건하고 덕망이 뛰어난 베네딕투스 11세(Benedict XI, 1303-1304)가 죽은 후에, 교황 선출은 파벌 간의 대립으로 회의가 제대로 진행되지 못하였다. 11달간의 공백기를 거친 다음 추기경들은 프랑스인 베르트랑 드 고(Bertrand de Got)를 교황으로 선출하였고, 그는 클레멘트 5세(1305-1314)가 되었다. 클레멘트 5세는 리옹에서 프랑스 왕 필립 4세의 참석 하에 교황의 즉위식을 거행하였다.

클레멘트 5세는 로마의 강력한 콜론나(Colonna) 가문과 오르시니(Orsini) 가문의 내분을 피하려고 정세가 혼란스러운 로마로 가지 않고, 이탈리아 남

80 Fuhrmann, *Die Päpste*, 180.

부를 전전하다 1209년 아비뇽에 거처를 마련하였다. 아비뇽은 프랑스 왕국에 속하지는 않았지만, 클레멘트가 여러 차례 로마로 돌아갈 것이라고 확언했음에도 불구하고, 대중은 그가 교황청을 프랑스에 세운 것으로 판단하였다. 어쨌든 교황청은 1309년부터 1377년까지 아비뇽에 자리 잡았다. 이 시기는 소위 교황청의 '바빌로니아 유수' 혹은 '아비뇽 유수'로 불린다. 그 명칭은 이탈리아 시인 페트라르카(Petrarch)에 의해 처음으로 사용되었으며, 그는 교황이 프랑스 왕에게 포로가 되었다는 그 당시의 판단을 공유하고 있었다.[81] 프랑스 왕 필립 4세는 교황에 대한 자기 영향력을 놓치지 않기 위해 모든 수단을 동원하였다. 교황청이 로마로 돌아가지 못하도록 사주하고, 다음 대 교황인 요한 22세의 선출을 강요하기 위해, 추기경단을 40일 동안 리옹에 감금하기도 하였다.[82]

클레멘트 5세(Clement V, 1305-1314), 요한 22세(John XXII, 1316-1334)의 뒤를 이어, 베네딕투스 12세(Benedict XII, 1334-1342), 클레멘트 6세(Clement VI, 1342-1352), 인노켄티우스 6세(Innocentius VI, 1352-1362), 우르바누스 5세(Urban V, 1362-1370), 그레고리우스 11세(Gregory XI, 1370-1378) 교황이 등극하였으나, 이들 7명은 모두 프랑스인이었다. 아비뇽에서 프랑스인들은 후대의 교황 선출을 위한 추기경단에서 절대다수를 차지하였다. 이는 클레멘트 5세의 첫 번째 추기경 임명에서 잘 드러나는데, 그가 임명한 10명 중 9명이 프랑스인이었다. 클레멘스 5세 교황은 재위 중 모두 24명의 추기경을 임명하였는데 그중 22명이 프랑스 사람이었다. 이에 따라 이탈리아 출신의 추기경들은 수적으로 열세에 놓이게 되었고, 이는 큰 불만을 불러일으켰다. 교황은 친척들에게 많은 특혜를 주어 그들을 교황청 행정 요원으로 등용하였다. 이 또한 이탈리아 사람들의 심기를 불쾌하게 한 원인이 되었다.

---

81 Walker, *A History of the Christian Church*, 422-423. 정확히 페트라르카는 1340=1353에 한 친구에게 쓴 편지에서는 "서쪽의 바벨론"(Babylon of the west)으로 표현한다. J. H. Robinson, *Readings in European History*, 502.

82 Fuhrmann, *Die Päpste*, 182. 직접적으로는 프와티에의 백작인 제 아들이자 다음 왕이 되는 필립 5세를 통해 압력을 행사하였다.

1376년 그레고리우스 11세가 아비뇽을 떠나 1377년 1월에 로마로 귀환하였다. 1378년 그레고리우스가 사망한 후, 그의 후계자 우르바누스 6세와 추기경 일단 사이의 관계가 악화되면서 서방 교회의 대분열(1378-1417)이 일어났다. 이로 인해 아비뇽 교황의 두 번째 계보가 시작되었으나, 나중에는 대립 교황들로 간주하였다. 아비뇽의 마지막 대립 교황 베네딕투스 13세는 1398년에 프랑스의 지지를 포함해 대부분의 지지를 잃어버렸다. 이 두 번째 시기에 해당하는 서방 교회의 대분열은 콘스탄츠 공의회를 통해 1417년 다시 통합에 이르렀다. 아비뇽 교황청 시기는 여러 측면에서 그 성격을 정의할 수 있다.

첫째로 아비뇽 교황청은 세속 법원의 정부 관행과 절차를 모방하여 클레멘트 5세와 요한 22세의 통치 아래 성공적으로 행정을 재조직하고 중앙집권화를 도모하였다. 이러한 중앙집권화를 통해 교황의 수입을 늘리는 데 몰두하였다.[83] 교황권은 전통적으로 상당한 수입을 할당했던 관례적인 선거 과정을 버리고 성직 임명을 직접 통제하며, 지역 교구의 권한을 대폭 축소시켰나. 이는 시역 주교의 권위를 떨어뜨렸고, 진통적으로 교회 생활의 기본 단위였던 지방 교구의 중요성을 사라지게 하였다.

둘째로 아비뇽 교황청 시기는 도덕적 측면에서 매우 악명이 자자하였다. "교황청이 한결같이 세속 군주의 궁정과 다름없이 시기와 견제로 분열되었고, 각종 음모로 인해 시련을 겪었다. 아비뇽에서 재위한 몇몇 교황들은 좋은 평가를 받기도 하였지만, 그들조차도 대체로 악하지만 않을 뿐 무능하다는 부정적 평가를 받았다. 교황청은 탐욕과 매수와 방탕의 복마전으로 손가락질을 받았다. 족벌주의와 뇌물, 성직 매매가 부끄러움 없이 자행되었다."[84] 당대를 살았고 아비뇽의 삶을 경험한 페트라르카는 아비뇽을 가리켜 "고통의 샘, 진노의 처소, 오류의 학교, 거짓의 신전, 두려운 감옥, 지상

83 Walker, *A History of the Christian Church*, 426.

84 Schaff, *History of Christian Church*, 6, 53.

의 지옥" 등의 비난을 퍼부었다.[85] 아비뇽에서 교황청은 영적 권위의 중심이라기보다는 명목상 성직 위계 제도의 정점에 서 있는 세속 통치자에 가까웠다. 사도적 순결과 청빈과 계명을 따르는 자들이 아니라, 오히려 모든 종류의 죄에 대한 사면을 팔아, 사치와 낭비와 화려함에 몰두하였다.

셋째는 영적이고 세속적 영역에서 질서를 세워야 할 교황청이 국외로 나가 있는 동안 이탈리아는 극도로 혼란스러운 모습을 보였다. 귀족 가문들은 세력을 장악하기 위해 끊임없이 대립하였고, 로마시는 강도들의 소굴이 되어 갔다. 이탈리아 반도, 적어도 그중에서 북쪽 절반은 정치적 분열과 사회적 무정부 상태에 들어갔다. 1348-49년 유럽 전역을 휩쓴 흑사병은 마치 이러한 상황에 대한 신의 회초리처럼 여겨졌다.[86]

2. 아비뇽의 교황들

1) 클레멘트 5세(Clement V, 1305–1314)

1264년 프랑스에서 태어나, 툴루즈에서 대학을 마친 뒤, 오를레앙과 볼로냐에서 교회법과 민법을 공부하였다. 보르도의 대주교로 재직하던 중, 1305년 6월 5일 페루자에서 교황으로 선출되었다. 추기경단이 그에게 로마로 가서 대관식을 거행할 것을 요청하였으나, 그는 리옹으로 가서, 필립 4세의 앞에서 교황관을 썼다. 그는 조국 프랑스에 대한 애정과 이탈리아와 로마의 혼란에 대한 두려움으로 프랑스 남부의 여러 곳을 전전하였다.[87]

1309년 이후에 클레멘트 5세는 론강 언덕에 있는 아비뇽(Avignon)을 자신의 거처로 택하였다. 당시의 아비뇽은 독일 제국의 제후인 나폴리의 앙

85 J. H. Robinson, *Petrarch*, 87.

86 Schaff, *History of Christian Church*, 6, 55.

87 *Catholic encyclopedia*, "Pope Clement V."

〈아비뇽 교황청의 현재〉

쥬(Anjou)의 영지에 속하였다. 교황이 아비뇽에 거처하는 것은 프랑스 왕의 바람과도 전적으로 일치하는 것이었다. 연약하고, 만성적인 병에 시달리던 교황은 점점 더 프랑스의 왕에게 의존하게 되었다. 클레멘트 5세의 정치는 프랑스 왕 필립 4세의 강압적인 요구와 주장에 거의 무조건적으로 찬성하고 양보하는 것에 지나지 않았다. 결과적으로 그는 보니파키우스 8세에 대한 필립의 공격을 무죄로 선언하였으며, 보니파키우스가 내린 수찬 금지령과 파문을 취소하였다. 또한 왕을 기쁘게 하려고 교황의 칙서「우남 상탐」을 수정하였다(1306). 필립 4세는 그 불운한 교황을 성전기사단(Templars)을 잔인하게 해체하는 일에도 끌어들였다. 아비뇽은 프랑스 왕국에 속하지는 않았지만, 대중은 클레멘트가 교황청을 프랑스에 세운 것으로 판단하였다. "교황은 사실 프랑스에 있지는 않으면서도, 완전히 프랑스의 영향력 아래에 놓이게 되었다."[88] 이처럼 클레멘트 5세의 재위 기간에 교황청은 프랑스의 영향력 아래에 놓였으며, 프랑스 왕의 이익을 위해 적극적으로 봉사하는 시간을 보내었다. 개인적으로 클레멘트 5세는 많은 친인척에게 성직을 하사하였으며, 이는 그의 재위 기간을 특징짓는 가장 큰 요소였다.[89]

88 Tierney/Painter, *Western Europe in the Middle Ages, 300-1475*, 476.

89 Schaff, *History of Christian Church*, 6, 64.

2) 요한 22세 (John XXII, 1316–1334)

아비뇽 교황 중 가장 뛰어난(?) 사람은 물을 필요도 없이 요한 22세(John XXII, 1316-1334)이다. 교황 요한 22세는 1245년경 프랑스의 카오르(Cahors)에서 태어나 파리와 오를레앙에서 신학과 법학을 공부한 후 카오르와 툴루즈에서 교회법과 시민법을 가르쳤다. 1309년 나폴리 왕국의 재상이 된 후 1312년에는 추기경이 되었다.

1314년 클레멘트 5세가 사망한 후, 추기경들의 의견이 분열되어 약 2년 동안 새로운 교황을 선출하지 못하였다. 프랑스의 필립 4세는 프와티에의 백작이자 다음 대의 왕인 필립 5세를 통해 추기경들을 리옹으로 소집하고, 새로운 교황을 선출할 때까지 리옹을 떠나는 것을 금하였다.[90] 1316년 8월 7일 마침내 추기경들은 72세의 새로운 교황 요한 22세를 선출하였다.

요한 22세는 교회법에 정통하였으며, 신학적으로도 뛰어났다. 그는 목적을 분명히 하고 열심을 내는 교황이었다. 그는 탁월한 행정가였으며 교황청의 행정과 재정 체제의 정비에 큰 노력을 기울였고, 많은 진보가 있었다. 더불어 자신의 생활에서는 검소한 삶의 모범을 보였다. 그러나 교황 요한 22세는 재위 동안 끊임없는 내외적인 갈등을 겪었다. 요한 22세의 재위 기간은 두 가지 주요 논쟁으로 특징지을 수 있다. 첫째는 독일 황제 바이에른의 루이와 투쟁한 것과 둘째는 프란체스코 수도회의 강경파를 정죄한 것이다.[91]

첫째, 요한 22세가 선출되기 전에 바이에른 왕 루이 4세(Louis the Bavarian, 1314-1347)와 오스트리아의 프리드리히 1세(Friedrich of Austria, 1314-1322)는 신성 로마 제국의 왕위를 두고 경쟁하고 있었다. 처음에 요한은 중립적이었고 중재자가 되는 것을 자제하였다. 루이는 선제후들에 의해 황제로 선출되었고, 1314년 11월 25일 즉위하였다. 그러나 프랑스 국왕 필립 5세(Philip

---

90 Sophia Menache, *Clement V*, 280.

91 Schaff, *History of Christian Church*, 6, 66.

V, 1316-1322)의 지원을 받은 요한 22세는 교황령들의 이익을 위해 이탈리아에서 독일의 영향력을 줄일 기회가 무르익었다고 판단하였다. 이에 1317년 4월 교황은 칙서 「만약 형제의」(*Si fratrum*)를 통하여, 비어 있는 제국(vacant imperium; 황제가 없는 제국)이라는 새로운 개념을 도입하여 두 사람 중 누구도 황제로 승인하기를 거부하고, 더 나아가 황제의 공석 중엔 교황이 제국을 다스릴 권리를 갖는다고 선언하였다.

1320년대에 들어 루이가 이탈리아 내정에 간섭하자 교황은 그를 파문하였다(1324년 4월 23일). 루이는 이탈리아 기벨린 평의회를 트렌토로 소집하였고, 그곳에서 루이는 신령파 프란체스코회에 대해 지지를 선언하고 요한을 불법적이고 이단적인 교황으로 비난하였다. 이후 요한 22세와 루이의 싸움은 루이가 죽을 때까지 계속되었다. 비록 요한 22세의 사후이기는 하지만, 아비뇽 교황청과의 논쟁의 연속선상에서 독일 선제후들은 '선택은 제국의 수반은 그 취임이나 공식 임무의 수행을 위해 교황으로부터 인가를 받을 필요가 없다'는 선언을 1338년 렌제(Rense)에서 발표하였다.[92] 사실상 제국은 교황청으로부터 완전히 분리된 것이다.

〈렌제에서의 선언〉(1338)[93]

… 누군가가 제국의 선제후들 또는 이 제후들의 다수에 의해서—심지어 분열 시에라도—로마의 왕으로 선출되는 즉시 그는 제국의 재산과 법 관할권을 수여받거나 왕의 칭호를 받기 위해서 사도 보좌로부터 그 어떤 임명, 인정, 확증, 동의 또는 수여를 받을 필요가 없다; 심지어 그 시작도 더 이상 기억하지는 못하는 때로부터 아래와 같이 여겨왔고 유지되었고 지켜왔다: 제국의 선제후들로부터 일치해서 또는 위에서 언급한 의미로 다수결로 선출된 자들은 왕의 칭호를 가지고 제국의 재산과 법을 관할하였다….

---

92 Schaff, *History of Christian Church*, 6, 69.

93 *렌제에서의 선언* (1338), in: KThQ2, Nr. 55. a.

또한 황제권의 옹호를 위한 논리적 뒷받침을 제공한 윌리엄 오컴(William Ockham), 파두아의 마르실리우스(Marsilius of Padua) 등이 루이를 도왔다.

이러한 갈등에 앞서 교황이 세속사에 대한 충분한 권력을 갖고 있다는 극단적 주장들이 보니파키우스 8세의 재임 기간에 두 사람의 아우구스티누스회의 수사들이었던 로마의 자일스(Giles, 1245?-1316)와 그의 제자 비테르보의 제임스(James of Viterbo, 약 1255-약 1307)에 의해 개진되었다. 또 다른 아우구스티누스회 수사 아우구스티누스 트리움푸스(Augustinus Triumphus, 1243-1328)도 이 주장에 합류하였다. 이들은 모든 제후는 교황에게 복종함으로써 통치하며, 교황은 그들을 해임할 수 있는 반면에 교황 자신은 "하나님께서 결정하실 때까지" 누구에 의해서도 심판받을 수 없으며 "교황의 법정과 하나님의 법정은 하나"라고 주장하였다.[94]

그러나 실제로 극단적이었던 교황주의자들의 권리 주장은 거의 받아들여지지 않았다.

이 교황주의적 또는 "성직 위계적" 권리 주장들은, 여러 사람 가운데 프랑스 도미니쿠스회 수도였던 파리의 존(John of Paris, ?-1306)에 의해 논박되었다. 그에게 교회와 국가는 상하 관계가 아니라 두 개의 자율적 권력들로서 각각의 통치자는 그 고유한 영역만 다스린다.[95]

> … 그러므로 우리는 사제권이 왕권보다 더 위대하며, 그 위엄에 있어 능가한다고 말할 수 있다. 우리는 궁극적인 목적에 속한 것이 더욱 완전하며 더욱더 나은 것임을 알며, 더욱 열등한 목적에 속한 것을 지시한다는 것을 알고 있기 때문이다.
>
> 왕권은 많은 사람을 덕에 따라 살게 하는 데 그 목적을 두고 임명되고…. 사제권은 하나님을 기쁘시게 하는 데 있다…. 그러나 사제가 절대적인 의미에서

---

94 Schaff, *History of Christian Church*, 6, 82.

95 John of Paris, *Tractatus de Potestate Regia et Papali* (1302-03), 5, in: 심창섭,채천석 편, 『원자료 중심의 중세교회사』, 362-364.

왕보다 더 큰 위엄이 있다고 할지라도, 모든 면에서 사제가 왕보다 더 크다는 것을 의미하지는 않는다…. 그러므로 세속의 권세는 어떤 면에서는 영적인 권세보다 더 위대하다. 적어도 세상사의 일에 한해서는 그렇다고 할 수 있다.

이들 교황의 보편적 지배권에 대한 반론과 비판은 아비뇽 교황청의 시기에 매우 활발하게 전개되었다.

둘째, 요한 22세는 프란체스코회 내부에서 재산 소유의 문제를 놓고 발생한 논쟁에 적극적으로 개입하였다. 그에 의해 논쟁의 초점이 그리스도와 사도들이 절대 가난을 실천하였는가 하는 이론적 논쟁으로 전환되었다. 1317년과 1329년 사이에 발표한 일련의 교서들에서 요한 22세는 복종이 청빈보다 더 큰 덕목이라고 선언하였고, 프란체스코 신령파와 엄수파들이 고대의 도나투스파 이단설을 받아들였다고 보고, 분리주의자로 정죄하였다.[96]

먼저 요한 22세는 교령 *Quorumdam exegit*와 *Sancta romana et universalis ecclesia*(1317)를 통하여 신령파를 적극적으로 제재하는 태도를 보였다. 몇 주 뒤에 그는 신령파의 오류를 열거한 공식 문서를 발행하면서 그들을 단죄하였고, 신령파가 담당하던 모든 수도원에 폐쇄령을 내렸다. 이때부터 신령파에는 프라티첼리(Fraticelli)라는 이름이 붙었다. 프란체스코회 신령파들은 복종하기를 거부하였고, 아무리 교황이라도 프란체스코회의 수도회칙을 수정할 권한은 없다는 견해를 밝혔다. 수도회의 총장 체세나의 미카엘(Michael Cesena)은 이들을 변호하였다. 그러나 결국 신령파 회원 64명이 아비뇽으로 소환되었고, 그중 25명은 끝까지 굴복을 거부하다, 그들 중 4명이 1318년 5월 7일 마르세유의 광장에서 화형을 당하였으며, 나머지는 시칠리아로 도피하였다.

교황의 이러한 칙서의 공포에도 불구하고 논쟁은 조금도 수그러들지 않

---

96 Walker, *A History of the Christian Church*, 365.

왔다. 1321년 한 도미니쿠스 수사인 벨나의 요한(Johannes de Belna)이 "그리스도와 사도들은 공동체적으로는 물론이요, 개인적으로도 재산을 소유하지 않았다"며, "완덕에 이르기 위해서는 반드시 극단적인 가난을 실천해야 한다"라는 프란체스코의 의견에 반대를 표명한다. 이에 1322년 페루자(Perusia)에서 개최된 프란체스코 총회에서 "그리스도와 사도들은 절대로 아무런 재산을 소유하지 않았다"라고 확정하면서, 니콜라스 3세 교황에 의해 믿어야 할 교리로 인정되었던 이론이 요한 22세와 도미니쿠스회에 의해 회의적인 주제가 되었다고 선언하였다. 그리고 이에 관하여 교황 요한 22세에게 호소한다.[97]

이 논쟁은 프란체스코 수도회 자체를 분열의 위기로 몰아넣었다. 체세나의 미카엘과 윌리엄 오컴을 비롯한 사람들은 그리스도와 사도들이 개인 재산을 소유하지 않았을 뿐 아니라 공동 재산도 없었다는 견해를 취하였다. 이 견해에 반대한 교황은 동방 박사들이 예물을 바친 사실, 그리스도께서 의복을 소유하셨고, 음식을 사서 드셨던 일, 유다가 지갑을 가지고 다녔던 사실, 사도 바울이 손수 일을 해서 생계를 유지했던 사실을 반론의 증거로 제시하였다.

> 때때로 어떤 교양인들은, 만일 어떤 사람이 완고하게 우리 구주 예수 그리스도와 그 사도들이 어떠한 개인적 또는 공공의 재산도 소유하지 않았다고 주장할 경우,—비록 그들 사이에서도 의견이 서로 다르고 대립되지만—이러한 주장을 이단으로 보아야 하는 지에 대한 의문을 제기하였다. 그러므로 우리는 이 논쟁을 종식시키고 우리 형제들의 권고에 따라 영원한 효력이 있는 칙령을 선포하여, 이러한 완고한 주장은 지금부터 오류이며 이단적인 것으로 간주되어야 한다고 선언한다. 왜냐하면 그들은 분명하게 수많은 곳에서 그들이(예수 그리스도와

97 방효익, "가난에 대한 영성 신학적 이해," 「이성과 신앙」 19 (2004): 127-191 (159).

사도들) 어떤 소유를 지녔다고 확증해 주는 거룩한 성경에 반박하고 있으며….[98]

교황 요한 22세는 1323년의 칙서 *cum inter nonnullos*는 그리스도와 사도들이 아무것도 소유하지 않으셨다고 주장하는 것을 이단으로 규정하였고, 1324년에는 이 해석을 거역하는 자들을 반란자들과 이단들로 규정했다. 요한 22세는 한 걸음 더 나아가 프란체스코회에게 재산을 소유할 수 있는 권리를 되돌려 주었으며(인노켄티우스 4세는 이 권리를 부정한 바 있다), 식료품처럼 사용하여 없어지는 것들은 사용과 소유를 구분할 수 없다고 공포하였다. 1326년 교황 요한 22세는 올리비(Olivi)의 『요한계시록 주석』을 이단으로 판결하고, 체세나의 미카엘, 윌리암 오컴(William de Ockham) 그리고 보나그라티아(Bonagratia) 등을 아비뇽에 억류하였다.[99]

당시 수도회 총장이었던 체세나의 미카엘은 수도회 내부에서 온건한 입장을 취하였으며, 초기에는 신령파들을 반대하였다. 그러나 교황의 법령들이 그를 억압하였고, 1328년 그는 교황에 의해 파면되었다. 곧 그는 자신과 함께 아비뇽의 교황청에 억류되어 있었던 보나그라디아와 윌리엄 오컴 등과 함께 도피하여 바이에른의 왕 루이에게로 갔다. 미카엘 총장의 후임이었던 제랄두스 오도니스(Geraldus Odonis)는 개인적으로 그리고 수도회의 이름으로 교황에게 굴복하였으며, 미카엘파에 속했던 모든 수도자들은 죽기 전에 교회와 화해하였다.[100]

14세기 후반에는 엄수파가 눈에 띄게 성장하였으며, 15세기 초에는 시에나의 베르나르디노(Bernardino)와 카피스트라노의 요한 같은 열정적인 설교자들에 힘입어 옛 명성을 되찾았다. 프란체스코회의 평화는 1517년에 레오 10세가 수도회 내부의 두 집단을 공식 승인함으로써 삼 세기에 걸친 분쟁을 종식할 때까지 교황들의 끊임없는 관심사였다.

98 *Cum inter nonnullos* (1323.11.13.), in: KThQ2, Nr. 52. c.

99 Schaff, *History of Christian Church*, 6, 72.

100 방효익, "가난에 대한 영성 신학적 이해," 160.

3) 아비뇽 후기의 교황들

베네딕투스 12세(Benedict XII, 1334-1342), 클레멘트 6세(Clement VI, 1342-1352), 인노켄티우스 6세(Innocent VI, 1352-1362), 우르바누스 5세(Urban V, 1362-1370), 그레고리우스 11세(Gregory XI, 1370-1378) 등은 별다른 발자취를 남기지 못하였고, 어떤 역사적 의의를 발견하기 어렵다. 베네딕투스 12세는 강력한 요새와 같은 아비뇽 교황청의 건축을 시작하였고, 클레멘트 6세는 요한 22세가 열심히 축적한 교황청 금고를 낭비하였다. 또한 그의 재위기간에 흑사병이 발병하여 온통 유럽을 암울한 상태로 몰아넣었다. 인노켄티우스 6세는 온통 혼란과 무질서에 사로잡힌 로마를 개혁하고 바로잡으려 하였으나, 별다른 성과를 거두지 못하였다. 우르바누스 5세는 교황청을 로마로 옮기기 위해 노력하고, 황폐해진 라테란이 아닌 바티칸을 교황청의 새로운 장소로 채택하며, 잠시 로마에 거하기도 하였다. 그레고리우스 11세 시기, 교황권을 위협하는 반란이 이탈리아 중부와 북부 전역으로 번지면서, 교황령은 영구적으로 상실될 위험에 처하게 되었다. 더 나아가, 이탈리아인들은 대립 교황을 선출하는 방안을 고려하기에 이르렀다. 이에 그레고리우스는 로마로의 귀환을 결정하였다. 따라서 그레고리우스 11세는 1377년 1월에 교황청을 로마로 옮겼다.[101]

그레고리우스 11세가 죽었을 때(1378년 5월) 추기경들은 대부분 로마에 있었다. 그러나 그레고리우스 11세가 죽으면서 서방 기독교 세계는 분열을 겪게 되었다. 그들 중 다수인 프랑스인들은 기꺼이 아비뇽으로 돌아가려 했다. 그러나 로마 시민들은 교황청을 로마에 머물러 있도록 하기 위해 이탈리아인 교황의 선출을 요구하였다. 혼란 상태에서 추기경들은 바리(Bari)의 대주교인 바르톨로메오 프리그나노(Bartolommeo Prignano)를 교황으로 선택했고, 그는 우르바누스 6세(Urban VI, 1378-1389)가 되었다. 프랑스와 이탈리

101 Walker, *A History of the Christian Church*, 426-427.

아 추기경들은 그가 추기경이 아니더라도 순종적인 교황이 될 것이라고 기대하였다.[102]

우르바누스 6세는 생활이 청렴하고 교회가 시행하던 금식을 비롯한 신앙의 의무들에 정진하는 것으로 널리 명성을 떨쳤다. 그가 선출되었을 때 아무도 그 결과의 적법성에 이의를 제기하지 않았다.[103] 그는 교황청에 대한 프랑스의 영향력을 제거하고 교황청을 약간 개혁하려고 했으나, 서툰 방식 때문에 곧 추기경들의 적대감을 사고 말았다. 그의 선출이 있은 지 약 4개월 후에 12명의 추기경이 아나니(Anagni)에 모여서 이전의 교황 선출은 성난 폭도에 의해 강요된 것이기 때문에 무효라고 선언하고, 1378년 9월 20일 제네바의 추기경 로베르(Robert)를 교황 클레멘트 7세(Clement VII, 1378-1394)로 선출하였다. 몇 달 지나지 않아 클레멘트 7세는 이탈리아에서의 지지와 세력을 상실하였고, 그와 그의 추기경들은 아비뇽에 자리 잡았다.[104]

로마 교황의 지지자들은 "클레멘트의 지지자들"(Clementines)이 드리는 미사를 배척하지만, "클레멘트의 지지자들"은 "우르바누스의 지지자들"(Urbanists)의이 드리는 미사를 신성모독으로 여겼나. 많은 경우에 공직 예배가 완전히 중단되기도 하였다. 이로써 분열이 확고해졌으며, 서유럽은 동일한 추기경단에서 만장일치로 선출한 두 교황이 각각 기독교 세계에 대한 교황의 전권을 주장하는 상황에 놓이게 되었다. 여기에 유럽의 국가들과 대학교들도 충성에서, 혹은 '순종'에서 양분되었다. 파스토르(Pastor)가 "교회에 대하여 생각할 수 있는 최악의 불행"이라고 부른 교황청 분열은 곧 당대의 양식 있는 인사들에게 격렬한 항의를 불러일으켰다.[105]

---

102 *Catholic encyclopedia*, "Pope Urban VI."

103 Schaff, *History of Christian Church*, 6, 115.

104 Walker, *A History of the Christian Church*, 427.

105 *Pastor*, vol. 1. 143.

3. 교황권에 대한 비판

13세기는 중세 문명의 전성기였다. 인노켄티우스 3세 때에 교황의 권력은 절정에 이르렀다. 동시에 탁발 수도회들은 세계를 그리스도에게로 귀속시키기 위한 활동을 시작하였으며, 대학교에서는 뛰어난 신학 체계가 발전하였다. 유럽은 최고의 영적 권위를 갖는 교황과 세속적 권력을 보유한 황제 아래 연합되어 있었다.

13세기 후반에 이르러, 교황 지지자들과 보니파키우스 8세의 오만한 칙령 「우남 상탐」에 대하여 새롭게 떠오른 법률가 집단이 분개하여 논쟁에 뛰어들었다. 이들은 힐데브란트와 인노켄티우스 3세의 정책으로 대표되어 온 옛 질서에 대해 과감히 의문을 제기하였다. 이들은 파리 대학교를 비롯한 대학교들에서 공부하였으며, 때때로 뒤부아(Dubois)와 같은 평신도들도 이들 사이에 포함되어 있었다. 세속 권력에 대한 교황의 수위권을 비판한 저자들은 두 집단으로 나뉘었다.

첫째 집단에는 단테가 있었는데, 그는 제국과 황제의 지위를 인간의 세속 문제들을 주관하는 최고 권력의 자리에 올려놓았다. 그는 세속권과 황제권 사이의 균형을 추구하였다. 둘째는 다소 프랑스 왕실과 관계가 있었던 사람들이 속해 있었으며, 그들 대부분이 프랑스인들이었다. 그들은 교황의 수위권을 비판하는 동시에 황제의 권위에 대해서도 의문을 제기하였다.

1) 단테(Dante Alighieri, 1265–1321)

두 권력 사이의 이런 상호협력 혹은 균형의 옹호자는 중세의 시인 중 가장 위대한 단테(Dante Alighieri)였다. 단테는 인간 정신의 완전하고도 궁극적인 발전이 결국 인간성의 목적이고, 그 목적은 오직 인간이 평화롭게 살아갈 때 비로소 성취될 수 있다고 말한다. 이 때문에 보편적 평화(universal peace)야말로 최고의 가치이다. 인간성은 오직 평화 속에서만 자신의 가능성을 충족시킬 수 있다.[106] 이것이야말로 정치의 최고 원리이다.[107] 단테는 인류의 두 가지 목적을 언급하였다. 그 첫째 목적은 현실적 삶에서의 행복의 구현이며, 이 행복은 특별히 인간다운 것의 실현에서 비롯된다. 둘째 목적은 영원한 삶의 진정한 행복인데, 이 행복은 하나님을 바라보는 기쁨에서 생기며, 우리 자신의 힘으로 획득할 수 있는 것이 아니다. 각각 고유한 길들이 이 두 가지 복락에 이르게 한다.

1308년과 1311년 사이에 쓰인 그의 라틴어 논문 『군주론』(*De monarchia*)에서 단테는 다음과 같이 주장하였다:

> 하나의 보편적 제국, 특히 로마 황제의 제국만이 문명화된 행동의 본질인 저 평화적 상태를 일으킬 수 있다. 교황의 통치가 영원한 축복에 필수적인 것처럼, 이런 제국의 힘은 인간의 세속적 행복에 필수적이다. 이 각각의 권위는 직접 하나님으로부터 오는 것이며 각자의 고유영역에 간섭해서는 안 된다.[108]

황제의 주된 의무는 평화를 지키는 데 있지 않으면 안 된다. 평화야말로 유일한 최상의 정치적 가치이기 때문에 황제는 하나님의 세계 지배라는 근거와 직결되어 이 권위를 받는다. 그러므로 황제는 교황에게 속하지 않는다. 단테에 의하면 인류의 두 가지 목적은 나란히 서 있으므로 서로 충돌하지 않는다. 이 둘 중 어느 한 목적도 다른 목적의 수단으로 격하되지 않는다.

2) 파두아의 마르실리우스(Marsilius of Padua, 1270?-1343?)

그 시대의 으뜸가는 교황의 보편적 권력에 대한 가장 중요한 비판자이자 "황제권 옹호론자"는 파두아의 마르실리우스(Marsilius of Padua)였다. 그

106 Dante, *De monarchia* 1. 4.

107 K. Flasch, *Einführung in die Philosophie des Mittelalters*, 238-239.

108 Dante, *De monarchia* 3. 16.

는 1280년에서 1290년 사이에 파두아에서 태어났다. 파두아는 당시 교황의 통치로부터 자유를 쟁취하고자 했던 도시국가였고, 마르실리우스는 고향의 대학에서 학문을 배우고, 철학을 익혔으며, 이후 파리에서 공부하였다. 이 과정에서 그는 의학을 공부하였고, 1312/1313년에 파리 대학의 학장(rector)이 되었다. 그는 1324년에는 중세의 정치학 논문들 중 가장 주목할 만한 3권으로 구성된 『평화의 옹호자』(*Defensor pacis*)를 완성하였다. 특히 교황의 보편적 권위에 관한 주장과 국가의 역할에 대한 정립이 서로 맞서면서, 정치 철학이 형성되던 시기에, 그의 『평화의 수호자』는 중세 후기에 나타난 중요한 사회적 변화를 보여주는 지표가 되는 저서이다.

이 저서로 인해 마르실리우스는 조수였던 장 드 장덩(John of Jandun)과 더불어 교황으로부터 "멸망의 자식들, 벨리알의 아들들, 전염성이 강한 위험 분자들, 무저갱에서 나온 짐승들"이라고 선언되었다. 또한 1327년 그는 요한 22세 교황의 종교재판에서 이단으로 선언되었다.[109] 또한 클레멘트 6세도 이 저서에서 240개가 넘는 이단설을 찾아내고는 자신이 마르실리우스의 저서만큼 이단적인 글을 읽어본 적이 없다고 주장하였다.[110] 1342년 마르실리우스는 『평화의 수호자』의 내용을 『소 수호자』(*Defensor Minor*)로 요약하였다.[111]

마르실리우스는 『평화의 수호자』 1권에서 인간의 목적과 이를 위한 평화의 필요성을 역설한다.

> … 국가 또는 여타의 다른 사회 공동체들의 평화와 안녕이 유지될 수 있을 것이다. 이를 통해서만 사회적 삶을 영위하는 인간은 이 세상에서 충족한 삶(*vita*

---

109 정죄의 내용은 *A Source Book for Medieval History*, no. 166: (3) 황제는 교황을 만들고 폐위시키며 그들을 처벌할 권리를 갖는다. (4) 교황이건 대주교이건 단순 사제이건 모든 사제는 그리스도의 임명에 따라 동등한 권위와 관할권을 갖는다. (6) 황제의 허락 없이는 전체 교회가 함께 어떤 사람도 강제적 처벌로 처벌할 수 없다.

110 Schaff, *History of Christian Church*, 6, 76.

111 강치원, "중세 정치사상사에서의 마르실리우스의 위치", 108.

> *sufficiens*)을 성취할 수 있으며, 영원한 행복(*beatitudo*)을 향해서도 제대로 나아갈 수 있다. 이들은 비록 서로 다른 세계에 속한 것이지만, 모든 인간에게 자명한 것으로서 인간 욕구의 최선의 대상이며 목표이다.[112]

이러한 목적을 성취하기 위해 마르실리우스는 『평화의 수호자』 1권에서 현세적 행복(*civilis felicitas*) 내지 충족한 삶(*vita sufficiens*)을 이 땅에서 이루어야 할 삶의 목표이자 국가의 목표로 제시한다. 동시에 그는 이러한 목표가 정치 공동체의 평화를 통해서만 이룩될 수 있다고 주장한다.

『평화의 수호자』 2권의 논의는 세속 사회의 평화가 어떻게 유지될 수 있는가에 대한 질문에서 출발한다. 마르실리우스는 이러한 평화를 달성하는 데 있어 가장 큰 장애물은 '교황청의 보편적 지배권에 대한 요구'라고 주장한다. 교회, 더 정확히 말하면 교황권에 대한 마르실리우스의 평가는 매우 비판적이다. 그는 교황청의 세속사에 관한 간섭이 정부의 기능을 '방해하여' 국가 내에서 분쟁과 불화를 초래한다고 평가하였다. 특히 이탈리아의 불인한 정세의 근본 원인은 바로 교황권의 남용에 있다고 보았다.

> 전능권(*plenitudo potestatis*)에 대한 몇몇 주교들의 이 잘못된 생각 그리고 이른바 그리스도에 의해 자신에게 전능권이 부여되었기 때문에 (현세적) 통치권 역시 자신에게 속한다는 이들의 사악한 지배욕, 이것이 바로 도시와 국가들에서 분쟁과 불화를 일으키는 단일 원인이다.[113]
>
> 로마의 교황들은 전능권이라는 극히 포괄적인 명목으로 전 세계에 대한 보편적·강제적 사법권을 주장하였다…. 몇몇 교황들의 이 잘못된 견해와 지배권에 대한 그들의 사악한 욕망이 국가의 평화를 위협하고 불화를 일으키는 진정한 단일한 원인이다.[114]

---

112 Marsilius, *Defensor pacis*, III. iii.

113 Marsilius, *Defensor pacis*, I. xix. 12.

114 Marsilius, *Defensor pacis*, I. xix. 12.

마르실리우스가 파악하는 사제의 역할은 인간을 교육하고 훈련하는 것이다(*disciplina et eruditio*). 곧 영원한 구원에 이르고 영원한 고통에서 벗어나기 위해서 복음의 법을 따라서 사람이 반드시 믿고 행해야 하는 것과 행하지 말아야 할 것을 가르치는 데 있다는 것이다.[115]

> 복음의 법은 그리스도에 의해 부여되고 확정된 법률로서, 내세에서의 삶의 조건을 위한 이 땅에서의 삶과 생활에 관한 것이며, 인간 정신에 실제적인 힘을 가진다…. 이 법은 현세적 삶에서 이를 준수하거나 위반한 자들의 공과와 득실에 따라, 이 땅에서가 아니라 내세에서 주어질 형벌과 보상을 결정하는 강제적 규칙이다.[116]

마르실리우스에게 이 세상에서의 합법적인 지배권의 표상인 강제력은 세속 입법자에게 귀속되는 것이지 구원과 영생의 문제를 담당하는 사제의 것은 아니다. 오히려 성직자는 사회 공동체 구성원의 일부에 지나지 않는다.

> 로마 교황, 주교나 사제들은, 그들도 사회 공동체 일부라는 의미를 제외하면 인간의 입법권자가 아니다. 더욱이 이들은 이 땅에서 강제적 법률을 제정하거나 이에 의해 강제적 판단을 내리는 권한을 가지고 있지 않다.[117]

마르실리우스에 따르면, 교회나 성직자는 일반적 권리에 있어서 일반 시민과 동일하다. 결론적으로 그는 "성직자들도 다른 사람들과 똑같은 시민이 되어야 한다"고 주장한다.[118] 이러한 경향은 임바흐(Ruedi Imbach)가 정

---

115 Marsilius, *Defensor pacis*, I. vi. 8.

116 Marsilius, *Defensor pacis*, II. viii. 5.

117 Marsilius, *Defensor pacis*, II. v. 4.

118 Flasch, *Einführung in die Philosophie des Mittelalters*, 246.

의한 "신국과의 결별"(Abschied von Gottesstaat)의 전형적인 모습이다.[119]

3) 윌리엄 오컴(William of Ockham, 1300–1349)

윌리엄 오컴 역시 교회와 국가의 분리를 주장한 인물 가운데 한 명이다. 그는 교황 요한 22세와 프란체스코 수도회와의 '가난'과 관련된 문제를 둘러싼 충돌로 인해 독일의 루이에게 피신하였고, 교황을 비판하는 상당한 분량의 글을 남겼다. 정치학과 관련된 그의 글들은 『대화록』(*The Dialogue*, 1332-47)과 『여덟 가지 질문』(*Eight Questiones*)에서 잘 드러난다. 『대화록』에서 그는 교황은 완전하지 않으며,[120] 교황 한 사람이 아닌 다수의 지도를 주장하여 이후 공의회주의자들과 민주주의 사상의 발전에 영향을 주었다.[121] 이는 그가 영적 통치와 지상 통치의 완전한 분리를 주장했기 때문이다.[122] 교황에 대한 그의 비판은 특히 『독재 정부에 대한 짧은 담론』(*A Short Discourse on the Tyrannical Government: Breviloquium*)에서 잘 나타난다. 이 저서의 일부에서 오컴은 『교황의 전권에 관하여』(*Breviloquium* II, 1-3) 다음과 같이 비판한다.[123]

> 전권에 관해서 어떤 사람들은 교황은 그리스도로부터 세속 권력과 영적 권력 모두를 부여받았으며, 자연법이나 하나님의 법에 반대되지 않는 모든 것에 대한 권리를 부여받았다고 생각한다. 이러한 생각은 심지어 설령 교황이 그러한

---

119 Flasch, *Einführung in die Philosophie des Mittelalters*, 230.

120 Ockham, *Dialogus*, part 3, tract 1, book 2. ch. 30: "그리스도인들 사이에 일어날 수 있는 그러한 모든 분쟁을 끝내기에 충분한 사람은 아무도 없다." "한 사람이 신실한 백성 전체를 다스리는 것은 적절하지 않다."

121 Ockham, *Dialogus*, 위와 같은 곳: "그리스도 아래 전체 교회의 통치자가 한 명 있어야 할 필요는 없고, 서로 다른 지방에 여러 명의 통치자가 있으면 충분하다."

122 Ockham, *Dialogus*, part 3, tract 1, book 2. ch. 29: "교황은 정기적으로 영적인 형벌을 통해서만 범죄자를 교정할 수 있기 때문에 그가 세속적인 권력을 장악하거나 세속적인 부를 풍부하게 가질 필요는 없고, 그리스도인들이 즉시 그에게 순종하면 충분하다."

123 Ockham, *Breviloquium* II, 1-3, in: KThQ2, Nr. 53. b.

방식으로 명령을 하거나 행동하여 죽을죄를 저질렀다 하더라도, 일단 정해진 사실은 그대로 유지되며, 그에게 복종하는 것이 구원에 필수적이라는 주장으로까지 이어지고 있다. 내가 확신하는 것은 이러한 모든 주장이 거짓일 뿐만 아니라, 모든 신자에게 위험한 이단 사설이라는 것이다. 따라서 내가 우선 제시하고 싶은 것은 그 주장이 성경에 비추어 보았을 때 분명한 모순이기 때문에 이단 사설이라는 것이다. … 교황이 세상의 관심과 영적인 일에 그러한 전권을 휘두를 수 있다면, 그는 기독교인들에게 외적인 의식들을 옛 율법 하에서보다 더 무겁고 부담스러울 정도로 부과할 수 있다. 그렇다면 복음의 율법은 절대로 자유의 율법이 아니라, 감당할 수 없는 종 됨을 가지고 오는 것이다.

그러니까 위에서 언급한 주장은 이단 사설이라고 마땅히 정죄받아야 한다. 또한 그것은 모든 기독교 세계에 위험하기까지 하다….

오컴도 교황의 보편적 권세에 대한 강력한 비판과 더불어, 영적 권위와 세속적 권위의 구분을 요구한다. 이처럼 교황권에 대한 비판자들의 주장은 다음과 같이 정리할 수 있다.

i) 국가는 가정에서 발달한 것으로서, 사람들의 안전과 평화를 위해 존재한다. 민중이 권위의 근원이며, 군주들은 민중에 의해 선출되며 그들에게서 권한을 부여받는다. 사제들의 기능은 신앙과 교육의 영역에 국한된다. 성직자들의 의무는 가르치고 경고하는 데 있다. 성직자들이라 하더라도 사회에서 저지르는 모든 비행에 대해서는 여느 사람들과 마찬가지로 세속 관리의 제재를 받는다. 그들은 자기 부인의 삶으로써 자신들의 주님을 따라야 한다.

ii) 교황은 교회의 머리이지만, 신적 임명에 의해 그렇게 된 것이 아니라, 국가가 그를 그렇게 인정하기 때문에 그렇다. 교황이 주장하는 절대권은 교회의 진정한 본질에 위배된다. 베드로에게는 다른 사도들에게 위임된 것 이상의 권위가 위임되지 않았다…. 로마 주교가 다른 주교들보다 탁월하게 여겨지는 것은, 단지 그의 교구가 과거 제국의 수도에 자리 잡은 데서 기인한 것이다. 사제의 권한에 관한 한, 베드로가 다른 사도들보다 더 큰 권한을 갖지 않았듯이 교황도 여느 사제보다 더 큰 권한을 갖지 않는다.

iii) 성경이 권위의 궁극적 원천이라고 주장한다. 성경은 궁극적 권위를 교회로부터 받지 않는다. 오히려 교회가 성경으로부터 권위를 받는다. 성경 해석이 엇갈린 경우에는 성경의 참된 뜻을 확정할 책임이 공의회에 돌아간다. 교회의 법령에 복종하는 것이 구원의 조건이 아니다.[124] 총 공의회들은 기독교 집단의 최고 대의 기관이지만, 이 기관들조차도 오류를 범할 수 있다. 공의회에는 성직자들뿐 아니라 평신도들도 참석할 수 있다.

4. 새로운 시대정신의 태동

13세기 기독교 세계의 거대한 통일의 구조 속에서도 결국은 중세 기독교의 몰락을 자초한 약점들과 긴장들이 존재하고 있었다. 14-15세기에는 새로운 경제적, 정치적 상황이 교황의 권위에 도전하여 이를 약화시켰다. 국가주의(Nationalism), 전쟁, 대역병, 부정부패, 그리고 외부로부터의 침략 등이 13세기가 이룩했던 꿈을 파괴하면서 근대에 이르는 새로운 길을 열었다.[125]

12-13세기에 발전한 화폐 경제는 중세 말의 상황을 결정짓는 중요한 요인으로 작용하였다. 비록 20세기의 기준에서 볼 때는 사소한 규모이지만 신용 제도, 교역, 그리고 공산품 생산 등으로 부르주아 계급은 점차 막강한 영향력을 소유하게 되었다.

새롭게 등장한 이 계급의 이해관계는 봉건 영주들의 이해관계와 정면으로 대결하였다. 귀족들 간의 잦은 전쟁, 자기 영역을 통과하는 상품들에 부

---

124 이는 보니파키우스 8세의 「우남 상탐」에 대한 거부라고 할 수 있다.

125 Gonzalez, *The Story of Christianity*, 2. 170.

과한 세금들, 그리고 자급자족을 추구하였던 대영주들의 욕망 등은 모두 교역을 저해하고 그 이익을 감소시키는 것이었다. 부르주아의 입장에서 볼 때, 강력한 중앙집권 정부가 필요하였다. 이러한 정부는 교역을 보호하고, 산적들을 퇴치하며, 화폐 제도를 통솔하고, 사소한 전쟁들을 종식할 것이라고 기대되었기 때문이었다. 따라서 부르주아들은 대귀족들에 대항하여 국왕들을 지원하였다.

국왕들 역시 이러한 동맹을 통하여 이익을 얻었다. 강력한 귀족들은 국왕들이 대군을 동원할 충분한 자금이 없을 경우에만 그들에게 반항할 수 있었다. 하지만 국왕들은 이러한 군자금을 부르주아들로부터 얻었다. 이로 인해, 중세에 있어서 중앙집권적 군주제의 성숙은 은행가들 및 상인들의 점증하는 영향력과 함께 발전하였다.

이러한 과정들을 통하여 몇몇 근대 국가들이 발전하였다. 프랑스, 잉글랜드, 그리고 스칸디나비아 제국 등이 상당히 강력한 군주들 아래 통일되었던 최초의 국가들이다. 스페인은 당시 몇 개의 기독교 왕국들로 분열되어 있었으며, 그라나다 지방에는 모슬렘 왕국이 아직 남아 있었으므로 중세 말에 이르러서야 겨우 통일되었다. 독일과 이탈리아가 통일된 것은 그보다도 한참 후의 일이다.

국가주의는 이 시기에 중요한 요인으로 작용하였다. 원래 대부분의 유럽인은 자신을 어느 도시, 혹은 어느 지방 출신으로만 생각하였다. 그러나 이제 주민들은 자신을 한 나라의 국민으로 간주하기 시작하면서 유럽의 다른 지역에 대항한 공동 연대 의식을 느끼기 시작하였다. 동시에 이들은 자기들의 '나라'들이 교황의 직접적인 통제 없이 기능을 충분히 발할 수 있음을 발견하였다. 현대적인 용어를 쓰자면, 이들은 성·속을 구별하여, 국가의 영역과 교회의 영역의 차이를 의식하기 시작한 것이다. 강력한 군주에 의해 통일되지 않은 지역에서도 이러한 현상을 볼 수 있었다.

국가주의는 우주 전체에 대한 권위를 내세우는 교회의 주장을 잠식시켰다. 만약 교황들이, 마치 아비뇽 교황청 시대에서 볼 수 있었던 것처럼 프랑스 쪽으로 기울어지면 영국인들은 이에 불복하고 노골적인 저항까지 표시하였다. 반면 교황이 프랑스인들의 영향권을 벗어나고자 하면, 이번에는 프랑스에서 그에 대립하는 교황을 선출함으로써 결국 어느 교황을 따를 것인가 하는 문제가 발생하였고, 이 문제로 유럽 전체가 양분되었다. 그 결과 교황청은 하나의 기관으로서의 막대한 권위와 특권을 상실하게 되었으며, 많은 이들은 교황청 외의 다른 곳으로부터 시작될 교회의 개혁을 희구하게 되었다.[126] 결국 두 왕국을 탐했던 교황은 자신이 열망하는 세속 권력을 소유하는 듯 보였으나, 실제로는 그러지 못하였다. 오히려 세속 권력을 탐하다 영적 권위마저 상실하게 되었다.[127]

126 Gonzalez, *The Story of Christianity*, 2. 171.

127 Schaff, *History of Christian Church*, 5, 24.

참고 문헌

Aegidius Romanus. *De ecclesiastica potestate*, 1. 2, KThQ2, Nr. 50.

Alberigo, J. 외 4인 ed. *Consiliorum Oecumenicorum Decreta*, II, 김영국, 손희송, 이경상, 박준양, 변종찬 역. 『보편공의회문헌집』. 서울: 가톨릭출판사, 2009.

Acts of the 4th Latenran Council. https://origin-rh.web.fordham.edu/Halsall/basis/lateran4.asp.

Boniface VIII. *Clericis laicos* (1296). https://sourcebooks.fordham.edu/source/b8-clericos.asp.

Boniface VIII. *Unam Sanctam* (1302). KThQ2, Nr. 51. b. https://sourcebooks.fordham.edu/source/B8-unam.asp

Cheney, C. R./Semple, W. H., ed. *Selected Letters of Pope Innocent III concerning England (1198-1216)*. London: Thomas Nelson and Sons Ltd., 1953.

Dante Alighieri, *De monarchia*. http://files.libertyfund.org/files/2196/Dante_1477.pdf

Dante Alighieri. *Pugatory*. https://www.gutenberg.org/cache/epub/1002/pg1002-images.html.

Disputatio inter clericum et militem (1296-1303). In: R. W. Dyson ed. *Three Royalist Tracts, 1296-1302*. Bristol: Thoemmes, 1999: 12-45.

Epistola Minor of the Council of Pavia, Feb. 5-11, 1160 A.D. (Encyclic.). https://sourcebooks.fordham.edu/source/barbarossa1.asp.

Folz, August. *Kaiser Friedrich II. und Papst Innocenz IV: ihr Kampf in den Jahren 1244 und 1245*, Strassburg: Schlesier & Schweikhardt, 1905.

Fridrich Barbarossa, *Manifesto of the Emperor* (1157. 10). In: Rahewin, Gesta Friderici, III, 11. https://sourcebooks.fordham.edu/source/besancon.asp#b

Hergenröther, Joseph. *Katholische Kirche und christlicher Staat in ihrer geschichtlichen Entwickelung und in Beziehung auf Fragen der Gegenwart, 2 parts* (Freiburg i. B., 1872; 2nd ed. expanded, 1876; Eng. Trans. London, 1876, Baltimore, 1889.

Houben, Hubert. *Kaiser Friedrich II. (1194–1250). Herrscher, Mensch, Mythos*. Stuttgart: Urban-Taschenbücher, 2008. https://www.gutenberg.org/files/48776/48776-h/48776-h.htm.

Innocentius III. *Interdict of France* (1200). https://sourcebooks.fordham.edu/source/innIII-policies.asp

Innocentius III. *Selected Letters of Pope Innocent III concerning England (1198-1216)*, ed. C.R. Cheney and W. H. Semple, London: 1953. https://archive.org/details/selectedletterso0000crch_p7s6/page/n5/mode/2up?view=theater

John of Paris. *Tractatus de Potestate Regia et Papali* (1302-03), 5. 심창섭·채천석 편, 『원자료 중심의 중세교회사』, 362-364. https://archive.org/details/onroyalpapalpowe0000john/page/n5/mode/2up.

Menache, Sophia. *Clement V*. Cambridge University Press, 1998.

Pastor, Ludwig Freiherr von. *The History of Popes*, vols. 1-40. London: K. Paul, Trench, Trubner, 1899-.

Robinson, J. H. *Petrarch*. New York & London: The Knickerbocker press, 1914.

_____. *Readings in European History*. Boston: Ginn, 1904.

Sailer, Johann Michael(hrsg.). "Kaiser Freidrich II: Das Staunen der Welt," *G-Geschichte*, (April 4/08), Nürnberg, 36.

Scharnagl, D. *Die Universitätsgründung von Neapel durch Kaiser Friedrich II. von Hohenstaufen*. GRIN Verlag; 1st edition (6 Feb. 2006): 1-25.

William of Ockham. *Dialogus*, part 3, tract 1, book 2. https://publications.thebritishacademy.ac.uk/pubs/dialogus/31d2Cor.html.

강치원. "중세 정치사상사에서의 마르실리우스의 위치." 「사총」 29 (1985):

105-128.

———. "프란체스코회 청빈 사상과 마르실리우스의 정치사상." 『중세철학』 2 (1996): 181-215.

———. "마르실리우스와 14세기 이탈리아 정치사상." 「강원사학」 8 (1992): 65-175.

박경자. "마르실리우스 파도바의 정치철학에 드러난 권력과 평화." 「철학논총」 55 (2009): 147-164.

안인섭. "어거스틴과 칼빈의 교회와 국가의 관계." 「한국기독교역사연구소소식」 65 (2004), 27-35.

원종홍. "국가와 교회의 영역주권에 관한 연구." 「성경과 신학」 19 (1996): 275-304.

이종윤. "국가발전을 위한 교회의 신학적 역할 (The Theological Role of The church for National Development)." 「성경과 신학」 7 (1989): 273-285.

이화용. "중세에서 근대로? - 마르실리우스(Marsillius of Padua)의 인민주권론에 관한 하나의 역사적 이해." 「정치사상연구」 5 (2001): 55-79.

———. "마르실리우스(Marsilius of Padua)의 정치대표론: 시민권, 권력전이 그리고 정치의 회복." 「학국정치학회보」 35 (2002): 7-28.

장준철. "교령〈우남상탐〉에 나타난 교황의 보편적 지배권론." 「서양중세사연구」 5 (1999): 43-64.

———. "12. 13세기 교황과 현세권." 「역사와 사회」 17 (1996): 99-140,

정원래. "13세기 교황권의 절정: 법과 여론의 전쟁." 「역사신학논총」 34 (2019): 121-154.

———. "마르실리우스를 통해 본 참 평화의 수호자(Defensor pacis)." 「성경과 신학」 77 (2016): 29-58.

홍용진. "중세 말 프랑스 왕정과 '국가' 이데올로기-(필립 4세와 샤를 5세 시기를 중심으로)." 「사총」 62 (2006): 178-194.

12

교황청의 분열과 개혁의 움직임

I. 교황청의 분열과 개혁 공의회

1. 교황청의 분열 – 불확실성의 시대[1]

1) 두 명의 적법한 교황

아비뇽에 거하던 교황 그레고리우스 11세는 1377년 1월에 로마로 귀환하였다. 아쉽게도 그레고리우스 11세는 이듬해 47세의 나이로 갑작스럽게 사망하였다(1378년 5월). 그가 죽었을 때 새로운 교황을 선출할 자격을 지닌 추기경들은 대부분 로마에 있었다. 그들 중 다수인 프랑스인 추기경들은 기꺼이 아비뇽으로 돌아가려 했다. 반면에 로마 시민들은 교황청을 로마에 머물러 있게 하기로 결정하고 이를 위해 이탈리아인 교황을 요구하였다. 이에 추기경단은 1378년 4월 7일 바리(Bari)의 대주교인 바르톨로메오 프리그나노(Bartolommeo Prignano)를 새로운 교황 우르바누스 6세로 선출하였다. 그가 선출되었을 때 아무도 그 결과의 적법성에 이의를 제기하지 않았다.[2]

그러나 우르바누스 6세는 교황청에 대한 개혁을 무리하게 진행하였을 뿐만 아니라, 프랑스 추기경들의 영향력을 제거하기 위해, 충분한 숫자의 새로운 추기경을 이탈리아인들로 임명하려 시도하였다. 이로 인해 우르바

1 Morall/Ullmann, *Political Thought in Medieval Times/Medieval Political Thought*, 148.

2 Schaff, *History of Christian Church*, 6, 115.

누스 6세는 추기경들의 적대감을 사고 말았다. 이에 프랑스계 추기경들은 한목소리로 교황에게 사임을 요청하였고, 일부 이탈리아 추기경들도 합세하였다. 우르바누스 6세가 이를 거절하자, 추기경들은 성명을 발표하여, 우르바누스를 배교자로 정죄하며, 그의 선출이 협박 속에 이루어진 것이기 때문에 무효라고 선언하였다:

> 많은 군중을 거느린 도시의 관리들은 대부분 무장하고 종소리[를 신호로] 소집되어 위협적인 방식으로 궁전을 에워싸고, 심지어 그 안으로 들어가 궁전을 가득 채웠다. 그들은 그 존재로 인한 공포에 더해 우리가 로마인이나 이탈리아인을 즉시 선출하지 않으면 우리를 죽이겠다고 위협하였다. 그들은 우리에게 숙고할 시간을 주지 않고 폭력과 위협을 통해 바로 이탈리아인을 선출하도록 강요하였다. 그러한 폭도들의 위협을 피하고자 우리는…. 바리 대주교 바르톨로메오를 선출하였다. 그러나 그는 자신의 구원에는 관심이 없었고 야심에 불타올랐기 때문에 성직자와 그리스도인들에게 큰 추문이 되고 교회법에도 어긋나는 일이었으며 …. 그러한 선거는 무효이고 백성들의 위협은 여전히 우리를 위협하고 있다. 그는 즉위하고 왕관을 썼으며 자신을 교황이자 사도라고 불렀다. 그러나 교부들과 교회의 율법에 따르면 그는 배교자, 저주받은 자, 적그리스도, 기독교를 조롱하고 파괴하는 자라고 불리어야 한다….[3]

이에 우르바누스 6세 또한 「사실」(*factum*)이라는 문서를 발행하여 자신의 선출이 정당했음을 주장하였다. 12명의 추기경들은 아나니(Anagni)에 모여서 이전의 교황 선출은 성난 폭도에 의해 강요된 것이기 때문에 무효라고 선언하고, 1378년 9월 20일 제네바의 추기경 로베르(Robert)를 새로이 교황 클레멘트 7세(Clement VII, 1378-1394)로 선출하였다.

상상할 수 없는 폭력과 전투를 겪으며, 몇 달 지나지 않아 클레멘트 7세

---

3 1378년 추기경단이 배포한 성명서, in: *A Source Book for Medieval History*, no. 167.

는 이탈리아에서의 지지와 세력을 상실하고, 그와 그를 지지하는 추기경들은 아비뇽에 자리 잡았다. 이로써 분열이 심화하고 서유럽은 동일한 추기경단이 만장일치로 선출한 두 교황이 각각 기독교 세계에 대한 교황의 전권을 주장하는 상황에 이르렀다. 여기에 유럽의 국가들과 대학교들도 충성에서, 혹은 '순종'에서 각각 지지를 달리하므로 서로 양분되었다.

중세에서 교황은 단순한 행정적 수장이 아니라, 사도 베드로의 계승자이며, 교회의 기초였고, 기독교적 삶의 수호자로 여겨졌다. 그러나 이러한 대분열에서 두 교황은 서로 자기가 정당하고 전통성을 지닌 교황으로 주장하였고, 새로운 성직자를 임명하려 하였다. 이로써 당시의 많은 사람은 누가 정당한 교황인지 몰랐을 뿐만 아니라, 누가 정당한 주교인지 확신하는 것도 어렵게 되었다.[4] 특히 정치적인 갈등이 심하였던 곳은 더 혼란스러웠다. 서방교회에 대하여 생각할 수 있는 최악의 불행이라고 부른 교황청 대분열은 콘스탄츠 공의회까지 한 세대 이상 지속되었다.

과거에도 경쟁 관계의 교황들이 있었으나, 그들은 각각 다른 이유에 의해 선출되었다. 현재의 두 교황은, 그들 각자가 동일한 추기경들의 모임에서 정당하게 선택되었다. 라틴 기독교계는 이제 두 교황이 상대를 비난하고 서로를 파문시키는 광경을 목격하였다. 그들 사이에서 결정을 내릴 세력 또한 존재하지 않았다. 자신들의 정치적 이해관계에 의해 몇 나라는 한 교황을, 다른 나라들은 또 다른 교황을 따랐다. 로마의 교황은 북부와 중부 이탈리아, 독일의 대다수 지역, 보헤미아, 폴란드, 헝가리, 스칸디나비아, 그리고 잉글랜드의 인정을 받았다. 아비뇽의 교황은 프랑스, 스페인, 스코틀랜드, 나폴리, 시실리, 그리고 독일 일부의 충성을 받았다. "교회와 함께 기독교 세계 자체가 분열되어 버렸다."[5]

이제 두 개의 궁정(각각은 자신의 추기경단을 갖는다)이 유지되어야 해서, 교황

---

4 Tierney/Painter, *Western Europe in the Middle Ages, 300-1475*, 528.

5 Tierney/Painter, *Western Europe in the Middle Ages, 300-1475*, 529.

청의 악폐 -특히 세금의 악폐-가 증가하는 반면에 유럽은 고통당하면서 분개하였다. 무엇보다도 교회는 가시적으로 하나여야 한다는 뿌리깊은 정서가 손상당하였다. 또한 교황권에 대한 대중의 존경은 땅에 떨어졌다.

2) 분열의 해소를 위한 노력

14세기가 '중세 세계의 위기'의 시대라면, 15세기 초의 중세 세계는 '완전한 무질서 상태'처럼 여겨졌다. 호이징가(Huizinga)는 15세기를 묘사하며 "삶의 쓰라림"이라는 제목을 붙였다.[6] 하지만 15세기에는 재통합 과정 또한 서서히 시작되고 있었다.

로마에서는 우르바누스 6세의 뒤를 이어 보니파키우스 9세(Boniface IX, 1389-1404), 인노켄티우스 7세(Innocent VII, 1404-1406), 그리고 그레고리우스 12세(Gregory XII, 1406-1415)가 차례로 계승하였다. 아비뇽에선 클레멘트 7세의 뒤를 이어 스페인 출신의 베네딕트 13세(Benedict XIII, 1394-1417)가 자리를 이었다. 그는 프랑스인들에 의해 "달의 교황"(Le Pape de la luné)이라고 불렸다.[7]

> 서유럽의 교권 분열은 결코 교리 문제에서 비롯된 것이 아니었다. 그럼에도 불구하고, 교황에 대해 이름만 알고 있었던 두 지역, 즉 로마와 아비뇽 사이에 격렬한 지역 감정을 불러일으킬 수 있었다는 것은 상상하기 어려운 일이다.[8]

두 교황 치하에서 교황청 분열을 둘러싼 논쟁이 갈수록 치열해졌고, 그로 인한 추문도 감내하기 힘든 정도가 되었다. 서유럽의 민족들은 노골적이고도 파렴치한 성직과 각종 특권 매매 행위, 교황들이 서로에게 퍼부은 저

6 Huizinga, *The Autumn of the Middle Ages*, 11-39.

7 Huizinga, *The Autumn of the Middle Ages*, 23.

8 Huizinga, *The Autumn of the Middle Ages*, 29.

주들, 두 교황에 줄을 댄 성직자들에 의해 교구들과 소교구들이 분열된 현실에 몹시 지쳐 있었다.

교황청이 나누어진 지 얼마 되지 않은 1381년 파리 대학교는 프랑스 왕에게 분열을 종식할 총 공의회를 소집해 달라고 호소하였다. 또한 이들 파리대학의 교수들은 "공의회의 소집 권한은 오직 교황에게만 있다"라는 전통적 주장을 논박하기 위해 수고해야 했다. 이를 위해 이들은 전체 교회의 대표 기관인 총 공의회는 추기경들 위에 존재하며, 더 나아가 교황 위에 존재한다고 선언하고, 추기경들과 교황은 오류를 범할 수 있지만, 공의회는 오류가 없다고 주장하였다.[9] 이러한 견해는 곧 장 제르송(J. Gerson)에 의해 체계적인 논문으로 제출되었다.

1393년 프랑스 왕은 파리 대학에 대분열을 종식할 방법을 고안해 달라고 요청하였다. 이 요청에 대한 응답으로 교수진의 각 구성원은 자신에게 가장 좋다고 생각되는 방식을 서면으로 제안하고 자신에게 유리한 가능한 모든 주장을 제시하도록 요청받았다. 그런 다음 제안된 모든 방법과 수단을 검토하기 위해 54명의 교수, 석사, 박사로 구성된 위원회가 임명되었다. 이 위원회는 심의 끝에 분열을 종식할 수 있는 세 가지 방법을 제안하고 이를 서면으로 작성하여 왕에게 전달하였다.[10]

> 첫 번째 방법. 이제 분열을 종식하는 첫 번째 방법은 양측이 교황직에 대해 갖고 있거나 갖고 있다고 주장하는 모든 권리를 완전히 포기하고 사임하는 것입니다….
>
> 두 번째 방법. 그러나 만약 두 사람 모두 지금까지 그래왔듯이 자신들의 권리를 고집스럽게 고수하고 사임을 거부한다면 우리는 중재 방법을 제안할 것입니다. 즉, 그들은 합당하고 적합한 사람을 함께 선택하거나 정규적이고 교회법적

9 Schaff, *History of Christian Church*, 6, 127.

10 Oliver J. Thatcher, and Edgar Holmes McNeal, eds., *A Source Book for Medieval History*, 325,

인 방법으로 선택되도록 허용해야 하며, 이들은 사건을 논의하고 결정할 수 있는 완전한 권위와 권한을 가지며 필요하고 편리할 경우 교회법에 따라 권위를 가진 사람들(즉, 추기경들)의 승인을 받은 사람들은 또한 교황 선출을 진행할 권리도 가질 수 있습니다.

세 번째 방법. 만약 라이벌 교황이 형제애와 우호적인 태도로 촉구한 후에도 위의 방법 중 어느 것도 받아들이지 않을 경우, 우리는 이 신성모독적인 분열에 대한 탁월한 치료법으로 제3의 방법을 제안합니다. 즉, 이 문제를 공의회에 맡기는 것입니다.[11]

일차적으로 파리 대학교는 1394년 "양쪽 교황이 동시에 물러남"[12]을 앞장서서 타개책으로 내놓았으나, 결국 분열 치유 문제는 두 교황의 손을 완전히 떠나게 되었다. 이후, 제3의 방법을 따라서 문제가 종결되었다.

2. 개혁 공의회

교회 분열을 치유할 목적으로 개최된 세 공의회—피사(1409), 콘스탄츠(1414), 바젤(1431)—는 역사에서 개혁 공의회(the Reformatory councils)로 알려져 있다. 이 공의회들은 두 가지 현안이었던 교회 분열의 치유와 교회의 제도적 개혁 가운데 첫 번째는 완수하였으나 두 번째는 조금도 진전을 이루지 못하였다.[13]

11 *파리 대학 교수들의 제안서*, in: *A Source Book for Medieval History*, no. 168.

12 Tierney/Painter, *Western Europe in the Middle Ages, 300-1475*, 529.

13 Schaff, *History of Christian Church*, 6, 130.

1) 피사 공의회(Council of Pisa, 1409)

1406년 로마에서 새로운 교황 그레고리우스 12세(Gregory XII)가 선출되기 전, 로마의 추기경 14명은 누가 선출되든 교회의 분열을 종식하기 위해 모든 방법을 동원할 것을 서약하는 문서에 서명하였다. 이러한 방법에는 교황직 사임까지도 포함되어 있었다.[14] 실제로 그레고리우스 12세가 교황으로 선출될 수 있었던 것은, 그가 교회 일치의 회복에 진지하게 노력할 것이라는 믿음에 근거한 것이었으며, 그는 재위 초기 확실하게 이 위대한 사명에 대한 열정으로 가득 차 보였다.[15] 교회의 분열은 곧 종식될 것 같았다.

그레고리우스 12세는 아비뇽의 베네딕투스 13세에게 편지를 보내어 마치 솔로몬의 재판에서처럼, 아기가 두 쪽으로 베어지는 일을 당하기보다 차라리 서로 권위를 포기하자고 주장하였다.[16] 이어서 만약 베네딕투스가 같은 의지를 보인다면 자신도 교황직을 사임하여 양 계열의 추기경들이 서로 만나 새로운 선거를 할 수 있게 하겠다고 약속하였다. 베네딕투스 역시 그레고리우스에게 상응하는 수사적 태도를 보였고, 두 교황 모두 기꺼이 사임하겠다는 뜻을 밝히면서도 통일된 교회를 다스릴 새 교황을 선출할 날이 오면 각자 자기가 유리한 자리를 차지하고자 하는 속내를 은연중에 드러내었다. 양측은 분열 치유에 지대한 관심을 나타냈으나 어느 한쪽도 자신들의 권위를 포기하려 하지 않았다.[17] 유럽 전역의 열화와 같은 요구와 파리 대학의 적극적인 노력, 그리고 특히 프랑스인들의 압도적인 여론에 밀린 그레고리우스 12세(로마 교황)와 베네딕투스 13세(아비뇽 교황)는 주도권이 자기들의 손을 떠나 다른 데로 넘어갈 위험에 처했음을 인식하고 서로 만나기로 합의하였다. 그러나 그레고리우스 12세는 여러 이유로 베네딕투스 13세와의 만남

14 *Catholic encyclopedia*, "Pope Gregory XII."

15 *Pastor, vol, I, The Schism*, 174.

16 Schaff, *History of Christian Church*, 6, 126.

17 *Catholic encyclopedia*, "Pope Gregory XII."

을 주저했는데, 이는 그의 적대적인 행위에 대한 두려움이 작용한 것이었다.

1406년 영국과 카스티야 왕국, 그리고 독일 왕 벤칠(Wenzil)은 프랑스와 연대하여 분열을 끝내기로 합의하였다. 또한 양 진영의 추기경단은 "그레고리우스 12세의 소심함과 친족주의, 베네딕투스 13세의 완고함과 악의"에 불만을 품고 보다 효과적인 수단인 총 공의회에 동참하였다.[18] 이들은 1409년 3월 25일 피사에서 공의회를 소집하고, 두 교황을 참석하도록 초청하였다.

그러나 이 공의회에서 폐위될 것이 예상되는 두 교황은 모두 참석하지 않았다.

결국 공의회는 첫 번째 회기에서 전체 가톨릭교회를 대표하여 교회법적으로 소집된 보편적 공의회임을 선언한 후, 베네딕투스 13세와 그레고리우스 12세에 대한 재판과 면직을 진행하였다. 두 교황이 분열과 이단의 죄로 교황의 권리를 상실하였다고 선포하고, 재판을 진행하여 경쟁 교황들을 폐위하였다.[19] 이어 1409년 6월 15일 추기경들은 새로운 교황 알렉산더 5세(Alxander V, 1409-1410)를 선출하였다.

그럼에도 불구하고, 피사 공의회는 서방 교회의 대분열을 치유하고 회복하는 데 실패하였다. 이는 두 교황이 이를 승복하지 않은 것도 있었지만, 새로운 교황 알렉산더 5세가 얼마 후 생을 마감했기 때문이었다. 이에 추기경단은 후임으로 요한 23세(John XXIII)를 선출하였다. 처음 피사의 교황들은 전 유럽의 지지를 얻는 듯하였다. 하지만 유감스럽게도 교황 요한 23세(1410-1415)는 평판이 매우 나빴다. 로마, 나폴리, 그리고 독일의 상당 지역이 그레고리우스 12세를 여전히 지지하였고, 스페인, 포르투갈, 그리고 스코틀랜드는 베네딕투스 13세를 편들었다. 그 결과 세 명의 교황, 세 행정 기관 그리고 세 추기경단이 구성되었다. 피사 공의회가 개회할 시점에 교황은 둘이었다. 그러나 공의회가 폐회할 때 교황은 셋으로 늘었다. 피사 공의회

18 *Catholic encyclopedia*, "Council of Pisa."

19 *1409년 교황 베네딕투스 13세와 그레고리우스 12세의 폐위선언*, in: KThQ2, Nr. 64. b.

는 "두 명의 머리 대신 세 명의 방황하는 교황을 낳았던 것이다."[20]

분열이 시작되었을 때부터, 공의회를 소집해서 분열을 해소하는 것이 이상적인 해결책이라는 논의가 있었다. 그러나 교회법에 따르면 오로지 교황만이 공의회를 소집할 수 있었다. 결국 문제는 누가 정당한 교황인가 하는 문제로 환원되고 말았다.[21] 로마의 교황주의자들의 관점에서 이는 "교황에 대한 공개적인 반역"이라고 할 수 있다.[22] 따라서 피사 공의회는 서방 기독교 역사에서 새로운 전환점을 마련하였다. 이는 수 세기 동안 지속되어 왔던 교황 절대주의 이론에 대항한 최초의 공의회였다. 이 공의회는 제르송과 랑겐슈타인(Henry of Langenstein)의 사상, 즉 교회가 교황 없이도 교회이며, 에큐메니컬 공의회가 교황의 동의 없이 열릴 때뿐 아니라 교황의 반대를 무릅쓰고 열릴 때도 적법하다는 사상을 따랐다. 피사 공의회는 제8회기에서 이러한 입장을 천명하였다.

> 더 나아가 하나님의 은혜로 여기에 온 보편 가톨릭교회 전체를 대표하는 총회가 올바르고 정당하며 합법적으로(*rite, juste et rationabiliter*) 개최되고 소집되었음을 말하고 선언하고 포고한다.[23]

공의회에 대한 정당성은 피사 공의회에 참석한 파리 대학, 옥스퍼드 대학, 쾰른 대학, 많은 성직자, 피에르 다에이(Pierre d'Ailly, 1351-1420)와 제르송(J. Gerson)과 같은 저명한 박사들이 공개적으로 지지하였다. 특히 다에이는 처음에는 아비뇽 교황 지지자였으나, 이를 철회하고, 분열을 해소하기 위해 공의회의 필요성을 역설하였다. 그는 교회가 분열된 상황에서는 신자 중 누

---

20 *Catholic encyclopedia*, "Council of Pisa." 샤츠는 "가증스러운 둘(교황)"이 "지긋지긋한 셋"이 되었다고 표현한다. Schatz, *Allgemeine Konzilien: Brennpunkte der Kirchengeschichte*, 167.

21 Tierney/Painter, *Western Europe in the Middle Ages, 300-1475*, 529.

22 *Pastor, vol, I, The Schism*, 178.

23 *Mansi*, XXVII,366; *A Source Book for Medieval History*, no. 169.

구라도 공의회를 소집할 수 있으며 경쟁하는 교황을 재판하고 심지어 해임할 권리까지 가진다고 주장하기 시작하였다. 다에이는 1389년부터 1395년까지 대학 총장을 역임하였고 제르송이 그 뒤를 이었다. 그는 피사 공의회에 이어 콘스탄츠 공의회에도 참석하였고, 열렬한 공의회 옹호론자였다.

장 샤를리에 드 제르송(Jean Charlier de Gerson, 1363-1429)은 프랑스의 학자, 교육자, 개혁가, 시인이자 공의회 운동의 길잡이였으며, 파리 대학교의 총장이었다. 그는 1363년 랭스 교구의 제르송이라는 마을에서 태어나, 1377년부터 파리에서 공부하였다. 1395년부터 대학 총장으로 재직한 그는 당시 파리 대학이 주도하는 교황청 분열 해소에 관한 논쟁에서 두드러진 역할을 감당하였다. 그는 한 설교에서 "잠시 교황 없이 지내는 것이 교회가 교회법을 지키면서도 평안을 얻지 못하는 것보다 낫다. 교황이 없어도 구원을 받을 수가 있기 때문이다"라고 주장하여 큰 논란을 불러일으켰다.[24] 그는 피사 공의회에 참석하지는 않았지만, 두 권의 저서를 통해 이러한 생각을 체계적으로 나타냈다. 공의회 기간 그는 자기 대표작인 『교회로부터 교황을 몰아내는 것』(*De auferilitate papae ab ecclesiae*), 『교회의 통일성에 관하여』(*De unitate ecclesiastica*)를 저술하였다. 이러한 저서를 통해 그는 엄격한 의미에서 그리스도와의 일치만이 진정한 교회이며, 교회의 문제를 해결하기 위해 공의회로 모일 수 있으며, 이때 교황의 재가 없이도 가능하다고 주장하였다.

> 교회의 본질적 연합은 항상 그 신랑 되신 그리스도의 관계 속에서 이루어진다…. 신법과 자연법에 따라 교회는 명확한 법이 옳게 이해되지 않고 문제만 일으킬 때, 교회는 신법과 자연법에 따라 문제를 해결하기 위해 교회를 대표하는 총회로 모일 수 있다. 즉, 교회는 교황의 재가 없이 이 총회를 추기경들의 권위로 또는 왕이나 다른 그리스도인의 도움으로 열 수 있다. 그리스도에 의해 가장 완벽하게 세워진 신비적인 그리스도의 몸은 그 자체로 어느 다른 것보다도 교

---

24 Schaff, *History of Christian Church*, 6, 195-96.

회의 연합을 가져오기 위한 권세와 힘을 갖는다….[25]

제르송은 프랑스 왕을 대리하여 콘스탄츠 공의회에도 참석하여 동일한 견해를 드러내었다: "교황은 강제로 면직시킬 수 있다. 총 공의회들이 교황보다 위에 있으며, 무오(류)는 하나의 전체로서의 교회나 교회의 가장 높은 대의 기관인 총 공의회에만 속한다."[26] 그러나 최고의 명성을 얻은 콘스탄츠 공의회는 결국 그에게 오명을 남겼다. 그는 얀 후스(Jan Hus)를 정죄하는데 적극적으로 가담하였고, 성찬 시에 평신도들에게 빵과 포도주를 모두 제시하려는 보헤미아의 후스파에 대한 분명한 반대를 표하기도 하였다. 제르송이 힘써 주장한 공의회 우위설은 약간의 시간이 흐른 뒤 교황들에 의해서 논박되었으며, 후대의 공의회에서도 반박당하였다.[27]

피사 공의회는 공의회주의자들의 입장에서는 어느 정도 성공한 공의회로, 교황주의자들의 관점에서는 "혹 떼려다 혹 하나를 더 붙였고 그래서 완전한 실패로서 교회의 상황을 더 악화시켰을 뿐"이라는 평가를 받는다.[28]

2) 콘스탄츠 공의회(Council of Constance, 1414–1418)

1409년 6월 피사 공의회가 선출한 알렉산더 5세 교황은 1410년 3월까지 짧은 재위 기간 동안만 교황의 자리에 있었다. 이에 추기경단은 볼로냐에 모여 요한 23세를 새로운 교황으로 선출하였다.[29] 그는 볼로냐 대학에서 교회법과 세속법을 전공하였고, 능력은 뛰어났으나 도덕적인 약점을 지니

25 Jean C. de Gerson, *De unitate ecclesiastica*, 2 (1409), in: 심창섭,채천석 편, 『원자료 중심의 중세교회사』, 384.

26 Schaff, *History of Christian Church*, 6, 196.

27 1870년 제1차 바티칸 공의회는 '공의회주의'(conciliarism)를 정죄하였다.

28 Schatz, *Allgemeine Konzilien: Brennpunkte der Kirchengeschichte*, 167.

29 현재 알렉산더 5세와 요한 23세는 로마 가톨릭의 공식적 교황의 승계에 포함되지 않고, 대립교황으로 간주하고 있다.

〈콘스탄츠 공의회의 모습, 1460년 제작〉

고 있었다.

콘스탄츠 공의회는 교황 요한 23세와 로마인들의 황제 지기스문트(Sigismund)가 공동 소집하였다. 얀 후스(Jan Hus) 때문에 보헤미아의 상황이 갈수록 복잡해지자, 지기스문트는 새 공의회를 염두에 둔 조치들에 적극적으로 가담하게 되었다. 사람들은 요한 23세 교황이 교회의 분열을 치유할 것이라고 믿지 않았다. 분열을 치유할 수 있는 희망은 황제에게 달려 있는 것처럼 보였다.[30] '분열의 종식', '이단의 척결' 그리고 '교회 개혁'의 과제를 지닌 콘스탄츠 공의회는 1414년 11월 5일로 개회되었고, 거의 4년간 지속되었으며, 서유럽에서 열린 가장 중요하고 인상적인 회의 가운데 하나였다.[31] 요한 23세 역시 공의회에 참석하였다. 이전의 어느 공의회보다도 대학과 제후들의 영향력이 컸던 공의회이기도 하였다.

공의회의 주요 의제는 한 사람의 교황 아래서 교회를 재통일하는 것, 교회를 개혁하는 것, 나아가 얀 후스의 문제를 해결하는 것이었다. 이러한 문제의 해결을 위해 콘스탄츠 공의회는 가톨릭교회의 헌법과 관련하여 특히 중요한 두 가지 법령을 발표하였다. 첫 번째 법령은 적어도 특정 상황에서 교황보다 세계 공의회가 우월하다고 주장한 *Haec sancta*(1415)였다. 분열

30 Schaff, *History of Christian Church*, 6, 139.

31 Tierney/Painter, *Western Europe in the Middle Ages, 300-1475*, 574.

을 치유하고, 결정의 정당성을 보장하기 위해서 공의회의 권위를 확보하는 것이 가장 중요한 사안이었다. 이 법령 *Haec sancta*을 통해 천명한 권위를 토대로 공의회는 교회 분열과 이단에 대한 해결을 시도하였다.

콘스탄츠 공의회 법령(*Haec sancta*)[32]

전능하신 하나님을 찬양하기 위해서 성령 안에서 합법적으로 모인…. 이 거룩한 콘스탄츠 공의회는…. 아래와 같이 결정하였다. 첫째, 성령 안에서 합법적으로 모인 이 총 공의회는 지상에 있는 공교회를 대표하며, 그 전권을 그리스도로부터 직접 받는다. 공의회에 대해서는 그 어떤 신분과 위치, 심지어 교황의 지위까지 불문하고 아래와 같은 사안에 복종하여야 한다….

또한 공의회는 다음과 같이 결정하였다. 그 어떤 위치와 신분과 위엄을 가졌든지 간에, 심지어 교황이라 할지라도, 이 공의회와 합법적으로 모인 또 다른 공의회가 이미 결정하였거나, 앞으로 결정될 법률, 정관, 명령, 규칙을 거부하는 자는, 만약 이를 철회하지 않는다면, 그는 상응하는 회개를 해야 하며, 관련된 처벌을 받게 된다. 또한, 필요에 따라 추가적인 법적 조치를 취할 수도 있다.

장차 이 법령의 해석을 둘러싸고 논쟁이 벌어지기도 하였다. 한편에서는 공의회가 교황보다 원칙적으로 우위에 있다는 의미로 해석하였으며, 반면 다른 편에서는 콘스탄츠 공의회의 상황이 매우 이례적인 긴급 상황이었기 때문에, 교황에 대한 공의회의 우위는 원칙적으로 무효라고 이해하려 하였다.[33] 아무튼 이 법령을 근거로 콘스탄츠 공의회는 자신들의 과제를 해결하려 하였다.

첫째로 교회의 재통합이 가장 중대한 과제였다. 원래 요한 23세는 그레고리우스 12세(로마)와 베네딕투스 13세(아비뇽)를 폐위시키고 자신만이 합

---

32 *Council of Constance, 6회기: Haec Sancta* (1415.4.6), in: KThQ2, Nr. 70. a.

33 Schatz, *Allgemeine Konzilien: Brennpunkte der Kirchengeschichte*, 182.

법적인 교황임을 관철하려고 하였다. 그러나 교황을 비난하는 소책자가 이탈리아에서 배포되면서, 교황은 처음부터 지지를 상실하였다. 불리한 상황을 모면하기 위해 요한 23세는 그레고리우스 12세와 베네딕투스 13세가 동반 사임한다면 자신도 사임하겠다고 밝혔다. 그럼에도 불구하고 공의회가 그의 퇴위를 고집하자, 요한 23세는 약속을 철회하고 콘스탄츠에서 도망하였다.[34] 콘스탄츠 공의회는 공의회가 교황보다 우월함을 선언한 후, 요한 23세를 1415년에 폐위하고, 또한 그레고리우스 12세와 베네딕트 13세도 폐위하였다.[35]

1417년 11월 11일에 콘스탄츠 공의회는 새로운 교황 마틴 5세(Martin V, 1417-1431)를 선출하였다. 이로써 서방 교회는 다시 하나의 머리 아래 통일되었다. 콘스탄츠 공의회가 취한 조치는 교회 문제를 처리하는 데 국가의 지위를 교황청과 어느 정도 동등하게 끌어올렸다. 교리 문제에 저촉되지 않는 한 자국 내의 교회 문제를 처리할 권한은 국가에 있다는 주장이 나타났다.

둘째로 공의회의 목표는 1415년 5월 4일 8차 재판에서 비난받은 존 위클리프(John Wycliffe)와 그들의 추종자들과 함께 얀 후스(Jan Hus)를 처리하는 것이었다. 후스는 안전통행권(safe-conduct)에 따라 콘스탄츠로 소환되었으나, 공의회는 그를 이단으로 정죄를 하고 세속 법정에 넘겼다. "이 거룩한 콘스탄츠 회의는 하나님의 교회가 더 이상 할 수 있는 일이 없음을 보고 얀 후스를 세속 권위의 판결에 넘겨주고 그를 세속 법정에 넘겨주기로 했다."[36] 세속 법원은 그에게 화형을 선고하고, 1415년 7월 6일 그를 불태웠다. 후스의 재판에 대한 역사적이고 신학적 평가는 후대에 수많은 논란을 초래하였다.

두 번째 법령은 공의회가 매년 자동으로 열리도록 규정한 *Frequens* (1417)이다. 교회의 개혁을 지속하기 위해, 공의회는 5년 이내에, 차후에는 7

34 Schaff, *History of Christian Church*, 6, 148.

35 *Council of Constance*, 14회기 (1415.7.4).

36 *Council of Constance*, 15회기 (1415.7.6).

년 이내에, 그리고 이후에는 항구적으로 10년마다 총 공의회를 소집하기로 결의하였다. 콘스탄츠 공의회의 법령은 교황들이 '합법적으로 소집되는 앞으로의 공의회'의 결정도 구속한다고 덧붙였다.[37]

> 첫 번째 회의는 이 공의회가 끝난 직후 5년 안에, 두 번째 회의는 다음 공의회가 끝난 직후 7년 안에 이어지며, 그 이후에는 영원히 10년마다 개최된다. 이 회의는 최고 교황이 각 이전 공의회가 끝나기 한 달 이내에 공의회의 승인과 동의를 받아 지명하고 배정하는 하는 장소에서 개최되어야 하며, 교황이 불이행할 때 공의회 자체가 결정하는 장소에서 개최되어야 한다…. 혹시라도 긴급 상황이 발생하면 최고 교황은 자기 형제인 로마 교회 추기경들의 조언에 따라 시간을 단축할 수 있지만, 결코 연장할 수는 없다. 더욱이 그는 명백한 필요 없이 다음 공의회에 배정된 장소를 변경할 수 없다. 예를 들어 포위 공격, 전쟁, 질병 등의 경우와 같이 장소를 변경해야 할 긴급 상황이 발생하면 최고 교황은 앞서 언급된 형제들의 동의 또는 형제들의 3분의 2의 동의와 서면 승인을 받아 장소를 변경할 수 있다….[38]

이처럼 공의회의 지배적인 개혁가들이 공통으로 지니고 있던 기본 관념은 교회 전체가 그에 속한 어느 한 개인 혹은 심지어 교황보다도 더 우월하다는 것이었다. 소위 이들 공의회주의자들은 교회의 궁극적인 권위가 기독교 사회 전체 또는 그 사회를 대표하는 공의회에 있다고 주장하였다.

콘스탄츠 공의회는 교회의 재통합이라는 첫 과제는 성공적으로 수행하였으나, 이단의 척결이라는 두 번째 과제에서는 그리 성공적이지 못하였다. 이는 위클리프와 얀 후스의 문제를 처리하는 데서 잘 드러난다. 세 번째 과업인 교회의 전반적인 개혁에서도 그렇게 두드러지지 못하였다.[39] 교회 개

---

37 Schaff, *History of Christian Church*, 6, 153.

38 *Council of Constance*, 39회기 (1417.10.9).

39 Tierney/Painter, *Western Europe in the Middle Ages, 300-1475*, 576-578.

혁의 과업은 이후에 소집될 일련의 공의회로 유보되어야 했다.

3) 바젤-페라라/피렌체 공의회(Council of Basel, Ferrara/Florence, 1431–1445)

콘스탄츠 공의회에서 선출된 교황 마틴 5세(Martin V, 1417-1431 재위)는 자신이 위기 상황을 충분히 타개할 수 있는 용기를 지닌 유능하고 지혜로운 지도자임을 스스로 입증하였다. 그러나 콘스탄츠 공의회는 대분열의 문제를 해결하였으나, 새로운 문제를 초래하였다. 그것은 공의회가 교황에 대하여 공의회의 지상권을 주장하며, 정기적인 공의회의 개최를 규정한 것이다. 이에 교황은 공의회의 결정들에 대하여 직접적인 공격을 가하지는 않았으나 이를 두려워하고 경계하였다. 마틴 5세는 주저하다 1423년 파비아에서 공의회를 소집하였으나, 역병이 발발하여 공의회 장소를 시에나(Siena)로 옮겨서 개최하였고, 서둘러 폐회하였다. 마틴 5세는 다시금 1431년 바젤에서 공의회를 소집하였다. 그는 공의회를 소집할 의도가 없었으나, 공의회를 소집하지 않으면, 더욱 심각한 위기가 닥칠 것이라고 예상하였다. 공의회의 소집 후 마틴 5세는 사망하고 새로운 교황 유게니우스 4세(Eugene IV, 1431-1447 재위)는 재위 기간 내내 공의회주의에 대항하여 교황의 수위권을 다시 확립하는 데 노력을 기울였다.[40]

바젤 공의회의 주요 의제는 교회 개혁의 프로그램을 세움으로써 콘스탄츠 공의회의 과업을 완료하고 보헤미아에서 발생한 이단을 평화롭게 해소하는 것이었다. 그러나 교회의 개혁을 위한 괄목할 만한 노력을 기울였으나, 바젤 공의회는 교황 절대주의와 공의회 우위권을 둘러싼 법리 논쟁으로 변질되었다.[41] 공의회의 자유로운 토론과 자기주장을 관용할 준비가 되어 있지 않았던 유게니우스 4세 교황은 공의회를 정회한 뒤, 장소를 볼로냐로

---

40 Schaff, *History of Christian Church*, 6, 159.

41 Schaff, *History of Christian Church*, 6, 159.

변경하기 위한 단계를 밟았다.

1431년 12월 18일 교황이 공의회의 정회를 명령하였으나, 공의회의 참석자들은 교황의 해산 명령에도 불복하고 회의를 그대로 속개하기로 하였다. 오히려 이들은 1432년 공의회 우선 원칙을 선언한 콘스탄츠 공의회 법령을 다시 제정하였다. 유게니우스 4세는 이러한 행동에 커다란 모욕감을 느꼈지만, 세속 군주들이 공의회를 지지함으로 법령들을 받아들여야만 했다.[42] 1433년 바젤 공의회는 성배에 의한 성체 배령과 보헤미아에서 벌어진 교회 자산의 몰수를 용인했지만, 교리상의 일탈을 용납하지 않았다.[43] 공의회는 개혁을 지속하였지만, 그리스인들과의 만남을 구실로 다수의 반대에도 불구하고 교황 유게니우스 4세는 공의회를 페라라(Ferrara)로 옮길 것을 선포하였다. 바젤 공의회의 참석자들은 여러 개혁적 조처를 시행하고, 제안하였으나, 점점 더 이탈자들이 많아졌다. 토론과 제안은 계속되었지만, 결국 1449년 2월 25일 공의회는 스스로 해산을 선언하였다.[44]

페라라 공의회는 16차 회기를 끝으로 1439년 피렌체(Florence)로 옮겨서 진행되있다. 피렌체 공의회에서 그리스 교회와 라틴 교회 사이에 열띤 토론이 전개되었다. 동방 대주교들의 권리들을 보존하는 것처럼 보이는 모호한 용어로 교황의 우월성이 받아들여졌다. 또한 희랍인들과 함께 추구하였던 평화의 이념은 피렌체 공의회에서 로마 교회 정책의 승리하면서, 바젤 공의회의 영향력을 급속히 약화시키는 결과를 초래하였다. 더불어 피렌체 공의회는 일곱 성례에 관한 규정을 최종적으로 확정하였다.[45]

그러나 개혁 공의회의 공의회주의 이론은 계속 남아서 종교개혁에서 큰 힘을 획득하지만, 교황의 적대적인 태도와 세속 군주들의 개인적이고 정치적인 동기들로 인해, 로마 가톨릭 내부에서의 공의회주의의 희망은 사실상

---

42 Tierney/Painter, *Western Europe in the Middle Ages, 300-1475*, 580.

43 Seibt, *Glanz und Elend des Mittelalters*, 578.

44 *Catholic encyclopedia*, "Council of Basele."

45 *Exultate Deo* (1439.11.22.), in: KThQ2, Nr. 76. a.

무산되었다.[46] 이는 1460년 교황 피우스 2세의 교서, *Execrabilis*에서 분명하게 표현되었다.

> 유감스러우며 전대미문의 폐단이 우리 시대에 등장하였다…. 이들은 소란의 영에 의해서 오도된 자들로서 근거를 분명하게 가진 판단이 아니라 죄에 이끌려서는 앞으로 올 공의회 소집을 요청하려고 하였다. (그러한 행동이) 얼마나 거룩한 기준들과 반대되며, 얼마나 그리스도의 공동체를 해치는 지는 바르게 깨달은 자들이라면 이해할 수 있다…. 이 사악한 독을 교회로부터 몰아내기 위해서 그러한 요청을 저주하며 이것은 오류이며 혐오스러운 것으로 배격한다….[47]

15세기에 펼쳐진 개혁 공의회들은 주요 과제의 하나인 교회 분열의 치유에는 성공적이었지만, 다른 과제인 교회의 개혁에는 실패하였다. 교회 분열을 치유하기 위해 채택한 공의회 우위설이 교황주의자들의 반대로 공의회가 정치적 대립과 갈등의 장으로 변질되었다. 이로 인해, 공동의 목표였던 교회 개혁에 대한 동력이 상실되었으며, 결국 한 세기 동안 공의회는 개최되지 못하였다.[48]

II. 종교개혁 이전의 개혁자들

1400년까지, 종래의 중세 교회를 괴롭혔던 두 개의 큰 이단-카타리파와 발도파-은 성공적으로 제어되었다. 카타리파는 거의 파괴되었고, 발도파 역시 고립되고 한적한 곳으로 숨어들었다. 마찬가지로 프란체스코파의

---

46 Walker, *A History of the Christian Church*, 443.

47 Pius II의 *공의회주의 저주 교서*: *Execrabilis* (1460.1.18.), in: KThQ2, Nr. 70. c; https://sourcebooks.fordham.edu/source/p2-execrabilis.asp.

48 Schatz, *Allgemeine Konzilien: Brennpunkte der Kirchengeschichte*, 202.

급진적 가난을 주장한 신령파들도 더 이상 주목받지 못하게 되었다. 하지만 이 시기(약 1400년을 전후한 시기)에 로마 가톨릭교회를 위협하는 새로운 종교적 운동들이 유럽의 변경이라고 할 수 있는 영국과 보헤미아에서 일어났다. 이 두 나라는 무엇보다도 과거의 이단들에 의해 거의 영향을 받지 않았다. 15세기의 새로운 종교 운동은 로마 가톨릭교회의 신학과 체계에 대한 비판과 개혁을 촉구하였다. 이 운동은 영국에서는 위클리프(Wyclif) 그리고 보헤미아에서는 후스(Hus)라는 지도자를 중심으로 일어났다. 장차 이들의 주장은 종교개혁을 통해 프로테스탄트 진영에서 빛을 발한다.

위클리프가 옥스퍼드에서 한 가르침이 유럽 대륙을 가로질러 프라하에 있던 후스에게까지 전달된 것은 왕실 간의 결혼이 가져온 '우연한 결과'였다. 그러나 두 지도자들이 많은 공통점을 지닌 것은 우연이 아니었다. 두 사람 다 "교황청의 아비뇽 유수"와 그에 따른 파국적인 대분열에 의해 라틴 기독교계에 파급된 큰 충격들에 대한 반응을 보여주고 있다. 당시의 분위기를 한마디로 표현하자면, "머리에서 지체에 이르기까지" 개혁의 필요성을 절실히 느끼고 있었다. 따라서 위클리프와 후스는 근본적으로 도덕주의자의 성격을 지니며, 또한 그들에게 교회의 교의가 중심적인 사상의 축을 형성하고 있었다.[49] 이들은 교회의 의식과 교리를 공개적으로 비판하고 나선 점에서 "종교개혁 이전의 개혁자들"이라는 명칭을 얻었다.[50]

1. 존 위클리프(John Wyclif)

1337년부터 시작된 프랑스와의 백년 전쟁과 흑사병의 참혹한 피해는 영국 사회를 혼란스럽게 하였다. 실상 1381년에 발생한 민중 봉기는 영국

49 Walker, *A History of the Christian Church*, 428.

50 Schaff, *History of Christian Church*, 6, 294.

사회의 계층 간 존재하던 사회적 불평등을 시정할 것을 요구한 민중들의 강렬한 의사표시이기도 하였다. 봉기를 일으킨 민중들이 성직자들에게 요구한 것은, 교회의 토지와 재산을 성직자들의 필요를 충당할 만큼 충분히 활용하고, 나머지는 교구민들에게 분배하라는 것이었다. 당시 대다수 하위 성직자는 제대로 배우지 못한 사람들이었다. 또한 부도덕과 무위도식이 성직자 사회에 팽배해 있었다. 탁발 수사들 역시 기강 해이와 저열한 행위들로 신랄한 비판과 풍자의 대상이 되고 있었다. 외국인들에게 배당되지 않고 남은, 수입이 괜찮은 하위 성직과 참사회원직은 귀족의 어린 자녀들에게 적절한 하사품으로 간주되었다. 고위 성직자들은 사치스럽고 풍족한 생활을 누렸다. 이러한 성직자들의 부요한 삶은 점점 더 일반 민중에게 불만을 불러일으켰으며, 불공정에 대한 논란을 촉발하였다. 따라서 영국 사회 내부에서 주교들의 권한을 제한하고 성직자들의 영성과 능률을 요구하는 움직임이 일어났다.[51]

게다가 로마 교회가 영국 교회의 세속 권력 및 재산을 침해하는 데 반대해서 벌인 투쟁이 이 시기에도 계속되고 있었다. 영국의 존 왕이 인노켄티우스 3세에게 굴복한 이후로, 로마 교회는 여러 형태로 영국의 세속 권력과 재산을 침해해 왔다. 실제로 당시 영국에서 중요한 성직은 많은 경우 교황이 임명한 외국인들이었다. 아비뇽 교황들은 영국을 금고로 여기고, 영국의 가장 수입이 좋은 성직들을 자신을 위해 유보하거나 교황청 식구들에게 분배해 주었다. 이러한 상황에 대한 저항들이 영국에서 나타났다. 예를 들면, 1353년에 제정된 "성직 후임자 임명법"(the statue of Provisors)은 교황이 영국의 관습을 무시한 채 시행하는 모든 직권적인 성직 임명과 유보, 그리고 세금을 금지하는 것이었다. 또한 효과가 미미하긴 하였지만, 1279년과 1290년에 의결된 "사수양도법"(the statues of Mortmain)은 교회의 재산 소유를 제한하는 조치였으며, 교회에 토지를 기증하려면 반드시 왕의 동의를 얻도록

51 Schaff, *History of Christian Church*, 6, 285.

규정하였다.[52] 결국 14세기 영국은 사회적으로도 혼란스럽고, 종교적으로도 불만이 가득한 시기였다.

1) 존 위클리프(John Wycliff, 약 1328–1384)의 생애

〈존 위클리프〉

신학자, 성경 번역가, 개혁가, 신학 교수이며 가톨릭 신부였던 위클리프는 1328년경 영국의 요크셔(Yorkshire)에서 태어났다. 그의 성장기에 관하여는 대부분 알려지지 않았다. 위클리프는 옥스퍼드에서 1356년에 학사 학위를, 1361년에는 석사 학위를, 그리고 1372년에 박사 학위를 취득하였다. 한동안 위클리프는 발리올 칼리지(Balliol College)의 학장으로 일하였다. 그는 옥스퍼드에서 계속 강의하는 동안, 1361년에 필링햄(Fillingham) 교구 목사로도 임명되었다. 1365년에 위클리프는 캔터베리 칼리지(Canterbury College)의 학장으로 선출되었다. 1368년에는 옥스퍼드에서 더 가까운 지역 교구로 옮겼다. 1360년대 동안에 위클리프는 옥스퍼드, 그리고 더 넓은 학문 세계에서 논리학과 형이상학의 훌륭한 강사요 저술가로서 명망을 떨쳤다.[53]

1367년 수도사 출신의 랑햄(Simon Langham)이 새로운 캔터베리 대주교로 선임되었고, 그는 대학의 교수 자리를 탁발 수도사에게 넘겨줌으로써 위클리프는 자리를 잃게 되었다. 위클리프는 교황청에 호소하였으나 소용이 없었다. 위클리프는 자신에게 약속되었던 교회 고위 성직 임명이 그레고리우스 11세에 의해 거절당하자, 위클리프는 교황청과 수도원주의를 공격하

52 Frederick Pollock & Frederic William Maitland, *History of English Law*, vol. 1, 334.

53 Walker, *A History of the Christian Church*, 429.

1049.—Lutterworth Church. Wickliffe's Rectory.

는 왕을 위한 신학적 조언자가 되었다. 1374년에 위클리프는 국왕 에드워드 3세(Edward III)에 의해 루터워스(Lutterworth) 교구를 맡게 되었다. 이곳에서 그는 생의 마지막까지 섬겼다.

2) 위클리프의 정치적 활동

1374년에 위클리프는 왕의 사절단의 한 사람으로서 교황의 대표들을 만나기 위해 브뤼헤(Bruges)로 보내졌다. 그 만남에서 궐석이 된 성직의 임명과 교황의 봉토로서의 영국의 지위에 대해 해결하려는 대표단의 노력은 아무런 결실을 거두지 못하였다.

이미 1370년대 초에 위클리프는 어떤 특정한 상황들 아래서 국가가 교회의 재산을 몰수하는 것을 정당화하는 "주권"(dominion)과 "통치권"(lordship)에 관한 견해를 갖고 있었다. 그는 진정한 지배권은 하나님께 속하며, 인간은 하나님의 지상 대리인으로서 행동할 뿐이기 때문에, 죄를 지은 자는 정당하게 재산을 소유하거나 사법권을 행사할 수 없다고 주장하였다.[54] 이 견해들은 의심할 여지 없이, 위클리프가 왕의 신하로 들어간 그 시기에 왕에게도 알려졌다. 아마도 그가 왕의 사절 일원으로 브뤼헤에 파견

54 Tierney/Painter, *Western Europe in the Middle Ages, 300-1475*, 571.

된 이유이기도 할 것이다.

위클리프는 브뤼헤에서 돌아온 이후에 옥스퍼드에서 한 강의들에 기초해서 쓴 두 논문 『하나님의 통치권에 관하여』(*On Divine Lordship*, 1373)와 『시민 통치권에 관하여』(*On Civil Lordship*, 1377)에서 교황의 세속 통치권을 비판하는 자신의 견해를 발전시켰다. 참된 통치권은 창조주 하나님께만 있으며, 교황이 지배하는 통치권은 실상 청지기의 역할에 불과하며, 하나님의 은혜로 위임받은 것임을 드러내었다:

> 하나님의 통치는 다른 모든 통치에 앞선 표준이자 전제이다. 피조물이 무엇인가에 대한 지배권을 갖고 있다면, 하나님은 이미 그것을 지배하고 계시므로 창조된 모든 지배권은 신성한 지배권을 따른다;[55] 인간의 주권은 소유권이자 법적인 지배권이다. 그러나 인간이 통치하거나 주고, 받거나, 빌려줄 때, 이러한 행위는 주인이 자신의 권위가 청지기의 권위임을 인정한 때에서만 정당하다. 단지 부적절하게 주(lord)라고 불릴 뿐이며, 오히려 최고의 주(the supreme Lord)의 시역자 혹은 청지기일 뿐이며, 그가 분배해야 하는 것은 무엇이든지, 그가 순전히 은혜로 소유한다.[56]

위클리프는 모든 주권이 은혜에 기반하고 있음을 천명하였다. 나아가 그는 모든 권력과 소유는 이를 소유한 자들이 은혜 안에 있을 때라야 올바르게 유지될 수 있음을 천명하였다. 위클리프는 『시민 통치권에 대하여』에서 다음과 같이 주장하였다:

> 하나님은 최고의 지배자이시며, 그의 통치권에 모든 인간적 통치권이 의존한다. 하나님은 은혜로 모든 소유와 권력을 청지기로서의 시민과 교회에게 주신다.

---

55 Wycliff, *De dominio divino* I. 3.

56 Wycliff, *De dominio divino* III. 6.

그것들은 영구적 '재산'이 아니라 신실한 봉사의 조건에서만 유지되는 일시적인 '대여'이다. 옳은 자들만이 통치권을 정당하게 사용할 수 있으므로, 죽을죄를 지으며 살아가는 성직자들은 세속적 재산에 대한 모든 권리 주장을 상실한다. 그것들은 시민 지배자들이 그 악한 성직자들로부터 정당하게 빼앗을 것이다. 하나님께서 시민 지배자들에게는 세속적인 것들에 대한 통치권을 주셨고, 반면에 교회에는 영적인 것들에 대한 통치권만을 주셨다.[57]

이러한 주장은 교회의 재산을 노리던 에드워드 3세의 무절제한 아들인 랭카스터의 공작 존(John of Gaunt)과 그의 탐욕스러운 귀족 패거리들을 기쁘게 하였다.[58] 그들은 "태만한" 교회의 "재산 몰수"를 통해 치부하기를 원하였다. 그것은 또한 오랫동안 탐욕스러운 교권주의에 대해 거리낌 없이 비판해온 평민들의 관심을 끌기도 하였다. 그것은 적어도 이론적으로는, 언제나 "사도적 청빈"을 옹호했던 탁발수도회 또한 불쾌하게 여기지 않는 주장이었다. 왜냐하면 위클리프가 세속 권력도 시민들에 대한 봉사 혹은 섬김의 관점에서 평가되어야 한다고 말했기 때문이다.[59]

이처럼 위클리프가 여러 글로서 교황의 세속 주권과 교회의 부패를 공격하자, 1377년 2월 런던의 주교 윌리엄 코트니(William Courtenay)는 위클리프의 견해를 검증하기 위해 런던에서 모인 주교들 앞에 출두하도록 소환하였다. 그러나 위클리프의 지지자들인 곤트의 존과 궁정당의 보호는 그 소송을 좌절시켰다. 그러자 그레고리우스 11세(Gregory XI)가 직접 나서서, 1377년 영국의 각계 지도자들에게 위클리프를 공격하는 다섯 개의 서신을 보냈으며, 위클리프의 주장 중 논란이 되는 18개의 명제를 단죄하였다. 1378년에는 런던의 대주교가 위클리프에 대해 한층 나아간 소송 절차에 착수하였다. 그러나 이 모든 일은 그에 대한 왕실의 보호와 큰 대중적 인기로 인해

57 Walker, *A History of the Christian Church*, 429-430에서 재인용.

58 Tierney/Painter, *Western Europe in the Middle Ages, 300-1475*, 571.

59 Gonzales, *The Story of Christianity*, 2. 231.

효과를 보지 못하였다.[60] 초기에 위클리프는 영국 교회와 교황청과의 관계, 즉 국가와 교회에 대한 정치적 견해를 주로 다루었다.

3) 위클리프의 교리 개혁

1378년 이후 로마와 아비뇽으로 교황청이 분리되었던 시기에, 위클리프는 그 견해에 있어서 더욱 급진적이 되어 궁극적으로 중세 교회의 전통적 구조 자체에 대한 거부를 보였다. 그는 이제 정치적 무대에서 신학 연구와 저술로 방향을 바꾸었다.

위클리프는 자신의 저서 『성경의 진리에 대하여』(*On the Truth of the Holy Scriptures*, 1378)에서 이렇게 주장한다: 성경은 "주님의 무오한 법으로서, 지극히 참되고, 지극히 완전하며, 지극히 건전하다."[61] 즉, 성경이 그리스도인을 위한 지고의 권위이며, 신앙의 기준이고, 모든 인간적 완전함의 기준이다. 성경은 모든 그리스도인이 공부해야 하는 책이다. 위클리프는 성경이 교회의 소유이며, 교회만이 성경을 정당하고 바르게 해석할 수 있다고 주장하였다. 그러나 그는 성경을 소유한 참된 교회는 예정된 사람들로 이루어진 몸이며, 따라서 성경은 그들이 이해할 수 있는 언어로 번역되어 그들이 읽을 수 있어야 한다고 확신하였다.[62] 이러한 그의 주장은 그의 제자들이 성경을 영어로 번역하는 동기가 되었다.

위클리프는 그의 후속 논문인 『교회에 대하여』(*On the Church*, 1378)에서 참된 교회를 아우구스티누스적인 용어로 "예정된 자들의 총체"라고 정의하였다.[63] 따라서 교황은 기껏해야 보이는 교회의 로마 지역 수장이다. 보이는

---

60 Walker, *A History of the Christian Church*, 430.

61 Wycliffe, *On the Truth of the Holy Scriptures* (1378), I. 156.

62 Wycliffe, *On the Pastoral Office* (1378), II, 2a, in: 심창섭 · 채천석 편, 『원자료 중심의 중세 교회사』, 379.

63 Wycliffe, *On the Church* (1378), I. 2. 참조) 김요섭, "중세시대 개혁의 선구자 위클리프의 개혁적 교회론", 「개혁논총」, 40 (2016): 197-229.

교회는 선택된 자들과 저주받은 자들 모두에 의해 구성된다. 부분적으로는 그들의 책임 있는 "열매들"에 의해 알려지기는 하겠지만 오직 하나님만이 그들을 알고 계신다고 주장하였다.[64]

위클리프는 자신의 책 『교황의 권력에 관하여』(*On the Power of the Pope*, 1379)에서 교황에 대한 이전의 주장을 조금 순화시키기도 한다:

> 만일 교황이 진정으로 사도적 순진함과 청빈으로 베드로를 본받으려 한다면, 보이는 교회는 한 사람의 지상 지도자를 갖게 될 것이다. 그런 교황은 아마도 선택된 자 중의 하나일 것이다. 그러나 세상의 권력을 거머쥐고 부에 혈안이 된 교황은 아마도 선택된 자가 아닐 것이며, 그러므로 적그리스도이다. 여하튼 간에 교황직은 그 기원에 있어서 인간적—즉 그리스도가 아니라 콘스탄티누스에 의해 창설되었다—이며, 그것의 관할권은 엄밀히 영적 문제에 국한된다.[65]

위클리프는 『시민 통치권에 관하여』에서 영국이 교황에 속하지 않으며, 교황도 죄에 종속하는 한 사람일 뿐이며, 오직 그리스도만이 주의 주(the Lord of Lords)로서, 그리스도에 의하여서만 직접적으로 다스려진다고 선언하였으며, 교황에게 지도자로서의 올바른 역할을 촉구하였다.[66]

위클리프는 자신의 논문 『성찬에 대하여』(*On the Eucharist*, 1380)[67]에서는 고대 교회의 가르침에 따라 화체설 교리를 비논리적이고 비성경적이며 비신앙적이라고 거부하였다. 그리스도의 몸과 피는 그 요소들 안에 진실로, 물질적으로 또는 육체적으로가 아니라 상징적으로 또는 성례전적으로 현존한다. 빵과 포도주는 그래서 그리스도의 몸과 피의 "유효한 표지"이다.[68]

---

64 Wycliffe, *On the Church* (1378), in: 심창섭 · 채천석 편, 『원자료 중심의 중세교회사』, 380.

65 Walker, *A History of the Christian Church*, 431에서 재인용.

66 Wycliffe, *On the Church*, (1378), 1, in: KThQ2, Nr. 65.

67 Wycliffe, *On the Eucharist*, in: 『개혁의 주창자들: 위클리프부터 에라스무스까지』, 77-106.

68 *Catholic encyclopedia*, "John Wycliffe."

위클리프는 비록 설교하는 것이 성례전의 집례보다 더 중요하다고 여겼지만, 그의 생애의 마지막까지 성찬에 대한 관심을 놓지 않았다. 하지만 교회가 가장 소중하게 여기는 것 중의 하나인 성찬에 대한 그의 비판은, 그가 탁발 수도회를 "가인의 자식들"이라고 비난한 것과 맞물려, 그에게서 곤트의 존, 궁정당, 탁발 수도사들, 그리고 옥스퍼드 대학 내 동조자들의 지지를 잃게 만들었다.[69]

4) 위클리프에 대한 반대

위클리프에 대한 반대의 흐름은 그에게는 책임이 없는, 1381년의 정치적 상황에 의해 강화되었다. 한 세대 앞의 흑사병으로 야기된 심각한 경제적 혼란 속에서 자라난 하층 계급의 동요는 많은 피를 흘리고 진압된 1381년의 대 농민 반란에서 절정에 달하였다. 위클리프의 적들은 그의 이단 사상이 이번 폭동을 촉발하였다고 고발하였다. 캔터베리의 대주교 윌리엄 코트니(William Courtenay, 1381 1396)는 런던에서 회의를 소집하여, 위클리프의 저술 중에서 24개의 명제를 골라 정죄하였다. 그러나 위클리프는 소환되거나 그 이름으로 정죄당하지는 않았다. 이제 궁정당은 위클리프를 포기하였고, 코트니는 이 정죄된 명제들의 옹호자는 누구라도 구속할 수 있는 권한을 얻었다. 마음대로 할 수 있는 고삐를 쥐자, 그는 재빨리 옥스퍼드에 있는 위클리프파에 적대적으로 행동하였다.

위클리프에 대한 이러한 반감이 급증할 때, 실상 그는 정치적 활동에서 물러나 있었으며, 사역과 저술에 몰두하고 있었다. 또한 그는 불가타 성경(라틴어역)을 영어로 번역하기 위한 중요한 영감과 추진력을 제공하였다.[70] 그가 직접적으로 그 번역 작업에 이바지하지는 않았다는 것은 분명하다. 그

69 Walker, *A History of the Christian Church*, 431.

70 심창섭 · 채천석 편, 『원자료 중심의 중세교회사』, 377.

작업은 위클리프 사후에 히어포드의 니콜라스(Nicholas of Hereford)와 존 퍼비(John Purvey)를 포함하는 옥스퍼드와 루터워스의 제자 공동체에 의해서 이루어졌고 완성되었다.

또한 이 시기에 그는 당시 복음을 전하던 "가난한 사제들"이 사용할 설교집도 편찬하였다. 이 순회 복음 전도자들은 그들의 의복과 행동에서 발도파나 프란체스코파의 초기 설교자들과 유사하였다. 저술 활동으로 그의 힘은 다 소진되었고, 그의 건강은 악화되었다. 1382년 11월에 처음 쓰러진 이후, 그의 신체의 일부는 마비 증상을 보였다. 1384년 12월 28일 그는 미사에 참석하던 중에, 두 번째로 쓰러졌으며, 결국 사흘 후 세상을 떠났다. 그리고 자신이 사역하던 루터워스의 교회 묘지에 안장되었다. 콘스탄츠 공의회는 위클리프의 오류들을 열거하며 이단으로 정죄하고 파문하였다.[71] 1428년 링컨(Lincoln)의 주교는 콘스탄츠 공의회(1415)의 명령에 순종하여, 위클리프의 유해를 파내어 불태우고 그 재를 스위프트(Swift) 강에 뿌렸다.

5) 위클리프의 영향

위클리프는 학자, 정치 개혁가, 설교가, 신학 혁신가, 그리고 성경 번역가로서 각 분야에서 활동하며 방대한 글을 남겼고, 그의 견해들은 중세 오류와 부패에 대립하며, 개혁을 향해 나아가는 방향으로 발전해 갔다.

위클리프의 가장 커다란 기여는 성직자들과 평신도들 모두에게 성경이 최고의 권위를 지닌다고 주장한 것과 그들에게 자기들의 언어로 된 성경을 선물로 남긴 것이다. 성경을 명쾌하고도 충분한 구원의 지침서로 확립하고, 성경의 문자적 의미가 분명한 의미를 전달한다고 주장한 그의 진술들은 루터 못지않게 단호하고 명확하였다.[72]

---

71 *콘스탄츠 공의회의 위클리프의 파문* (1415.5.4.), in: KThQ2, Nr. 67. a.

72 Schaff, *History of Christian Church*, 6, 317.

> 성경은 하나님께서 주신 하나의 위대한 말씀이다. 구약과 신약의 모든 말씀은 철자 하나까지라도 참되며, 성경의 저자들은 필경사들이나 전령들에 지나지 않는다. 성경에서 무슨 오류가 발견되는 듯이 보이면 그것은 인간의 무지와 왜곡에서 기인한 것이다. 성경에 토대를 두지 않은 것은 믿어서는 안 되며, 성경의 가르침에 다른 내용을 덧붙여서도 안 된다.[73]

위클리프는 당대의 교회 당국자들이 평신도들에게 하나님의 말씀을 차단하고, 민중이 이해할 수 있는 언어로 말씀을 전달하기를 거부한 것을 매우 명쾌한 어조로 비판하였으며, 14세기에 신약성경 전체를 번역하여 평신도들이 직접 읽을 수 있도록 하였다.

위클리프의 생애와 사상을 살펴보면 그가 거의 모든 교리 문제에서 종교개혁을 예기하였다는 사실이 분명해진다. "그의 진정한 영적 상속자는 얀 후스(Jan Hus)였으며, 그가 종교개혁과 직접적으로 연관되는 것은 보헤미아를 통해서이다."[74]

위클리프의 추종자들 중 일부는 그의 교리를 전파하였다. 이들은 성경을 영어로 번역하고 자기들이 확신하고 있는 기독교 신앙과 이론을 전파하기 시작하였고, 성경이 원래 일반 대중에게 속한 것이므로 그들에게 돌려주어야 한다고 주장하였다. 또한, 성직자들을 비판하는 등 후대의 종교개혁을 예견하는 선구자의 역할을 하였다.[75] 이들은 "롤라드파"(Lollards = 중얼거리는 자들)라고 불렸다. 이 명칭은 네덜란드에서 유래된 조롱하는 표현으로 네덜란드에선 오랫동안 베긴(Bequines)과 베가드(Begards)에게 사용된 용어였다.[76]

---

73 필립 샤프는 위클리프의 성경에 대한 이해를 이렇게 요약하였다. [Schaff, *History of Christian Church*, 6, 319].

74 *Catholic encyclopedia*, "John Wycliffe."

75 Gonzales, *The Story of Christianity*, 2. 235.

76 Walker, *A History of the Christian Church*, 432.

이 운동은 위클리프 사후 현저한 지적 지도자가 없었다. 옥스퍼드의 위클리프파는 코트니 대주교와 그의 후계자들에 의해 꾸준히 제거되었다. 히어포드와 퍼비까지도 신념을 철회하도록 강요받았다. 그러나 옥스퍼드의 상실과 롤라드 선교사들의 체포와 구금에도 불구하고, 그 운동은 리처드 2세(Richard II, 1377-1399)를 통하여 계속 성장하였다. 하지만 랭카스터 가문의 찬탈로 헨리 4세(1399-1413)가 즉위하면서 또 한 번 타격을 받았다. 교회를 달래려는 의도에서 새 왕은 1401년 「반 이단 법령」(*De heretico comburendo*)의 통과를 보장하도록 설득되었다. 그 법령 아래서 많은 롤라드 회원들이 화형을 당하였다. 그러나 새 왕은 고위 롤라드 회원은 사면하였다. 위클리프의 영향은 여러 시골 마을들에서만 남아 있었고, 종교개혁 때까지 눌려 있었다. 하지만 위클리프의 영향력은 영국보다는 매우 멀리 떨어져 있는 보헤미아에서 더 큰 반향을 일으켰다.[77]

2. 보헤미아의 얀 후스(Jan Hus)

〈얀 후스〉

보헤미아에서는 위클리프의 사상이 영국에서보다 더 강력하게 뿌리를 내리고 자리를 잡았다. 이 운동을 후스주의라고 명명하는데, 그 대표적인 인물이 얀 후스(Jan Huss)이기 때문이다. 이 후스를 통해서 프라하는 기독교의 역사에서 뚜렷한 위치를 차지하게 된다. 보헤미아 지역의 '위클리프파'는 '진리는 승리한다'를 특별한 구호로 내세웠다. 15세기 무렵 보헤미아 지역의 전통적인 개혁 운동에 가담했던 젊은 세대의 대학교수들과 설교자

77 Walker, *A History of the Christian Church*, 432-433.

들은 이 구호를 혁명 강령으로 전환하였다.[78]

1) 14세기 보헤미아의 신앙적 상황

보헤미아는 14세기에 중요한 정치적, 지적 그리고 종교적 발전을 경험하였다. 신성 로마 제국의 황제였던 찰스 4세(Charles IV, 1346-1378)는 동시에 보헤미아의 왕이기도 하였다. 그의 재위 기간에 보헤미아 왕국은 학문과 종교 역사에서 황금기를 맞이하였다. 그는 마인츠(독일 교구)로부터 프라하를 대주교 교구로 독립시켰으며(1344), 독일어권 최초의 대학을 프라하에 세웠다(1348). 찰스 4세는 교회에도 호의적이었다. 그의 치세 동안과 그 이후에, 몇몇 힘 있는 성직자들이 "단순한 복음"의 이름으로 교회의 엄청난 세속화와 사치를 공격하면서 교회의 폐습들을 바로잡으려는 과감한 개혁 시도를 전개하였다.[79] 이들 설교자와 저술가들은 체코의 종교적 개혁, 모국어 설교, 성직자와 평신도들의 도덕적 개혁, 성경을 삶의 규범으로 삼는 것, 그리고 주의 만찬에 자주 참여할 것 등을 요구하였다. 이 토착적 개혁 운동은 보헤미아에 위클리프파의 사상이 소개되기 이전부터 오랫동안 존재해 왔다.

정치적으로, 14세기의 보헤미아는 이주해온 독일인들과 토착 체코인들 사이의 갈등으로 분열되어 있었다. 체코인들은 지배 계층이었던 독일인들과 동등한 지위를 얻고자 하는 강한 열망을 가지고 있었다. 1382년 보헤미아는 지금까지는 별로 연관이 없던 영국과 보헤미아의 공주 앤(Anne)이 영국 왕 리처드 2세와 결혼함으로써 교류를 시작하였다. 프라하 대학의 체코 학생들이 옥스퍼드로 유학을 갔고, 거기서 위클리프의 신조들과 저술을 알게 되었다. 유학생들은 곧 그것들을 자신들의 고국, 특히 프라하 대학으로 보냈다.[80] 그들 중에는 프라하의 제롬(Jerome of Prague)도 있었다. 그는 부패

78 Seibt, *Glanz und Elend des Mittelalters*, 556.

79 Schaff, *History of Christian Church*, 6, 339.

80 이은선, 『종교개혁자들 이야기』 (서울: 도서출판 지민, 2013), 42.

한 교리와 교회를 근절하기 위해 평생을 수고하였으나, 급진적인 사상으로 인해 이단으로 정죄를 받고, 1416년 5월 30일 콘스탄츠에서 화형되었다.

위클리프의 사상은 유명한 학자 야노프의 마태(Mattew of Janov, 135?-1394)를 통해서 프라하에 있는 체코인들의 대학 모임들까지도 연결되었다.[81] 위클리프의 사상을 어느 정도 갖고 있던 교수 중에는 얀 후스(Jan Hus)가 있었다. 그는 장차 체코의 민족적 열망들을 열정적으로 대변하였으며, 토착 개혁 운동의 뛰어난 지도자가 되었다.

2) 얀 후스(Jan Hus, 1370-1415)의 생애

후스는 1372년 또는 1373년 남서부 보헤미아에 있는 후시넥(Husinec) 마을의 가난한 양친 밑에서 태어났다. 그는 프라하 대학에서 공부하였고, 문학 석사가 되었다(1396). 1400년에 후스는 대학에서 가르치면서 사제 서품을 받았다. 그는 대학에서 1401-1402년 겨울 학기 동안에 문과 교수단의 의장으로 선출되었다. 후스는 1409년에 성경과 피터 롬바르두스의 『명제집』(Sentences)에 대한 강의로 박사 학위를 취득하기 위한 모든 요건을 갖추었다. 그러나 그의 생애 마지막 몇 년 동안의 격렬한 논쟁들로 인해 결국 박사 학위를 취득하지 못하였다. 그 논쟁들은 결국 그를 학문의 영역에서 떠나게 하였고, 더 나아가 콘스탄츠의 화형대에 서게 만들었다.[82]

원래 경제적 안정의 원천으로만 여겨졌던 사제 서품에 들어가기 전 어느 날, 후스는 성경 연구를 통해 회심하고 성직 개혁의 열렬한 주창자가 되었다. 1402년에 그는 체코 개혁 운동의 중심지인 프라하에 있는 베들레헴 성당의 설교자로 임명되었다. 후스는 설교단에서 성직자, 주교, 심지어 교황권의 도덕적 결함을 비난하였다. 체코어로 하는 그의 열띤 설교들을 통해

81 Walker, *A History of the Christian Church*, 433.

82 Franz Machilek, "Hus/Hussiten," TRE Bd. 15: 710-735.

〈Prague의 베들레헴 교회〉

후스는 곧 거대한 대중적 지지를 얻었다. 베들레헴 성당의 강단에서 후스가 주장한 것은 당시 공의회주의자들의 주장과 유사한 개혁이었다. 이 시기의 후스는 교회의 전통적 교리에 도전하려는 의도가 없었으며, 다만 교회 생활, 특히 성직자들의 삶을 개혁하고 회복시키려 하였다. 즉, 그의 불같은 설교의 주요 공격 대상은 성직자들의 부패였던 것이다.[83]

베들레헴 교회에서의 그의 설교는 1403년 새로 선출된 젊은 대주교 하젠부르크의 츠비네크 차이잎(Zbynek Zajic of Hasenburk, 1401-1411)의 지지를 얻었다. 성직에 대한 후스의 통렬한 비판은 널리 퍼져 나갔다. 위클리프의 사상에 대한 이단 논쟁이 전체적으로 확산하자, 교황 인노켄티우스 7세(Innocent VII)는 대주교에게 위클리프의 가르침, 특히 성찬에 대한 사상을 정죄하고, 그의 저서들을 압수하라고 명령하였다. 그러자 차이잎은 프라하에서 교회 회의를 개최하고 위클리프에 관하여 45개의 조항을 단죄하였다. 후스는 이에 대해 강하게 반대하였다. 동시에 대주교는 후스에게 성직자에 대한 공격을 금지하였다.[84] 장차 성찬 문제는 후스파의 가장 중요한 논쟁의 주제가 되었다.

1408년 로마 교황 그레고리우스 12세와 아비뇽 교황 베네딕투스 13세는 모두 프라하 대학에 대하여 그 권위를 주장하였다. 이에 보헤미아의 왕

---

83 Gonzales, *The Story of Christianity*, 2. 237.

84 Machilek, "Hus/Hussiten," 713.

벤첼(Wenzil IV, 1378-1419)은 신성 로마 황제로 즉위하려는 자신의 계획에 차질이 생길 것을 염려하여, 대학에 엄격한 중립을 지킬 것을 명령하였다. 무엇보다도, 1409년 프라하 대학은 큰 혼란을 겪었다. 당시 이 대학은 보헤미아, 독일의 바이에른주, 작센주, 그리고 폴란드 학생들의 4개의 대표단이 존재하였다. 그러나 보헤미아 출신의 학생들이 민족적 감정에 의해 투표 시 자신들에게는 각각 3표를 부여하고, 다른 지역의 학생들에게는 1표만을 주어야 한다고 주장하였으며, 왕은 이를 승인하였다. 그 결과 독일의 학장과 총장은 해임되었고, 다른 지역 출신의 학생들은 대학을 자퇴하고 라이프치히로 옮겨 대학을 세웠다.[85] 남아 있는 보헤미아 학생들에 의해 후스는 초대 총장으로 선출되었다. 라이프치히 대학 교수들의 마음에는 오랫동안 후스가 배반자이자 이단자로 간주하였으며, 이러한 적대감은 콘스탄츠에서 표출되었다.[86]

1409년 피사에서 선출된 교황 알렉산더 5세가 프라하의 대주교에게 보낸 명령은 후스가 아니라 위클리프 사상의 전파를 차단하라는 것이었다. 후스의 공개적인 반대에도 불구하고, 1210년 위클리프의 저서 200여 권이 불태워졌다. 후스가 공격당한 또 하나의 이유는 1412년 나폴리의 왕 라디슬라우스(Ladislaus)에 맞서 십자군을 수행하기 위해 요한 23세가 승인한 면죄부를 공격한 것이다. 교황은 십자군에 대한 면죄부를 발행했을 뿐만 아니라, 프라하에서 공식적으로 면죄부를 판매하기까지 하였다. 이에 후스는 이 전쟁을 비판하며, 교황이 그 전쟁과 면죄부를 연관지을 권한이 없으며, 사죄는 오직 회개를 통해서만 얻을 수 있으며, 교황은 세속적 칼을 쥘 권한이 없다고 주장하였다.[87] 교황청의 성직자들과 교황은 그를 이단으로 정죄하고, 체포하여 대주교에게 넘겼으며, 그가 사역하는 교회를 파괴할 것을 명

---

85 Schaff, *History of Christian Church*, 6, 342. 샤프는 2,000명의 학생이 프라하 대학을 떠났다고 제시한다.

86 Machilek, "Hus/Hussiten," 714.

87 Machilek, "Hus/Hussiten," 716.

령했다. 이에 민중들이 저항하자, 프라하시에 성무 중지령이 내려졌다. 이에 후스는 국왕의 권유를 받아들여 1412년부터 2년 동안 프라하시를 떠나야만 했다.[88] 그 행위에 대해 나중에 비판받았을 때, 후스는 이렇게 응답하였다.

> 앞서 진술했듯이 나는 자발적인 의지로 이곳에 왔습니다. 만약 오고 싶지 않았다면 국왕(벤첼)도 이 땅의 왕(지기스문트)도 나를 강제로 이곳에 끌고 오지 못했을 것입니다. 나를 사랑하는 보헤미아의 귀족들이 심히 많고 강하기 때문입니다. 그들의 성에 들어가 있으면 안전하게 거할 수 있습니다.[89]

3) 얀 후스의 개혁적 주장

학문적 경력 초기에 후스는 위클리프의 철학적 저술을 탐독한 학생이었고, 프라하 대부분의 체코인 교사들처럼 그 저술 속의 "실재론"에 완전히 동의하였다. 다수를 차지하던 독일인 교사들은 반대로 거의 오컴(Ockham)과 새로운 길(*via moderna*)의 추종자들이었다. 후스가 자신의 설교와 논문에서 위클리프의 용어를 자주 그대로 사용했지만, 흔히 생각하는 것처럼 위클리프의 "단순한 메아리"는 아니었다. 그는 위클리프뿐만 아니라, 체코 개혁운동에도 많은 영향을 받았다. 후스는 위클리프의 신학을 비판적으로 선별하여 받아들였으며,[90] 위클리프의 사상 중 반박할 수 없을 만큼 정통적이라 여겨지는 것들은 받아들였지만, 동의하지 않는 견해들에 대해서는 침묵으로 일관하였다. 예를 들어, 그는 위클리프와 달리 화체설을 부인하지 않았다.

후스의 가장 중요한 저서는 『교회론』(*De ecclesia*, 1413)이다. 그의 『교회론』은 위클리프의 동일한 제목의 논문에 크게 영향을 받았지만, 위클리프

---

88 Machilek, "Hus/Hussiten," 717.

89 Schaff, *History of Christian Church*, 6, 347에서 재인용.

90 Tierney/Painter, *Western Europe in the Middle Ages, 300-1475*, 573.

의 가장 급진적인 결론은 피하고 있다. 그는 위클리프처럼 참된 교회는 예정된 사람들로만, 즉 교황이 아니라 그리스도가 머리인 사람들로 구성된다고 가르쳤다.

> 교황으로부터 명령이 내려진다면, 믿는 그리스도의 제자들은 모두 이것이 분명히 사도나 그리스도의 법칙에 따른 명령인지 또는 그 기초가 그리스도의 법칙 안에 있는지를 생각해야 한다…. 그러므로 올바른 길에서 벗어난 교황에 대항하여 일어서는 것이야말로 주 그리스도께 대한 참된 순종임이 분명하다.[91]

하지만 어떤 교황이 올바르게 살아간다면, 그는 "부분적인" 로마 교회의 수장으로 간주될 수 있을 것이다.[92] 후스는 교황과 가시적 교회의 무류성을 부정하고, 사제들이 천국의 문을 여닫을 수 있는 권한을 배척함으로써, 당대 서방 기독교 세계에 널리 통용되던 이론을 깨뜨렸다. 비록 후스가 "악한 사제들과 고위 성직자들은 정당한 법적 권위를 갖지 못하며 그러므로 그들에게 순복할 필요가 없다"는 "반(Semi)도나투스주의"의 입장을 유지하긴 했지만, 부분적으로는 "죄를 지은 사제는 성직의 능력(potestas ordinis)을 갖지 않는다"는 완전한 도나투스주의 이단에 가까운 입장을 취하였다. 이런 이유로 그는 자신의 경우를 "하나님과 그리스도"에게만 호소했지, 왕이나 교회 회의에 호소하지 않았다. 이것은 교황주의자와 공의회주의자들의 눈에는 명백히 이단적인 태도였다.[93] 이런 이유로 당시 가장 대표적인 공의회주의자였던 제르송이 콘스탄츠에서 그의 정죄에 적극 가담하였다고 볼 수 있다.

후스에게 참된 교회의 삶은 그리스도를 닮은 순결과 청빈의 삶이다. 교회의 유일한 법은 성경, 특히 신약성경이다. 이는 위클리프의 "성경주

91 Jan Hus, *Tractatus de Ecclesia* (1413), 18, in: KThQ2, Nr. 66.

92 Hus, *De simonia*, 4; De ecclesia, 7.

93 Walker, *A History of the Christian Church*, 435-436.

의"(Scripture principle)와 유사하다. 이러한 입장은 교회법의 비성경적 전통들을 배제하지만, 고대 교부들과 박사들의 가르치는 권위는 부인하지 않았다.[94]

> 모든 그리스도인은 성령께서 성경에 넣어주신 모든 진리를 명시적이고 묵시적으로 믿어야 한다.[95] 그 박사는 우리가 성경이나 이성에 기반을 두지 않는 한 믿음의 문제에 있어서 그와 그의 지지자 중 누구와도 동의할 수 없다는 것을 알아야 한다.[96]

이러한 교황의 권위와 성경의 권위에 대한 진술은 후스가 종교개혁의 선구자로 불릴 만한 인물임을 분명히 보여준다.

4) 얀 후스에 대한 핍박과 정죄

콘스탄츠 공의회(1414 1418)는 당시 교회의 당면한 문제들을 해결할 수 있을 것이라고 기대되었다. 로마와 아비뇽 두 진영의 교황들과 성직자들이 동의하였으며, 또한 그 지지자들인 각 군주와 대학의 중요한 신학 교수들이 참석하였다. 공의회가 다루어야 할 중요한 문제 가운데 하나는 보헤미아의 혼란이었다. 후스는 그 콘스탄츠에 출두할 것을 요청받았고, 이를 위해 국왕 벤첼의 형제인 신성 로마 제국의 황제 지기스문트(Sigismund, 1410-1437)는 안전통행권(safe-conduct)을 발급해 주었다.

후스의 체코인 대적들뿐만 아니라, 프라하에서 쫓겨난 독일인 교사들은 그를 심하게 비난하였다. 이들은 공의회 이전에 이미 약속된 안전통행권을 취소하도록 황제 지기스문트를 설득하였다. 결국 지기스문트는 장차 이단

94 Walker, *A History of the Christian Church*, 434.

95 Hus, *De ecclesia*, 8.

96 Hus, *De ecclesia*, 16.

에 대해서는 안전통행권이 구속력을 갖지 않는다고 공포하였다. 이러한 공포에 후스는 굉장히 낙심했던 것으로 보인다. 그는 자신의 편지에서 다음과 같이 말한다. "[하나님은] 그들에게 약속한 것을 지키시며, 그분께서 맹세한 것을 성취하신다; 그분은 안전통행권으로 사람을 속이지 않으시며, 신실한 종을 저버리지도 않으신다."[97] 후스가 겪은 안전통행권의 유효성에 대한 논란은 훗날 종교개혁 시기에 프로테스탄트 진영이 공의회 참석을 주저하는 중요한 요인이 되었다.

1414년 10월 14일에 후스는 프라하에서 출발하여 11월 3일 콘스탄츠에 도착하였다. 후스는 콘스탄츠에 도착해서 미사를 거행하고 사람들에게 설교하였다. 이에 반대파는 그가 달아나려 한다는 소문을 근거로 그는 11월 28일 체포되어 감금되었다. 하지만 1415년 6월 5일에 가서야 그는 처음으로 재판을 받았다.

후스는 콘스탄츠로 출발하면서 이단에게 어떤 처벌이 규정되어 있는지 잘 알았다. 놀라운 것은 그가 공의회 앞에서의 공식적인 연설을 통해 자신에게 지워진 오해를 씻어낼 수 있다고 일관되게 생각하였다는 점이다.[98] 먼저 콘스탄츠 공의회는 위클리프를 이단으로 정죄하고 오랫동안 묻혀있던 그의 유해가 신성한 땅에서 옮겨지도록 명령하였다(1415년 5월 4일). 일반적으로 후스는 이단의 우두머리인 위클리프의 열렬한 제자로 간주되었기 때문에, 자신의 주장을 호의적으로 들어줄 것이라는 희망을 거의 가질 수 없었다. 공의회는 위클리프에게 적용된 30개의 잘못된 가르침들을 근거로 삼아, 후스에게 완전한 복종을 요구하였다. 후스는 몇 개의 고발이 잘못된 전달로부터 비롯된 오류라고 선언하였고, 나머지 혐의들에 대해서도 성경과 교부들의 가르침을 통해 그 오류가 확인되지 않는 한 철회하기를 거부하였다. 후스는 콘스탄츠 공의회의 강압적인 판단에 자신의 양심을 굴복시키려 하지 않았다:

---

97 Herbert B. Workman & R. Martin Pope, *The letters of John Hus, LXXIX*. 아래에서 인용하는 후스의 편지는 이 자료에 근거하였다.

98 Schaff, *History of Christian Church*, 6, 364.

> 나는 단 하나의 내용(article)도 철회하거나 포기하지 않았습니다. 공의회는 내가 쓴 모든 책과 그 책에서 가져온 각각의 내용이 허위임을 선언하기를 원했습니다. 나는 그것이 성경에 의해 거짓으로 입증되지 않는 한, 그렇게 하기를 거부했습니다. 어떤 내용에서든 잘못된 해석이 발견된다면, 나는 이를 미워하며, 주 예수 그리스도의 교정에 맡깁니다. 그분은 나의 진정한 의도를 아시고 내가 의도하지 않는 한 잘못된 의미로 해석하지 않으실 것입니다. 나는 주님 안에서 여러분들이 이 내용에서 발견할 수 있는 거짓 의미를 미워하되, 의도된 진리를 언제나 보존할 것을 권고합니다.[99]

콘스탄츠 공의회는 1415년 7월 6일 후스를 최종적으로 정죄하고 그를 화형에 처하였다. 최종적인 정죄와 화형을 기다리는 동안 후스는 자신의 심경을 담백하게 친구에게 적고 있다:

> 나 얀 후스는 예수 그리스도의 사제로서 하느님을 모독할 것을 두려워하고 위증을 당할 것을 두려워하여 거짓 증인들이 나에게 불리하게 제시한 모든 조항이나 그 어떤 조항도 철회할 의사가 없음을 이로써 고백합니다. 비록 사람들은 내가 그렇게하였다고 말하지만, 하나님께서는 내가 그것들을 설교하지도, 확증하지도, 변호하지도 않았다는 사실을 아시는 증인이십니다.[100]

콘스탄츠 공의회 이후 거의 600여 년이 지난 1999년 12월 18일 프라하에서 로마 교황 요한 바울 2세는 직접 후스에게 "가해진 잔혹한 죽음에 대해 깊은 유감"을 표명하고, 그의 죽음에는 "깊은 슬픔"을, 그리고 그의 "도덕적 용기"에는 찬사를 보냈다.

---

99 *후스가 프라하 대학에 보낸 편지, LXXVIII* (1415.6.27). 1521년 보름스 제국의회의 마틴 루터의 항변과 비교하라.

100 *후스가 보헤미아의 친구에게 보낸 편지, LXXXII* (1415.7.1).

〈얀 후스의 처형〉

5) 얀 후스의 영향

후스가 콘스탄츠에서 구금되어 있는 동안, 프라하의 그의 추종자들은 주의 성찬에서 평신도들에게 잔을 주기 시작하였다(1414년 10월). 후스의 화형 소식은 보헤미아에서 극도의 분노를 불러일으켰다. 또한 콘스탄츠 공의회가 평신도에게 잔을 주는 것을 금지하고, 후스보다 더 급진적인 그의 동료이자 친구였던 프라하의 제롬(Jerome of Prague)을 화형에 처한 것(1416년 5월 30일)은 불에 기름을 붓는 격이 되었다. 콘스탄츠 공의회는 프라하의 주교와 성직자들에게 공문을 보내어, 위클리프, 후스, 그리고 제롬의 지극히 불의하고 위험한 교리를 퍼뜨리는 자들을 진압하라고 명령했다.[101] 교황 마틴 5세는 후스와 위클리프의 모든 지지자의 처형을 승인하는 교서, 「모두 가운데」(*inter cunctos*, 1418년 2월 22일)와 더불어 기독교 세계에 위클리프파, 후스파 및 각종 이단에 대한 십자군을 호소하였다(1420년 3월 1일). 교황의 면죄부 약속에 수많은 십자군이 유럽 전역에서 모여들었으며, 결국 보헤미아 지역은 폐허로 변하고 말았다.

공의회에서 이단으로 몰려 화형당한 후스의 지지자들은 두 종류의 성찬식 관행을 채택하는 등 보헤미아는 급속하게 교황의 교리로부터 멀어져갔다. 그러나 보헤미아인들은 종교개혁을 어느 정도까지 진행할 것인가 하는 문제를 두고 두 파로 나뉘었다. 하나는 프라하를 본거지로 삼은 중도적이며 귀족 정치적 성향을 가진 이종배찬파(성찬 시 빵과 포도주를 다 받음)이며, 다른

101 *Mansi*, XXVIII. 789-91.

하나는 급진적이고 민주 정치적 성향을 가진 타보르파였다.[102] 이종배찬파는 자신들이 "하나님의 법", 즉 성경이 명백히 금지하는 의식들만 금하고자 하였다면, 타보르파는 "하나님의 법"에서 분명한 보증을 발견할 수 없는 모든 의식을 거부하였다.

교황의 십자군을 상대로 어느 정도 승리를 거둔 후, 두 파는 서로 맹렬히 다투었으나, 1420년 "프라하의 네 조항"이라는 공동 조항으로 연합하였다. 그 조항은 하나님의 말씀의 자유로운 선포, 평신도에게 잔을 나눔, 사도적 청빈 그리고 사제와 평신도의 엄격한 생활을 요구하였다.[103]

바젤 공의회는 콘스탄츠 공의회가 보헤미아 문제를 지혜롭게 다루지 못했음을 인정하고, 후스 파에게 새 공의회에 참가하여 가톨릭과의 이견을 조정하라고 제안하였다. 협상을 통해 보헤미아 교회는 다시 서방 기독교권에 합류하였으며, 이종배찬을 비롯하여 보헤미아의 여러 신앙의 가르침들을 유지할 수 있었다.[104] 후스파의 후예는 후스주의로 불리며, 이들은 생기 있는 많은 것들을 흡수해서 후대 모라비안의 정신적 선조가 되었다.

위클리프와 후스는 흔히 종교개혁의 선구자로 규정되어 왔다. 그들이 했던 교회의 악폐에 대한 반항, 성경을 높임, 결국 교회의 개혁을 몰고 온 모든 주장 등을 고려하면 그 명칭은 참으로 타당하다고 할 수 있다. 그러나 개신교 종교개혁자들의 근본적 신조들은 본질적으로 위클리프와 후스의 신조에 직접적인 영향을 받은 것은 아니다. 그들은 전통적 가르침을 거부하는 데 있어서 더욱 급진적이었다. 그들이 종교개혁자들의 선구자들로 이해될 수 있는 것은 그 "대답"의 연속성에 있는 것이 아니라, "질문"의 본질적인 연속성에 있었다.[105] 즉, 믿고 가르치는 신앙의 진리가 성경과 교부의 지지를 받을 수 있는가?

---

102 Walker, *A History of the Christian Church*, 436-437.

103 KThQ2. Nr. 68.

104 Gonzales, *The Story of Christianity*, 2. 245.

105 Walker, *A History of the Christian Church*, 437-438.

3. 지롤라모 사보나롤라(Girolamo Savonarola)

〈지롤라모 사보나롤라〉

1) 초기 생애(1452-1498)

지롤라모 사보나롤라는 페라라에서 니콜로 사보나롤라와 엘레나 보나코르시의 아들로 태어났다. 친할아버지 미켈레에게 교육을 받았는데, 할아버지는 유명한 의사로서 도덕과 신앙의 원칙들을 엄격히 지키는 사람이었다. 사보나롤라는 14세기에 학문을 탐구한 이 노학자로부터 중세의 영향을 어느 정도 받았을 것이다. 아버지에게 보낸 편지에서 확인할 수 있듯이, 사보나롤라는 어린 시절부터 '이탈리아 사람들의 맹목적인 사악함'을 싫어하였으며, 예절·예술·시·종교마저도 타락시키는 인본주의적 이교 사상을 참지 못하였다. 그는 이렇게 부패가 널리 퍼지게 된 원인은 심지어 고위 성직자들에게서도 볼 수 있는 성직자들의 부패 때문이라고 생각했다. 그는 「세상의 파멸에 대하여」(1472), 「교회의 파멸에 대하여」(1475) 등의 시에서 자기 생각을 표출하였다. 1475년 4월 24일 아버지의 집을 떠나면서 교양 과정 학위를 받은 후 시작했던 의학 공부도 접어둔 채 볼로냐에 있는 도미니쿠스 수도회에 가입하였다. 그는 수사가 된 뒤, 다음과 같은 편지를 썼다.

> 오늘날 고위 성직자들과 설교자들은 땅의 것들을 향한 애착에 사로잡혀 있습니다. 영혼들을 보살피는 것은 더 이상 그들의 관심사가 아닙니다. 그저 수입만 챙기면 그만입니다. 설교자들은 제후들의 비위를 맞추고 그들에게 칭찬을 듣기 위해서 설교합니다. 그들이 저지른 죄악은 악한 것입니다. 그들은 하나님의 교회를 무너뜨리는 것에 그치지 않고…. 주여, 아시지 못하시나이까! 다 아시지 않으시나이까! 일어나사 당신의 교회를 악마들의 손에서, 폭군들의 손에서, 불

법을 행하는 고위 성직자들의 손에서 건지시옵소서.[106]

수도원에서 사보나롤라는 아우구스티누스와 토마스 아퀴나스를 연구하고, 또한 성경을 읽고 암기하며, 설교하고, 토론에 힘썼다. 1478년 그는 페라라로 돌아와 안젤라 수녀원에서 성경을 가르쳤다. 1481/2년 사보나롤라는 피렌체에서 설교하도록 보내졌다.[107] 당시 피렌체는 메디치 가문의 적극적인 지원 아래 르네상스 문화의 중심이 되었으며, 동시에 사치와 방탕이 만연한 상태였다.

〈피렌체의 산 마르코(San Marco) 수도원-현재는 박물관〉

2) 피렌체에서의 활동

피렌체로 파견되어 산마르코 수도원의 강사직을 맡은 뒤 사보나롤라는 초기 몇 년 동안은 아무런 인상을 주지 못하였다. 특히, 그는 설교가로서 큰 성공을 거두지 못하였는데, 이는 그의 설교가 피렌체 사람들의 삶의 방식에 와닿지 않았기 때문이었을 것이다. 그러다가, 그가 갑자기 요한계시록을

106 Pasquale Villari, *Life and Times of Girolamo Savonarola*, 1 vol, 183. [Schaff, *History of Christian Church*, 6, 644에서 재인용].

107 Joachim Weinhardt. "Savonarola," TRE Bd. 30:60-62.

본문으로 예언적인 설교를 하기 시작하면서, 큰 명성을 얻기 시작하였다.[108] 1485년, 1486년 사순절에 그는 '교회는 개혁이 필요하며 하나님의 심판을 받은 다음에야 쇄신될 것'이라고 설교하기 시작하였다. 그는 1487년 피렌체를 떠나 볼로냐의 일반 학교 교장이 되었고 임기가 끝난 뒤에는 몇 년 동안 여러 도시를 두루 다니며 설교하였다. 피렌체의 권력자인 로렌초 데 메디치(Lorenzo de Medici)는 영향력을 발휘하여 메디치가에 대한 가장 신랄한 비판자였던 사보나롤라를 피렌체로 돌아오게 하였다.

이 두 번째의 피렌체 체류 기간 동안, 사보나롤라는 로렌초와 불화를 겪었으며, 또한 교황 알렉산더 6세와도 갈등을 겪었다. 1490년 피렌체로 돌아온 사보나롤라는 매우 열정적인 설교를 통해 피렌체시 정부의 폭정을 과감히 비판하였다. 그는 사람들의 마음을 위로하기보다는 하나님의 진노를 선포하며 두려움과 책망의 메시지를 전하는 설교를 주로 하였다. 더 나아가 그는 성직자들의 진실하지 못함을 맹렬하게 비판하였다.

사보나롤라는 자신이 하늘의 특별한 뜻을 전할 사자로 세움을 입었다고 확신하고 예언적 선포 또한 주저하지 않았다. 이에 대해 교황 알렉산더 6세는 사보나롤라가 "선지자가 된 것처럼 착각하는 어리석음"을 보인다고 비판하였다.[109]

사보나롤라는 수도원의 재산 대부분을 팔아 가난한 자들에게 나누어 주었다. 그가 수도원 내의 생활을 개혁하자 시민들은 곧 수도사들의 변화된 경건한 모습과 봉사를 찬양하기 시작하였고, 다른 수도원들도 개혁 운동에 동참하기 시작하였다.[110] 로렌초는 뒤늦게 협박과 회유를 통해 사보나롤라의 거침없는 비판을 막아보려 했지만, 자신의 생명은 끝을 향해 치닫고 있

---

108 *Catholic encyclopedia*, "Girolamo Savonarola."

109 *산타 크로체의 형제들 대한 교황 알렉산더 6세의 편지*, 1495.9.8, in: Anne Borelli and Maria Pasore Passaro, trans./ed. *Selected Writtings of Girolamo Savonarola*, 265 이하. 아래에서 인용하는 사보나롤라와 알렉산더 6세의 서신은 본서에서 인용하고, 페이지 수를 제공한다.

110 *Catholic encyclopedia*, "Girolamo Savonarola."

었던 반면 사보나롤라가 한 설교는 차츰 더 큰 영향력을 미쳤다. 결국, 사보나롤라는 임종을 맞은 로렌초에게 강복하였다.

로렌초가 죽자 메디치가의 통치도 오래가지 못하고 샤를 8세의 침략으로 무너졌다(1494). 이보다 2년 전에 사보나롤라는 샤를 8세가 침략해서 쉽게 승리를 거두리라고 예언하였다. 그의 예언이 적중하자, 왕 샤를과의 여러 차례 협상과 당파 간 적대감을 완화하는 데 보여 준 눈부신 활약으로 인해 정부가 바뀐 뒤 그의 권위는 엄청나게 커졌다. 피렌치시는 프랑스의 동맹이 되었다. 피렌체에는 사보나롤라 외에는 다른 군주가 없었다. 그는 이 도시가 이전까지 경험하지 못한 공화제를 도입하였다.[111] 이로 인해 그는 정치에 간섭하였다는 부당한 비판을 받았지만, 그는 야심도 없었으며 음모가도 아니었다. 사보나롤라는 이탈리아의 심장부인 피렌체에 이탈리아와 교회의 개혁을 선도할 잘 조직된 기독교 공화국, 즉 신국을 세우기를 원하였다. 이것이 그의 모든 활동의 목적이었다. 그가 얻은 결과는 놀라운 것이었다. 찬란하지만 부패한 르네상스의 수도(피렌체)가 기적처럼 새 예루살렘으로 변하여 당대 사람들에게 마치 낙원을 미리 맛보는 듯한 인상을 주었다.[112] 이는 그가 주창한 개혁 운동이 절정에 달했던 시기였다.

3) 정치적 대립

사보나롤라의 생애 후반부는 교황 알렉산더 6세와의 갈등과 대립으로 특징지어진다. 사보나롤라를 반대하여 피렌체에 '아라비아티'(Arrabbiati)라는 한 당파가 형성되었다. 이들은 강력한 외부 세력들과 동맹을 맺었는데, 이 가운데 대표적인 세력은 밀라노의 공작과 교황으로서 이들은 프랑스 왕에 맞서 신성 동맹(神聖同盟 Holy League)에 가담한 상태였다.[113] 그들은 피렌

111 Gonzales, *The Story of Christianity*, 2. 248.

112 *Pastor*, vol. 5. 192.

113 Gonzales, *The Story of Christianity*, 2. 249.

체가 이 동맹에 가담하는 것을 막는 가장 큰 장애물이 사보나롤라라고 보았다. 피렌체가 이 동맹에 가담하지 않겠다고 확실히 선언한 뒤, 1495년 7월 21일 교황은 사보나롤라에게 서한을 보내 그가 이룩한 기적적인 업적들을 칭송한 다음 로마로 직접 와서 예언을 해줄 것을 요청하였다.[114] 당시 교황은 부패한 알렉산더 6세였으며, 이러한 요청 가운데 함정이 있다는 것은 너무나 분명한 사실이었다. 따라서 사보나롤라는 병을 핑계로 로마 여행을 연기해달라고 요청하였다.[115]

알렉산더 6세는 9월 8일 자신의 정치적 동지들과 사보나롤라의 정적들로부터 압력을 받고 두 번째 서한을 보내 그를 강력하게 비판하였다. 교황은 그에게 볼로냐로 가라고 명령하고, 그렇게 하지 않으면 파문하겠다고 위협하였다.[116] 사실 이 편지는 사보나롤라 개인에게 보낸 것이 아니라, 산타 크로체 수도원의 형제들에게 보낸 편지였다. 사보나롤라는 이 기이한 편지에 대해 그 안에 나타나는 18개 이상의 오류들을 지적해가며, 예의는 갖췄지만 단호한 태도로 답장을 써 보냈다.[117]

알렉산더 6세 교황은 10월 16일 사보나롤라에게 설교를 금지하는 다른 서한을 보냈다.[118] 교황 자신도 솔직히 고백했듯이 이를 강요한 것은 신성 동맹 때문이었다. 약 5개월 뒤 1496년 사순절이 가까워지자 알렉산더 6세는 피렌체 사절들에게 공식적으로는 아니지만, 구두(口頭)로 설교금지령을 철회하였다. 따라서 사보나롤라는 그가 남긴 설교들 가운데 가장 훌륭하고 영향력이 큰 '아모스' 설교를 전할 수 있었으며, 이 설교에서 새로운 열정으로 로마 교황청을 비판하였다.

---

114 *교황 알렉산더 6세가 사보나롤라에게 보낸 편지* (1495.7.21), 261.

115 *사보나롤라가 교황 알렉산더 6세에게 보낸 편지* (1495.7.31), 262 이하.

116 *산타 크로체의 형제들 대한 교황 알렉산더 6세의 편지* (1495.9.8), 265 이하.

117 *사보나롤라가 교황 알렉산더 6세에게 보낸 편지* (1495.9.29.?), 268 이하.

118 *교황 알렉산더 6세가 사보나롤라에게 보낸 편지* (1495.10.16), 276 이하.

> 교황이 내게 기독교의 사상의 법 곧 복음과 어긋나는 어떤 일을 명령할 수도 있습니다. 그러나 만약 그가 그런 명령을 한다면 나는 그에게, 당신은 목자가 아니라고 말하겠습니다. 그 오류는 로마 교회가 아닌 당신이 범하는 것입니다.[119]

그는 또한 구설에 오르던 교황의 사생활을 암시하는 듯한 인상을 주었고, 이에 교황은 격분하였다. 신학자 협의회는 이 탁발 수사(사보나롤라)가 한 말 가운데 비판할 만한 내용을 찾지 못했다. 따라서 사보나롤라는 사순절이 지난 뒤 로마로부터 더 이상의 항의를 받지 않고 설교를 계속할 수 있었다.[120]

당시 사보나롤라의 권위가 커지자 교황은 그에게 추기경 자리를 제의함으로써 자기 밑에 두려고 하였으나, 그는 "빨간 모자? 나는 피의 모자를 원한다"라고 대답하며 거절하였다. 그러자 교황 알렉산더 6세는 신성 동맹과 아라비아티당의 압력을 받아서 다시 그를 공격하기 시작하였다. 1496년 11월 7일 교황은 서한을 통해 사보나롤라가 있는 산마르코 수도회를 다른 단체와 통합하여 사보나롤라의 모든 권위를 박탈하였다. 사보나롤라의 입장에서 이는 그에게 복종하면 모든 개혁 사업이 무너지고, 복종하지 않으면, 파문을 당할 수 밖에 없는 상황이었다. 결국 사보나롤라는 그에게 격렬히 항의하면서도 거역하지는 않으려 하였다.

> 성하께서 이 땅 가운데 하나님의 자리에 서 계시는데, 그들은 내가 당신을 비방하고 저주하기를 그치지 않을 것이라고 가정하여 저를 불경죄로 고소하며, 내 말을 왜곡하고 변경합니다…. 왜냐하면 나는 항상 로마 교회의 모든 책망에 복종하였고, 적절하다면 나는 계속해서 나 자신을 복종시킬 것입니다.[121]

---

119 1496년 2월 17일 사보나롤라의 설교.

120 Schaff, *History of Christian Church*, 6, 654에서 재인용.

121 *사보나롤라가 교황 알렉산더 6세에게 보낸 편지* (1497.5.20?), 295 이하.

이러한 주장들은 사보나롤라가 교황 개인에 대한 복종과 로마 교회에 대한 복종을 구분하고 있음을 은연중에 드러낸다. 따라서 사보나롤라를 교황제도에 대한 비판자, 교리적 개혁가로 이해하려는 것은 적절하지 않다.

피렌체에서 교황의 서신을 아무도 강제로 집행하려 하지는 않았기 때문에 사보나롤라는 1496년 강림절부터 1497년 사순절까지 방해받지 않고 에스겔서에 대한 연속 설교를 할 수 있었다. 그해 사육제 기간에 행정 당국은 개인 장신구, 음란한 그림, 카드, 도박용 탁자 등 '헛된 것들'을 불태우도록 하였다. 책과 예술품은 그다지 손상을 입지 않았다.

그러나 이탈리아에서는 사보나롤라에게 불리한 사건들이 이어졌으며, 피렌체에서도 정치적·경제적 상황이 악화되면서, 그의 영향력은 점차 약해졌다. 아라비아티당을 지지하는 정부는 그에게 설교를 하지 못하게 하였고, 성모 승천 축일에는 그를 반대하는 신성모독적인 폭동이 일어나게 하였다. 아라비아티당은 로마 교황청에 돈을 바쳤으며 바라던 대로 사보나롤라에 대한 파문장을 얻어냈다. 교황청은 1497년 5월 12일 그를 불순종의 이유로 파문하였으며, 그의 처벌을 요구하였다.[122]

사보나롤라는 이 파문장에 대하여 장문의 편지를 기독교 세계에 보냈다:

> 어떤 사람들은 한 사람이 명백히 하나님을 거스르는 문제에 있어서 순종하지 않을 때, 이것을 불순종이라고 생각합니다. 그러나 우리가 모든 일에 상급자에게 순종해야 할 의무가 있다고 믿는 것은 불합리합니다. 오히려 우리는 그가 하나님을 정당하게 대표할 때에만, 윗사람에 순종해야 합니다. 만약 그가 하나님을 대적하는 명령을 할 때는 하나님을 대표하지 못하며, 우리의 윗사람도 아닙니다.[123]

---

122 Walker, *A History of the Christian Church*, 452.

123 *사보나롤라가 모든 그리스도인과 하나님의 사랑받는 자들에게 보낸 공개 편지* (1497.6.19.), 297 이하.

그러나 피렌체 정부가 교황에게 이 파문장을 공식 철회하도록 무모하게 요구하면서, 정치적 상황은 더욱 복잡해졌다. 한편 사보나롤라는 연구와 기도에 전념하면서 침묵을 지키고 있었다. 그러나 교황청 측에서 피렌체가 신성 동맹에 가입하면 사보나롤라에 대한 반대를 철회하겠다는 비열한 제안을 하자, 사보나롤라는 1498년 사순절에 다시 연단에 서서 출애굽기를 설교하기 시작하였다. 그리고 이 설교를 끝으로 그는 강단과 인생에 작별을 고하였다. 그의 설교로 인해 교황이 피렌체시에 대해 성무 중지령을 내리겠다고 위협하자, 시의회는 1498년 3월 17일 그에게 설교 중단을 요청하였다. 그는 빠져나갈 길이 없었고, 오직 공의회에 호소하는 것만이 유일한 선택지였기에 이를 시도하려 하였다. 하지만, 그는 교회에 분열을 일으켜서는 안 된다는 판단에서 제후들에게 보내려고 이미 써놓았던 편지들을 불태워 버렸다. 결국, 이 길마저 막히자, 그에게 남은 것은 순교뿐이었다.

4) 재판과 처형

아라비아티당은 폭동을 일으켜 산마르코 수도원으로 몰려가서 경비병들을 물리치고 사보나롤라를 프라 도메니코(Fra Domenico)와 그 밖의 다른 제자들과 함께 마치 일반 범죄자처럼 끌고 갔다. 가장 악랄한 정적들로 구성된 위원회가 그를 심문하고 혹독하게 고문하였으며, 어떤 죄목이라도 뒤집어씌우기 위해 심문 기록을 위조하려고 안간힘을 썼다. 그의 운명은 이미 결정되어 있었다. (그 가운데 있었던 한 사람의 말에 따르면) 교황청 위원들은 이미 로마에서부터 '판결문을 가슴에 품고' 왔다. 형식적인 종교 재판이 열린 뒤 그는 세속 군대에 넘겨져 두 동료와 함께 1498년 5월 23일 교수형과 화형을 당하였다. 그가 화형당하던 순간의 기록은 마치 초기 교부들의 생애에서 한 장면을 떠올리게 한다. 그는 처형대에 오르기 전에 교황의 사면과 전대사(全大赦)를 경건하게 받아들였다.

〈사보나롤라가 처형당한 것을 기리는 시뇨리아(Signoria) 광장의 기념판〉

사보나롤라는 진실한 가톨릭 신자였다. 중세 교회의 교의를 단 하나도 부정하지 않았다. 그러나 교회의 교리들보다는 그리스도의 근본적인 교훈에 더 깊은 뿌리를 두었다. 그가 공의회에 호소하며 교황의 권위에 반기를 든 일은 호의적인 가톨릭 신자들마저도 난감하게 한다.[124] 반면 개신교 역사가들은 대체로 사보나롤라를 종교개혁의 선구자들 가운데 한 사람으로 포함시킨다. 하지만 그는 이신칭의의 교리를 옹호하지 않았으며, 여전히 로마 교회를 다른 모든 교회들의 어머니로, 교황은 그 교회의 머리로 여겼다.[125]

124 Schaff, *History of Christian Church*, 6, 667.

125 Schaff, *History of Christian Church*, 6, 669.

참고 문헌

Acts of the council of Constance, ed. Norman P. Tanner. https://www.ewtn.com/catholicism/library/council-of-constance-1459.

Act of the council of Florence (1438-1445), ed. Norman P. Tanner. https://www.ewtn.com/catholicism/library/ecumenical-council-of-florence-1438-1445-1461.

Borelli Anne/Passaro, Maria Pasore. Trans./Ed. *Selected Writtings of Girolamo Savonarola*. London: Yale University Press, 2006.

Gerson, Jean C. *De unitate ecclesiastica* (1409). In: Morrall, John B. Gerson and the Great Schism. Manchester University Press, 1960.

Hus, Jan. *De Ecclesia*. Trans. David Schley Schaff, *The Chur*ch (1915). https://en.wikisource.org/wiki/De_Ecclesia._The_Church.

Machilek, Franz. "Hus/Hussiten." TRE Bd. 15: 710-735.

Morrall, John B. *Gerson and the Great Schism*. Manchester University Press, 1960.

Pius II. *Exercrabilis* (1460.1.18.). https://sourcebooks.fordham.edu/source/p2-execrabilis.asp.

Pollock, Frederick & Maitland, Frederic William. *History of English Law*. Vol. 1, Cambridge University Press, 1968.

Savonalora, Girolamo. *Selected Writtings of Girolamo Savonarola*. Trans./Ed. Anne Borelli and Maria Pasore Passaro. London: Yale University Press, 2006. https://traditio-op.org/biblioteca/Savonarola/Selected-Writings-of-Girolamo-Savonarola-Religion-and-Politics-1490%E2%80%931498.pdf.

Villari, Pasquale. *Life and Times of Girolamo Savonarola*. Vol. 1. Londo: London, T. F. Unwin, 1888. https://archive.org/details/lifetimesofgirol00vill/page/n25/mode/2up.

Weinhardt, Joachim. "Savonarola." TRE Bd. 30:60-62.

Workman, Herbert B., ed., R. Martin Pope. trans. *The letters of John Hus, LXXIX*. London: Hodder and Stoughton, 1904. https://en.wikisource.org/wiki/The_letters_of_John_Hus.

Wycliff, John. *De dominio divino libre tress*. Ed. Reginald Lane Poole, Originally publsihed, London: for the Wyclif Society by Trübner & Co., 1890. https://books.google.com/books?id=DqYxAQAAIAAJ&printsec=frontcover#v=onepage&q&f=false.

____. *On the Truth of the Holy Scriptures*, 1378. Ed. Ian Christopher Levy, TEAMS, 2001.

____. *On the Eucharist*. In: 백충현, 김봉수 옮김. 『개혁의 주창자들: 위클리프부터 에라스무스까지』. 서울: 두란노아카데미, 2011.

김요섭. "중세시대 개혁의 선구자 위클리프 개혁적 교회론." 「개혁논총」 40 (2016): 197-229.

박경수. "얀 후스의 『교회』(*De Ecclesia*)에 나타난 교회개혁사상." 「장신논단」 47 (2015): 41-67.

이은선. 『종교개혁자들 이야기』. 서울: 도서출판 지민, 2013.

최종원. "위클리프와 로라드파의 면벌부 비판 연구." 「영국연구」 22 (2009): 1-22.

13

중세 후기 신비주의

I. 중세 후기 신비주의

1. 중세 후기 신비주의

13세기 청빈과 금욕으로 그리스도를 따르는 것을 강조했던 탁발 수도회의 영성은 중세 후기의 신비주의 방향에 근본적인 변화를 초래하였다. 이는 탁발 수도회가 제한된 수도원 공간 내에서가 아니라, 마을, 시장, 그리고 도시를 순회하며, 말씀을 전하고 금욕을 실천하는 경건의 본을 보여주었기 때문이었다. 또한 스콜라 신학에서 대두된 이성의 한계에 대한 인식도 중세 후반의 경건에 변화를 불러왔다. 그 결과, 첫째는 신학적 논의의 초점이 영혼의 이성적 영역에서 의지의 영역으로 옮겨졌다. 둘째는 내적인 경건을 세상 속에서의 그리고 세상으로의 적극적인 봉사의 생활과 결합하려는 새로운 형태의 대중적인 헌신 운동이 출현하였으며, 신비주의 또한 크게 발전했다.[1] 이들 대중적 헌신 운동들은 영혼이 하나님과의 신비적 연합을 경험하든, 하나님과의 직접적인 인격적 접촉을 추구하든, 일상에서 경건의 실천을 강조하든, 모두가 참되고 내적인 신앙이 필요하다는 인식을 지녔다.

신학에서 이성적 측면보다는 의지적인 요소를 강조하는 이들에는 마이스터 에크하르트를 비롯한 소위 도미니쿠스 신비주의자들과, '하나님의 친구들'(Gottesfreund), '자유로운 영의 형제자매들'(Brothers and Sisters of the Free

1 Walker, *A History of the Christian Church*, 408.

Spirit), 그리고 독일 신비주의자들이 포함된다. 반면에 세상 속에서 경건의 실천과 봉사의 삶을 추구하는 신비주의에는 각종 헌신 운동과 근대적 경건 운동으로 불리는 이들이 포함된다. 또한 이러한 그룹에 포함되지는 않는 중세 후반에 등장했던 개별적인 여성 신비주의자들도 있다. 사색적이고 실천적인 경향들을 토대로 독일 신비주의자들을 세분하려는 시도들이 있었으나, 그들을 그렇게 엄밀히 구분하기란 매우 어렵다. 에크하르트와 루이스브뤼크는 사변적 요소가 두드러졌고, 타울러는 경건의 요소가, 주조는 정서적 요소가, 흐로테와 저지대의 신비주의자들도 실천적 요소가 두드러졌다.

14-15세기 신비주의의 주요 공통된 특징들을 정리하면 다음과 같다.[2]

a. 그것은 성직자들뿐 아니라 평신도들에게도 호소력이 있었다.

b. 신비주의자들은 교훈과 설교를 강조하였으며, 주조(Suso)를 제외한 나머지는 교회가 전통적으로 강조해 온 금욕적 규율들을 도외시하였다. 그들은 육체와의 투쟁을 권장하지 않았다.

c. 그들은 구약성경보다 신약성경을 더 자주 사용하였으며, 하나님의 마음을 해석할 때 아가서보다 그리스도의 말씀에 더 많이 의존하였다.

d. 성사들과 사제직을 구원의 제도로 내세우는 교회 대신에, 그리스도 자신을 영혼과 하나님 사이의 중보자로 내세우며, 그분을 만민이 믿고 구원을 받을 수 있는 분으로 소개한다.

e. 순결한 신앙을 더 높은 신앙 체험의 필수 조건으로 가르치며, 복음이 가르치는 겸손을 매일 실천하는 것을 요구한다.

f. 설교와 저술에서 자국어를 사용하였다.

2 Schaff, *History of Christian Church*, 6, 224.

2. 중세 후기 여성 신비주의자들

중세의 여성 신비주의자들은 자신의 성별로 인해 대학 교육에 참여하는 것이 금지되어 있었다. 그러나 그들의 신비주의적 저술은 스콜라학자들의 저술뿐만 아니라 남성 수도사들의 저술만큼이나 영향력이 있었고 호소력을 지녔다. 여성 신비주의자들의 저술에는 몇 가지 특성이 존재한다:[3]

> 첫째는 중세 여인들이 라틴 전통에 대한 교육을 받지 못하였고, 그로 인해 그들의 고유한 지역 토속어로 글을 쓰곤 하였다는 것이다.
> 둘째는 여성이 남성보다 훨씬 당대의 지역 문화와 더 밀접한 연관을 맺고 있다.
> 셋째는 여성의 종교적 서술은 고정된 사고와 표현 유형 안에서 더 밀착하여 작업을 했던 남성의 저술보다는 때때로 훨씬 더 높은 정도의 혁신적 창의성을 보여준다.

여성 신비주의자들도 하나님과의 관계를 토착적인 언어로 기록하여, 당시 대부분 수도원 집단에서만 사용되었던 영적 경험과 관련된 표현과 용어에 변화를 가져왔다. 특히 여성들의 섬세한 감성과 영적인 민감성을 잘 드러내는 표현들은 오늘날에도 깊은 감화를 준다.

오늘날의 벨기에 지역, 시토회 수녀였던 나사렛의 베아트리스(Beatrice of Nazareth, 약 1200-1268)는 기본적인 영적인 경험을 사랑의 표현을 빌려 나타냈다. 베아트리스는 매우 극단적인 금욕을 실천하였다. 그녀의 저서 『거룩한 사랑의 일곱 가지 길』(*On Seven Ways of Holy Love*)은 사랑에 대한 갈망과 하나님의 사랑에 대한 강렬한 열망으로 구성되어 있다. 영혼은 고통을 참고 "이유를 묻지 않으며", 살아 있으면서 죽고, 스스로 하나님의 임재 속으

---

3 참조) Oliver Davies, "중세후기의 신비주의자들," In: *Medieval Theologians*: 421-440 (434 이하).

로 빠져들기를 택한다. 그리고 거기서 진정한 "사랑의 격정"을 경험하거나 하나님 안에서 조용히 안식을 경험하며 "사랑의 돌파"를 성취한다.[4] 시토회 수녀인 그녀의 사랑에 대한 표현은 클레르보의 베르나르두스가 보여주는 사랑에 대한 이해에 여성적인 감수성과 격정이 생생하게 불어넣고 있다.

엘베강 동쪽 지역 막데부르크의 메히틸드(Mechthild of Magdeburg, 1207-1282)는 어린 시절부터 영적인 경험을 하기 시작하였고, 성인이 되어서는 막데부르크의 베긴회에 가입하였다. 이곳에서 도미니쿠스 수도회의 영적 지도를 받으며 기도와 금욕적 삶을 실천하였다. 수녀로서 메히틸데는 겸손, 열정, 그리고 친절함과 경건으로 이름이 알려지기 시작하였다. 그녀는 독일어로 자신의 다양한 영감과 신비로운 환상의 경험을 『넘치는 신의 빛』(*Fliessendes Licht der Gottheit*)이라는 저서에서 기록하였다. 그녀는 자신만의 독특한 산문체로 성숙하고 일관된 '결혼신비주의'(Brautmystik)를[5] 이루는 서정적인 심상들을 자유로이 구사하였다. 즉, 메히틸드는 '예수 그리스도를 신랑'으로, 자신을 '그리스도의 신부'로 묘사한다.[6]

14세기에 주목할 만한 여성 신비주의자들로는 노리치의 줄리안(Julian of Norwich, 1342?-1416), 시에나의 성 카타리나(St. Catherine of Siena, 1347-1380)를 들 수 있다.

1) 노리치의 줄리안(Julian of Norwich, 1342?-1416)

마더 줄리안(Mother Julian)으로 불리기도 하는 노리치의 줄리안은 중세 후반 영국에서 은둔 생활을 실천한 수녀이자 신비주의자였다. 그녀의 가정 환경, 교육 또는 은둔 수녀가 되기 이전의 삶에 대한 기록은 거의 전해지지

---

4 Alois Maria Hass, "중세후기 신비주의 학파들," in: *Christian Spirituality (II)*: 215-263 (217).

5 Hass, "중세후기 신비주의 학파들," 218.

6 Mechthild of Magdeburg, *Fliessendes Licht der Gottheit*, in: KThQ 2, Nr. 56.

않는다. 처음 줄리안은 노리치에 있는 세인트 줄리안 교회에 딸린 암자에서 은둔 생활을 하였다. 이곳에서 익명으로 글을 쓰고 세상으로부터 고립되기를 추구하였지만, 그녀는 알려졌고, 방문객들을 위해 기도와 조언을 하는 등 경건의 모범으로 많은 영향력을 행사하였다.[7]

〈영국의 노르비치 대성당에 있는 줄리언의 조각상(wiki)〉

줄리안은 1373년경 30세 즈음에 자신이 죽음에 이르렀다고 생각할 만큼 중병을 앓았으며, 이 시기에 그리스도의 수난에 대한 환상을 여러 차례 경험한 것으로 알려졌다. 줄리안은 질병에서 회복되어, 자신의 경험을 기록으로 남겼다. 줄리안의 저서, 『하나님 사랑의 계시』(*Revelations of Divine Love*)는 라틴어가 아니라 당시 영어로 쓰였고, 1670년까지는 거의 알려지지 않았다가, 현대에 이르러 연구되고 출판이 되었다. 이를 통해 그녀는 당시 중요한 기독교 여성 신비주의자이자 신학자 중의 한 사람으로 간주된다.

줄리안은 『하나님 사랑의 계시』에서 16가지의 하나님 사랑의 속성을 설명한다. 여기서 그녀는 자신의 깊은 가르침과 통찰력을 드러낸다. 그녀는 만물을 묵상하면서 얻은 깨달음에서 출발한다. 그것은 첫째로 하나님이 만드셨고, 둘째는 하나님이 그것을 사랑한다는 것이며, 셋째는 하나님이 지키신다는 것이다.[8] 이 저서에서 하나님 사랑의 이해에서 중요한 위치를 차지하는 개념의 하나가 "예수 그리스도가 지닌 어머니의[모성애적] 사랑"이다.[9] 줄리안은 신의 모성적 사랑이 죄로부터의 구원에 있어서 매우 중요하

7 Julian of Norwich. *Revelations of Divine Love*, A new translation by Barry Windeatt. xiii.

8 Julian Norwich, *Revelations of the Divine Love*, ch. 5. translated by Grace Warrack, 1901. 이 번역서의 구성에 따라 아래에서 장을 표기함.

9 Julian Norwich, *Revelations of the Divine Love*, ch. 6: "His sweet Mother's love that him are."

다고 이해하였다.[10] 따라서 줄리언은 다음과 같이 선언한다:

> 죄가 모든 고통의 원인일지라도, 모든 것이 잘될 것이고, 모든 것이 잘될 것이며, 모든 일이 잘될 것이다….[11]
>
> 우리 선하신 주님은 내가 할 수 있는 모든 질문과 의심에 대해 대답해 주시므로, 나는 완전히 평화로이 말할 수 있습니다; 나는 모든 것을 잘할 것입니다(may). 나는 모든 것을 잘할 수 있습니다(can). 나는 모든 것을 잘하기를 원합니다(will), 나는 모든 것을 잘해야 합니다(shall), 그러면 당신은 모든 일이 잘될 것임을 알게 될 것입니다….[12]
>
> 어머니의 봉사는 가장 가까이 있고, 가장 준비가 되어 있으며, 가장 확실합니다…. 어머니는 자녀에게 그녀의 젖을 빨게 내줍니다. 그처럼 우리의 소중한 어머니인 예수는 그 자신을 우리에게 먹이시며, 축복의 성례전으로 친절하고 부드럽게 인도하십니다….[13]

이러한 표현은 그녀를 낭만적이고 낙관적인 신비주의자, 사랑의 신비주의자로 볼 수 있게 한다. 그리스도의 전적이고 헌신적인 사랑에 온전히 감화된 모습이다. 또한 줄리안의 영성은 감미로운 정감으로 가득해 보인다. 그리스도의 사랑에서 기뻐하고, 충만한 감정을 노래한다.

> 그러면 우리는 더 이상 그분을 바라볼 수밖에 없으며, 그분과 하나되어 그분의 거처에 중심을 두고, 그분의 선하심 안에서 그분의 사랑과 기쁨을 누리고자 하는 높고 강력한 소망을 가지며, 그분을 바라보는 것 외에는 아무것도 할 수 없

---

10 양정호, "중세 여성 신비가의 작품 해석을 위한 연구 방법론: 노르위치의 줄리안의 "사랑의 계시"를 중심으로," 「한국사학사학보」 2012 (26): 379-406.

11 Julian Norwich, *Revelations of the Divine Love*, ch. 27,

12 Julian Norwich, *Revelations of the Divine Love*, ch. 31.

13 Julian Norwich, *Revelations of the Divine Love*, ch. 60.

> 습니다. 그리하면 그분의 감미로운 은혜와 우리 자신의 온유하고 끊임없는 기도로 말미암아, 이 생에서 우리의 단순함이 감당할 수 있는 만큼 감미로운 영적인 안목(sights)과 감정(feeling)에 대한 수많은 은밀한 감동을 경험하며 그분께 나아갈 것입니다….[14]
>
> 하나님께서는 마치 그분이 행하신 모든 일이 곧 나를 위해 행하신 것처럼 내가 사랑으로 그분께 묶여 있는 모습을 보기 원하십니다.…[15]

더 나아가 줄리안은 하나님의 사랑 안에서 우리의 영혼이 하나님과 하나가 될 수 있음을 노래한다. 사랑 안에서 우리는 어떠한 방해도 없이 하나님과 하나 됨을 열망한다:

> 우리의 영혼은 그분과 하나가 되었으며, 불변의 선이신 하나님 앞에서 우리 영혼과 하나님 사이에는 진노도 용서도 존재하지 않습니다. 우리의 영혼은 그분의 선하심으로 인해 하나님과 완전히 하나가 되어 있으므로 하나님과 우리 영혼 사이에는 아무런 문제도 존재하지 않습니다.[16]

이처럼 노리치의 줄리안은 다른 여성 신비주의자들이 보여주는 정서적 특성과 사랑의 신비뿐만 아니라, 사랑의 신비, 낙관적이고 낭만적인 신비주의의 전형을 드러낸다.

2) 시에나의 카타리나(St. Catherine of Siena, 1347–1380)

시에나의 카타리나는 1461년 중세가 끝나기 이전에 로마 가톨릭교회로부터 시성을 받은 중세 여성 신비주의자들 중에 가장 잘 알려진 인물이다.

---

14 Julian Norwich, *Revelations of the Divine Love*, ch. 43.

15 Julian Norwich, *Revelations of the Divine Love*, ch. 65.

16 Julian Norwich, *Revelations of the Divine Love*, ch. 46.

그녀가 이처럼 유명해진 것은 경건의 모범 때문만이 아니라, 교회와 민족을 위한 헌신 때문이기도 하다.[17]

1347년 이탈리아의 시에나에서 태어난 카타리나는 어린 시절부터 종교적 감수성이 예민하였으며, 부모가 결혼시키려 하자, 이를 모면하기 위해 고향 근처의 도미니쿠스회 영성에 헌신적인 경건한 부녀자들의 모임에 가입하였다. 이 모임에서 카타리나는 매우 엄격한 금욕적 생활을 실천하였으나, 수도원에 정식으로 가입된 것은 아니었다. 이 모임은 장차 도미니쿠스회의 제3수도회-주로 평신도들로 구성됨-로 인정받았다. 이 시기에 카타리나는 여러 신비 체험을 경험하였다.

카타리나는 1367년경 은둔 생활을 청산하고 사회로 나가 적극적인 구제 사역을 실천하며 죄인들의 회심을 위해 노력하였다. 그녀는 빈민들과 병자들을 찾아다녔으며, 그들을 헌신적으로 돌보았고, 그로 인해 성읍 전체에서 구원의 천사로 알려졌다. 1374년 전염병이 퍼졌을 때도, 그녀는 헌신과 섬김의 사역을 끝까지 포기하지 않았다.

특별히 카타리나는 교황청을 지지하고 성직자들의 도덕을 개선하고 평화를 정착시키고자 노력하였다. 당시 세속 성직자의 도덕적 상태는 극도로 타락해 있었으며, 교황이 부재하는 동안 교황령 대부분은 부패한 교황 사절의 통치 아래에 놓여 있었다. 이에 그녀는 아비뇽의 교황 그레고리우스 11세에게 로마로 돌아오도록 촉구하며 교황청의 개혁을 요청하였다.

> … 사랑하는 아버지, 다른 것을 완료하기 전에, 그 다른 두 가지 일, 즉 로마로 돌아오는 것과 지극히 거룩한 십자가의 깃발을 높이시는 일을 완수하지 않으면, 그것을 쉽게 하실 수 없습니다. 당신이 보거나 듣는 도시들의 어떤 추문이나 반역 때문에, 당신의 거룩한 열망이 실패하지 않게 하십시오. 아니, 신속히 행하고자 하는 거룩한 열망의 불꽃을 더욱 불타오르게 하십시오. 그렇다면 지체하

17 Schaff, *History of Christian Church*, 6, 181.

> 지 말고 오십시오…. 당신에게 말합니다. 오십시오(come). 오십시오(come). 오십시오(come), 시간을 기다리지 마십시오. 시간은 당신을 기다려주지 않습니다…. 내 앞에서 남자답게 행동하시고 절대 두려워하지 마십시오.[18]

카타리나의 명성이 높아지면서, 당시 교황청의 무리한 요구에서 비롯된 갈등으로 인해 성무 중지령이 내려졌던 도시 피렌체는 1375년 교황과의 관계를 개선하는 임무를 그녀에게 부탁하였다. 이 임무를 띠고 1376년에 카타리나는 아비뇽에서 그레고리우스 11세와 대면하였다. 피렌체에 내려진 성무 중지령은 1378년 7월 다음 교황 우르바누스 6세에 의해 철회되었다. 1378년 11월 서방 교회의 대분열이 일어나자 우르바누스 6세는 카타리나를 로마로 소환하여, 귀족들과 추기경들에게 자신에게 대의명분이 있음을 설득하도록 요청하였다. 로마에서 카타리나는 교회의 개혁을 위해 노력하고, 궁핍하고 가난하고 고통받는 자들을 섬기며, 수많은 사람에게 서신을 보내어 감동을 주었다. 또한 그녀는 모든 계층의 사람들에게 편지를 보내고, 이탈리아의 군주들, 공화국들과 서신을 교환하였고, 교황 사질에게 자문을 구하기도 하였다.[19] 반면 카타리나는 극단적인 금욕과 단식으로 건강에 어려움을 겪었다. 그녀는 1380년 33세의 나이로 사망하였으며, 1461년 교황 피우스 2세에 의해 성인으로 추대되었다.

카타리나는 기도와 순종, 사려 분별 등의 덕목들을 다룬 신비주의적 저서인 『대화록』(*Dialogue of Divine Providence*)을 구술 형태로 집필하였다. 이 저서는 14세기 이탈리아의 방언으로 쓰였다. 이외에도 그녀는 400여 통의 편지와 26개의 기도문을 남겼다. 기독교 최상의 덕목인 기도와 사랑으로 가득했던 카타리나는 『대화록』에서 가톨릭의 교리들을 신비적 설명으로 이해를 돕고 있다. 『대화록』의 시작 부분은 카타리나의 정신을 잘 드러낸다. 여기서

---

18 시에나의 카타리나가 교황 그레고리우스 11세에게 보낸 편지 (1375?). in: *Letters of Catherine Benincasa*, trans. Vida Dutton Scudder, 165.

19 *Catholic encyclopedia*, "St. Catherine of Siena."

그녀는 기도를 통해 영혼이 하나님과 하나 됨을 강조하였다. 카타리나는 자신을 넘어, 교회와 세상의 평화와 더불어 하나님의 섭리가 이 땅에 구현되기를 기도한다.

> 하나님의 명예와 이웃의 구원을 바라는 마음으로 고양된 한 영혼이, 사랑을 통해 하나님과 영혼의 하나 됨을 본 후에, 겸손한 기도로 자신을 훈련하면서, 하나님께 네 가지 간구를 구한 것입니다. … 기도는 … 영혼을 훈련해 십자가에 못 박히신 그리스도의 발자취를 따르게 하며, 영혼을 하나님과 하나가 되게 함으로써 욕망과 애정, 사랑의 결합을 통해 영혼을 또 하나의 그분으로 만들기 때문입니다….
> 첫째는 자신을 위한 기도이며, 둘째는 거룩한 교회의 개혁을 위한 기도이며, 셋째는 온 세상을 위한 공동의 기도이며, 특히 거룩한 교회에 대한 음란과 박해로 반역하는 그리스도인들의 평화를 위한 기도이며, 넷째는 자신이 관심을 가진 일들에 하나님의 섭리를 구하는 기도입니다.[20]

이처럼 카타리나는 사랑을 통해 하나님과 영혼이 연합할 수 있으며, 겸손한 기도로 자신을 점검하고 훈련하고 있다. 그녀의 권고는 사랑에 대한 찬사와 권면으로 가득하다. 카타리나가 기도하는 주제들은 그녀의 삶에서 실천한 헌신과도 맞닿아 있다. 특별히 카타리나의 권고는 모든 죄와 다툼, 분열의 해답이 사랑에 있음을 강조하며, 모든 죄의 근원을 '자기 사랑'에 둔다. 또한 그녀는 하나님의 사랑을 이웃 사랑으로 확장한다.

> 죄는 모든 덕에 빛을 비추는 사랑을 잃어버렸기 때문에 생겨난다. 같은 방식으로 이웃에 대한 자비와 사랑을 파괴하는 자기 사랑이 모든 악의 원리이며, 근원이다. 모든 스캔들, 미움, 잔인함, 모든 종류의 고통은 왜곡된 자기 사랑에서 비

---

20 St. Catherina of Siena. *Dialogue of Divine Providence*, c. 1.

롯된다. … 그러므로 나는 그대에게 말한다. 모든 덕이 세워지는 것은 그 이웃, 말하자면 이웃에 대한 사랑에 있다. 참으로 나는 그대에게 말하노니 사랑은 모든 덕에 생명을 준다…. 진리 안에서 나[중재자]를 사랑한다면, 그는 동일한 진리 안에서 그의 이웃을 섬겨야 한다. 나에 대한 사랑과 이웃에 대한 사랑은 하나이고 동일하다. 이웃을 향한 사랑이 나한테서 나왔기 때문이다.[21]

3. 도미니쿠스회 신비주의

1) 도미니쿠스회 신비주의(The Dominican mysticism)

'도미니쿠스회 신비주의'는 14세기 서방 교회의 대분열과 아비뇽 교황청의 오명과 추문 등이 교회의 토대와 신뢰를 근본적으로 흔들고 있던 시기에, 독일 라인강 주변을 중심으로 펼쳐진 경건 운동을 일컫는 표현이다. 이 흐름의 중심인물들이 주로 도미니쿠스회 수사들이었기 때문에 그렇게 불리기도 한다.[22]

설립 초기 도미니쿠스회 수도사들의 영성에는 신비적인 경향을 암시하는 특징들이 분명하게 드러나지 않는다. 수도회의 설립 목적 자체가 설교를 통해서 영혼을 돌보고, 이단을 물리치고, 그리스도를 따르는 삶의 모범이 되는 데 있었기 때문이다. 따라서 이 수도회는 '영성'을 고양하려는 측면에는 거의 신경을 쓰지 않았다. 수도회 내에서도 관상적인 활동(*vita contemplativa*)도 어느 정도 긍정적 역할을 지닌 것으로 이해되었지만, 어디까지나 이는 그 반대 개념인 실천적 활동(*vita activa*)과 결부되었을 경우에만 그렇게 이해되었다. 토마스 아퀴나스는 『신학대전』에서 단순히 수도하는

---

21 St. Catherina of Siena. *Dialogue of Divine Providence*, c. 7, in: 심창섭 · 채천석, 『원자료 중심의 중세교회사』, 198 이하.

22 Schaff, *History of Christian Church*, 6, 220.

삶[관상의 삶 - *vita contemplativa*] 보다는 설교하고 또한 다른 사람들에게 묵상한 것을 가르치는 실천적인 삶[*vita activa*]을 더 나은 삶이라고 가르쳤는데, 이는 도미니쿠스회 수도사의 삶의 목적이 어디에 있는지를 분명히 드러내는 것이었다.[23]

하나님의 말씀을 선포하고, 주 예수 그리스도의 이름을 전하는 것에 매진하는 도미니쿠스회의 목적이 영혼 구원에 있음은 수도회 헌장의 서문에서도 명백히 드러난다.[24] 따라서 그들은 도시와 시민의 영적 필요에 부응하는 노력을 게을리하지 않았다. 그러면서도 전통적 수도원의 생활 방식인 성무 일과를 비롯하여 아침 기도와 저녁 기도, 밤에 드리는 기도들, 그리고 여행 중에 날마다 드리는 기도들을 실천하였다. 그러나 도미니쿠스회 수사들에게 이런 기도 형식들은 언제나 설교와 영혼들을 더욱 효과적으로 돌보는 데 기여하는 것으로서 이해되었다.

앞선 세기에 라인강 유역에는 '자발적 가난'과 '일상에서의 경건'의 이상을 실천하였던 베긴(Beguines)과 베가드(Begard) 등의 평신도 단체들이 있었다. 베긴과 베가드는 하나님에 대한 사랑과 영적인 헌신 등을 추구하였으나, 이들은 1311년 비엔나 공의회에서 교서, "*Ad nostrum*"을 통해 정죄를 당하였다.[25] 그러나 교회는 14세기 새로이 일어나는 영적인 운동을 전통 있는 수도회에 소속시켜 지도하려 하였다. 이러한 목적에 따라 도미니쿠스회 수사들이 이들의 영적인 삶을 지도하고 심화시켜야 하는 역할을 감당하게 되었다.

따라서 도미니쿠스회 수도사들이 발전시킨 신비주의는 관상적이며 지적이면서도 또는 영혼 구원과 목회적 관심에 기반을 둔 실천적 성격의 양면성을 지니고 있었다. 그 두 개념이 합쳐져서 생겨난 도미니쿠스회 신비주

---

23 Thomas, ST III. q. 40. a. 1. ad. 2.

24 *Primitive Constit*. prolog. http://www.op.org/sites/www.op.org/files/public/documents/fichier/primitive_consti_en.pdf

25 *Council of Vienne*, in: KThQ2, Nr. 57. b; *Denzinger*, 471-478.

의는 이웃과 이웃의 종교적 필요에 대한 민감성을 통해 종교적 경험을 변형할 수 있게 하였다. 그로써 중세 후기 시대의 도시의 삶과 문화에 순응하는 신비주의가 되었다. 이러한 도미니쿠스회 신비주의를 대변하는 이들이 마이스터 에크하르트(Meister Eckhart, 1260-1327/8), 요한 타울러(John Tauler, 1361사망), 하인리히 주조(Henry Suso, 1366 사망) 등이다.

2) 마이스터 에크하르트

① 에크하르트의 생애

마이스터 에크하르트(Meister Eckhart, 1260-1327/8)는 독일 신비주의 혹은 도미니쿠스회 신비주의 계열에서 첫 번째 인물이다. 그는 사고의 열정에서 당대의 어떤 인물에도 뒤지지 않았으며, 독일어로 책을 쓰고, 설교한 최초의 신학자였다. 에크하르트는 그의 사상이 지닌 철학적 경향 때문에 요셉 바흐로부터 "독일 철학의 아버지"(Vater der deutschen Speculation)라는 칭호를 받았다.[26] 반면에 스콜라주의자들과 후기 신비주의자들에 대하여 분리하여 이해하려는 시도들을 지적하며 K. 플라시(Kurt Flasch)는 이렇게 언급한다: "사람들은 에크하르트 교수가 파리 대학에 있었고, 그의 사상은 파리 대학과 쾰른 대학에서 섭취한 것을 자기 안에서 통일시킨 것이란 사실을 거의 알지 못한다. 사람들은 '스콜라 철학'을 전형적인 것으로 만들었고, '신비 철학'을 탈 이성화시켰다."[27] 이어서 플라시는 에크하르트가 신비 신학을 전혀 언급하지 않으며, 다만 성경 해설을 통해서 신학과 철학의 관계를 규명하고 조화시키려고 하였고, "신의 아들 됨"(Philosophie der Gottessohnschaft)의 개념을 철학적으로 정리하고자 하였다고 주장한다.[28] 이러한 플라시의

---

26 Joseph Bach, *Meister Eckart der Vater der deutschen Speculation*, Wien: Wilhelm Braumüller, 1864.

27 Flash, *Einführung in die Philosophie des Mittelalters*, 278.

28 Flash, *Einführung in die Philosophie des Mittelalters*, 287.

〈마이스터 에크하르트(wiki)〉

평가에도 불구하고 대부분 연구자는 에크하르트를 신비주의자에 위치시키는 것을 선호한다.

에크하르트의 몇몇 저서들이 교황 요한 22세에게 단죄당했음에도 불구하고, 그는 후대의 신비주의자들에게 존경받았다. 하지만 그의 이름이 한동안 거의 잊혀졌었다. 그에 대한 기억이 재조명받기 시작한 것은 18세기에 이르러서였다. 오늘날 그는 중세 말 독일 교회사에서 신선한 사고와 따뜻한 경건, 간결한 독일어 문체로 중요한 자리를 차지하고 있다.[29]

에크하르트는 고다(Gotha) 근처의 호흐하임(Hochheim)에서 태어나 아마도 쾰른에서 사망한 듯하다. 13세기 말에 그는 에르푸르트의 도미니쿠스회 수도원장과 도미니쿠스회 튀링엔 관구장을 지냈으며, 파리 대학교에 파견되어 석사와 박사 학위를 받은 뒤에 1302/3년에는 교수로 활동하였다. 그는 프랑스에서의 체류를 마친 뒤에는 당시에 작센의 관구장이 되었다. 1311년에는 교수로서 파리 대학교에 다시 파견되었다. 돌아온 뒤 그는 상당한 시간을 스트라스부르에서 지내며 설교하였으나 공적인 직분은 알려지지 않았다. 에크하르트는 1320년에는 프랑크푸르트 수도원장이 되었으며 말년에는 쾰른에서 시간을 보냈다.

1325년에 그는 쾰른 대주교 비르네부르크의 하인리히(Heinrich of Virneburg)에게 이단으로 고소를 당하였다. 하지만 이 첫 번째 고소장은 기각되었다. 1327년에 대주교는 에크하르트를 다시 한번 이단으로 고소하였다. 대주교의 법정에서 그는 정죄당하기 직전, 교황에게 항소하였다. 이에 교황 요한 22세는 아비뇽에 재판소를 설치하여, 사건을 조사하게 하였다. 1327년 2월 에크하르트는 쾰른의 도미니쿠스회 교회에서의 한 공개 진

29 Schaff, *History of Christian Church*, 6, 226.

술에서, 자신이 평생 교리상의 이단과 윤리상의 일탈을 피해왔다고 주장하고는, 자신의 저서들에서 오류가 발견된다면 언제든 철회할 용의가 있다고 밝혔다.[30] 그러나 1329년 3월 27일에 발행된 대칙서에서 요한 22세는 에크하르트에게 적용된 26가지 혐의 중에서 15가지가 이단이고 나머지 11가지가 이단 성향을 띠고 있다고 공포하였으며, 고소장에 실리지 않은 다른 두 가지 혐의를 근거로 이단으로 선고하였다(총 28개의 명제).[31] 교황은 에크하르트를 직접 이단으로 정죄한 것이 아니라 그의 명제를 이단적이라고 판단하였다. 이에 대해 에크하르트는 자신의 기소된 명제에 대해 반박하는 『변명』(*Defense*)을 저술하였다. 그는 아마도 1328년 쾰른에서 죽은 듯하다.[32]

설교자로서 에크하르트는 교회와 수도원에서 설교하였다. 그의 설교는 문체가 매우 생생하여서 읽는 이의 마음을 사로잡는다. 현존하는 에크하르트의 설교들은 독일어로 기록되어 있는데, 설교자는 자신의 의중을 설명하기 위해서 라틴어 표현을 인용하는 일을 삼가며, 필요할 때는 새로운 독일어 용어들을 고안해 낸다.[33] 성경을 수시로 인용하되 구약보다는 신약을 더 자주 사용하며, 신약 성경 가운데서도 주로 중생, 그리스도의 아들되심, 신자들, 사랑의 주제를 가르치는 부분들에 머문다. 에크하르트는 예화 사용의 달인으로서, 자연 세계와 가정과 직장 등 늘 관찰할 수 있는 영역에서 예화의 소재를 채택한다. 몇 가지 몹시 난해한 진리들을 다루기도 하지만, 사변적 치밀함을 과시하려는 욕심을 드러내는 법이 없다. 오히려 청중이 자기 설교를 깨닫기를 바라는 심정을 자주 표현하며, 그들이 자신과 자주 대화를 나누면서 어려운 문제들을 물어온다고 말한다.[34] 보다 거시적인 에크하르트의 목표는 "거룩한 기독교 신앙과 신구약 성경의 가르침들을 철학의 원

30 Eckhart, The Defense, I. in: Blakney, *Meister Eckhart, A modern Translation*, Ⅱ, 44-132.

31 *1328년 에크하르트에 대한 교황의 정죄 내용* (*In agro dominico*, 1329.03.27.), in: KThQ2, Nr 58. a. 3.

32 *Late Medieval Mysticism*, 류금주 옮김, 『중세후기 신비주의』, 215.

33 Schaff, *History of Christian Church*, 6, 229.

34 Schaff, *History of Christian Church*, 6, 229.

리들을 이용하여 설명하는 것"이었다.[35] 따라서 고도로 추상적인 형식의 신플라톤적인 사상이 포함된 철학적 메시지가 그의 성경 주해의 신학적 목표 속에 가미되어 있었다.

신학적 저술로 에크하르트는 일천 개의 논제를 모아 라틴어로 『삼부작』(*Opus propositionum, Opus quaestionum, Opus expositionum*)을 저술했는데 일부만 남아 있다. 또한 약간의 주석과 변론 문서를 제외하고는, 대부분 그의 목회적 성격을 지닌 작품이 보존되었다. 「하나님 위로의 책」, 「귀인에 대하여」, 「초탈에 대하여」, 「분별에 대한 조언」 등 거의 백 편에 가까운 설교이다. 1930년대부터 1976년까지 요제프 퀸트(Josep Quint)는 에크하르트의 독일어 설교와 라틴어 설교를 편집하고 번역하였다. 이 간행본의 출판을 통해 에크하르트에 관한 연구가 활발해졌으며, 에크하르트의 연구사에 있어 커다란 획을 긋는 전환점이 되었다.[36]

② 에크하르트의 신학

신학자로서 에크하르트는 지식보다는 영혼에 치중하였고, 영혼이 하나님과 직접 사귐을 갖도록 인도하는 데 마음이 기울어져 있었다. 그는 하나님과 영혼이 맺는 관계 자체만을 집중하여 다룬다. 에크하르트의 태도에 대해 블레크니(Blakney)는 "보통 종교적인 사람에게 하나님은 어떤 것(something)이다. 그러나 에크하르트에게 있어서 신은 모든 것(everything)이다."라고 평가한다.[37] 에크하르트의 신학은 존재로서의 하나님, 의존적 존재로서의 피조물, 하나님과 인간의 만남의 장으로서 영혼에 관한 깊은 성찰의 세 주제로 대별된다.

첫째로 에크하르트에게 하나님은 절대 존재이시다(*Deus est esse*). 신성(Godhead)은 신성 안에 계시는 위격들(persons)과 구분된다. 삼위일체는 이

35 Eckhart, *Expositio Sancti Evangelii secundum Johnneum*. 4.

36 Blakney, *Meister Eckhart, A modern Translation*, Ⅱ, 165-166.

37 Blakney, *Meister Eckhart, A modern Translation*, 16.

신성이 영원한 과정에 의해서 자신을 계시하는 방식이다. 신성은 그 자체에 만물의 가능성을 지닌 단순한 본질이다. 하나님은 형상을 지니시되 형상이 없으시며, 존재이시되 존재가 없으시다. 위대한 교사들은 하나님이 존재를 초월하신다고 말한다. 그러나 이것은 정확한 말이 아니다. 이는 마치 태양을 검다거나 희다고 할 수 없듯이 하나님을 하나의 존재라 부를 수 없기 때문이다.[38]

> 나는 전에 한 번도 말한 적이 없는 것을 말하겠습니다. 하나님과 신성은 하늘과 땅만큼이나 차이가 있습니다. 나는 조금 더 말하겠습니다. 속사람과 겉사람은 하늘과 땅만큼이나 다릅니다. 그러나 신성(Godhead)로부터 하나님(God)은 여전히 수천 마일이나 멀리 있습니다.[39]

에크하르트가 신(*Gott*)에 대한 이해에서 제기하는 '신성'(Gottheit)은 정의를 내리기 어렵다. 따라서, 그는 이를 부정신학의 방법으로만 설명한다.[40] 이러한 접근 방식은 그의 신학을 신비주의로 규정하는 요인이 되었다. 그러나 이러한 그의 하나님에 대한 부정신학적 이해는 그가 정죄를 당한 이후 한동안 단절되었다.[41]

에크하르트에게 하나님이 존재하시는 이유는 존재하는 것이 그분의 본성이기 때문이다. 안셀무스, 토마스 아퀴나스가 주장한 것처럼, 하나님이 아닌 것은 존재하지 않는다. 그리고 피조물들의 세계는 단지 우연한 존재만을 갖고 있는데 이는 그 존재가 하나님께 의존하고 있기 때문이다. 이는 에크하르트를 이단자로 몰아붙이는 가장 상투적인 "피조물들은 그 자체로는

---

38 Udo Kern, "Eckahrt," TRE Bd. 9: 258-264.

39 Eckhart, *Sermons* 26 [계시록 21:2절에 관한 설교]. in: *Meister Eckhart*, ed. Joseph Quint. München: Carl Hanser Verlag. 1985.

40 Hirschberger, *Geschichte der Philosophie*, I, 637.

41 Fox, *Passion for Creation: the Earth-honoring Spirituality of Meister Eckhart*. 김순현 역, 『마이스터 에크하르트는 이렇게 말했다』 (왜관: 분도출판사, 2006), 50.

순수한 무이다"라는 표현으로 이해되었다.[42]

둘째로 창조에 관한 설명에서 먼저 에크하르트는 "존재를 하나님과 동일시하고"(*esse est Deus*), 이어서 하나님만이 적절하게 존재, 일자, 진리 그리고 선이라고 말한다.[43] 이어서 피조물들은 존재라고 불리는데, 왜냐하면 그것들이 참으로 있기 때문이 아니라, 참으로 홀로 있는 하나님과 관련되어 있기 때문이다. 창조를 통해, 피조물은 신적인 존재에 참여하지만, 존재를 그것 자체의 것으로 소유하지 않는 방식으로 참여한다. 즉, 피조물은 그것 자체의 실존이 아니라, 하나님의 실존으로부터 창조를 통해 실존한다.

따라서 모든 피조물은 무로부터 지음을 받았을지라도 영원 전부터 하나님 안에 있었다. 창조는 영원한 행위이다. 하나님은 존재하자마자 세상을 창조하셨다. 피조물이 없다면 하나님께서 하나님이 되시지 않는다. 하나님은 만물 안에 계시고, 만물이 하나님이시다. 토마스 아퀴나스는 하나님의 존재와 피조물의 존재를 뚜렷이 구분하였다. 반면에 에크하르트는 그 둘의 통일성을 강조한다.[44]

에크하르트에게 "하나님이 세계를 어제 창조하였다거나 내일 창조할 것이라고 말하는 것은 어리석은 것이다. 그분은 세계와 만물을 현존하는 지금(Now) 창조하였으며, 하나님에게는 천 년 전의 시간이 현재의 순간과 동일하다." 이런 이유에서 에크하르트는 "하나님은 존재하자마자 세계를 창조했다"라고 진술하여 유죄 판결을 받기도 하였다.[45] 하지만, 진술의 맥락을 고려한다면, 이는 충분히 가능한 진술이다. 그는 하나님 편에서 창조는 영원한 행위이며 결과적으로 창조는 그분의 관점에서 영원하다는 것을 지

---

42 Blakney, *Meister Eckhart, A modern Translation*, II, 29; Eckhart, Sermon 4. in: *Meister Eckhart's Sermons*, trans. Claud Field, M.A. 아래에서 제시하는 에크하르트의 설교는 이 저서의 배열에 따랐다.

43 Eckhart, *Prologus generalis in Opus tripatitum*. n. 12 (*Lateinischbn Werke* 1, 156), in: KThQ2, Nr 58. a. 1.

44 Eckhart, *The Defense*, VII, 4-5.

45 KThQ2, Nr 58. a. 3. 정죄 1명제: "…. 그러므로 하나님께서 존재하자마자 그분은 세상도 만드셨다."

적하고 있다.

셋째로 영혼에 관한 에크하르트의 설명은 하나님처럼 정의의 방식으로 이해하기가 어렵다. '영혼의 핵'을 통해서 영혼은 하나님과 합일하며, 음식이 몸과 일체가 되는 것보다 더 참되게 하나님과 하나가 된다. 영혼은 하나님에게로 돌아가기 전에는 안식할 수 없으며, 그렇게 하려면 자신에 대해서 죽어야 한다. 다시 말해서 하나님께 온전히 굴복해야 한다.[46]

삼위일체의 제2위께서 인성을 취하신 목적은 인간이 신성에 참여하도록 하기 위함이다. 에크하르트는 하나님께서 인간이 되신 목적은 우리가 신이 되도록 하시기 위함이었다고 말하였다.[47] 하나님께서 성자를 당신의 본성 안에 낳으시는 것이 확실한 것처럼, 영혼 안에서 그분을 낳으시는 것도 확실하다.[48] 영혼 안에서 이루어지는 영원한 아들의 탄생은 그 어떠한 인간도 앗아갈 수 없는 기쁨을 일으킨다. 하나님의 아들이 영혼 안에 낳음을 입으시는 것이 모든 참된 생명과 선행의 근원이다.

그러면 영혼 안에 아들이 태어나기 위해서는 어떻게 해야 하는가? 에크하르트는 이를 '영혼이 하나님께로 가는 세 개의 길'이 있다고 말한다.[49] 첫째는 많은 수고와 불붙는 사랑으로 모든 피조물 안에서 하나님을 찾는 길이며, 둘째는 길 없는 길로서 의지도 없고 관념도 없이 바울이 3층 천을 경험한 것처럼 만물 너머로 들어 올려지는 압도적 은혜에 의한 황홀의 길이며, 셋째는 '여기에서 떠남'이라고 일컬어 지지만, 여기 있는 것으로, 하나님을 그 자신 안에서 직접 보는 길이다.[50]

---

46 Hass, "중세후기 신비주의 학파들," 227-228.

47 Eckhart, *Deutschen Werke* I. 472.

48 Schaff, *History of Christian Church*, 6, 233.

49 Eckhart, *Sermons* 8: [눅 10:38-42에 관한 설교], in: KThQ2, Nr 58. a. 2.

50 Eckhart, *Sermons* 8: KThQ2, Nr 58. a. 2.

③ 하나님께 나아가는 길

하나님의 임재를 의식하지 못하고 항상 이리저리로 하나님을 찾기 위해 나다니며, 어떤 특별한 방법으로 그를 찾으려는 사람은, 말하자면, 어떤 행동이나 사람 또는 장소에서 하나님을 찾으려 하는 사람은, 하나님을 찾을 수 없다. 그들은 쉽게 혼란을 겪을 수밖에 없다. 왜냐하면 그들은 하나님을 갖지 못하였고, 찾지도, 생각하지도, 사랑하지도 않는다. 그러므로 악한 것들이 그들의 걸림돌이 될 뿐만 아니라, 선한 것들도 그들의 걸림돌이 된다. 말하자면 거리도 교회도 다 그들의 걸림돌이 된다…. 문제는 그 사람에게 있다. 그들에게서 하나님이 모든 것이 되어 있지 않기 때문이다. 하나님이 모든 것이 되어 있다면, 그 사람은 어디로 가든지 어떤 사람들 가운데 있든지 잘할 것이다. 그가 하나님을 소유하고 있다면, 그 누구도 그의 일을 방해하거나 빼앗아 갈 수가 없다. 그가 하나님을 참으로 소유하는 것은 무엇에 달려 있는가? 그것은 마음에 달려 있다.[51]

에크하르트는 하나님을 경험하거나 소유하는 것이 자신의 내면에 대한 성찰에서 비롯된다고 보았다. 그에 따르면, 이는 마음에 달려 있는 것이다. 그는 이러한 마음에서 이루어지는 과정을 다음과 같이 네 단계로 나누었다.[52]

a. 창조

에크하르트에게 있어서 하나님에게 나아가는 길은 자신의 현재 상태를 올바르게 인식하는 것에서부터 출발한다. 그것은 존재자이신 하나님과 하나님으로부터 존재를 입은 피조물, 그리고 존재하는 피조물 자체가 하나님 은총의 산물이라는 깨달음에 기초한다.

---

51 Eckhart, *내적인 고독과 하나님에 대한 사랑*, in: 심창섭 · 채천석, 『원자료 중심의 중세교회사』, 187.

52 해당 주제에 관한 자세한 연구는 참조) 매튜 폭스(Mattew Fox)의 저서 *Passion for Creation: the Earth-honoring Spirituality of Meister Eckhart*, 김순현 역, 『마이스터 에크하르트는 이렇게 말했다』. 왜관: 분도출판사, 2006.

i) 창조는 하나님의 계시며, 은총이며 하나님의 선하심과 아름다움의 흘러넘침이다.[53] 모든 존재가 하나님의 말씀이고 계시인 한 평등하지만, 인간은 독특한 능력을 지닌다. 그 능력은 하나님의 형상을 닮아 창조된 까닭에 모든 존재와 관련을 맺고 그들의 근원이신 하나님께 돌아가는 능력이다. 모든 피조물은 하나님의 말씀으로 창조되었으며, 모든 피조물은 자신들의 활동 속에 하나님의 말씀이 메아리치고 있다. 그러므로 모든 피조물은 기꺼이 하나님을 표현하기 위해 그들이 할 수 있는 최선을 다하고 있다.

ii) 어떤 것이 존재를 가진 만큼 하나님을 닮았다. 우리의 삶은 존재의 한 형태임이 틀림없다. 또한 우리의 삶이 존재인 한, 우리는 하나님과 관련되어 있다. 하나님은 모든 피조물에 자신의 존재를 부어주셨다. 즉, 하나님은 모든 피조물을 사랑하시고 당신의 존재로 그들을 채우신다.

iii) 따라서 모든 피조물은 축복이다. 이것은 하나님과 하나님의 말씀이 선이기 때문이다. 거룩한 '존재'(*esse*)가 모든 피조물에 스며들어 있기 때문이다. 창조의 하나님은 피조물 안에서 드러나지만, 피조물은 하나님께 의존하지 않고는 존재할 수 없다. 순수한 무(nothing)가 된다.

결국 인간은 외부적인 사물에서 돌이켜 하나님께로 돌아가야 한다. 왜냐하면 인간의 근원이 하나님이시기 때문이다. 인간이 그 근원인 하나님께로 돌아감[나아감]은 창조에서 축복하신 하나님의 선의 회복이다.

> 하나님은 모든 것 속에 현존하시고 활동하시며 능력을 미치신다. 그러나 오직 영혼 속에서만 하나님은 열매를 맺으시니, 이는 모든 피조물이 오직 하나님의 발자국이지만, 영혼은 본래가 하나님의 형상으로 만들어졌기 때문이다. 이 형상은 영혼의 탄생으로 고귀해지고, 완성되어야 한다. 오직 영혼 이외에는 어떠한 피조물도 하나님의 이러한 행하심과 이러한 탄생에 반응할 수 없다. 진실로, 그것이 신적이든 아니든, 단순한 빛이든, 은혜든, 축복이든, 어떠한 완전함이 영혼

53 Eckhart, *Sermons* 5. [요한복음 13:34에 관한 설교, DW III, 75].

속으로 들어가든 간에 그것은 오직 이 탄생을 통해서만 영혼 속으로 들어갈 수 있으며 그 밖의 다른 길은 존재하지 않는다.[54]

b. 초탈(Abgeschiedenheit)[55]

에크하르트가 영혼이 하나님과의 합일에 들어가는 활동을 가리킬 때 즐겨 쓰는 단어인 '초탈'은, 영혼이 현세적이고 눈에 보이는 모든 것에서 떨어져 나오는 것을 뜻한다. 인간들로부터, 자아로부터, 성가시게 하는 모든 것에서 떨어져 초연하라고 에크하르트는 말한다. 마음에 오직 하나님만 모셔놓고 금식과 철야와 기도에 힘쓰면 완전에 이르게 된다고 한다. '하나님이 창조한 모든 것은 변화를 지닌다. 변화를 의미하는 '여기'(here)와 '지금(now)을 벗어나야 한다. 이렇게 '초탈' 곧 창조된 것들로부터 철저히 자신을 떼어내는 것이 하나님과 하나되는 "유일하게 필요한 일"이라고 주장한다.

이교의 거장들과 기독교 교사들이 쓴 많은 책을 읽은 뒤, 에크하르트는 초탈이야말로 모든 덕 가운데 가장 높은 덕이라는 결론에 이르렀다. 그것이 겸손보다 높다. 왜냐하면 "초탈이 없이도 겸손은 있을 수 있지만, 겸손 없이 초탈은 있을 수 없기 때문이다."[56] 초탈은 심지어 바울이 가장 높은 덕으로 칭송한 사랑보다 높다고 생각하였다. 사랑이 모든 것을 견디는 데 반해 그것은 하나님을 받아들이게 하는 것이기 때문이다. 에크하르트에게 겸손은 어떤 식으로든 피조물에 관한 관심이 드러나지만, 초탈은 "어떤 [피조물에 대한] 관심의 움직임도" 존재하지 않는 것이다.

초탈한 사람은 어떤 것에도 관심을 빼앗기지 않으며, 이것 위에나 저것 아래에 있으려고 마음을 기울이지도 않으며, 또 높이 되거나 낮게 되려고 갈망하지도

---

54 Eckhart, *Deutschen Werke* II. *Sermons* 52.

55 일부에서는 '버리고 떠남', '무심'(disinterest) 등으로 번역하기도 한다.

56 Eckhart, "무심에 대하여," in: Blakney, *Meister Eckhart, A modern Translation*, II 150-163 (151).

않는다. 그는 다만 자기 자신 그대로 있으려 하며, 무엇을 사랑하거나 미워하지도 않으며, 이것과 같은 것이나 저것과 다른 것을 바라지도 않고, 다만 하나로 그리고 같은 것으로 있기를 원한다. 이것이나 저것이 되기를 원할 때 자기 밖의 무엇을 갈구하지만, 초탈한 사람은 아무것도 바라지 않는다.[57]

결국 초탈이란 피조물이 자신이기를 그치는 것이며, 바로 그곳에서 하나님이 역사를 시작하신다.[58] 영혼에 속한 모든 의지가 비워진 것을 일컬어 "내적인 가난"이라 부른다. 참으로 가난한 사람은 첫째로 아무것도 원하지 않는 자이다. 금욕적인 고행과 외적 선행을 하는 자들은 이런 점에서 가난한 자들이 아니다. 왜냐하면 그들은 그들의 선한 의도를 통해서 하나님의 나라를 받을 것이기 때문이다. 둘째로 아무것도 알지 않는 사람이다. 셋째로 아무것도 가지지 않은 사람이다.[59]

완전히 자신의 의지를 포기하는 자마다 하나님으로부터 완전히 받는다. 이러한 길에 이르는 방법은 내적 침묵과 무지(ignorance)이다.[60]

c. 돌파(Durchbrechen)

에크하르트는 자유로운 마음이 이처럼 초탈에 이를 때, 하나님은 그 마음 안으로 들어오시지 않을 수 없다고 말한다. 그리고 마음에 "우연적 형상들"[세상적인 것들] 없이도 지낼 수 있을 때, 하나님은 당신 자신을 그 마음에 주시는 것 외에 하실 수 있는 것이 없다. 그리고 이러한 순간 그 마음은 세상의 덧없는 일들이 더 이상 아무런 영향도 미칠 수 없는 곳인 영원에 사로잡히게 된다.[61] 에크하르트가 영혼에 끼치는 하나님의 영향을 가리키기

57 Eckhart, 「초탈에 관하여」(*Die Reiden der Unterweisung*), 심창섭 · 채천석, 『원자료 중심의 중세교회사』, 188-189.

58 Eckhart, *Deutschen Werke* I. *Sermons* 5.

59 Eckhart, *Deutschen Werke* II. *Sermons* 52.

60 참조) Eckhart, *Sermons* 6.

61 Eckhart, "무심에 대하여", 153.

위해 자주 사용하는 용어인 '돌파'(Durchbrechen)는 "뚫고 들어간다"의 뜻이다. 이는 성부 하나님이 그의 말씀을 선언하는 곳으로 들어가는 것이며, 하나님이 부분적으로가 아니라 완전히 영혼 안으로 들어가는 것이다. 따라서 돌파는 하나님을 제외하고는 어떠한 것도 접촉할 수 없는 영혼의 근원, 불꽃, 심연에서 일어난다.

> 영혼을 활동하게 하는 영혼의 기능들은 영혼의 핵에 그 근원을 두고 있습니다. 바로 그 핵에는 중심의 침묵과 순수한 평화가 있으며, 천상적 탄생의 거처와 하나님의 말씀 전달이라는 사건이 일어나는 장소가 있습니다. 영혼의 핵은 그 본성상 매개되지 않는 신적 존재 이외에는 그 어떤 것에도 민감하지 않습니다. 하나님은 영혼의 핵을 통해서 영혼으로 들어가시며, 하나님 자신 이외에는 그 어떤 것도 그 핵을 건드릴 수 없습니다. [하나님 외에는] 어떠한 피조물도 영혼의 핵으로 들어갈 수 없습니다.[62]

하나님은 이 영혼 안에 그의 아들을 낳는다. 하나님은 영혼 최고의 부분에 독생자를 낳는다. 그곳은 침묵과 소리 없음이 지배하는 곳이며, 아버지만이 말하고, 아들을 낳고, 어떤 형상에 의지하지 않고 그의 행위를 이루는 곳이다.[63] 영혼 안에서 '독생자가 태어난다.'

> 따라서 어느 사람도 거대한 양의 에너지를 소비하지 않고서는 이 탄생의 경험을 확신하거나 그것에 접근할 수 없다. 그것은 사물들[의 세계]로부터 감각이 완전히 철수하지 않으면 불가능하다. 영혼의 모든 기능을 정복하고 그들이 작동하는 것을 중지시키는 데에도 거대한 힘이 필요하다. 그들을 안으로 모으는 데에는 많은 힘이 필요하며 그 힘이 없이는 그것은 행해질 수 없다….[64]

---

62 Blakney, *Meister Eckhart, A modern Translation*, I, 168.

63 참조) Eckhart, *Sermons* 3.

64 Hass, "중세후기 신비주의 학파들." In: *Christian Spirituality (II)*, 224.

d. 새로운 피조물(New creation)

'독생자의 탄생'이라는 표현은 에크하르트 신비주의에서 매우 중요한 개념인데, 이는 내면에 독생자가 태어나서 자라는 사람을 '새로운 피조물'로 제시한다.[65] 영혼에 하나님을 모신 사람은 만물 안에서 하나님을 발견하며, 하나님께서도 만물에서 그에게 나타나신다고 말한다. 몹시 목이 마르면 물만 찾고 다른 어떤 것도 맛이 좋다고 느끼지 못하게 되듯이, 경건한 영혼이 하나님을 찾는 심정도 그러하다. 영혼은 하나님 안에서, 오직 그분 안에서만 안식을 찾는다. 하나님께서도 안식을 구하시되 그러한 마음 외에서는 안식을 찾지 않으신다.

하나님 안에서 형성된 새로운 피조물에서 하나님께서 처음 하시는 사역은 사랑이다. 즉, 하나님 최고의 사역인 사랑이다.[66] 이곳에서 에크하르트는 새로운 피조물로서 명상적 삶에서부터 실천적 삶으로 나아간다. 이 길을 설명하는 가운데 에크하르트는 마리아와 마르다를 언급한다. 여기서 에크하르트는 순수한 명상의 가치를 우월하게 여긴 중세의 교리에서 근본적으로 이탈한 듯하다. 아우구스티누스 때부터 라헬과 베다니의 마리아는 사색적이고 더 숭고한 삶의 전형으로 간주하였다.[67] 독일의 이 신비주의자는 마리아에 관한 설교에서, 마리아가 여전히 배우고 있다는 사실을 강조한다. 마르다는 이미 다 배운 상태에서 주님을 섬김으로써 선행에 힘썼다. 마리아는 오직 배우기만 하였다. 언니처럼 거룩해지기 위해서 노력하였다. 굶주린 사람들을 먹이는 등 자비의 일에 힘쓰는 것이 바울의 환상을 보고 고요히 앉아 있는 것보다 훌륭하다고 에크하르트는 말한다.[68] 이처럼 그는 하나님께서 그분을 받아들인 새로운 피조물은 도덕적, 즉 사랑을 실천해야 할 의무를 지닌다고 힘주어 강조한다.

---

65 참조) Eckhart, *Deutschen Werke* I. *Sermons* 16.

66 Eckhart, *Deutschen Werke* IV. *Sermons* 30.

67 Eckhart, *Sermons* 8, in: KThQ2, Nr 58. a. 2. Schaff, *History of Christian Church*, 6, 236.

68 Schaff, *History of Christian Church*, 6, 236.

④ 후대에 끼친 영향

에크하르트는 신앙이 있는 여인들로 구성된 회중에게도 광범위하게 설교하였다. 그의 설교가 경건한 여성들에게 얼마나 대단한 의미가 있었는지는 물론 언제나 분명히 드러나지는 않는다. 아울러 에크하르트가 내면적이고 지성적 경향을 강조하고 있다는 사실은 14세기 라인란트 지방의 번영과 역동성으로 가득했던 여성 공동체 내의 저술 및 활동들이 지나치게 외향적 경건으로만 비칠 가능성에 대한 교정적 반응으로 어렵지 않게 이해될 수 있다.

에크하르트의 사상은 오늘날까지 지속적으로 강한 영향을 미치고 있다. 먼저는 신생 도미니쿠스 수도회에 직접적인 영향을 주었으며, 후에 그는 독일 신비주의 전통을 새롭게 열고 독일 관념론의 조상이라는 영예를 얻게 된다. 독일 철학의 연원(淵源)은 멀리 중세 말기 에크하르트를 대표로 하는 독일 신비주의자들까지 거슬러 올라간다. 그의 영향을 받은 대표적인 인물이 하인리히 주조(Heinrich Seuse, 1295-1366)와 요하네스 타울러(Johannes Tauler, 1300-1361), 루이스브뤼크(John Ruysbroec, 1293-1464)와 15세기의 쿠사의 니콜라스(Nicholas of Cusa, 1401-1464)이다. 여기에 자리 잡게 되는 풍부한 독일적 내면성의 원형은 16세기의 종교개혁자 루터(Martin Luther)에 이르러 완전히 꽃을 피우게 된다.[69]

3) 하인리히 주조(Heinrich Suso, 1295?-1366)

하인리히 주조는 1295년경 독일 남부의 콘스탄츠 부근 귀족 가문의 아들로 태어났다. 그는 열세 살 때 도미니쿠스 수도회에 입회하였고 스트라스부르그와 쾰른 대학에서 공부하였다. 그는 쾰른에서 타울러(Tauler)와 만났

69 Schaff, *History of Christian Church*, 6, 238.

고, 에크하르트로부터 수학하였다.[70] 주조는 콘스탄츠에서 수녀원의 원장으로 봉사하며, 많은 설교를 하였다. 이때 그의 주변에는 헌신적인 남녀 신자들이 있었는데, 이들은 「하나님의 친우회」로 알려졌다.[71] 그는 도미니쿠스회 수녀원만이 아니라 베긴회 여성들의 모임을 위해 봉사하였다.

〈콘스탄츠의 돔 교회에 있는 하인리히 주조 인물화〉

1327년경 주조는 자기 고향인 콘스탄츠로 돌아와 강의하였다. 에크하르트의 기소와 정죄로 주조도 비판을 받았고, 그는 스승을 변호하기 위한 책, 『진리의 작은 책』(*Little Book of Truth*)을 저술하기도 하였다. 주조는 비난으로 인해 강의를 그만두고, 디센호펜(Diessenhofen)에서의 금욕적인 은둔 시절(1344-1346)을 보내야 했다. 주조는 1447년경 울름에 있는 수도원으로 옮겨, 18년 동안 설교와 목회 사역을 하였다. 이곳에서 주조는 1366년 사망하였다. 주조의 주요 저서들은 『사서전』(*The Exemplary life and writings of Blessed Henry Suso*), 『영원한 지혜에 관한 책』(*The Little Book of Eternal Wisdom*), 『진리에 관한 작은 책』(*The Little Book of Truth*), 『지혜의 시계』(*Clock of Wisdom*)를 포함한 설교와 편지 등이 있다.

18세 때부터 주조는 매우 엄격하고 고통스러운 금욕생활을 실천하였다. 자기 육체에 고행의 흔적을 기꺼이 지니려고 했으며, 금욕생활을 중단하지 않으면 사망에 이를 정도까지 실천하였다. 이때부터 주조는 속사람을 단련하기 시작하였으며, 영혼의 금욕을 통해서 배울 수 있는 교훈들에 주목하기 시작한다. 이후에 고통에 대한 주조의 성찰에 외부에서 가해지는 고통이 더해졌다. 그의 스승은 이단으로 기소되어, 교황으로부터 정죄를 받았고, 자

---

70 Heinrich Suso, *The Exemplary life and writings of Blessed Henry Suso*, ch. 6.

71 *Catholic encyclopedia*, "Blessed Henry Suso"에서 그는 「하나님의 친우회」 가운데 가장 중요한 사람으로 언급한다.

신 또한 마찬가지로 비난을 받고, 가르치는 일을 중단해야만 했다. 이에 십자가의 고통과 하나님의 무한한 사랑, 천국의 복락과 지옥의 저주를 깊이 묵상하던 주조는 '고통의 위엄'을 말하는 데로 나아간다. 주조는 『자서전』에서 "사랑하는 사람은 누구나 순교자이다"라고 표현한다. 그 예로서, 영원한 지혜인 그리스도께서 십자가를 지심은 사랑의 행위로 이해한다. 이처럼 사랑은 고통을 동반하지만, 그 고통은 복락을 예비하는 그러한 고통이다.[72]

> 사람이 그것을 올바로 사용할 수만 있다면, 사람을 훈련하고 행복의 길로 나아가게 하는 많은 종류의 고통이 있다는 것을 당신은 알아야 합니다. 때로 하나님께서는 아무 잘못도 없는 사람에게 그 사람이 얼마나 굳건한지 시험하시고 혹은 그에게 그 자신을 보여주시기 위해 무거운 고난을 보내십니다.[73]

그러나 주조에게 고통을 견뎌낸 사람은 결국 마음의 내적 평화와 고요한 평안, 그리고 빛나는 은혜를 보상으로 받는다. 고통으로 인해 자기 자신을 벗어버리고 참으로 하나님 안에 머물게 되기 때문이다.[74] 이는 그리스도의 고난에 대한 묵상과 그 발자취를 따르는 실천적 삶이다. 이처럼 고통을 승화시키는 주조의 성찰로 인해 일부는 그의 경건을 "고통의 신비주의"(die Mystik des Leidens)라고 부르기도 한다.[75] 주조는 자신이 경험한 고통을 내면적 신비로 승화시켰다.

4) 요하네스 타울러(Johannes Tauler, 1300?–1361?)

스트라스부르그의 타울러는 1300년경 태어났다. 그는 18세쯤에 도미니

72 Schaff, *History of Christian Church*, 6, 248.

73 Suso, *The Exemplary life and writings of Blessed Henry Suso*, c. 42.

74 Suso, *The Exemplary life and writings of Blessed Henry Suso*, c. 38.

75 Schaff, *History of Christian Church*, 6, 250.

쿠스 수도회에 가입하고 교육받았다. 이 시기 에크하르트가 스트라스부르그 지역에서 활동하고 있었으나, 주조의 기록과 달리, 타울러와 에크하르트의 관계는 확실하지 않다. 타울러가 에크하르트의 설교와 가르침을 받았을 개연성은 높다. 이후 타울러는 쾰른에서 에크하르트, 주조 등과 친밀한 교류를 나누며 학업을 마치고, 1330년경 다시 스트라스부르그로 돌아왔다. 그의 주요 활동 무대는 스트라스부르그였다.

〈프랑스 스트라스부르그의 Saint-Pierre-le-Jeune 개신교회당에 있는 타울러의 조각성〉

교황 요한 22세와 바이에른의 루이 황제와의 갈등으로 타울러는 스트라스부르그를 떠나 잠시 바젤에서 망명생활을 했다(1339-1343).[76] 이곳에서 그는 「하나님의 친구들」(Friends of God)로 불리는 경건한 모임들을 알게 되었고, 그들과 친숙하게 지냈다. 그 때문에 루터는 이 그룹에서 나온 익명의 저서인 『독일신학』을 처음에는 타울러의 작품으로 생각하였다.[77]

당시 스트라스부르그에는 8개의 도미니쿠스회 수녀원과 70여 개의 소규모 베긴 공동체가 있었고, 타울러 설교의 대부분은 이들 경건한 여성들을 대상으로 하였다.[78] 그의 독일어 설교는 독일인의 신앙적 열정, 심오한 영적 감정의 훌륭한 기념물 중 하나다. 타울러의 언어는 조용하고 절제되어 있으면서도 따뜻하고 생동감 넘치는 이미지로 가득 차 쉽게 이해할 수 있다.[79] 타울러의 호소력은 성경에 대한 해박한 지식, 인간의 마음에 대한 이해, 단

76 이는 당시 도미니쿠스 회원들이 교황을 지지하고, 도시는 황제를 지지하는 갈등 때문이었다.

77 Matin Luther, *Weimar Ausgabe Briefwechsel*, 1. 79.

78 Bernard McGinn, *The Havest of Mysticism in Medieval Germany (1300-1500)*, 241.

79 *Catholic encyclopedia*, "John Tauler."

순한 문체와 성실함에서 나왔다. 타울러는 당대에 설교자로서 명성을 얻었으며, 그의 설교들은 아마도 중세의 어떤 설교자보다도 개신교 교회에서 널리 읽혔을 것이다.[80]

타울러는 신학적 주제에 관한 글을 남기지 않았고, 80여 편의 설교를 통해 자신을 드러낸다. 그는 이 세상에서도 완전한 사람이 신성한 지식을 얻을 수 있으며 모든 수단을 동원하여 찾아야 한다고 믿었다. 하나님은 모든 인간 안에 거한다. 그러나 초월적인 하나님이 인간 안에 제2의 주체로 나타나시려면 인간의 죄악된 행위가 중단되어야 한다. 자연을 그 자체보다 훨씬 더 높이는 은총의 빛이 이러한 노력에 도움을 준다. 이 하나님께로 가는 길은 사랑이며, 하나님은 그분의 임재를 통해 최고로 응답하신다.[81] 이러한 타울러의 사상은 마가복음 7장 32-37절 본문으로 설교한 「영적인 귀머거리」(Spiritual deafness)를 통해 잘 드러난다.

> 우리는 이 거룩한 말씀이 형언할 수 없을 정도로 우리의 영혼에 가까이 와 있다는 것을 잘 압니다. 거룩하신 말씀은 우리의 생각보다도 더 가까이 있습니다. 우리의 내적인 영혼 속에 하나님의 거룩하신 말씀이 거하십니다. 하나님은 끊임없이 우리에게 말씀하십니다. 하지만 인간은 하나님의 말씀을 듣지 않습니다. 왜냐하면 인간은 지독한 귀머거리 상태에 있기 때문입니다….
>
> 여러분, 그 유혹을 끊임없이 저항하십시오…. 그대의 귀먹음은 곧 치유될 것이고, 영원하신 하나님의 내적인 음성을 듣게 될 것입니다.
>
> 이 귀먹음은 세상에서 사는 사람들뿐만 아니라, 영적인 생활로 부름받았지만 피조 된 것들을 사랑하고 즐기는 데 몰두하고 있는 그런 영혼들에도 마찬가지로 임합니다.
>
> 참으로 하나님을 사랑하는 마음에는 어느 외적인 고통도 기쁨도 그에게 영향

80 Schaff, *History of Christian Church*, 6, 240.

81 *Catholic encyclopedia*, "John Tauler."

을 줄 수가 없습니다. 사람들은 당신에게 주기도 하고 빼앗기도 하지만, 참으로 하나님을 사랑하는 사람은 사랑하는 하나님 안에 확고히 있어, 아무런 동요를 입지 않고 내적인 평안 가운데 거하게 됩니다….

누가 하나님의 참된 친구가 되었든지 그들의 마음은 모든 산 자와 죽은 자를 위한 애정으로 가득합니다….

더욱이 당신은 그대의 사랑을 외적인 공로로 나타내 보여야 합니다. 자선을 베풂으로써, 위로와 격려의 말을 해줌으로써, 자신이 가진 것으로 허락되는 선행을 해야 합니다…. 참된 사랑을 위한 그대의 분명한 표지를 보이십시오. 그리하면 그들은 그대의 마음이 귀머거리가 아닌 것을 알게 될 것입니다.[82]

타울러는 영혼이 그 원천으로 돌아가는 것은 은혜의 활동이며 인간 의지와 신적 의지의 연합은 동반하는 것이지 유한한 존재가 무한한 존재로 흡수되는 것이 아니라고 보았다. 그는 단순한 신앙과 하나님과 직접적으로 사귀는 것의 가치와 날마다 꾸밈없이 신앙을 실천하며 사는 삶의 우수함을 가르친 보편 교회의 경건한 지도자들 가운데 한 자리를 차지한다. 그는 의식 행위보다는 순수한 경건과 일상생활을 중시하는 모든 사람을 하나로 묶는 띠를 제시하였다.[83]

종교개혁자 루터는 그에 대하여 극찬하는데, 타울러의 설교야말로 '순수 신학'의 샘이라고 평가하였다.[84] 에크하르트, 타울러, 주조는 14세기 라인란트와 스위스에 있는 성직자나 평신도 신비주의 단체에 영감을 준 주요 원천이었다.

도미니쿠스회 신비주의의 특성들은 영혼의 이성적 요소보다는 의지적 요소를 부각시키고 있다. 앞선 시대에 제기된 이성의 한계에 대한 인식은

82 Johannes Tauler, *Sermons*, in: *The Sermons and Conference of John Tauler of the Order of Preachers*, 494 이하, in: 심창섭 · 채천석, 『원자료 중심의 중세교회사』, 190 이하.

83 Schaff, *History of Christian Church*, 6, 244.

84 Walker, *A History of the Christian Church*, 410.

신비주의에서도 의지적 요소가 강조되어 나타나도록 하였다.

II. 근대적 경건 운동

1. 중세 후기 헌신운동

중세 후반 기독교에서 나타난 중요한 신앙적 현상 중의 하나는 '헌신운동'(devotionalism)이다. 키캐퍼(Richard Kieckhefer)는 12세기부터 중세 후반까지 순례, 성자들의 유골이나 유물 숭상, 마리아 숭배, 그리스도의 고난 숭배, 참회 운동 등 모든 종류의 헌신운동이 전례 없이 크게 번성하였다고 평가한다.[85] 중세 후반 특히 14세기에는 이러한 '헌신운동'에 평신도들의 참여가 매우 두드러지게 나타났다. 무엇보다도 이러한 헌신운동에서는 공동체의 '공통된 신앙적 체험'이 중심을 차지한다. 따라서 각 단체는 무언가에 대한 헌신을 훈련하려 노력하였다. 수호성인의 축일, 그리스도 성체 축일 등은 이러한 헌신운동의 배경에서 발전하였다. 이들 헌신운동에서 중요한 주제를 차지하는 것이 그리스도의 고난, 마리아 또는 성인 숭배, 그리고 성찬이었다. 특히 그리스도의 고난에 대한 헌신적 신앙은 중세 후기의 경건에서 전반적으로 나타난다. 고난 주간, 금요일 미사, 예루살렘의 성묘교회에 대한 순례, 십자가에서 그리스도의 고난을 드러내는 조각, 미술, 문학[묵상집]이 출현하였다. 또한 그리스도의 고난을 평신도들에 의해 자신의 언어로 공연하는 연극들이 등장하였다. 이처럼 그리스도의 고난은 중세 후반 헌신운동이나 경건에서 매우 중요한 한 주제로 자리하였다.[86]

또한 스콜라주의자들[예를 들어, 토마스 아퀴나스]의 성찬에 대한 정교

---

85 Richard Kiekhaefer, "중세후기 헌신운동의 주요 흐름," in: *Christian Spirituality (II)*: 127-172.

86 Kiekhefer, "중세후기 헌신운동의 주요 흐름," 147.

하고 상세한 설명과 정의, 빵과 포도주가 실제로 그리스도의 몸과 피로 변한다는 화체설의 확립은 성만찬에 대한 대중적인 경건[헌신]의 급속한 성장을 가져왔다. 13세기 중반에 이 대중적인 경건은 그 정점에 이르렀고, 성만찬에 대한 축일 등을 낳았다.[87] "그리스도의 성체 축일"이 1264년 8월 11일 교황 우르바누스 4세(Urban IV)의 칙서를 통해 서방 교회에 선포되었다. 축일을 위해 작성한 토마스 아퀴나스의 찬송시 5개는 매우 유명하였다. 교황 유게니우스(Eugenus IV)는 1439년 11월 22일 피렌체 공의회에서 가톨릭의 7성례를 공식적으로 선언하였다. 1414년 시작된 콘스탄츠 공의회는 제13차 회기에서 "성찬을 두 형태로 받아야 한다"라는 후스파의 주장에 대하여 정죄하였다. 이러한 역사적 배경은 중세 후반 성례가 신학과 신자들의 경건에 매우 커다란 비중을 차지했음을 방증한다.

14세기에 프란체스코 수도회의 요한(John of Winterhur, 약 1300-1348?)은 성찬이 그의 동시대인들이 가장 특별하게 헌신한 성례라고 말한다. 이는 예배 안에서든 혹은 예배 밖에서든 거룩한 떡과 포도주 자체에 대한 열정이 급증하였다는 의미이다.[88] 14세기에는 또한 성체 거양을 보는 것만으로는 충분하지 않게 되었고, 몇몇 지역에서는 예배 시간 외에도 성체 안치기에 놓인 성체가 제단 위에 전시되었다. 어떤 사람은 하루에 100번씩 그것을 보았으나 만족해하지 않았으며, 14, 15세기에는 성별된 성체를 보는 단순한 행위만으로도 때로 기적적인 효과를 내는 것으로 생각되었다.[89] 데이비드 벨(David N. Bell)은 이러한 성찬에 대한 외형적인 헌신의 발전은 동시에 불행한 측면도 가져왔다고 주장한다.

성만찬은 미사와 그 뒤를 이어 축성된 성체의 거양[들어 올리는 것]을 그 핵심

87 Bell, *Many Mansions: An introduction to the Development and Diversity of Medieval Theology, West and East*, 340.

88 Kiekhaefer, "중세후기 헌신운동의 주요 흐름," 157.

89 Kiekhaefer, "중세후기 헌신 운동의 주요 흐름," 157.

으로 이해하게 되었다. 서방 교회는 성만찬을 미사를 집전하는 사제에 의해(by) 평신도를 위해(for) 시행되는 어떤 것으로 이해하게 되었다. 실제로 평신도들은 그들을 위하여 상연되는 위대한 드라마에서 단지 구경꾼으로 간주되었다.[90]

이러한 형식적이고 외형적이고, 구경꾼이 되는 성찬이 아니라, 성찬이야말로 참된 경건 행위임을 강조하는 자들도 있었다. 요한 타울러는 "인간의 능력으로 할 수 있는 모든 경건의 행위들조차도 이 성찬과는 비교할 수 없다."라고 주장하였다. 더불어 그는 "성찬을 통하여 자신의 결점을 극복하고, 은혜와 덕을 얻고, 위안과 사랑을 발견할 수 있을 것"이라고 설교한다.[91]

이처럼 중세 후기의 헌신운동의 주제인 그리스도의 고난과 성찬은 근대적 경건 운동을 통해서 내면화되고 중요한 경건의 연습을 위해 서로 연결되었다. 마찬가지로 토마스 아 켐피스의 『그리스도를 본받아』에서도 그리스도에 대한 헌신과 성찬에 대한 내적인 헌신은 서로 긴밀하게 연결되어 있다.

2. 「하나님의 친우회」와 『독일신학』

『독일신학』(*Theologia Germanica*)은 이 작품이 저술되던 14-15세기의 시대적 정황과 긴밀하게 연결되어 있다. 실제로 『독일신학』은 14-15세기경 영적·도덕적 삶의 갱신을 부르짖은 집단인 「하나님의 친우회」의 가르침과 유사하다. 그러면서도 당시 영적 운동의 한 그룹이었던 「자유로운 영의 형제자매들」의 주장은 명백하게 배척한다.[92]

---

90 Bell, *Many Mansions: An introduction to the Development and Diversity of Medieval Theology, West and East*, 341.

91 Johannes Tauler, 『완덕의 길』, 139. [이 제목으로 소개되는 타울러의 글은 그의 설교를 선별한 모음집이다.]

92 Hass, "중세후기 신비주의 학파들," in: *Christian Spirituality (II)*, 241.

1) 「하나님의 친우회」(Friends of God)

「하나님의 친우회」는 에크하르트, 타울러, 주조, 루이스브뤼크뿐만 아니라 14세기의 다른 저자들의 글에도 자주 등장한다. 그러나 그들을 한정하려는 노력은 대부분 실패하였다.[93] 이는 14세기에 들어서면서 바젤에서 스트라스부르그, 그리고 네덜란드의 라인강 유역에 흩어져 활동하던 경건한 자들의 무리, 즉 일반 교회 의식으로는 채울 수 없는 영적 갈망을 느낀 평신도들과 사제들의 무리를 가리키는 용어가 되었다.[94] 이들은 거룩, 사랑, 경건 그리고 헌신의 삶을 추구하였다. 이들은 주로 룰만 메르스빈(Rulman Merswin)이 스트라스부르그에 세운 수도원을 중심으로 활동하였다. 이곳은 「하나님의 친우회」의 원리에 따른 공동생활과 영적인 훈련에 힘쓰며, 또한 이들의 은신처였다. 메르스빈이 남긴 저서 『아홉 개의 바위에 관한 책』(*Book of the Nine Rocks*)은 특별히 영적인 훈련에서 어떠한 단계를 거쳐 하나님을 향해 나아가는가를 바위의 상징을 통해 설명한다.

「하나님의 친우회」는 성경 공부에 힘썼고, 하나님과 친밀한 관계를 형성하기 위해 노력하였다. 이 단체의 명칭은 요한복음 15장 15절 "이제부터는 너희를 종이라 하지 아니하리니 종은 주인이 하는 것을 알지 못함이라 너희를 친구라 하였노니"에서 유래한다.[95] 「하나님의 친우회」는 "하나님의 현존 훈련"을 통해서 하나님이 우리에게서 멀리 계시지 않음을 주장한다. 이들은 하나님과의 "신비적인 경험"(Erlebnismystik)을 강조한다.[96] 또한 「하나님의 친우회」는 자기 부인, 인간의 내면에서 성령의 사역을 통해서 계속되는 하나님의 계시, 하나님과 인간의 궁극적인 연합 등을 주장하였다. 그러나 그

---

93 Schaff, *History of Christian Church*, 6, 251.

94 Schaff, *History of Christian Church*, 6, 251.

95 Schaff, *History of Christian Church*, 6, 251.

96 Hauschild, *Lehrbuch der Kirchen- und Dogmengeschichte, Bd. 1, Alte Kirche und Mittelalter*, 650.

들의 삶과 행동은 기성교회의 규율에서 이탈하지 않았다.[97] 이런 점에서 「하나님의 친우회」는 도덕 폐기론적이고 반교회적인 특성을 보인 「자유로운 영의 형제자매들」(Brethren of the Free Spirit)과 구별된다. 『독일신학』의 저자는 "자유로운 영의 형제자매들"에 대항하여 타울러의 입을 빌려 논박하기도 한다.

> 타울러는 이렇게 말합니다: 우리 시대에는 진리가 이런 종류의 의존으로부터 자기를 해방해 주기 전에 성급하게 외면적인 상징을 버리는 사람들이 있습니다. 그들은 스스로 그러한 상징들과의 연결고리를 끊기 때문에 진리를 획득하기 어렵습니다. (제12장)[98]
>
> 이 무성하게 퍼진 영적 교만에는 성경이나 교리가 꼭 필요한 것이 아니라는 믿음이 포함됩니다. 교만한 사람들은 교회의 모든 규칙과 명령과 법과 성례전을 무가치하게 여깁니다. 영적인 교만은 이러한 것들과 이러한 것들을 존중하는 모든 사람을 조롱합니다. (제23장)[99]
>
> 그러나 교만이 성장하며 거짓된 영적 부요함과 규모가 없는 자유분방한 정신이 자리 잡은 곳에는 그리스도가 계시지 않으며 참된 그리스도의 제자도 존재하지 않습니다. (제24장)[100]

「하나님의 친우회」가 지닌 성격은 『독일신학』이 제시하는 것과 매우 유사하다.

97 Martin Luther, ed., *Theologia Germanica*, 제23장; 제37장; 제38장 참조.

98 *Theologia Germanica*, 102.

99 *Theologia Germanica*, 132-133.

100 *Theologia Germanica*, 138.

2) 『독일신학』[101]

14세기에 출현한 『독일신학』은 15세기 후반부터 오늘날까지 8편의 사본으로만 전해진다. 실상 이 저서는 거의 알려지지 않았다가 루터가 1516년 일부를 편집하여 출판함으로 알려지기 시작하였다. 루터는 1516년판 『독일신학』의 서문에서 저자와 관련해, "이 책을 쓴 사람이 누구인지는 하나님만이 아신다"라고 적었다.[102] 현재 저자는 튜튼 기사단(Teutonic Order) 소속이며, 프랑크푸르트(Frankfurt)에 있던 수도원의 사제이며 감독이었던 인물로 추정된다.[103] 루터는 1516년 12월 14일 슈팔라틴(G. Spalatin)에게 독일 신학의 첫 번째 판을 출판하도록 요청하며 다음과 같이 추천사를 쓴다:

> 독일어로 기록되었고 순수하고 근본적이면서도 매우 전통적인 신학을 읽는 것을 기뻐하신다면, 당신은 도미니쿠스 수도회의 요한 타울러의 설교를 준비할 수 있습니다. 그것에 대한 아주 간략한 요약을 이렇게 보냅니다. 왜냐하면 나는 라틴어로도 우리의 언어[독일어]로도 이처럼 거룩하면서도 복음과 더 일치하는 것을 보지 못했습니다.[104]

이처럼 루터는 처음에 이 작품이 요한 타울러(Johan Tauler)에 의해 쓰여진 것으로 생각하였다. 1518년 루터는 자신의 시선을 끌었던 이 작품을 새로운 원고를 바탕으로 더 완전한 판본으로 출판하였다. 1518년 서문에서 루터는 이 14세기의 글에서 자신에게 친숙한 많은 것을 발견하였다. 또한 이 저서에 커다란 찬사를 보내고 있다:

---

101 정원래, "마틴 루터와 『독일 신학』," 「한국개혁신학」, 56 (2017):182-215.

102 *Theologia Germanica*, 20.

103 *Theologia Germanica*, 20.

104 Martin Luther, *Weimar Ausgabe Briefwechsel*, 1. 79.

이 책은 인간적인 지혜와 표현 자체를 놓고 볼 때는 보잘것없지만, 참된 지식과 거룩한 지혜가 가득한 귀중한 책이다. 성경적인 어리석음으로 말하자면, 내가 이제까지 배웠고 배우고 싶었던 것 중에서, 성경과 성 아우구스티누스를 제외하고는, 하나님, 그리스도, 사람, 그리고 만물에 대해서 이보다 더 많은 것을 배울 수 있었던 책은 없었습니다.[105]

또한 루터는 이 출판을 통해 독일어가 히브리어, 그리스어, 라틴어와 같이 신학적 사상을 표현하는 데 적합하다는 사실을 입증하고자 하였다. 동시에 루터는 이 책을 통해 비텐베르크의 신학이 "새롭고 엉뚱한 것"이 아니라, "견고한 전통 아래 서 있음"을 간접적으로나마 제시하고자 하였다.[106]

〈1520년에 마틴 루터에 의해 출판된 *Theologia germanica*〉

『독일신학』의 저자는 「자유로운 영의 형제자매들」과 자신을 어떻게 구별할 수 있는지를 매우 공들여 설명하고 있다. 그 핵심적 개념이 '신화'(*theosis*)이며, 또한 이는 『독일신학』에서의 모든 논의를 포괄한다고 여겨

105 Martin Luther, *Weimar Ausgabe*, 1. 378. 21-23.

106 *Theologia Germanica*, 70.

진다. 「자유로운 영의 형제자매들」은 '신화'를 도덕과 무관하고 범신론적인 것으로 오해했지만, 전통적인 입장[혹은 『독일신학』]은 은혜의 본질에 기초한 것으로 파악한다.[107] 『독일신학』의 저자에게 그리스도인의 자유는 신자들을 교회와 세속 정치의 전통적인 규례와 법들로부터 해방하지 않는다. 오히려 『독일신학』은 성적인 관습과 연방 조직의 권리와 소유에 반대한 「자유로운 영의 형제자매들」의 모든 사회적, 혁명적, 자유행동들을 비난한다. 다른 한편에서 『독일신학』의 저자는 타울러와 보에티우스와 디오니시우스를 인용하며, '신화'의 단계들에 대한 전형적인 도식을 사용한다. 그러나 전통적인 신비주의와는 달리 『독일신학』은 오로지 묵상을 통해 예수 그리스도를 닮아감으로써(Christuslebens) 얻어지는 '신화'에 목표를 두었다. 그것은 후일 루터의 마음을 사로잡았다.[108]

『독일신학』이 제시하는 '신화'는 일상의 인간 생활이 순전히 그리스도의 삶을 닮아가기 위한 도구이며, 그리스도를 완전히 닮아가며 자신의 의도들을 굴복시키는 것을 의미한다. 이러한 삶의 특징을 겸손(Demut), 자기부인(Selbstverleugnung) 그리고 그리스도를 따름(Christusnachfolge)이라는 실천적인 태도로서 제시할 수 있다.[109] 그러므로 『독일신학』의 그리스도를 닮는 삶(Christuslebens)에 대한 변호는 전례 없이 열렬한 것이며, 이는 이 저서가 수 세기 동안 지속적으로 호소력을 지니게 했던 토대가 되었다.[110]

일부에서는 『독일신학』을 14세기 후반의 신비주의자들 특히 도미니쿠스회 신비주의자들과 동일시하기도 한다. 그러나 『독일신학』의 신비주의적 특성은 14세기 타울러, 에크하르트, 주조로 이어지는 도미니쿠스회 신비주의와 구분된다. 굳이 차이를 거론한다면, 『독일신학』의 저자와 타울러는

107 Hass, "중세후기 신비주의 학파들," 242.

108 Hass, "중세후기 신비주의 학파들," 242.

109 Hauschild, *Lehrbuch der Kirchen- und Dogmengeschichte, Bd. 1, Alte Kirche und Mittelalter*, 651.

110 Hass, "중세후기 신비주의 학파들," 242.

"인격 신비주의"에 속하며, 에크하르트는 "하나님 신비주의"에 속한다.[111] "인격 신비주의"는 인간의 하나님에 대한 경험이 강조되는 신비주의이다. 반면 "하나님 신비주의"는 주로 범신론적으로 발전하는데 하나님 안에서 하나님, 자연, 인간의 구분이 사라지는 신비주의라고 할 수 있다. '신화'(*theosis*)에는 이 두 개념이 모두 중요하게 자리하는 것 같다. 동방 신학이나 에크하르트적인 신비주의에서는 하나님 안에서 신-인(*deus-homo*)의 구분이 사라지지만(*deiformis*),[112] 중세 후기 독일 신비주의 혹은 루터의 신학 전통에서는 하나님과 인간을 분명하게 구별하며, 인격적 만남에 의한 신화를 신의 성품에 참여하는 것으로 이해하는 경향이 있다(*deifico*). 전자는 명사적 의미에서의 '신화'의 상태(What)를 설명하며, 이에 참여하는 신-인의 구분을 무로 만든다면, 후자는 동사적 의미에서 인간이 수동적으로 신의 성품에 참여하게 됨(How)을 강조한다.

3. 근대적 경건(*Devotio moderna*) 운동

1) 근대적 경건 운동

토마스 아 켐피스의 『그리스도를 본받아』의 직접적인 정신적 배경이 되는 근대적 경건 운동은 14세기 중반부터 15세기 초 서방에 등장한 영성 운동이라고 할 수 있다. 중세 말, 사변적인 신학 운동을 주도해 오던 스콜라주의가 서서히 막을 내리고 곳곳에서 개혁의 바람이 일어나면서 종교개혁의 새벽이 동터오는 기운을 느끼는 가운데, 새로운 영성 운동이 평신도를 중

111 Hass, "중세후기 신비주의 학파들," 228.

112 *deiformis*와 *deifico*는 서로 나누는 것은 필자의 구분이다. *deiformis*는 신화에 대한 자질/성격에 대한 명사적 표현이라면, *deifico*는 그 신화의 과정에 대 강조하는 동사적 의미로 사용한다. [참조: Risto Saarinen, "Theosis," TRE. Bd. 33, 390].

심으로 자생적으로 일어나기 시작하였다. 데벤터르의 게르하르트 흐로테(Gerard Groote, 1340-1384)의 회개와 경건 생활을 강조하는 설교에 영향을 받은 일련의 무리가 1380년대부터 네덜란드와 독일 지방에 형성되어 확산하기 시작했는데, 이 운동을 "근대적 경건"(*Devotio moderna*) 운동이라고 부른다.

근대적 경건 운동은 하나님과 깊은 인격적 관계에 대한 각성에 그 기초를 두었고, 그리스도의 생애와 수난에 대한 끊임없는 묵상을 강조하였으며, 교회의 전통적인 신앙 의식들로부터 자양분을 얻었다. 특히 이들은 그리스도의 삶과 사역의 의미에 대한 깊은 묵상과 교회의 성례를 통해서 나타나는 영적인 의미를 강조하였다. 따라서 근대적 경건 운동의 참여자들은 '자유로운 영의 형제자매들'(The Brethern of the Free Spirit)처럼 반(反)성례적이거나 반(反)제도적이지는 않았다.[113] 오히려 근대적 경건 운동의 제도와 문학은 전통적인 정신의 부활에 더 강조점이 있는 것으로 평가되기도 한다.[114] 그러나 엄밀하게 말하면 이들의 지도자들은 사제들이거나 사제후보자들이었다.[115] 이 운동의 지도자 중 한 사람인 라데빈스(Florens Radevijns, 1350-1400)가 세운 공동생활 형제회는 한두 명의 사제들, 교구의 집사들과 평신도들로 구성되었고, 이 모임에 가입한 사람들은 개인의 재산을 포기하고, 수도원장의 지도하에 살기로 약속하고, 가난, 순결, 순종이라는 이상을 실천하는 느슨한 수도원적 공동체를 형성하였다.

그러나 점차로 근대적 경건 운동은 그 구성원들에게 중세의 수도원들이 요구했던 특정한 수도 서약(청빈, 순결, 순명)을 요구하지 않고, 폐쇄되고 제한된 수도원 공동체적 삶을 택하지 않았다. 이들은 수도원적인 삶과 소박한 평신도들의 일상생활 사이의 중간적 형태를 취하였다. 이들은 교회와 지역사회와 단절된 삶을 추구하지도 않았고, 지역 교회의 공적인 삶과 예배에도 신실하게 참석하였다. 이들에게 중요한 것은 겸손과 사랑과 단순한 삶과 도

113 Waker, *A History of the Christian Church*, 414.

114 Otto Gründler, "근대경건," in: *Christian Spirituality (II)*: 264-287.

115 Gründler, "근대경건," 265.

〈흐로테의 판화〉

덕적 실천이었다. 근대적 경건 운동은 경건 생활의 주요한 원천으로 성경을 읽고 그것을 묵상하는 것에 두었다. 또한 그들은 일반인들조차도 성경과 경건 서적들을 통하여 경건 생활에 동참하도록 격려하였다.[116]

근대적 경건 운동의 주창자로 여겨질 수 있는 흐로테는 원래 카르투지오 수도원에서 약 3년 동안 은둔과 금욕적인 생활을 경험하기도 하였다. 흐로테는 신부가 되는 서약을 포기하고 설교를 할 수 있는 자격을 부여받아 네덜란드 여러 지역에서 교회의 폐해들을 공격하고, 설교를 듣는 이들에게 자신들의 세속성과 영적인 일에 대한 무관심을 회개하라고 역설하였다. 특히 흐로테는 내적인 헌신과 외적인 경건의 노력이 서로 관련되는 것으로 보았고, 그 둘 모두를 참된 영성의 필수 요소로 간주하였다. 흐로테에게 외적인 행위와 행동은 내적인 헌신의 상징이며 표시로 여겨졌다.[117] 흐로테처럼 이 운동의 모든 신봉자는 '내적 헌신'을 실천하려 하였다. 그의 표현을 빌리면,

> 나는 하나님의 영광과 존귀와 그를 섬기는 것과 나의 영혼의 구원을 위해 내 생활을 규모 있게 꾸리고자 한다. 나는 몸이나 명예나 재산, 또는 내 영혼의 구원에 관한 지식 그 어느 것의 일시적 유익도 선호하지 않으려 한다.[118]

그를 중심으로 모여든 공동체에서 수행한 학문의 중심 주제가 그리스도의 인격과 생애였음을 흐로테의 표현은 잘 보여준다. "그대가 하는 공부의

---

116 정용석 외 5인, 『기독교 영성의 역사』, 148-151.

117 Gründler, "근대경건," 270.

118 Thomas A Kempis, *Opera Omnia* (7 vols), ed. M.J. Pohl 7:88, Gründler, "근대경건," 269에서 재인용.

뿌리와 삶의 거울이 전적으로 복음이어야 한다. 그 안에 그리스도의 삶이 묘사되어 있기 때문이다."[119] 이처럼 근대적 경건 운동은 내적인 헌신과 외적인 경건의 조화가 강조된다.

더 나아가 데벤터르의 공동생활 형제회의 게에르트 제르볼트는 자신의 저서 『사람의 개혁에 관하여』(*De reformatione virium*)와 『영적 상승에 관하여』(*De spiritualibus ascensionibus*)를 통해 근대적 경건 운동의 영성에 커다란 영향을 미쳤는데, 그는 그리스도를 본받는 것을 자기 영성의 핵심으로 제시한다. 즉, 영혼의 힘을 회복하는 것은 본받아야 할 모델인 그리스도의 삶에서 제시되었으며, 이는 자신에 대한 참된 인식과 더불어 비하와 겸손을 수단으로 삼아 승귀의 여러 단계를 거친다고 제시한다. 이러한 내용들로 인해 토마스 아 켐피스의 글 일부는 흐로테와 제르볼트의 것으로 돌려지기도 한다.[120] 토마스 아 켐피스 역시 그리스도를 본받는 것을 강조하는 것은 이들의 영향이라고 할 수 있다. 그에게도 그리스도는 자아 인식과 자기 비하와 겸손과 순종의 모범이며 귀감이다. 그 모든 것은 그리스도의 생애에서 드러난 주요한 덕복 중에 포함된다. 이 근대적 경건 운동 남긴 가장 커다란 열매는 토마스 아 켐피스(Thomas a Kempis, 1380?-1471)의 저서 『그리스도를 본받아』(*The Imitation of Christ*)이다.

2) 토마스 아 켐피스의 『그리스도를 본받아』[121]

a. 토마스 아 켐피스는 1379/80년 라인 하류 지역인 켐펜(Kempen)에서 태어났다. 그는 약 13세에 형인 요하네스의 주선으로 데벤터르(Deventer)에

---

119 Thomas A Kempis, *Being the Lives of Gerard, Gerard Groote, Florentius Radewin and Their Followers* (translated into english by J. P. Arthur), XVIII. 11.

120 Gründler, "근대경건," 273. 『그리스도를 본받아』의 저자에 관한 논쟁에 관하여는 필립 샤프의 *History of Christian Church*, 6, 269-274를 참고하라.

121 참조) 정원래, "성찬과 경건의 연습-토마스 아 켐피스의 『그리스도를 본받아』에서," 「신학지남」 통권 348호 (2021): 203-238.

〈츠볼레에 있는 토마스 아 켐피스의 기념비(wiki)〉

있는 공동생활 형제회 학교에 입학하였다. 이곳은 특별히 플로렌스 라데빈스의 영향 아래 근대적 경건 운동의 요람과 같은 곳이었다. 이곳에서 공동생활 형제 회원들과 친숙하게 지내며, 이들의 훈련을 관찰하고 영적 생활에 관련된 토의를 경험하며, 경건한 생활에 대한 열심을 개발하며, 또한 경건에 대한 실제적인 조언을 받았다. 결국 그는 20세 때 이곳을 떠나 자신의 형이 수도원 부원장으로 있던 즈볼레(Zwolle)에 있는 아우구스티누스파의 수도회에 헌신자(donatus)로 입회하였다. 토마스는 1407년 서약을 하고, 1413/14년에 사제로 서품을 받았다.

이곳에서 토마스 아 켐피스는 1425년 수도원의 부원장이 되었고, 수련 수사들의 훈련을 책임졌다. 그의 지도하에 이 수도원은 흐로테에 의해 시작된 근대적 경건 운동(Devotio moderna)의 요람이 되었다. 그는 수도원의 관리자로 행정과 영적인 의무들을 잘 감당하는 것 외에도, 1488년 이전에 38권의 익명의 전기를 저술하였다. 그는 1471년 본 수도원에서 삶을 마쳤다.

토마스 아 켐피스를 가장 대표하는 탁월한 저술은 『그리스도를 본받아』(*Imitatio Christi*)이다. 이 저서는 네 권으로 구성되었다. 그러나 처음 익명으로 출판되었던 이 저서는 단권으로 혹은 완성본으로 전해지지 않은 경우도 많다. 이 저서는 논리적 순서나 내용에 따라 체계적으로 명확하게 구성되지는 않았다. 그러나 근대적 경건 운동에서 즐겨 사용되던 문학 양식의 형태인 인용문의 선집(Anthologie)에 속한다.[122] 이 저서는 근대적 경건 운동의 공동체에서 진행된 가르침과 잠언들을 기초로 경건 생활을 조직화한 작품이

122 Ulrich Köpf, "Thomas vom Kempen," TRE Bd. 33:480.

며, 근대적 경건 운동의 실체를 파악하는 데 중요한 자료가 된다.[123]

b. 『그리스도를 본받아』의 구조 및 내용

이 저서는 모두 4권으로 구성되어 있다. 제1권의 제목인 "그리스도를 본받고 세상의 온갖 허영을 경멸함"(*De imitatione Christi et contemptu omnium vanitatum mundi*)은 전체 저서의 제목이 되었다. 토마스는 이 저서를 통해 수도원과 세상에서 초심자를 위한 영적인 삶을 위한 안내를 제공하려 한다. 이를 위해 신앙적인 삶의 필수적인 요소로서 무엇보다도 세상적인 헛된 지식을 경멸하고 마음의 통회를 이루어 평화를 얻어야 함을 말한다. 그러나 사람들이 그리스도의 복음을 들으면서도 변화 받는 일이 적은 까닭은 그들 안에 그리스도의 영이 없기 때문이다. 따라서 누구든지 그리스도의 말씀을 온전히 이해하고자 한다면, 자신을 그리스도의 삶과 전적으로 일치시키려고 노력해야 한다.[124]

> 삼시 후엔 사라져 버릴 이 세상의 부를 위하여 맹목적으로 노력한다거나 명예를 탐하는 것, 또는 육신의 쾌락과 순간적인 기쁨을 추구한다는 것은 너무나 헛된 일입니다…. 그저 오래 살기만을 바라면서 선한 생활에는 도무지 관심이 없다거나, 현재의 삶만을 생각하고 장차 다가올 영원한 삶을 위하여 아무런 준비도 하지 않는 것은 얼마나 헛된 일이겠습니까?[125]

이를 위해 토마스 아 캠피스는 그리스도의 고난을 따르는 수련을 통해 겸손을 배우고 자신을 깊이 성찰하면서 자신의 허영을 제어하여 진리로 나아가야 한다고 보았다. 그는 이 세상에서 가장 고귀하고 가장 유익한 지식

123 정용석 외 5인, 『기독교 영성의 역사』, 151.

124 Thomas a Kempis, *De imitate Christi*, 1.1.2 [본 논고에서 제시하는 『그리스도를 본받아』의 본문에 대한 단락 구분은 구영철 목사의 역을 사용하였다].

125 Thomas a Kempis, *De imitate Christi*, 1.1.5.

은 자신의 가장 깊은 본성을 깨닫고 겸손하게 자신을 낮추는 것이라고 주장한다.[126] 그는 또한 진리의 교훈을 실천하는 데 힘쓰며, 여러 덕을 세우는 행동들을 권면한다. 그리스도인의 외적인 삶의 자세에 관하여 주로 설명하며 영혼 구원의 필요성을 강조하는 것이 1권이다. 토마스 아 켐피스는 제1권을 통해 후대의 천로역정에서 잘 설명되는 것처럼 그리스도인의 삶의 목적이 무엇인지를 우선하여 설정하고 있다. 그리고 그 목적(구원)을 위해 필요한 현재에 대한 자기 인식과 필요한 외적 덕목들을 제시한다.

상대적으로 짧은 제2권은 제1권의 외적인 생활에서 벗어나 내적인 삶으로 나아간다. "이 세상에 속한 일들에 대하여 몸과 마음을 바치지 말고 당신 자신을 오직 영적인 일에 바치도록 하십시오."[127] 2권은 이러한 내적인 삶을 위한 개인적인 전제들-겸손, 화평, 단순, 고난에 대한 예비, 선한 양심-을 다룬다. 내면적으로 하나님과 동행하며 바깥세상에 대해서 애착을 두지 않는 사람은 영적인 그리스도인의 자격을 갖춘 사람이다. 이 사람은 예수님을 사랑하는 것이 무엇인가를 이해하고, 예수님을 위하여 자신을 희생하며, 이 세상의 것들을 사랑하는 일로부터 떠난 사람이다. 토마스 아 켐피스는 예수님과 친밀한 교제를 위해서는 먼저 내면적으로 순결하고 자유로운 마음을 지녀야 하며 세상의 피조물들로 인해 마음이 어지러워지거나 방해를 받지 말아야 함을 강조한다.[128]

제3권은 나머지 세 권을 합한 만큼의 분량을 지니며, 겸손, 순종, 경외, 그리고 십자가를 따르는 올바른 태도 가운데 그리스도와의 일상적인 교제로부터 솟아나는 내적인 위로를 묘사한다. 제1권과 제2권이 능동적인 외면, 내면의 훈련에 관심을 보여주고 있다면, 제3권은 수동적으로 하나님의 은총 안에서 참된 위로와 자유를 맛보게 하는 일상의 삶 혹은 경건의 가치에 대하여 말한다. 제3권의 앞부분에서 토마스 아 켐피스는 진실로 내적으로

126 Thomas a Kempis, *De imitate Christi*, 1.2.4.

127 Thomas a Kempis, *De imitate Christi*, 2.1.1.

128 Thomas a Kempis, *De imitate Christi*, 2.7.14.

주님의 말씀을 듣고, 그로부터 오는 위로의 말씀을 받는 사람은 복이 있다고 선언하며, 지극한 겸손과 커다란 사랑의 태도를 강조한다.[129]

> 사람의 가치는 많은 환상이나 위안, 성경에 대한 지식이나 남보다 높은 지위에 있는나에 달려 있지 않다. 오히려 그의 인격이 참된 겸손 위에 세워지고 경건한 사랑으로 가득 차 있는가, 그가 항상 순수하고 진실한 마음으로 하나님의 영광을 구하고자 하는가, 자기 자신이 무가치한 존재임을 솔직하게 인정하며 진실하게 자신을 멸시할 수 있는가, 사람들에 의하여 존경받기보다는 헛된 영광을 경멸할 줄 알고 다른 사람들에게 멸시받는 것을 더 기쁘게 여기는가에 달려 있는 것이다.[130]

하나님에 대한 참된 사랑을 지닌 자만이 자신을 겸손하게 비우고, 예수 그리스도의 은총 가운데서 참된 자유와 평안을 누릴 수 있게 된다. 이러한 사람만이 인생의 궁극적인 목적을 알고, 자만심을 버리며, 세상을 경멸하고 하나님을 섬길 수 있다. 그는 인내하며 순종하고, 근심을 하나님께 맡기며, 모든 일에서 하나님의 뜻을 구한다. 또한 하나님의 위로를 구하는 경건한 사람은 언제나 이를 위하여 위로자인 예수를 지니고 있다.[131] 제3권에서 토마스 아 켐피스는 우리가 참된 행복을 구하고자 하면 하나님을 가장 높은 궁극적인 목적으로 삼아야 하며, 우리 자신을 위하여 어떤 이익이나 선도 찾으려 하지 말고, 온전히 겸손과 사랑에 이끌리는 삶이 되어야 하며, 하나님의 은혜를 힘입은 삶이어야 함을 여러 모양으로 설명하고 있다.[132] 즉, 본성이 아닌 은혜의 다스림을 받는 삶이어야 한다.

제4권은 성찬에 대한 성찰과 기도로서 다른 세 부분과 내용적으로 분

129 Thomas a Kempis, *De imitate Christi*, 3.3.1.

130 Thomas a Kempis, *De imitate Christi*, 3.7.13.

131 Thomas a Kempis, *De imitate Christi*, 3.16.8.

132 정용석 외 5인, 『기독교 영성의 역사』, 152.

명히 구분되는 것처럼 보인다.[133] 제4권에서 토마스 아 켐피스는 경건한 신앙생활을 위해서 성찬식은 빼놓을 수 없는 중요한 예식이며 이를 부지런히 행하라고 권고한다. 먼저 토마스는 그리스도께서 우리를 위하여 십자가 위에서 흘린 피와 그 희생의 거룩한 뜻을 설명한다. 이어서 하나님과의 신비적인 합일로서의 가장 신빙성 있는 경험은 주님께서 제정하신 하나님과의 합일을 위한 예식에 참여하는 것에서 비롯된다.

> 당신께서 하시는 일은 참으로 위대하시며, 믿을 만한 것이고, 인간의 지혜를 초월하시나니, 나의 주 하나님이시여, 당신께서는 참 하나님이시며 참 사람으로서 이 작은 떡과 포도주에 친히 임재하사, 당신을 받아들이는 자들에게 영원한 생명의 양식을 먹여주시나이다.[134] … 그러므로 너는 이제부터 항상 마음을 새롭게 함으로 자기 자신을 준비하여, 이 놀라운 구원의 신비에 주의를 기울여 깊이 생각하라. 네가 이 거룩한 성찬에 참여할 때마다, 바로 이날 그리스도께서 동정녀 마리아의 몸에 임하시어 사람으로 태어나사 인류의 구원을 위하여 십자가에 못 박혀 고난당하시고 죽으신 것처럼 생각하여, 너에게는 이 날을 가장 크고 가장 새롭고, 가장 즐거운 시간으로 삼아야 하느니라.[135]

토마스 아 켐피스에게 이 성만찬에서 하나님과의 합일을 경험하기 위해 참여하는 이들에게 경건 생활을 통한 준비는 무엇보다도 중요한 일이었다. 성만찬 그 자체가 그리스도와의 신비적인 연합의 절정이기 때문이다.[136]

토마스 아 켐피스는 제4권에서 우리의 믿음과 경건의 삶에서 성찬의 의미들을 깊이 고찰하고 있다. 따라서 토마스의 『그리스도를 본받아』 제4권

---

133 제4권에 대하여 토마스 아 켐피스가 직접 붙인 제목은 "거룩한 그리스도의 성찬에 대한 경건한 훈계"(*De devota exhortatione ad sacram Corporis Christi communionem*)이다.

134 Thomas a Kempis, *De imitate Christi*, 4.2.13.

135 Thomas a Kempis, *De imitate Christi*, 4.2.17.

136 정용석 외 5인, 『기독교 영성의 역사』, 152.

은 그 외형상 앞의 세 권과 분리되어 보이지만, 내적으로는 1-3권의 정수를 모아놓은 것이라고 할 수 있다. 그는 성찬의 의미와 참여하기 위한 준비와 참여하는 태도는 실상 그리스도를 본받는 삶에 헌신하는 자들이 지녀야 할 모습을 드러낸다. 영성 생활의 궁극적인 우선순위는 그리스도 안에서 완성에 이름으로써 삶의 충만을 누리는 것이다. 이 완성은 그리스도인 공동체에 적극적으로 참가하는 것을 통해서만 가능하다. 그 때문에 토마스는 그리스도를 본받고 하나님과 함께하는 삶에서 성만찬의 역할에 강한 강조점을 둔다. 결국 하나님과 함께하는 삶은, 시간이 지나는 동안 우리를 인도하는 일련의 개인적·공동체적 경험이다.

c. 『그리스도를 본받아』의 영향

필립 샤프가 독일-네덜란드 기독교 사회가 내놓은 신비주의 저서들 가운데 '진주'에 해당하는 것으로 평가한 것이 토마스 아 켐피스의 『그리스도를 본받아』이다.[137] 이 저서는 2,000종 이상의 판본을 지닌 것으로 추산되며, 성경 다음으로 기독교 세계의 모든 신앙 서적 가운데 가장 영향력이 크다고 할 수 있다.[138] 라틴어로 집필된 이 서적은 토마스가 살아 있는 동안 이미 프랑스어 번역본과 독일어 번역본이 인쇄되었다.[139]

이 저서는 후대에 많은 영적인 감동과 영향을 주었다. 토마스 모어(Thomas More), 이그나티우스 로욜라(Ignatius of Loyola), 토마스 머튼(Thomas Merton) 등 가톨릭과 개신교 진영 모두에서 호평받았다.[140] 마찬가지로 이 저서는 경건주의에 커다란 영향을 미친 것으로 평가된다. 독일 경건주의의 시조로 여겨지는 요한 아른트(John Arndt)는 1617년 이 책을 독일 신비주의

137 Schaff, *History of Christian Church*, 6, 264.

138 우리나라에서도 토마스 아 켐피스의 *De imitate Christi*는 현재 10개 이상의 출판사가 서로 다른 번역자에 의한 역본을 출판하고 있다.

139 Schaff, *History of Christian Church*, 6, 265.

140 https://en.wikipedia.org/wiki/The_Imitation_of_Christ [2020. 10. 26].

자들 시리즈[5권으로 구성됨]에 포함하고 번역하여, 교회와 개인 경건의 틀을 마련하려 시도하였다, 감리교 창시자인 요한 웨슬리 역시 22세에 『그리스도를 본받아』를 직접 읽고, 많은 깨달음을 얻었으며, 자주 이 저서를 통해 위안을 얻었다.[141]

1427년 처음 출현한 『그리스도를 본받아』는 당시 그리스도인의 경건에 대한 흐름을 잘 대변하고 있다. 이 저서는 영혼이 하나님과 사귐을 가질 수 있도록 도우려는 목적을 지닌 경건에 관한 지침서이다. 금언적인 진술들을 기독교 신앙 체험의 숭고한 어조로 전개해 나가고 있다. 책 전체를 관통하는 단어는 그리스도의 삶에서 드러나는 '자기 부인'이다. 토마스 아 켐피스에게 있어서 그리스도를 모방하는 것은 사람의 영적 삶의 생동감을 나타내는 표준이다.

중세 후기 신비주의는 주관적인 하나님과의 내적인 경험, 사랑에 강조점을 둔 의지적 요소, 경건을 일상에서 실천하려는 태도, 그리고 제도권을 벗어난 운동이라는 점에서 중세 교회의 주도권과 장악력이 상실되어 버렸음을 드러낸다.

---

141 1738년 5월 19일 일기. 이 저술이 웨슬리에게 끼친 영향에 관하여는 R. G. Tuttle, *Mysticism in the Wesleyan Tradition*, 58 이하 참조. [토마스 아 켐피스, De imitate Christi, 구영철 역, 『그리스도를 본받아』, 302에서 재인용].

참고 문헌

Bach, Joseph. *Meister Eckart der Vater der deutschen Speculation*. Wien: Wilhelm Braumüller, 1864.

Blakeny, Raymond B. *Meister Eckhart, A modern Translation*. 이민재 옮김. 『마이스터 에크하르트』, I; II. 서울: 다산글방, 1994.

Council of Vienne (1311-1312). https://www.ewtn.com/catholicism/library/council-of-vienne-1542.

Council of Constance (1414-1418). https://www.ewtn.com/catholicism/library/council-of-constance-1459.

Courtenay William J. "영성과 후기 스콜라주의." In: *Christian Spirituality (II)*: 173-189.

Davies, Oliver. "중세 후기의 신비주의자들." In: *Medieval Theologians*: 421-440.

Fox, Mattew. *Passion for Creation: the Earth-honoring Spirituality of Meister Eckhart*. 김순현 역. 『마이스터 에크하르트는 이렇게 말했다』. 왜관: 분도출판사, 2006.

Frank, Tobin. *Meister Eckhart: Thought and Language*. Philadelphia: University of Pensylvania press, 1986.

Gründler, Otto. "근대경건." In: *Christian Spirituality (II)*: 264-287.

Hass, Alois Maria. "중세후기 신비주의 학파들." In: *Christian Spirituality (II)*: 215-263.

Henry Suso. *The Exemplary life and writings of Blessed Henry Suso*. Trans. Thomas Francis Knox. London: Burns, Lambert, and Oates, 1865. https://www.ccel.org/ccel/s/suso/susolife/cache/susolife.pdf.

Julian Norwich. *Revelations of the Divine Love*. Trans. Grace Warrack, 1901. https://www.ccel.org/ccel/julian/revelations.

______. *Revelations of Divine Love*, A new translation by Barry Windeatt. Oxford: Oxford University Press, 2015.

Kiekhaefer, Richard. "중세 후기 헌신운동의 주요 흐름." In: *Christian Spirituality (II)*: 127-173

Köpf, Ulrich. "Thomas von Kempen." TRE Bd. 33: 480-483.

Late Medieval Mysticism. 류금주 옮김. 『중세후기 신비주의』. 서울: 두란노아카데미, 2011.

Luther, Martin. *Theologia Germanica*. 최대형 역. 『마틴 루터의 독일신학』. 서울: 은성, 2003.

McGinn, Berard. *The Havest of Mysticism in Medieval Germany* (1300-1500). New York: Crossroad. 2005.

Meister Eckhart. *Deutsche Predigtenund Trakate*. 이부현 역. 『마이스터 에크하르트의 독일어 설교』. 1; 2. 서울: 누멘, 2010.

Meister Eckhart, *Die deutschen Werk*. Bde. I-V (1958-2016). *Die lateinischen Werke*, Bde I-VI (1964-1922). Stuttgart: Kohlhammer.

_____. *Expositio Sancti Evangelii secundum Johnneum*. Edited and translated by Karl Christ. Stuttgart: Kohlhammer, reprinted. 1994. https://books.google.com/books?id=e3UQAQAAMAAJ&printsec=frontcover&source=gbs_ge_summary_r&cad=0#v=onepage&q&f=false

_____. *Meister Eckhart's Sermons*. Trans. Claud Field. M.A. London: H. R, Allenson. 1909. https://www.ccel.org/ccel/eckhart/sermons.html#aboutTheAuthor.

Meister Eckhart. Ed. Joseph Quint. München: Carl Hanser Verlag. 1985.

Peters, Christians. "Theologia deutsch." TRE Bd. 33: 258-262.

Saarinen, Risto. "Theosis." TRE Bd. 33: 389-393.

St. Catherina of Siena. *Dialogue of Divine Providence*. trans. Algar Thorold, London: Trench, Trubner & Co., 1907. https://www.ccel.org/ccel/catherine/dialog/dialog.i.html.

_____. *Letters of Catherine Benincasa*. Trans. Algar Thorold, London: Trench, Trubner & Co., 1907. https://www.ccel.org/ccel/catherine/dialog/dialog.i.html.

_____. "교황 그레고리우스 11세에게 보낸 편지 (1375?)." In: *Letters of Catherine Benincasa*. Trans. Vida Dutton Scudder, February 1, 2005 [eBook #7403], 2005.

Suso, Heinrich. *The Exemplary life and writings of Blessed Henry Suso*. Trans. Thomas Francis Knox. London: Burns, Lambert, and Oates, 1865. https://www.ccel.org/ccel/s/suso/susolife/cache/susolife.pdf.

Tauler, Johannes. 『완덕의 길』. 엄성옥 옮김. 서울: 은성, 2000.

_____. *The Sermons and Conference of John Tauler of the Order of Preachers*. Washington D.C.: Apostolic Mission, 1910. https://archive.org/details/sermonsconferenc00tauluoft

Thomas A Kempis. *Opera Omnia*. 7 vols. Ed. M.J. Pohl. Freiburg: Herder, 1902-1921.

_____. *Being the Lives of Gerard, Gerard Groote, Florentius Radewin and Their Followers*. Trans. into english by J. P. Arthur. London: Kegan, Paul, Trench, Trübner & CO., Ltd. 1905. https://www.ccel.org/ccel/k/kempis/founders/cache/founders.pdf.

_____. *De imitate Christi*. 구영철 역. 『그리스도를 본받아』. 서울: 도서출판 왕성, 1996.

Tuttle, R. G. *Mysticism in the Wesleyan Tradition*. Michigan: Grand Rapids, 1989.

Windeatt, Barry., ed. *Revelations of Divine Love*. Oxford: Oxford University Press, 2015.

길희성. 『마이스터 에크하르트의 영성 사상』. 서울 : 분도 출판사. 2003.

김태규. "마이스터 에크하르트에 있어서 '신성'(Gottheit)로서의 신." 「중세철학」 26 (2020): 105-137.

양정호. "중세 여성 신비가의 작품 해석을 위한 연구 방법론: 노르위치의 줄리안의 "사랑의 계시"를 중심으로." 「한국사학사학보」 2012 (26): 379-406.

이상섭. "신의 존재의 기초로서의 신의 인식-마이스터 에크하르트 파리문제 1의 신론에 관한 연구." 「중세철학」 17 (2011): 63-111.

이신구. “독일 신비주의와 마이스터 에크하르트.” 「독어독문학」 62 (1997): 1-26.

이종태. “노리치의 줄리안의 계시에 나타난 신화(theosis) 신학과 영성.” 「대학과 선교」 58 (2023): 93-126.

이준섭. “마이스터 에크하르트(Meister Eckhardt)의 사상에서 스콜라주의와 신비주의의 상관관계.” 「장신논단」 50: 147-170.

정원래. “마틴 루터와 『독일 신학』.” 「한국개혁신학」 56 (2017): 182-215.

———. “성찬과 경건의 연습-토마스 아 켐피스의 『그리스도를 본받아』에서.” 「신학지남」 348 (2021): 203-238.

14

르네상스

I. 이탈리아 르네상스와 그 주인공들

르네상스는 중세에서 현대로의 전환을 의미하며, 고대의 사상과 문화를 부활시키고, 나아가 이를 능가하려는 노력이다. 그 결과 르네상스는 예술, 건축, 정치, 문학, 탐험, 과학을 포함한 대부분의 분야와 학문의 전 분야에서 큰 사회적 변화를 낳았다. 르네상스는 처음에는 피렌체 공화국을 중심으로, 이어 이탈리아의 나머지 지역으로, 나중에는 유럽 전역으로 확산되었다. 특히 인쇄술의 발명은 15세기 후반부터 르네상스의 정신이 유럽 전역으로 확산하는 데 크게 이바지하였다.

1. 르네상스의 시대적 배경

1) 르네상스의 성격

아비뇽 교황청 시대와 그에 이어진 서방 교회의 대분열(the Great Schism)과 동시에 일어났던 가장 주목할 만한 지적인 사건은 르네상스의 시작이었다. 사람들은 오랫동안 르네상스가 이러한 정신사적 지평에서 급작스럽고 중대한 변화였으며, 앞선 중세 시대의 영향을 받지 않고 이루어진 것으로 생각하였다. 즉, 르네상스를 낯선 시대로의 갑작스러운 전환이자 정신사적 혁명처럼 간주했던 것이다. 그러나 중세 시대는 르네상스의 정신인 "개인"과 "인문주의적" 관심이 부족하지 않았으며, 내세 중심 사고가 지배적이었다고 해서 교회의 지배가 강력했던 것은 아니었으며, 적어도 전승된 고대 라틴 문헌들이 어느 정도 폭넓게 소개되었음을 사람들은 점점 더 많이 깨닫고 있다.[1]

1100년경에 로마법이 부흥하기 시작하여, 처음에는 이탈리아를 거쳐 나중에는 프랑스와 독일에까지 확산하였다. 이로써 사람들은 점차 그러한 규범적인 고대 사상의 특징에 관심을 갖게 되었다. 특히 12세기 중반부터는 교회법을 더 공고히 하고자 하는 의도에서 로마법이 활발하게 연구되기도 하였다. 이와 더불어 12세기 내내 아리스토텔레스의 전 작품들이 번역을 통해 점차 재발견되었으며, 동시에 학교에서도 논리학과 인문학(liberal arts)이 다시 부흥하였다. 그 결과, "은총"뿐만 아니라, "자연"에도 큰 관심을 보였던 13세기의 위대한 "대전들"(*summae*)에서 절정을 이루었다.[2] 비록 13세기의 관심이 법률과 철학의 영역으로 제한되기는 했지만, 스콜라주의자들의 고대에 대한 관심은 이미 지대하였다.

또한 1348-1350년 유럽을 강타한 흑사병은 중세인들의 세계관에 변화를 초래하였다. 유럽은 흑사병으로 심각한 피해를 겪었고, 그 결과 사람들은 죽음에 익숙해졌고, 사상가들은 영성과 내세보다는 이 땅에서의 생활에 더 집중하게 되었다. 더불어 이탈리아를 비롯한 서유럽 전체의 지적 세계는 한편으로는 수도원적 삶의 이상에 의해 영향을 받았으며, 다른 한편으로는 지상의 것들을 무시하거나 가치를 낮게 평가하는 방식으로 천상적 관심사를 강조하는 편향적 스콜라주의에 지칠 대로 지쳐 있었다. 이에 저항하는 새로운 지적 운동으로서 르네상스는 현재의 삶을 다룰 권리를 강조하였으며, 인간의 지성이 총체적 영역에서 그의 미학적, 사회적 취향과 잘 부합하도록 존엄성을 부과하려 하였다.[3] 이에 르네상스는 이전까지의 교회의 신학

1 Walker, *A History of the Christian Church*, 445.

2 Walker, *A History of the Christian Church*, 445.

3 Schaff, *History of Christian Church*, 6, 526.

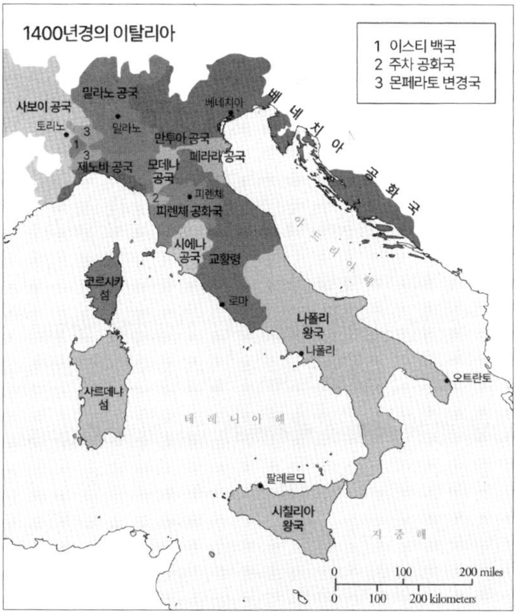

〈르네상스 시기의 이탈리아
(각 도시 공화국들은 정치적 독립을 향유하며, 도시의 운명을 스스로 결정할 어느 정도의 자유가 있었다)〉

과 성직 위계 제도로 개인을 예속해 온 지적 속박으로부터 자유를 쟁취하고자 노력하였다. 르네상스의 주도자들은 재발견된 아리스토텔레스를 통해 플라톤처럼 이상만을 제시한 것이 아니라 인간으로서 이 세상에서의 삶에 충실하라고 가르쳤다. 이제껏 교회가 금지했던 모든 가치에 의문을 제기하기 시작했다. 이로 말미암아 인식의 역전이 나타났다: "신이 필요로 하여 인간이 거기 있는 것이 아니라 인간이 필요로 하므로 신이 거기 있게 된 것이다."[4] 민혜련의 진술은 지나치게 과격하지만, 그 기조에 있어 르네상스의 뿌리는 성직자의 권위와 대립하는 개인주의에 있었다. 천상과 신만을 주목하던 시야를 인간 자신에게로 향하도록 촉구하였다. 따라서 르네상스는 인간 개인에 대한 관심을 강조하였으며, 이런 의미에서 개인주의적이었다.[5]

---

4 민혜련, 『르네상스』, 40.

5 Jonson, *The Renaissance*, 35.

이탈리아의 여러 국가 가운데, 특히 피렌체 공화국에서 개인주의가 가장 폭넓게 확산하였다. 그 결과, 르네상스가 이곳에서 최초로 뿌리를 내리고, 최고의 열매를 맺었다.[6] 이는 당시 피렌체 공화국을 비롯한 이탈리아 도시와 국가들은 과두제였으며 현대 민주주의와 유사하지는 않았지만, 민주적인 특징을 갖고 있었기 때문이다. 즉, 이 도시들은 황제와 교황의 권위로부터 독립하여 정치적으로 자신들의 운명을 스스로 결정할 권한을 지니고 있었다는 것이다. 도시들이 지니고 있었던 상대적인 정치적 자유는 학문적, 예술적 발전에 큰 도움이 되었다. 또한 이러한 도시들이 축적한 막대한 부는 대규모 공공 및 민간 예술 프로젝트를 의뢰할 수 있도록 했으며, 개인이 학문에 전념할 수 있는 더 많은 여유 시간을 갖는 것을 가능하게 했다.[7]

이러한 도시 중에 가장 주목받는 곳이 피렌체였다. 이곳에서 단테(Dante)와 레오나르도 다 빈치(Leonardo Da Vinci)가 태어났고, 이곳에서 마키아벨리(Machiavelli)가 자신의 군주론을 발전시켰으며, 미켈란젤로(Michelangelo)가 활동하였다. 1397년에 탁월한 비잔틴 학자인 마뉴엘 크리솔로라스(Manuel Chrysoloras, 1335?-1415)는 피렌체 대학에 설치된 그리스 연구과의 주임교수로 임명되었다. 그의 뛰어난 제자 중 한명인 레오나르도 브루니(Leonardo Bruni, 1370?-1444)는 나중에 피렌체의 장관으로서 배움에 대한 사랑을 정치에 적극적으로 적용하며 기여하였고, 이를 통해 즉, 르네상스 문화의 특징이 된 "시민에 봉사하는 인문주의"(civic humanism)의 개념을 형성하는 데 기여하였다.[8]

탁월한 개인뿐만 아니라 페라라-피렌체 의회도 1438년과 1439년에 걸쳐서 그리스 문헌들과 라틴 문헌들을 수집함으로써 동방 세계가 지닌 귀한 문헌들을 익히려는 열정을 크게 장려하였다. 1439년 피렌체 공의회에 참석

6 Schaff, *History of Christian Church*, 6, 530.

7 Jacob Bruckhardt, *The Civilization of the Renaissance in Italy*, ch. VII. 참조.

8 Walker, *A History of the Christian Church*, 446. 'civic humanism'은 Hans Baron이 1928년 처음 제시한 정의이다.

하였던 그리스 지도자 중에는 요한 베사리온(Bessarion, 1403-1472)과 조르지오스 G. 플레톤(Pletheon, 1355?-1450)이라는 두 명의 저명한 플라톤주의자들이 포함되어 있었다. 플레톤은 공의회 이후 돌아가지 않고, 피렌체에서 플라톤에 대해 강의하였다. 이에 피렌체의 인민당 당수였던 코시모 드 메디치(Cosimo de' Medici, 1389-1464)는 1462년, 마르실리오 피치노의 지도 아래 플라톤 아카데미를 1462년에 설립하도록 하였다.

피렌체의 메디치 가문은 그 도시를 빛낼 만한 것이면 어떤 형태의 사업이든지 그것을 후원하였다. 유럽 사회가 천 년이 넘는 세월 동안 발견한 예술과 학문 후원자들 가운데 가장 후한 인물이 코시모 데 메디치였다. 그는 피렌체 공화국을 30년 동안 장악하였고, 이 시기에 학자들을 재물로 격려하고, 사본들을 구매할 수 있는 자금을 지원하며, 또한 학자들에 대한 존경의 태도도 잃지 않았다.[9]

2) 르네상스의 정신

이탈리아에서 시작된 르네상스는 그리스와 로마 문화의 회복과 세련된 문학과 예술의 부흥에 국한 시킬 수도 있어서, 고전 문학의 부흥이라고 명명되기도 한다. 실제로 르네상스 학자들은 고대 로마와 그리스의 문학, 역사, 수사학을 복원하고 연구하는 데 매우 관심이 많았다. 오랜 세월 동안 중세인들은 이교 고전 문학이 기독교 대중에게 위험한 올무로 가득 차 있다고 교육받아 왔다. 그러나 이제는 눈을 떠서 고전 저자들과 역사를 발견하고서 어린아이처럼 기쁨에 들떠 어쩔 줄 몰라 했다. 이들은 버질의 『아이네아스』를 호머의 『일리아드』와 『오딧세이』를 다시 노래하였다. 따라서 이탈리아에서 나타난 새로운 정신은 실로 지적. 예술적 신생이었고, 르네상스라는 단어의 뜻 그대로 재생(re+naissance)이었다.

---

9 Schaff, *History of Christian Church*, 6, 549.

르네상스는 알프스를 넘어 북유럽으로 확산되면서, 자유로운 연구 정신을 고양하며, 정신의 존엄성을 확보하고, 인간이 세계의 시민으로서 발휘할 가능성의 지평을 확장하였다. 또한 고대 그리스와 로마의 학문적 보물들과 기념비들을 잿더미에서 복원하고, 스콜라 철학의 변증법적 표현에서 벗어나서 관찰에 근거한 새로운 표현 양식을 낳았다. 르네상스 정신은 평신도들을 일깨워 천상적 목표와 지향뿐만 아니라 현실적이고 자연적 도덕성, 그리고 자연적 인간관계가 가진 가치의 중요성을 깨닫게 하였다.[10] 인간 관심의 중심을 종말론에서 현세의 삶으로 옮겨놓았다. 이러한 세계관의 변화는 특별히 전승된 위대한 문헌들에서 나타난 고대, 고전 정신에 대한 재평가에서 기인하였다. 따라서 새로운 변화를 주도했던 참여자들과 후원자들의 관점에서 볼 때, 르네상스는 "암흑"과 "야만"의 시기였던 중세 이후, 고전 문화를 포함한 문화 전반이 "재탄생"(renaissance)한 것이었다.[11]

시어도어 래브(Theodore Rabb)는 르네상스를 고전 문화의 재생이라기보다는 중세 사회가 가장 소중히 여겼던 가치, 제도, 활동을 공격하면서, 중세가 형성했던 일관성을 해체하는 과정으로 이해한다. 래브에 따르면, 중세의 일관성에서 가장 중요한 것은 중세인들이 모든 행위에서 "신성함"과 "용맹"을 추구하였다는 점이다. 이에 따르면 왕과 군주들로부터 수도사들과 일반 대중에게 이르기까지 모두가 자기 행위의 정당성을 신적 권위에서 찾으려 하였으며, 이를 위해 용기를 내는 것은 가치 있는 행동으로 간주되었다.[12] 즉, 중세 사회의 주도자들인 성직자, 수도사뿐만 아니라, 왕과 귀족들도 이 점에서 탁월성을 인정받는 자들이었다는 것이다. 이는 곧 교회가 그들 삶의 모든 영역에서 절대적인 비중을 차지했음을 의미한다. 이 때문에

---

10 Schaff, *History of Christian Church*, 6, 531.

11 Walker, *A History of the Christian Church*, 445. 'Renaissance'라는 용어는 1858년 프랑스 역사가 쥘 미슐레(J. Michelet)가 적극적으로 사용하기 시작하였다.

12 참조) Theodore Rabb, *The Last Days of the Renaissance: And the March to Modernity*, 강유원·정지인 옮김, 『르네상스의 마지막 날들』, 서울: 르네상스, 2008.

중세적 가치가 공격받는 것을 가장 상징적으로 드러내는 사건이 바로 교황의 권위가 도전받는 것이었다. 교황에 이어서 신성함과 용맹의 두 축인 성직자들과 귀족들도 공격을 받았다. 결국 르네상스는 단순한 고전의 부흥을 넘어, 중세가 붙들고 있던 가치에 대한 반성과 새로운 가치에 대한 존중을 의미하는 것이다.

2. 초기 이탈리아의 르네상스

이탈리아의 르네상스는 세 시기로 구분할 수 있다. 제1기는 이탈리아의 문호들인 단테, 페트라르카, 보카치오의 시대였고, 제2기는 고전 문학에 관한 관심이 널리 확산한 1400-1460년의 기간이었으며, 제3기는 순수 예술 추구가 주된 특징이 된 1460-1540년의 기간이었다. 첫 번째 시기에는 불후의 문학 작품들이 등장하였다. 두 번째 시기에는 플라톤과 그 밖의 고전 저자들의 작품이 번역되고 진지하게 연구되었다. 마지막 시기에는 이탈리아에서 순수 미술과 조각, 건축이 화려한 두각을 나타냈다. 첫 번째 시기와 두 번째 시기는 도시 피렌체를 중심이었던 반면, 세 번째 시기는 로마가 그 중심이 되었다.

1) 단테 알리기에리(Dante Alighieri, 약 1265-1321)

단테는 1265년경 피렌체 공화국에서 태어났다. 그의 교육에 관하여는 알려진 것이 거의 없다. 그러나 공공 생활에 참여하려면 도시의 많은 상업 또는 장인 길드 중 하나에 등록해야 했기 때문에 단테는 의사와 약사 길드에 가입했던 것을 볼 때, 아마도 그는 의학 교육을 받았을 것으로 추정된다.

당시 대부분의 북부 이탈리아 도시 국가는 교황권을 지지하는 구엘프파(Guelfs)와 신성 로마 제국을 지지하는 기벨린파(Ghibellins)라는 두 개의 정치적 세력으로 나뉘어 갈등하였다. 단테 역시 이 갈등에 참여하고 있었고, 앞서 언급한 『군주론』의 교황과 군주의 관계에 대한 성찰은 이러한 시대적 배경에서 저술되었다. 그러나 아쉽게도 단테는 이 갈등으로 자기 고향인 피렌체에서 1301년 추방되어 지금까지도 돌아가지 못하고 있다.[13]

단테의 문학 작품 대부분은 1301년 그의 망명 이후에 쓰여졌다. 그는 라틴어가 아니라 "이탈리아어"로 자신의 가장 유명한 저서인 『신곡』(*Comedy*)을 썼다. 이 언어는 어떤 의미에서는 주로 토스카나 지역 방언에 기반을 두고 있지만, 라틴어와 기타 지역 방언의 일부 요소가 혼합된 문학적 언어였다.[14] 당시까지 중세 문화의 특징 중 하나는 라틴어가 문학 및 철학 작품에 적합한 유일한 언어로 간주되고 있었다는 것이다. 그러나 단테는 자신의 모국어도 문학적 표현에 유효한 수단이라고 믿었고, 토착어가 희극, 시, 산문과 같은 특정 장르에도 적합하다고 생각하였다. 이에 단테는 이탈리아어를 사용하여 저술 활동을 하였을 뿐만 아니라, 페트라르카와 보카치오와 같은 다른 위대한 작가들에게도 이탈리아 방언으로 글을 쓰도록 고무하였다.[15] 이러한 영향으로 이탈리아와 그 외 지역의 르네상스 작가들 대다수도 자신들의 모국어로 글을 썼다. 이러한 변화는 문학계를 훨씬 넘어서는 결과를

13 2008년 피렌체 시의회는 단테의 추방령을 취소하는 안을 통과시키고, 고향으로 돌아올 것을 촉구하였으나, 단테를 품은 라벤나는 결코 동의할 생각이 없었다. 불행하게도 단테의 무덤은 라벤나와 피렌체 시에 둘이나 존재한다.

〈라벤나에 있는 단테의 무덤 (왼쪽)〉 〈피렌체에 있는 단테의 무덤 (오른쪽)〉

14 *Encyclopedia Britannica*, "Dante."

15 Guy P. Raffa, *The Complete Danteworlds: A Reader's Guide to the Divine Comedy*, 114.

가져왔다. 단테의 언어는 많은 이탈리아 도시 국가의 공식 언어가 되었고, 특히 전성기 르네상스 시대에 민족의식을 발전시키는 데 도움이 되었으며, 일반인들이 문화로 들어가는 길을 열어놓았다.

단테가 후세대 문화에 이바지한 또 하나의 요소는 "고대를 다시 한 번 전면에 부각시키고, 이교적 요소들과 기독교적 요소들을 동등한 가치를 부여하지는 않으면서도 나란히 다루며, 신화적 우화들과 성경 역사, 고전과 기독교의 과거를 뒤섞은 것이다. 이러한 관용으로써 그는 여전히 중세 신학을 확고히 고수하면서도 새 시대의 사람임을 입증하였다."[16] 모국어와 이교적 전통과 문화를 존중하는 단테의 태도는 르네상스를 일으킨 중요한 요인이 되었다.

2) 프란체스코 페트라르카(Francesco Petrarch, 1304–1373)

페트라르카는 1304년 7월 20일 이탈리아 중부의 작은 도시 아레초(Arezzo)에서 태어났다. 그의 가족은 1309년 아비뇽 교황청의 시대를 연 교황 클레멘트 5세를 따르기 위해 그곳으로 이사하였다. 아비뇽에서 성장한 페트라르카는 몽펠리에 대학(1316-20)과 볼로냐 대학(1320-23)에서 법학을 공부하였다.[17] 그러나 그는 공부를 하는 동안 법률보다는 주로 글쓰기와 라틴 문학에 관심을 보였다. 아비뇽으로 돌아온 페트라르카는 1326년부터 하급 성직자로 임명되어 많은 성직자의 사무를 돕는 일을 하였다. 또한 그는 유럽 전역을 널리 여행하였으며, 각종 사절의 일원으로 활동

〈프란체스코 페트라르카〉

16 Schaff, *History of Christian Church*. 6, 538.

17 Agostino Sottili, "Petrarca, Francesco," TRE Bd. 26: 255-260.

하였다. 여행 중에 그는 많은 고전 라틴어 사본을 수집하였으며, 고대 작가들로부터의 지식을 회복하는 데 힘을 기울였다. 그는 고대 로마의 스키피오 장군을 소재로 한 작품 『아프리카』(*Africa*)로 1341년 로마에서 계관시인으로 임명되었다. 이후로도 그는 학자, 시인, 외교관의 신분으로 유럽 곳곳을 여행하였다. 특히 1345년 그는 여행 중 베로나의 한 성당에서 키케로의 편지를 발견하였다.[18] 페트라르카는 생애 마지막을 파도바 근처의 작은 마을에서 종교적 묵상에 시간을 보내다, 1274년 사망하였다.

페트라르카는 고전 문헌을 재발견하고 연구하려는 열정으로 "인문주의"(*studia humanitatis*; 인간연구, 혹은 *liberal arts*: 인문학)란 말을 낳으며 르네상스의 창시자로 여겨진다. 특히 그는 고전 문헌들이 잊혀지고 사라졌다는 사실에 대한 안타까움을 고대인인 키케로(Cicero)에 대한 편지 형식을 빌려 표현하였다.

> [키케로] 당신의 명성은 널리 퍼져 있습니다. 당신의 이름은 강력해서 사람들의 귀에 가득합니다. 그러나 당신을 정말로 아는 사람은 매우 적습니다. 그것은 시대가 좋지 않기 때문이거나, 사람들의 마음이 느리고 둔하기 때문이거나, 아니면 돈을 사랑하는 마음이 우리의 생각을 다른 방향으로 몰아가기 때문일 것입니다. 결과적으로, 제가 크게 착각하지 않는 한, 바로 우리 시대에도 당신의 책 중 일부가 사라졌습니다. 복구할 수 없을까 두렵습니다. 이는 나에게 큰 슬픔이요, 이 세대에게 큰 치욕이요, 후손에게 행한 큰 죄악입니다. 우리 자신의 재능을 계발하지 못하고 그로 인해 열매를 맺을 수 있었던 미래를 박탈당한다는 수치심만으로는 충분하지 않습니다. 우리는 잔인하고 참을 수 없는 부주의로 인해 당신과 당신 동료들의 노력 결실도 낭비하고 망가뜨립니다. 내가 애도하는 당신의

18 일부 연구자들은 이 사건을 르네상스의 시작점으로 평가하기도 한다. 참조: E. H. Gombrich, "The Renaissance: Period or Movement?," in: *Background to the English Renaissance: Introductory Lectures*, ed. J. N. Trapp, 9-30.

책에 닥친 불운한 운명은 다른 많은 저명한 작가들의 작품에도 닥쳤습니다.[19]

페트라르카는 고대 라틴 저술들, 특히 키케로와 세네카의 저술을 열정적으로 읽었으며, 그들을 모범으로 삼아, 우아한 새로운 라틴 문체를 만들어냈다. 그는 고대의 작가들을 통해 스콜라주의가 아리스토텔레스에 집중하는 경향에서 벗어나려는 인문주의적인 노력에 결정적인 계기를 제공하였다.

아리스토텔레스에게로 돌아가자. 그의 광채는 이미 자주 병들고 허약해진 눈을 멀게 하였고, 많은 사람을 오류의 구덩이로 빠뜨렸다. 그가 한 사람의 통치를 권장하였다는 것을 나는 안다…. 하지만 이 통치자가 누구인가, 얼마나 중요하고 권세가 있는가, 여기에 대해서 내가 믿기로는 그는 몰랐다. 그래서 그가 의미 없는 일들까지도 세심하게 연구했을 때도, 그는 이 하나, 그토록 중요한 것은 몰랐다….[20]

그러나 페트라르카가 스콜라주의에 대해 반대한 것은 기독교 신앙과 경건을 거부한 것이 아니었다. 오히려 그는 중세 전통을 넘어서 고전 전통을 의식적으로 선호함을 의미하는 것이었다. 페트라르카는 무엇보다도 하나님과 인간들 간의 관계를 포함한 문제와 인간들이 모든 사상과 철학의 중심이 되어야 한다는 점을 강조하며, 이러한 연구들이 진정으로 "인문주의적 연구"(*humaniora*)여야 한다고 끊임없이 주장하였다.

우리는 덕을 향한 경고를 통해서나 다가오는 죽음의 그 섬뜩한 모습을 통해서도 학문을 두려워하지 말아야 합니다. 학문이 고귀한 영혼에 수용이 될 때 이것은 덕(virtue)을 사랑함을 낳으며, 그래서 죽음에 대한 두려움을 제거하거나 감소

19 Petrarch, *키케로에게 보낸 편지*, in: *Letters*, trans. James Harvey Robinson and Henry Winchester Rolf, 239-251.

20 Petrarch, *자신의 무지와 많은 사람의 무지에 관하여*, in: KThQ2, Nr. 62. b.

시킵니다. 지혜를 얻기 위해 우리가 받아들인 것은 우리에게 황량한 불신앙의 의심을 끌고 오지 않습니다….[21]

왜냐하면 인간에 대한 탐구를 고무하기 위해 페트라르카는 성 아우구스티누스를 그의 지적 인도자로 삼고, 플라톤을 모든 철학자 중에서 가장 위대한 자라고 불렀다.[22] 키케로와 같은 "달변", 인간 중심주의, 스콜라주의에 대한 반대, 플라톤-아우구스티누스의 "지혜"에 대한 칭송, 고전의 가르침과 기독교적 신앙이 조화될 수 있다는 확신 등 이러한 모든 측면에서 볼 때, 페트라르카는 르네상스 문화에서 "근대적" 요소를 상징하는 인물이며, 인문주의 운동의 태두이다.[23]

페트라르카만큼 집필의 수고에 따른 명성을 누린 작가도 드물었다. 그는 생전에 이탈리아, 프랑스, 독일, 영국에서 날마다 자신의 저서를 칭송하는 편지를 받았다. 그는 비잔틴 황제가 자신의 저서들을 읽고 자신을 안 사실에 만족을 표시하였다. 카를 4세가 그의 웅변을 듣고, 지혜의 교훈을 배우고 싶어서 그를 세 번이나 독일로 초대하였다. 교황 그레고리우스 11세는 그의 부음을 듣고서 그의 모든 저서를 고급스럽게 필사하도록 명령하였다. 다음 세대는 그가 열정적인 시로 다른 사람의 아내 라우라(Laura)의 아름다움과 사랑스러움을 예찬한 시인으로서가 아니라 학자와 현자로서 존경을 바쳤다.[24] 페트라르카가 누린 이러한 명성은 르네상스의 확장에 매우 긍정적 요소라고 할 수 있다.

---

21 Petrarch, *보카치오에게 보낸 편지* (1362), in: KThQ2, Nr. 62. a.

22 Petrarch의 저서 *Secretum Meum*에서 그는 아우구스티누스와의 대화를 통해 자기 내면과 신앙을 깊이 성찰하고 있다. 그는 아우구스티누스의 『고백록』 사본을 소지하고 다녔다고 알려져 있다. 참조) Petrach, *The Ascent of Mount Vontoux*, in: *Letters*, 307-320.

23 Walker, *A History of the Christian Church*, 445-446.

24 Schaff, *History of Christian Church*, 6, 541.

3) 조반니 보카치오(Giovanni Boccaccio, 1313–1375)

보카치오는 단테 알리기에리(Dante Alighieri), 페트라르카(Petrarch)와 함께 소위 이탈리아 문학의 "세 왕좌"에 속한다.[25] 그는 1313년경 피렌체 근교에서 저명한 상인 가문의 아들로 태어나 피렌체에서 성장하였다. 한때 그는 법학을 공부하기 위해 나폴리에 있는 대학으로 진학하였다. 그러나 그는 거의 6년 동안의 학문에 흥미를 지니지 못한 채, 문학에만 전념하였고, 시간이 지난 후 피렌체로 돌아왔다. 피렌체로 돌아온 보카치오는 고전 문학과 인문주의에 흥미를 갖게 되면서 1334년부터 작품 활동을 시작하였다. 1348년에 피렌체시는 흑사병으로 인해 매우 큰 피해를 보았고, 이로 인해 도시 인구의 4분의 3이 사망하였다, 흑사병으로 가족을 모두 잃은 그는 피렌체 시의 공무원이 되었으며, 이 당시의 경험은 그의 작품인 『데카메론』(*Decameron*)의 무대가 되었다.

보카치오는 1450년부터 본격적으로 피렌체의 공적인 사회에 등장한다. 그는 여러 지역에 도시 대표로 파견되었으며 또한 그리스어 연구를 추진하고, 호머, 에우리피데스, 아리스토텔레스의 작품에 대한 번역을 장려하였다. 특히 1350년부터 보카치오는 피렌체에서 페트라르카와 교제를 나누기 시작하였고, 페트라르카는 그에게 고전 그리스와 라틴 문학을 공부하도록 격려하였다.

보카치오는 1460년에 『이방 신들의 계보』(*Genealogia deorum gentilium*)를 완성한다. 이 책은 400년 이상 고전 신화에 대한 주요 참고 문헌 중 하나였으며, 고대 문학과 사상 연구를 위한 방패 역할을 하였다. 이는 이 저서가 이교도 신앙을 중심으로 다루고 있기 때문이다. 이와 같이 보카치오는 고전으로부터 많은 것을 배울 수 있다고 믿었다. 따라서 이 저서는 기독교인에

25 Zygmunt G. Barański/M. L. McLaughlin, *Italy's three crowns: reading Dante, Petrarch and Boccaccio*, 2007.

게 도덕적으로 해로울 것이라고 염려하여 고전에 대한 접근을 제한하려는 성직자 지식인들에 대한 도전이기도 하였다. 이처럼 기독교적이지는 않더라도 고대 문학의 중요성에 대한 그의 옹호는 르네상스 발전을 위한 필수 요건이었다.[26]

보카치오의 가장 유명한 저서는 『데카메론』(*Decameron: 10일 동안의 이야기*)이다. 『데카메론』(*Decameron*)은 1348년 전염병이 유행했을 때, 열 명의 젊은이가 모여 100가지의 이야기를 나누는 내용이 담겨 있다. 일곱 명은 여성이고 세 명은 피렌체 남성들이다. 이들은 전염병의 참상을 듣고 난 이후에, 피렌체 시에서 멀리 떨어진 아름다운 정원으로 자리를 옮겨서, 울다 웃기를 반복하며 도덕적인 이야기에서 외설적인 연애 이야기에 이르기까지 다양한 이야기를 주고받는다.[27] 『데카메론』(*Decameron*)은 평신도 남녀들뿐 아니라 사제들과 수사들의 도덕 상태도 매우 부족했음을 폭로한다. 결혼과 고해 제도, 수도원주의, 성유물 숭배에 조소를 가하고, 교회의 제도들에 재담과 희롱을 가한 이야기로써, 보카치오는 민중이 이해하는 통속적 언어로 글을 썼다. 보카치오의 데카메론은 유럽 전역에서 읽혔고, 다른 작가들이 라틴어가 아니라 모국어로 글을 쓰도록 영감을 주었다. 이로써 그는 르네상스가 가져온 유럽의 중요한 변화 중 하나에 이바지하였다.[28]

보카치오는 주로 토스카나 언어로 상상력이 풍부한 문학 작품을 썼고 일부 작품은 라틴어로도 집필하였다. 특히 그는 성격과 줄거리에 대해 공식적인 모델을 따르던 동시대 중세 작가들과는 달리 현실적인 대화를 통해 풀어내는 스타일로 유명하다. 보카치오는 평이하고 우아한 이탈리아 산문 문학의 창시자로 평가받는다.[29]

---

26 Margaret L. King, *The Renaissance in Europe*, 54.

27 Schaff, *History of Christian Church*, 6, 543.

28 Brotton, J., *The Renaissance: A Very Short Introduction*, 19.

29 Schaff, *History of Christian Church*, 6, 541.

… 보카치오의 작품은 예술가들이 그려낸 기독교의 독점적 이야기에 진정한 도전이었다. 물론 17세기 말과 그 이후까지 그리스도와 성인들의 생애에 대한 그림과 구약의 장면들이 계속 그려지긴 했지만, 이제 대안이 생긴 것이다. 고전 신화는 기독교에서 끊임없이 강조되는 경건성과 순교자들의 고통보다는 아름다움(특히 여인의 육체)과 인생의 즐거움을 좀 더 많이 제공하였다. 시각 예술과 글을 읽을 수 없는 단순한 사람들에 대한 교회의 장악력은 이런 식으로 점차 약화되었다.[30]

〈피렌체에 있는 우피치(Uffizi)박물관에 있는 초기 르네상스의 작가상
(왼쪽부터 단테, 페트라르카, 복카치오)〉

이들 페트라르카, 보카치오 등은 마음에서 타오르는 열정을 그대로 묘사함으로써 인간 본성의 가치를 인정하는 길을 열어 놓았다. 또한 이들은 자연에 대한 뜨거운 사랑을 품었고, 그것을 글로 표현해 놓았다. 보카치오는 신앙심이 깊은 사람이었지만 인생의 가치를 보았고 세상의 쾌락이 본질적으로 죄는 아니라고 믿었다. 그의 작품에는 자연과 사람에 대한 진정한 기쁨이 담겨 있으며, 그는 모든 사람이 개인임을 강조하였다.[31]

이러한 고전 학문과 고대의 유물들에 관한 열기는 15세기 중반 이후의 이탈리아에서 절정에 달하였다. 이탈리아는 아예 다른 학문은 모두 제쳐두

30 Jonson, *The Renaissance*, 44.

31 Bruckhardt, *The Civilization of the Renaissance in Italy*, 19.

고 오로지 고전 학문에 매달리는 듯하였다. 이들 이탈리아 인문주의자들이 고전 문학과 철학에 관한 관심을 되살리기 위해 쏟아부은 노력은 그들의 시대를 역사에 뚜렷하게 부각하기에 충분하였다.[32]

3. 그리스 고전 문화의 부흥과 철학의 발달

앞선 시기가 천재적인 개인적인 역량에 의해 전개되었다면, 이 두 번째 시기는 정부나 자치단체의 주도로 형성된 인문주의라고 할 수 있다. 고전 문화로부터 새로운 요소들을 수용하고, 인간 본성에 대한 다양한 측면을 소개하는 것이 앞선 대문호 시대의 모습이라면, 두 번째 시기는 첫 시기로부터 영감을 받은 결과로써 개인과 자연, 그리고 인간에 대한 새로운 의미와 가치를 부여하는 시기였다. 르네상스 두 번째 시기에 그리스의 부흥과 인문주의 사상의 발달은 몇 가지 요소에 기인한다.

〈피렌체의 우피치 박물관은 르네상스의 유산을 보여주는 세계 최고의 박물관이다〉

첫째는 피렌체 시의 그리스 문화 부흥을 위한 적극적인 노력이다. 피렌체의 실권자인 메디치가는 적극적으로 비잔틴 학자인 마뉴엘 크리솔로라스

32 Schaff, *History of Christian Church*, 6, 544.

(Manuel Chrysoloras, 약 1350-1415) 등의 그리스어 연구 교수들을 채용하였다. 또한 그리스어 문헌들을 수집하고, 마르실리노 피치노(Picino, 1433-1499)가 지도하는 '플라톤 아카데미'를 1462년에 설립하였다. 둘째는 이러한 플라톤 아카데미의 영향으로 나타난 인문주의 철학자들의 사상이 전개된 것이다. 셋째는 1453년 비잔틴 제국이 투르크에 의해 멸망하면서, 이를 전후로 수많은 고전 그리스 문학에 대한 전문가들과 문헌들이 대규모로 유입된 일이다.

먼저 피렌체시의 그리스 문화 부흥을 위한 적극적인 노력이다. 1397년에 탁월한 비잔틴 학자인 마뉴엘 크리솔로라스는 피렌체 대학에 설치된 그리스 연구과의 주임교수로 임명되어 그리스 문법과 문학을 가르쳤다. 그는 호머, 아리스토텔레스, 플라톤의 국가론 등의 작품을 라틴어로 번역하기도 하였다. 그는 피렌체에 이어, 볼로냐, 베니스 그리고 로마에서 가르쳤다. 그의 제자들은 이탈리아 르네상스에서 그리스 문화를 부흥시킨 주요 인물들이었다. 또한 그의 뛰어난 제자 중에는 레오나르도 브루니((Leonardo Bruni, 1370?-1444)가 있었다. 브루니는 피렌체 시의 장관으로 재직하면서 공동체에 적극적으로 참여하고 이바지하며 덕성을 강조하는 새로운 인문주의를 주장하였다. 또한 역사를 통해 피렌체 공화국의 정치 체제를 옹호하는 여러 편의 논고를 발표하였다. 그의 활동을 통해서 "시민에 봉사하는 인문주의"(civic humanism)라는 새로운 개념이 등장하였다.[33]

또한 페라라-피렌체 의회는 1438년과 1439년에 걸쳐서 그리스 문헌들과 라틴 문헌들을 함께 수집함으로써 동방 세계가 지닌 귀한 문헌들을 익히려는 열정을 크게 장려하였다.

둘째로 1453년의 비잔틴 제국의 멸망은 기독교 세계에는 커다란 충격이었다. 반면에 이는 이탈리아 르네상스의 확대와 심화에 크게 기여하였다. 이미 1439년 피렌체 공의회에 동방 교회의 대규모 사절단이 참석하여, 고전 그리스 문화에 대한 유행을 확산시켰다. 콘스탄티노플이 함락된 뒤로는

33 Schaff, *History of Christian Church*, 6, 554.

수많은 학자가 이탈리아로 이주하였다. 이들은 주로 볼로냐, 로마, 피렌체 등의 이탈리아 도시들에서 그리스 고전들을 번역하고, 그리스어를 가르치고, 고대 사본들을 수집하고, 학교를 열었다. 또한 이들은 이탈리아로 이주하면서 수많은 사본들도 가지고 왔다. 이러한 수고들로 인해 비잔틴 제국의 붕괴와 이슬람의 침입에도 불구하고, 수많은 고전이 보존될 수 있었다.

셋째로 이 시기 인문주의적 사고에 따라 활동한 인물들은 로렌초 발라(Laurentius Valla, 1406-1457), 피코 델라 미란돌라(Pico della Mirandola, 1463-1494), (지역을 좀 더 확대한다면) 니콜라우스 쿠사누스(Nicholas of Cusa, 1401-1464)를 거론할 수 있다. 이들은 지금까지 연구되고 소개된 다양한 고전 문화와 사상들을 통해 개인, 자연 그리고 인간에 관한 고찰에서 새로운 의미와 가치를 드러내는 방법을 제시하며, 새로운 정신과 사상을 소개하였다.

1) 로렌초 발라(Laurentius Valla, 1407–1457)

로렌초 발라는 아버지가 로마 교황청에서 법률가로 있었기 때문에, 로마에서 태어나 성장하고 교육을 받았다. 그는 레오나르도 브루니와 조반니 아우리스파(Giovanni Aurispa)를 비롯한 교사들의 수업에 참석하여 라틴어와 그리스어를 배웠다. 발라는 22세인 1431년부터 파비아의 수사학 교수가 되었고, 1년 반 정도 교수하였다. 이곳에서 그는 『쾌락에 관하여』(*de volutate*)라는 첫 번째 저술을 완성하였다. 이어서 그는 아리스토텔레스의 논리학과 스콜라 철학에 대한 비판적 저술을 출판하였다. 1433년 발라는 파비아를 떠나 밀라노와 피렌체를 거쳐 1437년부터 나폴리의 알폰소 5세(Alfonso V, 1396-1458)의 서기로 10여 년간 일하였다. 이후에 발라는 교황 니콜라스 5세(Nicholas V, 1447-1455) 및 칼릭스투스(Calixtas III, 1455-1458)의 서기로 10여 년간(1447-1457) 활동하였다.[34]

34 Mariarosa Cortesi, "Valla Laurentius," TRE Bd. 34: 501.

로렌초 발라의 가장 잘 알려진 논문은 『콘스탄티누스의 위조된 기증서에 대한 선언』(*Declamation on the Forged Donation of Constantine*, c. 1440)이다.[35] 발라는 이 저서를 통해 교황의 나폴리에 대한 권리 주장이 합법성이 없다는 사실을 드러냄으로써 자신이 섬기던 알폰소 왕을 지원하고자 하였다. 이를 위해 발라는 중세에서 아무런 의심 없이 마치 신의 뜻처럼 인정되어 오던 "콘스탄티누스 기증서"를 이전에는 거의 행해진 적이 없는 역사적 비평과 언어학적 비평을 적용하여 검토하였다. 그 결과 발라는 "르네상스의 비평적 역사 서술에 가장 크게 공헌한 저작"을 낳았으며, "언어 및 역사적 맥락에 의한 원전 비평(textual criticism)의 방법으로 '콘스탄티누스의 기증서'가 위작임"을 최초로 밝혀내었다.[36] 진원숙은 발라에게 "언어만이 *studia humanitatis*(인문주의 연구)의 본류였고 그것만이 신성한 것이었다."[37]고 평가할 만큼, 발라의 언어학적 비평은 르네상스의 정신을 대표하고 있다.

"교황청과 가장 지속해서 교제했던 휴머니스트"[38] 발라는 자신의 논문이 교황청을 공격하는 것으로 생각하지는 않았으며, 다만 당시 교황이 나폴리 왕에 맞서서 정치 권력을 주장한 것에 대한 비판으로 여겼을 뿐이다.[39] 푸어만(H. Fuhrmann)에 따르면 "콘스탄티누스의 기증서"는 15세기까지 교황들에게 지속해서 세속 권력에 대한 영적 권위의 우위권의 근거로 등장한다.[40] 발라의 인식은 이탈리아 인문주의자들의 태도를 잘 드러낸다. 그들은

---

35 Nauert Jr., *Humanism and The Culture of Renaissance Europe*, 86.

36 진원숙, "Lorenzo Valla 의 비판사상 소고," 「대구사학」 19: 119-145.

37 진원숙, "Lorenzo Valla 의 비판사상 소고," 123.

38 Nauert Jr., *Humanism and The Culture of Renaissance Europe*, 84.

39 Nauert Jr., *Humanism and The Culture of Renaissance Europe*, 88. Renna는 발라가 담론 전체에서 과장법을 사용하고 있고, 또한 위조에 대한 발라의 주장의 많은 부분이 부적절하고, 심지어는 사소하고, 때로는 요점을 비켜갔다고 보았다. 더 나아가 발라가 '빈정거림'에 대한 지나친 의존은 '콘스탄티누스의 기증'에 대한 심각한 반대보다는 '재치 있는 발언'처럼 보이게도 한다고 평가하였다. Thomas. Renna, "Lorenzo Valla and the Donation of Constinatine in Historical Context, 1439-40," 8.

40 Horst Fuhrmann, "Constitutum Constantini," TRE Bd. 8, 197.

인문주의적 연구를 교회에 적대적이거나, 교황의 권위를 거부하는 것으로 이해하지 않았다. 오히려 그들은 인문주의적 연구를 이전의 전통적 견해와 조화시키려고 시도하였다.[41] 발라는 정신에 있어서는 전통을 거부하지 않았지만, 그 방법론에서는 새로운 혁신적 변화를 보여 주었다.

2) 조반니 피코 델라 미란돌라(Giovanni Pico della Mirandola, 1463–1494)

1463년 조반니는 미란돌라 지역의 영주의 아들로 태어났다. 뛰어난 기억력을 지닌 조숙한 아이였던 조반니는 아주 어린 나이일 때부터 라틴어와 그리스어로 교육을 받았다. 어머니에 의해 교회에서 봉사할 예정이었던 그는 1477년 장차 교회에서 일하기 위해 교회법을 공부하고자 볼로냐 대학에 진학하였다. 그러나 법학에 거부감을 느낀 그는 철학과 신학 연구에 전념하였으며, 7년 동안 이탈리아와 프랑스의 주요 대학을 떠돌며 그리스어, 라틴어, 히브리어, 시리아어, 아랍어도 공부하였다.[42]

조반니는 1486년 23세의 나이에 모든 사람을 대상으로 종교, 철학, 자연 철학, 마술에 관한 900개 논제를 옹호하겠다고 제안하며, 이를 위해 『인간 존엄성에 관한 연설』(*Oratio de hominis dignitate*, 1486)[43]을 썼다. 그가 900개 논제를 발표하고 공개 토론에서 이를 옹호하려는 아이디어를 구상한 것은 아마도 파리에서였을 것이다. 피렌체에 머문 지 얼마 지나지 않아 피코는 고대와 중세, 이교도와 기독교, 이슬람교와 유대교 등의 수많은 권위자로부터 900개 논제를 모아 출판하고 이를 토론할 유럽 전역의 학자 회의를 준비하기 위해 로마로 여행을 떠났다.

---

41 정원래, "로렌조 발라의 『콘스탄티누스의 기진장에 대한 비판』(*Declamation on the Forged Donation of Constantine*, c. 1450)이 종교개혁자들에게 미친 영향," 「신학지남」 90 (2023): 249-278.

42 *Catholic encyclopedia*, "Giovanni Pico della Mirandola."

43 Pico della Mirandola, *Oration on the Dignity of Man* (1486).

위의 저서를 통해 조반니는 신플라톤적 사고의 틀 내에서 지식에 대한 인간 탐구의 중요성을 정당화하며, 모든 지식의 발견을 위한 완전하고 충분한 기초를 제공하고 따라서 존재의 사슬에 따라 인류 상승을 위한 모델을 제시하려 하였다. 이를 위해 그는 새로운 인간성에 대한 목표를 제시하며, 특히 인간의 존엄성에 '자유'를 주는 것을 목표로 하였다.

> [하나님 아버지] 이분은 불확실한 형상의 피조물인 이 인간을 기뻐하시며, 그를 세상의 중심에 놓으시고 그에게 말씀하셨다. "아담아 우리는 네게 고정된 거처를 주지 않고 고유의 명예도 또 특별한 재능도 주지 않았다. 이는 네가 스스로 선택한 거처와 명예와 재능을 네 뜻과 결정에 따라서 얻고 소유하게 하려는 것이다. 다른 피조물들의 본성은 확고하게 결정되었고, 우리가 정한 법칙 안에서만 존재한다. 너는 어떤 제한이나 속박 없이 내가 네게 맡긴 너의 재량에 따라서 너의 것을 스스로 정해야 한다….
>
> 우리는 너를 천상적인 존재로도, 땅에 속한 존재로도, 사멸할 자로도, 불멸할 자로도 만들지 않았다. 이로써 너는 존중받는 가운데서 자유롭게 결정할 수 있으며, 창조적인 자기 조각가로서 스스로 선택한 형상으로 자신을 빚어갈 것이다.[44]

이 책은 "르네상스 선언"(*Menifesto of Renaissance*)으로 불려 왔으며, 이러한 인간의 권리에 대한 대담한 선언에 대해 1487년 2월 교황 인노켄티우스 8세는 제안된 토론을 열고 900개 논제의 정통성을 검토하는 위원회를 설립하였다. 이는 교황 인노켄티우스 8세가 그의 논제들 일부는 이단적이며, 일부는 위험한 것으로 여겼기 때문이다. 이에 조반니는 로마 교회의 교리에 대해 신실함과 복종을 밝히는 『변증서』(*Apologia*)를 작성하기도 하였다.[45] 하지만 조반니가 혐의에 대해 성실하게 답변하고, 복종을 선언했음에도 불

44 Pico della Mirandola, *Oration on the Dignity of Man* 중에서, in: KThQ2, Nr. 63. c.

45 Gian Carlo Garfagnini, "Pico della Mirandola," TRE Bd. 26: 602-606.

구하고 13개의 논제가 유죄 판결을 받았다. 조반니는 논제들을 철회하기로 서면으로 동의했지만, 그 타당성에 대해서는 마음을 바꾸지 않았다. 결국 900개 논제 모두가 유죄 판결을 받았다. 조반니는 철학과 신학 그리고 종교를 모두 긍정적으로 평가하며, 이곳에서 인간의 존엄성이 잘 드러난다고 주장했다. 그는 1490년 피렌체에서 자기 친구 마누티우스(Aldus Manutius)에게 보낸 편지에서 이렇게 말한다:

> 우리를 신성한 신비의 진리로부터 멀어지게 하는 철학은 아무것도 아니다. 철학은 진리를 추구하고, 신학은 진리를 찾고, 종교는 진리를 지킨다.[46]

이처럼 인간 존엄에 대한 가장 숭고한 견해를 지녔던 조반니 피코 델라 미란돌라는 아쉽게도 1494년 30대 초반의 이른 나이에 삶을 마감하였다.

3) 니콜라우스 쿠사누스(Nicholas of Cusa, 1401–1464)

니콜라우스 쿠사누스는 1401년 독일 모젤강 유역의 쿠에스(Kues)에서 태어났다. 하이델베르크 대학에서 당시 교양 과정인 인문학(*artes liberales*)을 이수하고, 1423년 파도바에서 교회법 박사 학위(*Doctor decretorum*)를 받았으며, 쾰른 대학에서 철학과 신학을 공부하였다. 그는 1431년에 개회한 바젤 공의회의 신앙 위원회 위원으로 참석하였다. 당시 공의회주의자와 교황주의자가 서로 대치하는 상황에서 니콜라우스는 저서 『가톨릭교회의 일치』(*De concordantia catholica*, 1433)를 저술하며, 교황의 권위에 대한 공의회주의자들의 주장을 지지하였다. 그러나 바젤에서의 혼란으로 공의회가 분열된 후, 니콜라우스는 교황 편으로 돌아섰다.[47] 그는 1437년 볼로냐에 거주하

---

46 Pico della Mirandola, *Aldus Manuitus*에게 보낸 편지, (1490.2.11).

47 Hans Gerhard Senger, "Nikolaus von Kues," TRE Bd. 24: 554-564.

고 있던 교황 유게니우스 4세를 방문한 뒤 전체 교회의 일치를 위한 사절단의 일원으로 콘스탄티노플 방문하였다. 이때부터 그는 유게니우스의 충복이 되었다.[48] 이에 대해서 요한네스 힐쉬베르그는 니콜라우스가 태도를 표변한 것이 아니라 "많음이 하나 없이는 있을 수 없으며, 하나가 많음 없이는 있을 수 없다"는 그의 플라톤주의자로서의 자각 때문이라고 옹호한다.[49] 이러한 옹호에도 불구하고 그는 공의회주의자들의 비판을 피할 수 없었다. 이 공의회는 니콜라우스가 전 생애에 걸쳐 고심했던 "교회 일치" 문제를 직접 체험하게 해주었던 첫 사건이자, 그의 태도를 전환시킨 중요한 회의로 평가된다.[50]

니콜라우스는 1446년 교황 유게니우스 4세에 의해 추기경에 임명된 후, 1450-1455년에는 교황 사절(*Delegatus apostolicus*) 직분을 겸하면서 독일과 보헤미아, 영국과 프랑스 사이의 지역 분쟁을 해결하는 데 공헌하였다. 하지만, 그는 1464년 8월 11일 교황 피우스 2세의 명에 따라 터키 십자군 원정을 준비하고자 베네치아로 가던 중 산악 도시 토디에서 갑자기 숨을 거두었다.

니콜라우스 쿠사누스의 저서로는 『가톨릭교회의 일치』(*De concordantia catholica*, 1433), 『박학한 무지』(*De docta ignorantia*, 1440),[51] 『가늠에 관하여』(De coniecturis, 1441/2), 『보이지 않는 하나님』(*De Deo abscondito*, 1444/5), 『하나님을 찾아서』(*De quaerendo Deum*, 1445), 『하나님의 자녀 됨』(*De filiatione Dei*), 『성부께서 비추신 빛』(*De dato patris luminum*, 1445/6) 등 많은 작품을 집필하였다.

니콜라우스의 저작 중에서 가장 중요한 것은 『박학한 무지』와 『다른 것이 아닌 것』(*De non aliud*, 1462)이며, 이 저서는 신과 세계와 인간에 대한 인

---

48 Schaff, *History of Christian Church*, 6, 209.

49 Hirshcberger, *Geschichte der Philosophie*, I, 656.

50 정달용, "니콜라우스 쿠사누스의 '신일론(神-論)'(De docta ignorantia 제1권과 De non-aliud를 중심으로)," 「중세철학」 7 (2001): 3-31 (7).

51 상기 저서는 한국어로 다양하게 표현된다. 〈무지의 지〉; 〈학식 있는 무지〉 그리고 〈박학한 무지〉 등

식의 문제를 다루고 있다. 그는 유한한 인간의 마음은 신성하고 무한한 마음(최대)을 완전히 알 수 없다고 주장하며, 인간의 지성이 하나님을 아는 데 한계가 있음을 깨닫게 됨으로써 "학습된 무지"에 이를 수 있다고 주장한다. 실상 니콜라우스는 우리가 '가장 잘 아는 것은 우리가 아무 것도 모르는 것이다'라는 소크라테스적 확신에 동의한다. 이러한 역설에서 니콜라우스는 "내가 그분(신)을 모르기 때문에 숭배합니다"라는 주장을 하기도 하였다.[52]

> 이교도: 어떻게 당신은 그러한 진정성을 가지고 당신이 모르는 것을 숭배할 수 있습니까?
> 그리스도인: 바로 내가 그분을 모르기 때문에 그분을 숭배합니다….
> 이교도: 사람이 아무것도 알 수 없다면 어떤 사람이 아는 사람인가요?
> 그리스도인: 자기가 무지하다는 것은 아는 자를 아는 자라고 할 수 있지요. 그리고 진리를 높이는 자만이 자기가 그 진리 없이는 존재도, 삶도, 이해도, 아무것도 파악할 수 없다는 것을 압니다….
> 이교도: …. 당신은 당신이 공경하는 하나님에 관해서 무엇을 아십니까?
> 그리스도인: 내가 아는 모든 것은 하나님이 아니며, 내가 이해하는 모든 것이 그분에게 견줄 수 없으며, 그분은 그것을 오히려 능가하신다는 것을 나는 압니다….[53]

동시에 니콜라우스는 신을 묘사하는 데 사용하는 언어를 엄격하게 제한해야 한다고 주장하였다. 한편으로 신은 아리스토텔레스의 범주 중 어떤 것에도 속하지 않으므로 존재하는 모든 것이 신을 부정할 수 있다. 바로 이것이 부정('apophatic') 신학이다. 다른 한편으로 신은 존재하는 모든 것의 원인

52 Nicholas of Cusa, *De docta ignorantia*, I. 1: "자신이 모르고 있다는 사실을 더 많이 알수록 그는 더 많이 알게 될 것이다."

53 Nicholas of Cusa, *감추어진 하나님에 관한 이교도와 그리스도인의 대화(Dialogus de deo abscondito)*, in: KThQ2, Nr. 80. a.

이므로 모든 것은 신을 긍정할 수 있다. 즉, 신은 선함이다. 빛이다 등으로 말할 수 있다. 바로 이것이 긍정(cataphatic) 신학이다. 하지만 우리가 신에게 적용할 수 있는 모든 용어는 단지 부적절하게 또는 은유적으로만 적용된다.[54]

니콜라스는 『박학한 무지』 제3권에서 인간을 다루고 있다. 그는 인간이 절대자에게로 나아가는 길을 발견해야만 한다고 말한다. 그에 따르면, 이 길은 그리스도를 거치게 되어 있다. 그리스도 안에서 인류의 이념(이데아)은 인간으로 되고, 따라서 인간은 그리스도를 통해 신적인 것을 다시 발견할 수가 있다.[55]

결론적으로 쿠자누스는 인간 정신은 유한하며, 유한자와 무한자 사이에는 넘을 수 없는 거리가 있다고 선언하였다. 그러나 인간의 정신은 구체적인 사물에서 시작하여 초월로 가는 '문턱'에 있으며, 인간 정신이 모든 대립적인 오성의 범주들을 무한자의 입장에서 파악하려는 힘(*intellectus*)에 이르면, 비록 신이 되지는 못할지라도 신적 입장에는 올라설 수 있다고 하였다. 특히 '대립의 합치' 또는 '절대적 총체성'에 이르고자 하는 열망이 인간에 있음을 주목하고, 이를 '인간 정신의 신싱함의 증기'리고 주장하였다.

니콜라우스는 사제이자 신학자였으며 외교관으로도 활동한 르네상스 시대의 사람이다. 르네상스는 분열의 시대로 과거의 전통이 무너지고 있었으나 아직 새로운 전통이 세워지지는 않은 혼란스러운 시대였다. 이 시기에 니콜라우스는 전통적으로 확신하고 있던 신과 인간에 대한 당시의 이해에 학문적 방식을 통해 의문을 제기하고, 인간 정신의 존엄과 더불어 탐구의 정신을 불어 넣었다는 점에서 르네상스 정신의 소유자라 할 수 있다.

이탈리아 르네상스 두 번째 시기의 인문주의는 철학이 아니라 학습 방법에 있었다. 작가들 사이의 모순을 해결하는 데 초점을 맞춘 중세 스콜라주의 방식과 달리, 르네상스 인문주의자들은 원본에 있는 고대 텍스트를 연

---

54 Anthony Kenny, *Medieval Philosophy*, 429. Nicholas of Cusa, *De docta ignorantia*, I권 24장에서는 '긍정신학'을, 26장에서는 '부정신학'이 무엇인지 정의하고 있다.

55 Nicholas of Cusa, *De docta ignorantia*, III. 11.

구하고 추론과 경험적 증거의 조합을 통해 이를 평가하였다. 이를 위해 이 시기의 인문주주의자들은 "인간의 천재성과 인간 정신의 독특하고 비범한 능력"을 강조하였다.

4. 이탈리아 후기 르네상스와 교황들

비록 피렌체가 르네상스의 "여왕의 지위에 있는 도시"였지만, 르네상스 운동은 로마뿐만 아니라 여러 많은 이탈리아 도시들에서도 큰 영향력을 발휘하였다. 르네상스 운동은 15세기 후반에 이르면, 로마의 교황들 사이에서조차 수많은 강력한 후원자들을 얻어서, 교황청이나 추기경 관저가 르네상스 정신과 산물의 전시장이 되었다.[56] 르네상스 후기의 교황들과 추기경단은 주로 이탈리아의 강력한 가문 출신이었다. 이들은 이탈리아 정치에서 교황령의 현세적 이익을 우선하며, 자신들의 부를 적극적으로 르네상스 예술과 건축에 사용하였다. 그 결과 후기 르네상스의 가장 탁월한 결과들은 건축과 예술에서 나타났다.

후기 르네상스 시대를 여는 첫 번째 교황은 니콜라우스 5세(Nicholas V, 1447-1455)였다. 그가 교황이 되었을 때는 서방 교회의 분열이 치유되고, 교황권에 반대하는 공의회주의자들이 세력을 거의 잃어가고 있던 시기였다.[57] 니콜라우스 5세는 교황으로 선출되자, 로마를 "훌륭한 기념물이 있는 곳, 문학과 예술의 본거지, 교황권의 보루, 기독교 세계의 가치 있는 수도"로 만들고자 열망하였다.[58] 그는 로마의 도시를 정비하고, 대성당들을 재건하고, 기념비적인 건물을 짓는 등의 노력을 기울였다. 그러나 무엇보다도 니콜라우스 5세가 가장 관심을 기울인 부분은 문학이었다. 그는 그리스 고전을 번

---

56 Walker, *A History of the Christian Church*, 448.

57 1449년 니콜라우스 5세는 공의회주의자들의 바젤 공의회를 해산시켰다.

58 *Catholic encyclopedia*, "Pope Nicholas V."

역하기 위해 대규모 바티칸 도서관을 건립하고, 이를 통해 로마를 재건하려는 야심찬 계획을 세우고 그 기초를 마련하였다. 이에 교황의 대리인들이 유럽 전역의 수도원과 궁전을 약탈(?)하며 수천 권의 책을 모아들였다.[59]

> 그는 서재를 돌아다니며 책을 정리하고 페이지를 훑어보며, 아름다운 제본을 감상하고, 자신에게 헌정된 책에 찍힌 자신의 인장(arms)을 생각하며 기뻐하였다. 또한, 미래 세대의 학자들이 은인을 향해 품게 될 감사에 대해 생각하며 묵상하는 것이 그의 가장 큰 기쁨이었다.[60]

교황 바울 2세(Paul II, 1464-1471)는 대학을 보호하고 인쇄 기술을 장려하며, 수집가로서 고대 문헌들을 수집하였고, 학문에 대하여 호의적이었다. 그럼에도 불구하고, 그는 도덕적 타락과 이교도에 대한 태도를 문제 삼아 '로마 아카데미'를 이교도라고 규정하고 탄압함으로써, 인문주의자들의 분노를 자아내기도 하였다.[61]

교황 식스투스 4세(1471-1484)가 가장 인정받는 부분 가운데 하나는 바티칸 도서관을 재건하고 일반 용도로 개방한 것이다. 그는 니콜라우스 5세의 도서관을 보존하고 확장하였다.[62] 또한 그는 시스티나 성당(Sistine Chapel)과 테베 강을 가로지르는 시스틴 다리(Ponte Sisto)도 건설하였다. 그는 예술뿐만 아니라 과학도 적극적으로 후원하였다. 식스투스 4세는 자신의 교서를 통해 지역 주교들이 처형된 범죄자들의 시신과 신원이 밝혀지지 않은 시신을 해부 목적으로 의사와 예술가들에게 넘겨줄 수 있도록 허용하였다.[63]

---

59 *Catholic encyclopedia*, "Pope Nicholas V."

60 *Pastor*, vol. II, 213-214.

61 *Pastor*, vol. II, 39.

62 *Pastor*, vol. IV, 433.

63 교황이 1482년 발표한 칙령은 해부학(anatomy)의 발전에 있어 한 기점이 되었다.

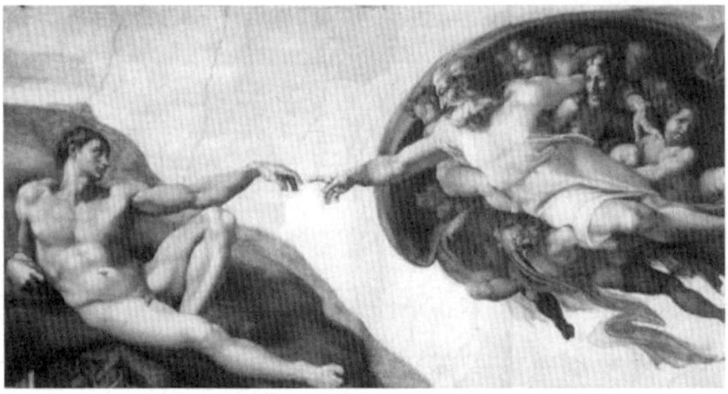

〈천지창조〉

〈율리우스 교황의 집무실에 그린 아테네 학당〉

〈최후의 심판〉

예술의 후원자로 명성을 남긴 교황 중에 간과할 수 없는 이가 율리우스 2세(Julius II, 1503-1513)이다. 비록 그는 교황 국가를 건설하려는 열망에 교황령을 외세로부터 독립시키려는 활동에 주력하기는 했지만, 예술의 후원자로서도 잘 알려져 있다. 심지어 율리우스를 통해 예술의 본거지가 피렌체에서 로마로 옮겨졌다고 말할 수 있다.[64] 특히 그는 이탈리아 예술의 절정과 영광을 이룬 탁월한 재능을 지닌 사람들과 연결되어 있다. 그는 도나토 브라만테(Donato Bramante, 1444-1514)를 통해 베드로 대성당을 새로 건축하고, 라파엘로(Raphael, 1483-1520), 미켈란젤로(Michelangelo, 1475-1564) 등의 예술가들을 통해 교황청을 장식하였다. 라파엘로가 그의 집무실에 그린 프레스코화 〈아테네 학당〉, 미켈란젤로가 시스티나 성당에 그린 천장화 〈천지창조〉, 〈최후의 심판〉 등은 불후의 명작으로 남아 있다. 그가 시작한 토대 위에 피렌체의 메디치 가문 출신인 교황 레오 10세(Leo X, 1513-1521)를 비롯한 후임 교황들도 예술과 문학의 후원자들이었으며, 로마를 꾸민 위대한 건설가로서 로마가 이탈리아 예술의 중심지가 되게 하였다.

이 후기 르네상스 시대에 예술의 발전은 그 어느 시대보다도 눈부셨다. "인간의 역사에서 르네상스 시대만큼 시각 예술이 오랫동안 화려하게 빛났던 시절은 없다."[65] 이 시기의 교황들은 학문보다는 예술과 건축에 관심이 더 많았던 후기 이탈리아 르네상스를 대표하는 인물들이었다. 하지만 수백만 명의 사람들에게 현세에서의 평안과 내세에 대한 소망의 원천이었던 교회의 진정한 정신은 결코 실현하지 못하였다. 교황들은 이탈리아에서도 권위 있는 신앙생활을 대표하지 못하였다. 르네상스는 상류 계층의 지식층에만 영향을 준 엘리트주의적 운동이었다.[66]

5. 이탈리아 르네상스에 대한 평가

인문주의에 대한 중요한 비판은 기독교 체계의 본질적인 요소인 진지한 도덕의식이 결여되어 있다는 것이었다. 오히려 인문주의는 소수의 지적, 미학적 사치와

64 *Pastor*, vol. VI, 459.

65 Jonson, *The Renaissance*, 83.

66 Walker, *A History of the Christian Church*, 450.

> 자기 탐닉적 습관으로 변질된 것일 뿐, 사회를 개혁할 방법도 제시하지 못했을 뿐만 아니라 그러한 일에 관심조차 없었음이 분명하다. 인문주의자들은 교만과 허영에 중독되었으며, 그들에게서 원칙과 호기로운 위엄은 찾아볼 수 없었다.[67]

이러한 르네상스에 대한 부정적 평가를 예외로 하더라도, 르네상스는 이교 사상의 부흥은 아니었다. 인문주의자들은 고대 성인들로부터 가져온 것은 '덕 있는 삶'과 '덕'이란 이상(idea)인데, 이것은 이탈리아 부유한 상류 계층 시민들의 정치적, 상업적 삶과 직접적인 관련이 있는 것이다. 하지만 인문주의자들은 고전 윤리와 기독교 윤리 간의 근본적 모순이 있음은 알지 못하였고, 따라서 고전문헌에 담긴 학문을 일반적으로 기독교 진리의 수정판 정도로 간주하였다.

또한 많은 인문주의자가 실제로는 "개혁적 성향"의 스콜라주의자들이었기 때문에, 그들이 스콜라 신학을 경멸한 사실을 지나치게 강조해서는 안 된다. 즉, 이들이 스콜라 신학을 경멸하였다고 해서 그들이 기독교의 기본 진리를 모두 부정한 것은 아니라는 것이다. 르네상스의 지도적 철학자들인 피치노, 피코 돌라 미란돌라, 쿠사의 니콜라스는 기독교와 플라톤주의를 종합하였다는 점에서 "아우구스티누스적"이었다. 한마디로, 르네상스 문화는 비록 근본적으로는 "세속적이고 속인의 것"이기는 하지만, 본질에 있어서는 "비기독교적"이거나 "반 성직자주의"의 태도를 보이지는 않았다.[68] 그들의 인간에 대한 이해는 신의 창조를 전제로 전개된다. 피코 돌라 미란돌라의 진술은 이를 잘 보여준다:

> 신이 인간을 우주의 중심에 두셨으며, 그로 인해 인간은 자신이 서 있는 곳을 인식할 수 있고, 그러므로 어디로 가야 할지를 결정할 자유를 가진다.[69]

---

67 Schaff, *History of Christian Church*, 6, 574.

68 Walker, *A History of the Christian Church*, 447.

69 Pico della Mirandola, *Oration on the Dignity of Man* 중에서, in: KThQ2, Nr. 63. c.

II. 알프스 이북의 인문주의: 종교개혁 전야에 있었던 경건

1. 알프스 이북 인문주의의 일반적인 특성

15세기 말부터 르네상스는 유럽 전역으로 확산되었다. 특히 알프스산맥을 넘어 확산한 르네상스는 독일, 프랑스, 영국, 네덜란드, 폴란드에서도 광범위한 영향력을 미쳤고, 각기 다른 성격을 지닌 민족적, 지역적 운동을 탄생시켰다. 알프스 이북의 국가들은 어느 정도 각각 정치 권력이 중앙집권화된 지역이라는 점에서 이탈리아 르네상스와 구별된다. 정치적으로 볼 때, 이탈리아와 독일이 독립된 도시[지역] 국가의 지배를 받았던 반면, 유럽 대부분은 민족국가나 심지어 국가연합의 형태로 등장하기 시작하였다.

대부분의 북유럽 르네상스는 16세기에 이르러서야 시작되었다. 영국의 르네상스는 16세기 후반에 이르러서야 비로소 꽃을 피우기 시작하였으며, 네덜란드에서는 회화와 음악이 발전하였다. 폴란드의 르네상스는 왕조의 적극적인 역할에 힘입어 발전하였다. 프랑스의 르네상스는 이탈리아의 영향을 받았으나, 16세기까지 뚜렷하게 자리를 잡지 못하였다. 16세기에 이르러 프랑스 왕 프랑수아 1세(Francis I of France, 1494-1547)는 이탈리아 예술품을 수입하고, 막대한 비용을 들여 왕궁을 지었다. 부다이우스(Baudaeus, 1467-1540)가 고전학자를 대표한 학자로 활동하였으며, 르페브르 데타플(Lefèvre d'Etaples, 1469-1536)이 기독교 문화의 대변인이었다. 그러나 이들은 모두 종교개혁 시기에 활동하였다.[70] 프랑스의 인문주의는 대표적인 중심지나 인물을 통해 발전한 것이 아니라, 주로 도시에 있는 인쇄소들이 그 정신을 전파하는 역할을 감당하였다.

무엇보다 프랑스의 인문주의는 법적인 영역에서의 발달이 두드러졌다. 법학자들은 당시 프랑스의 새로운 법적 필요를 충족시키는 수단으로 로마

70 Schaff, *History of Christian Church*, 6, 603.

법으로 직접 돌아갈 것을 주장하였다. 즉, 중세 법학자들의 주석과 논평에 비추어 고전 법조문을 해석했던 이탈리아의 전통을 버리고, 프랑스는 원래의 고전 법조문을 원어 그대로 읽는 '프랑스적 방식'(*mos gallicus*)을 발전시켰던 것이다. '원전으로부터'(*ad fontes*) 직접 내용과 사상을 가져오는 프랑스 인문주의의 시도는 주석과 논평이 더 이상 유용한 연구의 도구가 아니라, 오히려 원전과의 관계를 방해하는 요소로 간주되기 시작하였다. 이러한 프랑스식 인문주의가 칼빈에게서 잘 드러난다. 먼저, 유능한 언어학자가 되어야 하며, 기초가 되는 텍스트를 직접 다루어야 한다. 또한, 텍스트를 문맥이 지니는 언어학적이고 역사적 변수 안에서 해석해야 하며, 나아가 그것을 자신이 사는 시대의 필요에 적용해야 함을 의미한다.[71]

알프스 이북 전역에 르네상스가 전파된 것은 인쇄술의 발명에 기인한다. 활자를 이용한 인쇄술은 구텐베르크(J. Gutenberg)의 발명품으로 '이탈리아의 르네상스'라는 꼬리표를 무색하게 만들었다.[72] 인쇄술 덕분에 알프스 북부 학자들은 고전 문헌들 편집판을 포함하여 이탈리아 인문주의자들의 저서를 쉽게 접할 수 있었다. 또한 모국어로 인쇄된 책을 쉽게 접할 수도 있었다. 이탈리아 인문주의자들은 외교관, 교수, 교회 사절, 궁중 서기관, 시의회 서기관, 사업가 등의 여러 가지 자격으로 북유럽을 여행하며 르네상스의 정신을 전파하기도 하였다. 그러나 북유럽 인문주의의 진정한 선구자들은 이탈리아에서 고전에 대해 애정을 갖게 되고 새로운 학문을 전파하겠다는 열정에 가득 차서 고향으로 돌아온 방랑학자들이었다.

민혜련은 알프스 이북 르네상스의 정신을 매우 잘 표현하고 있는데,

> 도시의 식자들은 다시 고대 언어를 배워 이 모든 것을 원본으로 이해하고 싶은 열망에 몸살을 앓기 시작한다. 이는 열망을 넘어 트렌드가 되고, 교양인이라면

71 McGrath, *Christian Theology*, 178-179.

72 Jonson, *The Renaissance*, 28.

> 꼭 이루어야 할 시대의 '열병'이 되었다…. '성서 문헌학'이 붐을 이루며 뜻있는 학자들은 아예 처음부터 새로 번역하거나 번역되어 있던 것을 원본과 대조하기 시작하는데….[73]

알프스 이북의 인문주의자들은 이탈리아의 인문주의자들과는 다른 길을 걸었다. 비록 그들이 이탈리아 인문주의를 어느 정도 모방하기는 했지만, 북부의 인문주의자들은 고전 학문과 성경의 경건을 독특하게 결합하였다. 이를 워커(W. Waker)는 특별히 "기독교 인문주의"로[74] 명명하였다. 이탈리아 인문주의자들이 그리스와 라틴 고전 문헌들을 심도 있게 연구하고, 문법, 수사학, 역사, 시 등의 문학적인 저술들에 주목하고, 종교적이거나 신학적 주제에 거리는 둔 것과는 달리, 북유럽의 '기독교 인문주의자'들은,

> … 명시적으로 성경적 학문과 고전 학문을 결합해서, 의도적으로 고대 고전 문헌들뿐만 아니라, 고대 기독교 문헌으로 돌아가고자 하였으며, 이런 '성스러운 글들'과 '인간적인 글들'의 결합을 통해 대중적 경건과 신학적 교육을 재성립하는 것을 포함하여 교회와 사회를 개혁하려는 포괄적 계획을 형성하였다.[75]

예를 들면, 독일에서 대표적인 기독교 인문주의자로는 로이힐린(Reuchlin)과 에라스무스(Erasmus)를 들 수 있다. 이 두 학자는 종교개혁과 근대의 헬라어와 히브리어 성경 연구를 위한 길을 예비하였다. 또한 자신들이 태어난 로마 교회 안에 그대로 남아, 가톨릭교회의 개혁을 열망하였다.

이탈리아 인문주의자들 역시 교회에 충실한 자들이었으나, 저들은 문학 저술과 학문 저술에서 종교적이거나 신학적인 주제들을 분명하게 논의하는 것을 피하려는 경향을 띠었다. 이런 의미에서 그들 저술의 색채는 분명

73 민혜련, 『르네상스』, 303.

74 Walker, *A History of the Christian Church*, 462.

75 Walker, *A History of the Christian Church*, 463.

히 "세속적"이었다. 그러나 알프스 북부 인문주의 초기 대표자들은 고전 학문과 성경(신약)의 경건을 독특하게 혼합시킴으로써 종교적 진보와 교회와 사회의 개혁을 도모하였다. 이런 혼합은 "기독교 인문주의"란 이름 아래 수행되었고, 더 나아가 종교개혁을 낳았다.

2. 독일의 르네상스

독일의 르네상스는 대학들을 지배하는 스콜라 신학의 영향으로 지체되고 있었다. 르네상스는 15세기 후반부에 처음으로 북부 유럽에 자리를 잡았지만, 1490년대까지는 큰 영향력을 발휘하지는 못하였다. 대학교들이 알프스 이남보다 훨씬 더 중요한 역할을 하였는데, 이는 르네상스를 소개하고 주도한 계층들이 교사들이었기 때문이다.[76] 독일 인문주의의 중심인물은 초기 가장 영향력이 있었던 루돌프 아그리콜라(R. Agricola, 1444-1485), 탁월한 언어학자였던 요하네스 로이힐린(Johannes Reuchlin, 1455-1522), 인문주의의 왕자로 불리는 데지데리우스 에라스무스(Desiderius Erasmus, 1466?-1536) 등이다. 이들은 알프스 이북 르네상스의 특성을 잘 보여준다.

1) 루돌프 아그리콜라(R. Agricola, 1444–1485)

아그리콜라는 네덜란드 흐로닝엔 근교에서 태어나 초등교육을 받은 후, 에르푸르트와 루뱅 대학에서 공부하였다. 그는 라틴어 문법과 변증법에서 두각을 나타냈다. 1460년대에 아그리콜라는 이탈리아로 여행을 떠났고 그곳에서 인문주의 거장 및 정치가들과 교제하였다. 1468년경부터 1475년경까지 그는 파비아 대학에서 민법을 공부하고, 이후 페라라로 갔다(1475-

---

76 Schaff, *History of Christian Church*, 6, 581.

1479). 그곳에서 아그리콜라는 고전 문헌 연구에 전념하였으며 라틴어 문체의 우아함과 철학에 대한 지식으로 명성을 얻었다.

아그리콜라는 1479년 흐로닝엔으로 돌아와 주변 학자와 인문주의자들의 중심이 되었고, 활발하게 그들과 교류하였다. 특히 그가 교류한 이들 중에는 데벤터르의 라틴어 학교 교장인 헤기우스(Hegius von Heek), 대표적인 인문주의자이며 히브리어 연구자인 요하네스 로이힐린 등이 있었다. 헤기우스는 "내가 아는 모든 것, 또는 사람들이 내가 안다고 생각하는 모든 것은 나의 스승인 아그리콜라로부터 배운 것이다"라고 말하기도 하였다.[77]

아그리콜라는 유럽 전역의 인문주의 친구들 및 동료들과 계속해서 연락을 주고받았다. 서신에서 그는 주로 고전 학습 및 인문주의 연구(*studia humanitatis*)를 장려하는 계획들을 옹호하였다. 그러나 아그리콜라는 대학이나 종교 기관에 소속되지 않은 독립적인 학자로 남았다.

아그리콜라 이후에 인문주의는 독일 대학에도 근거를 내리게 되었다. 그의 제자인 콘라드 켈티스(Conrad Celtes, 1459-1508)는 독일 인문주의자들 중에서 가장 뛰어난 서정 시인이었는데, 잉골슈타트에서 잠깐 수사학 교수를 지냈다. 1497년 막시밀리안 황제의 초청을 받아 비엔나 대학으로 가서 시와 수사학을 가르치는 단과대학을 세웠다. 이처럼 인문주의자들이 대학에 침투했지만, 스콜라 학문의 구조는 대부분 손상을 입지 않았다. 왜냐하면 새로 들어온 인문주의자들이 일반적으로 자신의 교육을 고전어 교육에 국한했기 때문이다.[78]

15세기 말엽에는 인문주의에 공감하는 사람들의 수가 많아져서 1491년에 마인츠에서 켈티스가 결성한 '라인문학협회'(*Sodalitas Litterarum Rhenana*)를 비롯한 많은 학회가 결성되었다. 학회 회원들은 서로 연락하고 서로의 저술을 돌려 읽고 상호 지원을 하였다. 1500년경 인문주의는 독일 지성 생

---

77 *Catholic encyclopedia*, "Rudolph Agricola."

78 Walker, *A History of the Christian Church*, 462.

활에 활력을 주는 요소가 되었다.

16세기에 접어들면서 인문주의는 바젤대학, 튀빙겐 대학, 잉골슈타트, 하이델베르크, 에르푸르트 대학 등에 더 공격적으로 자신들의 영향력을 행사하였다. 새로운 학문을 주장하는 사람들이 이제 신학자들의 영역 속으로 침범해 들어와서, 전통 신학 연구의 방법과 목표에 대해 도전하기 시작하였다. 또한 인문주의는 부유한 상업 도시들, 특히 뉘른베르크, 스트라스부르그, 아우크스부르크에서도 많은 후원자를 얻었다. 특히 이들 지역은 인쇄술을 통한 출판 사업이 활발한 지역들이었다.

2) 요하네스 로이힐린(Johannes Reuchlin, 1455–1522)

〈1516년 판화로 제작된 Johann Reuchlin(wiki)〉

요하네스 로이힐린은 1455년 포르츠하임의 가난한 환경 속에서 태어났다. 그는 수도원 학교에서 라틴어 공부를 시작하였고, 프라이부르크 대학에서 공부하였다. 그는 일찍이 라틴어 학자로서 지역에서 명성을 얻었으며, 그 덕분에 1472년경에 파리 대학에 있는 바덴 후작의 어린 아들의 말동무로 보내어졌다. 로이힐린은 그곳에서 그리스어 연구를 시작하였다. 바젤에서 로이힐린은 석사 학위를 취득하고(1477) 강의를 시작하여 당시 독일 학교에서 흔히 볼 수 있었던 것보다 더 고전적인 라틴어에 대해 가르치고 그리스어로 아리스토텔레스를 설명하면서 명성을 얻기 시작하였다. 그는 졸업하기 이전에 『라틴어 사전』(*Vocabularius breviloquus*)을 발간하면서 크게 명성을 얻었다. 이후, 로이힐린은 오를레앙과 포아티에에서 법률을 연구하였고, 말년에 여러 법률직에 종사하였지만, 그의 일차적인 관심은 언제나 학문이었다.[79] 로이힐린은 15세기 말엽 독일의 가장 유능한 그리스어 학자로 간주되었으며, 그리스어 연구를 증진하는 데 끼친 그의 영향은 큰 성과를 거두었다.

로이힐린은 원전으로 돌아가려는 인문주의적 욕구를 지니고 있었으며, 이런 점이 그가 독일에 있는 비유대인 학자 중 최초로 깊이 있는 히브리어 연구를 하게 한 계기가 되었다. 그는 독일에 사는 유대인 이웃들에게 히브리어를 배웠으며, 히브리어로 기록된 랍비들의 책을 많이 구매하였다. 로이힐린은 20년에 걸친 이런 수고의 결과로 1506년에 히브리 문법책과 사전인 『히브리어 기초』(*De rudimentis Hebraicis*)를 발간하여, 후학들에게 귀중한 히브리어 지식을 전달하고 있다.[80] 이러한 그의 유대인과 랍비 문학에 관한 관심은 소위 "로이힐린 논쟁"(Reuchlin Controversy, 1514-1519)에서도 잘 드러난다.[81]

로이힐린은 교사로서 공직을 맡지는 않았지만, 평생 독일에서 그리스어와 히브리어 교육을 발전시키는 데 중심적인 역할을 하였다. 거의 모든 학문 분야에 능통하였으며, 특히 헬라어와 히브리어에 탁월한 역량을 지녔던 그는 하이델베르크, 잉골슈타트, 튀빙겐 대학 등에서 가르쳤다. 로이힐린은 멜란히톤을 비텐베르크대학 헬라어 교수로 추천함으로 종교개혁에 힘을 보태는 결과를 가져왔다.

---

79 Gerald Dörner. "Reuchlin, Johannes," TRE Bd. 29: 94-98.

80 Walker, *A History of the Christian Church*, 463.

81 "로이힐린 논쟁"은 1509년 유대교에서 개종한 페퍼코른(Pfefferkorn)이 쾰른 대학교, 마인츠 대주교, 독일의 대 종교재판관 훅스트라텐(Hoogstraten)의 지지로 황제 막시밀리안에게 유대인 서적을 몰수하여 소각해도 좋다는 허락을 얻으며 촉발되었다. 일부 도미니쿠스 수도사들은 히브리어 문헌들의 금지를 선포하고, 특히 로이힐린의 히브리어 문법서 등을 불사르라고 외쳤다. 로이힐린은 이들을 비판하다 이단으로 고발되어 재판에 회부되기도 하였다. 독일 대부분의 인문주의자는 이를 학문에 대한 무지와 부당한 공격으로 간주하고 하나로 뭉쳐 로이힐린을 지지하였다. 멜란히톤 역시 참여하여 그를 "독일 학문의 기수"(*Germanorum studiorum antesignaus*)로 옹호하기도 하였다. 이로 인해 반대 진영으로부터 멜란히톤은 튀빙겐의 로이힐린주의자들 중의 최악의 인물로 지목되기도 하였다.

3) 데지데리우스 에라스무스(Desiderius Erasmus, 1466?–1536)

〈데지데리우스 에라스무스〉

에라스무스는 인문주의자들의 제1인자이자 당대의 가장 영향력 있고 유용한 학자이며, 학문의 영역에서는 당대의 군주였다.[82] 1460년대 후반 로테르담에서 태어난 그는 아홉 살부터 헤기우스(Hegius)가 교장으로 있는 데벤터르의 라틴어 학교에서 교육받았다. 1484년경에 그는 공동생활 형제단에서 운영하는 수도원에 들어갔으나, 지나치게 가혹한 규칙과 엄격한 방법에 실망한다. 에라스무스는 1492년 혹은 1495년에 가톨릭 사제로 서품을 받았다. 1499년 에라스무스는 잉글랜드를 방문하고, 옥스퍼드에서 존 콜릿(John Colet, 1467?-1519), 영국의 인문주의자이며 신학자인 토머스 모어 경(Sir Thomas More) 등과 교제하였다. 1505년까지 에라스무스는 잉글랜드와 긴밀한 관계를 유지하였다.[83] 이후 그는 네덜란드, 잉글랜드, 이탈리아를 거쳐 다시 잉글랜드와 바젤 등을 오가며 지식인 방랑자처럼 생활하였다.

에라스무스는 1506년 9월에 투린(Turin)의 대학에서 신학 박사 학위를 받았다. 그는 볼로냐, 피렌체, 베네치아, 파두아, 시에나, 로마 등을 방문하면서, 그리스어 연구와 인문주의 연구를 계속하면서, 가는 곳마다 이탈리아 학자들로부터 진심어린 환영과 사랑을 받았다. 1509년 에라스무스는 3번째로 영국을 방문하여, 토머스 모어와 함께 지내면서 1511년부터 1514년까지 케임브리지 대학에서 그리스어를 강의하였다. 1514-1521년까지 그는 시간의 대부분을 네덜란드 특히 브뤼셀과 루벵에서 보내며 바젤을 자주

82 Schaff, *History of Christian Church*, 6, 597.

83 Cornelis Agustijn. "Erasmus," TRE. Bd. 10: 1-18 (1).

방문하였다. 그러나 에라스무스는 신학자들의 미움을 샀기 때문에 1521년에 루벵을 떠나 다음 8년 동안 바젤에 머물게 되었다. 1529년 바젤에서 종교개혁이 본격적으로 진행되자, 그는 다시 프라이부르크로 이사하였다. 그는 1536년 바젤을 방문하던 중에 사망하였다. 에라스무스가 방대한 영향력을 발휘할 수 있었던 것은 그의 제자들 또는 그를 존경했던 사람들인 츠빙글리와 외콜람파디우스 그리고 루터를 통해서였다.[84]

에라스무스는 교육을 통해 고대 성인들의 윤리적 지혜와 기독교적 진리의 원천인 성경과 교부들에게로 돌아가도록 함으로써 교회와 사회의 개혁을 도모하였다. 그의 저서들인 『기독교 병사의 핸드북』(*Enchiridion, Militis Christiani*, 1503), 『우신예찬』(*Moriae Encomium*, 1509), 『친근한 토의』(*Colloquia Familiar*, 1529)는 이러한 목적을 지향하고 있다. 그중에서도 에라스무스의 최고 걸작은 1516년에 편찬한 새 라틴어 번역과 비평적 각주를 첨부한 『그리스어 신약성경』이다. 『그리스어 신약성경』은 에라스무스 삶의 절정이라고 말할 수 있다. 이 작업은 후대에 나타날 그리스어 텍스트 출판에 선구적이었다. 또한 이 작품은 성경 연구와 이해에 있어서 새로운 획을 그었다.[85] 샤프는 신앙적인 관점에서 에라스무스의 이 성경이 다른 모든 저서를 합쳐 놓은 것보다 더 귀중하며 더 나아가 르네상스 시대의 모든 저자들이 내놓은 모든 번역과 저작들보다 더 가치가 있었다고 평가한다.[86] 스위스의 종교개혁자 츠빙글리는 1516년에 아인지델른의 수도원에서 에라스무스의 그리스어 성경 초판의 바울 서신들을 필사하기도 하였다. 루터는 1519년 제2판을 토대로 1522년 바트부르크(Wartburg)에서 독일어 번역을 하였으며, 1526년에는 틴들(Tyndale)이 영어로 번역을 하였다.[87]

---

84 Schaff, *History of Christian Church*, 6, 597-598.

85 Walker, *A History of the Christian Church*, 466.

86 Schaff, *History of Christian Church*, 6, 598.

87 Schaff, *History of Christian Church*, 6, 600.

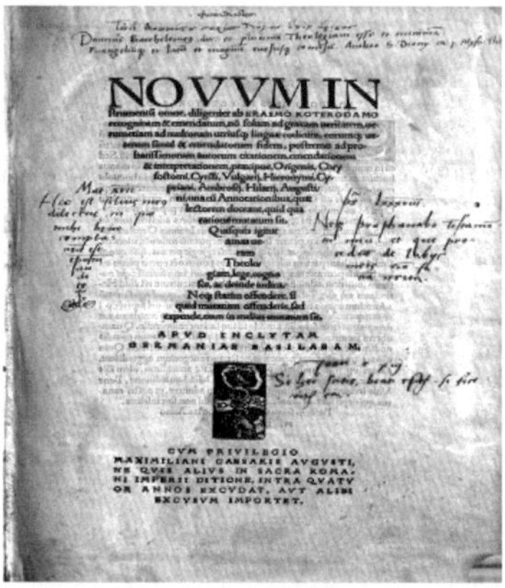

〈1516년 에라스무스가 출판한 헬라어 신약성경〉

교황 레오 10세에 대한 헌정에서 에라스무스는 인문주의자들의 모토인 '원전으로'(*ad fontes*)의 정신을 잘 드러낸다.

> 나는 우리의 구원이 되는 가르침을 웅덩이나 도랑에서보다 샘의 기원에서 찾고, 실제 근원에서 끌어낸다면, 훨씬 더 깨끗하고 더 생생한 형태로 얻어질 수 있다는 것을 깨달았습니다. 그래서 나는 그리스어 원본의 표준에 맞추어 신약성경 전체를 개정했습니다….[88]

에라스무스는 네 번에 걸쳐 처음 출판한 그리스어 신약성경을 개정하였다(1516, 1519, 1522, 1527, 1535). 그는 『그리스어 신약성경』의 서문에서 자신의 열망을 이렇게 표현한다. "모든 성경이 전 세계의 여러 말로 번역되고, 시골 농부와 베 짜는 아낙네 그리고 여행객이 성경 읽기로 지루함을 달래길 바랍니다." 이러한 에라스무스의 열망은 성경이 각 방언으로 번역되고, 모든 독자의 손에 들려지는 것이었다. 에라스무스는 자신의 저서인 『보혜사』(*Paraclesis*)에서 자신의 그러한 열망을 다시 한번 드러내었다:

---

88 Erasmus, "Epistle 384," in: *The Correspondence of Erasmus: Letters 298-335* (1514-1516).

> 나는 배움이 없는 자들에게 자기 나라 언어로 번역한 성경을 읽히기를 꺼리는 자들에게 철저히 반대한다. 그들의 생각은 마치 기독교 신앙의 힘이 사람들의 무지에 근거한 것처럼 보이게 한다. … 나는 배우지 못한 여성이라도 복음서와 바울의 서신서를 읽게 되기를 바란다. 그리고 그 책들[성경]은 모든 언어로 번역하여 스코틀랜드인들과 아일랜드인들뿐 아니라 터키인들과 사라센인들까지도 읽고 깨닫게 되기를 바란다. 농부가 밭을 갈면서, 베 짜는 여인이 베틀 앞에서 성경의 한 대목을 읊조리고, 나그네가 고되고 지루한 여행길에 성경의 교훈을 되새기며 용기를 내어 걸어가는 모습을 갈망한다.[89]

에라스무스의 저서에서 표현되는 사고는 근본적으로 "낙관주의적"이었다. 왜냐하면 그에게 신의 은총이 비록 진리를 행하는 것을 도와주어야 하지만, 진리를 인식하는 것은 곧 진리를 행할 수 있는 능력을 함축한다고 보았기 때문이다. 에라스무스는 인간이 하나님의 형상을 희미하게나마 유지하고 있으며, 어느 정도의 자율성을 지니고 있다고 보았다. 따라서, "죄와 은총" 그리고 "의지의 자유"라는 중요한 논점에서 루터와 에라스무스 간에는 분명한 차이가 드러난다. 그들은 1524-25년에 유명한 서신들을 서로 주고받았으며, 결국, 에라스무스적 인문주의와 루터의 신앙지상주의(sola fideism)로 갈라지게 되었다.[90]

에라스무스는 무엇보다도 문학가였는데, 완벽한 재치와 필적할 수 없을 정도로 뛰어난 라틴 문체를 사용하여 그의 당대의 현안들에 대해 발언했다. 그는 다양한 작품들을 통해 사제들과 정치 지도자들을 가차 없이 비판하였으며, 또한 깊고도 성실한 목적의식에서 행동하는 사람이었다. 에라스무스는 미신과 타락, 오류뿐만 아니라 무익한 논쟁술과 수도사나 성직자들의 무

---

89 Erasmus, *Paraclesis*, Basel ed., V. 117 sq. [Schaff, *History of Christian Church*, 6, 677-78에서 재인용].

90 Erasmus의 「자유의지에 관하여」(*De libero arbitrio*, 1524)와 루터의 논박인 「노예 의지」(*De servo arbitrio*, 1525)는 기념비적인 논쟁이자, 종교개혁과 인문주의자들의 차이가 드러내는 논쟁이다.

지를 한탄하였고, 자유롭게 비판하였으나 교회와 충돌을 일으킬 의사는 없었다. 따라서 에라스무스는 독일의 루터주의자들이 보이는 혁명의 폭력성에 불쾌감을 느꼈다. 에라스무스는 인생 후반기에 있었던 큰 분쟁 속에서 양쪽 어느 쪽도 그를 완전히 이해하지 못하였으며, 그는 오랫동안 개신교와 가톨릭 양편의 저술가들로부터 비난을 받게 되었다.[91] 그러나 에라스무스는 근대로 나아가는 인문주의 후기의 가장 대표적인 인물이었다.

III. 르네상스에 끼친 인쇄술의 영향

1. 인쇄술의 발명

15세기에 발명된 인쇄술은 인류 문명에 이바지한 독일의 위대한 공헌으로, 초기에는 독일의 예술이라고까지 불렸다. 스트라스부르그에서 금은 세공사로 일하던 요하네스 구텐베르크(Johannes Gutenberg, 1400?-1468)는 인쇄와 관련된 연구를 지속하여, 1450년 결국 활자를 만들어 내는 데 성공한다.

〈구텐베르크의 초기 인쇄기〉

91 Walker, *A History of the Christian Church*, 465.

여러 시험을 거쳐, 구텐베르크는 결국 자신이 만족할 수 있는 첫 작품을 인쇄하였는데, 그것이 『42행 성서』(*42-line Bible*)였다. 그의 첫 완성작이 바로 성경 인쇄였던 것이다. 구텐베르크의 인쇄술은 곧 유럽 각지로 퍼져나가게 된다. 특히 라인강 연안의 도시들인 밤베르크, 스트라스부르그, 쾰른 등에 이어, 아우크스부르크, 뉘른베르크 등의 도시로 인쇄술이 전파되었다. 필립 샤프는 15세기의 새로운 문화의 중심지로서 뉘른베르크와 스트라스부르그가 두드러졌다고 말하는데, 이는 이러한 곳들이 아우크스부르크와 함께 독일에서 가장 활발한 인쇄시설을 보유했기 때문이라고 보았다.[92]

이처럼 인쇄술 발달 초기에 있어서 독일 각 지역의 역할은 매우 컸다. 예를 들면, 15세기 중에 유럽에서 간행된 총 4만여 종의 서적 가운데 3분의 1이 독일에서 인쇄되었고, 그중에서도 3분의 2가 스트라스부르그, 쾰른, 아우크스부르크, 뉘른베르크, 라이프치히의 다섯 도시에서 인쇄되었다. 당시에 사용된 활자의 종류만 해도 1천여 종에 달하였다.

2. 인쇄술의 기여[93]

벤츠케(A. Venzke)는 르네상스 및 종교개혁은 인쇄술의 영향 없이는 "상상할 수 없는 것"이라고 설명한다.[94]

① 알프스 이남의 이탈리아 인문주의가 점진적으로 북부 유럽에 유입된 것은 부분적으로 새로운 인쇄 기술의 영향 때문이다. 인쇄술 덕분에 북부 학자들은 고전 문헌들 편집판을 포함하여 이탈리아 인문주의자들의 저

---

92 Schaff, *History of Christian Church*, 6, 585.

93 정원래, "인쇄술과 종교개혁," 「개혁논총」 40 (2016): 305-339.

94 Andreas Venzke, "Gutenberg, Johannes," in: *The Oxford Encyclopedia of Economic History*.

서를 쉽게 접할 수 있었다.[95] 에라스무스는 『그리스어 신약성경』을 비롯하여, 1490-1506년 동안 아우구스티누스의 저작 11권을 편집, 출판하였다. 이 외에도 에라스무스는 힐라리우스(1523), 이레나이우스(1526), 암브로시우스(1527), 에피파니우스(1529) 그리고 크리소스토무스(1530) 등 교부들의 글을 차례로 출판하였다.[96]

이와 같은 인문주의자들의 "원전으로"(*ad fontes*) 돌아가려는 노력은 인쇄술을 통해 북유럽 사회에 광범한 영향력을 미쳤으며 새로운 대중적 정신의 자각을 불러일으켰다. 이러한 인식의 전환과 더불어 인쇄술을 통한 성경의 보급과 교부들의 저서들에 대한 접근은 종교개혁의 가장 커다란 동력이 되었다. 15세기 말경, 독일에는 52개소, 이탈리아에는 80개소, 프랑스에는 40개소, 네덜란드에는 21개소, 스페인과 포르투갈에는 31개소의 인쇄소가 운영되었으며, 전 유럽에 걸쳐, 시민 계급이 번영했던 3백여 지역에서 약 1천 개에 이르는 인쇄소가 가동되었다.[97]

② 부분적으로는 인문주의자들이 원전을 강조한 결과이지만, 그보다는 인쇄 기술 발명의 결과로서, 15세기 후반부에 벌게이트(Vulgate) 성경과 그 번역본이 폭넓게 전파되었다. 이를 헨리 스티븐슨(Henry Stevens)은 다음과 같이 말한다.

> 성경의 세속사는 인쇄술의 종교사이다. 성경은 최초로 인쇄된 책이었으며 마지막으로 인쇄된 책이다. 1450년부터 1877년까지 4세기 반에 걸쳐서 성경은 다른 어떤 서적도 능가할 수 없는 방식으로 인쇄술의 진보와 발전을 가능하게 했다. 그리고 성경의 판본 목록은 적어도 처음 40년 동안 성경이 발행 부수에서 다른 모든 서적을 합친 것보다 능가했음을 입증한다. 하지만 번역의 질과 문체,

---

95 Walker, *A History of the Christian Church*, 461.

96 Schaff, *History of Christian Church*, 6, 596.

97 Peter von Polenz, *Deutsche Sprachgeschichte vom Spätmittelalter bis zur Gegenwart I*, 32.

다양성은 발행 부수를 따라가지 못하였다.[98]

중세 교회는 성경의 모국어 번역이나 그 번역본을 사제나 평신도가 사용하는 것을 전적으로 그리고 절대적으로 금지하지는 않았다. 그러나 주교들은 자신의 관할 지역에서 불가타 성경과 모국어 번역본들이 평신도들이나 제대로 교육받지 못한 사제들에 의해 읽히는 것을 종종 제한하였다. 이는 성경을 "개인적으로" 사용하는 것이 이단이 발생하는 주된 원인으로 간주되었기 때문이다. 따라서 종교개혁 이전 반세기 동안 점증하는 성경 읽기를 둘러싼 주요한 문제는 성경의 권위 자체가 아니라 성경 해석과 관계된 것이었다.

중세 교회는 믿음과 생활에 있어서 성서의 규범적 권위를 부인하지 않았지만, 그 권위는 교부들과 공의회, 해박한 박사들, 교황의 공식 칙령에 따라 해석된 것으로서의 성경에 부여된 것이었다. 요컨대, 성경의 권위는 교회 교리의 전통과 성경을 "올바르게" 해석하고 적용할 수 있는 권위로서 교회 자체의 권위와 불가분하게 결합되어 있었다. 그러나 이 시기에 이르러 사람들이 성경에 점차 친숙하게 되자 교회 교리의 전통이 모든 점에 있어서 성경 자체에 충실한가에 대한 질문이 불가피하게 생겨났다. 기독교 인문주의자들은 성경의 문자적-역사적 해석과 "옛날 교부들"로 되돌아갈 것을 계획적으로 요구함으로써 스콜라 신학자들과 중세의 알레고리적 주석 전통의 권위를 효과적으로 무너뜨렸다. 루터를 비롯한 종교개혁자들은 여전히 교회의 모든 가르침의 전통이 오류를 범할 가능성이 있으며, 실제로 성경의 가르침에 비추어 볼 때, 종종 잘못을 저질렀다는 결론을 내렸다. 종교개혁자들의 "오직 성경"(*sola scriptura*)이라는 급진적인 주장은 성경과 전통, 즉 성경과 오래된 교회의 권위 있는 해석이 일치하고 모순이 없다는 가

98 H. Stevens, *The Bibles in the Caxton Exibition*, 25. [Schaff, *History of Christian Church*, 7, 276에서 재인용]

정을 파괴하는 것이었다. 또한, 은총에 의해 믿음을 통해서만 구원받는다는 중심적 메시지가 매우 명확하게 드러나는 성경 자체가 성경의 해석자라고 주장되었다.

성경과의 관계에서 점차 평신도들은 단순히 지도받거나, 방향성을 제시받는 그런 피동적 위치에서 능동적으로 바뀌어 갔다. 그들은 이제 스스로 성경을 읽을 수 있었으며, 성경이라는 "시금석"을 교회의 가르침과 실천에 적용할 수 있게 되었다. 또한 이들은 성경을 읽고 로마 가톨릭교회의 전통적 가르침에 이의를 제기하였다. 인쇄된 성경을, 무엇보다도 모국어 성경과 시편, 복음서, 사도 서신들의 부분적 편집판을 점차로 많이 사용하게 되었기 때문에 종교개혁자들의 급진적 입장은 많은 성직자와 평신도들에게 호응을 얻을 수 있었다. 종교개혁자들은 성경을 전통적 "주석"에 의지하지 않고서 구절마다 직접 청중들에게 설명하였다. 이러한 종교개혁자들의 대중적 설교는 훨씬 더 큰 영향력을 발휘하였다. 사람들은 당대의 교회를 신약성경의 교회와 비교하고, "순수한 말씀"에만 기초할 때 무엇이 "참된 기독교"인지를 이해할 수 있었다. 1520년대 초에 "재발견된" 성경은 종교개혁의 원동력이 되었다.

③ B. 묄러(Bernd Moller)는 종교개혁의 확산과 인쇄술의 상관관계에 대하여 이렇게 정리한다:

> '인쇄술이 없었다면 종교개혁도 없었을 것'이라고 말해진다. … 인쇄술이 존재하지 않았더라면, 모든 것이 다르게 전개되었을 것이다. 책들은 역사를 만들어 왔으며, 이 과정에서 첫 번째로 근본적인 변화가 일어났고, 그만큼 강한 영향력을 미쳤다. 인쇄된 도서는 고유한 특성을 발휘하였으며, 이러한 특성들은 처음부터 책의 본질적인 요소에 해당하였다. 다시 강조하자면, 인쇄술만큼 텍스트를 광범위하게 확산시킨 것은 없다.[99]

---

99 Möller, "Reformation der Bücher," 11.

인쇄술은 종교개혁의 독자들을 전국의 모든 곳에서 발견할 수 있도록 하였다. 독자가 누구인지 확정되지 않으며, 책의 생산자와 인쇄업자처럼 저자의 입장에서도 독자는 원칙적으로 정의할 수 없고, 제한되지 않는 익명의 대중이었다. 독자가 어디에 속하는지, 그가 어디에 살고 있는지, 어떠한 환경에서 살아가는지, 그가 무엇을 생각하는지 도서 출판업자는 아무것도 알지 못하였다.[100] 한 걸음 더 나아가, 묄러는 인쇄술은 종교개혁에, 종교개혁은 인쇄술에 상호의존적이라고 보았다.

> 나는 초기의 종교개혁은 널리 확산한 텍스트의 환경 없이는 그 역동성과 추진력을 지니지 못했을 것으로 생각한다. 그들은 하나의 지엽적인 현상으로 혹은 전체로 확산하였더라도 앞서 있었던 수많은 이단처럼 정죄를 받았을 것이다. 즉, 이러한 새로운 인쇄술의 물리적이고 기술적 전개가 하나의 영적인 작용을 해왔다.[101]

종교개혁에서 인쇄술이 지녔던 영향은 매우 크다. 특히 그 신학과 의의를 사회 저변에 확산시키고, 대중들의 동력을 끌어내는 데 있어 인쇄술의 공로는 매우 크다. 종교개혁의 당사자들과 해석자들 역시 인쇄술이 종교개혁에 미친 영향을 매우 강조한다. 예를 들면, 루터는 탁상담화(Tischreden)에서 인쇄술을 '하나님께서 주신 최고의 선물이자 최신의 선물'이라고 설명한다.

> 인쇄업의 커다란 은혜에 대해서는 말로 다 표현할 수 없다. 이를 통해서 거룩한 성경이 모든 언어와 방언으로 열리고 널리 보급되었다. 이를 통해서 모두가 예술과 학문을 보유하고, 증가시키며, 우리의 후손들에게 전달할 수 있게 되었다. 인쇄술은 하나님께서 복음 전파를 위해 주신 '최고의 선물이자 최신의 선물'(*summum*

100 Möller, "Reformation der Bücher," 12.

101 Möller, "Reformation der Bücher," 12.

et postremum donum)이다. 그것은 세상의 멸망에 앞선 마지막 불꽃이다….[102]

이처럼 루터는 종교개혁 사상의 전파에 있어서 출판인쇄술이 지닌 역할이 매우 컸음을 설명한다. 당시 전단지, 설교 텍스트, 교회 찬송 그리고 성경 번역본 등 루터의 신학적 주장, 즉 종교개혁의 정신이 전 지역에 걸쳐 영향력을 행사할 수 있도록 한 것이 인쇄술이었다. 종교개혁 시기에 인쇄술이 낳은 결과에 대한 평가에서, 필립 샤프는 "헬라어 신약성경과 인쇄술-인쇄술의 발명은 역사의 모든 시대를 둘로 나누되, 모든 시대를 하나로 아우르는 것이었다.-은 마틴 루터를 위해 섭리로써 준비된 두 가지 주된 도구들이었다."[103]고 주장하였다.

〈비텐베르크의 크라나하의 저택에 있는 인쇄기〉

당시 루터의 저술, 글, 그리고 설교는 인쇄소에서 인쇄되어 엘베강을 통해 2주면 독일 전역에 전파되었다. 반면 루터의 글에 대한 로마 교황청의 반박이 나오기까지는 거의 6개월이 소요되었다. 인쇄술을 통해 종교개혁자들은 훨씬 더 기민하고 신속하게 로마 가톨릭을 반박하고, 자신들의 사상을 급속하게 전파할 수 있었다.

사람들은 인쇄술을 통해 제공된 표준적이고 통일된 성경을 교회의 가르

102 Martin Luther. *Weimar Ausgabe Tischreden* IV, 436f.

103 Schaff, *History of Christian Church*, 6. 730.

침들과 전통에 대한 시금석으로 사용하였다. 또한 표준적이고 통일된 성경과 교부의 저서는 신학자에게 성경에 대한 이해와 해석을 서로 비교할 수 있게 해주었다. 이는 연구자들이 중세의 필사본들을 서로 비교하거나, 원전과 대조하는 등의 연구를 통해, 중세의 필사본들이었던 '여러 성경'이 아니라, '표준적이고 통일된 성경'을 제공할 수 있도록 만들었다.

나아가 인쇄술은 이러한 표준적이고 통일된 성경을 누구나 접할 수 있도록 하였다. 가난한 자든, 부요한 자든, 여성이든, 농부이든 심지어 나그네라도 쉽게 성경을 접하고 읽을 수 있었다.

이처럼 종교개혁의 가장 중요한 원리인 '*sola scriptura*'는 실제로 이러한 인쇄술의 도움 없이는 성립하기 어려웠다. 인쇄술은 이 원리를 당시의 모든 인물에게 현실이 될 수 있도록 만들었다.

인쇄술의 발명은 르네상스와 종교개혁의 정신과 사상이 유럽 전체에 확산하고, 새로운 시대를 여는 가장 중요한 수단이었다. 역설적으로 인쇄술이 없었다면, 인간에 대한 새로운 자각이나 성경에 대한 접근과 이해는 매우 제한적이었을 것이다.

참고 문헌

Agustijn, Cornelis. "Erasmus." TRE Bd. 10: 1-18.

Barański, Zygmunt G./McLaughlin, M. L. *Italy's three crowns: reading Dante, Petrarch and Boccaccio*, Oxford: Bodleian Library. 2007.

Brotton, J. *The Renaissance: A Very Short Introduction*. Oxford, OUP, 2006.

Bruckhardt, Jacob. *The Civilization of the Renaissance in Italy* (The Phaidon Press, 1860). 이기숙 옮김. 『이탈리아 르네상스의 문화』. 서울: 한길사, 2003.

Cortesi, Mariarosa. "Valla Laurentius." TRE Bd. 34: 500-504.

Dickens, Arthur G. *The German Nation and Martin Luther*. London: Fontana, 1974.

Dörner, Gerald. "Reuchlin, Johannes." TRE Bd. 29: 94-98.

Erasmus, Desiderius. "Epistle 384." *The Correspondence of Erasmus: Letters 298-445 (1514-1516)*. Collected Works of Erasmus, 3. Trans. Mynors, R.A.B.; Thomson, Eleanor M. Annotated by James K. McConica. Toronto, Buffalo: University of Toronto Press, 1976.

_____. *The Praise of Folly* (*Moriae Encomium*. 1509). Trans. John Wilson. https://sourcebooks.fordham.edu/mod/1509erasmus-folly.asp.

_____. *Collected Works of Erasmus*. Vols. 84/86. Toronto: University of Toronto Press, 1974-2023.

Estep, Willam R. *Renaissance and Reformation*. 라은성 역. 『르네상스와 종교개혁』. 서울: 그리심, 2002.

Fouquet-Plümacher, Doris. "Buch/Buchwesen III." TRE Bd. 7: 275-290.

Fuhrmann, Horst. "Constitutum Constantini." TRE Bd. 8; 196-202.

Giesecke, Michael. *Der Buchdruck in der frühen Neuzeit*. Frankfurt am Main: Suhrkamp Verlag, 1991.

Gombrich, E. H. "The Renaissance: Period or Movement?." In *Back-*

ground to the English Renaissance: Introductory Lectures, ed. J. N. Trapp. London: Gray-Mills Publishing, 1974: 9-30.

Hays, George P. Presbyterians: *A Popular Narrative of Their Origin, Progress, Doctrines and Achievements*. New York: J. A. Hill & Co. Publishers. 1892.

Johnson, Paul. *The Renaissance*. 한은경 옮김. 『르네상스』 서울: 을유문화사, 2003.

Kenny, Anthony. *Medieval Philosophy*. Oxford: Oxford University Press, 2007.

King, Margaret L. *The Renaissance in Europe*. London: Laurence King Publishing, 2003,

Margolin, Jean-Claude. "Renaissance." TRE Bd. 29: 74-87.

Möller, Bernd. "Stadt und Buch. Bemerkungen zur Struktur der reformatorischen Bewegung in Deutschland." In: *Stadtbürgertum und Adel in der Reformation*. hrsg. v. W. Mommsen, (Stuttgart: 1979), 25-40.

Möller, Bernd. "Reformation der Bücher." http://webdoc.gwdg.de/ebook/aw/2000/gutenberg_vortrag/vortrag-moeller.pdf.

Nauert, Charles G. *Humanism and The Culture of Renaissancew Europe*. 진원숙 옮김. 『휴머니즘과 르네상스 유럽문화』. 서울: 혜안, 2003.

Nicholas of Cusa. *De docta ignorantia*. Ed. Paul Wilpert. Minnesota: The Arthur J. Banning Press, 1985. https://wlym.com/archive/pdf/cusa_learned01.pdf

_____. *De docta ignorantia*. 조규홍 옮김. 『박학한 무지』. 서울: 지식을 만드는 사람, 2013.

Petrarch. *Letters*. Trans. James Harvey Robinson and Henry Winchester Rolf. New York: G.P〉 Putnam's Sons, 1909. https://thavmapub.com/wp-content/uploads/2017/03/pico_-_oration_on_the_dignity_of_man.pdf.

Petrarch. *Secretum Meum*. Trans. William H. Draper. London: Chatto &

Windus, 1906. https://gutenberg.org/files/49450/49450-h/49450-h.htm.

Pico della Mirandola. *Oration on the Dignity of Man* (1486). Trans. A. Robert Caponigri. Chicago: A Gatewat Edition, 1956.

——. Aldus Manuitus에게 보낸 편지 (1490.2.11). https://latlab.org/letter-5/.

Rabb, Theodore. *The Last Days of the Renaissance: And the March to Modernity*. 강유원·정지인 옮김. 『르네상스의 마지막 날들』. 서울: 르네상스, 2008.

Raffa, Guy P. *The Complete Danteworlds: A Reader's Guide to the Divine Comedy*. Chicago: University of Chicago Press, 2009.

Renna, Thomas. "Lorenz Valla and the Donation of Constantine in Historical Context, 1439-40." Expositions 8.1 (2014): 1-28.

Schulze, Winfried. *Deutsche Geschichte im 16. Jahrhundert*. Frankfurt am Main: Suhrkamp Verlag, 1987.

Sottili, Agostino. "Petrarca, Francesco." TRE Bd. 26: 255-260.

Stevens, Henry. *The Bibles in the Caston Exibition* (1877). United States: Nabu Press, 2012.

Venzke, Andreas. "Gutenberg, Johannes." In: *The Oxford Encyclopedia of Economic History*. Oxford: Oxford University Press, 2003.

von Polenz, Peter. *Deutsche Sprachgeschichte vom Spaetmittelalter bis zur Gegenwart I*. Berlin: Walter de Gruyter, 1991.

Ward, Benedicta. "신학자 베데." In: *Medieval Theologians*: 131-143.

권태경. "'르네상스와 종교개혁'의 역사서술의 문제: 한국의 역사교과서 분석을 중심으로." 「개혁논총」 19권 (2011): 245-280.

김홍기. "종교개혁의 역사적 배경에 관한 연구." 「신학과 세계」 30 (1995): 63-93.

민혜련. 『르네상스』. 서울: 도서출판 기파랑, 2013.

이종찬. "구텐베르크와 활판 인쇄술에 관한 연구." 「출판잡지연구」 16.1

(2008): 62-83.

정달용. "니콜라우스 쿠사누스의 '신일론(神-論)'(De docta ignorantia 제1권과 De non-aliud를 중심으로)." 「중세철학」 7 (2001): 3-31.

정원래. "로렌조 발라의 "콘스탄티누스의 기진장에 대한 비판"(Declamation on the Forged Donation of Constantine, c. 1450)이 종교개혁자들에게 미친 영향." 「신학지남」 90 (2023): 249-278.

———. "인쇄술과 종교개혁." 「개혁논총」 40 (2016): 305-339.

진원숙. "Lorenzo Valla 의 비판 사상 소고." 「대구사학」 19: 119-145.

최경은. "종교개혁이 서적인쇄에 미친 영향." 「독일언어문학」 27 (2012.9): 239-264.

———. "루터 이전에 인쇄된 독일어 성경의 문화사적 의의." 「뷔히너와 현대문학」 38 (2012): 201-230.

최선아. "독일의 인쇄 문화와 교양 시민계층의 형성." 「서양사학연구」 37 (2015): 1-22.

15

중세를 마무리하며

중세교회사 강의를 되돌아보며 지나온 시간에 대한 감사와 아쉬움 그리고 앞으로의 연구에 대한 간략히 언급한다. 10년 이상 중세교회사를 강의하며, 필자는 중세의 세계에 많이 빠져든 것 같다. 실제로 본 저서에서 어떤 부분들에서는 필자의 관심이 비교적 많이 드러나기도 한다. 또 일부에서는 간략하고 소개하는 정도에 그치고 있다. 이는 필자가 중세를 연구하고 고찰하는 과정에서 각 시대와 사건 그리고 인물에 관한 관심의 차이를 의미한다. 그로 인해 일부의 독자는 내용이 개론서를 벗어나는 지나침을 말할 수도 있고, 다른 이들은 내용이 피상적이고 부족하다고 판단할 수도 있다. 이러한 독자들의 비판은 오로지 필자의 부족함에서 기인하며, 앞으로도 새로운 연구 결과와 독서와 자료를 검토하며 내용을 지속적으로 보완할 것을 약속한다.

중세를 강의하고 연구하는 필자는 여전히 현대인의 중세에 대한 부정적 인식을 언제나 마주한다. 그들에게 역사의 발전 단계에서 중세는 종교개혁의 시대와 근대의 시대를 통해 극복되어야 하는 시대이다. 따라서 자연스럽게 중세에 대한 평가는 호의적이지 않다. 이성적으로 훈련되어 있고 현대의 진보에 주목하는 근대는 중세가 어둡다—암흑의 시대—고 생각한다. 근대는 교리의 쇠사슬에서 벗어나서 도덕성과 정신에 대한 견해를 가지게 됨으로써 인간 존재가 밝아진다고 여기기 때문이다.

그 때문에 현대를 살아가는 이들은 중세를 통째로 부정과 암흑과 맹목의 시대로 폄하한다. 이러한 역사 이해에 대해 필자는 소소한 저항을 하였다고 할 수 있다. 왜냐하면, 중세 시대의 수준을 논한 것이나, 학문과 예술, 제도, 그리고 기술 발전의 척도에서 중세를 보려고 하기보다는 인간에 주목하고 있기 때문이다. 즉, 중세인들이 어떠한 가치에 열광하고 살아왔으며, 그들이 열망하는 것이 무엇인지를 조금 더 드러내려 했기 때문이다. 실상 필자의 이러한 마음은 야콥 부르크하르트가 잘 표현하고 있다. 그는 다음과 같이 말하였다. "역사적 시간 속에서 인간의 영혼이나 두뇌는 자라지 않았다. 인간의 능력은 오래전부터 이미 완전하였다! 따라서 100층 높이의 대성당에서 이상적 의지의 자유로운 힘이 하늘을 향해 올라갔던 저 모험심 넘치는 시대와 비교해 보면 우리가 도덕적인 진보의 시대에 살고 있다는 가정은 정말로 웃기는 소리이다."

물론 현대인의 가치와 업적을 깎아내리고자 하는 의도는 없다. 우리가 중세인들에게 질문을 던지고 답을 구하는 태도에서, 역할을 바꾸어 보았으면 하는 것이다. 즉, 중세인들이 우리에게 질문을 던진다면, 예를 들어, [자신들이 했던 것처럼] 모든 그리스도인이 절실하게 자기 구원을 위해 신의 마음에 들도록 하는 삶은 [지금은] 대체 어디 있단 말인가? 진리란 자신의 확신과 신앙의 세계 속에 자신을 두는 것이 아니라는 말인가? 우리[중세인들]보다 더 하나님 앞에서 서려고 하는 사람이 역사에 존재하는가? 이러한 질문은 현대를 살아가는 이들에게도 여전히 중요한 질문이라고 생각한다. 따라서 중세의 역사를 통해 인간에 대한 이해와 삶의 지향성을 결정하는 것이 무엇인지를 숙고하는 시간을 갖기를 기대한다.

종교개혁의 시기에 혁명적 정신을 소유한 루터의 등장에 환호했던 많은 인문주의자가 그의 뒤를 따르지 않았던 것도 기억한다. 오히려 그들은 전통에 대한 루터의 적대적 태도에 대해 역사에서 전해 내려오는 것의 이점을 설득하려 하였다. 종교개혁 시기와 근대는 전통에 대한 비판과 개혁이 주류가 되는 시대였다. 그러나 밀레니엄 시대인 현대에는 전통을 소중히 하고, 가치를 창조하는 원칙으로 옹호하는 자들이 나타났다. 필자의 바람은 중세를 오로지 비판과 폄훼의 대상으로 보는 대신에, 새로운 가치와 창조의 원리들로 활용하는 이들이 더 많아지는 것이다. 그것이 옛 선조들이 역사를 대하던 온고이지신(溫故而知新)의 자세일 것이다. 필자는 본서를 통해 많은 사람이 더 창조적이고 발전하는 데 유익이 되었으면 하고 소망한다.

참고 문헌 1

Bell, David N. *Many Mansions: An introduction to the Development and Diversity of Medieval Theology, West and East*. 이은재 옮김. 『중세교회 신학』. 서울: 기독교문서선교회. 2012.

Benedictus. *Regula Benedictini*. 이형우 역주. 『베네딕투스 수도 규칙서』. 왜관: 분도출판사, 2020.

Cannon, William R. *History of Christianity in the Middle Ages*. 서영일 옮김. 『중세교회사』. 서울: CLC, 2007.

Copleston, F. C. *Medieval philosophy of Augustine to Scotus*. 박영도 옮김. 『중세철학사』. 서울: 서광사, 1988.

Evans, G. R., ed. *The Medieval Theologians, An Introduction to Theology in The Medieval Period*. 한성진 · 오홍명 역, 『중세신학과 신학자들』. 서울: CLC, 2009.

Flasch, Kurt. *Das phillsophische Denken im Mittelalter: Von Augustin zu Machiavelli*. Stuttgart: Reclam, 2001.

_____. *Einführung in die Philosophie des Mittelalters*. 신창석 역. 『중세철학 이야기』. 서울: 서광사, 1998.

Fuhrmann, Horst. *Die Päpste*. 차용구 옮김. 『교황의 역사, 베드로부터 베네딕토 16세까지』. 서울: 도서출판 길, 2013.

_____. *Einladung ins Mittelalter*. 안인희 옮김. 『중세로의 초대』. 서울: 이마고, 2004.

Geisler, Norman L. & Ralph E. Mackenzie, R. *Roman Catholics & Evangelicals Agreements & Differences*. 라은성 옮김. 『로마 가톨릭주의와 복음주의』. 서울: 그리심, 2003.

Gilson, Etienne. *History of Christian Philosophy in the Middle Ages*. 김기찬 역. 『중세 기독교철학사』. 서울: 크리스천다이제스트, 1994.

Gonzales, Justo L. *The Story of Christianity*. 엄성옥 역. 『중세교회사』. 서울: 은성, 1987.

Hauchild, W.-D. *Lehrbuch der Kirchen- und Dogmengeschichte, Bd. 1, Alte Kirche und Mittelalter.* 3. Aufl. München: Gütersloher Verlag, 2007.

Herr, Friedrich. *The Medieval World*. 김기찬 옮김. 『중세의 세계』. 고양: 크리스천다이제스트. 1997.

Hischberger, J. *Geschichte der Philosophie*, I; II. 강성위 역. 『서양철학사』 상; 하. 서울: 이문출판사, 2003.

Houghton, Sidney M. *Sketches from Church History*. 정중은 옮김, 『기독교 교회사』. 서울: 도서출판 나침반, 1997.

Huizinga, Johan. *The Autumn of the Middle Ages*. 최홍숙 역. 『중세의 가을』. 서울: 문학과 지성사, 1995.

Johnson, Paul. *The Renaissance*. 한은경 옮김. 『르네상스』. 서울: 을유문화사, 2003.

Latourette, Kenneth Scott. *A History of Christianity*, vol. 2. 윤두혁 역. 『기독교사, 중』. 서울: 생명의말씀사, 1980.

le Goff, Jacques. *Les Intellectuels au Moyen Age*. 최애리. 『중세의 지식인들』. 서울: 동문선, 1998.

le Goff, Jacques/de Montremy, Jean-Maurice. *A la recherche du Moyen Age*. 최애리 옮김. 『중세를 찾아서』. 파주: 해나무, 2005.

Lynch, Joseph H. *The Medieval Church*. 채천석 · 심창섭 옮김. 『중세교회사』. 서울: 솔로몬, 2010.

Maxwell-Stuart, P. G. *Chronicle of the popes : the reign-by-reign record of the papacy from St. Peter to the present*. 박기영 역. 『교황의 역사』. 서울: 갑인공방, 2005.

McGrath, Alister. *Historical Theology, A History of Christian Thought*. 소기천 외 3인 옮김. 『신학의 역사』. 서울: 지와 사랑, 2010.

_____. *Christian Theology*. 김기철 번역. 『신학이란 무엇인가』. 서울: 복 있는 사람, 2014.

Morall, J/Ulmann, W. *Political Thought in Medieval Times/Medieval*

Political Thought. 박은구 옮김. 중세 유럽의 정치사상. 서울: 혜안, 2016.
Nauert, Charles G. *Humanism and The Culture of Renaissance Europe*. 진원숙 옮김. 『휴머니즘과 르네상스 유럽문화』. 서울: 혜안, 2003.
Neil, Stephen. *A History of Christian Mission*. 홍치모·오만규 공역. 『기독교 선교사』. 서울: 성광문화사, 2008.
Pieper, Josep. *Scholasticism: Gestalten und Probleme der Mittelaltierichen Philosphie*. 김진태 옮김. 『 중세 스콜라철학』. 서울: 가톨릭대학출판부, 2003.
Ritter, A. M. 외 편역. *Kirchen- und Theologiegeschichte in Quellen vol. II: Mittelalter*. 공성철 옮김. 『중세교회-교회와 신학의 역사원전, II』. 서울: 한국신학연구소, 2010.
Rubenstein, Richard E. *Aristotle's Children: How Christians, Muslims, and Jews Rediscovered Ancient Wisdom and Illuminated the Dark Ages*. 유원기 옮김. 『아리스토텔레스의 아이들』. 서울: 민음사 2003.
Schaff, P. A. *History of Christian Church*, vols. 1-6. 이길상 옮김. 『교회사 전집』, 1-6. 고양: 크리스천다이제스트, 2004.
Schatz, Klaus, *Allgemeine Konzilien: Brennpunkte der Kirchengeschichte*. 이종환 옮김. 『보편공의회사』. 왜관: 분도출판사, 2005.
Seibt, Ferdinand. *Glanz und Elend des Mittelalters*. 차용구 옮김. 『중세, 천년의 빛과 그림자』. 서울: 현실문화, 2014.
Southen, R. W. *The Middle Ages*. 이길상 옮김. 『중세교회사』. 서울: 크리스천다이제스트, 1999.
Tierney, Brian/Painter, Sidney. *Western Europe in the Middle Ages, 300-1475*. 이연규 역. 『서양중세사』. 서울: 집문당, 2012.
Walker, Williston. *A History of the Christian Church*. 송인설 옮김. 『기독교회사』. 고양: 크리스천다이제스트, 2010.
김영재. 『기독교교회사』. 수원: 합동신학대학원출판부, 2005.
박은구. 『서양 중세 정치사상 연구』. 서울: 혜안, 2001.
서요한. 『중세교회사』. 서울: 그리심, 2010.

심창섭 · 채천석 편. 『원자료 중심의 중세교회사』. 서울: 솔로몬, 2007.
정용석 외 5인. 『기독교 영성의 역사』. 서울: 은성, 2007.
진원숙. 『손에 잡히는 서양사 이야기』, 1. 서울: 도서출판 신서원, 1999.

참고 문헌 2

Abelard. *Der Briefwechsel mit Heloisa*. Stuttgart: Reclam, 2001.

_____. *Historia Calamitaticum*. In: *Der Briefwechsel mit Heloisa*. Stuttgart: Reclam, 2001.

_____. *Introductio ad Theologiam*. PL 178, 981 이하.

_____. *Prologue to Sic et Non*. https://web.archive.org/web/19980116132422/http://pluto.clinch.edu/history/wciv1/civ1ref/sic.html.

Aegidius Romanus. *De ecclesiastica potestate*, 1.2. In: KThQ2, Nr. 50.

Aertsen, J. A. "Die Thesen zur Individuation in der Verurteilung von 1277, Heinrich von Gent und Thomas von Aquin." In: *Individuum und Individualität im Mittelalter* (Miscellanea mediaevalia; Bd. 24): 249-265.

Agustijn, Cornelis. "Erasmus." TRE Bd. 10: 1-18.

Alberigo, J. 외 4인, ed. *Consiliorum Oecumenicorum Decreta, II*. 김영숙, 손희송, 이경상, 박준양, 변종찬 역. 『보편공의회문헌집』. 서울: 가톨릭출판사, 2009.

Albert of Aix. *Historia Hierosolymitanae Expeditionis*, I; II (1100년). https://www.thelatinlibrary.com/albertofaix.html.

Althoff, Gerd. "Otto I. der Große." TRE Bd. 25: 544-549.

Alquin. *Monumenta Germaniae Historica*.(MPH) Epistolae, IV, no. 111 (796). https://books.google.com/books?id=eo_BelmRoXUC&printsec=frontcover&source=gbs_ge_summary_r&cad=0#v=onepage&q&f=false.

Ambrosius. *De incarnationis dominicae sacramento*. PL 16. 853–84.

Anderson, Gerald H. *Biographical Dictionary of Christian Missions*. Grand Rapids/Cambridge: Wm. B. Eerdmans Publishing. 1999.

Anna Comnena. *The Alexid*. Trans. Elizabeth A. S. Dawes. London: Kegan, Paul, Trench, Trubner and Co., Ltd., 1918. https://sourcebooks.fordham.edu/basis/AnnaComnena-Alexiad.asp.

Anselmus. *Cur deus homo*. 이은재 역. 『인간이 되신 하나님』. 서울: 한들출판사, 2015. https://sourcebooks.fordham.edu/basis/anselm-curdeus.asp.

_____. *Monologion & Proslogion*. 박승창 옮김. 『모노로기온 & 프로스로기온』. 서울: 아카넷, 2002.

Athanasius. *History of Arians, IV*. NPNF2. Vol. IV. https://ccel.org/ccel/schaff/npnf204/npnf204.i.html.

Bach, Joseph. *Meister Eckart der Vater der deutschen Speculation*. Wien: Wilhelm Braumüller, 1864.

Barański, Zygmunt G./McLaughlin, M. L. *Italy's three crowns: reading Dante, Petrarch and Boccaccio*. Oxford: Bodleian Library. 2007.

Barber, Malcolm. *The Cathars: Dualist heretics in Languedoc in the High Middle Ages*. Harlow: Longman, 2000.

Bartlett, W.B. *God wills it! : an illustrated history of the Crusades*. 서미석 역. 『십자군 전쟁 그것은 신의 뜻이었다』. 서울: 한길, 1976.

Bäumker, Clemens. *Die christliche Philosophie des Mittelalters*. 3. Aufl. Berlin: Teubner, 1923.

_____. *Die christliche Philosophie des Mittelalters*. 3. Aufl. Berlin: Teubner, 1923.

Bede the Venerabile. *Historia ecclesiastica gentis Anglorum*. A Revised Translation with Introduction, Life, and Notes By A. M. Sellar. London: George Bell and Sons, 1907. https://www.gutenberg.org/files/38326/38326-h/38326-h.html.

_____. *On Proverbs*. CCSL 119B. xxii.

Berkhofer III, Robert F. *Firgeries and Histoical Writing*. Woodbridge: The Boydell Press, 2022.

Bernard of Clairvaux. *Liber ad milites Templi: De laude novae militae*. https://sourcebooks.fordham.edu/source/Bernard-praiseofnewknighthood.asp.

_____. *De Consideratio*. PL 182.727-807; St. *Bernard's Treatise on consideration*. Trans. A Priest of Mount Melleary. Dublin: Brown and Nolan, 1921. https://archive.org/details/stbernardstreati00bern/page/n5/mode/2up?view=theater.

_____. *De diligendo Deo*. PL 182.973-1000. https://www.pathsoflove.com/bernard/on-loving-god_la.html.

_____. *Apologia ad Guillelmum*. https://www.documentacatholicaomnia.eu/04z/z_1090-1153__Bernardus_Claraevallensis_Abbas__Apologia_ad_Guillelmum__LT.doc.html.

_____. *Sermones in Canticum* 85. PL 183.1187 이하.

Bianchi, Luca. "1277: A Turning Point in Medieval Philosophy?" In: *Was ist Philosophie im Mittelalter?*: Hrsg. von Jan. A. Aertsen und Andreas Speer (*Miscellanea Mediaevalia*, Bd. 26). Berlin-New York, 1998: 90-110.

Blakeny, Raymond B. *Meister Eckhart, A modern Translation*. 이민재 옮김. 『마이스터 에크하르트』, I; II. 서울: 다산글방, 1994.

Blumentahal, Uta-Renate. "Leo IX." TRE Bd. 20: 742-744.

Bonaventura. *Breviloquium*. Introduction, translation and Notes by Dominic V. Monti, O.F.M. New York: St. Bonaventure University, 2005.

Bonaventura. *Doctoris Seraphici S. B. Opera omnia*, 10 Bde., hg. in Quaracchi 1882–1902, Dgitalisat. Bände bei archive.org; Stanford. https://archive.org/details/doctorisseraphic11bona.

Boniface VIII, Clericis laicos (1296). https://sourcebooks.fordham.edu/

source/b8-clericos.asp.

Boniface VIII, Unam Sanctam (1302). In: KThQ2, Nr. 51. b. https://sourcebooks.fordham.edu/source/B8-unam.asp.

Borelli, Anne/Passaro, Maria Pasore., trans./ed. *Selected Writtings of Girolamo Savonarola*. London: Yale University Press, 2006.

Bradshaw, Brendan. "Irland." TRE Bd. 16: 273-287.

Bredero, Adriaan H. *Christendom and Christianity in the Middle Ages, The Relations between Religion, Church, and Society*. tr. Reinder Bruinsma, Grand Rapids: Wm. B. Eerdmans Publishing, 1994.

Broadie, Alexander. "둔스 스코투스와 윌리엄 오캄." In: *Medieval Theologians*, 471-498.

Brooke, Christopher. *Die Klöster*. 이한우 옮김. 『유럽을 만든 은둔자들, 수도원의 탄생』. 파주: 청년사, 2006.

Brotton, J. *The Renaissance: A Very Short Introduction*. Oxford: OUP, 2006.

Brundage, James. *The Crusades: A Documentary History*. Milwaukee: WI: Marquette University Press, 1962.

Bruckhardt, Jacob. *The Civilization of the Renaissance in Italy*. 이기숙 옮김. 『이탈리아 르네상스의 문화』. 서울: 한길사, 2003.

Butler, Edward Cuthbert (1911). "Cistercians." In: Chisholm, Hugh (ed). *Encyclopdia Britannica*. Vol. 6 (11th ed). Cambridge University Press. 393-395.

Carta caritatis. KThQ2, Nr. 35. b. https://www.archive.osb.org/cist/charta.html.

Carthusian Statutes. https://chartreux.org/moines/en/statutes/.

Chadwick, Henry. *The Early Church*. 서영일 역. 『초대교회사』. 서울: CLC, 1999.

Cheney, C. R./Semple, W. H., ed. *Selected Letters of Pope Innocent III concerning England (1198-1216)*. London: Thomas Nelson and Sons

Ltd., 1953.

Chronica Regiae Coloniensis. Continuatio prima, s.a. 1213. MGH SS XXIV 17-18. Trans. James Brundage. *The Crusades: A Documentary History*. Milwaukee: WI: Marquette University Press, 1962.

Clemens of Rom. *The First Epistle of Clement to the Corinthians*. 44. 1. In: KThQ1, Nr. 7. b.

Clendenin, Daniel B. *Eastern Orthodox theology*. 주성민 역. 『동방 정교회 신학』. 서울: 은성 출판사, 2012.

Concordat of Worms 1122. In: Select Historical Documents. https://sourcebooks.fordham.edu/source/worms1.asp.

Constable, Giles. "The Historiography of The Crusades." In: *The Crusades from Perspective of Byzantium and the Muslim World*. Ed. Angeliki Laiou & Roy Nottahedeh. Washington, DC: Dumbarton Oaks, 2001.

Copleston, F. C. *Thomas Aquinas*. 강성위 옮김. 『토마스 아퀴나스』. 서울: 성바오로출판사, 1993.

Cortesi, Mariarosa. "Valla Laurentius." TRE Bd. 34: 500-504.

Council of Chalcedon, canon. NPNF2. vol 14. https://sourcebooks.fordham.edu/source/nicea1-sel.asp.

Council of Constance (1414-1418). Ed. Norman P. Tanner. https://www.ewtn.com/catholicism/library/council-of-constance-1459.

Council of Florence (1438-1445). Ed. Norman P. Tanner. https://www.ewtn.com/catholicism/library/ecumenical-council-of-florence-1438-1445-1461.

Council of Niecea, canon. NPNF2. Vol 14. https://sourcebooks.fordham.edu/source/nicea1-sel.asp.

Council of Reims (*레오의 랭스 공의회 교령*, 1049). In: *Mansi*, XIX.741-742.

Council of the 4th Lateran. https://origin-rh.web.fordham.edu/Halsall/basis/lateran4.asp.

Council of Vienne (1311-1312). https://www.ewtn.com/catholicism/

library/council-of-vienne-1542.

Cowdrey, H. E. J. *The Cluniacs and the Gregorian Reform*. Oxford: Clarendon P., 1970.

Cyprianus. *De ecclesiae catholicae unitate*. ANF vol. 5. https://www.ccel.org/ccel/schaff/anf05.toc.html.

Dante Alighieri. *De monarchia*. http://files.libertyfund.org/files/2196/Dante_1477.pdf

Dante Alighieri. *Pugatory*. https://www.gutenberg.org/cache/epub/1002/pg1002-images.html.

Davies, Oliver. "중세 후기의 신비주의자들." In: *Medieval Theologians*: 421-440.

Dawes, Elizabeth A. S., trans. *The Alexiad of the Princess Anna Comnena*. London: Kegan, Paul, Trench, Trubner and Co. Ltd., 1918. https://archive.org/details/alexiad-english-dawes-1928/page/n303/mode/2up.

Deanesly, Margaret. *A History of the medieval church 590-1500*. 박희석 역. 『중세교회역사』. 서울: 기독교문서선교회, 1993.

Dettloff, Werner. "Duns Scotus/Scotismus I." TRE. Bd. 9: 218-231.

Dickens, Arthur G. *The German Nation and Martin Luther*. London: Fontana, 1974.

Disputatio inter clericum et militem (1296-1303). In: R. W. Dyson ed. *Three Royalist Tracts, 1296-1302*. Bristol: Thoemmes, 1999: 12-45.

Dörner, Gerald. "Reuchlin, Johannes." TRE Bd. 29: 94-98.

Eberhard, Horst. *Heloisa und Abaelard*. 모명숙 옮김. 『중세 최대의 연애 사건, 엘로이즈와 아벨라르의 금단의 사랑』. 서울: 생각의 나무: 2005.

Einhard. *Vita Karoli Magni* (*The Life of Charles*). Trans. Samuel Epes Turner. New York: Harper & Brothers, 1880. https://sourcebooks.fordham.edu/basis/einhard.asp.

____. *Vita Karoli Magni*. 이경구 옮김. 『샤를마뉴의 생애』. 서울: 지식을 만

드는 지식, 2008.

———. *Annales*. Hannoverae: Impensis Bibliopolii Hahniani, 1845. https://archive.org/details/annaleseinhard00einhuoft/page/n5/mode/2up.

Epistola Minor of the Council of Pavia, Feb. 5-11.1160. (Encyclic.). https://sourcebooks.fordham.edu/source/barbarossa1.asp.

Erasmus, Desiderius. "Epistle 384." *The Correspondence of Erasmus: Letters 298-445 (1514-1516)*. Collected Works of Erasmus, 3. Trans. Mynors, R.A.B.; Thomson, Eleanor M. Annotated by James K. McConica. Toronto, Buffalo: University of Toronto Press, 1976.

———. *Collected Works of Erasmus*, vol. 84/86. Toronto: University of Toronto Press. 1974-2023.

———. *The Praise of Folly* (*Moriae Encomium*. 1509). Trans. John Wilson. https://sourcebooks.fordham.edu/mod/1509erasmus-folly.asp.

Eusebius. *Vita Constantini*. NCNF2. Vol. I. https://ccel.org/ccel/schaff/npnf201/npnf201.i.html.

Finnian. "The Penitential of Finnian." In: *Medieval Handbooks of Penance* by John T. McNeil and Helen Gamer. New York: Columbia University Press, 1990. https://archive.org/details/MedievalHandbooksOfPenance/Medieval%20Handbooks%20of%20Penance_%20A%20Translati%20-%20McNeill%2C%20John%20T_/.

Folz, August. *Kaiser Friedrich II. und Papst Innocenz IV: ihr Kampf in den Jahren 1244 und 1245*. Strassburg: Schlesier & Schweikhardt, 1905.

Foster, Richard J./Beebe, Gayle D. *Longing for God*. 양혜원/김명희 역. 『영성을 살다』. IVP. 2009.

Fouquet-Plümacher, Doris. "Buch/Buchwesen III." TRE 7: 275-290.

Fox, Mattew. *Passion for Creation: the Earth-honoring Spirituality of Meister Eckhart*. 김순현 역. 『마이스터 에크하르트는 이렇게 말했다』. 왜관: 분도출판사, 2006.

Frank, Karl Suso. "Cluny." TRE Bd. 8: 126-132.

Frank, Tobin. *Meister Eckhart: Thought and Language*. Philadelphia: University of Pensylvania press, 1986.

Franzen, August. *Kleine Kirchengeschichte*. 최석우 역. 『교회사』. 왜관: 분도출판사, 1982.

Fridrich Barbarossa. *Manifesto of the Emperor*(1157.10). In: Rahewin, *Gesta Friderici, III*, 11. https://sourcebooks.fordham.edu/source/besancon.asp#b.

Fuhrmann, Horst. "Constitutum Constantini." TRE Bd. 8: 196-202.

———. *Die Päpste*. 차용구 옮김. 『교황의 역사, 베드로부터 베네딕토 16세까지』. 서울: 도서출판 길, 2013.

Gelasius I, *Duo sunt (494년 동로마황제 Anastasius에게 보낸 편지)*. In: KThQ2, Nr. 1. https://web.pdx.edu/~ott/Gelasius/.

Georges, Tate. *Les Croisés en Orient*. 안정미 역. 『십자군전쟁; 성전 탈환의 시나리오』, 서울: 시공사, 1998.

Gerald H. Anderson. *Biographical Dictionary of Christian Missions*. Grand Rapids: Wm. B. Eerdmans Publishing. 1999.

Gerson, Jean C. *De unitate ecclesiastica* (1409). In: Morrall, John B. *Gerson and the Great Schism*. Manchester: Manchester University Press, 1960.

Gesta Francorum et aliorum Hierosolomitanourm. https://www.thelatinlibrary.com/gestafrancorum.html.

Gibbon, Edward. *The History of the Decline and Fall of the Roman Empire*. London: Strahan & Cadell, 1782 (Written), 1845 (Revised). https://www.gutenberg.org/files/25717/25717-h/25717-h.htm.

Giesecke, Michael. *Der Buchdruck in der frühen Neuzeit*. Frankfurt am Main: Suhrkamp Verlag, 1991.

Goez, Werner. "Franciscus von Assisi." TRE Bd. 11: 299-307.

Gombrich, E. H. "The Renaissance: Period or Movement?" In: *Back-*

ground to the English Renaissance: Introductory Lectures. Ed. J. N. Trapp. London: Gray-Mills Publishing, 1974: 9-30.

Gonzales, Justo L. *A History of Christian Thought II*. 이형기 · 차종순 역. 『기독교사상사(Ⅱ)』. 서울: 장로교출판사, 2002.

Grabmann, M. *Die Geschichte der scholastische Methode II*. (nach den gedruckten und ungedruckten Quellen bearbeitet). Freiburg im Breisgau: Herdersche Verlagshandlung, 1909.

_____. *Mittelalterliches Geistesleben: Abhandlungen zur Geschichte der Scholastik und Mystik*, Bd. III. München: Max Hüber Verlag, 1936.

Greg, Peter. *The Story of Monasticism: retrieving an ancient tradition for contemporary spirituality*. Grand Rapids: Baker Academic, 2015.

Gregorovius, Ferdinand. *The History of Rome in the Middle Ages*. Vol. III. Trans. Gustavus Hamilton. London: G. Bell & Sons. 1902. https://catalog.hathitrust.org/Record/012240802.

_____. *History of the City of Rome in the Middle Ages*. Vol. IV-a. Trans. Annie Hamilton. London: G. Bell & Sons. 1902. https://catalog.hathitrust.org/Record/012240802.

Gregory I. *Epistula ad Mauricius Augustus*. PL 77. 1215-1216. https://sourcebooks.fordham.edu/source/greg1a.asp.

_____. *Liber regula pastoralis*, NPNF2. Vol. 12. https://www.ccel.org/ccel/schaff/npnf212.iii.iv.i.html.

_____. 『이탈리아 교부들의 생애와 기적들에 대한 강론들』 (*Dialogorum libri quattuor seu De miraculis patrum italicorum*), - 『대화록』 (*Dialogues*). Trans. Philip Lee Warner. London: 1911. https://www.tertullian.org/fathers/gregory_00_dialogues_eintro.htm.

Gregory IX. "Parens scientiarum." https://sourcebooks.fordham.edu/source/uparis-stats1231.asp.

Gregory of Nyssa. *Contra Eunomium*. NPNF2. Vol. 5. https://www.ccel.org/ccel/schaff/npnf205.html.

Gregory of Tours. *Historia Francorum (History of the Franks)*: Books I-X. Translated with an introduction by O. M. Dalton. Oxford: At the Clarendon Press, 1927. https://archive.org/details/historyoffranks0002greg/page/n1/mode/2up?view=theater.

Gregory VII. *Dictatus Papae*. In: *Select Historical Documents*, 366-367; KThQ2, Nr. 31, I. b.

____. *First Deposition and Banning of Henry IV* (Feb 22, 1076). In: *Select Historical Documents*, 376-377.

____. *Gregorii VII Registrum*. PL.148.

____. *Lay Investitures Forbidden 1080. Select Historical Documents*, 365 이하.

____. *Simony and Celibacy 1074. In. Decree of Council at Rome 1074.* [*Mansi* XX.404]. https://sourcebooks.fordham.edu/source/g7-reform1.asp.

Gründler, Otto. "근대경건." In: *Christian Spirituality (II)*: 264-287.

Guigo Ⅱ. *Scala Claustralium*(『수도승의 사다리』). In: 허성준, 『수도 전통에 따른 렉시오 디비나』. 왜관: 분도출판사, 2003.

Gunther. *Historia Constantinopolitana*, ch. xxiv, in Riant: Exuviae, vol. 1, 120 ff. In: Munro, *The Fourth Crusade*, 18-20.

Hanson, Richard Patrick Crosland. "England I." TRE Bd. 9: 616-617.

Hass, Alois Maria. "중세후기 신비주의 학파들." In: *Christian Spirituality (II)*: 215-263.

Hays, George P. *Presbyterians: A Popular Narrative of Their Origin, Progress, Doctrines and Achievements*. New York: J. A. Hill & Co. Publishers. 1892.

Hefele, K. J. *A history of the councils of the church, from the original documents*. vol. 5. Edinburgh: T&T Clark, 1896. https://archive.org/details/historyofcouncil05hefeuoft.

Hegel, G. W. F. *Lectures on the History of Philosophy, Part III, Section 3.*

E, 1805-6. Trans. E S Haldane, 1892-6. https://www.marxists.org/reference/archive/hegel/works/hp/hpconten.htm.

Henrici de Gandavo Opera Omnia (1979 sqq). Leven: Leuven University Press (initially also Leiden: E.J. Brill).

Henricus de Grand. *Summa quaestionum ordinarium*. G.A. Wilson, ed. Leuven: Leuven University Press, 2001 (initially also Leiden: E.J. Brill).

Henry IV. *Letter to Gregory VII, Jan 24, 1076*. In: *Select Historical Documents*, 372 이하.

Herbermann, Charles. "St. Anschar." In: *Catholic Encyclopedia*.

Hergenröther, Joseph. *Katholische Kirche und christlicher Staat in ihrer geschichtlichen Entwickelung und in Beziehung auf Fragen der Gegenwart, 2 parts*. Freiburg i. B. 1872; 2nd ed. expanded, 1876; Eng. Trans. London, 1876, Baltimore, 1889.

Hieronymus, *Epistula xv. ad Damasum papam*. Trans. by Kevin P. Edingecomb. https://web.archive.org/web/20180905184258/http://www.bombaxo.com/jerome.html.

Hödl, L. "Petrus Lombardus." TRE Bd. 26: 296-303.

Hogg, James. "Kartäuser." TRE Bd. 17: 666-673.

Honorius III. *Letter to St. Dominic and his companions*(1221.1.18). MOPH XXV, 144. https://www.ewtn.com/catholicism/library/fundamental-constitution-11911.

Houben, Hubert. *Kaiser Friedrich II. (1194–1250). Herrscher, Mensch, Mythos*. Stuttgart: Urban-Taschenbücher, 2008.

Hugo of St. Victor. *De sacramentis Christiane fidei*. PL 176.173-617.

Humbertus de Silva Candida. 『성직 매매를 비판하는 세 권의 책』(*Libri tres adversus Simoniacos; Three Books against the Simoniacs*, (1057). PL 143.1005-1212.

Hus, Jan. *De Ecclesia*. Trans. David Schley Schaff, *The Church* (1915).

https://en.wikisource.org/wiki/De_Ecclesia_The_Church.
Innocentius II. *Omne datum optimum*(1139.3.29). In: Malcolm Barber/ A. K. Bate, *The Templars: selected sources*. Manchester: Manchester University Press, 2002.
Innocentius III. *Interdict of France* (1200). https://sourcebooks.fordham.edu/source/innIII-policies.asp.
Innocentius III. *Selected Letters of Pope Innocent III concerning England (1198-1216)*, ed. C.R. Cheney/W. H. Semple, London: 1953. https://archive.org/details/selectedletterso0000crch_p7s6/page/n5/mode/2up?view=theater.
Innocentius IV. *Ad extirpanda* (1252.5.15). https://www.documentacatholicaomnia.eu/01p/1252-05-15,_SS_Innocentius_IV,_Bulla_%27Ad_Extirpanda%27,_EN.pdf.
Inoue, Koichi. 『살아남은 로마, 비잔틴 제국』. 이경덕 옮김. 서울: 다른 세상, 2011.
Irenaeus of Lyon. *Adversus Haereses*. ANF vol. 1. https://ccel.org/ccel/schaff/anf01/anf01.ix.i.html.
Iriarte, Lázaro. *Vocation franciscan*. 프란치스코회 한국관구 역. 『프란치스칸 소명』. 왜관: 분도출판사, 1997.
Jaeschke, Kurt-Ulrich. "Bonifatius(Winfrith)." TRE Bd. 7: 69-74.
John of Damascus. *Contra imaginum calummoatproes i*. 16. PG 94.1246.
John of Paris. *Tractatus de Potestate Regia et Papali* (1302-03), 5. In: 심창섭·채천석 편, 『원자료 중심의 중세교회사』, 362-364. https://archive.org/details/onroyalpapalpowe0000john/page/n5/mode/2up.
John of Salisbury. *Metalogicon*. Translate with Introduction and Notes by Daniel D. McGarry. Barkely and Los Angeles: University of California Press. 1955. https://ia801003.us.archive.org/30/items/themetalogiconofjohnofsalisbury/The%20Metalogicon%20of%20John%20of%20Salisbury.pdf.

Joint Catholic-Orthodox Declaration of his Holiness Pope Paul VI and the Ecumenical Patriarch Athenagoras I. https://www.vatican.va/content/paul-vi/en/speeches/1965/documents/hf_p-vi_spe_19651207_common-declaration.html.

Julian of Norwich. *Revelations of the Divine Love*. Translated by Grace Warrack, 1901. https://www.ccel.org/ccel/julian/revelations.

_____. *Revelations of Divine Lov.*, A new translation by Barry Windeatt. Oxford: Oxford University Press, 2015.

Kannengiesser, Charles. "보에티우스, 카시오도루스, 대 그레고리." In: *The Medieval Theologians*, 75-98.

Kenny, Anthony. *Medieval Philosophy*. Oxford: Oxford University Press, 2007.

Kerr, Ferguss. "토마스 아퀴나스." In: *Medieval Theologians*: 383-419.

Ketikides, Helena. "Zwischen historischem Fakt und sakraler Herrschaftsfiktion: King Otto the Great's coronation mirrored in Res Gestae Saxonicae." 「인문학연구」 25 (2016): 191-220.

Kiekhaefer, Richard. "중세 후기 헌신운동의 주요 흐름." In: *Christian Spirituality (II)*: 127-172.

King, Margaret L. *The Renaissance in Europe*. London: Laurence King Publishing, 2003,

King, Peter. "Abelard's Intentionalist Ethics." *The Modern Schoolman* 72 (1995): 213-231.

Kluxen, W. "Averroes/Averroismus III." TRE Bd. 5: 51-61.

Köpf, Ulrich. "Thomas von Kempen." TRE Bd. 33: 480-483.

Lambert, Malcolm. *The Cathars*. Oxford: Blackwell, 1998.

Late Medieval Mysticism. 류금주 옮김. 『중세후기 신비주의』. 서울: 두란노아카데미, 2011.

Leclercq, Jean. *Bernard of Clairvaux and the Cistercian Spirit*. Kalamazoo, Mich: Cistercian Publications, 1976.

——. "Prayer at Cluny." *Journal of the American Academy of Religion* 60 (4): 651-665.

Leff, Gordon/Leppin, Volker. "Ockham/Ockhamismus." TRE Bd. 25: 6-18.

Leo I. *Preaching*. https://www.newadvent.org/fathers/360382.htm.

——. *Epistola dogmatica ad Flavianum (플라비아누스에게 보낸 교의서한)*. NPNF2. Vol. 12. https://ccel.org/ccel/schaff/npnf212/npnf212.ii.iv.xxiii.html.

Liber de duobus principiis. http://gnosis.org/library/cathar-two-principles.htm.

Lilie, Ralph-Johannes. *Byzantium and the crusader states, 1096-1204*. Oxford University Press, 1988.

Liutprand of Cremona. *Antapodosis sive Res per Europam gestae* (958–62). MGH: Scriptores, vol. 3.

Lobigii, Sophia. *San Bonaventura*. 이재룡 옮김. 『성 보나벤투라』. 서울: 가톨릭대학출판부, 2001,

Löffler, K. "St. Theodore of Studium." *Catholic Encyclopedia*.

Louth, Andrew. *Greek East and Latin West: The Church, AD 681–1071*. Crestwood, NY: St Vladimir's Seminary Press, 2007.

——. *Origins of the Christian mystical tradition: from Plato to Denys*. 배성옥 옮김. 『플라톤에서 디오니시우스까지 서양 신비사상의 기원』. 왜관: 분도, 2001.

Loyn, Henry Royston. "Beda Venerabilis." TRE Bd. 5: 397-402.

Luscombe, D. E. *Peter Abelard's Ethics*. Oxford: Clarendon Press, 1979.

Luther, Martin. *Luther's Works*. Vol. 22. St. Louis: Concordia, 1968.

——. *Theologia Germanica*. 최대형 역. 『마틴 루터의 독일신학』. 서울: 은성, 2003.

Luxford, Julian M., ed. *Studies in Carthusian Monasticism in the Late Middle Ages*. Turnhout: Brepols, 2008.

Madden, Thomas F. *The new concise history of Crusades*. 권영주 옮김. 『십자군』. 서울: 루비박스. 2007.

Mandonnet, P. "Chronologie des Quaestiones disputees de saint Thomas d Aquin." *Reuve thomiste* 23 (1918): 366-371.

Manselli, Raoul. "Arnold von Brescia." TRE Bd. 1: 129-133.

Marcellinus, Ammianus. *The Roman History of Ammianus Marcellinus*. Trans. Charles Duke Yonge. London: G. Bell and Sons. 1911. 2009 [eBook #28587]. https://www.gutenberg.org/cache/epub/28587/pg28587-images.html#Page_441.

Margolin, Jean-Claude, "Renaissance." TRE Bd. 29: 74-87.

Markus, Robert Austin. "Gregor I." TRE Bd. 14: 135-145.

Marsilius of Padua. *Defensor Pacis*. Trans. Alan Gewirth. New York: Columbia University Press, 1956.

Maximus the Confessor. *Ambigum*. PG 91.1088C.

Mayer, Hans. *The Crusades*. Oxford University Press, 1988.

McDonnell, Ernest William. "Beginen/Begarden." TRE Bd. 5: 404-411.

McGinn, Bernhard. *The Harvest of Mysticism in Medieval Germany (1300-1500)*. New York: Crossroad. 2005.

_____. *The Harvest of Mysticism in Medieval Germany: Volume IV in the Presence of God Series*. New York: Crossroad Publishing Company, 2005.

McNary-Zak, Bernadette. *Seeking in Solitude*. Oregon: Pickwick Publications, 2014.

McNeil, John T./Gamer, Helen. *Medieval Handbooks of Penance*. New York: Columbia University Press, 1938.

McQueen, W.B. "Relation Between the Normans and Byzantium 1071-1112." *Byzantion*, vol. 56, 1986.

Meister Eckhart. *Deutsche Predigtenund Trakate*. 이부현 역. 『마이스터 에크하르트의 독일어 설교』. 1, 2. 서울: 누멘, 2010.

——. *Die deutschen Werk*. Bde. I-V (1958-2016); *Die lateinischen Werke*, Bde I-VI (1964-1922). Stuttgart: Kohlhammer.

——. *Expositio Sancti Evangelii secundum Johnneum*. Trans./Ed. Karl Christ. Stuttgart: Kohlhammer, reprinted. 1994. https://books.google.com/books?id=e3UQAQAAMAAJ&printsec=frontcover&source=gbs_ge_summary_r&cad=0#v=onepage&q&f=false

——. *Meister Eckhart's Sermons*. Trans. Claud Field. M.A. London: H. R, Allenson. 1909. https://www.ccel.org/ccel/eckhart/sermons.html#aboutTheAuthor.

Menache, Sophia. *Clement V*. Cambridge University Press, 1998.

Meyendorff, John. *Byzantine theology: historical trends and doctrinal themes*. 그레고리노스 박 노양 옮김. 『비잔틴 신학: 역사적 변천과 주요 교리』. 서울: 정교회출판사, 2013.

Möller, Bernd. "Stadt und Buch. Bemerkungen zur Struktur der reformatorischen Bewegung in Deutschland." In: *Stadtbürgertum und Adel in der Reformation*. hrsg. v. W. Mommsen, Stuttgart: Klett-Cotta. 1979: 25-40.

——. "Reformation der Bücher." http://webdoc.gwdg.de/ebook/aw/2000/gutenberg_vortrag/vortrag-moeller.pdf.

Monk Jonas, *The Life of St. Columban. In: Original Sources of European history*. Vol. II. No. 7. https://sourcebooks.fordham.edu/basis/columban.asp.

Morall, J./Ulmann, W. *Political Thought in Medieval Times/Medieval Political Thought*. 박은구 옮김. 『중세 유럽의 정치사상』. 서울: 혜안, 2016.

Morrall, John B. *Gerson and the Great Schism*. Manchester: Manchester University Press, 1960.

Müller, Annalena. *From the Cloister to the State: Fontevraud and the Making of Bourbon France, 1642–1100*. New York: Routledge, 2021.

Müller, Daniela. "Katharer." TRE Bd. 18: 21-30.

Muller, Richard. *After Calvin*. 한병수 옮김. 『칼빈 이후의 개혁신학』. 서울: 부흥과개혁사, 2011.

Munro, Dana C., ed. *The Fourth Crusade*. In: *Original Sources of European History*. Vol 3:1.

Neil, Stephen. *A History of Christiam Mission*. 홍치모 · 오만규 공역. 『기독교 선교사』. 서울: 성광문화사, 2008.

Nestor. *Chronique de Nestor*. Paris, 1884. https://remacle.org/bloodwolf/historiens/nestor/table.htm.

Nicetas Choniates. *The Sack of Constantinople* (1204). In: *Original Sources of European History*. Vol 3.

Nicholas of Cusa. *De docta ignorantia*. Edited by Paul Wilpert. Minnesota: The Arthur J. Banning Press, 1985. https://wlym.com/archive/pdf/cusa_learned01.pdf.

_____. *De docta ignorantia*. 조규홍 옮김. 『박학한 무지』. 서울: 지식을 만드는 사람, 2013

Nicolle, David. *The First Crusade 1096-99: Conquest of the Holy Land*. Oxford: Osprey Publishing, 2003.

Norwich, John Julius. *Byzantium*. 남경태 역. 『비잔티움 연대기』. 서울: 바다, 2008.

Ochkam, William. *Dialogues*. Ed. Arthur Stephen McGrade and John Kilcullen. Cambridge: Cambridge University Press, 1995. https://publications.thebritishacademy.ac.uk/pubs/dialogus/wtc.html.

Ochkam, William. *Ordinatio*. [원 저서명, *B. Ioannis Duns Scoti doctoris subtilis ac Mariani Ordinis Fratrum Minorum Commentaria oxoniensia ad IV libros magistri Sententiarus*.] https://publications.thebritishacademy.ac.uk/pubs/dialogus/wtc.html.

_____. *Quodlibetal Questions*. Trans. Freddoso, Alfred J./Kelly, Francis E. New Hven Conn: Yale Univesity Press, 1991.

O'Connor, J. B. "St. John Damascene." *Catholic Encyclopedia*.

Ogg, Frederic Austin., ed. *A Source Book of Mediaeval History: Documents Illustrative of European Life and Institutions from the German Invasions to the Renaissance*. New York: Cooper Square Publichers, 1907. Reprinted in 1972. https://archive.org/details/sourcebookofmedi00oggfrich.

Optatus of Milevis. *Against the Donatists*. CCEL. Vol. 2. https://www.ccel.org/ccel/pearse/morefathers/files/optatus_02_book2.htm.

Ordinatio *imperii* (817). https://sourcebooks.fordham.edu/source/817Louis-divisionofempire.asp.

Otto of Freising. *Chronica sive historia de duabus civitatibus*. Editio altera. Recognovit Adolfus Hofmeister, Hannoverae Impensis Bibliopolii Hahniani, 1912. https://thelatinlibrary.com/ottofreising.html.

Papal Election Decree, 1059. https://sourcebooks.fordham.edu/source/papal-elect1059.asp.

Paschal's Privilege (February 12, 1111). In: *Select Historical Documents*, 405-407.

Pastor, Ludwig. *The History of Popes*. Vols. 1-40. London: K. Paul, Trench, Trübner, 1899-.

——. *The history of the pope, vol. 1, The Schism*. London: K. Paul, Trench, Trübner, 1899. https://archive.org/details/historyofthepope01pastuoft/page/n3/mode/2up

——. *The history of the popes*. Vol. 2. London: J Hodges, 1891.

——. *The history of the popes*. Vol. 4. London: K. Paul, Trench, Trübner, 1899.

Paulus Diaconus. *Pope Greogry the Great and the Lombard, c. 593*. In: William Stearns Davis, ed. Readings in Ancient History: Illustrative Extracts from the Sources. 2 Vols. (Boston: Allyn and Bacon, 1912-1913). 367-369. https://sourcebooks.fordham.edu/source/

pauldeacon-gregIa.asp.

Pennington, Basil. "시토회 수도사들." In: *Christian Spirituality (I)*: 343-361.

Peter Damiani. *Fathers of the church: Mediaeval continuation. Letters of Peter Damiani, 91-120*. Trans. Owen J. Blum. Washington, D. C.: The Catholic University of America Press, 1998.

_____. *Letters of Peter Daminai, no. 40* [Liber gratismus]. In: *The Letters of Peter Damian 31-60*. Trans. Owen J. Blum. Washington, D.C: Catholic University of America Press; 1990.

Peter Lombard. *Libri quattuor Sententiarum*. PL 192.519-964.

Peter of Cluny. *Tractatus Contra Petrobrussianos*. PL 189.722이하.

Peters, Christians. "Theologia deutsch." TRE Bd. 33: 258-262.

Peters, Edward, ed. *The First Crusade*. Philadelphia: University of Pennsylvania Press. 1971.

Petrarca. *Epistula metrica Briefe in Versen*. Würzburg: Königshausen & Neumann, 2004.

Petrarch. *Letters*. Trans. James Harvey Robinson and Henry Winchester Rolf. New York: G.P〉Putnam's Sons, 1909. https://thavmapub.com/wp-content/uploads/2017/03/pico_-_oration_on_the_dignity_of_man.pdf

_____. *Secretum Meum*. Trans. William H. Draper. London: Chatto & Windus, 1906. https://gutenberg.org/files/49450/49450-h/49450-h.htm.

Pico della Mirandola. *Aldus Manuitus에게 보낸 편지*, (1490.2.11.). https://latlab.org/letter-5/.

_____. *Oration on the Dignity of Man* (1486). Trans. A. Robert Caponigri. Chicago: A Gatewat Edition, 1956. https://thavmapub.com/wp-content/uploads/2017/03/pico_-_oration_on_the_dignity_of_man.pdf.

Pieper, Joseph. *Guide to Thomas Aquinas*. 신창석 옮김. 『토마스 아퀴나스

그는 누구인가』. 왜관: 분도출판사, 2005.

Pius II. *Exercrabilis* (1460.1.18). https://sourcebooks.fordham.edu/source/p2-execrabilis.asp.

Photius. *On the Mystagogy of the Holy Spirit*, 6. PG 102.270.

Pollock, Frederick/Maitland, Frederic William. *History of English Law.* vol. 1. Cambridge: Cambridge University Press, 1968.

Price, Richard. *The Acts of the Second Council of Nicaea (787)*. Liverpool: Liverpool University Press, 2018.

Pseudo-Dionysius. *The Divine Names*. https://www.ccel.org/ccel/rolt/dionysius.html.

_____. *The Mystical Theology*. https://www.ccel.org/ccel/rolt/dionysius.html.

Rabb, Theodore. *The Last Days of the Renaissance: And the March to Modernity*. 강유원·정지인 옮김. 『르네상스의 마지막 날들』. 서울: 르네상스, 2008.

Raffa, Guy P. *The Complete Danteworlds: A Reader's Guide to the Divine Comedy*. Chicago: University of Chicago Press, 2009.

Ralph-Johannes Lilie, *Byzantium and the crusader states, 1096-1204*. Oxford: Oxford University Press, 1988.

Ranke. *Die Römischen Päpste des 16 und 17ten, Jahrhunderts*. Bde. 2-4. Berlin: Duncker & Humblot Verlag 1854 /1856 /1857.

Rashdall, Hastings. *The Universities of Europe in the Middle Ages*. Oxford: The Clarendon Press, 1895.

Renna, Thomas. "Lorenz Valla and the Donation of Constantine in Historical Context, 1439-40." *Expositions* 8.1 (2014): 1-28.

Reuter, Timothy. *Medieval Polities and Modern Mentalities*. Cambridge: Cambridge University Press, 2006.

Riché, Pierre. "켈트족과 게르만족 사회의 영성." In: *Christian Spirituality (II)*: 277-297.

Riely-Smith, H. *What were the Crusades*. San Francisco: IGNATIUS Press, 2002.

Riely-Smith, J. *The Crusades: a Short History*. New Haven [Conn.]: Yale University Press, 1987.

Robert de Courçon. *Statutes for the University of Paris*, 1215 [Chart. Univ. Paris. 1, No. 20, P. 78]. https://sourcebooks.fordham.edu/source/courcon1.asp.

Robinson, I. S. *Henry IV of Germany*, 1056 – 1106. Cambridge: Cambridge University Press. 2003.

Robinson, J. H. *Petrarch*. New York & London: The Knickerbocker press, 1914. https://www.gutenberg.org/files/48776/48776-h/48776-h.htm.

_____. *Readings in European History*. Boston: Ginn, 1904.

Robson, Michel. "성 보나벤투라." In: *Medieval Theologians*: 359-381.

Rovighi, Sophia V. *San Bonaventura*. 이재룡 옮김. 『성 보나벤투라』. 서울: 가톨릭대학출판부, 2001.

Rubin, Miri. *The Middle Ages: A Very Short Introduction*. Oxford: Oxford University Press. 2014.

Rule of Augustine. http://www.biblewiki.be/wiki/Augustinians.

Rule of St. Columba 6th Century. In: A. W. Haddan and W. Stubbs, *Councils and Ecclesiastical Documents Relating to Great Britain and Ireland II, I*. Oxford: Oxford University Press, 1873: 119-121.

Runciman, Steven. *A History of The Crusades*. Vol. 1. Cambridge: Cambridge University Press, 1987.

Saarinen, Risto. "Theosis." TRE Bd. 33:389-393.

Sailer, Johann Michael(hrsg). "Kaiser Freidrich II: Das Staunen der Welt." *G-Geschichte* (April 4/08), Nürnberg, 36.

Savonalora, Girolamo. *Selected Writtings of Girolamo Savonarola*. Trans./Ed. Anne Borelli and Maria Pasore Passaro. London: Yale University Press, 2006. https://traditio-op.org/biblioteca/Savonarola/

Selected-Writings-of-Girolamo-Savonarola-Religion-and-Politics-1490%E2%80%931498.pdf.

Schäferdiek, Knut. "Mittelalter." TRE Bd. 23: 110-121.

Schaff, Philip ed. *Leo the great, Gregory the great*. NPNF2. Vol. 12.

Scharnagl, D. *Die Universitätsgründung von Neapel durch Kaiser Friedrich II. von Hohenstaufen*, GRIN Verlag; 1st edition (6 Feb. 2006): 1-25.

Schneider, Reinhard. "Karl der Grosse, König der Franken." TRE Bd. 17: 644-649.

Schulze, Winfried. *Deutsche Geschichte im 16. Jahrhundert*. Frankfurt am Main: Suhrkamp Verlag, 1987.

Scotus, Duns. *A Treatise on God as First Principle*. https://www.ewtn.com/catholicism/library/treatise-on-god-as-first-principle-10044.

_____. *Commentaria Oxonensis, [Ordinatio]*. https://archive.org/details/bioannisdunsscot01duns/page/n21/mode/2up.

Smith, J. Riely. *The Crusades: a Short History*. Athlone Press, 1987.

_____. *What were the Crusades*. San Francisco, 2002.

Sherrard, Philip. "헤시카스트 영성의 부흥." In: *Christian Spirituality III*: 563-579.

Smith, Lucy Margaret. *The early history of the monastery of Cluny*. Oxford: Oxford University Press, 1920.

Sottili, Agostino. "Petrarca, Francesco." TRE Bd. 26: 255-260.

St. Boniface. *The Correspondence of St. Boniface*. In: C. H. Talbot, *The Anglo-Saxon Missionaries in Germany, Being the Lives of SS. Willibrord, Boniface, Leoba and Lebuin together with the Hodoepericon of St. Willibald and a selection from the correspondence of St. Boniface*. London and New York: Sheed and Ward, 1954. https://sourcebooks.fordham.edu/basis/boniface-letters.asp.

St. Catherina of Siena. *Dialogue of Divine Providence*. Trans. Algar Thorold, London: Trench, Trubner & Co., 1907. https://www.ccel.org/

ccel/catherine/dialog/dialog.i.html.

——. *Letters of Catherine Benincasa*. Trans. Algar Thorold, London: Trench, Trubner & Co., 1907. https://www.ccel.org/ccel/catherine/dialog/dialog.i.html.

——. "교황 그레고리우스 11세에게 보낸 편지 (1375?)." In: *Letters of Catherine Benincasa*. Trans. Vida Dutton Scudder, February 1, 2005 [eBook #7403], 2005.

St. Columba. *Regula coenobialis*, cap. x. In: KThQ2, Nr. 9. d. [PL 80. 216-217].

St. Patrick. *Confession*. https://www.confessio.ie/etexts/confessio_english#.

Stanford Encyclopedia of Philosophy. "Henry of Ghent." https://plato.stanford.edu/entries/henry-ghent/.

Stanford Encyclopedia of Philosophy. "John Duns Scotus." (2019). https://plato.stanford.edu/entries/duns-scotus/.

Stathakopoulos, Dionysios. *A Short History of the Byzantine Empire*. 최하늘 옮김. 서울: 더 숲, 2023.

Stevens, Henry. *The Bibles in the Caston Exibition* (1877). United States: Nabu Press, 2012.

Studer, Basil. "Leo I." TRE Bd. 20: 737-741.

Summerlin, Danica. *The Canons of the Third Lateran Council of 1179: Their Origins and Reception*. Cambridge: Cambridge University Press. 2019.

Suso, Heinrich. *The Exemplary life and writings of Blessed Henry Suso*. Trans. Thomas Francis Knox. London: Burns, Lambert, and Oates, 1865. https://www.ccel.org/ccel/s/suso/susolife/cache/susolife.pdf.

Tate, Georges. *Les Croisés en Orient*. 안정미 역. 『십자군전쟁; 성전 탈환의 시나리오』, 서울: 시공사, 1998.

Tauler, Johannes. 『완덕의 길』. 엄성옥 옮김. 서울: 은성, 2000.

_____. *The Sermons and Conference of John Tauler of the Order of Preachers*. Washington D.C.: Apostolic Mission, 1910. https://archive.org/details/sermonsconferenc00tauluoft.

Tertulianus. *De praescriptione haereticorum*. ANF vol. 4. https://www.ccel.org/ccel/schaff/anf04.html.

The Forth Lateran council. https://www.papalencyclicals.net/councils/ecum12-2.htm?nowprocket=1.

THE PRIMITIVE CONSTITUTIONS OF THE ORDER OF FRIARS PREACHERS. http://www.domcentral.org/trad/domdocs/0011.htm.

Thomas A Kempis. *Being the Lives of Gerard, Gerard Groote, Florentius Radewin and Their Followers*. Trans. into english by J. P. Arthur. London: Kegan, Paul, Trench, Trübner & CO., Ltd. 1905. https://www.ccel.org/ccel/k/kempis/founders/cache/founders.pdf.

_____. *Opera Omnia*. 7 vols. ed. M.J. Pohl. Freiburg: Herder, 1902-1921.

_____. *De imitate Christi*. 구영철 역. 『그리스도를 본받아』. 서울: 도서출판 왕성, 1996.

Thomas Aquinas. *Summa Theologiae*. https://isidore.co/aquinas/.

_____. *Über die Einheit des Geistes gegen die Averroisten. (De unitate intellectus contra Averroistas)*. Übersetzung W.-U. Klünker, Stuttgart: Verl. Freies Geistesleben. 1987.

Torrel, Jean-Pierre. *Saint Thomas Aquinas*. Vol. 1. Trans. Robert Royal. Washington, DC: Catholic University of America Press, 2003.

Treadgold, Warren T. *(A) concise history of Byzantium*. 박광순 역. 『비잔틴 제국의 역사』. 서울: 가람기획, 2003.

Treadgold, Warren. *A History of the Byzantine State and Society*. Stanford: Stanford University Press, 1997.

Tugwell, Simon. "도미니크 수도회의 영성." In *Christian Spirituality, II*: 41-63.

Tuttle, R. G. *Mysticism in the Wesleyan Tradition*. Grand Rapids: Francis

Asbury Press, 1989.

Tyerman, Christoper. *The Crusades: a very Short Introduction*. Oxford: Oxford University Press, 2006.

Urban, Cori Fugere. "Carthusians Mark 900th Anniversary of Founder's Dies Natalis." Vermont Catholic Tribune, October 5, 2001: 11-14. Reprinted in *Silence und Solitude*. Arlington, VT: Charterhouse of the Transfiguration (2005): 1-8.

Van Steenberghen, Ferdinand. *Aristotle in the West: the Origins of Latin Aristotelianism*. Louvain: Nauwelaerts. 1955.

Vauchez, Andre. "Frankreich II, Mittelalter." TRE Bd. 11: 353-365.

Venzke, Andreas. "Gutenberg, Johannes." In: *The Oxford Encyclopedia of Economic History*. Oxford: Oxford University Press, 2003.

Villari, Pasquale. *Life and Times of Girolamo Savonarola*. Vol. 1. London: T. F. Unwin, 1888. https://archive.org/details/lifetimesofgirol00vill/page/n25/mode/2up.

Villehardouin. *Conquête de Constantinople*, Old French. In: *Original Sources of European History*, vol 3:1.

Von Lilienfeld, Fairy. "Orthodoxe Kirchen." TRE Bd. 25: 423-464.

von Polenz, Peter. *Deutsche Sprachgeschichte vom Spätmittelalter bis zur Gegenwart I*. Berlin: Walter de Gruyter, 1991.

Vost, Kevin. *Hounds of the Lord: Great Dominican Saints Every Catholic Should Know*. Manchester: Sophia Institute Press, 2015.

Ward, Benedicta. "신학자 베데." In: *Medieval Theologians*: 131-143.

Ward, Jennifer. *Women in Medieval Europe, 1200-1500*. London: Longman, 2002.

Ware, Timothy. *The Orthodox Church*. 이형기 역. 『동방정교회의 역사와 신학』. 서울: 한국장로교출판사, 2002.

Weinfurter, Stefan. *Canossa*. München: C.H. Beck, 2006.

Weinhardt, Joachim. "Savonarola." TRE Bd. 30:60-62.

Weisheipl, James A. *Friar Thomas D'Aquino, his life, thought, and works*. 이재룡 역. 『토마스 아퀴나스 수사-생애, 작품, 사상』. 서울: 성바오로출판사, 2012.

Widukind of Corvey. *Res gestae Saxonicae sive annalium libri tres (The Three Books of the Deeds of the Saxons)*. Translated with Introduction, Notes and Bibliography by Raymond F Wood, Raymond, unpublished Ph. D. dissertation. University of California, Berkeley, 1949.

Wiggermann, Karl-Friedrich. "Spiritualität." TRE Bd. 31: 708-717.

Willam R. Estep. *Renaissance and Reformation*. 라은성 역. 『르네상스와 종교개혁』. 서울: 그리심, 2002.

William J. Courtenay. "영성과 후기 스콜라주의." In: *Christian Spirituality (II)*, 173-189.

William of St. Thierry. *Life of St. Bernard* (c.1140). In: Frederic Austin Ogg, ed. *A Source Book of Mediaeval History: Documents Illustrative of European Life and Institutions from the German Invasions to the Renaissance*. New York: Cooper Square Publishers, 1907. Reprinted in 1972.

Willibald. *The Life of St. Boniface*. In: C. H. Talbot, *The Anglo-Saxon Missionaries in Germany, Being the Lives of SS. Willibrord, Boniface, Leoba and Lebuin together with the Hodoepericon of St. Willibald and a selection from the correspondence of St. Boniface*. London and New York: Sheed and Ward, 1954. https://sourcebooks.fordham.edu/basis/willibald-boniface.asp.

Windeatt, Barry, ed. *Revelations of Divine Love*. Oxford: Oxford University Press, 2015.

Workman, Herbert B./Pope, R. Martin. *The letters of John Hus, LXXIX*. London: Hodder and Stoughton, 1904. https://en.wikisource.org/wiki/The_letters_of_John_Hus.

Wycliff, John. *De dominio divino libre tress*. ed. Reginald Lane Poole,

Originally publsihed, London: for the Wyclif Society by Trübner & Co., 1890. https://books.google.com/books?id=DqYxAQAAIAAJ&printsec=frontcover#v=onepage&q&f=false.

Wycliffe, John. *On the Truth of the Holy Scriptures*, 1378. Ed. Ian Christopher Levy. TEAMS, 2001.

_____. *On the Eucharist*. In: 백충현·김봉수 옮김. 『개혁의 주창자들: 위클리프부터 에라스무스까지』. 서울: 두란노아카데미, 2011.

Zumkeller, Adolar. "Augustiner-Ermiten." TRE Bd. 4: 728-739.

_____. "어거스틴 수도회의 영성." In: Christian Spirituality (II): 111-126.

강상진. "아벨라르두스 윤리학의 "의도" 개념 연구." 「중세철학」 15 (2009): 71-96.

강치원. "중세 정치사상사에서의 마르실리우스의 위치." 「사총」 29 (1985): 105-128.

_____. "프란체스코회 청빈 사상과 마르실리우스의 정치사상." 「중세철학」 2 (1996): 181-215.

_____. "귀고 2세(Guigo Ⅱ)의 수도승들의 사다리에 나타난 Lectio Divina." 「한국교회사학회지」 15호 (2004): 7-42.

_____. "마르실리우스와 14세기 이탈리아 정치사상." 「강원사학」 8 (1992): 65-175.

교황 요한 바오로 2세의 편지, Egregiae virtutis (1980. 12. 31). https://www.vatican.va/content/john-paul-ii/it/apost_letters/1980/documents/hf_jp-ii_apl_31121980_egregiae-virtutis.html.

권진호. "버나드의 아가서 설교와 신비주의." 「한국교회사학회지」 24 (2009): 93-121.

권태경. "'르네상스와 종교개혁'의 역사서술의 문제: 한국의 역사교과서 분석을 중심으로." 「개혁논총」 19 (2011): 245-280.

길희성. 『마이스터 에크하르트의 영성 사상』. 서울 : 분도 출판사. 2003.

김경수. "종교정치신학으로서 샤를마뉴의 저작(The Libri Carolini)." 「서양중세사연구」 18 (2006): 1-31.

김능우. "십자군 전쟁 당시 아랍 시인들의 이슬람 진영에 대한 비판: 아랍 시(詩) 텍스트를 통한 문학사회학적 고찰." 「중동연구」 33 (2014): 219-253.

김민경. "초기 십자군 운동의 성격 연구." 「숭실사학」 26 (2011): 255-322.

김병용. "성직 서임권 투쟁과 클뤼니의 정체성, 하인리히 4세와 후고의 관계를 중심으로." 「서양사론」 85 (2005): 33-54.

김수천. "성 버나드의 사랑 신비주의 영성 분석." 「신학과 실천」 36 (2013): 417-446.

김영종. "발도파와 16세기 종교개혁." 「대학과 선교」 39 (2019): 65-94.

김요섭. "중세시대 개혁의 선구자 위클리프 개혁적 교회론." 「개혁논총」 40 (2016), 197-229.

김차규. "클로비스의 개종." 「명지사학」 8 (1997): 96-112.

김태규. "마이스터 에크하르트에 있어서 '신성'(Gottheit)로서의 신." 「중세철학」 26 (2020): 105-137.

김현태. 『둔스 스코투스의 철학 사상』. 서울: 가톨릭대학교출판부. 1994.

김홍기. "종교개혁의 역사적 배경에 관한 연구." 「신학과 세계」 30 (1995): 63-93.

도미니쿠스 수도회 헌장 서문 (Primitive Constit. prolog). http://www.op.org/sites/www.op.org/files/public/documents/fichier/primitive_consti_en.pdf.

로버트 고먼 & 문창우. "성경의 도덕관념에 대한 그레고리우스 대 교황의 설교." 「신학전망」 192 (2016): 193-209.

미셸발라. "십자군에 관한 20세기 역사서술-프랑스 학계를 중심으로-." 남종국 역. 「서양중세사연구」 16 (2005): 199-214.

민혜련. 『르네상스』. 서울: 도서출판 기파랑, 2013.

박경수. "얀 후스의 『교회』(De Ecclesia)에 나타난 교회개혁사상." 「장신논단」 47 (2015): 41-67.

박경자. "마르실리우스 파도바의 정치철학에 드러난 권력과 평화." 「철학논총」 55 (2009), 147-164.

박승찬. 『토마스 아퀴나스』. 서울: 새길. 2012.

박용진. “샤를마뉴의 대관식 의례와 그 의미.” 「이화사학연구」 51 (2015): 245-270.

박은구. 『서양 중세 정치사상 연구』. 서울: 혜안, 2001.

박장원. 『성 보나벤뚜라의 생애와 신학사상』. 서울: 가톨릭대학출판부, 2001.

박정흠. “‘이미지이데올로기’ 측면의 8세기 성화상 논쟁의 발단원인 고찰.” 「한국교회사학회지」 47 (2017): 321-353.

박준규. “카롤링 왕조 초기의 왕국과 교회 관계.” 「서양사연구」 56 (2017): 37-73.

박찬희. 『동방 정교회 이야기』. 서울: 신앙과 지성사, 2012.

방성규. “초기 수도원 영성에 있어서 덕목의 삶: 사막교부들의 금언을 중심으로.” 「신학사상」 111 (2000): 187-188.

방효익. “가난에 대한 영성 신학적 이해.” 「이성과 신앙」 19 (2004): 127-191.

배옥남. “샤를마뉴(Charlemagne) 궁정학술원에서 알퀸(Alcuin).” 「동서사학」 1 (1995): 264-290.

서요한. 『중세교회사』. 서울: 그리심, 2010.

성백용. “샤를마뉴 ‘유럽의 아버지’.” 「지식의 지평」 17 (2014): 136-151.

손은실. “중세시대 복음주의 발도파와 설교자 수도회의 ‘그리스도 따르기’를 중심으로.” 「한국교회사학회지」 25 (2009): 61-91.

손호현, “그림은 ‘빈자(貧者)의 성서’(biblia pauperum)인가?: 그레고리우스 1세의 기독교 예술교육론.” 「기독교교육정보」 14 (2006): 283-311.

시오미 나나미. 『로마인 이야기』 14. 서울: 한길사. 2009.

신창석. “신학 대전의 형성과 구조 I. II.” 「현대카톨릭사상」 9 (1993): 3-40; 11 (1994): 41-73.

안상준. “서양학계의 십자군 본질 논쟁과 연구동향.” 「서양사론」 97 (2008): 167-190.

———. “중세유럽의 교황군주제와 십자군.” 「서양사론」 101 (2009): 5-32.

안인섭. “어거스틴과 칼빈의 교회와 국가의 관계.” 「한국기독교역사연구소소식」 65 (2004): 27-35.

안준상. “아벨라르두스 의도의 윤리학의 현대적 이해 -결과론적 윤리이론의 한계와 의도의 윤리학.” 「철학논구」 40 (2012): 145-162.

양병우 외 3인 공저. 『대세계사의 역사 5』. 서울: 삼성출판사, 1971.

양정호. “중세 여성 신비가의 작품 해석을 위한 연구 방법론: 노르위치의 줄리안의 ”사랑의 계시“를 중심으로.” 「한국사학사학보」 2012 (26): 379-406.

교황 요한 바오로 2세의 편지, Egregiae virtutis (1980.12.31). https://www.vatican.va/content/john-paul-ii/it/apost_letters/1980/documents/hf_jp-ii_apl_31121980_egregiae-virtutis.html.

우종직 · 김경묵. 『이야기 세계사』. 서울: 청아출판사, 1985.

원종천. 『성 버나드』. 서울: 대한기독교서회, 2004.

원종홍. “국가와 교회의 영역주권에 관한 연구.” 「성경과 신학」 19 (1996): 275-304.

이경재. “안셀무스의 신존재 증명에 대한 토마스 아퀴나스의 비판으로 본 스콜라 사상의 두 흐름.” 「지중해지역연구」 8 (2006): 123-153.

이경구. “신성로마제국의 출발점에 관하여.” 「한국서양중세사학회」 13 (2004): 69-98.

______. “오토대제의 제국이념.” 「전북사학」 15 (1992): 309-347.

______. “중세제국이념의 성격.” 「서양사론」 45 (1995): 261-263.

______. “콘스탄티누스 기진장의 작성목적.” 「서양중세사연구」 11 (2003,3): 27-59.

______. “『콘스탄티누스 기진장의 적용 사례』-13세기 전반기의 교황들을 중심으로.” 「역사와 담론」 49 (2008): 249-273.

______. “콘스탄티누스 기진장의 작성시기.” 「서양중세사연구」 14 (2004, 9): 1-36.

이상섭. “신의 존재의 기초로서의 신의 인식-마이스터 에크하르트 파리문제 1의 신론에 관한 연구.” 「중세철학」 17 (2011): 63-111.

이신구. “독일 신비주의와 마이스터 에크하르트.” 「독어독문학」 62 (1997): 1-26.

이영재. “교황 Gregory 7세의 로마 교회론과 성전(holy war)관.” 「한국서양중세사학회/서양중세사연구」 19 (2007): 39-66.

_____. "교황 Gregory 7세의 서임권 투쟁에 관하여." 「한국서양중세사학회/서양중세사연구」15 (2005): 27-62.

_____. "클루니(Cluny) 수도원의 개혁운동에 대한 연구." 「숭실사학」 13 (1999): 139-175.

이은선. 『종교개혁자들 이야기』. 서울: 도서출판 지민, 2013.

이은재. "기독교와 이슬람: 라이문두스 룰루스(Raimundus Lullus)를 중심하여." 「한국개혁신학」 12 (2002): 101-120.

_____. "안셀무스의 구속론." In: 『기독교 사상 II』. 서울: 대한기독교서회, 2007, 11-33.

이재룡. "토마스 아퀴나스의 신학대전." 「신학논문총서 역사신학 제14권」. 서울: 학술정보사, 2004.

이정희. "카롤링 왕조의 통치사상." 「대구사학」 31 (1986): 139-168.

이종윤. "국가발전을 위한 교회의 신학적 역할 (The Theological Role of The church for National Development)." 「성경과 신학」 7 (1989): 273-285.

이종찬. "구텐베르크와 활판인쇄술에 관한 연구." 「출판잡지연구」 16-1 (2008): 62-83.

이종태. "노리치의 줄리안의 계시에 나타난 신화(theosis) 신학과 영성." 「대학과 선교」 58 (2023): 93-126.

이준섭. "마이스터 에크하르트(Meister Eckhardt)의 사상에서 스콜라주의와 신비주의의 상관관계." 「장신논단」 50: 147-170.

이충범. "중세 영성의 두 축, 위 디오니시우스와 성 버나드 전통의 신학적 방법론에 관한 소묘." 「역사신학논총」 12 (2006): 141-168.

이필은. "6-10세기 아일랜드의 사제교육." 「신학과 실천」 34 (2103): 391-410.

이화용. "중세에서 근대로? - 마르실리우스(Marsillius of Padua)의 인민주권론에 관한 하나의 역사적 이해." 「정치사상연구」 5 (2001): 55-79.

_____. "마르실리우스(Marsilius of Padua)의 정치대표론: 시민권, 권력전이 그리고 정치의 회복." 「학국정치학회보」 35 (2002): 7-28.

이후정. "동방교부 수도원 전통에서의 거룩한 독서." 「신학과 세계」 66 (2009): 80-85.

장재경. "『사목규범(Regula Pastoralis)』의 앵글로-색슨 시기 수용 및 인식 연구." 「서양중세사연구」 53 (2024): 1-32.

장준철. "교령〈우남상탐〉에 나타난 교황의 보편적 지배권론." 「서양중세사연구」 5 (1999): 43-64.

——. "12. 13세기 교황과 현세권." 「역사와 사회」 17 (1996): 99-140,

——. "전통과 혁신 : 교황 그레고리우스 7세 개혁의 양면성." 「한국서양중세사학회」 56 (2008): 63-86.

전달수 엮음. 『교황사』. 서울: 가톨릭출판사, 1996.

정달용. "니콜라우스 쿠사누스의 '신일론(神-論)'(De docta ignorantia 제1권과 De non-aliud를 중심으로)." 「중세철학」 7 (2001): 3-31.

정용석 외 5인. 『기독교 영성의 역사』. 서울: 은성, 2007.

정원래. "스콜라신학의 방법론과 진술방법." 「역시신학논총」 17 (2009): 244-270.

——. "12/13세기 설교에 대한 이해: 도미니쿠스 수도회를 중심으로." 「성경과 신학」 87 (2018): 131-163.

——. "13세기 교황권의 절정: 법과 여론의 전쟁." 「역사신학논총」 34 (2019): 121-154.

——. "로렌조 발라의 "콘스탄티누스의 기진장에 대한 비판"(Declamation on the Forged Donation of Constantine, c. 1450)이 종교개혁자들에게 미친 영향." 「신학지남」, 90 (2023): 249-278.

——. "부(富)의 "최소한의 사용"(usus pauperis)과 "온건한 사용"(usus moderatus)." 「역사신학논총」 20 (2010): 8-36.

——. "신존재에 대한 묵상-안셀무스의 『프로슬로기온』(Proslogion)을 통하여-." 「한국개혁신학」 62 (2019): 304-339.

——. "카르투지오 수도회-고독과 침묵의 문화." 「개혁논총」 50 (2019): 61-99.

——. "클레르보의 베르나르두스의 경건의 향기- 『아가서 설교』, 10; 12 -." 「성경과 신학」 96 (2020): 95-126.

——. "Peter Abaelardus의 구원론." 「역사신학논총」 28 (2015): 268-300.

———. "마르실리우스를 통해 본 참 평화의 수호자(Defensor pacis)." 「성경과 신학」 77 (2016): 29-58.

———. "마틴 루터와 『독일 신학』." 「한국개혁신학」 56 (2017):182-215.

———. "성찬과 경건의 연습-토마스 아 켐피스의 『그리스도를 본받아』에서." 「신학지남」 348 (2021): 203-238.

———. "아우구스티누스 수도회와 마틴 루터." 「신학지남」 313 (2012): 148-171.

———. "인쇄술과 종교개혁." 「개혁논총」 40 (2016): 305-339.

조주희. "루터의 로마서 강의에 나타난 성 버나드의 사상 고찰 -성 버나드의 숙고에 관하여 (De Consideratione)를 중심으로." 「신학과 선교」 14 (2014): 277-314.

주종훈. "어거스틴, 크리소스톰, 그레고리 대제의 목회적 저술에 담긴 말씀 사역." 「개혁논총」 41 (2017): 71-100.

진원숙. "Lorenzo Valla 의 비판사상 소고." 「대구사학」 19: 119-145.

———. 『손에 잡히는 서양사 이야기』 1. 서울: 도서출판 신서원, 1999.

———. 『십자군, 성전과 약탈의 역사』. 경기: 살림출판사, 2006.

최경은. "종교개혁이 서적인쇄에 미친 영향." 「독일언어문학」 27 (2012. 9): 239-264.

———. "루터 이전에 인쇄된 독일어 성경의 문화사적 의의." 「뷔히너와 현대문학」 38 (2012): 201-230.

최선아. "독일의 인쇄 문화와 교양 시민계층의 형성." 「서양사학연구」 37(2015): 1-22.

최은순. "토마스 아퀴나스 존재론의 교육학적 해석." 서울대박사학위논문, 2012.

최종원. "위클리프와 로라드파의 면벌부 비판 연구." 「영국연구」 22 (2009): 1-22.

최형걸. 『수도원의 역사』. 서울: 살림, 2004.

한정숙. "키릴-메토디우스 형제단과 근대 우크라이나 민족 정체성-형제단 지식인들의 담론 구성을 중심으로." 「러시아연구」 14 (2004): 389-430.

허성준. 『수도 전통에 따른 렉시오 디비나』. 왜관: 분도출판사, 2003.

홍용진. "중세 말 프랑스 왕정과 '국가' 이데올로기-(필립 4세와 샤를 5세 시기를 중심으로)." 「사총」 62권 (2006): 178-194.

황덕형. "안셀롬의 신 이해: 스콜라 신학의 시작." In: 『신론』. 한국조직신학회 역음. 서울: 대한기독교서회, 2013.

황의갑. "십자군 전쟁에 대한 연구-이슬람의 관점에서-." 「한국이슬람학회논총」 20 (2010): 1-23 (20).

중세 교회의 주요 사건들

410	고트족에 의한 로마 함락
427	아우구스티누스의 『신국론』 완성
431	에베소 제3차 보편공의회
440	레오 1세(440-461) 교황 즉위
451	칼케돈 제4차 보편공의회(참 하나님 참 인간)
452	훈족 아틸라의 이탈리아 접근
460	반달족의 로마 약탈
476	서로마 제국의 멸망
493	동고트 왕국의 성립
496	클로비스의 회심
529	몬테카시노 베네딕투스 수도원 설립
537	콘스탄티노플 성 소피아 대성당 건축
547	성 베네딕투스(480-547)의 죽음
552	동고트 왕국 멸망
553	콘스탄티노플 제5차 보편공의회
568	롬바르드족의 이탈리아 침입
590	그레고리우스 1세(590-604) 교황 즉위
614	페르시아에 의한 예루살렘 점령
622	헤지라 (이슬람의 기원)
632	모하메드의 사망
634	이슬람에 의한 예루살렘 정복
664	휫트비 종교회의
680	콘스탄티노플 제6차 보편공의회
722	보니파키우스(675경-754) 독일 선교 감독 임명
726/7	황제 레오 3세(714-741)의 성상폐지 칙령
732	샤를 마르텔의 투르-프와티에 전쟁

751	피핀이 프랑크의 왕으로 등극
756	로마교황령(*The Papal State*) 시작
768	샤를마뉴(768-814)의 프랑크 왕국 통치의 시작
787	니케아 제2차 공의회(제7차 보편공의회)
795	교황 레오 3세(795-816)의 즉위
800	샤를마뉴의 황제 대관식
843	베르뎅(Verdun) 조약
863경	메소디우스(815-885), 키릴(826-869) 형제의 모라비아 선교 시작
863	불가리의 보리스 왕의 세례
867	포티우스 분열
870	메르센 조약/콘스탄티노플 회의(제8차 에큐메니칼 회의)
910	클루니 수도원 설립
955	레히펠트 전투
962	오토 1세(921-973)의 황제 대관식
988	키예프의 블라디미르 대공(958경-1015)의 세례와 러시아의 기독교화
1017	'하나님의 휴전'(*Truce of God*) 준수 시작
1022	최초로 세속 권력에 의한 이단 화형
1046	하인리히 3세의 수트리(Sutri) 공회의
1054	동·서 교회의 분열
1059	니콜라이 2세(1061 사망)의 교황선출칙령
1071	만지커트 전투와 셀주크의 예루살렘 점령
1073	그레고리우스 7세(1015경-1085)의 교황 등극
1075	교황선언(*Dictatus papae*)
1077	카노사의 굴욕
1084	카루투지오 수도회 설립
1095	클레르몽 공의회에서의 십자군 선포
1098	시토 수도회 설립
1099	1차 십자군의 예루살렘 점령
1107	런던 정교협약(*The Concordat of London*)

1115	베르나르두스(1090-1153)의 의한 클레르보 수도원 설립
1118	성전기사단의 설립
1121	수와송 공의회에서의 아벨라르두스(1179-1142) 정죄
1122	보름스 정교 협약
1144	이슬람에 의한 에뎃사 백작령 함락
1147	제2차 십자군
1148경	그라티아누스 교령집(*Decretal*)
1150경	롬바르두스의 명제집
1155	브레스기아의 아놀드(1090경-1155) 처형
1170	켄터베리의 토마스 베켓(1119경-1170) 살해
1179	제3차 라테란 공의회
1184	카타리파 및 발도파 정죄
1187	하틴 전투 및 살라딘에 의한 예루살렘 함락
1190	제3차 십자군
1193	살라딘의 사망
1198	교황 인노켄티우스 3세(1161-1216) 즉위
1200	살레르노 대학의 설립
1202	제4차 십자군 출발
1204	4차 십자군에 의한 콘스탄티노플 함락
1208	알비파에 대한 십자군 선포
1209	영국 존 왕의 파문/ 케임브리지 대학 설립
1210	프란체스코 수도회의 설립
1213	영국 존 왕의 교황 사절에 대한 굴복
1215	제4차 라테란 공의회/ 영국의 대헌장
1220	도미니크 수도회 규율 공인
1223	프란체스코 수도회 규율 공인
1228	프란체스코의 시성
1229	황제 프리드리히 2세(1194-1250)와 술탄 알 카밀의 협약
1230	그레고리우스 9세(1145경-1242)의 '칙령들'

1234	도미니쿠스의 시성
1245	인노켄티우스 4세(1195경-1254)와 제1차 리옹 공의회
1264	성체축일 시작
1274	제2차 리옹 공회의, 토마스 아퀴나스, 보나벤투라 사망
1291	아크레(Acre)의 함락으로 인한 십자군의 종결
1296	클레리키스 라이코스(*Clericos laicos*) 반포
1298	보니파키우스 8세(1230경-1303)의 "리베르 섹스투스"(*Liber Sextus*)
1302	우남상탐(*Unam Sanctam*)
1303	아나니(Agnani)에서의 교황 습격 사건
1324	파두아의 마르실리우스(1270경-1342경)에 의한 *Defensor Pacis* 출판
1329	마이스터 에크하르트(1260경-1328경)에 대한 정죄
1336	베네딕투스 12세의 *Benedictus Deus* 칙령 반포
1337	백년전쟁의 시작
1338	독일 렌제(Rense)에서의 선언
1340	리차드 롤레(Richard Rolle, 1300경-1349)의 영어 시편
1341	로마의 계관 시인이 된 페트라르카(1304-1374)
1348	최초의 독일어권 프라하 대학의 설립
1349	흑사병 창궐
1351	'프로비저스' 법령(*The Statute of Provisors*)
1353	'프라이무니레' 법령(*The Statute of Praemunire*)
1377	교황청의 로마 회귀
1378	교황청의 대분열
1384	위클리프(1328경-1384) 죽음
1386	하이델베르크 대학 설립
1409	피사 공의회와 세 교황
1414	콘스탄스 공의회
1415	얀 후스(1370경-1415) 화형
1416	프라하의 제롬(1379-1416)의 화형
1431	바젤 공의회

1433	보헤미아의 종교적 평화협정(*Compactata*)
1438	페라리-플로렌스 공의회
1439	로렌초 발라(1407경-1457)가 콘스탄티누스 기증서가 위조임을 밝힘
1447	최초의 인문주의 교황 니콜라스 5세(1397-1455) 즉위
1450	구텐베르크(1460 사망)의 인쇄술 발명
1453	콘스탄티노플 함락
1483	토르퀘마다(1420-1498) 스페인 종교 재판장으로 취임
1493	교황 알렉산더 6세(1431경-1503) 즉위
1497	플로렌스에서 "허영의 화형식" 거행
1498	지롤라모 사보나롤라(1452-1498)의 화형
1503	교황 율리우스 2세(1443-1513) 즉위
1513	교황 레오 10세(1475-1521) 즉위
1516	에라스무스(1466-1536)의 헬라어 신약성경 출판
1517	루터(1483-1546)의 95개조 반박문